2025 中财传媒版
年度全国会计专业技术资格考试辅导系列丛书·注定会赢®

高级会计实务
过关一本通

财政部中国财经出版传媒集团　组织编写

刘凤委　王纪平　余　坚　郑庆华　编著

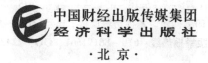

中国财经出版传媒集团
经济科学出版社

·北京·

图书在版编目（CIP）数据

高级会计实务过关一本通／财政部中国财经出版传媒集团组织编写；刘凤委等编著． -- 北京：经济科学出版社，2024.12.（2025.2 重印） -- （中财传媒版2025年度全国会计专业技术资格考试辅导系列丛书）. -- ISBN 978 - 7 - 5218 - 6542 - 4

Ⅰ. F233

中国国家版本馆 CIP 数据核字第 2024BA8387 号

责任校对：靳玉环　齐　杰
责任印制：张佳裕　邱　天

高级会计实务过关一本通

GAOJI KUAIJI SHIWU GUOGUAN YIBENTONG

财政部中国财经出版传媒集团　组织编写

刘凤委　王纪平　余　坚　郑庆华　编著

经济科学出版社出版、发行　新华书店经销

社址：北京市海淀区阜成路甲 28 号　邮编：100142

总编部电话：010 - 88191217　发行部电话：010 - 88191522

天猫网店：经济科学出版社旗舰店

网址：http://jjkxcbs. tmall. com

北京联兴盛业印刷股份有限公司印装

787×1092　16 开　26.5 印张　800000 字

2024 年 12 月第 1 版　2025 年 2 月第 2 次印刷

ISBN 978 - 7 - 5218 - 6542 - 4　定价：75.00 元

（图书出现印装问题，本社负责调换。电话：010 - 88191545）

（打击盗版举报热线：010 - 88191661，QQ：2242791300）

前　　言

2025 年度全国会计专业技术初级资格考试大纲已经公布，辅导教材也已正式出版发行。与 2024 年度相比，新考试大纲及辅导教材的内容都有所变化。为了帮助考生准确理解和掌握新大纲和新教材的内容、顺利通过考试，中国财经出版传媒集团本着为广大考生服务的态度，严格按照新大纲和新教材内容，组织编写了中财传媒版 2025 年度全国会计专业技术资格考试辅导"注定会赢"系列丛书。

本书为《高级会计实务过关一本通》，具有以下特点：

1. 结构调整更趋合理

紧密结合 2025 年度教材的变化与历年真题，分设复习建议与考点解读两部分内容。复习建议为读者的时间分配提供客观的参考；考点解读则在教材基础上，梳理考点、分析考情、释疑重难点、提供强化练习，帮助读者提升应试能力。

2. 重点考点化繁为简

在"考点解读"板块，提炼出了每一章节的重点考点，帮助读者化繁为简，把精力用在考试可能性更大的知识点上。

3. 历年真题助力应试

在"本章历年试题解析"板块，给出了与该章考点相关的历年试题，并对历年试题作出了点评，力图让考生通过历年试题，了解该章节的考题设计思路，并能举一反三，掌握做题方法。

全国会计专业技术资格考试是我国评价选拔会计人才、促进会计人员成长的重要渠道，是中国式现代化人才战略的重要组成部分。希望广大考生在认真学习教材内容的基础上，结合本丛书准确理解和全面掌握应试知识点内容，顺利通过 2025 年会计资格考试，在会计事业发展中不断取得更大进步，为中国式现代化建设贡献更多力量！

书中如有疏漏和不当之处，敬请批评指正。

财政部中国财经出版传媒集团
2024 年 12 月

目　录

第四章   企业投资、融资决策与集团资金管理

第五章   企业成本管理

第六章   企业绩效管理

第七章   企 业 并 购

第八章　企业合并财务报表

第九章　金融工具会计

第十章　行政事业单位预算与财务管理

第十一章　会计财务相关问题

2025年《高级会计实务》教材新变化及复习建议

在复习《高级会计实务》前，考生应该对考试概况、考试内容、考试重点以及复习方法有所了解，才能有针对性地复习，争取顺利通过考试。

一、《高级会计实务》考试概况

1. 考试方式

《高级会计实务》采用开卷、机考方式，可以带辅导教材以及复习笔记（装订成册），但不能带手机等电子产品（计算器由机考电脑提供）。

2. 考试题型、题量

（1）题型：案例分析题。

（2）题量：总分100分（卷面120分，其中第1~7题为必答题共80分，第8、9题为选答题，各20分），60分合格。2024年各题分值情况见表1。

表1　　　　　　　　　　　　2024年试题分值情况

题目		考核内容	分数
案例分析一		考核第一章企业战略与财务战略	10分
案例分析二		考核第二章企业全面预算管理（6分）+第六章企业绩效管理（4分）	10分
案例分析三		考核第三章企业风险管理与内部控制	15分
案例分析四		考核第四章企业投资、融资决策与集团资金管理	15分
案例分析五		考核第五章企业成本管理	10分
案例分析六		考核第九章金融工具会计	10分
案例分析七		考核第十一章会计财务相关问题	10分
任选一题	案例分析八	考核（第七章企业并购+第八章企业合并财务报表+第十一章会计财务相关问题中的财会监督）	20分
	案例分析九	考核第十章行政事业单位预算与财务管理	20分
总分			120分（卷面）

二、2025 年教材内容、新变化及复习重点

2025 年教材共 11 章，分为企业和行政事业单位两部分，其中企业部分共 10 章，内容包括财务管理、会计准则和内部控制；行政事业单位部分共 1 章，内容包括财务管理与内部控制。2025 年教材的内容、新变化和复习重点章见表 2。

表 2　　　　　　　　2025 年教材的内容、新变化和复习重点章

章名	新变化	分数预测
第一章　企业战略与财务战略	本章教材与 2024 年相比，主要知识点没有实质性变动。在股利分配战略方面，补充修订了上市公司现金分红的相关政策指导意见	10 分
第二章　企业全面预算管理	本章教材结构上没有变化，仅有少量文字表述和图表上的调整	5 分左右
第三章　企业风险管理与内部控制	本章教材略有变化：（1）在"风险应对"部分增加了一个例子；（2）在"内部控制审计"部分增加了注册会计师完成审计工作后应该注意的事项；（3）在"公司治理"部分增加了新公司法的少量内容；（4）对部分文字作了完善	10 分或 15 分
第四章　企业投资、融资决策与集团资金管理	本章教材变化不大，主要变化体现在股权融资相关政策调整和补充。具体说来：增发部分简化了定义，修订了定向增发的相关规定；新增并列举了不得向不特定对象发行股票的四种情形；新增不得向特定对象发行股票的六种情形；新增募集资金使用应符合的四项规定内容；新增增发的详细发行流程；修订增发发行价格与转让的相关限制性规定。股票减持部分，新增针对大股东通过不同交易方式减持股票的限制性规定	15 分
第五章　企业成本管理	本章教材变化不大：（1）删除了战略定位分析的内容；（2）其他部分仅有部分文字和图表例题的增加	10 分
第六章　企业绩效管理	本章教材变化很小，仅有少量文字性改动	5 分左右
第七章　企业并购	本章教材变化很小，仅作了少量文字性修订	10～15 分
第八章　企业合并财务报表	本章教材变化很小：删除了合并财务报表的概念，其他部分没有变化	5 分～10 分
第九章　金融工具会计	本章教材略有变化：（1）增加了"职工自愿退出股权激励计划"的处理；（2）对条款和条件的修改增加了一个例子；（3）对集团内股份支付的特别考虑增加了一个例子；（4）对个别文字进行完善。这些变化请考生适度关注	10～15 分
第十章　行政事业单位预算与财务管理	本章教材今年变化较大：（1）在第三节政府采购制度中，增加了"合作创新采购"，共 3 页内容；（2）对个别地方在文字上进行了完善。这些修改中，考生应高度重视新增加的内容，出题的可能性很大	20 分
第十一章　会计财务相关问题	本章教材变化较大：（1）对第三节财会监督作了大量改写，增加了"财会监督法律体系"和"加强财会监督的保障措施"；（2）对其余部分作了文字上的完善，内容没有实质性变化。考生应该适度关注增加的内容	10 分

三、高效率的复习方法

1. 参加考试辅导

参加辅导能快速明确重点，理解难点，掌握答题技巧，学习效率比自学高得多。

2. 研读考试教材

财政部会计财务评价中心编著的《高级会计实务》（由经济科学出版社出版）考试辅导教材是学习的指南，考生研读 3 遍以上教材中的重点，就能够从容应试。

3. 保证复习时间

2025 年高会考试日期为 5 月 17 日（周六）上午 8：30 - 12：00，学员在 2025 年 2 月 1 日起至考试前，周一到周五每天复习 2 小时左右；周六、周日每天复习 5 小时左右。既然报名考试了，就一定要当作今年的一项重点工程来做，有计划地做好复习工作，苦尽甜来，取得成果！

第一章 企业战略与财务战略

本章概述

　　本章主要介绍了企业战略与财务战略的基本概念、原理和方法。从内容上来看聚焦于经典战略模型的介绍，体现出对高级会计师在战略思维方面的框架性和整体性的能力构建要求，需要高级会计师从公司战略视角思考问题，并能够与财务工作结合，理解和运用财务战略。本章可以关注两条主线：一条是企业战略与战略管理内容，涉及前三节内容；另一条是财务战略。前者的重点在于理解并掌握战略层次（公司战略、经营战略、职能战略）和战略管理过程（战略分析、战略制定、战略实施和战略控制），并可以灵活掌握和具体应用；后者的重点在于充分掌握财务战略类型以及具体的投融资战略选择。

　　本章融合了企业战略管理与财务战略的核心内容。有关企业战略的知识点相对分散，既可能单独作为一道考试题目，也很可能与其他章节的知识点在同一道试题中进行考核，这样这些零散的知识点就可以穿插在其中，往年的考试内容已经表现出这一特点。但相对来讲，高级会计资格考试的知识点一般都是相对独立的，只要掌握好战略的知识点就可以很好地应对。根据历年考情分析来看，近年来第一章内容有增加的趋势，分值占比持续提升。近三年以来本章内容均单独设立一道题目进行考核，分值也相应提高到 10 分。

考情分析

年度	题量	分值	相关知识点
2024	1	10	总体战略、经营战略、业务组合模型（SWOT 模型和波士顿矩阵）、分配战略
2023	1	10	战略目标、战略实施模式、价值链分析、波士顿矩阵、总体战略类型
2022	1	10	PESTEL 分析、五力模型、成长战略、管理控制模式、平衡计分卡
2021	2	7	PESTEL 分析、波士顿矩阵、融资战略类型
2020	2	6	成长战略具体类型、SWOT 模型分析

教材变化

本章教材与2024年相比，主要知识点没有实质性变动，只是在股利分配战略方面，补充修订了上市公司现金分红的相关政策指导意见。

考点框架

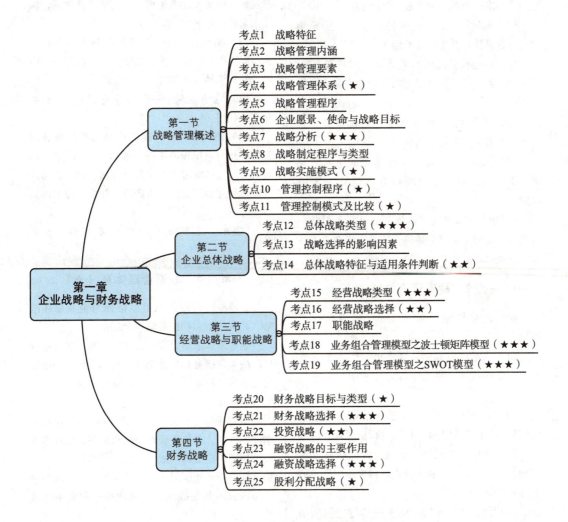

第一章
企业战略与财务战略

第一节
战略管理概述
- 考点1　战略特征
- 考点2　战略管理内涵
- 考点3　战略管理要素
- 考点4　战略管理体系（★）
- 考点5　战略管理程序
- 考点6　企业愿景、使命与战略目标
- 考点7　战略分析（★★★）
- 考点8　战略制定程序与类型
- 考点9　战略实施模式（★）
- 考点10　管理控制程序（★）
- 考点11　管理控制模式及比较（★）

第二节
企业总体战略
- 考点12　总体战略类型（★★★）
- 考点13　战略选择的影响因素
- 考点14　总体战略特征与适用条件判断（★★）

第三节
经营战略与职能战略
- 考点15　经营战略类型（★★★）
- 考点16　经营战略选择（★★）
- 考点17　职能战略
- 考点18　业务组合管理模型之波士顿矩阵模型（★★★）
- 考点19　业务组合管理模型之SWOT模型（★★★）

第四节
财务战略
- 考点20　财务战略目标与类型（★）
- 考点21　财务战略选择（★★★）
- 考点22　投资战略（★★）
- 考点23　融资战略的主要作用
- 考点24　融资战略选择（★★★）
- 考点25　股利分配战略（★）

考点解读

✿ 考点1 战略特征

战略具有以下特征：

（1）全局性。必须从企业全局的角度出发，确定企业发展的远景目标和行动纲领。

（2）长远性。战略的着眼点是企业的未来，是为了谋求企业的长远发展和长远利益。

（3）指导性。战略是一种概括性和指导性的规定，是指导企业行动的纲领。

（4）应变性。战略必须建立在对内外环境客观分析的基础上，是预先的计划和突发应变的组合。

（5）竞争性。战略的重要目的就是要在竞争中战胜对手，赢得市场和顾客。

（6）风险性。战略着眼于未来，但未来充满不确定性，必然导致战略方案带有一定的风险。

【提示】考生应通过具体案例说明和判断公司战略存在哪些误解和错误，不符合哪些基本特征。一般性理解即可。

✿ 考点2 战略管理内涵

企业进行战略管理时，一般应遵循以下原则：

（1）目标可行原则。既要可以实现，又要具有一定挑战性，使长期目标与短期目标有效衔接。

（2）资源匹配原则。企业应根据各业务部门战略目标的匹配程度，相应进行资源配置。

（3）责任落实原则。企业应将战略目标落实到具体的责任中心和责任人，构成不同层级的目标责任制。

（4）协同管理原则。加强各部门之间的协同管理，有效提高资源使用的效率效果。

【提示】战略管理原则是战略管理的方向指引，可结合案例分析哪些行为违背了基本的战略管理原则。一般性理解即可。

✿ 考点3 战略管理要素

企业战略管理要素，即战略制定要考虑的基本问题。

（1）经营范围——战略需明确企业从事生产经营活动的领域，设计时既要考虑目前所处经营领域，也要关注未来可以进入的经营领域，保证未来经营发展空间。

（2）增长向量——按照产品与市场组合方式不同，增长向量分为市场渗透、产品开发、市场开发和多种经营四种。

（3）竞争优势——明确企业优势与条件，并充分利用。

（4）协同作用——现有产品与市场领域向新的产品与市场领域拓展时取得"1+1＞2"的效果。协同效应可表现在各个方面，如投资协同效应、管理协同效应、生产协同效应、技术协同效应等。

【提示】了解战略制定要考虑哪些基本问题。

✿ 考点4 战略管理体系（★）

企业战略管理体系可以细分为企业总体战略、经营战略和职能战略三个层次。

企业总体战略，也称公司层战略，它是企业最高决策层指导和控制企业的行动纲领。一般由公司董事会制定。企业总体战略通常可分为成长型战略、稳定型战略和收缩型战略。

经营战略，也称业务单位战略、竞争战略、事业部战略，是指在公司战略指导下，各战略业务单位所制定的部门战略，包括对特定产品、市场、客户或地理区域作出战略决策。经营战略通常包括成本领先战略、差异化战略和集中化战略等。

职能战略是指为实施和支持公司战略及经营战略，企业根据特定管理职能制定的战略。企业职能战略的重点是提高企业资源的利用效率，降低成本。它由一系列详细的方案和计划构成，涉及企业经营管理的所有领域，如研究与开发战略、生产战略、人力资源战略、市场营销战略等。

【提示】正确地区分不同层级的战略，要理解题目考核的是哪个层级的策略，不能混淆。

✿ 考点5 战略管理程序

战略管理程序，一般包括战略分析、战略制定、战略实施、战略控制、战略评价和战略调整等。

战略分析包括外部环境分析和内部环境分析。外部环境分析包括宏观环境分析、行业环境分析和经营环境分析。内部环境分析包括企业资源分析、企业能力分析和核心竞争力分析。在分析基础上结合公司战略管理要素进行选择，如公司战略选择、经营战略选择、职能战略选择；还有内部发展战略选择、并购战略选择、联合发展选择和战略联盟选择等。

战略制定也称战略目标设定，是将使命和愿景转化为具体战略目标，涉及关键指标的设定，形成责任目标并落实到各个责任部门。

战略实施，即战略执行，是将战略目标向中下层传导，并在各项工作中得以分解、落实。

战略控制是指在战略实施过程中充分利用各项管理工具，对整个战略管理体系实施控制活动，涉及关键业务流程化，涵盖战略制定、战略实施等方面的全方位控制。

战略评价是指企业通过检测战略实施的进展，评价战略执行效果，不断修正战略举措，以实现预期战略目标。战略评价内容有：战略是否适应环境变化、是否有效配置资源、战略实施进度是否恰当，以及战略涉及的风险程序是否可以接受等。

战略调整是指根据企业情况的发展变化和战略评价结果，对所制定的战略及时进行调整。战略调整一般包括对企业的愿景、发展方向、战略目标及其战略举措等的调整。通过战略调整保持和增强战略竞争力。只有当企业有战略竞争力时，才能形成竞争优势并给企业带来超额利润。不具备战略竞争优势的企业只能获得平均利润。而超额利润是指一项投资所获得的超过投资者预期从其他相同风险投资项目中获得的利润。这正是企业独特的战略所实现的。

【提示】战略管理程序，有利于考生了解企业整个战略管理流程，并将管理的具体工具融入流程中来理解，有利于构建整体性思维框架。对于财务而言，要理解平均利润和超额利润的差异，经济学强调超额利润就是对应财务学中的超额价值创造，如经济增加值。只有通过战略塑造核心竞争力才能够帮助企业获得超过平均利润的超额回报。

✿ 考点6 企业愿景、使命与战略目标

1. 愿景

企业愿景（或称企业远景）是指为企业所描述的未来发展的理想化定位和生动性蓝图，体现企业永恒的追求。

2. 使命

使命是企业区别于类似企业的持久性目的，反映了组织存在的理由或价值。企业使命由高级管理层制定，表述应是需求导向而非产品导向，表述范围适中。

3. 战略目标

战略目标是企业愿景与使命的具体化。战略目标反映了企业在一定时期内经营活动的方向和所要达到的水平，如业绩水平、发展速度等。与企业使命不同的是，战略目标要具体的数量特征和时间界限。

战略目标是多元化的，既包括经济目标，也包括非经济目标；既包括定量目标，也包括定性目标。它具体包括：盈利目标、产品目标、市场竞争目标、发展目标、职工发展目标、社会责任目标。

【提示】战略目标的具体内容，是2023年教材新补充内容，并且在2023年的试题中进行了考核。可以注意一下各个具体目标的子目标，能够划分分类。

✿ 考点7 战略分析（★★★）

（一）外部环境分析

外部环境分析包括宏观环境分析、行业环境分析和经营环境分析。

1. 宏观环境分析

宏观环境分析中的关键要素包括：政治环境因素（politic）、经济环境因素（economic）、社会环境因素（social）、技术环境因素（technological)、生态环境因素（environmental）和法律环境因素（legal）。对上述六种因素进行宏观环境分析的方法，一般称为 **PESTEL 分析法**。

（1）政治环境因素包括：社会制度、政府政策、政治团体和政治形势、国际贸易壁垒、双边关系等。

（2）经济环境因素包括：经济结构、经济增长率、财政与货币政策、能源和运输成本；消费倾向与可支配收入、失业率、通货膨胀与紧缩、利率、汇率等。

（3）社会环境因素包括：教育水平、生活方式、社会价值观与习俗、消费习惯、文化传统等；人口、交通、基础设施等。

（4）技术环境因素包括：创新机制、科技投入、技术总体水平、技术转移和技术换代速度、企业竞争对手的研发投入、社会技术人才的素质水平和待遇等。

（5）生态环境因素，主要指各种自然资源和绿色环保问题，如水资源、土地资源和污染等。

（6）法律环境因素，主要指法律限制或立法变化，如国家或地方法律规范、国家司法、行政执法状况等。

【提示】了解 PESTEL 分析包含的基本要素，能够根据案例资料识别相应的具体因素。这在往年试题中已经多次出现，需要注意类似题目。譬如 2021 年和 2022 年试题中，都涉及根据已知公司资料，通过战略分析指出 PESTEL 分析法所包含的各项关键要素。

2. 行业环境分析

行业环境分析的目的在于分析行业的盈利能力。行业环境分析工具就是"五力模型"。影响行业盈利能力的因素有许多，归纳起来主要分为两类：一是行业竞争程度；二是市场议价能力。

（1）行业竞争程度分析。

一个行业中的竞争程度和盈利能力水平主要受三个因素影响：第一，现有企业间的竞争；第二，新加入企业的竞争威胁；第三，替代产品或服务的威胁。

①现有企业间竞争程度分析。现有企业间的竞争程度影响着行业的盈利水平，通常竞争程度越高，价格越接近于边际成本，盈利水平也越低。其具体影响因素包括：

第一，行业增长速度分析。行业增长速度越快，现有企业间竞争程度越低。

第二，行业集中程度分析。行业市场份额主要集中在少数企业，即集中程度高，则竞争度较低。

第三，差异程度与替代成本分析。行业间企业产品或服务的差异程度，差异程度越大，竞争程度越低。当然，差异程度与替代成本相关，当替代成本较低时，企业间仍可进行价格竞争。

第四，规模经济分析。规模经济性是指在一定的市场需求范围内，随着生产规模的扩大，企业的产品与服务的每一单位的平均成本出现持续下降的现象。规模越接近经济性，平均成本越低，竞争优势越强。

第五，退出成本分析。行业退出成本较高时，势必会引起激烈的价格竞争，以充分使用生产能力；如果退出成本较低，则竞争将减弱。

②新加入企业竞争威胁分析。当行业取得超额利润时，行业必然面临新企业加入的威胁。影响新企业加入的因素有许多，其主要因素有：

第一，规模经济因素。规模经济程度越高，新企业进入难度越大。

第二，先进入优势因素。现有企业有先发优势，新进入企业与行业现有企业在竞争上，总是处于相对不利的地位，具体表现在行业标准或规则方面以及成本方面。

第三，销售网与关系网因素。企业处于网络关系之中，新进入企业打入该行业销售网与关系网的难易程度是至关重要的影响因素。

第四，法律法规因素。许多行业对新进入企业在法律上有所规定与限制，如许可证、专利权等。因此，法律法规限制程度就直接影响着新企业进入的难易程度。

③替代产品或服务威胁分析。当行业存在许多替代产品或替代服务时，其竞争程度加剧；反之，替代产品或替代服务少，则竞争性较小。

（2）市场议价能力分析。

本行业企业与供应商和消费者（客户）的议价能力是决定企业盈利能力的又一关键要素。

①企业与供应商的议价能力分析。影响企业与供应商议价能力的因素主要包括以下几种：

第一，供应商的数量。供应商越少，可供选择的产品或服务也越少，供应商方面的议价能力就越强。

第二，供应商的重要程度。供应商替代越少，则供应商的议价能力越强。

第三，单个供应商的供应量。单个供应商对企业的供应量越大，往往对企业的影响与制约程度越大，其议价能力也越强。

②企业与客户的议价能力分析。

第一，价格敏感程度。价格敏感程度取决于产品差别程度及替代成本水平。产品差别越小，替代成本越低；价格敏感度越强，客户的议价能力越强。

第二，相对议价能力。价格敏感程度虽然会对价格产生影响，但实际价格还取决于客户相对议价能力。影响其议价能力的因素有：企业（供应商）与客户的供需平衡状况，单个客户的购买量，可供选择的替代产品数量，客户选择替代产品的成本水平，客户的逆向合并威胁等。

迈克尔·波特（Michael E. Porter）将上述分析框架概括为"五力模型"，分别是：（1）新加入企业的竞争；（2）供应商的议价能力；（3）购买商的议价能力；（4）替代产品的威胁；（5）同业竞争者的竞争强度。这五大竞争力量决定了产业的盈利能力，企业战略的核心在于选择正确的产业以及产业中具有吸引力的竞争位置。如图1-1所示。

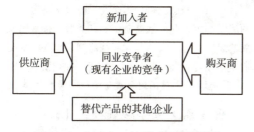

图1-1 迈克尔·波特"五力模型"

【提示】熟悉"五力模型"包括哪些方面；能够学会判断企业议价能力强弱和市场竞争程度。譬如，根据供应商的多少判断议价能力、根据行业增长速度判断市场竞争程度等。

3. 经营环境分析

经营环境分析包括竞争对手分析、竞争性定位分析、消费者分析、融资者分析、劳动力市场状况分析等。

（二）内部环境分析

内部环境分析包括企业资源分析、企业能力分析和企业核心竞争分析、价值链分析和战略地图分析。

1. 企业资源分析

企业的资源主要分为三种：有形资源、无形资源和人力资源。

（1）有形资源分析。有形资源是指可见的、能用货币直接计量的资源，主要包括物质资源和财务资源。如工地、厂房、设备、现金流等。

（2）无形资源分析。无形资源是指企业长期积累的、没有实物形态的甚至无法用货币精确计量的资源，通常包括品牌、商誉、技术、专利、商标、企业文化、企业家才能、团队能力、客户忠诚度及企业经验等。

（3）人力资源分析。人力资源是指组织成员向组织提供的技能、知识经验和决策能力。它是组织最为重要的资源。

2. 企业能力分析

企业能力是指企业配置资源并发挥其生产和竞争作用的能力。能力来源于企业有形资源、无形资源和人力资源的整合，是企业各种资源有机组合的结果。企业能力主要由研发能力、生产管理能力、营销能力、财务能力和组织管理能力等组成。

其中，财务能力主要涉及两方面：一是筹集资金的能力；二是使用和管理所筹资金的获利能力。可以运用杜邦指标体系和雷达图等工具进行财务能力分析。

3. 企业核心竞争力分析

核心竞争力是指能为企业带来相对于竞争对手的竞争优势的资源和能力，是企业所特有的、能够经得起时间考验的、具有延展性的，并且是竞争对手难以模仿的技术或能力。核心竞争力的三个要素是：对顾客有价值、与企业的竞争对手相比有优势、很难被模仿或复制。

4. 价值链分析

价值链理论把企业的价值创造活动分为**基本活动和辅助活动**，基本活动涉及进料后勤、生产运营、发货后勤、市场营销、售后服务；辅助活动涉及采购、技术开发、人力资源管理、企业基础设施，这些基本活动和辅助活动的串联或叠加运动共同构成企业的价值链。

企业竞争优势有三个主要来源：一是价值活动本身；二是价值链内部联系；三是价值链纵向联系。

5. 战略地图分析

战略地图是以平衡计分卡四个层面目标为核心，通过四层面目标相互关系而绘制的企业战略因果关系图。与平衡计分卡相比，战略地图增加了两方面内容：一是颗粒层，每个层面下可分解为很多要素；二是增加了细节层，用以说明战略的时间动态性。

战略地图的维度：

财务层面：战略的财务要素必须要长期（增长）和短期（生产率）的两个维度，要实现长短期对立力量的平衡。财务业绩可通过两种基本方式改善，增加收入和提高生产率。改善收入增长通常比改善生产率提高的行动花费更长时间。

客户层面：战略的基础是差异化的战略主张。收入增长战略要求特殊的价值主张，描述了企业如何为目标客户创造差异化、可持续的价值。战略应当确定特殊的细分客户，即为公司带来增长和盈利的目标客户。一是总成本最低的价值主张；二是产品创新和领导价值主张；三是强调提供全面客户解决方案的价值主张；四是系统锁定价值主张，是公司为客户创造了高转换成本。

内部业务流程层面：价值通过内部流程创造。内部业务流程需要实现两个关键的企业战略目标。其一，面向客户需求生产产品和传递价值主张；其二，为了财务生产效率因素而持续改善流程并降低成本。业务流程大致可以分为四组：运营管理流程、客户管理流程、创新流程和法规与社会流程。实行产品领先战略的公司强调卓越创新流程；实行总成本最低战略的公司擅长运营流程；实行全面客户解决方案的公司强调客户管理流程。

学习与成长层面：无形资产及其在战略中的作用。战略地图将无形资产分为三类：人力资本、信息资本和组织资本。

战略地图的优点是：能够将企业战略目标清晰化、可视化，并与关键绩效指标和战略实施建立联系，反映出价值创造的逻辑关系，有利于战略落地实施；缺点是需要多维度、多部门协调，实施成本较高。

【提示】战略地图分析部分，是近年来新增且具有考点的内容，这两年没有考核过，因此是需要关注的重点内容。

✲ 考点 8　战略制定程序与类型

战略制定一般程序包括：战略适宜性分析、战略筛选、战略可行性分析、战略可接受性分析、战略选择与制订行动计划。战略制定过程就是战略选择的过程。

战略分析既包括战略制定前的内外部分析，目的是确定战略备选方案；也包括制定过程中针对具体备选方案的分析，包括适宜性分析、可行性分析和可接受性分析，目的是从备选方案中选择具体实施的战略类型。

适宜性分析考虑备选战略与企业的目标、资源和能力匹配性、企业生命周期有关；战略可行性分析设计评估战略是否能得以成功实施，需要考虑如下因素：资金支持、绩效支持、市场地位支持、资源和能力支持、时间支持等；战略可接受分析要对所有股东看法进行评估，尤其是具有控制权力的股东、重要的利益相关者等。

战略一旦选定则需要制订行动计划，并确立相应的业绩目标，只有确立目标才能够对业绩进行监控。

企业战略制定从不同角度看可分为不同的类型，如按战略层级可分为企业总体战略制定、经营战略制定、职能战略制定三种类型；按战略发展的思路可分为：内部发展战略制定、并购战略制定、联合发展和战略联盟制定三种类型。

【提示】了解不同角度下的战略类型种类。

✲ 考点 9　战略实施模式（★）

根据战略制定与战略实施主体的责任与权力转移程度不同，**战略实施可分为五种模式：指挥型模式、变革型模式、合作型模式、文化型模式和增长型模式。**

（一）指挥型模式

这种模式的特点是**企业高管层考虑如何制定一个最佳战略的问题。**高管层确定战略，强制下层管理人员执行。

这种模式的运用要求总经理有较高的权威，靠其权威通过发布各种指令来推动战略实施。

这种模式的缺点是把战略制定者与执行者分开，即高层管理者制定战略，强制下层管理者执行战略，因此，下层管理者缺少了执行战略的动力和创造精神，甚至会拒绝执行战略。

（二）变革型模式

这种模式的特点是**企业高管层考虑如何实施企业战略**。在战略实施中，总经理本人或在其他方面的帮助下对企业进行一系列的变革，如建立新的组织机构、新的信息系统等以促进战略的实施。

这种模式在许多企业中比指挥型模式更加有效，但这种模式并没有解决指挥型模式存在的如何获得准确信息的问题。在外界环境变化时使战略的变化更为困难，从长远观点来看，环境不确定性的企业，应该避免采用这种模式。

（三）合作型模式

这种模式的特点是为发挥集体的智慧，企业总经理要和企业其他该层管理人员一起对企业战略问题进行充分的讨论，形成较为一致的意见，制定出战略，进一步落实和贯彻战略，使每个层级管理者都能够在战略制定及实施的过程中作出各自的贡献。

合作型模式克服了指挥型模式和变革型模式存在的两大局限性，从而提高了战略实施成功的可能性。

该模式的缺点是由于战略是不同观点、不同目的的参与者相互协商折中的产物，有可能会使战略的经济合理性有所降低。

（四）文化型模式

这种模式的特点是企业高管层考虑如何动员全体员工都参与战略实施活动，即企业总经理运用企业文化的手段，不断向企业全体成员灌输战略思想，建立共同的价值观和行为准则，使所有成员在共同的文化基础上参与战略的实施活动。

文化型模式的局限性是要求企业职工的各方面素质都相当高。

（五）增长型模式

这种模式的特点是企业高管层考虑如何激励下层管理人员制定实施战略的积极性及主动性，为企业效益的增长而奋斗。这种模式鼓励员工的首创精神，企业战略不是自上而下地推行，而是自下而上地产生。

这种模式的局限性是要求企业有很好的战略

实施支持系统，否则很难取得预期成效。

上述五种战略实施模式在制定和实施战略上的侧重点不同，指挥型和合作型更侧重于战略的制定，而把战略实施作为事后行为；而文化型及增长型则更多地考虑战略实施问题。在企业实务中上述五种模式往往是交叉或交错使用的。

【例 1 - 1】 A 公司从事通信设备生产，其面临激烈市场竞争，公司市场份额逐步下降，目前陷入经营困境。公司领导经过研究认为，本公司面临战略内容较多、战略实施复杂、企业所处外部环境变化较大的情况。A 公司希望进一步统一思想，管理层从上到下地制定出新一轮企业发展战略，要求 A 公司所有员工认真学习并加以贯彻落实。由于管理层制定的战略与现有环境存在差异，A 公司内部员工在具体实施公司战略时存在很多疑虑。

要求：结合 A 公司所处战略环境，判断公司管理层采取的战略实施方式是否正确，若不正确，给出正确的战略实施方式选择。

【分析与解释】

管理层采取的战略实施方式不正确。管理层采取的方式是指挥型，该模式的运用要求总经理要有较高的权威，靠其权威通过发布各种指令来推动战略实施；要求战略制定者与战略执行者的目标比较一致；要求企业能够准确有效地收集信息并能及时汇总到总经理的手中。从具体实施角度可以看出，A 公司员工并不赞成公司目前的战略。

考虑到公司面临战略内容较多、战略实施复杂、企业所处外部环境变化较大的情况，该公司应该实施合作型模式，这种模式的特点是企业的高管层考虑如何让其他层级管理人员从战略实施一开始就承担有关的战略责任。合作型模式适应于战略内容复杂、实施过程烦琐、外部不确定性高、追求创新突破的企业。

【提示】 掌握不同战略实施模式的特点，并能根据案例材料进行判别分析公司适合哪一种战略实施模式。2023 年试题涉及战略实施模式的判别。

✳ 考点 10　管理控制程序（★）

（一）战略控制与管理控制

广义战略控制包括三个层次：战略制定控制、管理控制、作业控制。战略制定控制是决定战略的过程控制；管理控制是决定如何执行战略的过程控制；作业控制是战略控制和管理控制过程中的具体任务被有效执行的控制。狭义的战略控制实际上是管理控制。

（二）管理控制程序

管理控制程序通常包括战略目标分解、控制标准制定、管理控制报告、经营业绩评价、管理者报酬五个步骤。

1. 战略目标分解

战略目标分解是管理控制的第一步骤。战略目标分解具体涉及从企业战略目标到战略规划，再从战略规划到战略计划的分解过程。

2. 控制标准制定

管理控制标准制定从内容上看包括：财务标准和非财务标准。财务控制标准应用最广泛的主要是预算标准，如财务预算、经营预算、资本支出预算等。非财务标准从平衡计分卡方法看主要涉及顾客、供应商、员工等。

管理控制标准从形式上看包括：定量标准与定性标准、效率（比率或相对数）标准与效果（总量或绝对数）标准。

管理控制标准制定从水平上看包括：行业标准、历史水平、战略计划标准等。

3. 管理控制报告

管理控制的关键是运用标准控制实际经济的运行。管理控制报告的编制应按控制标准、实际业绩、差异计量、差异程度、差异分析几个步骤进行，但其关键步骤在于实际业绩计量与差异分析。

4. 经营业绩评价

经营业绩评价实际上是对控制者业绩的评价，如果对控制成效缺少评价必然影响控制者的积极性。**应当注意，一个企业的业绩与企业中管理者或控制者的业绩可能是不同的。管理控制中的经营业绩评价更侧重于对管理者或控制者业绩的评价。**——不同的决策主体和决策目标不同，经营业绩评价的内容也不一样，如投资决策更关注企业整体业绩的目的是给公司估值服务。

经营业绩评价的原则主要有：第一，企业业绩评价与经营者业绩评价相结合；第二，经营成果指标评价与驱动因素指标评价相结合；第三，企业内部评价与企业外部评价相结合；第四，财务指标评价与非财务指标评价相结合。

5. 管理者报酬

管理者报酬的构成主要有工资、福利和激励三部分。工资往往根据管理者的学历、经历、以前的业绩和职位等确定；福利往往是根据企业整体业绩状况及管理者的职位确定；激励往往是根据管理者当期对企业的贡献大小确定。

对管理者的激励可分为精神激励与物质激励两方面。精神激励包括在职消费、晋升激励、授予激励（授权、荣誉称号）等。物质激励包括短期物质激励（如奖金、年薪制）和长期物质激励（如股票期权等）。

目前，**实践中的长期激励方式主要有股票期权、股票增值权、虚拟股票、业绩股份等，其中股票期权是最主要的长期激励方式。**

【提示】这五方面内容，是全面了解企业管理控制系统的重要内容。

✱ 考点 11　管理控制模式及比较（★）

管理控制的模式包括：制度控制模式、预算控制模式、评价控制模式和激励控制模式。

（一）制度控制模式

制度控制是指为实现一定目标通过规章、准则等形式规范与限制人们的行为。制度控制作为管理控制的一种模式，包括制度制定、制度执行、制度考核及奖惩几个环节。

制度控制的优点表现在：企业行为规则明确；操作简单，便于全员执行；制度控制建立的环境与条件限制较少。制度控制的缺点表现在：限制管理者及职工的主观能动性；定量控制不够，缺乏与企业目标的直接衔接。

制度控制适用于所有的企业。对于管理基础较差的企业，更应加大制度控制模式的建设。

（二）预算控制模式

预算控制是指通过预算的形式规范企业的目标和经济行为过程，调整与修正管理行为与目标偏差，保证各级目标、策略、政策和规划的实现。

预算控制作为内部控制的一种模式，它应包括预算计划、预算控制、预算评价和预算激励几个环节。

预算控制的优点表现在：企业行为量化标准明确；企业总体目标与个体目标紧密衔接；突出过程控制，可及时发现问题、纠正偏差。预算控制的缺点表现在：预算制定比较复杂；在某种程度上限制了管理者及职工的主观能动性；预算标准刚性使控制不能随着环境变化而变化。

与制度控制相同，预算控制模式适用于所有的企业。但对于管理环境和基础较差的企业，建立与执行预算控制难度较大；对于管理环境和基础很好的企业，预算控制相对容易，但过分强调预算控制可能会束缚员工的主观能动性。

（三）评价控制模式

评价控制是指企业通过评价的方式规范企业中各级管理者及员工的经济目标和经济行为。

评价控制作为内部控制的一种模式，它应包括战略计划、评价指标（指标选择、指标标准、指标计算）、评价程序与方法、评价报告、奖励与惩罚几个环节。

评价控制的优点表现在：既有明确的控制目标，又有相应的灵活性，有利于管理者及员工在实现目标过程中主观能动性的发挥。评价控制的缺点表现在：缺少程序或过程控制，不利于随时发现与纠正偏差。

评价控制相对于预算控制和制度控制是一种较高层次的控制。评价控制的适用条件与范围比较窄。

（四）激励控制模式

激励控制作为一种管理控制，是指企业通过激励的方式控制管理者的行为，使管理者的行为与企业战略目标相协调。

激励控制作为内部控制的一种模式，它应包括战略计划、激励方式选择、激励中的约束（合约）、业绩评价几个环节。激励控制模式的基本特征是利益导向控制，将利益相关者目标协调起来。

从激励方式角度看，激励控制包括股票期权（或与股票相关的）激励、年薪激励、工效挂钩激励、奖金激励等。

激励控制的优点表现在：将管理者的利益与所有者的利益相联系，通过利益约束机制规范管理者的行为；管理者可根据变化的环境及时调整目标和战略，保证企业价值最大化目标的实现。激励控制的缺点表现在：具体目标不明确，对企业文化、管理者素质要求较高。激励控制模式是一种高层次的、灵活性强的控制模式。

选择应用激励控制模式要求企业有较高的管理水平和良好的经济运行环境。

（五）管理控制四大模式比较与选择

（1）管理控制四大模式在控制特征、控制目标、控制优势、控制障碍和控制环境方面都有所区别，各具特色，具体如表1-1所示。

表1-1   四种管理控制模式比较

控制模式	控制特征	控制目标	控制优势	控制障碍	控制环境
制度控制	规则	正确做事	规则明确，易于操作	缺乏量化与动能性	管理基础与环境较差
预算控制	过程	完成任务	量化目标，计时调控	控制变化与动能性	管理基础与环境较好
评价控制	目标	挖掘潜能	突出结果，鼓励进取	缺少过程调控与环境	管理基础与环境良好
激励控制	利益	创造财富	利益相关，随机应变	缺少相关环境与条件	管理基础与环境优秀

（2）这四种控制模式既是独立的又是统一的。所谓独立是指它们各自可作为独立控制模式进行运作，如有的企业可采用制度控制模式，有的企业可采用预算控制模式等。所谓统一是指同一企业可同时采用两种或两种以上的控制模式，分别从规则、过程、目标和利益等角度进行控制。如一个企业集团可以采用以预算控制为主、其他控制为辅的管理控制模式，这种模式的特点是，集团公司采用预算控制模式，子公司可根据各自环境特点分别采用制度控制模式、评价控制模式或激励控制模式等。

（3）这四种控制模式具有完整性、灵活性。因为各种管理控制模式可使管理控制从不同角度、不同层次、不同方式为实现共同目标而进行有效控制，从而形成管理控制的完整体系。但各企业、部门或项目又可根据自身环境与要求，灵活运用不同的控制模式。

（4）这四种控制模式具有层次性和适用性。

所谓层次性是指四种管理控制模式从控制环境要求、控制权授予方面看，不是处于同一档次：激励控制授权最大，控制环境要求最高；其次是评价控制；再次是预算控制；制度控制授权最小，控制环境要求最低。

【提示】全面掌握管理控制模式特点，以及彼此的相关关系、适应环境等。近年来管理控制模式方面考核不多，这方面内容适合出题，考生需要予以关注。

【例1-2】B公司是一家刚刚成立的全资子公司，其业务主要集中于环境与污水处理工程，这类项目需要在全国各地逐步普及，并采取企业投资、政府购买的方式。B公司根据项目的同质性特征，设定了项目开工、建设实施、移交维护等各环节的管理制度，并严格实施项目预算管理制度，控制项目成本，力争确保各项目投资回报率在10%以上。

要求：根据资料内容，判断B公司目前所采用的管理控制方式都有哪些。

【分析与解释】

B公司目前采用的管理控制方式包括：制度控制、预算控制、评价控制。

考点12　总体战略类型（★★★）

为了实现企业战略的目标，企业总体战略通常可以划分为三种类型：成长型战略、稳定型战略和收缩型战略。

（一）成长型战略

成长型战略是以发展壮大企业为基本导向，致力于使企业在产销规模、资产、利润或新产品开发等某一方面或几方面获得成长的战略。**成长型战略是最普遍采用的公司战略。成长型战略主要包括三种基本类型：密集型战略、一体化战略和多元化战略。**

1. 密集型战略

密集型战略是指企业充分利用现有产品或服务的潜力，强化现有产品或服务竞争地位的战略。**密集型成长战略主要包括三种类型：市场渗透战略、市场开发战略和产品开发战略。**

（1）市场渗透战略是指企业通过更大的市场营销努力，提高现有产品或服务的市场份额的战略。市场渗透战略的主要实现途径包括提高现有顾客的使用频率、吸引竞争对手的顾客和潜在

用户购买现有产品。实施市场渗透战略的主要措施包括：增加销售人员、增加广告开支、采取多样化的促销手段或加强公关宣传。市场渗透战略既可单独采用，也可同其他战略结合使用。市场渗透战略主要适用于以下几种情况：①企业产品或服务在现有市场中还未达到饱和；②现有用户对产品的使用率还可以显著提高；③整个产业的销售在增长，但主要竞争者的市场份额在下降；④历史上销售额与营销费用高度相关；⑤规模扩大能够带来明显的竞争优势。

（2）市场开发战略是指将现有产品或服务打入新市场的战略。实施市场开发战略的主要途径包括开辟其他区域市场和其他细分市场。市场开发战略主要适用于以下几种情况：①存在未开发或未饱和的市场；②可得到新的、可靠的、经济的和高质量的销售渠道；③企业在现有经营领域十分成功；④企业拥有扩大经营所需的资金和人力资源；⑤企业存在过剩的生产能力；⑥企业的主业属于正在迅速全球化的产业。

（3）产品开发战略是通过改进或改变产品或服务以增加产品销售量的战略。产品开发战略的实施途径包括开发新的产品性能、型号、规格和质量差异。实施产品开发战略通常需要大量的研究和开发费用。产品开发战略适用于以下几种情况：①企业产品具有较高的市场信誉度和顾客满意度；②企业所在产业属于适宜创新的高速发展的高新技术产业；③企业所在产业正处于高速增长阶段；④企业具有较强的研究和开发能力；⑤主要竞争对手以类似价格提供更高质量的产品。

2. 一体化战略

一体化战略是指企业对具有优势和增长潜力的产品或业务，沿其经营链条的纵向或横向扩大业务的深度和广度，以扩大经营规模，实现企业增长。**一体化战略按照业务拓展的方向可以分为横向一体化和纵向一体化。**

（1）横向一体化战略是指企业收购、兼并或联合竞争企业的战略。企业采用横向一体化战略的主要目的是减少竞争压力、实现规模经济和增强自身实力以获取竞争优势。

横向一体化战略主要可以通过以下几种途径实现：①购买，即一家实力占据优势的企业购买与之竞争的另一家企业；②合并，即两家相互竞

争而实力和规模较为接近的企业合并为一个新的企业；③联合，即两个或两个以上相互竞争的企业在某一业务领域进行联合投资、开发和经营。

在下列情形下，比较适宜采用横向一体化战略：①企业所在产业竞争较为激烈；②企业所在产业的规模经济较为显著；③企业的横向一体化符合反垄断法律法规，能够在局部地区获得一定的垄断地位；④企业所在产业的增长潜力较大；⑤企业具备横向一体化所需的资金、人力资源等。

（2）纵向一体化指企业向原生产活动的上游和下游生产阶段扩展。纵向一体化包括后向一体化和前向一体化。后向一体化指企业介入原供应商的生产活动；前向一体化指企业控制其原属客户公司的生产经营活动。如化学工业公司可向石油冶炼、采油方向扩展，以实现后向一体化；也可向塑料制品、人造纤维等方向扩展，以实现前向一体化。

这种纵向一体化战略，主要指企业向原生产活动的上游和下游生产阶段扩展。上游即是供应商或采购，下游即是客户或销售。

3. 多元化战略

多元化战略是指在现有业务领域基础上增加新的业务领域的经营战略。根据现有业务领域与新的业务领域之间的关联程度，可将**多元化战略分为相关多元化和非相关多元化两类**。

（1）相关多元化是指企业以现有业务为基础进入相关产业的战略。采用相关多元化战略，有利于企业利用原有产业的产品知识、制造能力和营销技能优势获得融合优势。当企业在产业内具有较强的竞争优势，而该产业的成长性或吸引力逐渐下降时，比较适宜采用相关多元化战略。

（2）非相关多元化是指企业进入与当前产业不相关的产业的战略。如果企业当前产业缺乏吸引力，而企业也不具备较强的能力和技能转向相关产品或服务，那么较为现实的选择就是采用不相关多元化战略，以获取新的利润增长点。

多元化战略有利于实现规模经济，分散企业的经营风险，增强企业竞争力。但该战略也存在分散企业资源、增加管理难度和运作费用等问题。

【提示】成长型战略历来是考核的重点，2024 年考核了多元化发展战略。

（二）稳定型战略

稳定型战略，又称为防御型战略、维持型战略。即企业在战略方向上没有重大改变，在业务领域、市场地位和产销规模等方面基本保持现有状况，以安全经营为宗旨的战略。**稳定型战略主要有四种：无增战略、维持利润战略、暂停战略和谨慎实施战略**。

1. 无增战略

无增战略似乎是一种没有增长的战略。采用这种战略的企业可能基于以下两个原因：一是企业过去的经营相当成功，并且企业内外环境没有发生重大变化；二是企业并不存在重大的经营问题或隐患，因而战略管理者没有必要进行战略调整，或者害怕战略调整会给企业带来资源分配的困难。采用无增战略的企业除了每年按通货膨胀率调整其目标外，其他暂时保持不变。

2. 维持利润战略

这是一种牺牲企业未来发展来维持目前利润的战略。维持利润战略注重短期效果而忽略长期利益，其根本意图是渡过暂时性的难关，因而往往在经济形势不景气时被采用，以维持过去的经济状况和效益，实现稳定发展。但如果使用不当的话，维持利润战略可能会使企业的元气受到伤害，影响企业长期发展。

3. 暂停战略

在一段较长时间的快速发展后，企业可能会遇到一些问题使得效率下降，这时就可以采用暂停战略，即在一定时期内降低企业的目标和发展速度。暂停战略可以充分达到让企业积聚能量，为今后的发展做准备的目标。

4. 谨慎实施战略

如果企业外部环境中某一重要因素难以预测或变化趋势不明显，企业就要有意识地降低某一战略决策的实施进度，步步为营。

（三）收缩型战略

收缩型战略，也称为紧缩型战略，是指企业从目前的战略经营领域和基础水平收缩和撤退，在一定时期内缩小生产规模或取消某些产品生产的一种战略。采取收缩型战略可能出于多种原因和目的，但基本的原因是企业现有的经营状况、资源条件以及发展前景不能应付外部环境的变化，难以为企业带来满意的收益，以致威胁企业的生存，阻碍企业的发展。收缩型战略是一种以退为进的战略。**收缩型战略，主要有转向战略、放弃战略、归核化战略、解散与破产战略**。

1. 转向战略

转向战略，或称调整性收缩战略，指当企业现有经营领域的市场吸引力微弱、失去发展活力而趋向衰退，企业市场占有率受到侵蚀，经营活动发生困难，或发现了更好的发展领域和机会时，为了从原有领域脱身，转移阵地，另辟道路所实行的收缩。在原有经营领域内采取减少投资、压缩支出、降低费用、削减人员的办法，目的是逐步收回资金和抽出资源用以发展新的经营领域，在新的事业中找到出路，推动企业更快发展。

2. 放弃战略

放弃战略，或称适应性收缩战略，是指企业卖掉其下属的某个战略经营单位（如子公司或某一部门），或将企业的一个主要部门转让、出卖或停止经营。这是在企业采取选择收缩战略和扭转战略均无效时而采取的收缩战略。放弃战略的目的是去掉经营赘瘤，收回资金，集中资源，加强其他部门的经营实力，或者利用获得的资源发展新的事业领域，或者用来改善企业的经营素质，从而抓住更大的发展机会。

3. 归核化战略

归核化战略也称为战略外包，企业将自身不擅长的非核心业务，交给其他专业企业协助完成的商业运作模式。企业确定核心业务后可以通过出售、撤销、分拆等措施剥离非核心业务。归核化是企业多元化经营战略运作中对自身业务不断进行优化整合的决策过程。

4. 解散与破产战略

解散是指已成立企业由于发生法律、章程或协议规定的事由而中止的法律行为；破产是指债务人因不能偿债或资不抵债时，由债权人或债务人诉诸法院宣告破产并依据破产程序偿还债务的法律行为。

【提示】稳健型和收缩型战略以往考核不多，考生需要注意这两年可能会增加关于这两类战略类型的考核。

【例1-3】甲公司是一家国有全资电力公司，主要为国内企事业单位和个人提供生产、生活用电。甲公司成立于一百多年前，一直采用煤炭发电。其承担着保持社会稳定发展及保障民生的责任，为居民提供合理或较低价格水平的电力服务，政府对甲公司产生的亏损提供补贴。

为鼓励甲公司提高营运效率，建立符合市场竞争需求的运行模式，政府于2022年决定将甲公司改制为股份有限公司，通过公开招股筹集资金并将其股票上市交易。2023年，甲公司股票上市后，政府持有甲公司股票的比率由原有的100%降至51%。

甲公司上市后，开始着手研究并实行低成本、低碳排放的发电模式，如研究用风力发电、地热发电、天然气发电取代煤炭发电的可能性。同时，甲公司还着手对上市前咨询机构提交的多个境外投资方案进行评估。

要求：分别简要分析甲公司上市前后的总体战略及其选择该种战略的主要原因（无须进一步进行战略细分）。

【分析与解释】

上市前采用的是稳定型战略，企业在战略方向上没有重大改变，在业务领域、市场地位、产销规模等方面基本保持现有状况，以完全经营为宗旨。甲公司为居民提供合理或较低价格的电力服务，政府对其补贴，说明其是采用保持现有状况的稳定型战略。

上市后采用的是成长型战略，以发展壮大企业为基本导向，致力于使企业在产销规模、资产、利润或新产品开发等某一方面或某几方面获得增长的战略。甲公司研究风力、地热、天然气发电替代煤炭发电的可能性，意图开发新的经营领域，也属于成长型战略。

✲ 考点13　战略选择的影响因素

1. 企业过去的战略

新战略必须考虑过去的战略，过去战略作为新战略的起点。

2. 战略选择决策者对风险的态度

决策者对风险的态度主要有两类：乐于承担风险和回避风险。对风险的态度不同，对战略类型的选择会有明显的不同。

3. 企业环境应变性

依据企业对环境调适方式和能力的不同，企业战略选择也会不同，可以划分为：企业环境变革的创造者、企业市场环境的适应者、企业市场环境变化的受害者。

4. 企业文化与管理者风格

企业文化与管理者风格影响并决定着企业战略的选择及实施。

5. 竞争者的行为与反应

企业战略必然影响着竞争对手的行为与反应，这是企业战略选择必须要考虑的。

6. 战略目标实现的时限

战略实施达到预期目标所需要的时间长短是影响战略选择的非常重要的因素，时间过长或过短都将对战略实施带来不利的影响。

【提示】判别公司在战略制定过程中受到哪些因素的影响。

✽ 考点 14　总体战略特征与适用条件判断（★★）

（一）成长型战略选择

1. 成长型战略的特征

（1）**实施成长型战略的企业的发展不一定比整个经济增长速度快，但它们往往比其产品所在的市场增长得快**。市场占有率的增长可以说是衡量增长的一个重要指标，成长型战略不仅体现的是绝对市场份额的增加，而且体现了在市场总容量增长基础上相对份额的增加。

（2）实施成长型战略的企业往往能取得大大超过社会平均利润率水平的利润。由于发展速度较快，这些企业更容易获得较好的规模经济效益，从而降低生产成本，获得超额的利润率。

（3）实施成长型战略的企业倾向于采用非价格的手段同竞争对手抗衡。如重视市场开发、新产品开发，在管理模式等方面都力求具有竞争优势，以相对更为创新的产品和劳务以及管理上的高效率作为竞争手段。

（4）实施成长型战略的企业倾向于通过创造本身并不存在的产品或服务的需求来改变外部环境并使之适合自身。

2. 成长型战略的适用条件

（1）成长型战略必须与宏观经济景气度和产业经济状况相适应。

（2）成长型战略必须符合政府管制机构的政策法规和条例等的约束。

（3）成长型战略与公司可获得的资源相适应。

（4）成长型战略与企业文化的适合性。

（二）稳定型战略选择

1. 稳定型战略的特征

稳定型战略从本质上追求的是在过去经营状况基础上的稳定，它具有以下特征：

（1）企业对过去的经营业绩表示满意，决定追求既定的或与过去相似的经营目标。例如，企业过去的经营目标是在行业竞争中处于市场领先者的地位，稳定型战略意味着在今后的一段时期里依然以这一目标作为企业的经营目标。

（2）企业战略规划期内所追求的绩效按大体的比例递增。**与成长型战略不同，这里的增长是一种常规意义上的增长，而非大规模的和非常迅猛的发展**。例如，稳定型增长可以指在市场占有率保持不变的情况下，随着总的市场容量的增长，**企业的销售额也在增长**，而这种情况则并不属于典型的成长型战略。实行稳定型战略的企业，会在市场占有率、产销规模或总体利润水平上保持现状或略有增加，从而稳定和巩固企业现有竞争地位。

2. 稳定型战略的适用条件

（1）采取稳定型战略的企业，一般处在市场需求及行业结构稳定或者较小动荡的外部环境中，因而企业所面临的竞争挑战和发展机会都相对较少。

（2）有些企业在市场需求以较大的幅度增长或是外部环境提供了较多的发展机遇的情况下也会采取稳定型战略。这些企业一般来说是由于资源状况不足，使其抓不住新的发展机会，因而选择相对稳定的战略态势。

（3）企业实施成长型战略后，市场占有率等过高可能会引起竞争对手的攻击和政府的干预，因此，企业会在一定时期选择稳定型战略。

（4）一些企业管理者不愿意承担风险，或为了避免增长过快带来的管理难度，也适宜于选择稳定型战略。

（三）收缩型战略选择

1. 收缩型战略的特征

（1）对企业现有的产品/市场领域实行收缩、调整和撤退的措施，削减某些产品的市场规模，放弃某些产品系列，甚至完全退出目前的经营领域。

（2）逐步缩小企业的产销规模，降低市场占有率，同时相应地降低某些经济效益指标。

（3）目标重点是改善企业的现金流量，争取较大收益和资金价值。在资源的运用上，采取严格控制和尽量削减各项费用支出，只投入最低限度经营资源的方针和措施。

（4）**具有过渡的性质**。一般来说，企业只是短期内奉行这一战略，其基本目的是使自己摆脱困境，渡过危机，保存实力，或者消除经济赘瘤，集中资源，然后转而采取其他战略。

2. 收缩型战略的适用条件

（1）采取收缩型战略的企业往往是由于外部环境变化，经济陷入衰退之中。

（2）采用收缩型战略也可能是企业经营失误情况下的选择。由于企业经营失误（如战略决策失误、产品开发失败、内部管理不善等）造成企业竞争地位虚弱、经济资源短缺、财务状况恶化，只有撤退才有可能最大限度地保存企业实力，因此被迫采取收缩型战略。

（3）选择收缩型战略还可能是由于企业发现了更有利的发展机会。因为企业在经营中出现了更有利的机会，为谋求更好的发展机会，需要集中并更有效地利用现有的资源和条件。为此，要对企业中那些不能带来满意利润、发展前景不够理想的经营领域采取收缩或放弃的办法。**这是一种以长远发展目标为出发点的积极的收缩型战略或调整型收缩战略。**

【提示】了解每种总体战略特征，能够判别企业进行战略选择时是否满足相应的适应条件。

✱ 考点15　经营战略类型（★★★）

经营战略，也称竞争战略，是指在给定的一个业务或行业内，企业用于区分自己与竞争对手业务的方式，或者说是企业在特定市场环境中如何营造、获得竞争优势的途径或方法。

企业在市场竞争中获得竞争优势的途径虽然很多，但有三种最基本的战略，即成本领先战略、差异化战略和集中化战略。

（一）成本领先战略

成本领先战略也称为低成本战略，是指企业通过有效途径降低成本，使企业的成本低于竞争对手的成本，甚至是在同行业中最低，从而获取竞争优势的一种战略。通过低成本生产，制造商在价格上可以与行业中的任一制造商竞争，并赚取更高的单位利润。

根据企业获取成本优势的方法不同，可以把成本领先战略概括为以下几种主要类型：

（1）简化产品型成本领先战略，即通过对产品的非实用功能等的简化降低成本；

（2）改进设计型成本领先战略，即通过改进产品设计降低成本；

（3）材料节约型成本领先战略，即通过材料消耗的节约降低成本；

（4）人工费用降低型成本领先战略，即通过提高劳动生产率，减少人工费用，降低成本；

（5）生产创新及自动化型成本领先战略，即通过技术创新降低成本。

（二）差异化战略

差异化战略是指企业针对大规模市场，通过提供与竞争者存在差异的产品或服务以获取竞争优势的战略。这种差异性可以来自设计、品牌形象、技术、性能、营销渠道或客户服务等各个方面。

1. 产品差异化战略

产品差异化的主要因素有：特征、工作性能、一致性、耐用性、可靠性、易修理性、式样和设计等。

2. 服务差异化战略

服务的差异化主要包括送货、安装、顾客培训、咨询服务、修理服务等因素。

3. 人才差异化战略

训练有素的员工应能体现出六个特征：胜任、礼貌、可信、可靠、反应敏捷、善于交流。

4. 形象差异化战略

形象差异化主要指企业或品牌的形象不同，如个性与形象、标志、书面与听觉、环境、活动项目等。

（三）集中化战略

集中化战略是针对某一特定购买群、产品细分市场或区域市场，采用成本领先或差异化以获取竞争优势的战略。采用集中化战略的企业，由于受自身资源和能力的限制，无法在整个产业实现成本领先或者差异化，故而将资源和能力集中于目标细分市场，实现成本领先或差异化。细分市场也称市场细分，是指营销者通过市场调研，依据消费者的需要和欲望、购买行为和购买习惯等方面的差异，把某一产品的市场整体划分为若干消费者群的市场分类过程。每一个消费者群就是一个细分市场，每一个细分市场都是由具有类似需求倾向的消费者构成的群体。目标细分市场，是指企业根据产品细分市场划分，结合公司战略目标确定的某一类型的细分市场，比如某化妆品的目标细分市场可确定为东北地区、农村、中年女性。

集中化战略可根据集中化的内容分为：产品集中化战略、顾客集中化战略、地区集中化战略、低占有率集中化战略。集中化战略根据实施方法可分为：单纯集中化、成本集中化、差别集中化和业务集中化等。

单纯集中化是企业在不过多考虑成本领先和差异化的情况下，选择或创造一种产品、技术和服务为某一特定顾客群创造价值，并使企业获得稳定可观的收入。

成本集中化是企业采用低成本的方法为某一特定顾客群提供服务。通过低成本集中化战略可以在细分市场上获得比较领先的竞争优势。

差别集中化是企业在集中化的基础上突出自己的产品、技术和服务的特色。企业如果选择差别集中化，那么差别集中化战略的主要措施都应该用于集中化战略中。但不同的是，集中化战略只服务狭窄的细分市场，而差别化战略要同时服务于较多的细分市场。

业务集中化是企业在不过多考虑成本的情况下，按照某一特定顾客群的要求，集中企业中的某一项较好的业务，如物流企业可选择准时制配送、流通加工、仓储等。业务集中化可使企业某项业务的竞争力增强。

【提示】掌握每种经营战略类型特征，并能够准确地判别以及进行细分。

【例1-4】万利家具公司为中档卧室家具生产企业，成立于1995年，并于2000年在深圳证券交易所公开发行股票及上市。万利家具公司2017~2022年分店数量、职工人数、收入总额及税前利润数据如表1-2所示。

表1-2　　　　2017~2022年分店、职工、收入、税前利润情况

项目	2017年	2018年	2019年	2020年	2021年	2022年
分店数量（个）	235	240	230	220	200	200
职工人数（人）	5 600	5 400	5 200	5 000	4 800	4 600
收入总额（万元）	36 000	38 000	40 000	42 000	44 000	46 000
税前利润（万元）	3 600	4 000	4 500	3 800	2 200	1 800

鉴于2023年第一季度税前利润继续下滑，万利家具公司董事会于2023年5月召开扩大会议，销售总监张林、设计师与采购总监李工、财务总监王农等均参加了会议。

在讨论到万利家具公司未来发展时，张林认为，万利家具公司2023年第一季度每件家具的税前边际贡献已经降至最低水平，建议采取措施增加销量。采取的措施包括扩大产能并降价，如果可能还可以进军客户众多的低档卧室家具市场。

王农不同意张林进军低档卧室家具市场的建议，认为该成本领先战略不能解决万利家具公司所面临的问题。王农建议继续采取有效措施发展公司现有的中档目标客户群，并力争增加边际

贡献。

李工同意王农的看法。李工还建议委托国外顶级设计师设计多种类型的卧室家具，采取包括在高级时尚杂志刊登广告等有效的销售推广措施，以此进军高档卧室家具市场。同时，改造现有生产线，考虑生产具有特色主题的家具以及与家具相关的附带装饰物品，并接受客户定制的家具生产。

董事会对张林、王农和李工的建议进行了深入的讨论，但未能达成共识。

要求：

1. 列示万利家具公司选择进军低档卧室家具市场战略可能需要采取的措施。

2. 简要分析万利家具公司选择进军低档卧

室家具市场战略的优点和不足。

3. 简要分析万利家具公司进军高档卧室家具市场战略的优点和不足。

4. 简要分析万利家具公司选择生产特色主题家具、家具附带装饰及定制服务的差异化战略的优点和不足。

【分析与解释】

1. 万利家具公司进军低档卧室家具市场战略，其实就是采取成本领先战略。可能需要采取的措施：建立生产设备来实现规模经济；采用简单的产品设计，通过减少产品的功能但同时又能充分满足消费者需要来降低成本；采用最新的技术来降低成本和（或）改进生产力，或在可行的情况下采用廉价的劳动力；专注于生产力的提高；将制造成本降到最低；获得更优惠的供应价格。

2. 万利家具公司进军低档卧室家具市场战略，其实就是采取成本领先战略。成本领先战略的优点主要包括以下几个方面：一是可以抵御竞争对手的进攻。低成本使企业可以制定比竞争者更低的价格，并仍然可以获得适当的收益。因此，即使面对激烈的竞争，成本领先者仍然可以有效地保护企业。二是具有较强的对供应商的议价能力。成本领先战略往往通过大规模生产或销售建立起成本优势，较大的购买量使这类企业对供应商往往具有较强的议价能力，从而进一步增加了其成本优势。三是形成了进入壁垒。成本领先战略充分利用了规模经济的成本优势，使得无法达到规模经济的企业难以进入该行业并与之竞争。因此，成本领先者有可能获得高于平均水平的投资回报。其不足有：可能被竞争者模仿，使整个产业的盈利水平降低；技术变化导致原有的成本优势丧失；购买者开始关注价格以外的产品特征；与竞争对手的产品产生了较大差异；采用成本集中战略者可能在细分市场取得成本优势。

3. 万利家具公司进军高档卧室家具的市场战略属于集中差异化战略。它的优点是：资源和能力集中于目标细分市场，实现成本领先或差异化。其不足有：竞争者可能模仿；目标市场由于技术创新、替代品出现等原因导致需求下降；由于目标细分市场与其他细分市场的差异过小，大量竞争者涌入细分市场；新进入者重新瓜分

市场。

4. 万利家具生产特色主题家具、家具附带装饰及定制服务的差异化战略的优点：（1）吸引品牌忠诚度高且对价格不敏感的顾客，从而获得超过行业平均水平的收益。（2）差异化战略有可能获得比成本领先战略更高的利润率。其不足有：竞争者可能模仿，使差异消失；产品或服务差异对消费者来说失去了重要意义；与竞争对手的成本差距过大；采用差异化集中战略者能够在细分市场实现更大的差异化。

✳ 考点16　经营战略选择（★★）

（一）成本领先战略选择

1. 成本领先战略的特征

（1）在这种战略的指导下企业在生产经营中通过低成本优势取得行业领先地位。成本优势的来源因产业结构不同而异。它们可以包括追求规模经济、专利技术、原材料的优惠待遇和其他因素。

（2）**成本领先并不等同于价格最低**。

（3）成本领先企业能赚取高于平均水平的收益。

（4）成本领先战略一般必然地要求一个企业就是成本领先者，即使是小成本领先。

（5）成本领先战略的成功取决于企业日复一日地实施该战略的技能。

2. 成本领先战略的适用条件

（1）大批量生产的企业。产量要达到经济规模，才会有较低的成本；

（2）企业有较高的市场占有率，严格控制产品定价和初始亏损，从而形成较高的市场份额；

（3）企业必须采用先进的生产设备，先进的设备使生产效率提高，使产品成本进一步降低；

（4）要严格控制一切费用开支，全力以赴地降低成本，最大限度地减少研发、服务、摊销、广告及其他一切费用。

（二）差异化战略选择

1. 差异化战略的特征

（1）**差异化战略并不意味着公司可以忽略成本，但此时低成本不是公司的首要战略目标**；

（2）如果差异化战略成功地实施了，它就

（3）推行差异化战略往往要求公司对于这一战略的排他性有思想准备。这一战略与提高市场份额两者不可兼顾；

（4）差异化战略也是有代价的，因为并非所有顾客都愿意为差异性买单。

2. 差异化战略的适用条件

（1）具有很强的研究开发能力，研究人员要有创造性的眼光；

（2）企业具有以其产品质量或技术领先的声望；

（3）企业在这一行业有悠久的历史或吸取其他企业的技能并自成一体；

（4）有很强的市场营销能力；

（5）研究与开发、产品开发以及市场营销等职能部门之间要具有很强的协调性。

（三）集中化战略选择

1. 集中化战略的特征

集中化战略是指企业以某个特殊的顾客群、某产品线的一个细分区段或某一个地区市场为主攻目标的战略。细分区段是细分市场的具体化。区段的意思为区域及地段，或区域及阶段。细分区段就是指对产品及顾客群可根据区段进行进一步的市场细分。这一战略整体是围绕着为某一特殊目标服务，通过满足特殊对象的需要而实现差别化或低成本。集中化战略是以更高的效率、更好的效果为某一特殊对象服务，从而超过面对广泛市场的竞争对手，或实现差别化，或实现低成本，或二者兼得。

集中化战略与其他两个基本的竞争战略不同。成本领先战略与差别化战略面向全行业，在整个行业的范围内进行活动。而集中化战略则是围绕一个特定的目标进行密集型的生产经营活动，要求能够比竞争对手提供更为有效的服务。

企业一旦选择了目标市场，便可以通过产品差别化或成本领先的方法，形成重点集中战略。由于这类企业的规模较小，采用集中化战略的企业往往不能同时进行差别化和成本领先的方法。实施集中化战略的企业由于其市场面狭小，可以更好地了解市场和顾客，提供更好的产品与服务。集中化战略一般有两种形式：一种是低成本集中化；另一种是差异化集中化。

2. 集中化战略的适用条件

选择集中化战略的企业应考虑外部适用条件和内部资源条件。适应集中化战略的条件包括：

第一，企业具有完全不同的市场顾客群；

第二，在相同的目标市场群中，其他竞争对手不打算实行重点集中的战略；

第三，由于地理位置、收入水平、消费习惯、社会习俗等因素的不同，将形成专门化市场，这些市场之间的隔离性越强，越有利于集中化战略的实施；

第四，行业中各细分部分在规模、成长率、获利能力方面存在很大的差异。

【提示】掌握经营战略的特征及每种经营战略的适用条件；能够判别不同案例资料中企业经营战略选择。

✳ 考点 17　职能战略

职能战略根据企业的业务职能部门及作用可分为研发战略、生产战略、营销战略、财务战略、人力资源战略等。

1. 研发战略

企业的研发战略可分为四种类型：进攻型战略、防御型战略、技术引进型战略及部分市场战略。

2. 生产战略

生产战略作为企业或企业某项事业的经营战略中的一个职能战略，其目标不是提供具体的产品和服务，而是在生产领域内取得某种竞争优势的能力。生产战略包括：基于成本的战略、基于质量的战略、基于时间的战略，即企业把成本、质量或时间作为一种关键的竞争优势的来源。

3. 营销战略

营销战略是根据企业战略定位，在市场调研以及顾客分析和竞争分析的基础上，对企业市场营销目标、产品和市场定位、营销策略及其组合的总体谋划。

4. 财务战略

财务战略是谋求企业资本的合理配置与有效使用，提高资本运营效率，增强企业竞争优势的职能战略。财务战略的目标是确保资本配置合理和使用有效而最终实现公司战略。

企业财务战略可以分为投资战略、融资战略

和分配战略三个部分。

5. 人力资源战略

人力资源战略是指企业为了实现其战略目标，在人员管理、人员的选拔任用和调整、绩效考核、工资福利、员工的培训与发展等诸多方面所制定并依次实施的全局性、长期性的思路和谋划。

【提示】了解职能战略包含的基本内容即可。

✿ 考点 18　业务组合管理模型之波士顿矩阵模型（★★★）

波士顿矩阵是美国波士顿咨询公司（BCG）在 1960 年为一家造纸公司做咨询而提出的一种投资组合分析方法。波士顿矩阵的横轴表示企业业务的市场份额，一般用市场占有率表示，反映了企业在市场上的竞争地位。市场份额在多数情况下采用收入变量进行分析，但除了收入之外的其他变量也可用于该分析。例如商店的数量、航空产业中飞机的数量等。纵轴表示业务增长率，一般用销售增长率表示，反映了企业经营业务在市场上的相对吸引力（见图 1－2）。

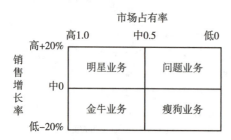

图 1－2　波士顿矩阵

市场占有率既包括绝对占有率，也包括相对占有率。

某产品绝对市场占有率＝该产品本企业销售量/该产品市场销售总量

某产品相对市场占有率＝本企业市场占有率/特定竞争对手市场占有率

根据有关业务或产品销售增长率和市场占有率，可以把企业的全部业务定位于四个区域。

（一）明星业务

该类业务具有高增长、强竞争地位，处于迅速增长的市场，享有较大的市场份额，其增长和获得有着长期机会。但它们是企业资源的主要消耗者，需要大量投资。为了保护和扩展明星业务的市场主导地位，企业应对之进行资源倾斜。

（二）问题业务

该类业务具有高增长、低竞争地位，处于最差的现金流量状态。一方面，所在产业的市场增长率高，需要大量投资支持业务发展；另一方面，相对市场地位低，产生的现金流量较低。因此，企业对于问题业务的进一步投资需要分析，判断使其向明星业务转化所需要的投资额，分析其未来的盈利能力，作出投资决策。

（三）金牛业务

该类业务具有低增长、强竞争地位，处于成熟的低速增长市场，市场地位有利，盈利率高，不仅本身不需要投资，而且能为企业带来大量现金，用以支持其他业务发展。

（四）瘦狗业务

该类业务具有低增长、弱竞争地位，处于饱和的市场之中，竞争激烈、盈利率低，不能成为现金来源。若能自我维持，则应收缩经营范围；若是难以为继，则应果断清理。

【提示】根据案例资料，能够判别具体业务或产品所处的区域类型。波士顿矩阵模型是重要的知识点，因此也是容易出题考核的内容，需引起重视。近年来这部分内容多次考核，2021 年、2023 年和 2024 年都有相关类型题目。尤其是连续两年考核证明，对于重要的内容，不代表去年考核以后今年就不出题目。

✿ 考点 19　业务组合管理模型之 SWOT 模型（★★★）

SWOT 模型是一种综合考虑企业内部的优势（strengths）和劣势（weakness）、外部环境的机会（opportunities）和威胁（threats），进行系统评价，从而选择最佳经营战略的方法。其中，优势与劣势分析主要着眼于企业自身的实力及其与竞争对手的比较。判断企业内部优势与劣势的标准有两项：一是单项的优势与劣势，如资金、技术、产品、市场、管理等；二是综合的优势和劣势。典型的 SWOT 分析格式如表 1－3 所示。

表1-3　　　　　　　　　　　　典型的 SWOT 分析格式

优势	劣势
<ul><li>企业专家所拥有的专业市场知识</li><li>对自然资源的独有进入性</li><li>专利权</li><li>新颖的、创新的产品或服务</li><li>企业地理位置</li><li>由于自主知识产权所获得的成本优势</li><li>质量流程与控制优势</li><li>品牌和声誉优势</li></ul>	<ul><li>缺乏市场知识与经验</li><li>无差别的产品和服务（与竞争对手相比较）</li><li>企业地理位置</li><li>竞争对手进入分销渠道的优先地位</li><li>产品或服务质量低下</li><li>声誉败坏</li></ul>
机会	威胁
<ul><li>发展中的新兴市场（中国、互联网）</li><li>并购、合资或战略联盟</li><li>进入具有吸引力的新的细分市场</li><li>新的国际市场</li><li>政府规则放宽</li><li>国际贸易壁垒消除</li><li>某一市场的领导者力量薄弱</li></ul>	<ul><li>自己的市场上出现新的竞争对手</li><li>价格战</li><li>竞争对手发明新颖的、创新性的替代产品或服务</li><li>政府颁布新的规则</li><li>出现新的贸易壁垒</li><li>针对自己产品或服务的潜在税务负担</li></ul>

机会与威胁分析则将注意力放在外部环境的变化即对企业可能的影响上。机会是指随着外部环境变化而产生的有利于企业的时机，如政府支持、新技术应用、良好的客户关系等。而威胁是指随着企业外部环境的改变而不利于企业的时机，如新的竞争者出现、市场缩减、技术老化等。

图1-3显示了 SWOT 模型的十字结构。第Ⅰ象限具有很好的内部条件和众多的外部机会，应当采取成长战略；第Ⅱ象限面临巨大的外部机会，却受到了内部劣势的限制，应当采取转向战略，充分利用外部机会，设法消除内部劣势；第Ⅲ象限存在内部劣势和外部强大威胁，应当采取收缩战略；第Ⅳ象限具有一定的内部优势，应在多元化经营方面寻求长期发展机会。

【提示】根据案例资料，对资料中的条件按照 SWOT 类型进行分类，根据不同的类别选择公司可以采用的战略。2024 年对该模型进行了考核。

✹ 考点20　财务战略目标与类型（★）

（一）财务战略特征

从属性、系统性、指导性、复杂性。

（二）财务战略目标

财务战略目标的根本是通过资本的配置与使用实现企业价值最大化。

价值实现是指通过与股东和外部投资者进行有效沟通，提高价值创造与股票价格之间的相关性，避免管理期望价值与市场预期价值的差异，使经营绩效有效地反映到资本市场的股东投资效益。

作为财务战略目标的两个方面，企业价值创造过程通常是企业内部管理的范畴，价值实现过程则是通过对外沟通来完成的。

当公司内在的真实经济价值与外在的市场价值有所落差时，在市值被高估时，对内要进行价值重建，以确保公司价值创造能力的提升；在市值被低估时，对外要与股东和投资者做有效的价值沟通，以避免由于欠缺资讯的透明度及资讯的不对称造成预期落差，导致投资价值减损，阻碍

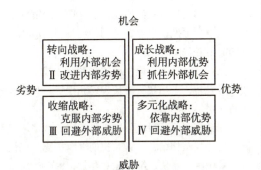

图1-3　SWOT 模型

价值实现的最终目标。

（三）财务战略分类

财务战略按财务活动内容划分，可分为融资战略、投资战略、分配战略等。不同时期不同环境中的公司在筹资活动、投资活动和分配活动方面有不同的侧重点，这就构成了不同类型的财务战略。

财务战略的选择必须考虑企业不同发展阶段的经营风险和财务特征，并随着企业环境的变化及时进行调整，以保持其旺盛的生命力。

从资本筹措与使用特征的角度，企业的财务战略可划分为扩张型、稳健型和防御型三种类型。

1. 扩张型财务战略

扩张型财务战略，又称为进攻型的财务战略，是为了配合公司的一体化战略和多元化战略而展开的。这种财务战略是以实现公司资产规模的扩张为目的的。为了实施这种战略，公司往往需要在将绝大部分乃至全部利润留存的同时，大量地进行外部筹资，更多地利用负债。公司资产规模的快速扩张，也往往会使公司的资产报酬率在一个较长时期表现为相对的低水平。因此，这种财务战略的特点是公司对外投资规模不断扩大，现金流出量不断增多，资产报酬率下降，企业负债增加。

该种战略的优点是通过新的产品或市场发展空间，可能会给公司未来带来新的利润增长点和现金净流量；它的缺点是一旦投资失误，公司财务状况可能恶化，甚至导致公司破产。

2. 稳健型财务战略

稳健型财务战略，又称为稳健发展型或加强型、平衡型财务战略。它是为配合公司实施现有产品或服务的市场开发或市场渗透战略而展开的。它是以实现公司财务业绩稳定增长和资产规模平稳扩张为目的的一种财务战略。实施这种战略的公司，根据公司自身经营状况确定与之匹配的发展速度，不急于冒进，慎重从事企业并购或进入与公司核心能力并不相关的领域。一般将尽可能优化现有资源的配置和提高现有资源的使用效率，将利润积累作为实现资产规模扩张的基本资金来源，且对利用负债来实现资产增长往往持十分谨慎的态度。

该种战略的特点是充分利用现有资源，对外

集中竞争优势，兼有战略防御和战略进攻的双重特点，通常是一种过渡性战略。

3. 防御型财务战略

防御型财务战略，又称为收缩型财务战略，主要是为配合公司的收缩、剥离、清算等活动展开的。这种财务战略是以预防出现财务危机和求得生存及新的发展为目的的。实施这种财务战略的公司，一般将尽可能减少现金流出和尽可能增加现金流入作为首要任务，通过采取削减业务、剥离资产、回购股份和精简机构等措施，盘活存量资产，节约资本支出，集中一切可以集中的财力，用于公司核心业务，以增强公司核心业务的市场竞争力。因此，这种财务战略的特点是公司规模迅速降低，现金流入量增加，资产报酬率提高，债务负担减轻。

该种战略的优点是公司财务状况稳健，为将来选择其他财务战略积聚了大量现金资源；缺点是公司会因此而失去一部分产品领域和市场空间，若不能及时创造机会调整战略则会影响公司未来的盈利增长和现金流量，目前我国有相当一些企业不景气就是这一原因造成的。

【提示】 掌握财务战略目标和财务战略类型分类，并能够根据特点判断适合哪种类型。财务战略类型 2019 年进行过考核，此后就没有出题，需要引起考生重视。

✦ 考点 21　财务战略选择（★★★）

（一）基于经济周期的财务战略选择

从财务的观点看，经济的周期性波动要求企业顺应经济周期的过程和阶段，通过制定和选择富有弹性的财务战略，来抵御大起大落的经济震荡，以减少它对财务活动的影响，抑制财务活动的负效应。财务战略的选择必须与经济周期相适应。经济周期通常要经历经济复苏期、经济繁荣期和经济衰退期，企业在不同的经济周期应选择不同的财务战略。

在经济复苏阶段应采取扩张型财务战略，增加厂房设备，采用融资租赁，建立存货，开发新产品，增加劳动力。

在经济繁荣阶段应采取扩张型财务战略和稳健型财务战略相结合。繁荣初期继续扩充厂房设备，采用融资租赁，继续建立存货，提高产品价格，开展营销筹划，增加劳动力。繁荣后期采取稳健型财务战略。

在经济衰退阶段应采取防御型和扩张型承接的财务战略。在初期，特别在经济处于低谷时期，继续采取防御型财务战略，建立投资标准，保持市场份额，压缩管理费用，放弃次要的财务利益，削减存货，减少临时性雇员。后期为转向扩张型财务战略做准备，迎接下一轮经济周期的到来。

总之，企业财务管理人员要跟踪时局的变化，对经济的发展阶段作出恰当的反应，要关注经济形势和经济政策，深刻领会国家的经济政策，特别是产业政策、投资政策等对企业财务活动可能造成的影响。

（二）基于企业生命周期的财务战略选择

财务战略选择必须与企业发展阶段相适应。典型的企业一般要经过初创期、成长期、成熟期和衰退期四个阶段，不同的发展阶段应该选择不同的财务战略与之相适应。

企业初创期面临的经营风险最高。其产生于新产品研发能否成功；新产品能否如期生产；新产品量产后能否适销对路；新产品能否实现预期利润。根据经营风险、财务风险和企业总风险的关系，较高的经营风险要求与较低的财务风险相匹配，因此资金需求最好使用权益资本而避免使用债务资本。

由于初创期有大量资金流出和少量资金流入，因此采用零股利政策。在成长期，虽然现金需求量也很大，但它是以较低幅度增长的，风险仍然很高，一般可以考虑采用较低的股利分配政策。因此，在初创期和成长期企业应采取扩张型财务战略。

在成熟期现金需求量有所减少，一些企业可能有现金结余，企业经营风险降低，可以适当提高财务风险。此时充足的现金流量是负债融资的根本保障。成熟期现今需求少，这一阶段采用较高的现金股利政策，一般采取稳健型财务战略。

在衰退期现金流入量和需求量持续减少，最后经受亏损，风险降低，一般采用股票股利或高股利分配政策。在衰退期企业应采取防御型财务战略。

处于不同生命周期阶段的企业所面临的风险类型和风险水平不同，同时具有不同的财务特征和价值驱动因素，因此需要有所侧重，采取不同类型的财务战略与公司的不同阶段、不同环境的特征相适应，从而尽可能地给予公司价值创造活动以最合适的支持。不同发展阶段的公司财务战略特征如表1-4所示。

表1-4 不同发展阶段的公司财务战略特征及选择

表现特征	初创期	成长期	成熟期	衰退期
竞争对手	少数	增多	开始达到稳定	数量持续减少
经营风险	非常高	高	中等	低
财务风险	非常低	低	中等	高
资本结构	股权融资	主要是股权融资	股权＋负债融资	股权＋负债融资
资金来源	风险资本	权益投资增加	保留盈余＋债务	债务
销售收入	较少	高增长	开始饱和	下降
收益情况	负数	较低	增长	较高
投资回报	无	较低	较高	较高
资金需求	较小	较大	较小	很小
现金流量	较少且不稳定	净现金流量为负数	净现金流量为正数	现金较为充裕
股利	不分配	分配率很低	分配率高	全部分配
市盈率	非常高	高	中	低

续表

表现特征	初创期	成长期	成熟期	衰退期
股价	迅速增长	增长并波动	稳定	下降并波动
财务战略	稳健型或扩张型财务战略，采取权益资本型筹资战略，实施一体化投资战略，实行零股利或低股利政策	扩张型财务战略，采取相对积极筹资战略，实施适度分权投资战略，实行低股利、股票股利或剩余股利政策	稳健型财务战略，采取负债资本型筹资战略，实施尝试型投资战略，实行高股利、现金股利政策	防御型财务战略，采取高负债型筹资战略，建立进退结合的投资战略，实行高股利分配政策

【提示】掌握两种类型的财务战略选择特征，并能够根据题目的材料判断或选择正确的财务战略类型。

✳ 考点 22　投资战略（★★）

（一）投资战略的原则

投资战略的原则包括集中性原则、适度性原则、权变性原则和协同性原则等。

（1）集中性原则要求企业把有限的资金集中投放到最需要的项目上。

（2）适度性原则要求企业投资要适时适量，风险可控。

（3）权变性原则要求企业投资要灵活，要随着环境的变化对投资战略作出及时调整，做到主动适应变化，而不刻板投资。这一要求突出了投资战略需要紧密关注市场环境、技术环境、政策环境甚至是消费市场环境。

（4）协同性原则要求按照合理的比例将资金配置于不同的生产要素上，以获得整体上的收益。企业还需要对投资规模和投资方式等做出恰当安排，确保投资规模与企业发展需要相适应，投资方式与企业风险管理能力相协调。投资规模不宜扩张过快，避免公司资金、管理、人员、信息系统都无法跟上投资扩张的速度，从而使得企业倒在快速扩张的途中；投资时需要关注投资风险和企业管理投资风险的能力与水平，不可在缺乏严谨的风险控制程序和能力的基础上去追求高风险、高回报的项目，导致企业处于巨大风险之中。

（二）投资战略选择

1. 直接投资战略选择

直接投资战略根据目标可分为：提高规模效益的投资战略、提高技术进步效益的投资战略、提高资源配置效率的投资战略、盘活资产存量的投资战略。

（1）提高规模效益的投资战略。

企业投资规模决定着企业规模，优化企业规模对实现企业投资战略目标至关重要。

（2）提高技术进步效益的投资战略。

（3）提高资源配置效率的投资战略。

投资战略选择中要通过资产运营，使资产配置结构优化，一方面提高资产配置的经济效率或经济效益；另一方面降低或有效应对资产经营中的风险。企业为提高资源配置效率投资可采取的资产结构优化战略通常可分为适中型资产组合战略、保守型资产组合战略和冒险型资产组合战略三种。

（4）盘活资产存量的投资战略。

盘活资产存量的投资战略就是要通过投资增量，有效地盘活和利用现有资产，提高资产使用效率与效益，使现有资产创造更大价值。第一，盘活资产存量，使闲置资产充分发挥作用；第二，提高资产使用效率，使效率低的资产提高利用率；第三，重组或重新配置存量资产，使低增值率资产向高增值率资产转移。

2. 间接投资战略选择

间接投资是指企业通过购买证券、融出资金或者发放贷款等方式将资本投入其他企业，其他企业进而再将资本投入生产经营中去的投资。间接投资通常为证券投资，其主要目的是获取股利或者利息，实现资本增值和股东价值最大化。

3. 投资时机战略选择

投资时机选择是投资战略的重要内容之一。经营成功的企业投资一般是将多种产品分布在企业发展时期的不同阶段进行组合，主要有以下四种模式：

（1）投资侧重于初创期产品，兼顾成长期和成熟期。这是一种颇具开发实力且创新意识很强的企业通常选择的模式，也是一种为获得领先地位而勇于承担风险的投资策略。

（2）投资侧重于成长期和成熟期，几乎放弃初创期和衰退期。这是一种实力不足而力求稳妥快速盈利的企业通常选择的模式，是一种重视盈利而回避风险的投资策略。

（3）投资均衡分布于企业发展的四个阶段。这是一种综合实力极强而且跨行业生产多种产品的企业通常选择的模式，是一种选择多元化经营战略谋求企业总体利益最大的策略。

（4）投资侧重于初创期和成长期而放弃成熟、衰退期。这种模式多见于开发能力强而生产能力弱的企业。

不同的企业可以根据自身特点和经营战略选择上述四种投资组合模式之一或某一模式的变形。

【提示】掌握投资战略基本原则、直接投资的目标类型、直接与间接投资差异、投资时机有哪几种类型。

✿ 考点 23 融资战略的主要作用

融资战略的作用体现在以下三个方面：

（一）融资战略可有效地支持企业投资战略目标的实现

企业要实现投资战略目标，首先离不开资本的投入，而要取得投资战略所需要的资本就需要融资。融资规模、融资时机、融资成本、融资风险等都直接影响和决定着投资战略的实施及效果。因此，正确选择融资战略对投资战略目标的实现和企业整体战略目标的实现都是至关重要的。

（二）融资战略选择可直接影响企业的获利能力

融资战略对企业获利能力的影响可体现在以下几个方面：第一，融资战略通过融资成本的降低可直接减少资本支出增加企业价值，也可间接通过投资决策时折现率等的改变提高企业盈利水平；第二，融资战略可通过资本结构的优化降低成本、应对风险、完善管理，促进企业盈利能力的提高；第三，融资战略还可通过融资方式、分配方式等的变化向市场传递利好消息，提升企业

的价值。

（三）融资战略还会影响企业的偿债能力和财务风险

融资战略通过对融资方式、融资结构等的选择直接影响着企业的偿债能力和财务风险。融资战略选择可反映管理者的经营理念及对风险的偏好和态度。如何利用财务杠杆进行负债经营与资本经营，与融资战略选择紧密相关。企业经营管理者应权衡收益与风险，充分利用融资战略实现风险应对，为企业创造更多价值。

【提示】融资战略内容很重要，需要全面了解各种特征，有助于熟悉相关考核要求。

✿ 考点 24 融资战略选择（★★★）

（一）融资战略选择的原则

企业应当根据战略需求不断拓宽融资渠道，对融资进行合理配置，采用不同的融资方式进行最佳组合，以构筑既体现战略要求又适应外部环境变化的融资战略。融资战略选择应遵循的原则包括融资低成本原则、融资规模适度原则、融资结构优化原则、融资时机最佳原则、融资风险可控原则。

1. 融资低成本原则

企业融资成本是决定企业融资效率的决定性因素，对于企业选择哪种融资方式有着重要意义。由于融资成本的计算涉及很多因素，具体运用时有一定的难度。一般情况下，按照融资来源划分各种主要融资方式的融资成本高低，根据企业融资的需要及条件选择低成本的融资方式。

2. 融资规模适度原则

确定企业的融资规模在企业融资过程中非常重要。筹资过多，可能造成资金闲置浪费，增加融资成本，或者可能导致企业负债过多，使其无法承受，偿还困难，增加经营风险。如果企业筹资不足，又会影响企业投融资计划及投资业务的开展。因此，企业在选择融资战略时，要根据企业对资金的需要、企业自身的实际条件以及融资的难易程度和成本情况，量力而行来确定企业合理的融资规模。

3. 融资结构优化原则

企业融资时，资本结构决策应体现理财的终极目标，即追求企业价值最大化。在假定企业持续经营的情况下，企业价值可根据未来若干期限

预期收益的现值来确定。虽然企业预期收益受多种因素制约，折现率也会因企业所承受的各种风险水平不同而变化，但从筹资环节看，如果资本结构安排合理，不仅能直接提高筹资效益，而且对折现率的高低也会起到一定的调节作用，因为折现率是在充分考虑企业加权资本成本和筹资风险水平的基础上确定的。

4. 融资时机最佳原则

所谓融资时机是指由有利于企业融资的一系列因素所构成的有利的融资环境和时机。企业选择融资时机的过程，就是企业寻求与企业内部条件相适应的外部环境的过程。从企业内部来讲，过早融资会造成资金闲置，而如果过晚融资又会造成投资机会的丧失。从企业外部来讲，由于经济形势瞬息万变，这些变化又将直接影响中小企业融资的难度和成本。因此，企业若能抓住企业内外部变化提供的有利时机进行融资，会使企业比较容易地获得成本较低的资金。

5. 融资风险可控原则

融资风险是指筹资活动中由于筹资战略规划而引起的收益变动的风险。融资风险要受经营风险和财务风险的双重影响，具体涉及信用风险、市场风险、金融风险、政治风险等各种类型的风险。企业融资战略选择必须遵循风险的可控性原则，一方面加强融资目标、融资过程的控制；另一方面搞好融资危机管理，即搞好融资风险评估、预警和应对。

（二）融资战略的类型选择

1. 基于融资方式的战略选择

一般来说，企业的融资方式有：内部融资、股权融资、债务融资和销售资产融资。 因此，基于融资方式的融资战略有四种，即内部融资战略、股权融资战略、债务融资战略和销售资产融资战略。

（1）内部融资战略。企业可以选择使用内部留存利润进行再投资。留存利润是指企业分配给股东红利后剩余的利润。这种融资方式是企业最普遍采用的方式。但在企业的快速扩张等阶段，仅依靠内部融资是远远不够的，还需要其他的资金来源。

内部融资的优点 在于管理层在做此融资决策时不需要向外部披露公司的信息，比如不需要像债务融资那样向银行披露自身的战略计划或者像股权融资那样向资本市场披露相关信息，从而可以有效保护企业的商业秘密。缺点在于如果股东根据企业的留存利润会预期下一期或将来的红利，这就要求企业有足够的盈利能力，而对于那些陷入财务危机的企业来说压力是很大的，因而这些企业就没有太大的内部融资空间。

（2）股权融资战略。股权融资是指企业为了新的项目而向现在的股东和新股东发行股票来筹集资金。这种融资经常面对的是企业现在的股东，按照现有股东的投票权比例进行新股发行，新股发行的成功取决于现有股东对企业前景具有较好预期。

股权融资的优点在于当企业需要的资金量比较大时（比如并购），股权融资就占很大优势，因为它不像债权融资那样需要定期支付利息和本金，而仅仅需要在企业盈利时向股东支付股利。这种融资方式也有其不足之处，比如股份容易被恶意收购从而引起控制权的变更，并且股权融资方式的成本也比较高。

内部融资战略和股权融资战略将面临股利支付的困境。如果企业向股东分配较多的股利，那么企业留存的利润就较少，进行内部融资的空间相应缩小。理论上讲，股利支付水平与留存利润之间应该是比较稳定的关系。然而，实际上企业经常会选择平稳增长的股利支付政策，这样会增强股东对企业的信心，从而起到稳定股价的作用。而且，留存利润也是属于股东的，只是暂时没有分配给股东而要继续为股东增值。但是，较稳定的股利政策也有其不足之处，与债权融资的思路类似，如果股利支付是稳定的，那么利润的波动就完全反映在留存利润上，不稳定的留存利润不利于企业作出精准的战略决策。同样，企业也会权衡利弊作出最优的股利支付决策。

（3）债务融资战略。债务融资主要可以分为贷款和租赁两类。

贷款又可分为短期贷款与长期贷款。现实中短期贷款利率高于长期贷款利率，或者低于长期贷款利率的情况都可能会发生。从理论上说，完全预期理论认为对未来短期利率的完全预期是形成长期利率的基础，如果预期未来短期利率趋于上升，则长期利率高于短期利率；反之则长期利率低于短期利率。而流动贴水理论则认为长期利率水平高于短期利率，其原因在于必须对流动性和风险加以补偿。实践中，在不同的经济环境下，长期利率与短期利率水平并不完全确定。**债务融资方式与股权融资相比，融资成本较低、融资的速度较快，并且方式也较为隐蔽。不足之处是，当企业陷入财务危机或者企业的战略不具备竞争优势时，还款的压力会增加企业的经营风险。**

租赁是指企业租用资产一段时期的债务形式，可能拥有在期末的购买期权。比如，运输行业比较倾向于租赁运输工具而不是购买。租赁的优点在于企业不需要为购买运输工具进行融资，缓解资金压力，并可在一定程度上避免长期资产的无形损耗。此外，租赁很有可能使企业享有更多的税收优惠。不足之处在于，企业使用租赁资产的权利是有限的，因为资产的所有权不属于企业。

（4）销售资产融资战略。企业还可以选择销售其部分有价值的资产进行融资，这也被证明是企业进行融资的主要战略。从资源观的角度来讲，这种融资方式显然会给企业带来许多切实的利益。**销售资产的优点是简单易行，并且不用稀释股东权益。不足之处在于，这种融资方式比较激进，一旦操作了就无回旋余地，而且如果销售的时机选择不准，销售的价值就会低于资产本身的价值。**

【提示】要根据材料能够判断出具体的融资战略类型。2021 年考试题目中涉及根据案例资料判断具体融资类型的题目。

2. 基于资本结构优化的战略选择

资本结构优化从狭义上讲是指债务融资与股权融资的结构优化。从广义上讲，资本结构优化除包括债务融资与股权融资结构的优化外，还包括内部融资与外部融资结构的优化、短期融资与长期融资结构的优化等。

决定企业资本结构优化战略的基本因素是资本成本水平及风险承受水平。具体应考虑的因素包括企业的举债能力，管理层对企业的控制能力，企业的资产结构，增长率、盈利能力以及有关的税收成本等。此外，还有一些比较难以量化的因素，主要包括企业未来战略的经营风险；企业对风险的态度；企业所处行业的风险；竞争对手的资本成本与资本结构（竞争对手可能有更低的融资成本以及对风险不同的态度）；影响利

率的潜在因素，比如整个国家的经济状况等。

3. 基于生命周期和投资战略的融资战略选择

由于融资战略应适应投资战略的要求，一般而言，初创期公司、增长性高科技公司和新兴行业主要采用股权融资；成长型公司大多采用"股权＋负债"融资方式或采用更多的负债融资；成熟期公司主要采用负债融资；收缩性公司通常处于行业衰退期，适应衰退期的风险特征，应该采用防御型融资战略，企业在该阶段仍可保持较高的负债水平。一方面，衰退期既是企业的夕阳期，也是新活力的孕育期；另一方面，衰退期的企业财务实力依然较强，有现有产业作后盾，高负债融资战略对企业自身而言具有一定的可行性。

4. 根据投资战略中的快速增长型投资和低增长型投资特点的融资战略选择

（1）快速增长和保守融资战略。

对于快速增长型企业，创造价值最好的方法是新增投资，而不是仅仅考虑可能伴随着负债筹资的税收减免所带来的杠杆效应。因此，最恰当的融资战略是那种最能促进增长的策略。在选择筹资工具时，可以采用以下方法：

第一，维持一个保守的财务杠杆比率，它具有可以保证企业持续进入金融市场的充足借贷能力；

第二，采取一个恰当的、能够让企业从内部为企业绝大部分增长提供资金的股利支付比率；

第三，把现金、短期投资和未使用的借贷能力用作暂时的流动性缓冲品，以便于在那些投资需要超过内部资金来源的年份里能够提供资金；

第四，如果必须采用外部筹资，那么选择举债的方式，除非由此导致的财务杠杆比率威胁到财务的灵活性和稳健性；

第五，当上述方法都不可行时，采用增发股票筹资或者减缓增长的方式。

（2）低增长和积极融资战略。

对于低增长型企业，通常没有足够好的投资机会，在这种情况下，出于利用负债筹资为股东创造价值的动机，企业可以尽可能多地借入资金，并进而利用这些资金回购自己的股票，从而实现股东权益的最大化。这些融资战略为股东创

造价值的方法通常包括：

第一，通过负债筹资增加利息支出获取相应的所得税利益，从而增进股东财富；

第二，通过股票回购向市场传递积极信号，从而推高股价；

第三，在财务风险可控的情况下，高财务杠杆比率可以提高管理人员的激励动机，促进其创造足够的利润以支付高额利息。

【提示】本部分为考试重点内容，需要掌握融资战略的各种类型以及不同特点。这两年第一章考核更侧重战略，今年财务战略内容需要关注。

✦ 考点 25　股利分配战略（★）

（一）股利分配战略的原则

股利分配战略的制定必须以投资战略和融资战略为依据，必须为企业整体战略服务。股利分配战略的原则主要体现在以下方面：

（1）股利分配战略应优先满足企业战略实施所需的资金，并与企业战略预期的现金流量状况保持协调一致。

（2）股利分配战略应能传达管理部门想要传达的信息，尽力创造并维持一个企业战略所需的良好环境。

（3）股利分配战略必须把股东们的短期利益（支付股利）与长期利益（增加内部积累）很好地结合起来。

（二）股利分配战略选择

1. 股利分配战略选择的影响因素

选择股利分配战略必须首先分析股利分配的制约和影响因素。影响股利分配战略的因素主要有：

（1）法律因素。

①资本限制。资本限制是指企业支付股利不能减少资本（包括资本金和资本公积金）。这一限制是为了保证企业持有足够的权益资本，以维护债权人的利益。

②偿债能力的限制。如果一个企业的经济能力已降到无力偿付债务或因支付股利将使企业丧失偿债能力，则企业不能支付股利。这一限制的目的也是为了保护债权人。

③内部积累的限制。有些法律规定禁止企业过度地保留盈余。如果一个企业的保留盈余超出目前和未来的投资很多，则被看作过度的内部积累，要受到法律上的限制。这是因为有些企业为了保护高收入股东的利益，故意压低股利的支付，多留利少分配，用增加保留盈余的办法来提高企业股票的市场价格，使股东逃税。所以有的国家税法规定对企业过度增加保留盈余征收附加税作为处罚。

上市公司应在章程中载明公司利润分配政策尤其是现金分红具体内容，利润分配形式；尤其是现金分红具体条件，发放股票股利条件，年度和中期现金分红最低金额或者比例等。具备现金分红条件的，应当采用现金分红进行利润分配。采用股票股利分配的，应当具有公司成长性、每股净资产的摊薄等真实合理因素。上市公司董事会应当综合考虑行业特点、发展阶段、经营模式、盈利水平、偿还能力、是否有重大资金支出安排和投资者回报等因素，区分以下情形，提出差异化现金分红政策：①公司发展阶段属于成熟期且无重大资金支出安排的，进行利润分配时，现金分红在本次利润分配中所占比例最低应达到80%；公司发展阶段属成熟期且有重大资金支出安排的，进行利润分配时，现金分红在本次利润分配中所占比例最低应达到40%；公司发展阶段属成长期且有重大资金支出安排的，进行利润分配时，现金分红在本次利润分配中所占比例最低应达到20%。

【提示】本部分为新增内容，可结合企业生命周期来考核现金分红比例要求，需要考生关注。需要注意的是，现金分红的比例是本次利润分配总额所占的比例，而不是公司净利润的比例。

（2）债务（合同）条款因素。

债务特别是长期债务合同通常包括限制企业现金股利支付权力的一些条款，限制内容通常包括：

①营运资金（流动资产减流动负债）低于某一水平，企业不得支付股利；

②企业只有在新增利润的条件下才可进行股利分配；

③企业只有先满足累计优先股股利后才可进行普通股股利分配。

这些条件在一定程度上保护了债权人和优先股东的利益。

（3）股东类型因素。

企业的股利分配最终要由董事会来确定。董

事会是股东们的代表，在制定股利战略时，必须尊重股东们的意见。股东类型不同，其意见也不尽相同，大致可分为以下几种：

①为保证控制权而限制股利支付；

②为避税的目的而限制股利支付；

③为取得收益而要求支付股利；

④为回避风险而要求支付股利；

⑤由于不同的心理偏好和金融传统而要求支付股利。

（4）经济因素。

宏观经济环境的状况与趋势会影响企业的财务状况，进而影响股利分配。影响股利分配的具体经济因素有：

①现金流量因素；

②筹资能力因素；

③投资机会因素；

④公司加权资金成本；

⑤股利分配的惯性。

综合以上各种因素对股利分配的影响，企业就可以拟定出可行的股利分配备选方案。此后，企业还需按照企业战略的要求对这些方案进行分析、评价，才能从中选出与企业战略协调一致的股利分配方案，确定企业在未来战略期间内的股利战略，并予以实施。

2. 股利分配战略选择的类型

（1）剩余股利战略。

剩余股利战略在发放股利时，优先考虑投资的需要，如果投资过后还有剩余则发放股利，如果没有剩余则不发放。这种战略的核心思想是以公司的投资为先、发展为重。

（2）稳定或持续增长的股利战略。

稳定的股利战略是指公司的股利分配在一段时间里维持不变；而持续增加的股利战略则是指公司的股利分配每年按一个固定成长率持续增加。

（3）固定股利支付率战略。

公司将每年盈利的某一固定百分比作为股利分配给股东。它与剩余股利战略正好相反，优先考虑的是股利，后考虑保留盈余。

（4）低正常股利加额外股利战略。

公司事先设定一个较低的经常性股利额，一般情况下，公司都按此金额发放股利，只有当累积的盈余和资金相对较多时，才向股东支付正常股利以外的额外股利。

（5）零股利战略。

这种股利战略是将企业所有剩余盈余都投资回本企业中。在企业成长阶段通常会使用这种股利政策，并将其反映在股价的增长中。但是，当成长阶段已经结束，并且项目不再有正的现金净流量时，就需要积累现金和制定新的股利分配战略。

【提示】掌握股利分配战略的影响因素和具体的股利战略类型与特征。

本章历年试题解析

【2024 年试题】*

甲公司是一家主要从事有色金属矿产资源勘探开发及相关设备制造的上市公司，致力于为人类美好生活提供低碳矿物原料。2024 年 1 月，甲公司召开年度工作会议，总结 2023 年的工作，部署 2024 年的工作。部分人员发言摘录如下：

（1）董事长：多年来，凭借低成本优势，公司由一家只从事有色金属矿产资源开发的小企业，发展为集有色金属矿产资源勘查开发，相关设备制造与矿业研究、设计及应用于一体的大型金属矿产集团公司。当前，公司机遇与挑战并存，从国际形势看，百年未有之大变局纵深演进，世界充满不确定性，全球地缘政治风险加剧，经济下行压力大。从行业发展来看，随着应对气候变化，控制温室气体的排放成为广泛共识

---

* 考生回忆版，本书后同。

及"双碳"政策的加速落地，铜、锂等新能源矿产需求快速增长；黄金作为金融安全的"压舱石"，价格预计进一步上涨；国家全面实行排污许可制，要求工业污染源限期达标排放。从公司自身看，一方面，公司储备了大量矿产资源，形成独特的管理模式；另一方面，生产安全形势不容乐观，发生多起安全事故。2024 年，公司要抓住市场机遇，稳步提升经营效益，狠抓安全生产确保生产平稳运行，强化排污管理，严格履行环保义务，以高质量的发展推进中国式现代化。

（2）总裁：2023 年生产铜 101 吨，销售增长率 21%，国内市场占有率 54%，在国内处于领先地位。生产金 56.40 吨，销售增长率 1.8%，国内市场占有率 19% 左右。生产锂 2 吨，销售增长率 20%，国内市场占有率 3% 左右，市场占有率明显偏低。2024 年应抓住铜、金、锂需求旺盛的有利时机，搭上行业发展的"快车"，不断做强铜和金业务，及时研发锂业务的发展方向，力争经营效益再创新高。

（3）财务总监：2023 年，公示实现营业收入 2 703.29 亿元，净利润 200.40 亿元。分别同比增长 20.09%、27.88%。2024 上半年，公司将启动总投资约 100 亿元的超大型 M 铜矿项目开发。鉴于 M 铜开采难度小，矿产品质好。项目投资回收期短，回报率高。建议在拟定 2023 年度股利分配方案时，优先考虑该投资所需资金。

要求：

1. 根据资料（1），指出甲公司自成立以来的总体战略及其具体类型，并说明理由。

2. 根据资料（1），指出甲公司所采取的经营战略的类型，并说明理由。

3. 根据资料（1），运用 SWOT 分析法，分别指出甲公司的机会、威胁、优势和劣势。

4. 根据资料（2），结合波士顿矩阵模型分别指出甲公司铜业务和锂业务所属的类型，并说明甲公司针对这两种业务分别应采取的策略。

5. 根据资料（3），指出财务总监建议的股利分配战略的类型，并说明理由。

【分析与解释】

1. 总体战略：成长型战略。

具体类型：多元化战略－相关多元化战略。

理由：公司从一家只从事有色金属矿产资源开发的小企业，发展为集有色金属矿产资源勘查开发、相关设备制造与矿业研究、设计及应用于一体的大型金属矿产集团公司。

【考点】企业总体战略－多元化战略。

2. 经营战略：成本领先战略。

理由：多年来，凭借低成本优势经营。

【考点】经营战略－成本领先战略。

3. 机会：控制温室气体的排放成为广泛共识及"双碳"政策的加速落地，铜、锂等新能源矿产需求快速增长；黄金作为金融安全的"压舱石"，价格预计进一步上涨。

威胁：世界充满不确定性，全球地缘政治风险加剧，经济下行压力大。国家全面实行排污许可制，要求工业污染源限期达标排放。

优势：低成本优势，多元化经营。公司储备了大量矿产资源，形成独特的管理模式。抓住市场机遇，稳步提升经营效益，狠抓安全生产确保生产平稳运行，强化排污管理，严格履行环保义务。

劣势：生产安全形势不容乐观，发生多起安全事故。

【考点】业务组合管理模型——SWOT 模型。

4.（1）铜业务。

业务类型：明星业务。

策略：为了保护和扩展明星业务的市场主导地位，企业应对其进行资源倾斜。

（2）锂业务。

业务类型：问题业务。

策略：企业对于问题业务的进一步投资需要分析，判断使其向明星业务转化所需要的投资额，分析其未来的盈利能力，作出投资决策。

【考点】业务组合管理模型——波士顿矩阵。

5. 剩余股利战略。

理由：剩余股利战略在发放股利时，优先考虑投资的需要，如果投资过后还有剩余则发放股利，如果没有剩余则不发放股利。资料中建议在拟定 2023 年度股利分配方案时优先考虑该投资所需资金，说明是剩余股利战略。

【考点】分配战略——股利分配战略选择的类型。

【2023 年试题】

甲公司是一家大型国有投资公司，主要从事战略新兴产业股权投资业务，A 融资公司和 B 小额贷款公司是甲下属企业，主要为区域内中小企业提供金融服务。

2023 年初，甲公司组织召开战略发展工作会，发言如下：

（1）甲公司负责人：2022 年甲公司积极参与区域内重大项目投资，促进产业集群，为区域经济发展作出重要贡献，截至 12 月甲公司合并口径资产总额 960 亿元，负债总额 268 亿元，所有者权益 692 亿元，2022 年营业收入 480 亿元，净利润 55 亿元。

（2）A 融资公司负责人：近 5 年，区域租赁市场发展迅速，A 公司业务持续高增长，2022 年本公司新增租赁合同额 59 亿元，区域市场占有率达 42%，市场份额和资产收益率显著高于同类企业，2023 年本公司将继续围绕区域内重点企业开展融资服务，充分发挥区域金融生态补充作用，着力进行产品创新，做强资产业务：①进一步拓展业务，在现有租赁服务的基础上，积极开展"租赁＋投资"等"租赁＋"全新金融服务业务，聚焦产品创新，为客户提供更多量身定制的融资租赁解决方案，支持业务增长，更好地服务实体经济。②着手建立现有业务的线上销售服务平台，通过"线上＋线下"营销，扩大区域产品市场份额。

（3）B 小额贷款公司负责人：一年前，甲公司出资 1 亿元发起成立 B 小额贷款公司，近三年受宏观经济影响，部分中小企业经营困难，导致本公司坏账规模增加，亏损日趋严重。根据甲公司调整投资布局，优化集团资源配置的战略部署，按照《B 小额贷款公司章程》，B 公司将在本年度终止经营，现着手清算工作。

假定不考虑其他因素。

要求：

1. 根据资料（1），从企业战略目标体系的内部构成角度，指出甲公司高管"构建由业务增长、市场份额、盈利水平等三大指标组成的公司战略目标体系"举措是否恰当，并说明理由。

2. 根据资料（1），指出甲公司战略实施模式的类型；结合价值链分析，判断"抓好内部控制体系和管理信息系统建设"属于哪类价值创造活动及具体类型。

3. 根据资料（2），从整个集团业务角度，判断融资租赁业务版块在波士顿矩阵中所属的业务类型，并说明理由。

4. 根据资料（2），分别指出①②属于的总体战略的具体类型，并说明理由。

5. 根据资料（3），指出 B 小额贷款公司总体战略及具体类型。

【分析与解释】

1. 不恰当。

理由：企业战略目标是多元化的，既包括经济目标，又包括非经济目标；既包括定量目标，又包括定性目标。

2. （1）指挥型模式。

（2）辅助活动中的企业基础设施。

3. 明星业务。

理由：A 公司业务持续高增长，市场份额显著高于同类企业。

4. （1）成长型战略中的新产品开发战略。

理由：在现有市场上通过改进或改变产品或服务以增加产品销售量。

（2）成长型战略中的市场渗透战略。

理由：通过更大的市场营销，努力提高现有产品或服务在现有市场份额。

5. 收缩型战略中的放弃战略。

【2022 年试题】

甲公司是一家国有控股上市公司，主要从事风能和太阳能的开发、投资与运营，属于新能源发电行业。内容摘录如下：为实现长远发展，在进行内外部环境分析的基础上，甲公司制定了"十四五"战略发展规划。规划部分内容摘录如下：

（1）战略分析。①宏观环境，当前，环境污染、全球气候变化已成为人类面临的巨大威胁。"十四五"期间，我国将深入推进能源革命，加大对碳减排的政策支持，加快扩大风能、太阳能发电规模，建立清洁低碳、安全高效的现代能源体系。②行业环境，当前，国内百余家企业正在开展新能源发电投资运营业务，5 家头部企业均已制定"十四五"新能源装机规划，新能源发电行业将进入快速发展阶段。此外，诸多信息与通信基础设施供应商、工程承包商等非发电企业，也正在进入新能源发电行业，抢占新能源发电市场。

（2）战略选择。"十四五"时期，在"初步建成具有全球竞争力的世界一流新能源公司"的战略指引下，甲公司计划通过以下路径实现高质量发展：①实施全球发展战略，聚焦重点国别和重点市场，进入尚未涉足的东南亚和南美新能源市场，加快推进现有业务的属地化经营；②实施全产业链发展战略，凭借自身在技术、品牌、管理等方面的比较优势，重点并购1~2家电力设备制造商，进一步降低新能源业务的开发和投资成本。

（3）战略控制。甲公司以潜能挖掘、价值创造为控制目标，应用平衡计分卡对战略进行管控，从财务、客户、内部业务流程、学习与成长四个维度，对经济增加值、战略客户数量、净利润、新能源发电量市场份额、培训计划完成率等指标进行任务分解。董事会据此对经理层进行行业绩评价，且评价结果直接与经营班子年度薪酬挂钩。

假定不考虑其他因素。

要求：

1. 根据资料（1）中的第①项，指出甲公司宏观环境分析主要体现了 PESTEL 分析法中的哪些关键要素。

2. 根据资料（1）中的第②项，指出甲公司行业环境分析主要体现了迈克尔·波特"五力模型"中的哪些竞争力量。

3. 根据资料（2）中的①和②项，分别指出甲公司采取的成长型战略的基本类型，并说明是哪种具体类型。

4. 根据资料（3），指出甲公司战略控制中采用了哪些管理控制模式。

5. 根据资料（3），指出甲公司所选取的平衡计分卡指标中，分别属于财务维度和客户维度的指标有哪些。

【分析与解释】

1. 生态环境因素；政治环境因素。

2. 同业竞争者的竞争强度；新进入者的威胁。

3. ①密集型战略；具体类型：市场开发战略。

②一体化战略；具体类型：后向一体化（纵向一体化）。

4. 评价控制模式：激励控制模式。

5. 财务维度：净利润、经济增加值。

客户维度：新能源发电量市场份额、战略客户数量。

【2021 年试题】

甲公司是一家建筑业国有控制上市公司，从事电力能源、水资源与环境基础设施等业务领域的规划设计、施工建造和投资运营，2020 年末甲公司召开战略规划专题研讨会，讨论公司"十四五"战略计划，内容如下：

（1）战略分析。随着小康社会全面建成，人民健康意识在增强。然而水资源恶化及土壤污染是社会面临的重大环境问题，在绿水青山就是金山银山的理念和国家环保政策的指引下，我国水环境及土壤修复技术取得很大进步，可以预见"十四五"期间我国巨大生态大环保前景广阔。

（2）业务规划，随着电力能源市场增速的趋缓，公司在巩固传统市场份额的同时，逐步拓宽水资源和环境业务。

①电力能源业务。该业务是公司经济效益和现金流的主要来源，在市场上具有核心竞争力、市场占有率达 35% 且处于行业最高水平，预计"十四五"期间该业务平均增速为 2%。

②水资源与环境业务是公司的新型业务，在该领域内公司已取得重大技术突破并拥有示范工程，在市场上具有很强的竞争优势，市场占有率达 22.5%，预计"十四五"该业务均增速可高达 18%。

（3）投资规划。优化资源配置，提高投资效益，"十四五"期间，公司所投资运营板块新增投资规模控制在 3 000 亿元以内，主要保障措施为：

①坚持投入产出最大化原则，提高投资项目质量，完善投资项目评审制度，采用净现值指标进行投资决策时，所有项目均按公司加权平均资本 6.5% 进行折现。

②加强投资项目运营管理，重点强化境外投资项目的财务管理，建立健全境外资金往来联签制度。

（4）融资规划。优化资本结构，强化融资

管理,"十四五"期间公司资产负债率控制在70%以内,主要保障措施为:

①加大提质增效力度,提高整体盈利水平,合理确定股利支付比例,持续提高内部积累水平。

②加大资产盘活力度,重点对非主业资产和低效无效资产进行剥离销售。

③加大子公司混合所有制改革力度,优化股权结构,大力引进战略投资者。

假定不考虑其他因素。

要求:

1. 根据资料(1)指出甲公司战略分析体现了 PESTEL 分析法的哪些关键要素。

2. 根据资料(2)结合波士顿矩阵模型,分别指出甲公司电力能源业务和水资源与环境业务所属的业务类型,并分别指出应采取的资源配置策略。

3. 根据资料(3)中的第①项指出甲公司投资决策对所有项目按公司加权平均资本成本进行的方法是否恰当;如不恰当指出项目风险与公司风险不一致时,该作为可能对甲公司投资者造成的不同影响。

4. 根据资料(3)中的第②项,结合财政部印发的国有企业境外投资财务管理办法,指出甲公司应如何建立健全境外资金往来联签制度。

5. 根据资料(4),基于融资方式的战略选择,指出甲公司融资规划中①~③项所分别体现的融资战略类型。

【分析与解释】

1. 政治因素:在绿水青山就是金山银山的理念和国家环保政策的指引下。

社会因素:随着决胜建成小康社会的成就,人民健康意识在增强。

生态因素:然而水资源恶化及土壤污染是社会面临的重大环境问题。

技术因素:我国水环境及土壤修复技术取得很大进步。

2. 电力业务属于金牛业务。

特征:该类业务具有低增长、强竞争地位,处于成熟的低速增长市场,市场地位有利,盈利率高,不仅本身不需要投资,而且能为企业带来大量现金,用以支持其他业务发展。

水资源与环境业务属于明星业务。

特征:该类业务具有高增长、强竞争地位,处于迅速增长的市场,享有较大的市场份额,其增长和获得有着长期机会。但它们是企业资源的主要消耗者,需要大量投资。为了保护和扩展明星业务的市场主导地位,企业应对之进行资源倾斜。

3. 略。

4. 略。

5.①内部融资战略;②销售资产融资战略;③股权融资战略。

强化练习

习题一

甲公司是一家以视频技术为核心的安防系列产品制造及智能物联网服务的境内上市公司。2020年4月,公司管理层对经营情况进行分析研判,拟采取一系列应对措施,强化公司的市场竞争优势。有关资料如下:

(1)产品与技术。甲公司传统视频监控产品的全球市场占有率连续多年保持在15%左右。2017年以来,在视频监控主业之外,甲公司持续加大以视频技术为基础的智慧存储、机器人、

汽车电子等新产品开发和销售力度,与传统主业形成有效协同,在业内建立了新的技术高地。新产品通过引领更为丰富的应用场景,为公司发展持续注入新动力。

(2)形势与挑战。近年来,政府、企业和家庭持续加大对安防的消费支出。甲公司传统视频监控产品的国内需求保持稳定增长。在传统产品的国内地域覆盖率方面,甲公司一直注重在一二线城市的深耕细作,市场占有率较高;尚未涉足三四线城市,权威报告指出三四线城市未来5年市场空间较大。在新产品研发投入方面,

2017～2019 年，甲公司新产品研发支出占营业收入比重逐年增长，且远高于行业平均水平，从而保持行业内的技术领先地位。2019 年 10 月，H 国将甲公司列入出口管制企业名单，限制其进口 H 国原产的商品、技术或服务，甲公司核心产品的主要原材料（M 零部件）供应链受限，相关产品的营业收入明显下降，2019 年 12 月，媒体曝光甲公司两名高管人员利用公司制度瑕疵涉嫌与某重要供应商合谋操纵产品价格，谋取私利。甲公司对曝光问题进行核实后，迅速对相关人员作出了严肃处理并及时予以公告。2020 年 3 月，新冠疫情蔓延，宏观经济下行，国际市场需求不足，甲公司出口业绩下滑，营运资金占用持续增加。截至 2020 年第一季度末，甲公司存货高达 153.5 亿元，同比增长 123%；应收账款余额为 285.4 亿元，同比增长 39.88%。2020 年第一季度经营活动、投资活动和筹资活动的现金流量净额分别为 -49.87 亿元、-5.27 亿元和 51.65 亿元。

假定不考虑其他因素。

要求：

1. 根据资料（1），指出甲公司实施的企业成长型战略的具体类型。

2. 根据资料（1）和资料（2），运用 SWOT 模型，分别指出甲公司优势、劣势、机会和威胁。

【分析与解释】

1. 甲公司实施的企业成长型战略是密集型战略或新产品开发战略。

2. 甲公司的优势、劣势、机会和威胁如下：

优势：市场份额大、技术领先、近三年研发投入行业内连续增长，保持了技术领先地位。

劣势：尚未涉足三四线城市市场；存在制度问题；存在财务问题（营运资金占用持续增加、现金流趋紧，负债上升，出现业绩下滑）。

机会：国内传统视频监控产品市场需求稳定增长；三四线城市市场空间较大。

威胁：H 国管制清单导致甲公司相关业务收入下降，国内业务的原材料供应链受限；疫情导致国际市场需求不足；媒体曝光高管人员涉嫌操纵价格导致企业形象受损。

习题二

甲公司是一家在上海证券交易所上市的大型国有集团公司，主要从事 M 产品的生产与销售，系国内同行业中的龙头企业。2019 年初，甲公司召开经营与财务工作专题会议。部分参会人员发言要点摘录如下：

（1）总经理：近年来，国内其他企业新建了多个与本公司产品同类的生产线，对公司产品原有的市场份额形成一定冲击。不过，公司与国内同行企业相比，在产品质量、技术水平、研发和营销能力、管理协同和人才竞争力等方面依然具有领先优势。面对 M 产品技术变革步伐加快、客户需求多样化的市场形势，2019 年，公司应继续坚持"需求引导、创新驱动、特色突出"的经营战略，大力开展技术创新，为客户提供优质独特的产品和服务体验，持续保持公司在全行业中的竞争优势。

（2）财务部经理：公司业务在 2017 年经历了快速发展，营业收入同比增长 38%。但是债务规模也随之大幅攀升，2017 年末资产负债率高达 85%，显示出财务风险重大。2018 年，公司努力优化资本结构，主要做了以下工作：①适度压缩债务规模，提高留存收益比例。②综合采用吸收直接投资、引入战略投资者和非公开定向增发等方式进行权益融资（增发定价基准日前 20 个交易日公司股票均价为每股 17 元；增发前公司总股本数量为 25 亿股）。③严格控制赊销条件，强化应收账款催收力度，大幅度改善应收账款周转率。④严格控制并购事项，慎重进入核心能力之外的业务领域。2018 年末，公司资产负债率同比下降了 10 个百分点，为充分利用现有资源、实现财务业绩和资产规模稳定增长奠定了基础。2019 年，公司应当根据自身经营状况确定与之匹配的发展速度。

假定不考虑其他因素。

要求：

1. 根据资料（1），指出甲公司采取的经营战略具体类型及甲公司实施该战略所具有的内部条件。

2. 根据资料（2），从资本筹措与使用特征的角度，判断财务经理发言所体现的公司财务战略具体类型，并说明理由。

【分析与解释】

1. 差异化战略。

内部条件：在产品质量、技术水平、研发和营销能力、管理协同和人才竞争力等方面具有领先优势。

2. 稳健性战略。

理由：适度压缩了债务融资规模，提高留存收益比例；严格控制并购事项及慎重进入核心能力之外的业务；充分利用现有资源，实现财务业绩和资产规模稳定增长。

习题三

现有A、B、C、D、E五家公司，分别从事化妆品、物流、百货与啤酒、地产行业。

（1）控股股东及董事会对A公司管理层下发了维持市场领先地位的企业目标，针对当地市场不断开拓，提高市场占有率，将当年度收入增长率设定为不低于15%的增长目标。公司在此之前一直积极采用成长型战略，公司希望维持原有的战略发展目标及方向。

（2）A公司董事甲认为，实施成长型战略企业发展不一定比产品所在市场增长快，但一定比整个经济增长速度快，公司要大力提高市场绝对份额；董事乙认为，企业目前需要考虑以社会平均水平利润率为标准对管理层实施业绩考核；董事丙倾向于建议公司采用价格手段与竞争对手抗衡。

（3）B公司主要从事长三角地区的物流运输业务，但随着该地区物流行业的增加，竞争日趋激烈。为了进一步加大物流产业在整个集团的比重，B公司积极拓展新的市场，尤其是中西部地区未来物流企业发展的空间还比较大，应努力争取占领新市场。B公司的管理层相对较为年轻，更加乐于承担风险。

（4）C公司目前经营业绩逐年下滑，收入缩水，当年勉强实现微利。由于电商等互联网企业的冲击，导致百货行业的客流量显著下降。C公司逐步削减市场规模。

（5）D公司近几年一直实现快速成长，主要是通过收购各地的中小啤酒厂实现扩张。但由于增长过快，导致新收购的企业管理相对滞后，产品质量达不到企业要求。为此公司目前主动降低发展速度，力争尽快对新收购企业进行整合，

为今后发展做好准备。

（6）E公司认为尽管房地产业务目前成长过快，但未来风险过高。因此公司开始剥离地产业务，获得资金用于投资3D打印业务。

要求：

1. 请回答A公司选择的发展战略类型，影响公司作出上述战略选择的因素主要是什么？

2. A公司各董事的观点是否正确，请给出理由。

3. B公司选择的发展战略类型，影响公司作出上述战略选择的因素主要是什么？

4. C公司和D公司选择何种战略类型，其中影响D公司作出上述战略选择的因素主要是什么？

5. E公司采用的战略是哪种类型？

【分析与解释】

1. A公司针对当地市场的策略，属于成长型战略中的密集型——市场渗透战略。过去的战略选择是主要影响因素。

2. 董事甲错误，成长型战略强调企业发展不一定比整个经济增长速度快，但往往比所在市场增长更快，强调市场相对份额的增加；董事乙错误，成长型战略企业往往能取得大大超过社会评价利润率水平的利润；董事丙错误，成长型战略企业倾向于非价格手段。

3. B公司选择的新市场开发，属于成长型战略的密集型——市场开发战略。乐于承担风险的风险偏好是主要原因。

4. C公司采用收缩战略，可以考虑扭转战略或放弃。

D公司之前采用成长型战略，即横向一体化；后续采用稳定型战略、暂停战略。主要理由是为了避免增长过快带来的管理难度。

5. E公司采用收缩战略，具体是扭转战略。

习题四

W公司是国有大型企业集团，拥有A、B、C三家全资子公司。目前，集团公司组织战略研讨会，分别就三个板块目前存在的问题进行分析。三个板块的负责人分别就目前各个板块面临的主要问题进行了介绍：

（1）钢铁板块A公司：主要生产特种钢铁，在特种钢行业具有独特的专利技术，获得了行业

领先优势。目前，市场对高端钢铁产品的需求旺盛，产品在多个领域均取得了不错的发展势头。为了进一步抓住市场机遇，公司希望利用自身研发优势进一步增加投资规模。但目前公司不仅资产负债率较高（达到了65%），公司股利支付也一直在维持较高的现金股利政策。

（2）航空板块 B 公司：B 公司经过多年的发展，通过全面压缩成本费用支出，同时将下降的成本补贴给客户的策略，成功走出了一条极具竞争优势的发展道路，初步确立了在航空市场的一定份额。但负责人发现，成本控制单纯靠领导者的长官意识和模范作用，很难让公司降低成本的经营理念得到充分落实。因此公司需要从上至下形成节约成本的意识，处处谈成本、处处降成本，这样才能够形成合力，充分发挥各个层面员工吃苦耐劳、节约成本的理念和创新意识。在新的战略实施模式下，公司的"吃苦风格"似乎已经形成了一种公司文化。每次外出办事，从领导到基层员工，都会绷着一根省钱的弦。"说到底，我们是根据自己的特点来做事情，我们节约的每一项都是在降低企业的成本。"航空板块的负责人说。

（3）制造业板块 C 公司：负责人提出"要通过增加研发投入、渠道整合并实现产业升级等举措，用将近 3 年的时间使公司实现进入世界 500 强的发展目标"。公司目前拟建设一个总投资额为 2.5 亿元的研发项目，致力于通过 3 年左右的时间，将现有产品提质升级，多开发出符合消费者需要的新型产品；此外，公司拟斥资 3 亿元收购一家下游企业，以实现销售渠道的整合。

要求：

1. 根据资料（1），结合 A 负责人的论述，从 SWOT 模型角度指出公司的机会与优势，公司应采用何种发展战略？

2. 根据资料（1）提供的目前公司的财务策略，你认为应作如何调整以适应公司目前的发展需要？

3. 根据资料（2），分析航空板块 B 公司采用的竞争战略类型，该公司在实施战略中采用的战略实施模式是哪一种。

4. 根据资料（3），分析目前房地产板块 C 公司所采用的发展战略类型。

【分析与解释】

1. 公司外部机遇很好，市场需求旺盛，内部资源优势明显，专利技术优势使得处于行业内领先，因此，公司应采用扩展战略。

2. 公司目前的扩张战略要求财务投资规模和融资量都很大，从公司目前的融资方式来看，债务融资过高，财务风险较大；同时股利支付较多，不符合公司目前成长性阶段的要求。因此，公司一是要采用扩张型的财务战略来支持公司战略实施；二是要注意财务风险，融资时需要控制债务规模，同时削减股利，增加内部资金来源；三是可以考虑通过股权融资来解决资金困境和负债率较高的现状。

3. B 公司采用的是成本领先竞争战略。B 公司的战略实施模式为文化型。

4. C 公司选择了成长型战略，分别采用了密集型战略中的产品开发战略以及一体化战略来实施成长战略。

第二章　企业全面预算管理

本章概述

　　本章主要内容包括：全面预算管理流程及其原则、全面预算编制、全面预算执行、全面预算考核的方法和程序等。复习时重点关注预算管理编制的风险、预算编制的方法和方式、预算目标的确定，预算分析方法及其优缺点、预算控制的雁阵和方式，预算调整、预算考核的原则等关键考点。从往年真题考试内容来看，本章的考点一般与第六章"企业绩效管理"的考点联合命题，考点覆盖比较全面，考生在复习时应掌握这个特点。

考情分析

　　2025年本章考点与第六章"企业绩效管理"合并命题的趋势没有改变。2024年考题中，本章的分值与上年相比基本持平。从下表考情分析可以看出，常考知识点仍未超出本教材预测的重要考点范围。知识点的全面覆盖是新的特点，除教材最新调整的地方往往是命题的"题眼"之外，每年常考的重点知识点呈现"热点轮换"的趋势。因此，考生在复习本章时既要紧紧抓住关键知识点，也要做到全面覆盖。

年度	题量	分值	相关知识点
2024	0.5	6	全面预算管理原则、全面预算分析方法、预算考核的风险
2023	0.5	5	预算编制方法（项目预算法）、预算控制原则、预算调整程序
2022	0.5	3	预算编制的风险、预算调整
2021	1	6	预算编制方法、预算目标、预算考核的原则
2020	1	6	预算编制方式、预算分析、预算调整

教材变化

　　2025年本章教材结构上没有变化，仅有少量文字表述和图表上的调整。

考点框架

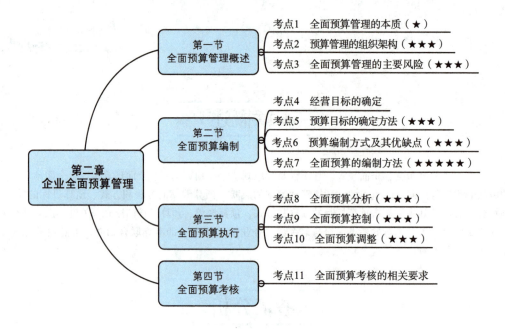

考点解读

✲ 考点1　全面预算管理的本质（★）

本考点主要包括全面预算管理的基本概念、分类和原则的体现，过去几年里考试题目中很少涉及这部分知识点，但是对于原则性的概念应该有所掌握，特别是很多企业非常重视全面预算管理，考生为了做好本单位的全面预算管理工作，以及工作业绩总结和撰写论文等考评的需要，也要学习全面预算管理的本质。

（一）全面预算管理的内涵

预算管理是指企业以战略目标为导向，通过对未来一定期间内的经营活动和相应的财务结果进行全面预测和筹划，科学合理配置企业各项财务资源和非财务资源，并对执行过程进行监督和分析，对结果进行评价和反馈，指导经营活动的

改善和调整，进而推动实现企业战略目标的管理活动。全面预算管理的"全面"二字是指：（1）从理念上要求全员参与；（2）从范围上要求覆盖全部业务；（3）从管理流程要求全面跟踪。

预算管理作为管理会计理论的重要内容，是企业管理系统的主要组成部分。其可以使企业的长短期目标、战略和企业年度行动计划很好地协调，可以整合企业内部各分部的目标，使战略更好地落地。全面预算管理是具有计划、协调、控制、激励、评价等功能的一种综合贯彻企业战略方针的机制，是对与公司相关的投融资活动、经营活动和财务活动的未来情况进行预期并控制的管理行为及制度安排。

（二）全面预算管理的内容

全面预算由经营预算、专门决策预算和财务

预算构成。通常制造类企业的经营预算包括销售、生产、供应、成本、费用、其他预算。专门决策预算是指需要根据特定决策编制的预算，如企业重大投资、融资决策预算等。财务预算主要体现为预计的利润表、预计的资产负债表和资金预算，也就是根据经营预算和专门决策预算编制预计财务报表。

（三）全面预算管理的**功能**

（1）规划与计划；（2）沟通与协调；（3）控制与监督；（4）考核与评价。

（四）全面预算管理的**原则**

（1）战略导向；（2）过程控制；（3）融合性；（4）平衡管理；（5）权变性。

【例2-1】甲公司是一家从事城市基础设施建设的大型建筑企业，为提升全面预算管理水平，加强企业绩效管理，助力企业高质量发展，2024年初，甲公司召开全面预算与绩效管理专题会议。在完善预算管理体系方面主张全面预算管理坚持"稳字当头，稳中求进"的工作总基调，持续推动公司高质量发展迈上新台阶，重点做好以下工作：

①充分认识全面预算对落实公司战略的重要意义，加强宏观经济形势和行业发展态势研判，以公司战略为目标，将全面预算管理作为公司战略落地的重要抓手。

②深化"业财融合"，坚持业务预算优先、财务预算协同的基本原则，以"业财融合"思路，实施预算管理全面覆盖，全员参与。

③强化预算刚性约束。预算目标一经下达，不得随意调整，确因市场环境等因素发生变化需要调整的，应履行规定的审批程序予以调整。

要求：根据资料逐项指出①～③体现的全面预算管理原则。

【分析与解释】

①战略导向原则；②融合性原则；③权变性原则。

（五）全面预算管理的流程

全面预算管理的流程包括**预算编制**、**预算执行**和**预算考评**三个阶段。本章的后续内容就是按照这三个阶段详细论述。

（六）全面预算管理的应用环境

企业实施预算管理的应用环境主要体现在明确战略目标、完善业务计划、健全组织架构、优化内部管理制度、开发信息系统等。从功能的角度出发，全面预算信息系统通常分为以下四个模块：预算编制、预算执行控制、预算分析、预算预警监控。全面预算信息系统应与会计核算系统、财务报销系统、人力资源等业务系统或ERP系统对接，避免预算成为信息孤岛。

（七）全面预算管理的层级

企业全面预算管理应按照企业不同层级进行。现代企业集团的预算分为**个别预算**和**合并预算**两个层次。

✳ 考点2 预算管理的组织架构（★★★）

建立健全预算管理组织机构是全面预算管理工作顺利开展并达到预期目的的重要保证。很多企业在实施全面预算管理过程中不重视组织机构建设，造成预算管理各个环节职责不清、责任不明、程序混乱，最后导致预算管理陷入混乱或效率低下。因此，在全面预算管理工作中，根据企业的特点设置相应的预算管理组织架构是非常有必要的。本考点在以往的考试题目中也出现过，希望广大考生关注。

企业可在董事会下设置预算管理委员会等专门机构组织、监督预算管理工作。该机构的主要职责包括：审批公司预算管理制度、政策，审议年度预算草案或预算调整草案并报董事会等机构审批，监控、考核本单位的预算执行情况并向董事会报告，协调预算编制、预算调整及预算执行中的有关问题等。

预算管理的机构设置、职责权限和工作程序应与企业的组织架构和管理体制互相协调，保障预算管理各环节职能衔接，流程顺畅。一般而言，大型股份制企业集团的预算管理组织体系由三部分组成：全面预算管理决策机构、全面预算管理工作机构、全面预算管理执行机构。

公司治理框架包括股东会、董事会、监事会和经理层。全面预算的决策机构包括：股东会，董事会，预算管理委员会，经理层。股东会是企业的法定权力机构；董事会是法定决策机构，执行股东会的决议，并向股东会报告工作。经理层主要是负责日常经营决策，执行董事会决议，向董事会报告工作。

（一）全面预算管理**决策机构**

股东会主要负责**审批公司预算**，是全面预算管理的**法定权力机构。董事会**负责**制定公司的年度预算。**预算管理委员会是董事会下设的专门机构，对董事会负责，在全面预算管理中居于**主导地位。经理层**负责全面预算管理的**日常运行决策机构，**负责组织执行全面预算。

预算管理委员会一般由企业的高级管理人员组成，包括企业的总经理及其他高管，由董事会任命。上市公司的预算管理委员会可以由董事会下设专门委员会的方式设立，成员由董事会选举产生，主任委员由会计专业的独立董事担任。非上市公司可由企业负责人任主任，总会计师（财务总监、分管财务的副总经理）任副主任。

预算管理委员会的职责包括：

（1）审批公司（企业）预算管理制度、政策。

（2）审议年度预算草案或预算调整草案，并报董事会等机构审批。

（3）监控、考核本单位的预算执行情况并向董事会报告。

（4）协调预算编制、预算调整及预算执行中的有关问题等。

（5）预算管理的机构设置、职责权限和工作程序应与企业的组织架构和管理体制互相协调。

（6）保障预算管理各个环节职能衔接，流程顺畅。

（二）全面预算管理**工作机构**

全面预算管理工作机构是**预算专职部门**，主要职责是处理与预算相关的日常管理事务。因预算管理委员会的成员大部分是由单位内部各责任单位的主管兼任，预算草案由各相关部门分别提供，而获准付诸执行的预算方案是单位的全面性经营管理预算，预算管理委员会在预算会议上所确定的预算方案也绝不是各相关部门预算草案的简单汇总。这就需要在确定、提交通过之前，对各部门提供的预算草案进行必要的初步审查、协调与综合平衡。因此，必须设立一个专门机构来具体负责此项工作。

预算管理办公室主任通常由总会计师或分管财务的副总经理兼任，集团总部的财务部总经理兼任执行主任。此外还应有计划、人力资源、生产、销售、研发等业务部门人员参加。预算管理办公室具体负责预算的编制、报告、执行和日常监控、调整、考核等。**预算管理办公室的主要职责**如下：

（1）拟订企业各项全面预算管理制度，并负责检查落实预算管理制度的执行。

（2）拟订年度预算总目标分解方案及有关预算编制程序、方法的草案，报预算管理委员会审定。

（3）组织和指导各级预算单位开展预算编制工作。

（4）预审各预算单位的预算初稿，进行综合平衡，并提出修改意见和建议。

（5）汇总编制企业全面预算草案，提交预算管理委员会审查。

（6）跟踪、监控企业预算执行情况。

（7）定期汇总、分析各预算单位执行情况，并向预算管理委员会提交预算执行分析报告，为委员会进一步采取行动拟订建议方案。

（8）接受各预算单位的预算调整申请，根据企业预算管理制度进行审查，集中制定年度预算调整方案，报预算管理委员会审议。

（9）协调解决企业预算编制和执行中的有关问题。

（10）提出预算考核和奖惩方案，报预算管理委员会审议。

（11）组织开展对企业二级预算执行单位企业内部各职能部门、所属分（子）企业等预算执行情况的考核，提出考核结果和奖惩建议，报预算管理委员会审议。

（12）预算管理委员会授权的其他工作。

（三）全面预算管理**执行机构**

预算执行单位和企业的组织结构有关。企业组织结构一般可以分为纵向组织结构和横向组织结构两种，不同组织结构下的预算责任网络形式不同。

1. **纵向组织结构**下的预算责任网络

纵向组织结构又称为直线职能制组织结构，其特点是以整个企业作为投资中心，总经理对企业的收入、成本、投资全面负责，所属各部门、分公司及基层预算单位均为成本中心，只对各自的责任成本负责。这种组织结构权力较为集中，下属部门自主权较小。在纵向组织结构体制下，企业预算自上而下逐级分解为各成本中心责任预算，各成本中心的责任人对其责任区域内发生的责任成本负责。基层成本中心定期将成本发生情况向上级成本中心汇报，上级成本中心汇总下属成本中心情况后逐级上报，直至最高层次的投资中心。投资中心定期向预算管理委员会汇报情况。

2. 横向组织结构下的预算责任网络

横向组织结构又称为事业部制组织结构，其特点是经营管理权从企业最高层下放，各事业部具有一定的投资决策权和经营决策权，成为投资中心。其下属分公司对成本及收入负责，成为利润中心。分公司下属基层预算单位均为成本中心，对各自的责任成本负责。在横向组织结构体制下，企业预算也逐级分解为各责任中心的责任预算。最基层的成本中心定期、逐级地将实际成本发生情况上报给上级成本中心，直至汇总到利润中心；利润中心则将成本中心责任成本与收入汇总上报至上级投资中心，各投资中心将责任预算完成情况汇总报告最高投资中心——总公司，由总公司的预算管理专门机构向预算管理委员会汇报。

无论是纵向组织结构还是横向组织结构，基层单位都应在企业预算管理机构的指导下负责本单位责任预算的编制、控制和分析工作，并接受企业的检查和考核，基层单位负责人对本单位预算的执行结果负责。无论是横向组织结构还是纵向组织结构，所有需要参与预算编制的责任单位都应设立预算员。预算员对所在责任单位负责，其业务受预算管理委员会及专职预算机构指导。

3. 预算执行机构的主要职责

（1）提供编制预算的各项基础资料。

（2）负责本单位全面预算的编制和上报工作。

（3）将本单位预算指标层层分解，落实到各部门、各环节和各岗位。

（4）严格执行经批准的预算，监督检查本单位预算执行情况。

（5）及时分析、报告本单位的预算执行情况，解决预算执行中的问题。

（6）根据内外部环境变化及企业预算管理制度，提出预算调整的申请。

（7）组织实施本单位内部的预算考核和奖惩工作。

（8）配合预算管理部门做好企业总预算的综合平衡、执行监控、考核奖惩等工作。

（9）执行预算管理部门下达的其他预算管理任务。

【例2-2】在预算审批程序上，2024年12月，甲公司预算管理委员会办公室编制完成2025年度全面预算草案；2025年1月，甲公司董事会对经预算管理委员会审核通过的全面预算草案进行了审议；该草案经董事会审议通过后，预算管理委员会以正式文件形式向各预算单位下达执行。

要求：根据上述资料，指出甲公司全面预算草案的审议程序是否恰当；如不恰当，说明理由。

【分析与解释】

不恰当。

理由：全面预算草案经董事会审议通过后，应当报股东大会审议批准后下达执行。

【提示】本题考查了预算管理组织机构的权力架构。最高权力机构是股东大会，全面预算的最终审批权在股东大会。董事会对全面预算管理工作的组织和监督负责。通过下设的预算管理委员会来组织和实施全面预算的编制、执行和考核工作。因此，广大考生要熟悉各个层级的预算组织机构的职责权限，不要混淆，必要时可以查阅对照。同时要通过职责权限明确各级组织之间的编报、审核、审议、审批的程序。

✳ 考点3　全面预算管理的主要风险（★★★）

（一）全面预算编制中的风险

全面预算编制是企业实施全面预算管理的起点。企业应建立和完善预算编制的工作制度，不编制预算或预算不健全，可能导致企业经营缺乏约束或盲目经营，因此，企业应该不断加强预算编制，防范预算编制风险。

全面预算编制环节的主要风险如表2-1所示。

表 2 – 1 全面预算编制环节的主要风险

序号	风险点	后果（可能导致……）
1	业务部门参与度较低	预算编制不合理，预算管理责、权、利不匹配
2	范围和项目不全面，各个预算之间缺乏整合	全面预算难以形成
3	所依据的相关信息不足	预算目标与战略规划、经营计划、市场环境、企业实际等相脱离
4	预算编制基础数据不足	预算编制准确率降低
5	编制程序不规范，横向、纵向信息沟通不畅	预算目标缺乏准确性、合理性和可行性
6	方法选择不当，或强调采用单一的方法	预算目标缺乏科学性和可行性
7	预算目标及指标体系设计不完整、不合理、不科学	在实现发展战略和经营目标、促进绩效考评等方面的功能难以有效发挥
8	编制预算的时间太早或太晚	预算准确性不高，或影响预算的执行
9	未经适当审批或超越授权审批	预算权威性不够、执行不力，或可能因重大差错、舞弊而导致损失

（二）全面预算执行的风险

预算执行环节的主要风险如表 2 – 2 所示。

表 2 – 2 预算执行环节的主要风险

序号	风险点	后果
1	全面预算下达不力	预算执行或考核无据可查
2	预算指标分解不够详细、具体	某些岗位和环节缺乏预算执行和控制依据
3	预算指标分解与业绩考核体系不匹配	预算执行不力
4	预算责任体系缺失或不健全	预算责任无法落实，预算缺乏强制性与严肃性
5	预算责任与执行单位或个人的控制能力不匹配	预算目标难以实现
6	缺乏严格的预算执行授权审批制度	预算执行随意
7	预算审批权限及程序混乱	越权审批、重复审批，降低预算执行效率和严肃性
8	预算执行过程中缺乏有效监控	预算执行不力，预算目标难以实现
9	缺乏健全有效的预算反馈和报告体系	预算执行情况不能及时反馈和沟通，预算差异得不到及时分析，预算监控难以发挥作用
10	预算分析不正确、不科学、不及时	削弱预算执行控制的效果，或可能导致预算考核不客观、不公平
11	对预算差异原因的解决措施不得力	预算分析形同虚设
12	预算调整依据不充分、方案不合理、审批程序不严格	预算调整随意、频繁，预算失去严肃性和"硬约束"

（三）全面预算考核的风险

预算编制环节和预算执行环节的风险会积累到预算考核环节，预算缺乏刚性、执行不力、考核不严，可能导致预算管理流于形式。预算考核环节的主要风险是：**预算考核不严格、不合理、不到位，可能导致预算目标难以实现、预算管理流于形式。**预算考核是否合理受到考核主体和对象的界定是否合理、考核指标是否科学、考核过程是否公开透明、考核结果是否客观公正、奖惩措施是否公平合理且能够落实等因素的影响。

【例 2-3】甲公司在预算管理中实施预算联动管理，相关做法有：为确保关键绩效指标与预算方案紧密衔接，授权财务部门根据历史经验，并结合公司战略独立负责预算编制，其他职能部门和分、子公司不参与预算制定。

要求：甲公司的做法是否妥当？并说明理由。

【分析与解释】

不妥。理由：预算编制以财务部门为主，业务部门参与度较低，可能导致预算编制不合理，预算管理责权利不匹配。

[或：预算编制程序不规范，横向、纵向信息沟通不畅，可能导致预算目标缺乏准确性、合理性和可行性。]

[或：预算编制所依据的相关信息不足，可能导致预算目标与战略规划、经营计划、市场环境、企业实际等相脱离；预算编制基础数据不足，可能导致预算编制准确率降低。]

[或：预算目标及指标体系设计不完整、不合理、不科学，可能导致预算管理在实现发展战略和经营目标、促进绩效考评等方面的功能难以有效发挥。]

【例 2-4】甲公司 2024 年计划加强预算管理，强化预算与考核衔接，着力解决预算体系与业绩考核体系未能有效衔接问题。将关键预算指标体现在考核体系中。

要求：指出甲公司预算体系与业绩考核体系未有效衔接可能产生的不利影响。

【分析与解释】

预算考核不严格、不合理、不到位，可能导致预算目标难以实现、预算管理流于形式。其中，考核主体和对象的界定是否合理、考核指标是否科学、考核过程是否公开透明、考核结果是否客观公正、奖惩措施是否公平合理且能够落实等因素的影响。

❋ 考点 4　经营目标的确定

经营目标是以战略规划为导向，反映**企业在一定时期内生产经营所要达到的预期目标。**企业年度经营目标的制定必须从企业的战略出发，而不是从企业所拥有的资源出发，以确保年度经营目标与公司的战略目标相一致。所以，企业的年度经营目标应该反映出企业战略管理的意图。在年度经营目标的设定上，**错误的理念是：**这是我们拥有的资源，我们该如何利用它们，我们能达到什么样的目标。**正确的理念应该是：**战略要求我们达到的目标是什么？我们该如何实现？为了实现这些目标我们需要哪些资源？

【例 2-5】甲公司召开总经理办公会，提出要进一步提升"战略规划—年度计划—预算管理—绩效评价"全过程的管理水平。会议审议了甲公司 2025 年度的经营目标。甲公司发展部从公司自身所拥有的人力、资金、设备等资源出发，提出了 2025 年新签合同额、营业收入、利润总额等年度经营目标，并经会议审议通过。

要求：根据资料判断甲公司确定年度经营目标的出发点是否恰当，并说明理由。

【分析与解释】

不恰当。

理由：企业年度经营目标的制定必须从企业的战略出发，而不是从企业所拥有的资源出发，以确保年度经营目标与公司战略、长期目标相一致。

❋ 考点 5　预算目标的确定方法（★★★）

预算编制必须以战略为引领，将战略目标细化为战略规划、年度经营目标，从而确定各项预算总目标并确定各类预算的目标值、各预算指标值的过程。**全面预算目标确定的原则**是：（1）先进性；（2）可行性；（3）适应性；（4）导向性；（5）系统性。

预算目标确定应考虑的主要因素包括：（1）出资人对预算目标的预期；（2）以前年度实际经营情况；（3）预算期内重大事项的影响；（4）企业所处发展阶段的特点。

下面以利润预算目标为例，说明预算目标的确定方法。企业常用的目标利润的规划方法如表2-3所示。

表2-3 企业常用的目标利润的规划方法

目标利润的规划方法	利润增长率法	
	比例预算法	销售利润率
		成本利润率
		投资报酬率
	上加法	
	标杆法	
	本量利分析法	

（一）利润增长率法

利润增长率法是根据上期实际利润总额和过去连续若干期间的几何平均利润增长率（增长幅度），全面考虑影响利润的有关因素的预期变动而确定企业目标利润的方法。计算公式为：

$$利润总额增长率 = \sqrt[报告期]{\frac{上期利润总额}{基期利润总额}} - 1$$

目标利润 = 上年利润总额 × (1 + 利润总额增长率)

【例2-6】A公司2021年利润为10 000元，而到了2024年为19 500元。请根据利润总额增长率测算2025年度的利润。

【分析与解释】

根据利润总额增长率的计算公式得：

$$利润总额增长率 = \sqrt[3]{\frac{19\ 500}{10\ 000}} - 1 = 24.93\%$$

因此，2025年的预计利润为：19 500 × (1 + 24.93%) = 24 361.35（元）。

值得注意的是，一般情况下考试题目不会考查几何平均增长率本身的计算，而是直接给出几何平均增长率，或者虽要计算增长率，但并不要求使用教材给出的几何平均方法计算，而是通过其他方法推算利润增长率，广大考生应学会变通。因为利润增长率法的关键是在基期数额的基础上乘以一个系数，而这个系数的关键是增长率。要记住该方法下的目标利润公式：

目标利润 = 上年利润总额 × (1 + 利润总额增长率)

（二）比例预算法

比例预算法是通过利润指标与其他相关经济指标的比例关系来确定目标利润的方法。营业收入利润率、成本利润率、投资报酬率等财务指标均可用于测定企业的目标利润，亦即利用营业利润与营业收入的关系、成本费用与利润的关系、投资额与利润的关系来确定目标利润。具体计算公式为：

目标利润 = 预计营业收入 × 测算的营业收入利润率

或：

目标利润 = 预计营业成本费用 × 核定的成本费用利润率

目标利润 = 预计投资资本平均总额 × 核定的投资资本回报率

【例2-7】某企业上年实际投资资本总额为5 000万元。为扩大产品销售规模，计划年初追加600万元营运资本，企业预期投资资本回报率为20%。则该企业的目标利润为多少万元？

【分析与解释】

目标利润 = (5 000 + 600) × 20% = 1 120（万元）

【例2-8】甲公司安排部署2025年度预算编制工作。会议要求：（1）预算编制方法的选择要适应公司所面临的内外部环境。公司所处行业的运营环境瞬息万变，应高度重视自主创新，各项决策要强调价值创造与长远视角，预算要动态反映市场变化，有效指导公司营运。（2）预算目标值要保持先进性与可行性。预计公司2024年实现营业收入68亿元、营业收入净利润率为10.5%。基于内外部环境的综合判断，2025年预算的营业收入增长率初步定为25%、营业收入净利润率为10.8%。

要求：根据上述资料，采用比例预算法确定甲公司2025年净利润的初步预算目标值。

【分析与解释】

本题共涉及两个预算目标确定方法：一个是利润增长率法；另一个是比例预算法。

因为，要计算预算目标值，题目要求必须选用比例预算法。根据比例预算法，应选用公式：

目标利润 = 预计营业收入 × 测算的营业收入利润率

此公式中测算的营业收入净利润率（亦即公

式中测算的营业收入利润率）为 10.8%，这里注意不要选 10.5%，因为这是 2024 年的营业收入净利率。

公式中还有一项因素是预计营业收入没有给出的，需要通过计算得出。从资料可知，2024 年实际营业收入为 68 亿元，营业收入增长率为 25%，则可以采用利润增长率的原理来计算预计的营业收入。即：

预计的营业收入 = 实际营业收入 ×（1 + 营业收入增长率）

据此，本题的计算过程如下：

2025 年净利润初步预算目标值 = 68 ×（1 + 25%）× 10.8% = 9.18（亿元）

（三）上加法

上加法是企业根据留存收益倒算企业净利润，再倒算利润总额（即目标利润）的方法。计算公式如下：

预计新增留存收益 = 预计新增盈余公积金 + 预计新增未分配利润

预计净利润 = 预计新增留存收益 + 预计股利分配额

目标利润 = 预计净利润 ÷（1 - 所得税税率）

【例 2 - 9】 A 公司的有关资料如下：（1）该公司股本为 8 000 万元；（2）董事会计划 2010 年以股本的 10% 向投资者分配利润，并新增留存收益 800 万元；（3）该企业所得税税率为 20%。

要求：测算为实现董事会计划需要达到的目标利润水平。

【分析与解释】

解题思路是预计目标利润，亦即税前利润，必须知道税后利润亦即净利润，而资料中没有直接告诉利润，必须通过已知条件求出预计净利润。资料告知股本、股利分配率可以求出预计分配额，然后加上当年新增留存收益可求出预计净利润，然后求出税前目标利润。详细计算步骤如下：

第一步：预计股利分配额 = 8 000 × 10% = 800（万元）。

第二步：预计净利润 = 800 + 800 = 1 600（万元）。

第三步：目标利润 = 1 600 ÷（1 - 20%）= 2 000（万元）。

2021 年考试真题中，资料直接给出了净利润和所得税税率，可根据已知条件直接按第三步计算目标利润。

（四）标杆法

标杆法是指树立高水平或者领先水平的基准来确定目标利润的一种方法。实务中通常存在企业外部或企业内部两种标杆。利用标杆法确认预算目标，很容易发现本企业的问题与不足，具有较为广泛的适用性。

（五）本量利分析法

本量利分析法也叫作盈亏平衡分析法，基于边际成本法，用来研究成本、产销量和利润三者之间的相互关系。本量利分析是以成本性态分析和变动成本法为基础的，其基本公式是变动成本法下计算利润的公式，该公式反映了价格、成本、业务量和利润各因素之间的相互关系，即：

税前利润 = 销售收入 - 总成本 = 销售价格 × 销售量 -（变动成本 + 固定成本）= 销售单价 × 销售量 - 单位变动成本 × 销售量 - 固定成本

根据上述公式的原理，预测目标利润的公式可以表示如下：

目标利润 = 边际贡献 - 固定成本 = 预计营业收入 - 预计变动成本 - 预计固定成本 = 预计销售量 ×（预计单位产品售价 - 单位产品变动成本）- 预计固定成本

【例 2 - 10】 某企业每月固定成本为 1 000 元，生产一种产品，单价为 10 元，单位变动成本为 5 元，本月计划销售 500 件。

要求：计算该企业的目标利润。

【分析与解释】

目标利润 = 单价 × 销量 - 单位变动成本 × 销量 - 固定成本 = 10 × 500 - 5 × 500 - 1 000 = 1 500（元）

为符合多步式利润表的结算，不但要分解产品成本，而且还要分解销售费用、行政管理费用等期间成本。将它们分解以后，方程式为：

税前利润 = 销售收入 -（变动销售成本 + 固定销售成本）-（变动销售和管理费用 + 固定销售和管理费）= 单价 × 销量 -（单位变动产品成本 + 单位变动销售和管理费）× 销量 -（固定产品成本 + 固定销售和管理费）

该损益方程式假设影响税前利润的因素只有销售收入、产品成本、管理费用和销售费用，省略了税金及附加、财务费用、资产减值损失、投资收益和营业外收支等因素。

以上讲述了五种确定目标利润的方法，这些方法在确定其他预算目标值时也可以借鉴。要掌握每种方法的基本原理、计算过程，并通过练习来达到熟练掌握。

✳ 考点 6　预算编制方式及其优缺点（★★★）

预算编制方式是近年来在考试中出现的一个新考点。掌握好预算编制的方式及其每种方式的优缺点有助于预算管理工作的组织和实施。

从预算编制方式上看，企业预算可分为权威式预算（自上而下）和参与式预算（自下而上）。实务中，企业的预算编制方式一般都介于完全权威式预算和完全参与式预算这两个极端之间，是混合式（上下结合）的预算编制方式，只不过侧重不同而已。企业集团编制全面预算时，一般采取"上下结合、分级编制、逐级汇总"的混合式方式进行。

（一）权威式预算

权威式预算是指组织机构的所有预算（包括较低层面的营运预算在内）都由最高管理层决定，较低层级按照上级制定的预算原则执行预算编制过程。

优点：权威式预算是由管理层直接下达预算目标，能从企业全局出发，实现资源的合理配置，也可以节省预算的编制时间。

缺点：管理层与基层部门对于业务的实际情况的理解有偏差，导致权威式预算失去对于员工的激励。权威式预算主观性太强，下级缺乏责任感和动力，预算目标的实现会大打折扣。

因担心本期费用的节省、投资的减少会对下期预算产生影响，即产生年末去突击花钱，用完预算的现象。

【例 2 - 11】甲公司是一家从事国际工程承包业务的建筑类企业，业务覆盖多个国家和地区，为加强管理，甲公司根据业务分布情况设立若干海外区域分部。2025 年初，甲公司下达新签合同额预算指标时，根据各区域分部过去 3 年市场开发及经营情况，综合考虑相关因素，确定新签合同额预算指标，并直接下达至各区域分部。

要求：指出甲公司在新签合同额指标预算编制上采用了何种预算编制方式，并说明该方式的优点。

【分析与解释】

有关预算编制方式：权威式预算［或：自上而下式预算］。

优点：能够从企业全局出发，实现资源合理配置。

（二）参与式预算

参与式预算是指各个层级共同参与制定预算，最后由最高层审批。中国著名企业华为公司就提出"打一场班长的战争""让听得到炮声的人指挥炮兵"等一系列激发基层积极性和主动性的口号。体现在预算管理中，就是从基层提出业务计划和预算目标，然后逐级审核汇总，得出企业整体经营目标。

优点：下级的士气和动力有所提高。

缺点：预算执行者为了逃避最终责任，可能造成预算松弛问题，编制低标准预算，制定容易实现的目标，例如高报成本预算目标或低报销售预算目标。

（三）混合式预算

理想的预算编制方式综合了上述两种方式的优点。步骤如下：

（1）确定参与者。从全面预算的角度，预算的参与者应该是全员。但是从实践的角度，预算的主要参与者应该包括全体预算管理委员会成员、预算管理办公室成员及各部门主要负责人、各部门各级预算管理岗、财务部门预算管理人员。

（2）各方就预算目标进行沟通。最高管理层与预算参与者就战略方向、战略目标等问题进行相互沟通。

（3）参与者制定预算初稿。

（4）自下而上逐级审查，双向沟通，提出修改意见。根据企业的分部管理模式，较低组织层级将预算提交到较高组织层级审查；较高组织层级通过与较低组织层级的双向沟通，提出修改意见。

（5）经过审批形成最终预算。

【例 2 - 12】在预算编制方式上，2024 年之前，甲公司直接向各预算单位下达年度预算指标并要求严格执行；2024 年，甲公司制定了"三

"下两上"的新预算编制流程，各预算单位主要预算指标经上下沟通后形成。

要求：请根据资料指出甲公司2024年之前及2024年分别采取的预算编制方式类型。

【分析与解释】

从2024年之前的情况看，直接下达预算指标并要求严格执行，就是"自上而下"，属于权威式预算。2024年之后的情况变成了"三下两上"，属于混合式预算。换言之，无论是"三下两上"还是"两下一上"都是混合式预算。而"一上一下"则属于参与式预算。

全面预算的编制流程具体包括五个步骤：(1) 下达预算编制指导意见；(2) 上报预算草案；(3) 审查平衡；(4) 审议批准；(5) 下达执行。

✳ 考点7 全面预算的编制方法（★★★★★）

全面预算的编制方法是近年来经常在考题中出现的考点，必须引起广大考生的高度关注。由于近年来财政部发布了《企业管理会计应用指引——预算管理》，对各种预算编制方法的概念及优缺点进行了系统的梳理。作为指导企业管理会计实践的文件，在高级会计师考试中会经常出现。

常见的预算编制方法有：定期预算法、滚动预算法、增量预算法、零基预算法、固定预算法、弹性预算法、项目预算法、作业基础预算法等。各种方法的概念及优缺点如表2-4所示。

表2-4 预算编制方法比较

预算编制方法	定义	优点	缺点	适用企业的特征
定期预算法	按不变的会计期间编制	(1) 预算期间与会计期间对应；(2) 有利于实际和预算的比较；(3) 有利于执行情况的分析和评价	(1) 不能使预算编制常态化；(2) 短期行为；(3) 不利于各个时期预算衔接问题；(4) 不能适应联系不断的业务活动过程	内外部环境相对稳定
滚动预算法	按既定周期和频率不断调整补充、逐期滚动	(1) 实现动态反映市场、建立跨期综合平衡；(2) 有效指导企业营运；(3) 强化预算的决策与控制	(1) 工作量大；(2) 不稳定感、无所适从	环境变化大、管理者从长远视角出发决策
增量预算法	在历史期基础上调整	简单、省时省力	(1) 规模逐步增大；(2) 预算松弛；(3) 资源浪费	业务持续、原有的业务合理
零基预算法	只关注预算期经济活动的合理性	(1) 以零为起点编制预算，不受历史期经济活动中的不合理因素影响，能够灵活应对内外环境的变化，预算编制更贴近预算期企业经济活动需要；(2) 有助于增加预算编制透明度，有利于进行预算控制	(1) 工作量大、成本高；(2) 准确性受限	所有企业各类预算
固定预算法	按照固定业务量为基础编制	编制相对简单、易理解	(1) 不适应环境变化；(2) 资源错配和重大浪费	业务量水平稳定的企业的成本费用预算

续表

预算编制方法	定义	优点	缺点	适用企业的特征
弹性预算法	基于不用业务量及其相应预算项目的资源消耗	更贴近企业经营管理实际情况	（1）工作量大；（2）弹性预算的合理性	市场、产能等存在较大不确定性，且其预算项目与业务量之间存在明显的数量依存关系的预算项目
项目预算法	按项目编制	包含项目有关的所有成本，容易度量单个项目	—	工程建设以及提供长期服务的企业
作业基础预算法	基于"作业消耗资源、产出消耗作业"的原理，以作业管理为基础	（1）基于作业需求量配置资源，避免了资源配置的盲目性；（2）通过总体作业优化实现最低的资源费用耗费，创造最大的产出成果；（3）可以促进员工对业务和预算的支持，有利于预算的执行	（1）建立过程复杂；（2）数据收集成本较高	具有作业类型较多且作业链较长、管理层对预算编制的准确性要求较高、生产过程多样化程度较高，以及间接或辅助资源费用所占比重较大

（一）定期预算与滚动预算

定期预算与滚动预算是相对于企业预算编制的期间而言所做的划分。

定期预算指从会计年度的第一天至最后一天这个期间的预算。当预算开始执行后，也不改变原定预算。而滚动预算是指按照年度或者季度编制预算，当预算开始执行后，剔除已经执行的预算期，向后顺延相同的时间预算期，使得预算随时保持在相同的长度，并随时保持更新。

实务中滚动预算可以按月滚动，也可以按季度滚动。按月滚动如图2-1所示。

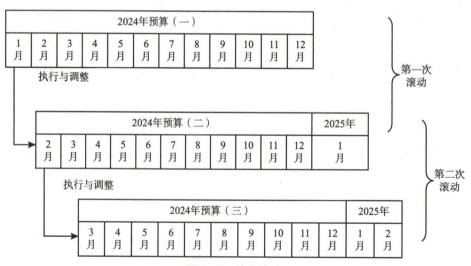

图2-1　按月滚动

当图 2-1 中 2024 年预算已经执行了一个月以后，根据 1 月底企业面临的新情况对后续的预算进行调整，并顺延至 2025 年 1 月底，这样，新的滚动预算的起始月份是 2024 年 2 月份，结束月份是 2025 年 1 月份。2024 年 2 月份结束后的滚动预算以此类推。

按季滚动如图 2-2 所示。

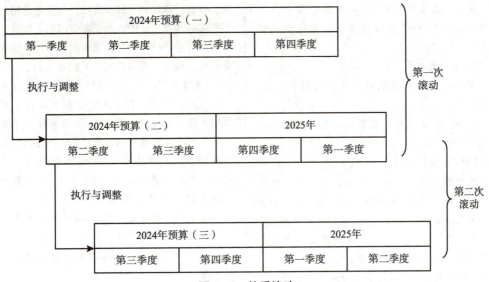

图 2-2　按季滚动

【例 2-13】甲公司安排部署 2024 年度预算编制工作。会议要求预算编制方法的选择要适应公司所面临的内外部环境。公司所处行业的运营环境瞬息万变，应高度重视自主创新，各项决策要强调价值创造与长远视角，预算要动态反映市场变化，有效指导公司营运。

要求：根据资料，指出最能体现甲公司内外部环境及相关要求的预算编制方法，并说明理由。

【分析与解释】

甲公司应采用滚动预算法。

理由：滚动预算法主要适用于运营环境变化比较大、最高管理者希望从更长远视角来进行决策的企业，能够动态反映市场变化，有效指导企业营运。

（二）增量预算与零基预算

增量预算往往是基于上一预算年度的实际完成数据再增加一个比例或定额的预算编制方法。而零基预算则完全不考虑上一预算期的数据，甚至不考虑任何历史数据，而是根据下一预算期所面临的新情况来编制。

在一个企业，高层管理者也需要定期对管理系统来一次"恢复出厂设定"。这种实践就是编制"零基预算"，根据企业管理的复杂程度，企业每 3~5 年编制一次零基预算。管理者将有限的资源配置到最需要的地方，未来做什么业务就为其配置相应的资源。

【例 2-14】2024 年 10 月，甲公司向各预算单位下达了 2025 年度全面预算编制指导意见，要求各预算单位以 2024 年度预算为起点，根据市场环境等因素的变化，在 2024 年度预算的基础上经合理调整形成 2025 年度预算。

要求：指出甲公司预算编制指导意见所体现的预算编制方法类型，并说明该种预算编制方法类型的优缺点。

【分析与解释】

甲公司采取的预算编制方法是增量预算法。

增量预算法的优点：编制简单，省时省力；

缺点：预算规模逐步增大，可能会造成预算松弛和资源浪费。

【例 2-15】在甲公司全面预算管理工作启动会议上，财务部经理说，2023 年 4~10 月，公司总部进行了流程再造，各部门的职责划分及人员配备发生了重大变化；2024 年的预算费用项目及金额与往年不具有可比性。因此，总部各部门费用预算不应继续采用增量预算法，而应采用更为适宜的方法来编制。

要求：指出甲公司 2024 年总部各部门费用预算应采用的预算编制方法，并简要说明理由。

【分析与解释】

甲公司 2024 年应采用的预算编制方法是：零基预算法。

理由：2024 年的预算费用项目及金额与往年不具有可比性。

【例 2-16】2024 年 3 月，为探索产业转型和多元化经营，甲公司并购了 A 公司。A 公司是一家从事生命技术服务业务的企业，并购前 A 公司的业务与甲公司的电子设备制造业务彼此没有关联。鉴于 A 公司以前年度经济活动中存在较多的不合理费用开支项目，指导方案要求 A 公司以零为起点，从实际需要出发分析预算期内各项经济活动的合理性，经综合平衡后形成年度预算方案。

要求：指出甲公司要求 A 公司 2025 年采用哪种预算编制方法；判断采用该方法是否恰当，并说明理由。

【分析与解释】

甲公司要求 A 公司 2025 年的预算编制方法采用零基预算法。采用该方法是恰当的。理由：A 公司以前年度经济活动存在较多的不合理性。本题主要考查预算编制方法的概念、应用条件及如何判断和选择。

（三）固定预算与弹性预算

固定预算又称静态预算；弹性预算又称动态预算。

企业通常采用公式法或列表法构建具体的弹性预算模型，形成基于不同业务量的多套预算方案。

（1）公式法，公式法下弹性预算的基本公式为：

预算总额 = 固定基数 + $\sum$（与业务量相关的弹性定额 × 预计业务量）

应用公式法编制预算时，相关弹性定额可能仅适用于一定业务量范围内。当业务量变动超出该适用范围时，应及时修正、更新弹性定额，或改为列表法编制。

（2）列表法，是指企业通过列表的方式，在业务量范围内依据已划分出的若干个不同等级，分别计算并列示该预算项目与业务量相关的不同可能预算方案的方法。在应用列表法时，企业通常假定三种业务量：乐观的业务量、悲观的业务量、基准（最可能实现）的业务量。

【例 2-17】因 B 公司的产品年度产销量存在较大不确定性，指导方案要求 B 公司采用弹性预算公式法编制年度预算。B 公司编制 X 产品生产成本年度预算的相关资料为：年度固定成本为 0.65 亿元，弹性定额为每件 0.25 万元，弹性定额适用的产量为 30 万~35 万件。如果预计 X 产品 2025 年度产量为 32 万件。

要求：计算确定 X 产品 2025 年度生产成本的预算目标；如果预计 X 产品 2019 年度产量为 29 万件，采用弹性预算法编制预算时应如何进行处理。

【分析与解释】

首先，按照预计产量 32 万件来计算，2025 年度正常生产成本预算目标 = 0.65 + 0.25 × 32 = 8.65（亿元）。这种方法是按照弹性预算的公式法计算而来。计算出成本预算目标之后，根据题意要计算当预计产品为 29 万件时的成本预算目标如何处理，没有问如何计算，因此不需要计算。根据弹性预算的特征和应用方法，处理措施可以为修正、更新弹性定额，或者改为列表法编制。亦即应用公式法编制预算时，相关弹性定额可能仅适用于一定业务量范围内。当业务量变动超出该适用范围时，应及时修正、更新弹性定额，或改为列表法编制。

以下举例说明固定预算和弹性预算两种编制方法的差异。

【例 2-18】甲公司 C 事业部负责人在编制本部门预算时认为应该采用弹性预算。因为本公司业务量在年间变化较大不易预测，各项预算执行结果与实际差异太大，因此决定改变原有预算编制方法，不再按固定的业务量编制预算。采取在前一年度固定预算的基础上规定一个 0.5~1.5 不等的系数，以实际执行数是否落在上下限之间来判断预算执行是否正常。

要求：C事业部采用弹性预算方法是否有不妥之处？请说明理由。

【分析与解释】

有不妥之处。

理由：对弹性预算的认识错误。弹性预算是与固定预算相对应的一种预算编制方法，即基于弹性的业务量编制预算的方法。简单地用固定预算乘以两个弹性系数作为预算的上下限，这种做法不是弹性预算。并且，C事业部弹性系数的确定太随意，缺乏科学依据。

（四）项目预算法和作业预算法

在从事轮船、飞机、公路等工程建设，以及一些提供长期服务的企业中，需要编制项目预算。项目预算的时间框架就是项目的期限，跨年度的项目应按年度分解编制预算。在项目预算中，间接费用预算比较简化，因为企业仅将一部分固定和变动间接成本分配到项目中，剩余的间接费用不在项目预算中考虑。

项目预算的优点在于它能够包含所有与项目有关的成本，容易度量单个项目的收入、费用和利润。无论项目规模的大小，项目预算都能很好地发挥作用，项目管理软件可以辅助项目预算的编制与跟踪。企业在编制项目预算时，将过去相似项目的成功预算作为标杆，通过对计划年度可能发生的一些重要事件进行深入分析后，能够大大提高本年度项目预算的科学性和合理性。

【例2-19】甲公司是从事高速公路、城市轨道交通等基础设施投资、建设及运营管理的投资公司，在国内有多个子公司，每个子公司均管理若干个在建项目及运营项目。2024年，甲公司为贯彻高质量发展战略，突出"现金为王"的管理理念，采取措施如下：

确定融资预算规模。公司投资的基础设施项目施工期一般在4年以上。2024年初，甲公司按照如下方法确定各子公司融资预算规模：

①在建项目：根据各项目投资计划及施工计划进度，测算各项目2024年资金需求；

②运营项目：根据各项目运营协议测算2024年回款金额，将在建项目资金需求扣减运营项目计划回款金额后，确定子公司2024年融资预算规模。

要求：根据资料，指出甲公司采用的预算编制方法。

【分析与解释】

甲公司适合采用项目预算法。理由：项目预算法适合工程期限较长的项目预算编制。本案例中项目施工期限长达4年。按照项目进行编制，案例中分为在建项目和运营项目。时间框架就是预算期限，跨年度的预算按年度编制。

作业预算法，是指基于"作业消耗资源、产出消耗作业"的原理，以作业管理为基础的预算管理方法。作业预算主要适用于具有作业类型较多且作业链较长、管理层对预算编制的准确性要求较高、生产过程多样化程度较高，以及间接或辅助资源费用所占比重较大等特点的企业。

与传统的预算编制按职能部门确定预算编制单位不同，作业预算法关注于作业（特别是增值作业）并按作业成本来确定预算编制单位。作业预算法更有利于企业加强团队合作、协同作业、提升客户满意度。作业预算法的支持者认为，传统成本会计仅使用数量动因，将成本度量过度简化为整个流程或部门的人工工时、机时、产出数量等指标，模糊了成本与产出之间的关系。作业预算法通过使用类似"调试次数"的作业成本动因，能够更好地描述出资源耗费与产出之间的关系。只有当基于数量的成本动因是最合适的成本度量单位时，作业预算法才会采用数量动因来确定成本。

作业预算法的主要优点：一是基于作业需求量配置资源，避免了资源配置的盲目性；二是通过总体作业优化实现最低的资源费用耗费，创造最大的产出成果；三是作业预算可以促进员工对业务和预算的支持，有利于预算的执行。

作业预算法的主要缺点：预算的建立过程复杂，需要详细地估算生产和销售对作业和资源费用的需求量，并测定作业消耗率和资源消耗率，数据收集成本较高。

【例2-20】甲公司的组织架构为"公司总部—分公司—项目部"，拥有6家分公司、100余个项目部。预算编制时，甲公司要求各分公司对每个项目部均单独编制项目收入、成本费用、利润等预算，再逐级汇总至公司总部。

要求：根据资料指出甲公司采用了哪种预算编制方法，并说明该种方法的主要适用条件。

【分析与解释】

甲公司采用的预算编制方法是项目预算法。适用于从事工程建设的企业以及一些提供长期服务的企业。

【提示】 预算编制方法是近年来在考试中出现频率较高的知识点，且每年考查的预算方法都不同。因此，广大考生在备考时宜全面掌握各种预算编制方法的适用范围和优缺点，分清楚不同预算编制方法的特点，以便做到有备无患。

【例 2 – 21】 甲公司为一家专业化的特钢生产企业，公司特钢产品的特点是品种多、批量小、流程长、定制化，一条生产线有上千个品种和规格，技术质量协议有90%以上是根据客户定制。尽管公司的产品高质量得到用户广泛认可，但公司运营及制造过程低成本并没有在效益上体现出来。总经理要求财务部门认真研究如何加强核算的精确度及加强成本管理。

要求：根据资料指出甲公司适合采用哪种预算编制方法，并说明该种方法的主要使用条件。

【分析与解释】

甲公司适合采用作业预算法。作业预算法适用于具有作业类型较多且作业链较长、管理层对预算编制的准确性要求较高、生产过程多样化程度较高，以及间接或辅助资源费用所占比重较大等特点的企业。

✲ 考点8　全面预算分析（★★★）

全面预算执行一般按照预算分析、预算控制、预算调整等程序进行。

预算分析是预算控制的重要前提或基础，是将企业预算执行情况与预算目标或标准进行对比，找出差异、分析成因，并根据差异的大小和性质，提出相应的改进措施的过程。预算控制是指企业以预算为标准，通过预算分解、过程监督、差异分析等促使日常经营不偏离预算标准的管理活动。预算调整是当内外战略环境发生重大变化或突发重大事件等，导致预算编制的基本假设发生重大变化时，或将导致企业的预算执行结果产生重要偏差，原有预算已经不合时宜时进行的预算修改。

（一）全面预算分析的流程

（1）确定分析对象：亦即确定分析哪些预算指标和项目。可以针对特定预算进行分析，也可以针对全面预算进行分析。

（2）确定重要性标准：重要性是会计审计的专业名词，在预算分析中也要用到重要性原则，确定重要性标准，达到这个标准的差异要做重点分析、详细分析，而没有达到重要性标准的差异可以简化分析。

（3）收集数据：一般预算数据是比较容易获得的，但预算执行情况的数据需要按照企业内部报告系统的记录来准备，同时还要对照分析，因此历史数据、标杆企业数据的收集和整理变得更加重要。

（4）计算差异，分析引起差异的原因：预算和实际之间的差额为预算差异，不但要计算差异还要分析产生这些差异的原因是什么。

（5）撰写并上报分析报告：分析报告即将上述分析过程形成文字报告。主要报告预算的总体执行情况、差异及形成的原因、差异的重要性、对下一步控制预算的行动计划、调整预算的设想和绩效考核的建议等内容。预算执行报告可分为特别报告和基本报告。

（二）**主要的全面预算分析方法**

1. **差异分析**

差异分析包括：销售差异分析、生产预算差异分析、采购差异分析、管理费用差异分析、财务费用差异分析、产品成本差异分析、利润差异分析等。差异分析主要解决的问题是找出预算和实际之间差异产生的原因。

【例 2 – 22】 B公司是一家服装企业，按照利润中心来管理，考核指标是边际利润考核，B公司总经理发现2024年第二季度的边际利润低于预算，要求总会计师对差异进行分析。在编制第二季度预算时，B公司曾假设公司产品的市场份额是25%，根据权威机构预测，市场总量为400 000件，但是第二季度市场总量实际为500 000件，第二季度预算与实际数据如表2 – 5所示。

表2-5
第二季度预算与实际数据

项目	价格（元）		单位变动成本（元）		单位边际利润（元）		销量（件）		边际利润差异（元）		销售结构（%）	
	预算	实际	预算	实际	预算	实际	预算	实际	预算	实际	预算	实际
A产品	379	349	182	178	197	171	125	110	24 625	18 810	12.5	10
B产品	269	285	98	92	171	193	375	440	64 125	84 920	37.5	40
C产品	149	102	65	73	84	29	500	5 500	42 000	15 950	50	50
合计							1 000	1 100	130 750	119 680	100	100

从表2-5可以计算B公司的边际利润差异为11 070元（130 750-119 680），因为实际小于预算，因此是不利差异，如果是相反的结果则为有利差异。

2. 对比分析

对比分析包括同比分析和环比分析。

同比分析是指当期预算或实际数与往年同期预算或实际数的比较。例如，当年3月与上年3月的数据比较。而环比分析是当期与上一期的比较。例如，3月同2月比较，4月同3月比较。

【例2-23】2024年7月，甲公司召开预算分析会，讨论上半年预算执行情况。财务部提交的资料显示：公司2023年第一、第二季度营业收入分别为100亿元、106亿元，均超额完成预算指标；2024年第一、第二季度营业收入分别为80亿元、96亿元，均未完成预算指标。

要求：分别计算甲公司2024年第二季度营业收入同比增长率和环比增长率。

【分析与解释】

根据题意，主要考查同比分析和环比分析的方法。因此只需根据题意将第二季度数据代入即可。无须计算第一季度数据。

同比增长率为-9.43%。亦即：(96-106)÷106×100%

环比增长率为20%。亦即：(96-80)÷80×100%

【例2-24】集团公司财务部汇报了1~6月份预算执行情况，集团公司2024年全年营业收入、营业成本、利润总额的预算指标分别为500亿元、200亿元、100亿元；上半年实际营业收入200亿元、营业成本140亿元、利润总额30亿元，财务部认为，要完成全年预算指标，压力较大。

要求：根据资料，计算集团公司2024年1~6月份有关预算指标的执行进度，并指出存在的主要问题及应采取的措施。

【分析与解释】

（1）营业收入预算执行率=200÷500×100%=40%

（2）营业成本预算执行率=140÷200×100%=70%

（3）利润总额预算执行率=30÷100×100%=30%

上述计算主要体现为利用对比分析计算预算执行进度。应以营业收入和利润总额预算是否完成"时间任务双过半"为判断标准，超过50%的执行进度为正常，不到50%则为不正常。对于营业成本预算，应以50%为标准，低于50%表示执行较好，高于50%则表示执行不力。

因此，集团公司存在的主要问题是：营业收入和利润总额预算执行率较低，营业成本预算执行率较高。应采取的措施：集团公司应进一步增加销售收入，加强成本管理，提高盈利能力。

3. 对标分析

对标管理是选取国内外同行业优秀企业的最佳实践，并以此为基准与本企业进行比较、分析、判断，从而使本企业的业绩不断改进的一个过程。预算管理中的对标分析就是选取行业内标杆企业作为比较标准，通过对标分析，可以了解企业在行业竞争中的地位，明确差距，提出相应的改进措施。

【例2-25】甲公司财务部就公司2024年的

预算执行情况进行了全面分析，并选取行业内标杆企业 M 公司作为对标对象，从盈利水平、资产质量、债务风险和经营增长四个方面各选取一个关键指标进行对标分析（相关对标数据见表 2-6），重点就本公司与 M 公司在某些方面存在的差距作出说明。

表 2-6　关键指标对标分析　单位:%

企业名称	营业收入净利率	总资产周转率	资产负债率	营业收入增长率
甲公司	3.93	68.36	82.79	16.23
M 公司	3.92	75.88	78.53	22.84

要求：根据资料，针对四个关键指标，指出甲公司与 M 公司存在的差距，并提出相应的改进措施。

【分析与解释】

经过对比发现，四个指标都存在差异。因此可以从定性的角度发现甲公司与 M 公司的差距是：甲公司的总资产周转率及营业收入增长率低于 M 公司、资产负债率高于 M 公司。营业收入净利率的差距很小。

【提示】 无论是考试大纲还是教材中都没有针对企业财务数据背后所代表的经营情况进行规定或讲解。但是作为高级会计资格考试来讲，需要考生针对财务数据背后的问题进行归纳并提出相应的改进措施。这充分体现了财务分析并不是简单的计算指标差距，不但要计算差异还要分析产生这些差异的原因；不但要分析原因还要提出改进措施。改进措施的提出是基于前面的原因分析的。因此，还需针对三个指标的差异进一步提出改进措施。

改进措施是：加快资产周转速度，提高资产质量；提高营业收入水平，加快经营增长；合理控制资产负债率，防范债务风险。

【例 2-26】 甲公司为提高预算管理分析水平，将可比优秀企业 A 公司和 B 公司作为标杆企业，深入分析新签合同额、营业收入、净资产收益率、经营活动现金净流量、资产负债率等重要指标与标杆企业的差距。提出改进措施。

要求：指出上述说法体现的全面预算分析方法。

【分析与解释】

对标分析。

4. 结构分析

结构分析的前提是将一个整体划分为几个部分。而几个组成部分之间的变化会导致每一个组成部分和总体的比例发生变化，这个比例称为结构比例。结构比例的变化揭示了预算执行中的问题。

5. 趋势分析

趋势分析是通过过去若干年的实际运行数据以及未来预测，揭示事物发展规律的一种方法。趋势分析的期间越长，对趋势的把握越准确。

6. 因素分析

因素分析是将某一指标的变动结果划分为若干个影响因素。分析每个因素的变化对指标所造成的影响。

（1）将边际利润差异分解为销量差异和弹性预算差异。

销量差异＝弹性预算边际利润－预算边际利润
弹性预算差异＝实际边际利润－弹性预算边际利润

弹性预算边际利润是什么呢？实际上就是按照实际销售结构重新计算边际利润，计算方法是用实际销量、实际销售结构和预算单位边际利润三者相乘。

（2）将销量差异分解为销售结构差异和纯销量差异。

销售结构差异＝按实际销量计算的边际利润－弹性预算边际利润

纯销量差异＝按实际销量计算边际利润－预算边际利润

7. 排名分析

排名分析即对预算执行单位按照某个预算指标的实际执行情况按特定顺序排名，找出执行情况好和不好的单位，以鼓励先进鞭策后进。

8. 多维分析

从多个角度、多个侧面观察数据库中的数据，从而更深入地了解包含在数据中的信息和内涵。例如，我们在分析 2022 年销售收入实际数与预算数的差异时，就需要从多个维度（产品、区域、渠道、客户等）进行深入分析，结合企业战略的实施情况，才能找出形成差异的根本原因。

【例 2 - 27】2025 年初，甲公司对 2024 年的预算执行情况进行了全面分析，其中 2024 年度营业收入预算执行情况如表 2 - 7 所示。

表 2 - 7　2024 年度营业收入预算执行情况　单位：亿元

业务（产品）类型	境内业务		境外业务		合计	
	预算	实际	预算	实际	预算	实际
水利电力工程业务	85	79	50	51	135	130
基础设施工程业务	45	52	20	16	65	68
合计	130	131	70	67	200	198

要求：根据资料，采用多维分析法，以区域和产品两个维度相结合的方式，分析指出甲公司 2024 年度营业收入预算执行中存在的主要问题，并说明多维分析法的主要优点。

【分析与解释】

多维分析就是通过业务区域（境内业务和境外业务）、业务类型（水电工程和基础设施工程）两个维度来发现问题。通过多维分析可以发现，甲公司存在的主要问题是：境内水利电力工程业务及境外基础设施工程业务未完成年度预算目标。

多维分析的主要优点是：分析者可以从多个角度、多个侧面观察相关数据，从而更深入地了解数据中的信息与内涵。

✳ 考点 9　全面预算控制（★★★）

（一）全面预算控制的方式

1. 当期预算控制和累进预算控制

当期预算控制是指用当期的预算总额控制当期的预算执行数。累进预算控制是指以从预算期间的始点到当期时点的累计预算数控制累计预算执行数。例如，目前企业领导人的年度考核就是实际运用中的当期预算控制，而任期考核则是累进预算控制。

2. 总额控制和单项控制

总额控制是对总量的控制，单项控制是对结构的控制，体现了企业战略和预算目标的要求，不但总额要符合要求，结构同样要符合预算。

3. 绝对数控制和相对数控制

对于规模不同的单位来讲，预算的绝对数不具备可比性；同样，对于基数大小不同的单位来讲，相对数有时也不具备可比性。因此，应将两者结合起来使用。

4. 刚性控制与柔性控制

刚性控制是指预算约束性较强，未经批准不允许突破。柔性控制则指约束性较弱的项目，可以授权不同级别的责任人审批此项预算是否可以突破。

5. 预算内审批控制、超预算审批控制和预算外审批控制

预算内审批执行正常的、简化的流程控制。超预算审批控制，执行额外审批流程，根据事先确定的额度分级审核。预算外审批控制，执行较为严格的特殊审批流程，报经上级预算机构进行审核和审批。

【例 2 - 28】甲公司为强化预算责任、加强预算控制，决定从 2025 年开始对预算内、预算外和超预算审批事项均严格按同一审批流程进行控制。

要求：指出甲公司的做法是否恰当，并说明理由。

【分析与解释】

不恰当。

理由：预算内审批事项，应简化流程，提高效率；预算外审批事项，应严格控制，防范风险；超预算审批事项，应执行额外的审批流程。

或：对于预算内非常规或金额重大事项，应经过较高的授权批准层审批。对于超预算或预算外事项，应当实行严格特殊的审批程序，金额重大的还应报经预算管理委员会或董事会审批。

6. 系统在线控制和手工控制

随着信息化在企业的普及，运用计算机系统

联网进行预算控制成为可能。系统在线控制是指依靠 ERP 系统或专门的预算控制系统实现的对预算事项的事中和在线控制。手工控制是指按照企业内部控制流程和相应的审批权限，并对相关资金支出的单据进行手工流转并签字的过程。

【例 2-29】 甲公司召开预算管理专题会议，研究分析 2024 年前三季度预算执行情况发现，2024 年前三季度公司净利润、经济增加值指标的预算执行进度未完成阶段性预算目标（75%），但管理费用指标已接近年度预算目标。会议要求，第四季度要打好"提质增效"攻坚战，对于净利润、经济增加值指标，要确保总量完成年度预算目标；对于管理费用，要对业务招待费、会议费、差旅费等项目分别加以控制。

要求：根据资料指出甲公司预算管理专题会议的要求中体现了哪些预算控制方式。

【分析与解释】

甲公司预算管理专题会议要求中体现的预算控制方式采用的是总额控制和单项控制。经过分析发现，对于净利润和经济增加值指标的控制方式是总额控制，对于管理费用预算，除对管理费用总额进行控制外，还要对其中的各项重点费用项目进行单项控制。

【提示】 考生在回答此类问题时请注意，因为预算控制的方式共有六类，千万不可照抄教材的所有六类答案，必须进行辨析。

（二）全面预算控制的原则

全面预算控制的原则是：（1）加强过程控制；（2）突出管理重点；（3）刚性控制与柔性控制相结合；（4）业务控制与财务控制相结合。

【例 2-30】 2024 年 7 月，M 公司对甲公司 2024 年上半年预算管控情况进行了检查，发现以下主要问题：（1）对年度营业收入、管理费用、利润总额等重点预算指标，未按季度或月度进行分解、控制，出现"时间过半，收入、利润指标只实现年度预算的 40%，而管理费用却达到年度预算的 63%"等问题，公司"保增长"压力大、提质增效工作成效不明显；（2）对应收款项、存货、现金流量等关键性监控指标，未进行分析预测且未采取适当控制措施，导致应收款项及存货占用资金高企，事前控制能力有待提高。

要求：根据资料指出甲公司未遵循哪些预算

控制原则，并据此提出预算控制的改进措施。

【分析与解释】

对照全面预算控制的原则可以发现，资料中的情形符合未遵循加强过程控制和突出重点管理两个原则。这是因为：加强过程控制的关键词是：年度预算分解为分期预算进行控制，强调过程控制。突出重点的关键词是：重点预算项目严格管理、关键预算项目实时跟踪、事前控制等。根据资料中的内容对照这些关键词来分析，首先，按照预算对比分析方法，由于未对年度营业收入、管理费用、利润总额等重点预算指标按季度或月度进行分解、控制，是没有遵循加强过程控制原则的表现。其次，未对应收款项、存货、现金流量等关键性监控指标进行分析预测且未采取适当控制措施，是重点不突出的表现。因为"两金"和现金流都是企业的重要预算指标。

【提示】 有的考生将"加强过程控制、突出重点管理、刚性与柔性相结合、业务控制与财务控制相结合"全部列示，将会被判定为概念不清楚，可能会不得分；但如果四种情况仅答了三种，则按得分点给分。

改进措施：针对"过程控制问题"要采取严格执行销售预算、生产预算、费用预算和其他预算、将年度预算细分为月度和季度预算的办法。针对"重点不突出问题"，要抓住预算控制重点，对重点预算项目严格管理；对关键性预算指标的实现情况按月、按周，甚至进行实时跟踪，对其发展趋势作出科学合理的预测，提高事前控制能力。

【例 2-31】 甲公司计划加强融资预算控制。2023 年回款低于计划，导致公司实际融资超过预算金额，流动性指标逼近风险警戒线。如不尽快扭转回款不利局面，公司很可能出现债务违约，业务发展将受严重影响，为此，2024 年采取如下措施：

在预算控制方面，将项目回款作为工作重点，由总部投资部、财务部形成联合督导组，督导回款情况，对各子公司的投资进度与回款实行挂钩管理，确保融资规模在预算内。

要求：根据资料指出甲公司采用的预算控制原则。

【分析与解释】 突出管理重点原则和业务控制与财务控制相结合原则。理由：（1）突出管理重点原则的关键词是"将项目回款作为预算工作重点""对投资进度与回款挂钩的事中，实时的过程管理"。因此，企业采用了突出管理重点原则。(2) 业务控制与财务控制相结合原则表现在：投资部作为业务部门参与预算管理，将投资进度、回款、融资规模相挂钩。

✳ 考点10 全面预算调整（★★★）

（一）全面预算调整的内涵

全面预算调整是指当企业的内外部环境或者企业的经营策略发生重大变化，致使预算的编制基础不成立，或者将导致预算的执行结果产生重大偏差，原有预算已不再适宜时地进行预算修改。

当出现下列事件时，企业的预算很可能需要进行相应的调整：

（1）由于国家政策法规发生重大变化，致使预算的编制基础不成立，或导致预算与执行结果产生重大偏差。

（2）由于市场环境、经营条件、经营方针发生重大变化，导致预算对实际经营不再适用。

（3）内部组织结构出现重大调整，导致原预算不适用。

（4）发生企业合并、分立等行为。

（5）出现不可抗力事件，导致预算的执行已不可能。

（6）预算委员会认为应该调整的其他事项。

【例2-32】 甲公司是一家从事国际工程承包业务的建筑类企业，业务覆盖多个国家和地区，为加强管理，甲公司根据业务分布情况设立了若干海外区域分部。近年来，甲公司营业收入保持较快增长，但净利润和经营活动现金流量净额未实现同步增长。甲公司决定以全面预算管理为抓手，以绩效考核为引领，实现公司高质量发展。2024年上半年，甲公司A区域分部列入投标计划的多个重点项目由于投标决策失误未能中标，导致上半年区域分部新签合同额远低于预算，预计难以完成年度新签合同额预算指标。据此，A区域分部申请调减年度新签合同额预算指标。但财务部认为，A区域分部申请事项不符合预算调整条件，不应同意A区域分部调整申请。

要求：判断甲公司财务部观点是否正确，并说明理由。

【分析与解释】

财务部观点正确。

理由：A区域分部遇到的问题不属于内外部环境发生重大变化或重大突发事件，预算编制基本假设没有发生变化，因此不应调整预算申请。

【例2-33】 甲公司在预算工作布置会中强调，为确保预算目标的实现及预算的严肃性，2025年主要预算项目的目标值在执行过程中不得进行任何调整。

要求：根据资料指出上述做法是否存在不当之处，并说明理由。

【分析与解释】

存在不当之处。

理由：当内外战略环境发生重大变化或突发重大事件等，导致预算编制的基本假设发生变化时，可进行预算调整。

【提示】 如果考生无法准确判断是什么情形导致预算调整，可以按照下面的方法答题：

当出现下列事项时，可进行预算调整：

（1）由于国家政策法规发生重大变化，导致预算的编制基础不成立，或导致预算与执行结果产生重大偏差。

（2）由于市场环境、经营条件、经营方针发生重大变化，导致预算对实际经营不再适用。

（3）内部组织结构出现重大调整，导致原预算不适用。

（4）发生企业合并、分立等行为。

（5）出现不可抗力事件，导致预算的执行成为不可能。

（6）预算管理委员会认为应该调整的其他事项。

[或：上述做法违反了权变性原则，预算管理应刚性和柔性相结合，可根据内外部环境的重大变化调整预算，并针对例外事项进行特殊处理。]

【提示】 这种回答综合了预算管理的原则、预算控制的方法，以及预算调整的相关要求等知识点综合分析，也是可取的。

（二）**全面预算调整的原则**

企业在预算调整实务中存在的问题：一是过于强调预算刚性，不能根据环境变化而及时调整，导致资源重大浪费；二是预算调整的随意性较大；三是预算收入和利润目标一般调低不调高，削弱了企业经营战略实施的效果。

所以，企业的预算调整应坚持以下原则：

（1）预算调整应当符合企业发展战略、年度经营目标和现实状况，重点放在预算执行中出现的重要的、非正常的、不符合常规的关键性差异方面。

（2）预算调整方案应当客观、合理、可行，在经济上能够实现最优化。

（3）预算调整应当谨慎，调整频率应予以严格控制，年度调整次数应尽量减少。

（三）全面预算调整的程序

对预算进行调整，必须按照一定的程序进行。预算调整主要包括分析、申请、审议、批准等主要程序，具体如下：

（1）预算执行单位逐级向预算管理委员会提出书面申请，并详细说明预算调整的理由和调整建议方案、调整前后预算指标的比较、调整后预算指标可能对企业预算总目标的影响等内容。

（2）预算管理工作机构对预算执行单位提交的申请进行审核分析，集中编制企业年度预算调整方案，提交预算管理委员会。

（3）预算管理委员会应对预算调整方案进行审议，根据预算调整事项的性质或预算调整金额的不同，根据授权进行审批，或提交董事会审议批准，然后下达执行。

【例 2-34】甲公司在预算调整方面的主要内容是，针对上年实际融资超过预算的情况，公司董事会高度关注本年执行情况，要求经理层强化融资预算刚性约束。融资预算下达后，不随意调增，对确需增加预算的，要履行审批程序，经总经理办公会审议批准后方可执行。

要求：根据资料判断预算调整程序是否恰当，如不恰当，请说明理由。

【分析与解释】

不恰当。理由：（1）预算调整主要包括分析、申请、审议、批准等主要程序。（2）预算管理委员会应当对年度预算调整方案进行审议，按照预算调整事项性质或预算调整金额的不同，根据授权进行审批或提交原预算审批机构审议批准，然后下达执行，而非总经理办公会审议批准。

✸ 考点 11　全面预算考核的相关要求

（一）全面预算考核的风险

（1）预算管理流于形式：由于预算缺乏刚性、执行不力、考核不严导致。

（2）预算目标难以实现：由于预算考核不严格、不合理、不到位导致。

其中，预算考核是否合理受到考核主体和对象的界定是否合理、考核指标是否科学、考核过程是否公开透明、考核结果是否客观公正、奖惩措施是否公平合理且能够落实等因素的影响。

（二）全面预算考核的作用

（1）明确战略导向；

（2）强化激励机制；

（3）改善业绩评价；

（4）提升管理水平。

（三）全面预算考核的原则

全面预算考核是对预算执行效果的一个认可过程。预算考核应遵循以下原则：

（1）目标性原则：以预算目标为基准，按预算完成情况评价预算执行者的业绩。

（2）可控性原则：预算目标一经确定，不得随意变更调整。

（3）动态性原则：预算考核是动态考核，每期预算执行完毕应立即进行。

（4）例外性原则：对一些阻碍预算执行的重大因素，如市场环境的变化、政策变化、重大意外灾害等，考核时应作为特殊情况处理。

（5）公平公开公正原则：预算的考核必须公平，即相同的绩效要给予相同的评价考核标准，考核结果公开是考核公平的前提。

（6）总体优化原则：预算考核要有利于企业总体目标的实现和价值的最大化。

【例 2-35】甲公司是一家出口导向性企业，由于国际市场形势和疫情的影响，公司决定采用保守的营销政策。临近年底，销售公司经理认为，因不可控的市场环境和营销政策，销售公司建议销售收入指标不纳入考核，只作参考。

要求：根据资料判断销售公司经理的说法是否恰当。

【分析与解释】

不恰当。

理由：不符合全面预算考核的目标性原则和

例外性原则。

【提示】

对于销售部门的考核，不仅要考核其是否完成收入指标、毛利指标，还需要对存货周转率、应收账款周转率等指标进行考核，以促进销售部门努力降低资金占用，提高投资收益率。企业受到市场的变化、产业环境的变化、相关政策的改变、重大自然灾害和意外损失等影响，应及时按程序调整预算，考核也应该按调整后的预算指标进行。

（四）全面预算考核的内容

全面预算考核内容包括两个方面：（1）对全面预算目标完成情况的考核；（2）对全面预算组织工作的考核。

（五）全面预算考核的程序

（1）制定预算考核管理办法。

（2）确认各责任中心的预算执行情况。

（3）编制预算执行情况的分析报告。

（4）组织考核、撰写考核报告、发布考核结果。

本章历年试题解析

【2024 年试题】

甲公司是一家从事城市基础设施建设的大型建筑企业，为提升全面预算管理水平，加强企业绩效管理，助力企业高质量发展，2024 年初，甲公司召开全面预算与绩效管理专题会议。

（1）完善预算管理体系。全面预算管理坚持"稳字当头，稳中求进"的工作总基调，持续推动公司高质量发展迈上新台阶，重点做好以下工作：

①充分认识全面预算对落实公司战略的重要意义，加强宏观经济形势和行业发展态势研判，以公司战略为目标，将全面预算管理作为公司战略落地的重要抓手。

②深化"业财融合"，坚持业务预算优先、财务预算协同的基本原则，以"业财融合"思路，实施预算管理全面覆盖，全员参与。

③强化预算刚性约束。预算目标一经下达，不得随意调整，确因市场环境等因素发生变化需要调整的，应按履行规定的审批程序予以调整。

④提高预算管理分析。将可比优秀企业 A 公司和 B 公司作为标杆企业，深入分析新签合同额、营业收入、净资产收益率，经营活动现金净流量、资产负债率等重要指标与标杆企业的差距，提出改进措施。

⑤强化预算与考核衔接，着力解决预算体系与业绩考核体系未能有效衔接问题。将关键预算指标体现在考核体系中。

假设不考虑其他因素。

要求：

1. 根据资料（1）逐项指出①~③体现的全面预算管理原则。

2. 根据资料（1）指出第④项体现的全面预算分析方法。

3. 根据资料（1）第⑤项，指出甲公司预算体系与业绩考核体系未有效衔接可能产生的不利影响。

【分析与解释】

1. 本题主要考察全面预算管理的原则这个知识点，其可理解性不存在问题，根据题目内容进行判断即可。资料中①是战略导向原则；②是融合性原则；③是权变性原则。

2. 本题主要考察全面预算分析的方法，8 种分析方法中，可以根据各种方法的定义和举例快速判断出答案是对标分析。

3. 本题主要考察全面预算考核环节中的主要风险，教材中有非常明确的答案。预算考核不严格、不合理、不到位，可能导致预算目标难以实现、预算管理流于形式。其中，考核主体和对象的界定是否合理、考核指标是否科学、考核过程是否公开透明、考核结果是否客观公正、奖惩措施是否公平合理且能够落实等因素的影响。

【2023 年试题】

甲公司是从事高速公路、城市轨道交通等基础设施投资、建设及运营管理的投资公司，在国内有多个子公司，每个子公司均管理若干个在建项目及运营项目。2023 年，甲公司为贯彻高质量发展战略，突出"现金为王"的管理理念，采取措施如下：

（1）确定融资预算规模。公司投资的基础设施项目施工期一般在 4 年以上。2023 年初，甲公司按照如下方法确定各子公司融资预算规模：

①在建项目：根据各项目投资计划及施工计划进度，测算各项目 2023 年资金需求；

②运营项目：根据各项目运营协议测算 2023 年回款金额，将在建项目资金需求扣减运营项目计划回款金额后，确定子公司 2023 年融资预算规模。

（2）加强融资预算控制。2022 年回款低于计划，导致公司实际融资超过预算金额，流动性指标逼近风险警戒线。如不尽快扭转回款不利局面，公司很可能出现债务违约，业务发展将受严重影响，为此，2023 年采取如下措施：

①在预算控制方面，将项目回款作为工作重点，由总部的投资部、财务部形成联合督导组，督导回款情况，对各子公司的投资进度与回款实行挂钩管理，确保融资规模在预算内。

②在预算调整方面，针对上年实际融资超过预算的情况，公司董事会高度关注本年执行情况，要求经理层强化融资预算刚性约束。融资预算下达后，不随意调增，对确需增加预算的，要履行审批程序，经总经理办公会审议批准后方可执行。

（3）调增绩效评价体系，由上年 6 个指标组成，计算方法：先将每个指标实际值与标准对比得出评价指数，再乘以对应的权重，求和后得出绩效结果，2023 年公司拟调整。观点如下：

①子公司 A：公司应聚焦提升投资回报率、总资产周转率、项目回款率，因客户满意度等非财务指标受主观影响较大，建议取消。全部采用财务指标。

②子公司 B：如果评价客户满意度，应当尽量将指标量化。

③子公司 C：回款指标是直接影响公司可持续发展的关键性指标，建议作为"一票否决"指标。

假定不考虑其他因素。

要求：

1. 根据资料（1），指出甲公司采用的预算编制方法。

2. 根据资料（2）的①，指出甲公司采用的预算控制原则。

3. 根据资料（2）的②，判断预算调整程序是否恰当，如不恰当，请说明理由。

4. 根据资料（3），指出对应的绩效评价计分方法，并说明优缺点。

5. 根据资料（3）中的①～③，指出各子公司说法是否恰当，如不恰当，请说明理由。

【分析与解释】

1. 本题只需回答：项目预算法。若题目要求陈述理由，则可以继续回答：理由：项目预算法适合工程期限较长的项目预算编制。本案例中项目施工期限长达 4 年。按照项目进行编制，案例中分为在建项目和运营项目。时间框架就是预算期限，跨年度的预算按年度编制。

2. 本题只需回答：突出管理重点原则和业务控制与财务控制相结合原则。若题目要求陈述理由，则可以继续回答：理由：（1）突出管理重点原则的关键词是"将项目回款作为预算工作重点""对投资进度与回款挂钩的事中，实时的过程管理"。因此，企业采用了突出管理重点原则。（2）业务控制与财务控制相结合原则表现在：投资部作为业务部门参与预算管理，将投资进度、回款、融资规模相挂钩。

3. 不恰当。理由：预算调整主要包括分析、申请、审议、批准等主要程序。预算管理委员会应当对年度预算调整方案进行审议，按照预算调整事项性质或预算调整金额的不同，根据授权进行审批或提交原预算审批机构审议批准，然后下达执行，而非总经理办公会审议批准。

4. 略。

5. 略。

【2022 年试题】

甲公司是一家从事互联网和移动互联智能设备自主研发、制造和销售的公司，其产品广泛应用于工业安防等领域。当前，行业核心技术迭代周期短，同业竞争激烈，为增强竞争能力，提升盈利水平，甲公司强化绩效考评，全面实施关键绩效指标法，并将预算管理与绩效考评紧密结合，有关资料如下：

（1）确定绩效指标体系。工作步骤包括：①基于公司战略，设定经济增加值、经营活动现金净量、产品销量、客户满意度等公司关键绩效指标。②基于部门职能，确定部门关键绩效指标。为增进部门协同，实施多部门共担公司关键绩效指标机制，例如，将产品销量和客户满意度同时作为销售部和设计部的考核指标，并根据职能差异分别制定两部门细化绩效指标。

（2）开展市场考核，针对生产部门，引入转移定价，对各车间考核模拟利润，甲公司核心产品，由传感器和数据分析组件等零部件组成、其中：传感器为专属零部件，无法对外销售，且难以获得外部供货，不能取得或预测外部市场价格作为定价指引。数据分析组件除自供外，已稳定对外销售，目前未满负荷生产：该零部件本季度对外销售平均单价为375元/件，单位变动成本为175元/件，根据前期产量测算的单位固定成本为35元/件。为全面提升产品竞争力，甲公司决定采用分权管理模式，各车间可自主决定零部件采购或销售。

（3）实施预算联动管理，相关做法有：①为确保关键绩效指标与预算方案紧密衔接，授权财务部门根据历史经验，并结合公司战略独立负责预算编制，其他职能部门和分、子公司不参与预算制定。②保障绩效目标实现，并解决预算执行不严问题，决定实施刚性控制，预算经批准后不得调整。

假定不考虑其他因素。

要求：

1. 根据资料（1）中的第①项，指出甲公司哪些绩效指标属于结果类指标。

2. 根据资料（1）中的第②项，指出甲公司选取销售部和设计部两个部门的关键绩效指标的方法。

3. 根据资料（2）中的第①项，判断传感器零部件是否可以采用价格型内部转移定价方法，并说明理由。

4. 根据资料（2）中的第②项，如果公司采用协商型内部转移定价方法确定内部转移价格，指出数据分析组件等零部件在一般条件下协商定价的取值范围。

5. 根据资料（3），分别判断第①项和第②

项预算管理工作是否存在不当之处，对存在不当之处的，分别说明理由。

【分析与解释】

1. 经济增加值、经营活动净现金流量。

2. 组织功能分解法。

3. 可以采用（价格型的特点，适用于内部利润中心）。

理由：没有外部市场但企业出于管理需要设置为模拟利润中心的责任中心可以在生产成本基础上加一定比例毛利作为内部转移价格。

4. 取值范围：175～375元（取值范围：不高于市场价格，不低于变动成本）。

5.①存在不当之处。

理由：预算编制以财务部门为主，业务部参与度较低，可能导致预算规划不合理，预算管理责权利不匹配。

或：预算编制程序不规范，横向、纵向信息沟通不畅，可能导致预算目标缺乏准确性、合理性和可行性。

或：预算编制所依据的相关信息不足，可能导致预算目标与战略规划、经营计划、市场环境、企业实际等相脱离；预算编制基础数据不足，可能导致预算编制准确率降低。

或：预算目标及指标体系设计不完整、不合理、不科学，可能导致预算管理在实现发展战略和经营目标、促进绩效考评等方面的功能难以有效发挥。

②存在不当之处。

理由：当内外部战略环境发生重大变化或突发重大事件，导致预算编制的基本假设发生重大变化时，可进行预算调整。

或：应遵循预算管理权变的原则。

【2021年试题】

甲公司是一家生产和销售工业安保产品的企业，近年来，公司所处行业竞争日趋激烈，毛利率逐年下降。为此，甲公司决定从2021年开始持续深化全面预算管理，强化关键绩效指标考评，资料如下：

（1）预算目标。确定利润预算目标时，公司重点考虑了前期股权投资协议中业绩承诺和现金分红条款带来的影响。结合上述协议内容及自身发展、内部积累等因素，公司2020年至少应实现净利润 1 350 万元。公司的所得税税率为 25%。据此公司最终确定，2021 年利润金额预算目标为 1 800 万元。

（2）预算编制。在编制成本预算时，公司将生产过程划分为生产准备、关键零件制造、产品组装和质量检验四个阶段，共界定 18 项生产作业。公司以"成本动因"为标准将间接成本分配至生产作业，确定各产品消耗作业的标准数量，并据此编制产品成本预算。

（3）预算考核。为加强预算过程管控，公司拟加大预算目标完成情况及预算组织工作的考核，但是 A 销售公司认为，因市场风险和营销存在大量不可控因素，收入预算完成情况可能与目标存在较大差异，建议销售公司的预算目标不做考核，仅供管理改进参考。

假定不考虑其他因素。

要求：

1. 根据资料（1）指出甲公司利润预算目标的确定方法。

2. 根据资料（2）指出甲公司编制产品成本预算采用的方法，并说明该方法的适用范围。

3. 根据资料（3）指出 A 销售公司所提建议是否恰当，并说明理由。

【分析与解释】

1. 使用的是上加法。

净利润＝1 350 元，目标利润＝1 350÷（1－25%）＝1 800（元）。

2. 甲公司适合采用作业预算法。作业预算法适用于具有作业类型较多且作业链较长、管理层对预算编制的准确性要求较高、生产过程多样化程度较高，以及间接或辅助资源费用所占比重较大等特点的企业。

3. 不恰当。理由：不符合全面预算考核的目标性原则和例外性原则。

【2020 年试题】

甲公司是一家从事国际工程承包业务的建筑类企业，业务覆盖多个国家和地区，为加强管理，甲公司根据业务分布情况设立若干个海外区域分部。近年来，甲公司营业收入保持较快增长，但净利润和经营活动现金流量净额未实现同步增长。甲公司决定以全面预算管理为抓手，以绩效考核为引领，实现公司高质量发展。为此，

2020 年甲公司进一步完善了区域分部绩效考核方案，甲公司绩效考核方案及预算管理工作有关资料如下：

（1）下达新签合同额预算指标。2020 年初，甲公司根据各区域分部过去三年市场开发及经营情况，综合考虑相关因素，确定新签合同额预算指标，并直接下达至各区域分部。

（2）召开预算分析会。2020 年 7 月，甲公司召开预算分析会，讨论上半年预算执行情况。财务部提交的资料显示：公司 2019 年第一、第二季度营业收入分别为 100 亿元、106 亿元，均超额完成预算指标；2020 年第一、第二季度营业收入分别为 80 亿元、96 亿元，均未完成预算指标。

（3）调整预算指标。2020 年上半年，A 区域分部列入投标计划的多个重点项目由于投标决策失误未能中标，导致上半年区域分部新签合同额远低于预算，预计难以完成年度新签合同额预算指标。据此，A 区域分部申请调减年度新签合同额预算指标。但财务部认为，A 区域分部申请事项不符合预算调整条件，不应同意 A 区域分部调整申请。

假定不考虑其他因素。

要求：

1. 根据资料（1），指出甲公司在新签合同额指标预算编制上采用了何种预算编制方式，并说明该方式的优点。

2. 根据资料（2），分别计算甲公司 2020 年第二季度营业收入同比增长率和环比增长率。

3. 根据资料（3），判断甲公司财务部观点是否正确，并说明理由。

【分析与解释】

1. 预算编制方式：权威式预算。

或：自上而下式预算。

优点：能够从企业全局出发，实现资源合理配置。

2. 甲公司 2020 年第二季度营业收入同比增长率为 -9.43%，环比增长率为 20%。

3. 财务部观点正确。

理由：A 区域分部遇到的问题不属于内外部环境发生重大变化或重大突发事件，预算编制基本假设没有发生变化，因此不应调整预算申请。

第二章

强化练习

习题一

A 公司是一家非生产性的国有控股企业，主要从事仓储和运输服务。2024 年公司进行了资产整合后，制定了 2025 年度预算，预计 2025 年主营业务收入 2 300 万元，经营目标为全年盈亏平衡。2025 年底，公司实现主营业务收入 2 310 万元，但利润总额为 -920 万元，预算失败。A 公司主要预算指标完成情况如表 2-8、表 2-9 所示。

表 2-8　主营业务收入项目分析表

单位：万元

业务代码		实际完成额 A	预算额 B
盈利	1	121	480
	2	49	80
	3	146	100
	4	364	300
持平	5	530	60
	6	220	480
亏损	7	880	800
合计		2 310	2 300

表 2-9　A 公司简易利润表

单位：万元

报表项目	实际数	预算数
一、主营业务收入	2 310	2 300
减：营业成本、费用及税金	2 064	1 310
二、主营业务利润	246	990
减：管理费用、财务费用	1 250	990
三、营业利润	-1 004	0
加：投资收益	0	0

续表

报表项目	实际数	预算数
补贴收入	0	0
营业外收入	0	0
减：营业外支出	82	0
加：以前年度损益调整	166	0
四、利润总额	-920	0
减：所得税	0	0
五、净利润	-920	0

A 公司原有两个营销部，2024 年公司 6 名业务人员相继调离，迫使企业将两个营销部合并。合并后营销部工作略显混乱，部分市场业务流失。由于公司仓储和运输代理业务之间具有一定的相关性，运输代理业务的流失，导致部分与运输业务相关的仓储业务也随之搁浅。2024 年 A 公司进行重组时，某会计师事务所曾对公司进行审计，并出具了有保留意见的审计报告。注册会计师提出的第一条保留意见为："由于贵公司重组造成财务基础薄弱，财务人员更换频繁且无完善的交接手续，导致公司财务管理、财务记录不规范。"

在 A 公司 2025 年经营的 7 个业务项目中，除第 5 项为公司当年新增项目外，其他 6 项业务的预算是企业财务人员根据上年实际经营成果，结合公司经营目标测算的。预算指标与 2024 年实际完成情况相比，盈利项目增幅 30%，非盈利项目增幅 18%。从企业资源配置及市场实际情况看，对于盈利项目而言，2025 年预计情况与 2024 年并无实质性改变。那么，A 公司为何预计 2025 年盈利项目将产生 30% 的增长呢？据了解，预算编制之初新股东向企业经营层提出"希望通过此次重组，企业经营情况能发生实质性的改观"。为达到股东要求，公司高管人员指示 2025 年度预算必须保证盈亏平衡，因此企业财务人员测算,欲弥补企业各项成本费用支出,盈利业务收入必须实现较大幅度增长。由此可见,企业主营业务收入预算存在一定的非市场预测因素,预算指标并不完全切合企业实际情况。

由于2024年资产重组情况比较复杂,财务人员根据当时资料匡算的固定资产折旧额与实际情况有一定出入,导致2025年固定资产折旧较预算增加139万元。公司原计划将人员大幅精简,但未能实施,导致实际人工比预算增加1倍,人工成本增加80万元。

2024年5月,A公司与B企业发生债务纠纷,无法协调,B企业于当年年底向人民法院提起诉讼。由于有关诉讼事宜由专人负责,财务部对诉讼进程情况不了解,所以在2025年度预算中也未对此可能带来的资金支出情况进行预计。2025年5月,人民法院作出判决,A公司败诉,须向B企业赔款82万元,并承担全部诉讼及相关费用30万元。仅此一项,A公司预算外共计支出112万元。

要求:

1. 根据资料对A公司的主营业务收入预算执行结果进行分析。

2. 对利润指标的预算完成情况进行分析。

3. 预算编制过程有哪些不合理因素?

4. 预算执行和控制中存在哪些问题?

【分析与解释】

1. 主营业务收入结构与预算存在很大差异。

A公司2025年主营业务收入2 310万元,从总量上看已完成预算还略有超额。但是,从收入结构上看,实际情况与预算存在一定差异。按照收益情况,将A公司业务划分为盈利、持平和亏损三类。第一类包括表2-10中第1~4项业务;第二类包括第5、第6项业务;第三类为第7项业务。

如表2-9、表2-10所示,收入总额虽达到预算要求,但各业务项目具体完成情况参差不齐。7项业务中有5项差异幅度超过40%,其中第1、第2、第6项业务合计完成预算的37.5%〔(121+49+220)÷(480+80+480)〕;第5项业务实际完成额却是预算的8.8倍(530÷60)。

表 2-10　主营业务收入项目分析表 Ⅱ

单位:%

业务代码		差异率 (A-B)/B	综合差异率 $(\sum A + \sum B)/\sum B$
盈利	1	-75	-29
	2	-39	
	3	46	
	4	21	
持平	5	783	39
	6	-54	
亏损	7	10	10
合计		0	0

2. 利润表中减项严重超出预算。

从表2-9中可以清楚地看出A公司的利润完成状况。

(1)主营业务利润与预算相差744万元(990-246),主要原因是:第一,主营业务收入较预算增加10万元(2 310-2 300);第二,主营业务成本、费用及税金较预算超支754万元(2 064-1 310)。

(2)营业利润与预算的差异在主营业务利润与预算的差异基础上又增加了260万元,主要是管理费用、财务费用较预算增加260万元(1 250-990)。

(3)利润总额减少920万元,原因在于:第一,在以上变动因素的基础上,经注册会计师审计,以前年度损益调整项目调增利润166万元;第二,发生营业外支出82万元。

由此可见,影响预算利润指标的减利因素集中在营业成本、营业费用、管理费用、财务费用和营业外支出五个报表项目,共计比预算增加支出1 096万元(754+260+82);增利因素包括营业收入和以前年度损益调整项目,增加会计利润176万元(10+166)。

3. 首先,企业财务基础薄弱,预算编制基础不实,致使部分预算数据不准确。其次,主营业务收入中盈利项目的增长是为了资产重组的需要,存在主观性。

4. 预算执行和控制中存在的问题:(1)业

务人员流失，造成主营业务收入结构改变，主营业务利润下降。（2）环境变化，导致人工预算估计不足。（3）或有事项导致预算出现大额漏计。（4）预算对成本费用项目监控功能下降。

【提示】这类考题考查的是考生的综合分析和思考能力。要从数字中发现问题，然后根据资料中给出的线索找出问题的原因，有时还可能给出解决方案。这类考题的解答需要考生在复习的时候注意培养逻辑思维能力，要把学到的知识点活学活用。

习题二

12月1日，光明公司财务部王经理召开部门会议，重点部署下一年度的预算工作开展。他指示费用会计小李要参照上年的预算通知，尽快草拟出一个通知文件，他要找总经理尽快将通知签发出去；另外，他还要小李在5个工作日内整理出各部门当年1~10月的费用明细，反馈到各部门，作为预算的重要参考依据。

12月2日，王经理带着预算通知文件来到张总经理的办公室，汇报当年1~10月的费用总体比上年增长了13%，建议明年的费用要严格预算，总体上不应该超过今年。张总经理肯定了这个原则，但指出要根据实际业务的变动，对各项费用的增减进行把控，并要求他召集各部门负责人专门开会安排这项工作。

12月5日，光明公司预算工作会议按计划召开。会议上，王经理详细说明了各项费用的定义以及预算过程中需要注意的事项，包括必须按时间要求完成等。张总经理作出了重要指示，指出目前市场竞争激烈，公司必须加强成本费用控制，才能提高市场竞争力，要求各部门负责人要非常重视费用预算工作，要亲自抓、亲自问、亲自过问。

元旦过后，各部门预算表格陆续上交，小李忙着进行费用预算的初审。通过几轮沟通，大部分的费用都已初步确认，但以下几项费用，他拿不准主意：

（1）办公费。公司上年底进行了新ERP系统的上线，现在很多部门的办公费大幅增加，总体增加了45%，预算增加理由都是新系统要求打印的东西多，打印耗材大量增加。

（2）办公室的移动电话费增加到4 800元，比上年的2 000元翻了一番还多。办公室的理由是：陆副总电话费实报实销，因为公司上年固定电话是包月的，他主要用座机打电话；而今年由于电信公司包月费用上涨，公司为控制费用已停止包月，因此，按陆副总的话费标准，他们制定了4 800元（400×12）的费用预算。

（3）三个工厂的差旅费。在预算开始前，技术部门向三个工厂厂长发出知会，要求他们增加差旅费预算，因为为加强与行业的技术交流，今年他们打算安排各个厂长分别参加行业协会组织的讨论会。预计讨论会每次两人参加，费用5 000元，预计参加两次，各厂各增加10 000元。而之前工厂的差旅费很少发生，只有零星的几百元。

（4）修理费。一厂增加了锅炉房的大修费60 000元，因为锅炉使用超过4年了，一次都没有进行过大修，计划今年要进行大修。

（5）人力资源部的班车费。人力资源部提出，考虑到公司处于郊区，为方便员工上下班，打算今年增加一辆班车，预计年增加费用80 000元。

（6）办公室招待费增加50 000元。主要原因是公司发展到现在土地不够用，办公室正在与政府相关部门沟通，打算在公司北面新增土地80亩，需要增加业务招待费30 000元。另外，随着业务的发展，公司在当地的影响越来越大，对外联络增多，预计会增加外联费用20 000元。

（7）设备科的电费。考虑到今年的电力紧张，电费极有可能增加，因此电费预算增加了58 000元（按每度电增加3分钱预计）。

小李将预算碰到的问题向王经理进行了汇报，如果按现在初步报上来的预算，费用将比上年增加31%。王经理分别找了几个部门的负责人进行沟通交流，但各部门负责人认为自己的预算理由充分，不愿对费用进行调减。王经理简单向张总经理进行了汇报，张总经理要求召开会议进行协调。但由于大家忙于1月底年终总结大会的准备，协调会议在春节放假前未召开。

春节后开工已是2月上旬。王经理几次提请张总经理，终于召开了两次协调会，并与几个重点部门经过多次的单独沟通，在2月底前与各个部门确认了费用预算，总体比上年增长18%。张总经理在2月28日批准了费用预算。

5月15日，安经理找到王经理，称现在环

保部门加强检查，要求增加污水处理站的污泥处理费预算 8 000 元，因为之前每个月至多清理污泥两次，而现在每周必须清理一次。王经理要求他打报告进行预算调增申请。

6 月 10 日，二厂有个员工的手指被机器夹断，发生医疗费 12 000 元。二厂厂长称年初没有这方面的预算，要求不能作为他们工厂的费用考核。王经理同意列作预算外费用。

7 月 28 日，王经理拿到了小李给他的上半年预算费用执行情况表，总费用为全年预算的45%，基本与上年同期持平。王经理很满意。

10 月 26 日，前三季度的预算费用执行情况表显示，总费用已达全年预算费用的 80%，据分析主要是上半年发生的几项费用没有及时报销，延迟到第三季度，所以费用执行情况一下变成了超支（包括了调增预算的 90 000 元，但没有包括被列为预算外费用的 76 000 元）。王经理马上指示小李把超支部门的费用反馈到部门负责人，并要求费用超支部门进行超支原因分析和提出整改控制措施。

11 月 9 日，王经理专门就前三季度的费用超支情况及超支部门的原因分析和整改控制措施向张总经理进行了汇报。

要求：

1. 光明公司的预算管理组织体系存在哪些问题？

2. 费用预算目标确定存在什么问题？

3. 预算编制过程存在哪些问题？

4. 费用预算控制中存在哪些问题？

5. 预算分析与考核中存在什么问题？

【分析与解释】

1. 预算工作的组织体系不健全，没有建立专门的预算管理办公室，而由财务人员兼任预算管理人员。预算的编制、审批没有经过预算管理委员会的审批。

2. 费用预算目标确定过于随意，依据不足；存在个别部门经理讨价还价现象；容易造成预算松弛；各种费用标准没有建立。

3. 业务预算应在财务预算之前开展，过于重视费用预算，而忽视了销售预算、资本预算等。

4. 费用预算控制中存在标准不清晰、没有严格执行总额控制、预算执行刚性不强等问题；

存在预算外费用；对于预算的调整没有履行必要的程序。

5. 预算分析流于形式。

【提示】本题主要考查预算管理中的一些基本问题，包括预算的组织机构体系、预算的结构和内容、预算编制、预算控制、预算分析等内容。针对题目的要求，根据相关内容对案例企业进行对照检查。

习题三

霍克公司的预算编制方案如下：

（1）销售预算。

①5 月上旬，各分部预测了下一年度销售和资金需求并上报总部。

②5 月下旬，总部综合考虑宏观经济形势对产品市场的影响和分部的价格、新产品、滞销、坏账等情况，制定了分部销售预算草案。

③6 月份，各分部的地区销售经理预测了分月度的全年销售额，作为其下一年度销售业绩评价的初步标准。

④7 月份，分部负责人复查销售预测报告，并与地区销售经理进一步协商，以确保分部预算达标。

⑤8 月上中旬，总部复查销售预算，修订未达标预算。

⑥8 月下旬，总部批准销售预算，并将之分解为各工厂的生产计划（包括价格、销量等）。

（2）生产预算。

①9 月中上旬，各工厂确定固定费用和变动成本标准，报分部。

②10 月中旬至 11 月，各工厂确定固定费用和变动费用标准，报分部。

③11～12 月，总部复查并审批工厂生产预算，修订未达标预算。

④12 月末，董事会批准公司销售及生产预算。

霍克公司预算控制的方案如下：

（1）市场部门：每月月末，各地区销售经理向总部报告本月销售、本年累计销售及其与预算的差异情况，并对未完成的销售差额作出解释。

（2）生产部门：各工厂向总部报告费用、成本的分项目实际发生数及其与预算的偏差，并对超支额作出解释。

要求：

根据上述资料回答下列问题：

1. 霍克公司的企业预算结构是否完整？还应包括哪些种类？

2. 霍克公司的预算编制程序有何特点？

3. 霍克公司在确定预算目标上有何不足？

4. 根据材料分析霍克公司采用了什么预算控制方法？预算控制应该如何完善？

【分析与解释】

1. 该公司的预算结构不完整。首先，目前只有经营预算的相关内容，而没有涉及财务预算和资本预算的相关内容。其次，经营预算不完整，还应该补充产品成本预算、期间费用预算等。最后，还应该补充现金预算、资本预算等。

2. 先销售后生产，以销定产。各部门都参与了预算的制定过程，并将本部门的实际情况反映在预算之中。不足之处是预算制定周期过长，从5月开始到12月才结束。

3. 没有按照统一、明确的"游戏规则"分解目标。预算的制定中，销售部门先由下到上预测销量，然后从上到下编制预算。因此没有体现公平、公正的原则，可能挫伤"先进"，保护"后进"。预算的编制必须以目标的实现为前提，否则容易出现预算编制过程中的讨价还价、"宽打窄用"，不利于提高预算编制效率。

4. 当期预算控制、累计预算控制。强调了过程控制，但是事前控制和事后控制应该进一步完善。

【提示】这是一道典型的挑错题，即根据给定的资料，指出其中存在的问题并给出正确的答案。解答这类题目需要考生首先判断知识点所在章节，然后对照相应的知识点作答。一般这类题目的结果是唯一的，主要考查的是预算编制的一些原则、惯例等。

第三章　企业风险管理与内部控制

本章概述

随着经济全球化和信息技术的快速发展，企业在经营中发生风险的频度、广度和深度都有了前所未有的增加，只有建立起风险管理和内部控制制度并有效实施，才能实现企业的健康持续发展。本章阐述了"风险管理"和"内部控制"，包括三节内容：第一节风险管理，第二节内部控制，第三节企业风险管理、内部控制与公司治理。其中，风险管理阐述了风险含义、分类，风险管理含义、目标、作用、原则、流程及方法和风险管理体系；内部控制阐述了内部控制的定义、目标、原则、要素以及内部控制评价和内部控制审计的基本理论。本章在考试中属于重点章。

考情分析

本章 2024 年考了 15 分的必答题，2025 年极可能还是考 15 分必答题。各年考核情况见下表：

年度	题量	分值	相关知识点
2024	1	15	考核了风险管理含义、风险分析、风险管理考核与评价；考核了内部控制五要素中的内部环境、控制活动以及内部控制应用指引中的财务报告控制、内部控制评价与内部控制审计；考核了风险管理与内部控制的关系
2023	1	20	考核了风险管理流程、风险识别；考核了内部控制目标、授权审批控制、采购业务控制、研究与开发控制、销售业务控制、资产管理控制、内部控制评价范围、内部控制缺陷认定、内部控制评价与整改
2022	1	15	考核了风险识别、风险分析、风险应对（风险规避、风险降低、风险分担）；考核了内部控制评价的全面性原则、考核了公司治理目标
2021	1	10	考核了风险管理中的风险应对策略类型；考核了内部控制中企业层面控制的发展战略、业务层面控制的销售、研究开发、业务外包
2020	1	15	考核了内部控制原则（适应性、成本效益）、以及采购业务控制、社会责任控制、销售业务控制、财务报告控制；考核了风险管理中的风险识别

教材变化

本章教材 2025 年略有变化：（1）在"风险应对"部分增加了一个例子；（2）在"内部控制审计"部分增加了注册会计师完成审计工作后应该注意的事项；（3）在"公司治理"部分增加了新公司法的相关内容；（4）对部分文字做了完善。

考点框架

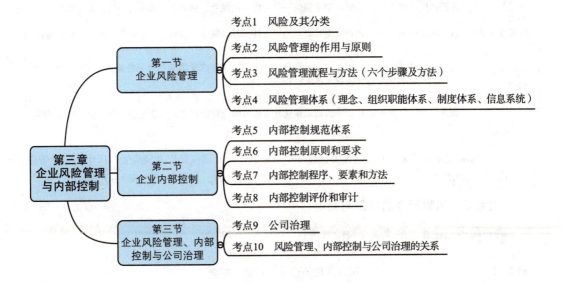

考点解读

✳ 考点1 风险及其分类

本考点阐述风险含义及构成要素、风险分类：

1. 风险含义及构成要素

（1）企业**风险**是指对企业的战略与经营目标实现产生影响的**不确定性**。一般用事件后果和发生可能性的组合来表达，即发生的可能性越

大、后果越严重，则风险越大。

（2）企业**风险构成基本要素**包括风险因素、风险事件、损失。其中：

①风险因素是指促使某一风险事件发生，或增加其发生的可能性，或提高其损失程度的原因或条件。

②风险事件是指造成损失的事故。

③损失是指非故意的、非预期的、非计划的

经济价值的减少，损失又分为直接损失和间接损失。直接损失是指风险事件导致的财产毁损和人身伤害，间接损失是指有直接损失引起的其他损失，包括额外费用损失、收入损失和责任损失等。

2. 风险的分类（★★）

企业的风险可以从来源和范围、能否为企业带来盈利等机会、按照采取应对措施及其有效性三个方面进行分类，见表 3 – 1。

表 3 – 1　　　　　　　　　　　　　企业风险分类

分类		要点
按照来源和范围分类	外部风险	外部风险可分为政治风险、社会文化风险、法律与合规风险、自然环境风险、产业风险、技术风险、市场风险、信用风险等
	内部风险	内部风险可分为战略风险、财务风险、经营风险。企业内部控制活动所面临的风险可看作是内部风险
按照能否为企业带来盈利等机会分类	纯粹风险	纯粹风险是指只带来损失一种可能性的风险。例如，自然灾害、信息系统崩溃
	投机风险	投机风险是指损失和盈利的可能性并存的风险。例如，汇率变化、原材料价格涨跌
按照采取应对措施及其有效性分类	固有风险	固有风险是指在管理层没有采取任何措施来改变风险的可能性或影响的情况下，影响主体目标实现的风险
	剩余风险	剩余风险是指在管理层建立并采取风险应对措施之后所剩余的影响目标实现的风险

注意：风险分类今年应多关注能否为企业带来盈利等机会分类。

✿ 考点 2　风险管理的作用与原则

本考点阐述风险管理的含义、风险管理目标、风险管理框架以及风险管理作用、风险管理原则等内容，如表 3 – 2、表 3 – 3 所示。

表 3 – 2　　　　　　　　　　　风险管理的含义、目标、框架

	具体内容
风险管理含义	企业风险管理是指企业为实现风险管理目标，对风险进行有效识别、评估、预警和应对等管理活动的过程
风险管理目标	风险管理目标是在确定企业风险偏好的基础上，将企业的总体风险和主要风险控制在企业风险容忍度范围之内。一定要注意：风险管理不是要把风险控制到零，而是应把风险控制在风险容忍度范围之内
COSO 风险管理框架	企业风险管理框架力求实现组织的战略目标、经营目标、报告目标、合规目标四种类型目标，企业风险管理包括八个构成要素，即内部环境、目标设定、事项识别、风险评估、风险应对、控制活动、信息与沟通、监控。八个要素做得好，风险可能被控制在主体的风险容量范围内

注意：风险管理目标是考试的重点。

风险管理的作用、原则如表3-3所示。

表3-3　风险管理的作用、原则

	具体内容
风险管理的作用	企业风险管理的**作用**有七个：（1）确定企业的风险容忍度并与战略保持一致；（2）促使企业在选择风险应对策略（规避、降低、分担和承受）时更具有严谨性；（3）抑减经营意外损失；（4）识别和管理贯穿于企业的风险；（5）提供对多重风险的整体应对；（6）抓住机会；（7）改善资本调配。但风险管理有局限性，表现在：决策过程中的判断失误，受限于成本效益原则，串通舞弊、管理层凌驾
风险管理的原则	成功的风险管理应遵循四个**原则**：（1）融合性原则（融入日常运营）；（2）全面性原则；（3）重要性原则；（4）平衡性原则（权衡风险与回报、成本与收益）

✳ 考点3　风险管理流程和方法

风险管理**基本流程**包括目标设定，风险识别，风险分析，风险应对，风险监控、信息沟通和报告，风险管理考核和评价六个步骤。下面就按这六个步骤阐述每个步骤所采用的主要方法。

1. 目标设定

企业应通过制定程序使各项目标与企业的使命相协调，并且确保所选择的具体目标及其所面临的风险在企业愿意承受的风险水平（即风险容忍度）的范围内，即**目标设定环节应确定企业的风险偏好和风险容忍度**。

（1）**风险偏好**是指企业愿意承担的风险及相应的风险水平，可以分为高、中、低三种，由**董事会**确定，一般用定性表示。

（2）**风险容忍度**应在风险偏好的基础上，设定风险管理目标值的可容忍波动范围，应尽可能用定量表示，如最大可能损失（或最低收益率）、损失发生的概率、期望值、波动性、风险价值以及其他类似的风险度量。

风险容忍度主要决定因素包括：财务实力是否雄厚、运营能力是否高效、企业及品牌声誉是否坚不可摧、企业营运市场的竞争能力等。

【例3-1】风险偏好与风险容忍度。

一家能源公司如果是中等风险偏好（愿意接受风险数量为中等），则会对进口的能源采取现货与期货"数量相等、方向相反"的操作来对冲风险（即套期保值）；如果为高风险偏好（愿意接受风险数量多），则可能在能够承担的最大损失范围内，建立一些头寸以买卖期货等方式赚取更大的利润（即期货投机）。

注意：十几年来还没有出过一次目标设定的试题，今年也可以不作为重点。

2. 风险识别（★★）

风险识别是识别可能会对企业产生影响的潜在事件，并分别确定是否是机会或者可能影响风险管理目标实现的内外部风险因素和风险事项。风险识别应注意以下四个问题：

（1）潜在事件分析。

风险识别要针对目标进行，主要是分析影响企业实现战略目标的**外部因素**（包括经济、自然环境、政治、社会等）和**内部因素**（包括基础结构、人员、流程、技术等）。例如，原材料价格可能提高，将对企业实现利润产生影响。

（2）事件识别主要技术和方法。

①风险识别建立在广泛的信息收集基础上，既要考虑已经发生的数据，还要着眼未来预测。风险识别的**应用技术**包括问卷调查、风险组合清单、职能部门风险汇总、SWOT分析、高级研讨会及头脑风暴、损失事件数据追踪、内部审计、流程图、内部风险管理会议、每月管理和分析报告、金融市场活动的实时反馈、主要的外部指数和内部指数、政策变化追踪及相关性分析、决策树分析、事件树分析等。下面介绍常用的风险识别应用技术，见表3-4。

表3-4　常用的风险识别方法

	具体内容
问卷调查	问卷调查通常是针对一项新的业务或事项进行的风险识别方法。比如，企业需要对新成立的职能部门或业务单元进行风险识别。由于没有以往的经验借鉴，企业可以通过问卷调查的方式，向相关方面人员特别是基层管理人员或业务人员询问新的业务或事项可能存在的风险，并以问卷调查的结果作为管理层确定该业务或事项的风险的参考依据

	具体内容
风险组合清单	同一行业的企业可能具有相同或类似的风险。企业可以通过公开渠道或者利用外部专业咨询机构的资源，获取本行业的风险组合清单，作为识别本企业风险的基础和参考
职能部门风险汇总	企业管理层将发展战略和控制目标分解至各职能部门，由各职能部门根据分解的战略和目标，列举其职责范围内的各类风险，并经上级主管部门或管理层评估后予以确定。职能部门风险汇总的优点在于可以识别各类细微的、容易被管理层忽视的风险，缺点在于过于重视各职能部门的风险，可能错过影响企业战略实现的重大风险
SWOT 分析	SWOT（优势—劣势—机会—威胁）分析是企业战略制定过程中常见的管理技术。优势和劣势针对企业内部各种因素，包括组织架构、企业文化、财务资源和人力资源等；机会和威胁针对企业外部面临的各类变量，这些变量在短期内对企业而言是不可控的，比如政治、社会、环境和行业风险等。企业在识别风险时，可以利用 SWOT 分析的成果，重点关注 SWOT 矩阵中的劣势和威胁，在此基础上对风险进行讨论并形成一致意见
高级研讨会及头脑风暴	企业董事会及其风险管理委员会、审计委员会等专业委员会可以召集企业内部不同管理层级、不同职能部门、不同岗位的员工，对企业内部和外部可能存在的各类风险进行自由讨论，形成对企业风险的基本认识。这种由不同经验、不同背景和不同风险偏好的人员共同参与的头脑风暴，有助于识别那些潜在的、不易被察觉的风险
流程图	流程图分析法是将风险主体的生产经营过程绘成流程图，并针对流程图中的关键环节和薄弱环节进行调查和识别风险的方法
决策树分析法	决策树分析法是常用的风险分析决策方法。该方法是一种用树形图来描述各方案在未来收益的计算、比较以及选择的方法，其决策是以期望值为标准的。人们对未来可能会遇到好几种不同的情况，每种情况均有出现的可能，人们现无法确知，但是可以根据以前的资料来推断各种自然状态出现的概率。在这样的条件下，人们计算的各种方案在未来的经济效果只能是考虑到各种自然状态出现的概率的期望值
事件树分析法	事件树分析法是安全系统工程中常用的一种归纳推理分析方法，起源于决策树分析，它是一种按事故发展的时间顺序由初始事件开始推论可能的后果，从而进行危险源辨识的方法。这种方法将系统可能发生的某种事故与导致事故发生的各种原因之间的逻辑关系用一种称为事件树的树形图表示，通过对事件树的定性与定量分析，找出事故发生的主要原因，为确定安全对策提供可靠依据，以达到猜测与预防事故发生的目的

②随着信息技术与商业模式、管理模式的有效结合，加大**大数据的应用**对风险管理变得越来越重要。

【例 3-2】大数据的运用。

a. 一个对消费者的电子商务平台可以对用户的消费行为和偏好、用户访问群、用户访问量、平均停留时间、服务及时率及满意度等信息进行搜集、分析，识别市场对产品的供需变化。

b. 利用电子商务平台对供应商的供货及时性、产品质量及技术可替代性、危机处理、付款等信息进行收集、分析，识别供应持续性影响。

c. 利用设备管理信息系统记录不同设备坏损构件及其原因、供应商、停工持续时间、对生产有效性的负面影响、成本，确定设备故障对生产有效性的影响和相关货币化成本。

③针对不同的风险，主要考虑收集的信息是不同的。比如战略风险应收集国内外宏观经济政策以及经济运行情况等；财务风险应收集负债、或有负债、负债率、偿债能力等；市场风险应收集产品或服务的价格及供需变化等；运营风险应收集产品结构、新产品研发等；法律与合规风险应收集国内外与本企业相关的政治、法律环境等；政治风险应收集东道国限制投资领域等；社会文化风险应收集跨国经营活动东道国文化和母国文化的差异等；技术风险应收集新技术对行业带来的影响等；自然环境风险应收集极端天气

等；产业风险应收集产业周期等；信用风险应收集交易对手的经营状况等。

（3）事件分类。

通过潜在事件分类，并将企业各单元和各层级的事项汇总，可以更多地获得风险评估的信息、辨识机会和风险。表 3-5 是潜在事件按内部因素和外部因素归类的情况。

表 3-5　　　　　　　　　　　　　　事件类别

因素	内容
外部因素	（1）经济：资本的可利用性、信贷发行和违约、集中、流动性、金融市场、失业、竞争、兼并收购；（2）自然环境：排放和废弃、能源、自然灾害、可持续发展；（3）政治：政府更迭、立法、公共政策、管制；（4）社会：人口统计、消费者行为、公司国籍、隐私；（5）技术：电子商务、外部数据、新兴技术；（6）市场：产品或服务价格及供需变化、能源原材料等物质供应、潜在进入者；（7）产业：产业周期阶段、产业波动性、产业集中程度；（8）法律：法律环境、市场主体法律意识、失信违约欺诈等；（9）竞争对手：成本优势、改变竞争策略
内部因素	（1）基础结构：资产的可利用性、资产的能力、资本的取得来源、复杂性；（2）人员：员工胜任能力、欺诈/舞弊行为、健康与安全、外包；（3）流程：能力、设计、执行、供应商供货连续性；（4）信息系统技术能力：数据的可信度、数据和系统的有效性、系统选择、开发、调配、维护；（5）研发能力：市场信息反馈与研发的衔接、研发投资效果、专利保护；（6）财务状况：融资能力、资产负债结构、盈利能力、资产周转能力、财务困境；（7）企业声誉：品牌、质量；（8）市场地位：市场份额、商业活动效果

（4）区分风险和机会。

通过事件分析，对于负面影响的事件（风险）由管理层进一步评估和应对；对于具有正面影响或者抵消风险的负面影响的事件（机会），则反馈到管理层的战略或目标制定过程中，以便更好地抓住机会。因此，简单地说，风险管理就是要抓住机会、规避损失。

在多数情况下，多个风险可能影响一个目标的实现，通常使用鱼骨图来表示。

【例 3-3】鱼骨图的运用。

甲公司生产的车用产品在市场上具有良好的声誉，甲公司车用产品 2024 年设置净利润增长 20% 目标，通过调查问卷的形式分析出实现目标所涉及的外部因素、内部因素及其相应的事件如下：

A. 外部因素：

①经济：央行实行宽松货币政策，能够获得较低成本的资金；世界经济特别是新兴经济体增长缓慢，美国经济复苏，美元贷款增加资金成本。

②市场：受经济下行影响，国内通货相对紧缩，产品价格下降、成本也有所降低；汽车厂商纷纷部署电动能源战略、A 产品需求将大幅减少；低端竞争者持续增加。

③自然环境：监管要求越来越严格，环保成本持续上升。

④技术：竞争者研发的高端产品成本与公司相近，公司产品面临降价风险。

B. 内部因素：

①基础结构：公司连锁店增加。

②人员：员工不能适应电子商务开展需要。

③技术：公司研发人员流失，研发能力受限。

④流程：实行统一集中采购，采购质量、性价比及供货及时性均具有一定优势。

⑤企业声誉：公司拟延长产品的保修时间。

⑥市场地位：在汽车 OEM（定牌生产合作）中市场份额增加。

通过上述风险识别，甲公司考虑择机进行海外并购，以实现进入高端市场的战略，该机会应纳入公司战略目标的制定过程中。根据以上影响因素绘制鱼骨图（如图 3-1 所示，↑表示增加利润，↓表示减少利润）：

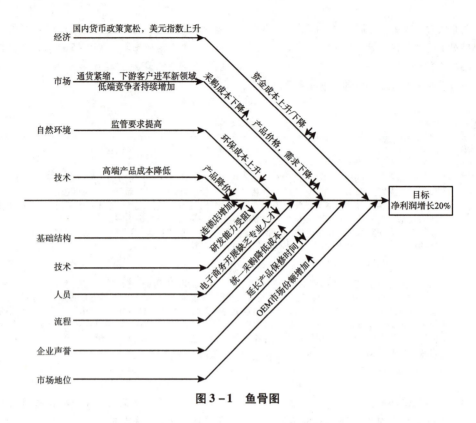

图 3-1　鱼骨图

值得说明的是，从 2020～2024 年的最近五年中，其中 2020 年、2022 年、2023 年考核了风险识别，五年中出了三年的题，出题频率很高。考风险识别难度较大，因为答题灵活，考生比较难以把握，请考生参看后面的"本章历年试题解析"相关真题，有很好的示范作用。

3. 风险分析（★★）

风险分析是在风险识别的基础上，对风险成因和特征、风险之间的相互关系，以及风险发生的可能性、对企业目标影响程度进行分析，为风险应对策略提供支持。企业应采用定性、定量以及定性与定量相结合的方法，从发生的**可能性**和**影响程度**两个方面进行风险分析。下面分别说明定性分析和定量分析。

（1）风险定性分析（风险分析描述）。

风险分析对所列出的风险事件，分别分析发生的可能性和影响程度，通过绘制风险矩阵坐标图来表示。

风险矩阵坐标图是把风险发生的可能性和影响程度作为两个维度，纵轴表示风险发生的可能性，横轴表示风险发生的影响程度，绘制在同一个平面上形成的。风险矩阵坐标图涉及分析风险可能性、分析风险影响程度、确定风险重要性水平、从企业整体角度进行风险分析描述等问题。

①分析风险可能性。风险可能性分析结果的定性描述一般有："很少的""不太可能的""可能的""很可能的""几乎确定的"等五种情况。风险可能性的排序和基本标准如表 3-6 所示。

表 3-6　　　　　　　　风险可能性的排序和标准

级别	描述符	发生可能性	基本标准
1	很少的	极低	在例外情况下才可能发生
2	不太可能的	低	在某些时候不太可能发生
3	可能的	中等	在某些时候能够发生

续表

级别	描述符	发生可能性	基本标准
4	很可能的	高	在多数情况下很可能发生
5	几乎确定	极高	在多数情况下会发生

②分析风险影响程度。根据风险可能产生的影响，一般可定性地将风险性质划分为"不重要的""次要的""中等的""主要的""灾难性的"等五个级别。各种含义如表3-7所示。

表3-7　　　　　　　　　风险可能产生影响的排序及标准

程度	描述符	影响程度	基本标准
1	不重要的	轻微	没有伤害，很低的损失
2	次要的	较轻	轻微伤害，较小的损失
3	中等的	一般	中等伤害，中等的损失
4	主要的	较重	较大伤害，较重的损失
5	灾难性的	非常严重	极大伤害，严重的损失

③确定风险重要性水平，分别将风险可能性和影响程度在风险矩阵中表示（纵轴表示风险可能性，横轴表示影响程度），绘制风险矩阵图如图3-2所示。

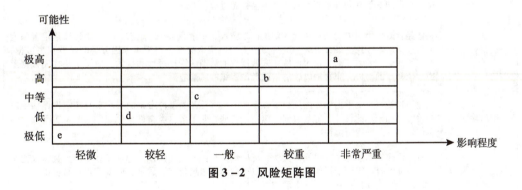

图3-2　风险矩阵图

图3-2中，a表示发生的可能性极高，后果是灾难性的，一定要优先控制；b表示发生的可能性高，后果较重；c表示发生的可能性中等，后果一般；d表示发生的可能性低，后果较轻；e表示发生的可能性极低，后果轻微，风险可以承受。企业应根据风险与收益相匹配的原则以及各事件在风险矩阵图上的位置，进一步确定风险管理的优先顺序，明确风险管理成本的资金预算和控制风险的组织体系、人力资源、应对措施等总体安排。

风险矩阵优点：为企业确定各项风险重要性等级提供可视化工具。

风险矩阵缺点：风险重要性等级标准等依靠主观判断；应用风险矩阵所确定的风险重要性等级是通过相互比较确定的，因而无法将列示的个别风险重要性等级通过数学运算得到总体风险的重要性等级。

④从企业整体角度进行风险分析描述。风险分析不仅要分析单一风险的可能性和影响程度，而且要关注风险之间的关系，考虑整个企业层面的组合风险，特别是各单元均未超过容忍度，但组合在一起需超出整体风险容忍度的情况。

（2）风险定量分析。

常见的定量技术包括概率技术和非概率技
术，见图 3 – 3。

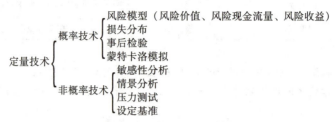

图 3 – 3　常见的定量技术

下面将常见的定量分析方法的特点介绍如下（见表 3 – 8）：

表 3 – 8　　　　　　　　　　　常见的风险分析定量分析方法

	特点
风险模型	（1）风险价值（VAR）：风险价值是指正常波动下，在一定的概率水平下，某一投资组合在未来特定期间内，在给定的置信水平下面临的最大可能损失。风险价值是集市场风险、信用风险、利率风险与汇率风险等财务风险于一体的统一性标尺。风险价值是一种有效的量度风险的工具，其特点是将统计学技术应用于风险管理，在市场风险管理领域，VAR 模型广泛用于估计潜在损失。例如，投入资金 200 万元购买股票，损失 150 万元的可能性在 1% 以内。 （2）风险现金流量：风险现金流量是指在给定的置信度和确定的时间范围内估计一个企业的现金流量相对于目标现金流预期的变化，它建立在对现金流量变化行为的分布假设基础上。 （3）风险收益：风险收益是根据会计收益行为的分布假设估计一个企业的会计收益变化，其数据在给定的置信度和确定期间内预计不会被超过
损失分布	某些经营或信用损失的分布估计使用统计学技术（一般是基于非正态分布）来计算给定置信度下的经营风险导致的最大损失。这些分析需要收集根据损失的根本原因分类的经营损失数据，如犯罪活动、人力资源、销售惯例、未被授权的活动、管理过程和技术。使用这些损失数据形成一个初步的损失分布并加以改进，以考虑组织的风险应对
事后检验	企业通过使用历史数据测算的风险事件发生的频率及此类事件带来的影响来验证定性评估中对初始影响和概率的估计。这些数据可应用于其他企业了解这类事件。例如，了解销售大幅下降事件发生的频率或可能性
蒙特卡洛模拟	蒙特卡洛模拟本质上是随机抽样方法，可依赖计算机的快速操作，通过反复使用大量输入变量值的可能组合，得到变量的组合。如可以通过模拟市场价格、数量、成本等较容易获得的关键指标的变化，计算得到净利润实现的可能性
敏感分析	敏感分析是指在合理的范围内，通过改变输入参数的数值来观察并分析相应输出结果的分析模式。敏感性分析用来评价潜在事件的正常或日常变化的影响。例如，某化工厂在特定产量情况下，价格变动对利润的影响程度
情景分析	情景分析是一种自上而下"如果—那么"的分析方法，可以计量一个事件或事件组合对目标的影响。管理层在战略计划编制时，可以实施情景分析，用以评价对股东价值增加情况。例如，化工企业"如果"因环保要求提高，导致不同情况的限产，"那么"将会对企业经营成果产生什么影响
压力测试	压力测试是情景测试法的一种特殊形式，是在极端情境下，分析评估风险管理模型或内部控制流程的有效性，发现问题，制定改进措施，目的是防止出现重大损失事件。例如，本企业第一客户占本企业销售额的 70%，如果该企业因为突发灾难事故倒闭，本企业将发生多大损失；或者，本企业主要材料如果进货成本提高 1 倍，本企业将发生多大损失

续表

	特点
设定基准	设定基准也称标杆比较法，**通过将本企业与同行业或同类型企业的某些领域的做法、指标结果等做定量的比较**，来确定风险的重要性水平。包括内部基准，即将一个职能部门或子公司的度量与同一企业的其他职能部门或子公司进行比较；行业基准，即将本企业与其主要竞争企业或同行业全部企业的平均水平进行比较；最佳实践，即在跨行业中寻找最具代表性的企业作为度量标准。例如，本行业平均资产负债率为48%，本企业资产负债率为80%，表明本企业财务风险较大

【例3-4】压力测试的运用。

甲公司与乙公司签订了一份长期的销售合同。由于乙公司是甲公司的长期业务合作伙伴，信誉很好，正常情况下不会发生违约风险，因此，甲公司采用常规的风险管理策略和内部控制流程对该信用风险进行管理。采用压力测试方法，假设乙公司将来发生极端情景（如财产毁于地震、火灾、被盗），从而被迫违约对甲公司造成了重大损失。甲公司经评估，认为常规的风险管理策略和内部控制流程在极端情景下将完全失效，并使甲公司遭受重大损失。为此，经慎重分析，甲公司决定采用购买保险或相关衍生产品、开发多个交易伙伴等措施。

需要说明的是，近五年来，其中2022年、2024年考核了风险分析，强调应进行企业整体风险分析。

4. 风险应对（★★★）

风险应对是对已发生的风险或已超过监测预警临界值的风险制定风险应对策略。风险应对应注意以下三个问题：

（1）确定风险应对策略应考虑的因素。

风险应对应在风险组合观的基础上，从企业整个范围和组合的角度去考虑。在确定风险应对过程中，管理层应**考虑三个因素**：①不同的拟应对风险的可能性和影响程度，以及哪个应对方案对主体的风险容限相协调；②不同的拟应对方案的成本和效益；③实现企业目标可能的计划。在考虑应对方案的时候，不同应对方案均需要考虑、计算各自的固有风险和剩余风险，风险应对就是要保证通过对不利事件、有利事件的分析，选择实施方案将剩余风险控制在可承受度以内。

（2）计算风险敞口。

在选择应对方案前要计算**风险敞口**——实际风险水平，能够使企业风险以定量的方式呈现给管理层。风险敞口的计算通常根据当前主要风险类别所涉及的业务范围采取风险防控措施未能全覆盖，而发生未加保护的风险可能导致的**潜在损失**。

风险敞口通常将各个风险类别当中的风险潜在损失加总，在加总完成后，再考虑各个风险因素之间的相关性进行调整得到。风险敞口正常情况下不应高于企业的可承受能力。

【例3-5】计算风险敞口。

甲公司借入10亿美元、3年期银行借款，利息按月分期支付。借入款项时，美元与人民币的汇率为1∶6.2；甲公司预计到期归还时，美元与人民币的汇率变为1∶6.8，则该笔借款本金汇率变动风险潜在损失（风险敞口）＝（6.8－6.2）×10＝6（亿元人民币）。

结论：持有美元负债，美元升值，将发生汇兑损失。

（3）风险应对策略类型。

风险应对策略包括风险规避、风险降低、风险分担和风险承受，四种风险应对策略结构如图3-4所示。

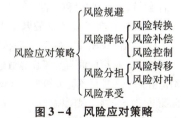

图3-4　风险应对策略

现将四种风险应对策略的特点归纳如表3-9所示：

表 3 – 8　　　　　　　　　　　　四种风险应对策略的特点

类型	特点
风险规避	风险规避是指企业主动回避、停止或退出某一风险的商业活动或商业环境，避免成为风险的承受者。例如：（1）拒绝与信用等级低的交易对手交易；（2）外包某项对工人健康安全风险较高的业务；（3）设置网址访问限制，禁止员工下载不安全的软件；（4）禁止在金融市场做投机业务；（5）出售从事某一业务的子公司；（6）退出某一亏损且没有发展前途的产品线；（7）停止向一个发生战争的国家开展业务
风险降低	风险降低是指企业在权衡成本效益之后，采取适当的控制措施降低风险或者减轻损失，将风险控制在风险承受度之内的策略。具体包括风险转换、风险补偿和风险控制。 （1）风险转换：是指企业通过战略调整等手段将企业面临的风险转换成另一种风险，使得总体风险在一定程度上降低。例如：企业决定降低目前生产投入增加研发成本，以期获得高质量产品的技术突破进入高附加值领域。 （2）风险补偿：是指企业对风险可能造成的损失采取适当的措施进行补偿，以期降低风险。例如：企业建立风险准备金或应急资本，以应对临时突发事件。 （3）风险控制：是指控制风险事件发生的动因、环境、条件等，来达到减轻风险事件发生时的损失或降低风险事件发生的概率的目的。例如：厂房生产车间内禁烟、合同签订符合法律要求等。风险控制在危险性因素管理中得到广泛运用
风险分担	风险分担是指企业为避免承担风险损失，有意识地将可能产生损失的活动或与损失有关的财务后果转移给其他方的一种风险应对策略，包括风险转移和风险对冲。 （1）风险转移：指企业通过合同将风险转移到第三方。例如：a. 保险：保险合同规定保险公司为预定的损失支付补偿，投保人在合同开始时向保险公司支付保险费；b. 风险证券化：通过证券化保险风险构造的保险连结型证券（ILS）通过发行巨灾保险连结证券可以将巨灾保险市场的承保风险向资本市场转移；c. 合同约定风险转移：在国际贸易中采用合同约定卖方承担的货物的风险在某个时候改归买方承担。 （2）风险对冲：指采取各种手段，引入多个风险因素或承担多个风险，使得这些风险能够互相对冲。资产组合使用、多种外币结算的使用、多种经营战略、金融衍生品等都属于风险对冲的手段。金融衍生品的形式包括远期合约、期货、期权、互换、套期保值。远期合约是指合约双方同意在未来日期按照固定价格交换金融资产的合约（如远期外汇合约、远期股票合约）；期货是指约定在将来某个日期按约定的条件买入或卖出一定标准数量的某种资产（有商品期货、金融期货）；期权是指在规定的时间内，以规定的价格购买或卖出某种规定的资产的权力（包括买方期权和卖方期权）；互换主要是对相同货币的债务和不同货币的债务通过金融中介进行互换的行为（包括利率互换、货币互换、其他互换）
风险承受	风险承受是指企业对所面临的风险采取接受的态度，从而承担风险带来的后果。采取风险承受策略是因为：（1）企业因风险管理能力不足未能辨认出的风险只能承受；（2）缺乏能力进行主动管理，对这部分风险只能承受；（3）没有其他备选方案；（4）从成本效益考虑，风险承受是最适宜的方案。应强调的是，对企业的重大风险不应采取风险承受的策略

5. 风险监控、信息沟通和报告

（1）风险监控：在风险评价的基础上，针对需重点关注的风险及相应的指标，通过设置风险预警指标体系，将指标值与预警临界值进行比较，识别预警信号，进行预警分级，对风险的状况进行监测并实施控制。风险监控中发现的已经形成较大损失的重要事件应向上一级部门报告，重大事件应向管理层或董事会报告。对特别重要的重大事件预警应建立应急处理机制。

（2）信息沟通：企业应建立风险管理良好的信息沟通机制和报告制度，明确报告的内容、对象、频率和路径，确保信息沟通的及时、准确、完整。

（3）风险报告：风险报告按照报送内容、频次、对象，可分为综合报告和专项报告、定期报告和不定期报告。

6. 风险管理考核与评价

（1）企业应根据风险管理职责设置风险管理考核指标，并纳入企业绩效管理，建立明确的、权责利相结合的奖惩制度，以保证风险管理活动的持续性和有效性。风险管理部门应定期对各职能部门和业务部门的风险管理实施情况和有效性进行考核，形成考核结论并出具考核报告，及时报送企业管理层和绩效管理部门。

（2）企业应定期对风险管理制度、工具方法和风险管理目标的实现情况进行评价，识别是否存在重大缺陷，评价风险管理是否有效，形成评价结论并出具评价报告。

❋ 考点 4 风险管理体系

企业建立风险管理体系，至少应包括四个方面：（1）风险管理理念；（2）风险管理组织职能体系；（3）风险管理制度体系；（4）风险管理信息系统（见表 3-10）。

表 3-10 风险管理体系的四个方面

	要点
风险管理理念	（1）企业应该建立统一的风险管理理念——如何识别风险、承担哪些风险，以及如何管理这些风险，形成对风险统一的信念和态度，从而决定在战略制订和执行的日常活动中如何考虑风险。 （2）风险管理理念可通过企业各种政策表述，形成风险文化，从而促使个人价值观、团队价值观、行为态度及处世方式在风险管理的价值观上趋同
风险管理组织职能体系	（1）风险管理的组织架构包括规范的公司法人治理结构、风险管理职能部门、内部审计部门和法律事务部门以及其他有关职能部门、业务单位的组织领导机构及其职责。 （2）企业各有关职能部门和业务单位是风险管理的第一道防线；风险管理职能部门和董事会下设的风险管理委员会是第二道防线；内部审计部门和董事会下设的审计委员会是第三道防线
风险管理制度体系	企业应建立健全能够涵盖风险管理主要环节的风险管理制度体系，通常包括风险管理决策制度、风险识别与评估制度、风险监测预警制度、应急处理制度、风险管理评价制度、风险管理报告制度、风险管理考核制度等
风险管理信息系统	企业应用的风险管理信息系统的主要功能有：①实现风险信息的共享；②风险预测和评估；③开展风险监控。只有建立了风险管理信息系统，才能做到高效、有效的风险管理

值得说明的是，风险管理体系不是考试重点，适度关注风险管理的三道防线。

❋ 考点 5 内部控制规范体系

本考点先简单介绍 COSO 内部控制框架，再介绍我国内部控制规范体系：

（1）COSO 内部控制框架要点如表 3-11 所示。

表 3-11 COSO 内部控制框架要点

	要点
内部控制定义	内部控制是一个由主体的董事会、管理层和其他员工实施的，旨在为实现运营、报告和合规目标提供合理保证的过程
内部控制要素	内部控制五要素包括：控制环境、风险评估、控制活动、信息与沟通、监督活动
目标、要素和主体的关系	内部控制的运营、报告、合规等目标是主体所致力实现的；而内部控制五要素是主体实现目标必不可少的；主体结构包括业务单元、法人结构和其他结构。这三者之间有直接的联系，每个要素都适用于全部目标类别，同时作用于各个主体结构
有效的内部控制体系	建立有效的内部控制需要：一是内部控制五要素中的每个要素以及相关原则必须同时存在并持续运行；二是五要素以整合的方式共同运行
内部控制局限性	局限性表现在：目标设定的适当性；决策过程中人为判断可能造成错误和偏见；差错等人为过失；管理层凌驾于内部控制之上；管理层、组织其他人员和第三方通过串通而规避控制；发生超出组织控制能力的外部事件

(2) 我国企业内部控制规范体系。

①建立高质量的企业内控规范体系，有助于提升企业内部管理水平和风险防范能力，促进我国企业进入国际市场、参与国际竞争。我国内部控制规范体系由基本规范和配套指引构成：

$$
\text{企业内部控制规范体系}\begin{cases} \text{基本规范（内控定义、目标、原则、要素）} \\ \text{配套指引}\begin{cases} \text{应用指引} \\ \text{评价指引} \\ \text{审计指引} \end{cases} \end{cases}
$$

②我国企业内部控制基本规范中的内部控制定义、目标、要素如表 3 – 12 所示。

表 3 – 12   企业内部控制基本规范中的内部控制定义、目标、要素

	要点
内部控制定义	**内部控制**是由企业董事会、监事会、经理层和全体员工共同实施的、旨在实现控制目标的过程
内部控制目标	**内部控制目标**是合理保证企业经营管理合法合规、资产安全、财务报告及相关信息真实完整，提高经营效率和效果，促进企业实现发展战略。内控目标在考试中应注意三点：（1）内控目标是内控理论的基石，后面的内控原则、内控要素都围绕内控目标展开；（2）内控只能做到合理保证，不能说绝对保证；（3）内控目标包括三个层次：基本目标是合理保证合法合规、资产安全和信息真实完整；较高目标是提高经营效率效果；最终目标是促进企业实现发展战略
内部控制要素	**内部控制五要素**包括：内部环境、风险评估、控制活动、信息与沟通、内部监督

注意：考试中适度关注内部控制目标。

✳ 考点 6   内部控制原则和要求

(1) 原则：要实现内控目标，应遵循内部控制五个**原则**，包括全面性原则、重要性原则、制衡性原则、适应性原则、成本效益原则，具体含义见表 3 – 13：

表 3 – 13   内部控制原则

原则	内容
全面性原则	内部控制应当贯穿决策、执行和监督的全过程，覆盖企业及其所属单位的各种业务和事项，实现**全过程、全员性**控制，不存在内部控制空白点
重要性原则	内部控制应当在兼顾全面的基础上，**关注重要业务事项和高风险领域**，并采取更为严格的控制措施，确保不存在重大缺陷。重要性原则的应用需要运用职业判断，企业应当根据所处行业环境和经营特点，从业务事项的性质和涉及金额两方面来考虑是否及如何实行重点控制
制衡性原则	内部控制应当在治理结构、机构设置及权责分配、业务流程等方面**相互制约、相互监督**，同时兼顾运营效率。制衡性原则要求企业完成某项工作必须经过互不隶属的两个或两个以上的岗位和环节；同时，还要求履行内部控制监督职责的机构或人员具有良好的**独立性**
适应性原则	内部控制应当与企业经营规模、业务范围、竞争状况和风险水平等**相适应**，并随着情况的变化加以调整。适应性原则要求企业建立与实施内部控制应当具有前瞻性，适时地对内部控制系统进行评估，发现可能存在的问题，并及时采取措施予以补救
成本效益原则	内部控制应当权衡实施成本与预期效益，**以适当的成本实现有效控制**。成本效益原则要求企业内部控制建设必须统筹考虑投入成本和产出效益之比

（2）要求：近年来，我国监管环境对内部控制和风险管理的要求越来越高，出台了许多监管政策。比如，《国务院办公厅关于建立国有企业违规经营投资责任追究制度的意见》《关于加强中央企业内部控制体系建设与监督工作的实施意见》《关于强化上市公司及拟上市公司内部控制建设推进内部控制评价和审计的通知》（财会〔2023〕30号）等。

（3）企业实践中的内部控制组织形式。

内部控制建设是一项系统工程，需要企业董事会、监事会、经理层及内部各职能部门共同参与并承担相应的职责，如表3-14所示。

表3-14　　　　　　　　　　不同组织形式在内部控制中的职责

组织形式	相应职责
董事会	**董事会对内部控制的建立健全和有效实施负责**，定期召开董事会议，商讨内部控制建设中的重大问题并作出决策。董事会及其全体董事的责任具体包括：科学选择经理层并对其实施有效监督；清晰了解企业内部控制的范围；**就企业的最大风险承受度形成一致意见**；及时知悉企业最重大的风险以及经理层是否恰当地予以应对
审计委员会	审计委员会负责人应当具备相应的**独立性**、良好的职业操守和专业胜任能力，由独立董事担任。审计委员会在内部控制中的职责一般包括：审查企业内部控制的设计；监督内部控制有效实施；领导开展内部控制自我评价；与中介机构就内部控制审计和其他相关事宜进行沟通协调等
监事会	**监事会对董事会建立与实施内部控制进行监督**。监事会主席及其成员应当定期参加董事会及其审计委员会召开的涉及内部控制的会议
经理层	经理层负责**组织领导企业内部控制的日常运行**。经理作为企业经营管理活动的最高执行者，在内部控制建设过程中尤其承担着重要责任，包括：贯彻董事会及其审计委员会对内部控制的决策意见；为其他高级管理人员提供内部控制方面的领导和指引；定期与采购、生产、营销、财务、人事等主要职能部门和业务单元的负责人进行会谈，对他们控制风险的措施及效果进行督导和核查等
内部控制部门	企业可以根据需要成立专门的内部控制工作团队，以项目组的形式运作；也可以成立内部控制专职机构（或岗位），专门负责内部控制在企业内部各部门间的组织协调和日常性事务工作。内部控制专职机构的职责一般包括：**制定内部控制手册并组织落实**；确定各职能部门或业务单元对于内部控制的权利和义务；指导内部控制与其他经营计划和管理活动的整合；向董事会及其审计委员会或经理层报告内部控制建设进展情况和存在的问题等
内部审计部门	内审计部门在**评价内部控制的有效性**，以及提出改进建议等方面起着关键作用。应当赋予内部审计部门追查异常情况的权力和提出处理处罚建议的权力
财会部门	财会部门在保证与财务报告相关的内部控制有效性方面发挥着十分重要的作用
其他职能部门	企业内部各职能部门应当在建立与实施内部控制过程中承担相应职责。比如，法律部门应当建立法律顾问制度和重大法律纠纷案件备案制度，做好法律宣传和解释工作，确保企业合法经营

注意：考试中重点关注董事会、审计委员会、经理层、内控部门和内审部门的职责。

✽ 考点7　内部控制程序、要素和方法

本考点先简单介绍内部控制程序，然后介绍详细内部控制五要素的具体内容，最后介绍内部控制活动的基本内容：

1. 内部控制程序

内部控制程序一般包括**五个步骤**，见表3-15。

表 3-15　　　　　　　　　　　　　　内部控制程序

程序	具体内容
确定控制目标	控制目标应至少明确关键业务、关键资源、关键费用或成本项目，控制类型有定量标准和定性标准
衡量控制结果	通过检查执行记录、实际结果与控制目标进行比较、记录偏离目标的差异等方式来评定控制成效
分析差异	对于发生的差异，应进一步分析原因，包括差异的程度及产生原因、问题的性质等
采取改善措施	通过分析差异，企业需要综合考虑成本效益原则，拟定所需采取的改善措施
综合检查评价	定期对内部控制有效性进行全面评估和整体评价，确定内部控制健全和有效

2. 内部控制要素、方法和类型

内部控制包括内部环境、风险评估、控制活动、信息与沟通和内部监督五个要素，也就是从五个方面做好内部控制工作，具体内容如下：

（1）内部环境。

内部环境规定企业的纪律与架构，影响经营管理目标的制定，塑造企业文化氛围并影响员工的控制意识，是企业建立与实施内部控制的**基础**。内部环境包括治理结构、机构设置及权责分配、内部审计机制、人力资源政策和企业文化等。

①治理结构。

企业应当根据国家有关法律法规和企业章程，建立规范的公司治理结构和议事规则，明确董事会、监事会和经理层在决策、执行、监督等方面的职责权限，形成科学有效的职责分工和制衡机制。董事会应当独立于经理层，对内部控制的设计与运行进行监督。只有从形式上和实质上建立了法人治理结构，这家公司才算建立了现代企业制度。

②机构设置与权责分配。

企业应当结合业务特点和内部控制要求设置内部机构，明确职责权限，将权利与责任落实到各责任单位；所采用的组织结构应当有利于提升管理效能，保证信息通畅流动。

③内部审计机制。

企业应当加强内部审计工作，保证内部审计机构设置、人员配备和工作的独立性。应注意：**独立性是审计监督的灵魂**，比如，财务总监不能兼任审计委员会主任，应由外部独立董事担任。

④人力资源政策。

人力资源政策应当有利于**企业可持续发展**，一般包括员工的聘用、培训、辞退与辞职；员工的薪酬、考核、晋升与奖惩；关键岗位员工的强制休假制度和定期岗位轮换制度等。

⑤企业文化。

企业应当加强文化建设，培育积极向上的价值观和社会责任感，倡导诚实守信、爱岗敬业、开拓创新和团队协作精神，树立现代管理理念，强化风险意识。董事、监事、经理及其他高级管理人员在塑造良好的企业文化中发挥关键作用。

（2）风险评估。

风险评估是企业及时识别、科学分析经营活动中与实现控制目标相关的风险，合理确定风险应对策略，是实施内部控制的**重要环节**。风险评估重点关注的内容有：外部环境（竞争压力不断增加、需求发生变化、企业供应链变化等）、商业模式、领导变更等。

（3）控制活动。

控制活动是指企业根据风险应对策略，采用相应的控制措施，将风险控制在可承受度之内，是实施内部控制的**具体方式**。常见的控制措施有：**不相容职务分离控制、授权审批控制、会计系统控制、财产保护控制、预算控制、运营分析控制和绩效考评控制、建立突发事件应急处理机制**等。

①不相容职务分离控制。

所谓**不相容职务**，是指那些如果由一个人担任既可能发生错误和舞弊行为，又可能掩盖其错误和舞弊行为的职务，一般包括：**授权批准与业**

务经办、业务经办与会计记录、会计记录与财产保管、业务经办与稽核检查。不相容职务分离的核心是内部牵制，因资源限制等原因无法实现不相容职务分离的，企业应当采取抽查交易文档、定期资产盘点等替代性控制措施。常见的不相容职务如表 3-16 所示。

表 3-16　　　　　　　　　　　　　常见不相容职务

分离原则	不相容职务
不得由一人办理货币资金业务的全过程	(1) 会计职务与出纳职务分离，出纳人员不得兼任稽核、会计档案保管和收入、支出、费用、债权、债务账目的登记工作。 (2) 会计职务与审计职务分离。 (3) 支票保管职务与印章保管职务分离。 (4) 支票审核职务与支票签发职务分离，支票签发职务由出纳担任，其他会计人员不得兼任。 (5) 银行印鉴保管职务、企业财务章保管职务、人名章保管职务分离，不得由一人保管支付款项所需的全部印章
不得由同一部门或个人办理合同业务的全过程	(1) 合同签署（或委托签署）职务与条款订立职务分离。 (2) 条款订立职务与法律顾问职务分离。 (3) 合同谈判职务与合同定价职务分离。 (4) 合同履行职务与收付款职务分离。 (5) 合同审计职务与上述职务分离
不得由同一部门或个人办理固定资产采购业务的全过程	(1) 批准采购职务与采购经办职务分离。 (2) 询价定价职务与确定供应商职务分离。 (3) 采购职务与验收职务分离。 (4) 付款审批职务与付款执行职务分离。 (5) 采购职务、入库登记职务、会计记录职务分离
不得由同一部门或个人办理投资业务的全过程	(1) 投资计划的编制职务与投资的审批职务分离。 (2) 投资业务的操作职务与会计记录职务分离。 (3) 有价证券的保管职务与会计记录职务分离。 (4) 投资股利、利息的经办职务与会计核算职务分离
直系亲属"回避"	(1) 企业领导人的直系亲属不得担任本企业的会计机构负责人、会计主管职务。 (2) 会计机构负责人、会计主管人员的直系亲属不得在本企业会计机构中担任出纳职务。 (3) 国有企业纪委委员的直系亲属不得担任本企业或下属企业的主要领导人职务

②授权审批控制。

授权批准是指企业在办理各项经济业务时，必须经过规定程序的授权批准。授权审批控制要求企业根据常规授权和特别授权的规定，明确各岗位办理业务和事项的权限范围、审批程序和相应责任。

注意：对于重大的业务和事项，企业应当实行集体决策审批或者联签制度，任何个人不得单独进行决策或擅自改变集体决策。

③会计系统控制。

会计作为一个信息系统，对内能够向管理层提供经营管理的诸多信息，对外可以向投资者、债权人等提供用于投资等决策的信息。会计系统控制主要是通过对会计主体所发生的各项能用货币计量的经济业务进行记录、归集、分类、编报等进行的控制。

④财产保护控制。

财产保护控制是指为了确保企业财产物资安全、完整所采用的各种方法和措施。财产保护控制的措施主要包括：财产记录和实物保管；定期盘点和账实核对；限制接近。

⑤预算控制。

预算控制的内容涵盖了企业经营活动的全过程，企业通过预算的编制和检查预算的执行情况，可以比较、分析内部各单位未完成预算的原因，并对未完成预算的不良后果采取改进措施。

⑥运营分析控制。

运营分析是对企业内部各项业务、各类机构的运行情况进行独立分析或综合分析，进而掌握企业运营的效率和效果，为持续的优化调整奠定基础。

运营分析控制要求企业建立运营情况分析制度，综合运用生产、购销、投资、筹资、财务等方面的信息，通过因素分析、对比分析、趋势分析等方面，定期开展运营情况分析，发现存在的问题，及时查明原因并加以改进。

⑦绩效考评控制。

绩效考评是对所属企业及个人占有、使用、管理与配置企业经济资源的效果进行的评价。企业董事会及经理层可以根据绩效考评的结果进行

有效决策，引导和规范员工行为，促进实现发展战略和提高经营效率。

⑧建立突发事件应急处理机制。

企业应建立重大风险预警机制和突发事件应急处理机制，明确风险预警标准，对可能发生的重大风险或突发事件，制定应急预案，明确责任人员、规范处理程序，确保突发事件得到及时妥善的处理。

（4）信息与沟通。

信息与沟通是企业及时、准确地收集、传递与内部控制相关的信息，确保信息在企业内部、企业与外部之间进行有效沟通，是实施内部控制的重要条件。信息与沟通的要件主要包括：信息质量、沟通制度、信息系统、反舞弊机制，如表 3 – 17 所示。

表 3 –17　信息与沟通的四个要件

	相关规定
信息质量	信息是确保企业经营管理活动顺利开展的基础，企业日常生产经营需要收集各种内部信息和外部信息，并对这些信息进行合理筛选、核对、整合，提高信息的有用性。企业可以通过财务会计资料、经营管理资料、调研报告、专项信息、内部刊物、办公网络等渠道，获取内部信息；还可以通过行业协会组织、社会中介机构、业务往来企业、市场调查、来信来访、网络媒体以及有关监管部门等渠道，获取外部信息
沟通制度	信息的价值必须通过传递和使用才能体现。企业应当建立信息沟通制度，将内部控制相关信息在企业内部各管理级次、责任企业、业务环节之间，以及企业与外部投资者、债权人、客户、供应商、中介机构和监管部门等有关方面之间进行沟通和反馈。重要信息须及时传递给董事会、监事会和经理层
信息系统	为提高控制效率，企业可以运用信息技术加强内部控制，建立与经营管理相适应的信息系统，促进内部控制流程与信息系统的有机结合，实现对业务和事项的自动控制，减少或消除人为操纵因素。企业利用信息技术对信息进行集成和共享的同时，还应加强对信息系统开发与维护、访问与变更、数据输入与输出、文件储存与保管、网络安全等方面的控制，保证信息系统安全稳定运行
反舞弊机制	企业应当建立反舞弊机制，坚持惩防并举、重在预防的原则，明确反舞弊工作的重点领域、关键环节和有关机构在反舞弊工作中的职责权限，规范舞弊案件的举报、调查、处理、报告和补救程序。为确保反舞弊工作落到实处，企业应当建立举报投诉制度和举报人保护制度，设置举报专线，明确举报投诉处理程序、办理时限和办理要求，确保举报、投诉成为企业有效掌握信息的重要途径。举报投诉制度和举报人保护制度应当及时传达至全体员工

（5）内部监督。

内部监督是企业对内部控制建立与实施情况进行监督检查，评价内部控制的有效性，对于发现的内部控制缺陷及时加以改进，是实施内部控制的重要保证。内部监督包括日常监督和专项监督。

①日常监督是指企业对建立与实施内部控制的情况进行常规、持续的监督检查。日常监督的

常见方式包括：在日常生产经营活动中获得能够判断内部控制设计与运行情况的信息；在与外部有关方面沟通过程中获得有关内部控制设计与运行情况的验证信息；在与员工沟通过程中获得内部控制是否有效执行的证据；通过账面记录与实物资产的检查比较对资产的安全性进行持续监督；通过内部审计活动对内部控制有效性进行持续监督。

②专项监督是指在企业发展战略、组织结构、经营活动、业务流程、关键岗位员工等发生较大调整或变化的情况下，对内部控制的某一或某些方面进行有针对性的监督检查。专项监督的范围和频率根据风险评估结果以及日常监督的有效性等予以确定。

专项监督应当与日常监督有机结合，日常监督是专项监督的基础，专项监督是日常监督的补充，如果发现某专项监督需要经常性地进行，企业有必要将其纳入日常监督之中。

日常监督和专项监督情况应当形成书面报告，并在报告中揭示存在的内部控制缺陷。内部监督形成的报告应当有畅通的报告渠道，确保发现的重要问题能及时送达至治理层和经理层；同时，应当建立内部控制缺陷纠正、改进机制，充分发挥内部监督效力。

内部控制基于上述控制方法可以分为不同类型，见表 3 - 18：

表 3 - 18　　　　　　　　　　内部控制类型

分类标准	具体分类
按是否与业务直接相关	分为企业层面控制和业务层面控制
按控制目的	分为会计控制和管理控制
按控制功能	分为预防式控制（如预算控制）和发现型控制（如绩效考评控制）
按控制目标	分为财产物资控制、会计信息控制、财务收支控制、经营决策控制、经济效益控制、经营目标控制
按是否信息化	分为人工控制和自动控制

注意：内部控制要素、方法和类型，最常考的是两个方法：不相容职务分离控制和授权审批控制，几乎每年必考；其他内容偶尔出题。

3. 内部控制活动的基本内容

上述内部控制定义、目标、原则、要素，属于企业内部控制基本规范的内容。2010 年财政部等五部委发布了《企业内部控制应用指引》，共有 18 项，分为企业层面控制和业务层面控制。

企业层面控制，是指对企业控制目标的实现具有重大影响，与内部环境、风险评估、信息与沟通、内部监督直接相关的控制。具体包括 5 项：组织构架控制、发展战略控制、人力资源控制、社会责任控制和企业文化控制。

业务层面控制包括 13 项，具体包括资金活动控制、采购业务控制、资产管理控制、销售业务控制、研究与开发控制、工程项目控制、担保业务控制、业务外包控制、财务报告控制、全面预算控制、合同控制、内部信息传递控制、信息系统控制等。

2022 年，财政部发布《关于进一步提升上市公司财务报告内部控制有效性的通知》，要求上市公司在上述 18 项应用指引的基础上，进一步分析并完善下列 7 项重点领域的关键控制点，加强内部控制建设：资金资产活动、收入、成本费用、投资活动、关联交易相关舞弊和错报风险与控制，以及重要风险业务和重大风险事件、财务报告编制相关的风险和控制。

企业在进行内部控制体系建设时，应结合实际，分企业层面、业务层面分别分析风险、制定关键控制点和控制措施，落实责任并执行。企业层面控制和业务层面控制在教材中没有具体论述，在考试中主要结合前面阐述的内部控制方法（不相容职务分离、授权审批）在各领域的应用来考，只要基本原理掌握了，答题的成功率还是挺高的。

✱ 考点 8　内部控制评价和审计

内部控制建设完成后，以前有效的内部控制随着情况的变化，可能变得无效。因此，应该进行评价，找出缺陷加以改进。评价包括内评（评价）和外评（审计）。

1. 内部控制评价（内评，见表 3 – 19）

表 3 – 19　　　　　　　　　　　内部控制评价要点

要点	具体内容
内部控制评价定义	企业董事会或类似权力机构应当定期对内部控制的有效性进行全面评价、形成评价结论、出具评价报告。内部控制有效性是指企业建立与实施内部控制对实现控制目标提供合理保证的程度，包括内部控制设计的有效性和内部控制运行的有效性
内部控制评价内容	企业应当从内部环境、风险评估、控制活动、信息与沟通、内部监督等要素入手，结合企业业务特点和管理要求，确定内部控制评价的具体内容，建立内部控制评价的核心指标体系，对内部控制设计与运行情况进行全面评价
内部控制评价程序	企业开展内部控制评价工作，一般程序为：设置内部控制评价部门、制定评价工作方案、组成评价工作组、实施现场测试、汇总评价结果、编写评价报告等
内部控制评价方法	企业在开展内部控制检查评价工作过程中，应当根据评价内容和被评价单位具体情况，综合运用个别访谈、调查问卷、专题讨论、穿行测试、实地查验、抽样和比较分析等方法，广泛收集被评价单位内部控制设计和运行是否有效的证据
内部控制缺陷认定	内部控制缺陷是评价内部控制有效性的负向维度，如果内部控制的设计或运行无法合理保证内部控制目标的实现，即意味着存在内部控制缺陷。按其成因分为设计缺陷和运行缺陷；按其表现形式分为财务报告内部控制缺陷和非财务报告内部控制缺陷；按其严重程度分为重大缺陷、重要缺陷、一般缺陷
内部控制评价报告	内部控制评价报告经企业董事会批准后按要求对外披露或报送相关主管部门

注意：内部控制评价报告由董事会批准报出是考试重点。

2. 内部控制审计（外评，见表 3 – 20）

表 3 – 20　　　　　　　　　　　内部控制审计要点

要点	具体内容
内部控制审计定义	内部控制审计是指会计师事务所接受委托，对特定基准日内部控制设计与运行的有效性进行审计。内部控制审计属于注册会计师外部评价，内部控制评价属于企业董事会自我评价，两者有着本质的区别：(1) 两者的责任主体不同。建立健全和有效实施内部控制，评价内部控制的有效性是企业董事会的责任；在实施审计工作的基础上对内部控制的有效性发表审计意见，是注册会计师的责任；(2) 两者的评价目标不同。内部控制评价是企业董事会对各类内部控制目标实施的全面评价；内部控制审计是注册会计师侧重对财务报告内部控制目标实施的审计评价；(3) 两者的评价结论不同。企业董事会对内部控制整体有效性发表意见，并在内部控制评价报告中出具内部控制有效性结论；注册会计师仅对财务报告内部控制的有效性发表意见，对内部控制审计过程中注意到的非财务报告内部控制重大缺陷，在内部控制审计报告中增加"非财务报告内部控制重大缺陷描述段"予以披露。值得说明的是，在内部控制审计过程中，注册会计师可以根据实际情况对企业内部控制评价工作进行评估，判断是否利用企业内部审计人员、内部控制评价人员和其他相关人员的工作以及可利用程度，从而相应减少本应由注册会计师执行的工作

续表

要点		具体内容
内部控制审计程序		内部控制审计程序包括：计划审计工作、实施审计工作、评价控制缺陷、完成审计工作。注册会计师完成审计工作后，需取得经企业签署的书面声明，如果企业拒绝提供，注册会计师将将其视为审计范围受到限制。注册会计师需要与企业沟通审计过程中识别的所有控制缺陷，重大缺陷和重要缺陷须以书面形式与董事会和经理层沟通
审计意见类型	无保留审计意见	发表无保留审计意见必须同时符合两个条件：①企业按照内部控制有关法律法规以及企业内部控制制度要求，在所有重大方面建立并实施有效的内部控制；②注册会计师按照有关内部控制审计准则的要求计划和实施审计工作，在审计过程中未受到限制
	带强调事项段的无保留意见	注册会计师认为财务报告内部控制虽不存在重大缺陷，但仍有一项或者多项重大事项需要提请审计报告使用者注意的，应在审计报告中增加强调事项段予以说明，该段内容仅用于提醒内部控制审计报告使用者关注，并不影响对财务报告内部控制发表的审计意见
	否定意见	注册会计师认为财务报告内部控制存在一项或多项重大缺陷的，除非审计范围受到限制，应对财务报告内部控制发表否定意见。注册会计师出具否定意见的内部控制审计报告中需包括重大缺陷的定义、重大缺陷的性质及其对财务报告内部控制的影响程度等内容
	无法表示意见	注册会计师审计范围受到限制的，应当解除业务约定或出具无法表示意见的内部控制审计报告，在报告中指明审计范围受到限制，无法对内部控制有效性发表意见。注册会计师在已执行的有效程序中发现内部控制存在重大缺陷的，应当在"无法表示意见"的审计报告中对已发现的重大缺陷作出详细说明
期后事项的处理		在企业内部控制自我评价基准日并不存在，但在该基准日之后至审计报告日之前内部控制可能发生变化。注册会计师知悉对企业内部控制自我评价基准日内部控制有效性有重大负面影响的期后事项的，应当对财务报告内部控制发表否定意见；注册会计师不能确定期后事项对内部控制有效性的影响程度，应当出具无法表示意见的内部控制审计报告

注意：内部控制审计和内部控制评价的三大区别是考试重点。

✴ 考点9 公司治理

公司治理是根据股东和其他利益相关方的利益指导和控制企业的体系。应注意以下问题：

（1）公司治理是通过一套包括正式或非正式的、内部或外部的制度或机制来协调公司与所有利益相关者之间的利益关系，以保证公司决策的科学性和公正性。

（2）公司治理目标不只是股东利益的最大化，也包括利益相关者利益的最大化。公司治理主要问题包括公司所有者与经营者的代理问题、大股东与中小股东之间的代理问题、企业与其他利益相关者之间的关系问题。

（3）要实现公司治理目标，不仅应实现权力制衡，还必须着眼和确保企业决策的科学化和公正性；不仅需要完备有效的公司治理结构，更需要建立行之有效的公司治理机制，包括战略决策系统、企业文化、高管控制制度、权责利划分及流程、收益分配激励制度、财务制度、内部控制审核、人力资源管理，以及外部监督机制。

（4）2024年7月1日起实施的新公司法强化了董监高的责任和义务，特别是针对公司控股股东、实际控制人的责任强化。如公司的控股股东、实际控制人不担任公司董事但实际执行公司事务的，也应负有董监高忠实、勤勉的义务，董事负有资本充实的责任等。

注意：公司治理目标2022年考过一次，已经有2年没有出题了，今年出题的可能性较大。

✳ 考点 10　风险管理、内部控制与公司治理的关系

(1) 风险管理与内部控制的关系。

①风险管理与内部控制作为企业管理的两大工具，各自经历了理论体系的创新和实务操作的发展。内部控制由传统的内部牵制制度逐步发展为以风险为导向的内部控制整合框架，风险管理也由分散的财务、经营和战略风险管理逐步发展为整合风险管理。

②风险管理相对于内部控制，在保证公司目标的实现方面，具有动态性、灵活性；而将内部控制内嵌于企业流程之中，能够更好地帮助企业防范已知风险，两者在业务活动中不可或缺。内部控制有效实施是风险管理"落地"的有力支撑，而风险管理技术方法也拓展了内部控制的外延和内涵，促进企业管理水平的提升和目标的实现。《企业内部控制基本规范》等文件强调了内部控制与风险管理的整合与统一。

【例 3－6】风险管理和内部控制的关系

甲公司为规避购进原材料价格上涨的风险，采取买入期货进行套期保值。套期保值可以防范风险，但具体操作又需要授权、不相容岗位分离、合同审核、交易对手核查和监测、对账等各项内部控制手段作为保障。因此，风险管理与内部控制作为企业管理的两大工具，两者之间既有区别，又有联系，应将两者进行整合，提高企业风控水平。

(2) 风险管理、内部控制与公司治理的关系。

公司治理结构作为企业的内部环境，必然对企业风险管理和内部控制产生影响，薄弱的治理结构将直接导致风险管理和内部控制减弱；反之，内部控制和风险管理的加强也有利于公司治理结构及内部环境的优化。

本章历年试题解析

【2024 年试题】

甲公司是一家非国有控股高端设备制造上市企业。为进一步完善公司治理，提高风险管理和内部控制水平，甲公司于 2024 年 1 月召开专题会议，对照资本市场各项监管制度查找内部治理和风险管控方面的差距，积极研究应对措施。会议要点摘录如下：

(1) 完善公司治理、职责明确、协调运转、有效制衡的治理架构，是上市公司治理水平的重要体现。

①规范上市公司与控股股东之间的高管兼职行为。甲公司高级管理人员可以在控股股东 A 公司担任非独立董事、监事，但不得担任除此以外的其他职务。A 公司高级管理人员在甲公司担任董事、监事的，应保证其有足够的时间和精力履职。

②强化审计委员会职责。审计委员会负责聘请或更换审核机构，审核公司财务信息及其披露，监督和评估公司的内部审计工作。任何机构与个人不得干预审计委员会的工作。

③保障信息披露质量。公司应采取切实措施保障强制性的信息披露质量；针对自愿性信息披露，公司只披露有利于提升公司形象和股价的工商信息，增强投资者信心。

(2) 强化风险管理。风险管理是保障公司稳健经营和高质量发展的重要基础。

①明确风险管理目标。公司要正确认识和把握风险与收益的平衡，不得片面追求收益，也不得为规避风险而放弃发展机遇。风险管理的目标应当是在确定公司风险偏好的基础上，将公司核心风险控制在风险容忍度范围内。

②善用风险管理工具。公司结合自身风险管理目标和实际情况，利用风险矩阵进行风险分析，并通过风险矩阵的数学运算将个别风险的重要性等级汇总，得出总体风险性等级，为公司确定各项风险重要性等级提供可视化工具。

③建立风险预警机制。设置风险预警指标体系对风险状况进行监督，及时识别预警信号，并根据预警等级不同进行分级处理。风险监测

中发现的已形成较大损失的重要事件应向上一级报告，重大事件应向公司管理层或董事会报告。

（3）规范内部控制。有效的内部控制是上市公司夯实内功，促进战略目标实现的重要保障。

①整合内部控制与风险管理体系。考虑到内部控制与风险管理在促进公司目标实现，设计整体框架结构，实施具体操作等方面的作用有诸多与重合类似之处，公司应当在综合考虑各项监管制度文件和现代管理理念的基础上，突出内部控制与风险管理的整合与统一，提升组织与管理效率。

②优化授权审批控制。为提高决策效率，在对日常经营管理事项实施常规授权的基础上，对风险较高的战略性创新业务，不论金额大小，均授权总经理审批后实施。

③强化会计控制系统。严格按照企业会计准则编制与报送财务报告，全面分析企业管理现状和存在的问题，促进管理水平的提高。公司财务总监在财务分析工作中应发挥主导作用。

（4）强化监督评价。风险管理与内部控制的落地实施，离不开科学合理的监督评价。

①强化风险管理考核。公司应当根据风险管理职责设置风险管理考核指标，并将其纳入绩效管理，建立权责利相结合的奖惩制度，保证风险管理活动的有效性与持续性。

②加强内部控制评价。公司应当成立内部控制评价工作组，对财务报告和非财务报告内部控制的有效性进行全面评价。评价工作组吸收各部门熟悉情况的业务骨干参加，评价工作组成员负责对其所在部门的内部控制有效性开展评价工作。

③密切配合内部控制审计。内部控制审计与内部控制评价的范围应当保持一致，公司管理层和各部门不得干扰内部控制审计工作。

假定不考虑其他因素。

要求：

1. 根据资料（1），逐项指出①～③是否存在不当之处；如存在不当之处，请指出不当之处并说明理由。

2. 根据资料（2），逐项指出①～③是否存

并说明理由。

3. 根据资料（3），逐项指出①～③是否存在不当之处；如存在不当之处，请指出不当之处并说明理由。

4. 根据资料（4），逐项指出①～③是否存在不当之处；如存在不当之处，请指出不当之处并说明理由。

【分析与解释】

1. ①存在不当之处。

不当之处：甲公司高级管理人员可以在控股股东 A 公司担任非独立董事、监事，但不得担任除此以外的其他职务。

理由：根据《上市公司治理准则》（2018 年 9 月 30 日修订）第六十九条规定：上市公司人员应当独立于控股股东，上市公司的高级管理人员在控股公司不得担任除董事、监事以外的其他行政职务。上市公司董事包括执行董事、非执行董事、独立董事，甲公司高级管理人员可以在控股股东 A 公司担任董事，即可以担任执行董事、非执行董事和独立董事，本题把独立董事排除在外是不妥当的。

注：本题考核内部控制中内部环境，在教材中无法找到原文。

②存在不当之处。

不当之处：审计委员会负责聘请或更换审核机构。

理由：《国有企业、上市公司选聘会计师事务所管理办法》规定：上市公司聘用或解聘会计师事务所，应当由审计委员会审议同意后，提交董事会审议，并由股东大会决定。

或：《上市公司治理准则》第三十九条规定：审计委员会的主要职责包括：监督及评估外部审计工作，提议聘请或者更换外部审计机构；监督及评估内部审计工作，负责内部审计与外部审计的协调；审核公司的财务信息及其披露；监督及评估公司的内部控制；负责法律法规、公司章程和董事会授权的其他事项。

注：本题考核内部控制组织形式中的审计委员会职责，在教材中无法找到原文。

③存在不当之处。

不当之处：针对自愿性信息披露，公司只披露有利于提升公司形象和股价的工商信息，增强投资者信心。

理由：《上市公司治理准则》第九十一条规定：自愿性信息披露应当遵守公平原则，保持信息披露的持续性和一致性，不得进行选择性披露。

注：本题考核内部控制中信息与沟通，在教材中无法找到原文。

2.①存在不当之处。

不当之处：风险管理的目标应当是在确定公司风险偏好的基础上，将公司核心风险控制在风险容忍度范围内。

理由：风险管理的目标应当是在确定公司风险偏好的基础上，将公司总体风险和主要风险控制在风险容忍度范围内。

注：本题考核风险管理原则和风险管理目标。

②存在不当之处。

不当之处：利用风险矩阵进行风险分析，并通过风险矩阵的数学运算将个别风险的重要性等级汇总，得出总体风险性等级。

理由：应用风险矩阵所确定的风险重要性等级是通过相互比较确定的，因而无法将列示的个别风险重要性等级通过数学运算得到总体风险的重要性等级。

注：本处考核风险分析中的风险矩阵的缺点。

③不存在不当之处。

注：本题考核风险监控。

3.①不存在不当之处。

注：本处考核风险管理与内部控制的关系。

②存在不当之处。

不当之处：对风险较高的战略性创新业务，不论金额大小，均授权总经理审批后实施。

理由：对于重大的业务和事项，企业应当实行集体决策审批或者联签制度，任何个人不得单独进行决策或擅自改变集体决策。

注：本题考核控制活动中的授权审批控制。

③不存在不当之处。

注：本题考核《企业内部控制应用指引第14号——财务报告》，该应用指引指出：企业财务分析会议应吸收有关部门负责人参加。总会计师或分管会计工作的负责人应当在财务分析和利用工作中发挥主导作用。

4.①不存在不当之处。

注：本题考核风险管理考核与评价。

②存在不当之处。

不当之处：评价工作组成员负责对其所在部门的内部控制有效性开展评价工作。

理由：违背了制衡性原则。制衡性原则要求履行内部控制监督职责的机构或人员具有良好的独立性。

或：不符合不相容职务分离的要求。

或：《企业内部控制评价指引》第14条指出：评价工作组成员对本部门的内部控制评价工作应当实行回避制度。

③存在不当之处。

不当之处：内部控制审计与内部控制评价的范围应当保持一致。

理由：内部控制评价是企业董事会对各类内部控制目标实施的全面评价（既要评价财务报告内部控制，也要评价非财务报告内部控制）；内部控制审计是注册会计师侧重对财务报告内部控制目标实施的审计评价，内部控制审计与内部控制评价的范围不一致。

注：本题考核内部控制审计与内部控制评价的区别。

【2023年试题】

甲公司是一家从事石油炼制成品油及化工产品生产与销售的大型国有控股上市公司，2023年1月甲公司管理层召开风险内控专题研讨活动，围绕控制目标、面临风险应对措施、监督考核等方面展开讨论。有关内容摘录如下：

（1）控制目标。切实提升核心竞争力，加快实现高质量发展，全力打造世界一流能源化工企业，建立完善的指标评价体系。2023年的目标为利润总额同比增长7%，增长率超过60%，净资产收益率不低于9%，营业现金比率不低于10%，研发经费投入强度不低于4%，全员劳动生产率同比增加6%。

（2）主要风险因素。①宏观因素。某些国家贸易摩擦时有发生，地缘政治风险高企，全球货币贬值仍在持续，经济下行风险加大。②市场因素。国际原油价格波动大，预计维持中高位运行，国内原油加工量进入高峰期。大宗石化产品运营过剩，成品油消费价格倒挂，能源革命迅猛发展，新能源汽车市场渗透率加速发生，对传统燃油车的替代效应加速显现。③技术因素。一些关键技术和设备直接买进代替自行研发，科研人员收入偏低，核心技术人才流失严重。④运营因素。受去年市场需求不足影响，化工产品库存量较大，由于信用政策较为宽松，应收账款比例偏高，少数下属企业出现亏损且亏损额较高，转型困难。

（3）应对措施。①加强形势研判，优化产业布局，加速发展新能源、新材料、新经济等。新兴业务、新兴投资项目不论金额大小由分管投资副总经理审批后即可实施。②增强全产业链优化，合理匹配原油采购量和加工量，采用差异化采购策略，努力降低采购成本，紧贴市场优化产品结构，打造具有全球竞争力的产品，优化营销策略，提升服务质量，扩大贸易量。③加大研发投入，集聚力量开展原创性、引领性科技攻关，打造原创技术策源地，实施高水平开放创新，提升科技成果和产业化水平，促进产业链创新、高效融合。坚持人才强企工程，加快培育战略人才，弘扬科学家精神，激发创新活力，开展"我为企业献一计"活动。鼓励全员立足岗位，加强研发，向全体员工随时开放公司专利商业秘密等全部资料的查阅权限。④加强资金收支管理，优化资金运作、配置策略、规模限额，使营业现金比率更趋合理，加强应收账款管控，加大应收账款保理力度，以加快资金回流。简化会计核算，对所有附追索权、不附追索权的应收账款均直接核销，加强债务规模管控。持续优化债务结构，确保资产负债率稳定在合理水平。⑤加大亏损企业治理力度，分级分类落实管控措施，加快降低化工产品库存，提高资产使用率，加快低效无效资产剥离处理，提升资产创利能力和收益水平。

（4）监督考核。①优化评价范围。落实上市公司内部控制评价有关监管要求，结合公司内控制度与实施多年的实际情况，年度评价仅对内部控制的运行有效性进行全面评价。②细化内部控制缺陷认定。内部控制评价部门结合日常监督和专项监督发现的内部控制缺陷及其持续改进情况，对内部控制缺陷及其成因、表现形式和影响程度进行综合分析和全面复核并作出缺陷等级最终认定。③简化审批程序。根据内部控制有效性全面评价结果编制评价报告，报全面风险管理小组批准后对外披露。④强化问题整改。制定问题整改

验收标准，提高整改效果，建立问题整改台账，落实专人跟踪，逐项验收销项管理。⑤严肃问责。根据问题严重程度及整改情况，采取通报、警示、降薪、岗位调整、免职、辞退等方式进行问责。

假定不考虑其他因素。

要求：

1. 根据资料（1），指出其中体现了企业内部控制基本规范中的哪些内部控制目标。

2. 根据资料（2），逐项指出①~④项每个因素对甲公司可能产生的负面影响。

3. 根据资料（3），逐项判断①~⑤项是否存在不当之处；如存在，逐项说明理由。

4. 根据资料（4），逐项判断①~⑤项是否存在不当之处；如存在，逐项说明理由。

5. 根据资料（1）~（4），指出相关内容涉及企业风险管理基本流程的哪些环节。

【分析与解释】

1. 提高经营效率和效果、促进企业实现发展战略。

2. ①可能导致企业整体性损失和战略目标无法实现。

②可能导致企业成本增大，市场需求下降，销售受到冲击。

③可能导致企业研发能力下降。

④可能导致库存占用大量资金、坏账增加、财务风险增大。

3. ①存在不当之处。

理由：对于重大的业务和事项，企业应当实行集体决策审批或者联签制度，任何个人不得单独进行决策或擅自改变集体决策。

②不存在不当之处。

③存在不当之处。

理由：企业应当建立研究成果保护制度，加强对专利权、非专利技术、商业秘密及研发过程中形成的各类涉密图纸、程序、资料的管理，严格按照制度规定借阅和使用。禁止无关人员接触研究成果。

④存在不当之处。

理由：企业对核销的决策和审批程序应作出明确规定，不能直接核销。

⑤不存在不当之处。

4. ①存在不当之处。

理由：内部控制评价是对内部控制整体有

效性发表意见并出具结论。既要评价内部控制设计的有效性，也要评价内部控制运行的有效性。

②存在不当之处。

理由：企业对内部控制缺陷的认定，应当以日常监督和专项监督为基础，结合年度内部控制评价，由内部控制评价部门进行综合分析后提出认定意见，按照规定的权限和程序进行审核后予以最终认定。

③存在不当之处。

理由：内部控制评价报告应当报经董事会批准后按要求对外披露或报送相关主管部门。

④不存在不当之处。

⑤不存在不当之处。

5. 目标设定，风险识别，风险应对，风险监控，信息沟通和报告，风险管理考核和评价。

【点评】本题是自 2006 年正式考试以来唯一的一次考核选答题，考核了风险管理流程、风险识别、内部控制目标、授权审批控制、采购业务控制、研究与开发控制、销售业务控制、资产管理控制、内部控制评价范围、内部控制缺陷认定、内部控制评价与整改。本题有两个难点：一是"风险识别"，不容易说得准；二是采购业务控制、研究与开发控制、销售业务控制、资产管理控制，因为这些"内部控制应用指引"教材中没有写进来，如果带上其他参考资料，犹如大海捞针，只能根据内部控制基本原理以及常识来现场发挥写出答案。

【2022 年试题】

甲公司是一家以水泥及混凝土生产销售为主业的大型集团企业，在境内组建了区域事业部并在境外设立了多家子公司。为切实提升风险防范能力和管理水平，甲公司于 2022 年 3 月召开了高层会议，讨论公司风险管理与内部控制的有关事宜。会议要点摘录如下：

（1）强化研判，防范重大风险。①公司所处水泥行业对建筑业依赖性较强，与房地产投资关联度较高，在国家坚持"房住不炒"、促进房地产市场平稳健康发展的政策调控下，房地产开发投资增速放缓；②某原材料在公司产品生产成本中占比较高，而该原材料价格受全球供需关系紧张的影响，未来一段时期可能持续上涨。面对新形势、新挑战，公司要以全面风险管理为抓手，采取适当的控制措施化解重大风险，推动公司战略目标实现。

（2）优化公司治理，健全风控机制。以控股股东利益最大化为目标，进一步优化公司治理结构，强化董事会及其专业委员会、监事会的职责，完善管理层约束激励机制，夯实全集团内部治理根基。在此基础上，完善风险管理组织体系，建立健全风险管理三道防线，经理层对风险管理和内部控制有效性承担最终责任，确保风险管理责任逐级落实到位。

（3）统一风控理念，培育风险文化。通过会议传达、举办培训、编发宣传画册等多种形式，在全集团范围内培育全面风险管理价值观，形成稳健经营的风险文化。在统一风险管理理念和确定整体风险容忍度指标的基础上，合理确定各职能部门或业务单位的风险敞口，所有职能部门和业务单位的风险叠加调整后不得超出公司整体风险容忍度。

（4）丰富管理工具，优化应对策略。根据公司设定的净资产收益率目标和识别的内外部风险，按照风险发生的可能性和影响程度绘制风险矩阵坐标图，确定风险等级。按照年初风险管理部门量化测试的风险分析结果，拟定针对重大和重要风险的应对策略：①针对"双碳"背景下的外部环保监管要求，特批新增绿色低碳环保专项经费，用于碳减排技改项目；②主动化解过剩产能，清理关闭污染排放较高的生产线；③积极应对各国货币政策不确定性增加等影响，利用远期工具管理海外项目利率波动风险。

（5）组织风控评价，监督整改落实。计划于 2022 年第四季度开展风险管理与内部控制评价工作，考虑到境外差旅受限等因素影响，境外子公司不纳入本次评价工作范围。对评价中发现的重大问题，督促责任单位严肃整改，整改情况纳入绩效考评范围。

假定不考虑其他因素。

要求：

根据《企业内部控制基本规范》及其配套指引和企业风险管理相关要求，回答下列问题：

1. 根据资料（1），指出①和②项中甲公司面临的主要风险。

2. 判断资料（2）是否存在不当之处；对存

在不当之处的,逐项指出不当之处并分别说明理由。

3. 判断资料(3)中是否存在不当之处;对存在不当之处的,逐项指出不当之处并分别说明理由。

4. 根据资料(4),逐项指出①至③项中甲公司针对重大和重要风险所采取的应对策略类型。

5. 判断资料(5)中是否存在不当之处;对存在不当之处的,逐项指出不当之处并分别说明理由。

【分析与解释】

1. 主要风险:

①<u>房地产开发投资增速放缓</u>可能导致甲公司水泥市场需求不足。

②<u>原材料价格上涨</u>可能导致甲公司生产成本上升。

注:本考点考核风险识别,是比较不好回答的问题,因为各有各的表述。

2. 存在不当之处。

不当之处①:以控股股东利益最大化作为公司治理的目标。

理由:公司治理的目标是保证所有利益相关者的利益最大化。

不当之处②:经理层对风险管理和内部控制有效性承担最终责任。

理由:董事会对风险管理和内部控制有效性承担最终责任。

注:公司治理目标是第一次写进教材,当年就考了;考试的规律是:新的知识点出题的可能性很大,因为这符合更新知识的需要,而且比较好出题。

3. 不存在不当之处。

注:本题考核了风险管理体系,是以前很少出题的地方;还考核了风险应对,强调应从整体控制风险。

4. 应对策略:

①风险降低(或:风险控制)。

注:通过技术改造,控制风险事件发生的动因、环境、条件,达到减少风险事件发生时的损失或降低风险事件发生概率的目的,风险应对策略属于风险降低(风险控制)。

②风险规避。

③风险分担(或:风险对冲)。

注:风险应对策略是风险管理最核心的考点,几乎每年必出,否则风险管理的题就没有灵魂了。

5. 存在不当之处。

不当之处:境外子公司不纳入本次评价工作范围。

理由:不符合全面性原则。

注:本考点内部控制评价的原则在教材中无法直接找到,属于超出教材的考点。超教材考点偶然发生,并不常见,无法做到事先复习只能随机应变。

【点评】(1)本题出题思路:结合当前"房住不炒、碳排放"等热点,①考核了风险管理中的风险识别(指出甲公司面临的主要风险)、风险分析(合理确定各职能部门或业务单位的风险敞口,所有职能部门和业务单位的风险叠加调整后不得超出公司整体风险容忍度)、风险管理体系(风险管理理念)、风险应对策略(风险规避、风险降低、风险分担);②考核了内部控制中的组织形式(董事会对企业内部控制负总责)、内部控制评价原则;③考核了公司治理目标。总地说来,以风险管理为主、内部控制为辅,考点众多,背景资料与时俱进,考点与背景紧密结合,试题质量较高。

(2)本题答题技巧:考核某一考点,出题时有"正考"和"反考"两种方式,正考就是要求考生直接回答问题,比如:"根据资料(4),逐项指出①~③项中甲公司针对重大和重要风险所采取的应对策略类型";反考就是要求考生判断是否正确或是否存在不当之处,比如:"判断资料(2)是否存在不当之处;对存在不当之处的,逐项指出不当之处并分别说明理由"。因此,答题技巧不同:

①反考:答题要求中有判断分,一定要有问有答,不能答非所问。如问"是否存在不当之处",应该回答"<u>存在</u>不当之处"或"<u>不存在</u>不当之处";

②正考:应在熟悉总体框架情况下,通过划出标题、贴口取纸等措施,快速写出或找到答案。

总之,熟读教材3遍及以上(重点句、关键词),加上考试技巧,考试通过的可能性非常大!

【2021 年试题】

甲公司是一家以生产和销售智能家用电器为主业的非国有上市公司，2021 年初，围绕国家提出的构建国内国际双循环相互促进的新发展格局，甲公司管理层组织相关职能部门研究起草了《公司战略风险管理与内部控制管理建议书》，内容如下：

（1）应对风险挑战，优化国际市场外循环，受海外疫情影响，公司面临部分海外工厂开工不足和外贸订单回款困难的双重风险，建议采取下列措施加以应对：

①关停或出售开工率不足 30% 且预计在未来一年内无法恢复正常生产的海外工厂。

②为大额外贸应收账款购买出口信用保险，有效控制信用损失。

③按照外贸销售额的一定比例，提取疫情特别风险准备金，成为应对海外疫情可能继续恶化的应急资金。

（2）坚持问题导向，拓宽国内市场"内循环"。针对出口产品外需不足，库存商品积压的问题，开拓国内市场，发挥内需潜力，建议采取下列管理和控制措施：

①调整公司出口导向发展战略，转型为内销和出口并存的发展战略，战略规划部门据此起草发展战略调整方案，经管理层审议通过后报董事会批准实施。

②根据国家产品标准和国内市场偏好，稳步开发新产品，选择不同类型国内消费者试用新产品，在充分验证其性能并获得国内市场认可后进行批量生产。

（3）梳理业务体系，强化经营管理"自循环"。围绕国内国际自循环梳理完善内部业务体系，实现产供销一体化"自循环"，建议采用下列管理和控制措施：

①针对核心元器件的供应，在权衡成本效益的基础上，通过自主研发或并购等方式逐步由外包转为自产，避免核心供应链梗阻。

②实施内部管理信息系统全面升级改造，实现产供销全流程系统化、信息化、可视化，提高经营效率。为保障信息系统按时上线，新系统由公司信息管理部门自主开发并负责验收测试。

假定不考虑其他因素。

要求：

1. 指出资料（1）中的①~③项建议措施所体现的风险应对策略类型。

2. 判断资料（2）中的第①和②项建议是否存在不当之处；对存在不当之处的，分别说明理由。

3. 判断资料（3）中的第①和②项建议措施是否存在不当之处；对存在不当之处的，分别说明理由。

【分析与解释】

1.①建议措施体现的风险应对策略类型是风险规避，停止或退出某一风险的商业活动或商业环境，避免成为风险的承受者。

②建议措施体现的风险应对策略类型是风险分担中的风险转移，通过保险合同将风险转移给第三方。

③建议措施体现的风险应对策略类型是风险降低中的风险补偿，对风险可能造成的损失采取适当的措施进行补偿，以期降低风险。

2.①建议存在不当之处。

理由：企业的发展战略方案应当经董事会审议通过后，报经股东（大）会批准实施。

②建议不存在不当之处。

3.①建议不存在不当之处。

②建议存在不当之处。

理由：企业应当组织独立于开发单位的专业机构对开发完成的信息系统进行验收测试。

强化练习

习题一

甲公司为深交所上市公司，主要从事智能电网设备制造，产品广泛应用于电网、铁路、城市轨道交通对电能进行接受和分配等。随着疫情后经济萎靡不振造成的不利局面，甲公司于 2025

年 2 月召开风险管理与内部控制会议，有关部分内容摘录如下：

（1）识别来自于内部和外部的风险。①甲公司生产产品所需原材料很大一部分需要依赖进口，采用美元结算，预计在未来一段时间内美元汇率将保持较大幅度升值，可能使原材料成本上升；②随着国民经济的迅速发展和电力产业的快速进步，输配电设备需求和更新速度增长迅速，行业内企业数量增加较快，市场竞争不断加剧，可能导致公司产品市场占有率下降；③甲公司智能电网主要客户为电力系统、铁路公司等行业大客户，对外付款相关的内部行政审批流程较长，公司回款周期较长，加之受经济下行的影响，客户现金流紧张，应收账款数额增速过快，可能导致信用损失有较大增加。

（2）进行风险分析，切实把控风险。甲公司的风险管理目标是在确定企业风险偏好的基础上，将企业的总体风险和主要风险控制在企业风险容忍度范围之内。通过风险管理，识别和管理贯穿于企业经营中的风险，在风险分析中不仅要分析单一风险的可能性和影响程度，而且要关注风险之间的关系，考虑整个企业层面的组合风险，特别是各单元均未超过容忍度，但组合在一起超出整体风险容忍度的情况。

（3）采取恰当的风险应对策略，有效控制风险。甲公司通过风险分析，识别出了重大风险和重要风险，并有针对性地采取了如下措施：①对于预计在未来一段时间内美元汇率将保持较大幅度升值，甲公司与中国银行签订了远期外汇契约，锁定汇率，将原材料人民币成本控制在可承受范围内；②对于市场竞争加剧可能导致公司产品市场占有率下降的风险，甲公司积极根据行业发展态势，持续提高研发投入规模，丰富技术储备，促进产品的升级，通过开发有竞争力的新产品代替老产品，争取更大的市场份额；③对于不断增加的应收账款规模，防患于未然，计提足额的风险准备金加以应对。

（4）加强内部控制，强化制度建设。①甲公司进一步明确决策机构、执行机构的职责范围，完善董事会、管理层和各子公司之间的分工、权责和管控模式；不断完善公司法人治理结构，强化组织管理原则，建立规范的决策程序和管理流程，将董事会与经理层融为一体，提高决

策水平和决策效率；②甲公司从人才队伍、激励及考核机制、各项业务流程、建立企业文化、内控制度监督等各个方面全面提升公司的管理水平，并在兼顾全面的基础上，关注重要业务事项和高风险领域，采取更为严格的控制措施，确保不存在重大缺陷；③甲公司将有效的内部控制视为公司基业长青的根本保证，按照内部控制有关法律法规以及企业内部控制制度要求，在所有重大方面建立并实施有效的内部控制；并在年度内部控制审计中，积极配合会计师事务所工作，使得注册会计师按照有关内部控制审计准则的要求计划和实施了审计工作。尽管注册会计师认定了甲公司财务报告内部控制中存在的若干重要缺陷和一般缺陷，注册会计师仍为甲公司出具了无保留意见的内部控制审计报告。

假定不考虑其他因素。

要求：

根据《企业内部控制基本规范》及其配套指引和企业风险管理相关要求，回答下列问题：

1. 根据资料（1），逐项指出①~③项中甲公司面临的主要风险。

2. 根据资料（1），指出①"外汇风险"按能否为企业带来盈利等机会进行分类，属于何种风险，并说明理由。

3. 判断资料（2）中是否存在不当之处；对存在不当之处的，逐项指出不当之处并分别说明理由。

4. 根据资料（3），逐项指出①~③项中甲公司针对重大和重要风险所采取的应对策略类型，并说明理由。

5. 根据资料（4），逐项指出①~③项中是否存在不当之处；对存在不当之处的，逐项指出不当之处并分别说明理由。

【分析与解释】

1.①主要风险：美元汇率将保持较大幅度升值，可能导致原材料成本上升。

②主要风险：行业内企业数量增加较快市场竞争不断加剧，可能导致公司产品市场占有率下降。

③主要风险：应收账款数额增速过快，可能导致信用损失增加。

2.①外汇风险从能否为企业带来盈利等机会者，属于投机风险。

理由：投机风险是指损失和盈利的可能性并存的风险，汇率变动可能给企业带来损失，也可能带来盈利。

3. 不存在不当之处。

注：本考点考核了风险管理目标、风险管理的作用、风险分析中的定性分析。

4. ①应对策略：风险分担（或风险对冲）。

理由：风险分担指采取各种手段，引入多个风险因素或承担多个风险，使得这些风险能够互相对冲。本题采取的是风险分担中的风险对冲，即通过套期保值实现风险对冲。

②应对策略：风险降低（或风险转换）。

理由：风险降低是指企业在权衡成本效益之后，采取适当的控制措施降低风险或者减轻损失，将风险控制在风险承受度之内的策略。本题企业决定增加研发投入，开发新产品，将企业面临的风险转换成另一种风险，使得总体风险在一定程度上降低，属于风险降低中的风险转换策略。

③应对策略：风险降低（或风险补偿）。

理由：风险补偿是指企业对风险可能造成的损失采取适当的措施进行补偿，以期降低风险，本题计提风险准备金属于风险降低中的风险补偿策略。

5. ①存在不当之处。

不当之处：将董事会与经理层融为一体。

理由：董事会应当独立于经理层，对内部控制的设计与运行进行监控。

②不存在不当之处。

注：本处考核重要性原则的运用。

③不存在不当之处。

注：发表无保留审计意见必须同时符合两个条件：企业按照内部控制有关法律法规以及企业内部控制制度要求，在所有重大方面建立并实施有效的内部控制；注册会计师按照有关内部控制审计准则的要求计划和实施审计工作，在审计过程中未受到限制。

习题二

甲公司是一家以不动产投资开发为主、围绕美好生活服务和产业金融服务开展相关业务布局的大型、综合性企业集团，业务范围涵盖房地产开发与销售、物业服务、全域化管理、不动产金融等。为保障企业健康持续发展，甲公司于2025年1月召开了有关风险管理与内部控制的会议，部分内容要点摘录如下：

（1）董事长：目前国内经济面临需求收缩、供给冲击、预期转弱三重压力，GDP 增速放缓、居民消费信心不足；同时，部分房企出现了到期债务无法偿付的情况，并导致部分项目出现停工、无法按期交付等问题，给行业信用带来了较为严重的负面影响。为此，我建议：①要从企业整体角度进行风险分析，不仅要分析单一风险的可能性和影响程度，而且要关注风险之间的关系，考虑整个企业层面的组合风险，特别是各单元均未超过容忍度，但组合在一起超出整体风险容忍度的情况；②更多采用风险矩阵坐标图进行风险描述，在合理的范围内，通过改变输入参数的数值来观察并分析相应输出结果，评价潜在事件的正常或日常变化的影响，以便进行精确的量化分析。

（2）总经理：随着住房回归居住属性，居民诉求从"有住房"转向"住好房"，也将带来充裕的改善性需求；同时，住房供应体系的不断丰富，也为行业发展提供了结构性机会。为此，我建议采取下列应对策略控制风险：①面对政策、市场环境不断发生变化，公司在优秀人才吸引上存在较大挑战，特别是地产行业对年轻员工的吸引力明显减弱。上年公司制订了人才培育一盘棋工作计划，围绕基层服务力提升、专业力培训、奋斗者发掘开展了系列工作，将培训资源向基层奋斗者倾斜，给基层奋斗者提供培训、成长空间以及发展机会。这些措施被证明是行之有效的，2025年将继续采用；②受多重因素影响，房地产销售大幅下滑，大量房企面临债务偿还风险。本公司应积极开拓融资渠道、优化支出额度、保持信用评级，保障公司现金流安全，降低发生财务风险的概率，有效控制财务风险；③在项目开发过程中，安全意外事故、自然灾害、恶劣气候等因素，均可能带来工程进度、项目成本、房屋质量和客户满意度等风险，对公司经营业绩和品牌声誉造成影响。本公司应谨慎投资，禁止在自然环境恶劣的地区开发房地产项目。

（3）风险管理部部长：风险管理重在落实。我建议：①公司积极健全风险管控机制，风险管理职能部门和董事会下设的风险管理委员会作为风险管理的第一道防线，有关职能部门和业务单位是风险管理的第二道防线，内部审计部门和董事会下设的审计委员会是第三道防线，形成多业务线联动机制，夯实公司发展基础；②不断完善风险评估和管理体系，企业根据风险管理职责设置风险管理考核指标，并纳入企业绩效管理，建立明确的、权责利相结合的奖惩制度，以保证风险管理活动的持续性和有效性。

（4）公司董事长秘书（以下简称"董秘"）：在董事会、监事会、管理层及全体员工的持续努力下，公司已经建立起一套比较完整且运行有效的内部控制体系，从公司层面到各业务流程层面均建立了系统的内部控制及必要的内部监督机制，为公司经营管理的合法合规、资产安全、财务报告及相关信息的真实、完整提供了合理保障。我强调：①内部控制应当在治理结构、机构设置及权责分配、业务流程等方面相互制约、相互监督，对于履行内部控制监督职责的机构或人员应具有良好的独立性；②内部审计部门应充分利用积累的丰富审计经验，制定和优化内部控制手册，并对内部审计中发现的问题有畅通的沟通渠道，确保重要信息能及时传递给董事会、监事会和经理层。

（5）内部审计部主任：公司坚持以风险导向为原则，进一步加强覆盖总部、各业务单位的评估体系，每年开展内部控制自我评价和内部控制审计。我建议：①企业董事会应当定期对内部控制的有效性进行全面评价、形成评价结论、出具评价报告，纳入评价范围的事项包括内部环境、风险评估、控制活动、信息与沟通、内部监督；②聘请A会计师事务所出具内部控制审计报告，对财务报告内部控制和非财务报告内部控制进行全面评价；③公司应按照《企业内部控制基本规范》《企业内部控制应用指引》的规定，建立健全和有效实施内部控制，如果公司存在一项或多项重要缺陷，并且审计范围没有受到限制，将被注册会计师出具内部控制否定意见的审计报告，就会对公司声誉产生重大不利影响。

假定不考虑其他因素。

要求：

根据《企业内部控制基本规范》及其配套指引和企业风险管理相关要求，回答下列问题：

1. 根据资料（1），逐项指出董事长发言①和②项中是否存在不当之处；对存在不当之处的，分别说明理由。

2. 根据资料（2），逐项指出总经理建议①~③项中甲公司采取的风险应对策略类型。

3. 根据资料（3），逐项判断风险管理部部长发言①和②项中是否存在不当之处；对存在不当之处的，分别说明理由。

4. 根据资料（4），逐项指出公司董秘发言①和②项中是否存在不当之处；对存在不当之处的，分别说明理由。

5. 根据资料（5），逐项指出内部审计部主任发言①~③项中是否存在不当之处；对存在不当之处的，分别说明理由。

【分析与解释】

1.①不存在不当之处。

②存在不当之处。

理由：应用风险矩阵所确定的风险重要性等级是通过相互比较确定的，因而无法将示例的个别风险重要性等级通过数学运算得到总体风险的重要性等级，无法进行量化分析。

或：在合理的范围内，通过改变输入参数的数值来观察并分析相应输出结果，评价潜在事件的正常或日常变化的影响，该方法属于敏感性分析，而不是风险矩阵坐标图。

2.①采取的风险应对策略属于风险承受。

注：风险承受是指企业对所面临的风险采取接受的态度，从而承担风险带来的后果。继续采用行之有效的措施，属于风险承受策略。

②采取的风险应对策略属于风险降低（风险控制）。

注：风险控制是指控制风险事件发生的动因、环境、条件等，来达到减轻风险事件发生时的损失或降低风险事件发生的概率的目的。

③采取的风险应对策略属于风险规避。

3.①存在不当之处。

理由：企业各有关职能部门和业务单位是风险管理的第一道防线；风险管理职能部门和董事会下设的风险管理委员会是第二道防线；内部审计部门和董事会下设的审计委员会是第三道防线。

②不存在不当之处。

4.①不存在不当之处。

②存在不当之处。

理由：内部控制专职机构的职责一般包括制定内部控制手册和组织落实；内部审计部门在评价内部控制的有效性，以及提出改进建议等方面起着关键作用。

5.①不存在不当之处。

注：本处考核了内部控制评价的定义和评价内容。

②存在不当之处。

理由：内部控制评价是企业董事会对各类内部控制目标实施的全面评价；内部控制审计是注册会计师侧重对财务报告内部控制目标实施的审计评价。

③存在不当之处。

理由：注册会计师认为财务报告内部控制存在一项或多项重大缺陷的，除非审计范围受到限制，应对财务报告内部控制发表否定意见。

习题三

甲集团公司是境内外同时上市的企业，2025年初，甲公司决定根据风险管理和《企业内部控制基本规范》及其配套指引等有关规定，优化风险管理和内部控制措施。为此，集团公司高管专门召开风控会议讨论该工作。下面是与会者的部分发言：

董事长张某：我们集团公司董事会应该对整个企业集团内部控制的建立健全负总责。各子公司要建立一个合理的组织构架，明确规定股东大会、董事会、监事会、经理层和企业内部各层级机构设置、职责权限、人员编制、工作程序和相关要求。近一年来，我们的四家子公司发生多起安全事故，造成多人伤亡以及重大财产损失，其根本原因在于领导不力。为此，建议采取如下措施：

①企业的风险构成基本要素包括风险因素、风险事件和损失，我们要在风险识别、风险分析的基础上，更准确地找出关键风险因素，通过采用恰当的风险应对策略，避免风险事件的发生，将损失控制到零。

②为了提高经营效率，避免扯皮推诿，对于企业集团的重大决策、重大事项和重要人事任免均由我最终决定；对于企业集团本部大额资金支付，由我"一支笔"审批。

总经理李某：董事长的讲话把握住了风险管理与内部控制中最关键的问题。我补充三点：

①我们公司应该建立统一的风险管理理念，即如何识别风险、承担哪些风险，以及如果管理这些风险，形成对风险统一的信念和态度。

②为了把风险管理落到实处，应建立风险管理组织体系。风险管理组织机构主要包括规范的公司法人治理结构，风险管理职能部门、内部审计部门和法律事务部门以及其他有关职能部门、业务单位的组织领导机构及其职责。我建议构建风险管理的三道防线：公司董事会是风险管理的第一道防线；风险管理职能部门和董事会下设的风险管理委员会是第二道防线；内部审计部门和董事会下设的审计委员会是第三道防线。

③我们企业集团主营业务是成套设备出口，去年实现营业收入300亿元，今年格局没有大的变化。受近年外部环境的影响，外贸出口减少，企业经营比较困难。我建议，本集团应该改变经营策略，加大研发投入，以实现技术突破开发出高附加值产品，满足国内市场需要，控制经营风险。

人力资源总监王某：内部审计部经理近期病休，内部审计部缺少负责人，我建议由财务部经理殷某兼任内部审计部经理。殷某是财务会计专家，业务非常熟练，由他负责内部审计工作很有优势。

风险管理部部长郑某：关于加强风险管理，我提三点建议：

①随着信息技术与商业模式、管理模式的有效结合，我建议加大大数据应用，利用电子商务平台对供应商的供货及时性、产品质量及技术可替代性、危机处理、付款等信息进行收集、分析，识别供应持续性影响，以便提升风险识别的能力。

②风险矩阵是风险分析中有效的分析工具，其优点表现在通过对风险发生的可能性和影响程度进行定量分析后，确定了风险控制的重点；但应克服它的缺点，一是对风险重要性等级标准、风险发生可能性、后果严重程度等大多数依靠主观判断，准确性受到一定影响；二是应用风险矩阵所确定的风险重要性等级是通过相互比较确定的，无法将列示的个别风险重要性等级通过数学运算得到总体风险的重要性等级。

③企业应不定期对风险管理制度、工具方法

和风险管理目标的实现情况进行评价，识别是否存在内部控制重大缺陷，评价风险管理是否有效，形成评价结论并出具评价报告。

假设不考虑其他因素。

要求：

根据《企业内部控制基本规范》和《企业内部控制配套指引》以及风险管理有关规定，回答下列问题：

1. 指出董事长张某发言中事项①和②是否存在不当之处；如存在不当之处，请说明理由。

2. 指出总经理李某发言中事项①和②是否存在不当之处；如存在不当之处，请说明理由。

3. 指出人力资源总监王某发言中是否存在不当之处；如存在不当之处，请说明理由。

4. 指出风险管理部部长郑某发言中事项①～③是否存在不当之处；如存在不当之处，请说明理由。

5. 指出总经理李某发言中事项③降低经营风险的建议采用的是何种风险应对策略。

【分析与解释】

1. 董事长张某发言中：

事项①存在不当之处。

理由：风险管理目标是在确定企业风险偏好的基础上，将企业的总体风险和主要风险控制在企业风险容忍度范围之内。

事项②存在不当之处。

理由：对于重大的业务和事项，企业应当实行集体决策审批或者联签制度，任何个人不得单独进行决策或擅自改变集体决策。

2. 总经理李某发言中：

事项①不存在不当之处。

事项②存在不当之处。

理由：企业各有关职能部门和业务单位是风险管理的第一道防线。

3. 人力资源总监王某发言存在不当之处。

理由：企业应保证内部审计机构设置、人员配备和工作的独立性，由财务部经理兼任内部审计机构负责人不符合独立性的要求。

4. 风险管理部部长郑某发言中：

事项①不存在不当之处。

事项②存在不当之处。

理由：风险矩阵的优点是为企业确定各项风险重要性等级提供了可视化的工具，属于定性分析工具。

事项③存在不当之处。

理由：企业应**定期**对风险管理制度、工具方法和风险管理目标的实现情况进行评价，识别是否存在内部控制重大缺陷，评价风险管理是否有效，形成评价结论并出具评价报告。

5. 总经理李某发言中事项③，李某控制经营风险的建议采取的是风险降低（风险转换）应对策略。

习题四

甲公司为一家深交所上市的重型卡车制造业企业，为了保证企业的可持续发展，公司实施了全面风险管理以及《企业内部控制基本规范》及其配套指引等有关规定。甲公司董事会召开会议，研讨如何优化风险管理和内部控制措施。下面是会议的部分内容：

（1）关于目标设定。企业应当根据国家有关法律法规和公司章程，建立规范的公司治理结构和议事规则，明确董事会、监事会和经理层在决策、执行、监督等方面的职责权限，形成科学有效的职责分工和制衡机制。为此，甲公司建议：①为了对投资者负责，公司治理目标确定为实现股东利益最大化；②为提高工作效率，公司董事会和经理层应融为一体，实现对企业风险的有效控制；③企业风险管理应与企业的战略设定、经营管理与业务流程相结合。

（2）关于风险识别。面对复杂严峻的国内外形势和诸多风险挑战，企业应全面贯彻新发展理念，注重宏观政策跨周期和逆周期调节，有效识别外部因素和内部因素。为此，甲公司采取了如下做法：①企业管理层将发展战略和控制目标分解至各职能部门，由各职能部门根据分解的战略和目标，列举其职责范围内的各类风险，并经上级主管部门或管理层评估后予以确定；②风险识别要针对目标进行，充分考虑可能给企业带来有利或不利影响的内部因素和外部因素。本企业产品受国五车辆提前预挂、油气价格高涨、双限双控政策等因素影响，产品市场终端需求表现低迷，本行业处于经济转型期。在风险识别中应更加关注新技术、新商业模式的出现，对于具有正面影响的事件，应反馈到战略或目标制定过程中。

（3）关于风险分析。公司各个部门都要围绕企业发展战略制定工作目标，在复杂多变的经济形势下，分析风险发生的可能性和影响程度，对识别出的风险按照风险重要性进行排序，确定优先控制的风险。据此，甲公司采取了如下的做法：①本行业的发展与国民经济密切相关，国内经济的稳定增长为本企业的发展提供了有力的基本支撑，根据卡车行业协会统计资料，本行业全年实现重卡销售 139.5 万辆，同比增长 13.8%。但是，本企业重卡销售量同比却下降了 5.6%，表明还需要采用有力措施控制销售中的不利因素；②在确定了风险管理的优先顺序后应对重点风险进行风险监控，对于风险监控中发现的已经形成较大损失的重大事件，要求向部门主管领导报告，并由主管领导主持采用应对措施。

（4）关于风险应对。当前中东局势严峻，加上受俄乌冲突影响，大宗商品价格持续高位波动。今年的政府工作报告提到，"能源原材料供应仍然偏紧，输入性通胀压力加大"。据此，甲公司采取了如下做法：①甲公司认为能源原材料等物资供应的充足性、稳定性和价格变化属于市场风险，也属于外部风险。外部风险虽然不可控，但是通过提前分析认知，提前做好应对准备，可以降低不确定性，避免不必要的损失；②为缓解原材料价格上涨的压力，应买入期货进行套期保值，积极有效应对国际大宗商品价格高企带来的影响。

（5）关于内部控制。为了发现内部控制中的缺陷并加以改进，保证内部控制持续有效，甲公司采取了如下做法：①甲公司每年以 12 月 31 日为基准日，定期开展一次内部控制自我评价。在内部控制评价中，鉴于内部控制制度刚刚由国际知名咨询机构协助完成，暂不对内部控制设计的有效性进行评价；本次评价着重对内部控制运行有效性进行评价；②聘请 A 会计师事务所进行内部控制审计，要求仅对财务报告内部控制的有效性发表意见。

假设不考虑其他因素。

要求：

根据企业风险管理、《企业内部控制基本规范》及其配套指引等要求，回答下列问题：

1. 逐项分析判断事项（1）中建议①和②是否存在不当之处；对存在不当之处的，分别指出不当之处，并分别说明理由。

2. 分析判断事项（1）中建议③体现的是何种风险管理原则。

3. 分析判断事项（2）中做法①采用的是何种风险识别技术。

4. 分析判断事项（2）中做法②是否存在不当之处；如存在不当之处，说明理由。

5. 分析判断事项（3）中做法①采用的是何种风险分析技术，并指出属于定量技术中的哪种类型。

6. 分析判断事项（3）中做法②是否存在不当之处；如存在不当之处，说明理由。

7. 分析判断事项（4）中①的风险分类是否存在不当之处，如存在不当之处，请说明理由；请指出②甲公司的做法采取的是何种风险应对策略（应指出具体策略）。

8. 逐项分析判断事项（5）中，甲公司的做法①和②是否存在不当之处；对存在不当之处的，分别说明理由。

【分析与解释】

1. 事项（1）中，

建议①存在不当之处。

不当之处：公司治理目标确定为实现股东利益最大化。

理由：公司治理目标不仅是股东利益最大化，而且是保证所有利益相关者的利益最大化。

建议②存在不当之处。

不当之处：公司董事会和经理层应融为一体。

理由：董事会应当独立于经理层。

2. 事项（1）中建议③体现的是风险管理的融合性原则。

3. 事项（2）中做法①采用的是职能部门风险汇总风险识别技术。

4. 事项（2）中做法②不存在不当之处。

5. 事项（3）中做法①采用的是设定基准风险分析技术，属于定量技术中的非概率技术。

6. 事项（3）中做法②存在不当之处。

理由：风险监控中发现的已经形成较大损失的重大事件，应向公司管理层或董事会报告。

7. 事项（4）中，

①风险分类不存在不当之处。

②甲公司的做法采取的是风险分担（风险对冲）应对策略。

8. 事项（5）中，

甲公司做法①存在不当之处。

理由：内部控制评价包括内部控制设计的有效性和内部控制运行的有效性。

甲公司做法②不存在不当之处。

习题五

甲公司为深交所上市公司，主营业务为冷链末端制冷和运输制冷设备的研发、生产、销售及技术服务，以及为客户提供制冷设备整体解决方案。甲公司有关风险管理情况如下：

（1）甲公司通过流程图方法识别出如下风险：为了加强精细化管理，甲公司构建了财务共享云，注重业财融合，支持网上报账、预算管理、电子发票、税务管理、资金管理等。由于业务复杂，流程和环节众多，可能由于某一环节发生故障导致信息系统崩溃，造成企业发生严重损失。

针对上述风险，甲公司采取了如下应对策略：引进国际一流公司构建财务共享云，确保运营系统安全可靠。

（2）甲公司通过行业风险组合清单方法识别出如下风险：公司产品的主要原材料包括钢材、铜、压缩机、型材玻璃门体类、蒸发芯体、制冷机组、皮带、水泵等。如果未来上游主要原材料及零部件价格发生波动，会影响公司经营业绩的稳定性。

针对上述风险，甲公司采取了如下应对策略：甲公司与金融机构签订期货合同，买入与原材料现货相同的期货进行套期保值，预期实现风险对冲。

（3）甲公司通过职能部门风险汇总方法识别出如下风险：随着经营规模的快速扩张，资金紧张制约了公司在冷链行业的进一步布局和发展；受制于资金实力，公司拥有较多已具备产业化技术研发项目，难以快速推进；在全国销售网络及服务渠道建设方面推进相对较为缓慢。为解决资金问题，甲公司举借了大量长期浮息借款，由此利率的波动产生了利率风险。

甲公司董事会研究后认为，利率波动范围不大，尚在可承受范围之内，未采取相关措施进行风险控制。

（4）甲公司通过头脑风暴方法识别出如下风险：通过募集资金扩大生产规模，采用某种技术生产的产品利润丰厚，但环境污染过大，可能不符合环境保护的要求导致巨额罚款。

董事会研究决定，对本年度拟上马的所有固定资产投资项目进行严格的节能环保等事前评估，严禁开工建设不符合国家产业政策的项目。

假设不考虑其他因素。

要求：

1. 根据上述事项（1）和（2），按照能否为企业带来盈利等机会指出风险类型，并分别说明甲公司采用了何种风险应对策略。

2. 根据上述事项（3）和（4），按照风险的来源和范围指出风险类型，并分别说明甲公司采用了何种风险应对策略。

【分析与解释】

1. 事项（1）由于运行故障可能导致信息系统崩溃导致企业发生损失，从能否带来盈利等机会分类，属于纯粹风险。甲公司引进国际一流公司构建运营系统，采用的是风险降低策略（风险控制）。

事项（2）原材料价格波动，从能否带来盈利等机会分类，属于投机风险。甲公司采用的是风险分担策略（风险对冲）。

2. 事项（3）由于浮息贷款产生的利率风险，从风险来源和范围分类，属于外部风险（市场风险）。甲公司采用的是风险承受策略。

事项（4）由于违犯环保法规导致处罚的风险，从风险来源和范围分类，属于外部风险（法律与合规风险）。甲公司采用的是风险规避策略。

习题六

甲公司为一家主要从事全方位 IT 服务在境内外同时上市的公司，为认真贯彻落实财政部等五部委发布的《企业内部控制基本规范》、《企业内部控制配套指引》以及国资委有关风险管理的要求，2025 年春天召开内部控制体系建设和风险管理专题会议，进一步加强内部控制和风险管理作出部署。在专题会议上，相关参会人员发言要点如下：

董事长：针对目前上市公司频频曝光财务造假案件，提出公司内部控制的目标是绝对保证公司经营管理合法合规、资产安全、财务报告及相关信息真实完整，提高经营效率和效果，把促进企业实现发展战略作为终极目标。

总经理：为确保公司内部控制体系建设工作顺利开展，董事会应下设审计委员会，审计委员会主席由我亲自担任，并向董事会负责。

发展部部长：随着公司规模不断扩大，我们公司正式提出"一体两翼"的发展战略，本公司将立足"一体两翼"发展战略，依托自身强大的科研实力，以交通工程、交通控制、视频监控、大数据、云计算、机器视觉、人工智能等技术为驱动，充分利用资本优势，着手开展下一代智慧交通和智慧安防的业务发展布局，持续保持智能网联汽车和视频人工智能等核心技术研究的行业领先地位，全力打造创新型城市业务板块，以实现股东利益最大化的公司治理目标。

财务总监：公司应该优化内部环境，严格规范公司治理结构，公司的重大事项决策、重要项目安排、重要人事任免及大额资金支付均由董事长审核批准。

投资总监：考虑到本行业投资环境的特殊性，应该设定每一投资项目的风险容忍度。风险容忍度尽可能用定性表示，比如最大可能损失等。风险容忍度主要取决于企业财务实力是否雄厚、运营能力是否高效、企业及品牌声誉是否坚不可摧、企业营运市场的竞争能力等。

销售总监：绩效考评对提升企业业绩有重要作用，我建议：首先确定绩效目标；其次设置考核指标体系，指标体系既有定量指标又有定性指标；再次选择考核评价标准，如历史标准、预算标准、行业标准；然后形成评价结果；最后制定奖惩措施，将绩效考评结果作为确定员工薪酬以及职务晋升、评优、降级、调岗和辞退等的依据。

内审总监：内部控制评价是实施内部控制的重要环节。应当制订科学的内部控制评价方案，对内部控制设计的有效性和内部控制运行的有效性进行评价。根据评价结果，按照内部控制缺陷的严重程度分为重大缺陷、重要缺陷和一般缺陷。内部控制评价报告经公司经理层批准后按要求对外披露。

签字注册会计师：我们负责对贵公司内部控制有效性进行审计。在实施内部控制审计过程中，我们注册会计师可以根据实际情况对贵公司内部控制评价工作进行评估，判断是否利用贵公司内部审计人员、内部控制评价人员等的工作以及可利用程度，从而减少本应由注册会计师执行的工作。

假设不考虑其他因素。

要求：

根据《企业内部控制基本规范》、《企业内部控制配套指引》、风险管理要求和公司治理等相关规定，逐项分析判断：

1. 董事长的发言是否存在不当之处；如存在不当之处，并说明理由。

2. 总经理的发言是否存在不当之处；如存在不当之处，并说明理由。

3. 发展部部长的发言是否存在不当之处；如存在不当之处，并说明理由。

4. 财务总监的发言是否存在不当之处；如存在不当之处，并说明理由。

5. 投资总监的发言是否存在不当之处；如存在不当之处，并说明理由。

6. 销售总监的发言是否存在不当之处；如存在不当之处，并说明理由。

7. 内审总监的发言是否存在不当之处；如存在不当之处，并说明理由。

8. 签字注册会计师的发言是否存在不当之处；如存在不当之处，并说明理由。

【分析与解释】

1. 董事长的发言存在不当之处。

理由：由于内部控制的固有局限性，内部控制只能提供合理保证经营管理合法合规、资产安全、财务报告及相关信息真实完整，不能做到绝对保证。

2. 总经理的发言存在不当之处。

理由：企业应保证内部审计机构设置、人员配备和工作的独立性，审计委员会主席应由独立董事担任。

3. 发展部部长的发言存在不当之处。

理由：公司治理的目标不仅是股东利益的最大化，而且是保证所有利益相关者的利益最大化。

4. 财务总监的发言存在不当之处。

理由：公司对于重大的业务和事项，包括"三重一大"（即重大事项决策、重要项目安排、重要人事任免及大额资金支付）应当实行集体决策审批或者联签制度，任何个人不得单独进行决策或擅自改变集体决策。

5. 投资总监的发言存在不当之处。

理由：风险容忍度尽可能用定量表示。

6. 销售总监的发言不存在不当之处。

7. 内审总监的发言存在不当之处。

理由：内部控制评价报告经公司董事会批准后按要求对外披露。

8. 签字注册会计师的发言不存在不当之处。

第四章　企业投资、融资决策与集团资金管理

本章概述

　　本章主要介绍了投资管理、私募股权投资决策、境外直接投资决策、融资决策与增长和集团资金管理与财务公司五大方面的内容，属于重点章节，难度较大。需要注意的是，本章虽然有很多公式，但考生们不要过多纠结于计算题，或者由于本章计算公式多就对本章内容充满畏惧，其实即使有计算题，难度也应该不会很大。从往年高级会计资格考试测试角度看，主要是考核知识体系的广度和观点，计算题虽然有但相对简单，而其他知识点需要多关注。

　　在本章的学习中，有以下几个方面的核心内容：

　　（1）投资决策讲解了各种投资方法的计算及其应用，并对各种方法的优缺点进行了比较。介绍了现金流量的估计方法，并对如何进行投资项目风险的调整和最佳资本预算的确定进行了讲解。本节的重点是通过掌握各种投资决策方法的计算来制定最佳资本预算。

　　（2）私募股权投资基金，主要内容包括私募股权投资的概述、组织形式和退出方式等。

　　（3）境外直接投资决策。随着中国企业"走出去"步伐和"一带一路"倡议的实施，我国企业对外投资的比重逐年增加，本部分内容对境外投资的程序、风险，尤其是对国有企业对外投资活动进行了分析与介绍。

　　（4）融资决策介绍了融资战略的评判标准，详细讲解了企业融资规划与企业增长的关系、如何计算融资需要量，重点分析了资本结构对权益融资的影响。本章的难点是考虑企业增长、融资缺口等各种复杂因素的情况下如何确定融资规划。从应试重要性角度来讲，本节是本章中最为重要和需要掌握的内容。

　　（5）集团资金管理和财务公司这一节，介绍了企业集团资金集中管理的功能、模式，重点介绍了集团财务公司模式。

考情分析

本章的考试内容近年以来都是与第一章联合出题，分数在 12 分左右。2022 年和 2023 年考试有所变化，本章单独考核，考题分数为 15 分。本章的知识点很多，大量财务管理知识都在本章进行介绍，涉及的计算和分析也比较多，是重点章节，需要在熟悉教材内容的基础上多加练习。

2020 年考试，本章知识内容 9 分。2021 年考试本章的内容分数占比相对有所下降。2022 年、2023 年和 2024 年本章分数上升为 15 分。各年考核情况见下表。

年度	题量	分值	相关知识点
2024	1	15	现金流量的相关性、投资项目决策、敏感性分析、可转换债券、司库管理职能、境外投资运营决策管理
2023	1	15	可持续增长率因素判别、投资决策方法特殊运用、产业投资基金组织模式、财务公司监管
2022	1	15	境外直接投资的动机及外汇风险控制措施、现金流量是否相关判断、资产负债结构管理、设立财务公司条件、财务公司业务合理性判别
2021	1	8	项目风险折现率、境外直接投资联签制度
2020	1	9	境外直接投资的决策步骤、资金集中管理的合理性、集团财务风险控制的针对性措施

教材变化

2025 年与 2024 年相比，本章教材总体变化较小，重点变化体现在股权融资相关政策调整和补充。增发部分简化了定义，修订了定向增发的相关规定；新增并列举了不得向不特定对象发行股票的四种情形；新增不得向特定对象发行股票的六种情形；新增募集资金使用应符合的四项规定内容；新增增发的详细发行流程；修订增发发行价格与转让的相关限制性规定。股票减持部分，新增了针对大股东通过不同交易方式减持股票的限制性规定。

考点框架

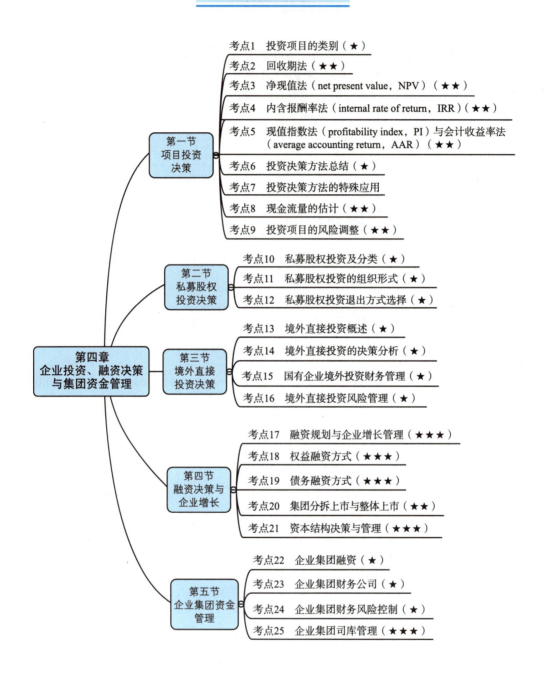

考点解读

❋ 考点1　投资项目的类别（★）

企业的投资项目一般分类。

（一）独立项目

指某一项目的接受或者放弃并不影响其他项目的考虑与选择。如某 IT 企业欲购买一套 ERP 管理软件，同时还要添置一条 PC 生产线。这两个项目就是独立项目。若无资金限制，只要项目达到决策的标准，则两个项目均可采纳。

（二）互斥项目

指某一项目一经接受，就排除了采纳另一项目或其他项目的可能性。如上述 IT 企业在购置 PC 生产线时，到底是采购美国、日本生产的设备，还是德国生产的设备？若通过方案比较，决定购买美国的生产设备时，就排除了从其他国家采购生产线的可能性。

【提示】不同的投资项目，在进行投资决策分析时，其决策的方法和判断标准不一样，因此要注意案例中涉及的投资项目属于哪一类别，以此决定应该用何种投资决策方法来比较和判别。

❋ 考点2　回收期法（★★）

常用的投资项目的评估方法主要有：投资回收期法、折现的投资回收期法、净现值法、内含报酬率法、获利指数法及会计收益率法。

有两个重要的因素影响投资项目的决策：一是现金流量；二是折现率。现金流量的估计是最重要的，也是最困难的。因此在讨论投资决策方法时，先假设这两个因素是给定的。

（一）非折现的回收期法（non-discounted payback）

投资回收期指项目带来的现金流入累计至与投资额相等时所需要的时间。回收年限越短，方案越有利。

非折现的回收期法也叫静态回收期法，是指投资项目收回原始总投资所需要的时间，即以投资项目经营净现金流量抵偿原始总投资所需要的全部时间。

回收期 = 现金净流量累计为正值前一年的年限 + 现金净流量累计为正值当年年初未收回投资额 ÷ 该年现金净流量

（二）折现的回收期法（discounted payback）

折现的回收期法是由传统回收期法演变而来的，即通过计算每期的现金流量的折现值来明确投资回报期。

（三）回收期法的优缺点

回收期法的优点是通过计算资金占用在某项目中所需的时间，可在一定程度上反映出项目的流动性和风险。在其他条件相同的情况下，回收期越短，项目的流动性越好，方案越优。并且，一般来说，长期性的预期现金流量比短期性的预期现金流量更具风险。

回收期法最主要的缺点是未考虑回报期后的现金流量。

【提示】要求无论是复杂和常用的，还是简单的，所有投资决策工具方法都需要掌握计算和基本的判别原理。

❋ 考点3　净现值法（net present value，NPV）（★★）

（一）净现值的计算

净现值指项目投产后未来现金净流量现值与原始投资额现值之间的差额。净现值法是建立在折现现金流量法（DCF）基础之上的，其决策过程有以下几个步骤：

（1）预测各年的现金流入量与流出量，并按既定的资金成本计算现金流量的现值。

（2）计算项目的净现值，即现金流入量的现值总额与现金流出量的现值总额的差额。

（3）若净现值大于零，则项目可以接受；若净现值小于零，则项目应放弃；若净现值等于零，表明不改变股东财富，则没有必要采纳。若两个项目为互斥项目，则取正的净现值数额较大者。

净现值法的计算公式为：

净现值 = 未来报酬总现值 − 建设期投资总额

$$NPV = CF_0 + \frac{CF_1}{(1+r)^1} + \frac{CF_2}{(1-r)^2} + \cdots + \frac{CF_n}{(1+r)^n}$$

式中：NPV 为净现值；CF_n 为第 n 年的现金流量；r 为项目的资本成本。

净现值法内含的原理是：当净现值为零时，说明项目的收益已能补偿出资者投入的本金及出资者所要求获得的投资收益；当净现值为正数时，表明除补偿投资者的投入本金和必需的投资收益之后，项目有剩余收益，使企业价值增加，即当企业实施具有正净现值的项目，也就增加了股东的财富；而当净现值为负数时，项目收益不足以补偿投资者的本金和必需的投资收益，也就减少了股东的财富。

（二）净现值法的优缺点

（1）净现值法使用现金流量而非利润，主要因为现金流量相对客观。

（2）净现值法考虑的是投资项目整体，在这一方面优于回收期法。回收期法忽略了回收期之后的现金流。如果使用回收期法，很可能导致回收期虽然长，但回收期后有较高收益的项目被决策者错误地否决。

（3）净现值法考虑了货币的时间价值，尽管折现回收期法也可以被用于评估项目，但该方法与非折现回收期法一样忽略了回收期之后的现金流量。

（4）净现值法与财务管理的最高目标股东财富最大化紧密联结。投资项目的净现值代表的是投资项目被接受后公司价值的变化，而其他投资分析方法与财务管理的最高目标没有直接的联系。

（5）净现值法允许折现率的变化，而其他方法没有考虑该问题。引起项目折现率变化的因素主要有：未来利率水平的变化、未来项目风险特征的变化和未来项目融资结构的变化。

（6）净现值是绝对量指标，不便于规模不同的项目比较。

【提示】净现值法是重要的投资决策方法，需要在掌握其原理的基础上，了解如何利用贴现系数来计算；贴现时，特别注意具体贴现到哪一个年度，有时候题目中会特别强调建设期要 1 年时间，这意味着未来现金流按照正常的贴现系数

贴现还不够，还要再贴现 1 年，乘以 1 年的复利现值系数才能够与初始投资 CF_0 比较计算，折算到统一时间点。

✳ 考点 4　内含报酬率法（internal rate of return，IRR）（★★）

（一）传统的内含报酬率法

内含报酬率是指使项目未来现金净流量现值恰好与原始投资额现值相等的折现率。其计算公式为：

$$NPV = \sum_{t=0}^{n} \frac{CF_t}{(1+IRR)^t} = 0$$

计算 IRR 时可以采用插值法。

内含报酬率法的原理是：IRR 是一个项目的预期收益率，如果该收益率超过了资本成本，剩余部分就可以保留，由此增加了企业股东的财富。所以，当项目的 IRR 超过资本成本，项目可以接受。反之，如果 IRR 低于资本成本，则项目不能接受，否则会减少股东的财富。

（二）修正的内含报酬率法（modified internal rate of return，MIRR）

修正的内含报酬率法克服了内含报酬率再投资的假设以及没有考虑整个项目周期中资本成本率变动的问题。修正的内含报酬率法认为项目收益被再投资时不是按照内含报酬率来折现的。值得说明的是，项目决策最基本的方法是净现值法。当传统的内含报酬率法与净现值法发生冲突时，通常以净现值法为准。原因在于，传统的内含报酬率法有两个主要缺陷：一是有多个根；二是假设再投资率为 IRR。该假设隐含的意思是，计算现值时的折现率也为 IRR；修正的内含报酬率法则认为，再投资率应为实际的资本成本，先按实际的资本成本计算出各期现金流量的终值，再求出 IRR。以这种方式计算出的 IRR，称为 MIRR。

（三）内含报酬率法的优缺点

优点：内含报酬率作为一种折现现金流法，在考虑了货币时间价值的同时也考虑了这个项目周期的现金流量。此外，内含报酬率法作为一种相对数指标除了可以与资本成本率比较之外，还可以与通货膨胀率以及利率等一系列经济指标进行比较。

缺点：内含报酬率是评估投资决策的相对数

指标，无法衡量出公司价值（即股东财富）的绝对增长。在衡量非常规项目时（即项目现金流在项目周期中发生正负变动时），内含报酬率法可能产生多个 IRR，造成项目评估的困难。此外，在衡量互斥项目时，传统的内含报酬率法和净现值法可能会给出矛盾的意见，在这种情况下，净现值法往往会给出正确的决策判断。

【提示】内含报酬率法是与净现值法同等重要的投资决策方法，需要认真掌握。

✴ 考点5　现值指数法（profitability index，PI）与会计收益率法（average accounting return，AAR）（★★）

（一）现值指数法

现值指数是项目投产后未来现金净流量现值与原始投资额现值之比。现值指数表示1元初始投资取得的现值毛收益。其计算公式为：

$$PI = \frac{\sum_{t=1}^{n} \frac{CF_t}{(1+r)^t}}{CF_0}$$

式中：r 为资本成本。

现值指数法的决策规则是：如果 PI 大于1，则项目可接受；反之则应放弃。即 PI 值越高越好。

（二）会计收益率法

会计收益率是项目寿命期的预计年均收益额与项目原始投资额的百分比。

AAR = 年均收益额 ÷ 原始投资额 × 100%

会计收益率法的决策原则是，比率越高越好。会计收益率计算简便，应用范围广，在计算时可以直接使用会计报表数据。主要缺点是未考虑货币的时间价值。

✴ 考点6　投资决策方法总结（★）

（一）会计收益率法与非折现的回收期法

会计收益率法、非折现的回收期法由于没有考虑货币的时间价值，已经被大多数企业所摒弃。由于以下原因，企业在进行投资项目决策时，一般会利用各种投资决策方法加以比较分析。如计算出折现的回收期、净现值、内含报酬率、现值指数等，以此来进行综合判断：

（1）在预期的现金流量和折现率既定的情况下，通过计算机可以方便地计算出上述指标；

（2）企业的投资项目有复杂的也有简单的，对于复杂的项目，一般需要综合地加以考虑；

（3）各种指标具有各自的优缺点，综合判断可以避免得出错误的结论。

（二）折现的回收期法

折现的回收期法在一定程度说明了项目的风险与流动性，较长的回收期表明：

（1）企业的资本将被该项目长期占用，因而项目的流动性相对较差；

（2）必须对该项目未来较长时期的现金流量进行预测，而项目周期越长，变动因素越多，预期现金流量不能实现的可能性也就越大。

（三）净现值法

净现值法将项目的收益与股东的财富直接相关联。所以，一般情况下，当净现值法与内含报酬率法出现矛盾时，以净现值法为准。但受项目的规模和现金流量时间因素的影响，净现值法不能反映出一个项目的"安全边际"，即项目收益率高于资金成本率的差额部分。

（四）内含报酬率法

内含报酬率法充分反映出了一个项目的获利水平。例如，一个项目资金的成本率为10%，而项目的 IRR 为20%，我们可以清楚地知道，该项目可以赚到1倍的收益。但内含报酬率法也有其缺点：

（1）再投资率的假定。在比较不同规模、不同期限的项目时，假定不同风险的项目具有相同的再投资率，不符合现实情况。

（2）多重收益率。在项目各期的现金流量为非常态时，各期现金流量符号的每一次变动，都会产生一个新的收益率，而这些收益率往往是无经济意义的。

（五）现值指数法

现值指数法提供了一个相对于投资成本而言的获利率，与内含报酬率法一样，它在一定程度上反映出一个项目的收益率与风险，指数越高，说明项目的获利能力越强，即使现金流量有所降低，项目有可能仍然盈利。

【提示】通过总结，进一步了解和掌握各种方法的特点，根据情景选择适合的方法以及辨别各种方法的优缺点。

【例4-1】乙公司系一家国有控股上市公司（以下简称"公司"）。近3年的公司年报显示，公司资产负债率一直在75%左右。

为进一步开拓市场，应对各种风险，公司于2022年3月召开了由董事、管理层、职能部门经理、主要项目公司经理参加的"公司投融资与财务政策"战略务虚会。部分人员的发言要点如下：

（1）财务经理：公司目前打算添置一条新的PC生产线，经过财务部门测算，新的PC生产线将能够为公司贡献正的价值，NPV大于零，因此请请公司管理层通过采购预算。而原有的机器设备其实按照工厂的测算，仍然可以继续使用，如果继续使用，仍然能够给公司带来价值。

（2）项目公司经理：项目公司目前经合作方介绍正围绕一个新的投资项目进行论证，该项目作为一个水力发电项目，初始投资额为3亿元。公司的加权平均资本成本为6%，该项目考虑风险后的资本成本为4%。经测算，采用6%作为风险比例进行贴现时计算出来的净现值为零，因此项目公司经理认为该项目还是能够实施的。

假定不考虑其他因素。

要求：

1. 请问财务经理的决策是否正确，并给出理由。

2. 项目公司经理的判断是否正确，并给出理由。

【分析与解释】

1. 财务经理的决策并不正确。

理由是，该投资生产线的决策不属于独立项目决策，而是互斥项目决策。也就是说不能够单纯看新的PC生产线能否产生正的NPV，以此作为评价依据，而是需要考虑被替换机器设备带来的整体损失，两者整体比较才能够得到替换决策是否正确的结论。

2. 项目公司经理判断是正确的。公司加权平均资本成本大于项目本身的资本成本，由于采用较高的公司资本平均成本时NPV都等于零，这说明如果采用项目本身的资本成本进行贴现，所得到的项目NPV应该大于零，在没有其他影响因素的前提下，该项目能够提供正的NPV，因此可以实施。

✳ 考点7　投资决策方法的特殊应用

（一）不同规模的项目

不同规模的项目，按照相同的内部收益率扩大规模，然后计算扩大规模后的净现值，再与其他项目的净现值比较。

投资的目的是获得最大利润而不仅仅是最大利润率，一般投资规模大的项目，利润率往往低于规模较小的项目。如果用内含报酬率来评价投资项目，可能会更重视那些投资小、利润率高的项目，而不愿意进行较大规模的投资。但大投资项目对利润总额的贡献和企业的长远发展是十分重要的。

另外，由于越晚发生的未来现金流量的现值对折现率的变化越敏感，可能导致企业的管理者更偏爱那些前期现金流入量大、后期现金流入量小的投资项目，而忽视了那些前期现金流入量小、后期现金流入量大的投资项目，而规模较大的项目，一般前期的现金流入量小、后期的现金流入量大。

（二）不同寿命周期的项目

1. 重置现金流法（common life approach）

重置现金流法也称期限相同法，运用这一方法的关键是假设两个项目的寿命期相同。

2. 约当年金法

约当年金法是用于年限不同项目比较的另一种方法。在资本成本相同时，等额年金大的项目永续净现值一定大，根据等额年金大小就可以直接判断项目的优劣。

【提示】特殊投资决策方法的计算一般不会涉及，但其基本原理和判别规则仍然需要掌握。2023年试题中涉及相同寿命周期但是不同规模投资项目的投资决策判别。

✳ 考点8　现金流量的估计（★★）

（一）现金流量的概念

现金流量指一个项目引起的现金流入和现金支出的增量部分。

1. 现金流出量

一个项目的现金流出量，是指该项目引起的现金流出的增加额。包括：

（1）购置机器设备的价款及相关的税金、运费等。

（2）增加的流动资金：生产线扩大了企业的生产能力，一般会引起流动资金需求的增加。

2. 现金流入量

一个项目的现金流入量，是指该项目引起的现金流入的增加额。包括：

（1）经营性的现金流入：企业生产能力的扩张一般会引起销售收入的增加。销售收入扣除有关的付现成本增量后的余额，即为该项目新增的现金流入量。

（2）残值收入：在一些情况下，由于无形损耗，生产设备的经济寿命要低于其物理寿命。当生产线达到其经济寿命时，企业会出售或出租其机器设备，由此而取得的收入，应视作该项目的现金流入。

（3）收回的流动资金：当企业最终停止对应生产线时，收回流动资产转换成现金，如存货的变现价值、应收账款的回收等，也应视作该项目的现金流入。

3. 现金净流量

现金净流量是指一定期间该项目的现金流入量与现金流出量之间的差额。流入量大于流出量，净流量为正值；流入量小于流出量时，净流量为负值。

【提示】在公式中，我们考虑的每年度现金流是净流量。了解现金流的流入量和流出量包含哪些项目，可以帮助我们计算出每年的现金流金额。

（二）现金流量的估计

在投资项目的分析中，最重要且最困难的是对项目的现金流量作出正确的估计。项目现金流量的估计涉及许多的变量、部门和个人。

1. 现金流量估计中应该注意的问题

（1）假设与分析的一致性。

（2）现金流量的不同形态。与资本投资方案有关的现金流量模式可以分为常规现金流量模式与非常规现金流量模式。常规的现金流量模式是由最初一次的现金流出与以后连续的现金流入组成。

（3）会计收益与现金流量。对于大型的、较为复杂的投资项目，实务中对现金流量的估计，一般根据利润表中的各项目来进行综合的考虑直接估计出项目的现金流量，或者通过预测的利润表加以调整。通过净利润进行调整得出项目

的现金流量时，应注意以下几点：

①固定资产的成本。大多数投资项目都需要购置一些固定资产，如厂房、机器设备等，购置固定资产会产生现金流出，在计算现金流出时，需要注意两点：一是固定资产的成本，不仅指厂房、机器设备的成本，而且包括运输、安装、税金及其他费用在内的全部成本；二是固定资产一般都有残值，在计算项目现金流时，应考虑残值出售后的现金流入量。

②非付现成本。因为利润表的净利润已经扣除折旧、摊销等非付现成本与费用（对于投资项目来说主要是指折旧）。因此，在计算项目各期的现金流量时，若通过利润表中净利润为基础调整计算现金流量的话，则需要加回每年估计的该项目购置的固定资产折旧费用和已摊销的费用。

③净经营性营运资本的变动。在许多情况下，企业进行项目投资，不管是扩展生产规模还是新增项目，都会引起经营性营运资本的增加，如增加存货、扩大销售后增加应收账款等，这就需要增加企业的筹资。需要注意的是，经营性净营运资本在项目的后期都会以现金流量的形式返回企业，因此，计算经营性净营运资本对项目现金流量的影响时，应注意最后一期存货销售、应收账款收回而带来的现金流入。

④利息费用。如果企业为该投资项目发生了一些利息费用，这在利润表的净利润中是加以扣除的，因为会计收益衡量的是可向股东分配的股利，所以需要扣除利息费用。但在计算投资项目的收益率时，由于我们使用的折现率是加权平均的资本成本，包括债务资本和权益资本的成本。因此，利息费用不应作为现金流出，应该加回。

【提示】上述内容很好地解释了会计利润和现金流的差异，以此为基础思考现金流如何进行调整。

2. 现金流量的相关性：增量基础

现金流量的相关性是指与特定项目有关的，在分析评估时必须考虑的现金流量。在确定投资方案相关的现金流量时，应遵循的最基本原则是，只有增量的现金流量才是与项目相关的现金流量。

增量现金流量是指接受或放弃某个投资方案

时，企业总的现金流量的变动数。在考虑增量现金流量时，需要区别以下四个概念：

（1）沉没成本。沉没成本指已经发生的支出或费用，它不会影响拟考虑项目的现金流量。沉没成本不属于采用某项目而带来的增量现金流量，因此，在投资决策分析中不必加以考虑。

（2）分摊的间接费用。无论项目是否投资，预先分摊的间接费用都已经存在并将持续发生。因此，项目分摊的间接费用不属于增量现金流量，是不相关成本。但是，如果项目实施可以带来新的间接费用的增长，则增长部分属于相关成本。

（3）机会成本。在互斥项目的选择中，如果选择了某一方案，就必须放弃另一方案或其他方案。所放弃项目的预期收益就是被采用项目的机会成本。机会成本不是我们通常意义上所说的成本，也不是一种支出或费用，而是因放弃其他项目而失去的预期收益。

（4）关联影响。当我们采纳一个新的项目时，该项目可能对公司其他部门造成有利的或不利的影响，经济学家一般称之为"外部效应"。

【提示】有关以上的几个定义理解非常重要，要学会识别哪些是机会成本，哪些是沉没成本，从而进行正确决策。考试中常常有结合这几个概念要求来判断是否影响决策的成本项目。

3. 折旧与税收效应

按照税法规定，固定资产的折旧可以进入成本或费用，在企业的所得税前进行扣除。因固定资产折旧的计提而使企业减少所得税的负担的这种效应，称为"税收抵扣收益"（tax shield）。在进行投资分析的估算项目的现金流量时，必须考虑税收影响。

项目税后营业现金流量可以根据现金流量的定义直接计算。

营业现金流量＝营业收入－付现成本－所得税

根据上述基本公式，可以推导出营业现金流量计算的另外两个公式。

由于：营业现金流量＝营业收入－付现成本－所得税＝营业收入－（营业成本－折旧）－所得税＝营业收入－营业成本－所得税＋折旧

所以，推导公式1：

营业现金流量＝税后净利＋折旧

又由于：营业现金流量＝税后净利＋折旧＝

（收入－付现成本－折旧）×（1－税率）＋折旧＝收入×（1－税率）－付现成本×（1－税率）－折旧×（1－税率）＋折旧

所以，推导公式2：

营业现金流量＝收入×（1－税率）－付现成本×（1－税率）＋折旧×税率

［或：＝（收入－付现成本）×（1－税率）＋折旧×税率］

需要补充说明的是，利息费用与折旧费用不同：（1）折旧费用是一种非付现成本，利息费用则不一定分期支付，有可能到期一次还本付息，也可能每期期末支付利息（流出现金）；（2）在估计项目的资本成本（折现率）时，利息费用作为债务资本的成本已经加以考虑，但并不需要考虑折旧费用。

一般情况下，在计算变动成本和固定成本时，不包括财务费用。但在估算项目的现金净流量时，又经常以"净利润"为起点，而净利润中已经扣减了税后利息费用。所以，在运用这个公式计算现金流量时，应将"税后利息费用"加回。

通常，筹资活动产生的现金流量不包括在增量现金流中，而只是放在项目的必要收益率中考虑。决定投资时为投资而筹集资金的费用尽管是一种相关成本，但在具体折现时容易计算两次。因此，**估算项目相关现金流时，要忽略筹资成本**，并把它们留到项目的资本成本中考虑。

【提示】最终的公式是一个简写的模式，从净利润调整出发，反映的是经常性现金流的计算；但不包含具体每年的营运资本增加以及残值等问题的处理。因此具体题目中每一年的经营现金流主要是是否存在差异和特殊性。2022年考题中就有因筹资活动产生的筹资费用是否作为相关现金流的判断。

✦ 考点9　投资项目的风险调整（★★）

（一）项目风险的衡量

1. 敏感性分析法

敏感性分析法衡量一个或者两个主要变量，如初始投资额或者贴现率的变化对一个项目的净现值或者内含报酬率产生的影响。

2. 情景分析法

敏感性分析假设各个变量的变化是独立的，

而管理者可能更关心各个变量共同变化时的可能影响，此时可以采用情景分析法。该方法与敏感性分析相似，不同的是同时考虑各种很可能的情况下多种因素同时变化的影响。

3. 蒙特卡洛模拟

基于蒙特卡洛方法的计算机模拟是将影响现金流量的各个因素作为随机变量，通过对这些随机变量概率分布模型的多次重复抽样，作为实现的结果。从而得到净现值的概率分布情况，为投资管理者进行决策提供可靠的数据。

4. 决策树法

决策树分析是采用图表的方式表述各种备选方案，而每个方案或事件都可能引出两个或多个事件，导致不同的结果，因分析各种方案决策点的各连线形似横倒下的树状，故称决策树分析。

（二）项目风险的处置

1. 项目风险与公司风险

一般情况下，项目风险与公司风险是不同的。比如说，有一家上市公司，主要从事 IT 业务和能源环境业务。公司下设两个部门，A 部门生产和销售 PC，由于 PC 市场竞争激烈，一般的 PC 公司又缺乏核心技术，由于同质化现象严重等原因，A 部门的风险较高，资本成本约为 10%；B 部门从事污水处理的工程项目，由于环境保护属国家政策支持行业，且该部门在市场上具有一定的技术领先优势，做过一系列的大型工程项目，因而，投资者认为此类公司的风险不高，市场上相同公司获得资本的成本约为 5%。公司的加权资本成本约为 8%。所以，如果我们对公司所有的投资项目都按 8% 的资本成本率进行折现时，则对于 A 部门来说，项目的净现值就会虚增；对于 B 部门来说，有些投资项目，如果按 5% 的资本成本进行折现计算，可以接受；按 8% 进行折现计算，项目的净现值可能为负值，从而误导决策，造成公司投资机会的丧失。

【提示】一定要区分特定项目风险和公司风险的差异，特定项目风险和项目使用的具体资金来源有关，并因此确定其资本成本；如果特定项目的资金不确定，通常会按照公司平均资本成本替代。因此，特定项目的资本成本可能会高于也可能会低于公司资本成本，即综合资本成本。

2021 年考试中，就考核了项目风险和公司风险的区分。

2. 项目风险与净现值法

即使是同一部门的投资项目，也可能是一些项目风险较高，另一些项目风险较低。如何处理高风险项目中的风险呢？方法有两种：一是确定当量法；二是风险调整折现率法。

（1）确定当量法（certainty equivalents，CEs）。

项目的净现值是由其各年度相关的现金流量及其折现率决定的，如果我们能够使得各期相关现金流量的确定性加大，则相应地减少了该项目的个别风险。确定当量法就是一种对项目相关现金流量进行调整的方法。项目现金流量的风险越大，约当系数越小，现金流量的确定当量也就越小。

确定当量系数指不确定的一元现金流量期望值相当于使投资者满意的确定金额的系数。利用确定当量系数，可以把不确定的现金流量折算成确定的现金流量，或者说去掉了现金流量中有风险的部分，使之成为较为"安全"的现金流量。

在使用确定当量法时应特别注意，由于已经将预期的现金流量转换为确定当量，所以，项目的折现率应为无风险的报酬率（可选择长期国债的收益率作为替代）。如果，以风险资产的报酬率作为折现率的话，则该风险被重复处理。

（2）风险调整折现率法（risk adjusted discount rates，RADRs）。

确定当量法是对现金流量进行风险调整，而风险调整折现率法是对折现率进行调整。也就是说，在公司部门的各个投资项目中，平均风险的项目按公司平均的资本成本率计算净现值，高风险项目按高于平均的折现率计算净现值；低风险项目按低于平均的资本成本率计算净现值。

确定当量法对风险和时间价值分别进行了调整，它首先将现金流量中的风险因素排除在外，然后将确定的现金流量以无风险报酬率进行折现。而风险折现率法则是用一个单独的折现率将风险和时间价值调整结合进行，使得风险调整折现率法暗含这样一个假设，即风险仅是时间的函数。因此，从理论上讲，确定当量法要优于风险调整折现率法。但在实务中，人们经常使用的还是风险调整折现率法，主要原因在于：①它与财务决策中倾向于报酬率进行决策的意向保持一致；②风险调整折现法比较容易估计与运用。

还需要明确的是，项目的资金成本或者贴现率，应该反映的是该项目的系统风险或者说市场相关风险，而不是该项目的非系统风险。所以，在对一个投资项目进行分析时，要关注该项目的特有风险，如果该项目的风险明显高于公司风险，就应该以更高的资金成本率进行折现。当然，折现率高多少或低多少，尚无一种很好的调整方法，只能凭企业管理者的判断进行。

【例4-2】某公司拟与外商合作生产国际著名品牌的服装，需要将一套旧厂房翻新，旧厂房账面价值为100万元，目前变现价值为20万元。为了更好地进行项目前期考察，公司聘请相关咨询机构进行项目论证花费40万元。咨询公司认为：该项目的上马会导致该企业其他同类产品的收益减少10万元。此外，公司还进行了以下工作：

（1）购买新设备400万元，该类设备折旧年限为5年，残值为0，2022年12月购进并立即投入使用。

（2）收入和成本预计：预计每年收入300万元；每年付现成本为200万元。营运资金在投产时垫支50万元。

要求：

1. 旧厂房是否影响决策，根据案例资料其属于何种性质，其对现金流量的影响是多少？

2. 经理甲认为，项目前期的论证费40万元需要考虑并影响企业投资决策，你认为是否正确？并给出理由。

3. 咨询公司认为此项目为依存项目，由于本项目的实施导致相关项目减少现金流10万元，因此在进行决策时需要考虑该影响，你认为是否正确？并给出理由。

4. 如果公司发现，假如不投资该项目，外商会立即与其他企业合作。你认为这一发现意味着什么？

【分析与解释】

1. 旧厂房影响决策。其性质属于决策的机会成本。

对现金流量的影响 = 20 - (20 - 100) × 25% = 40（万元）。

2. 不正确。理由：项目论证费属于决策不相关成本——沉没成本，无论是否投资都已经实

际支出。

3. 正确。理由：本项目减少了其他项目现金流入，属于依存项目，决策需要考虑其对现金流影响。

4. 这意味着该公司并不是依存项目，因为无论是否上马该项目，外资企业都可能会做这方面的业务，公司其他项目现金流都可能减少，此时减少的10万元现金流就是决策非相关成本。故不影响投资决策。

✱ 考点10　私募股权投资及分类（★）

私募股权投资（private equity，PE）是指采用私募方式募集资金，对非上市公司进行的股权权益性投资。在交易实施过程中，通常会附带考虑将来的投资退出机制，采用一定的退出方式获得收益。私募股权的投资理念就是投资于能在未来一定期限内具备上市条件的企业，以便上市后在二级市场上套现退出。通过放大资本、共担风险，实现超额投资收益。投资项目的选择标准通常包括杰出的管理团队、有效的商业模式或核心技术、持续的增长能力和可行的退出方案。

现实生活中，私募股权投资是以基金方式作为资金募集的载体，由专业的基金管理公司进行运作的。基金管理人是私募股权商业模式的关键要素，在基金设立后，基金管理人负责寻找投资项目、项目谈判、监控项目运行并实现投资退出等职责。基金的主要资本来源于政府、企业、自然人等各类投资者。由于绝大多数私募股权基金的组织形式为有限合伙制，因此，承担管理职责的基金管理人通常被称为普通合伙人（GP），而基金的各类投资者被称为有限合伙人（LP）。

私募股权投资种类繁多，按照投资战略方向可以分为：

1. 创业投资

创业投资也称风险投资（venture capital，VC）。风险投资一般采用股权形式将资金投向提供具有创新性的专门产品或服务的初创型企业。这类企业的失败率很高，但其预期收益率也很高。典型行业有集成电路芯片设计、新能源、新材料和生物科技等。从事创业投资的人员或机构被称为"天使投资人"，这类投资人通常由各大公司的高级管理人员、退休企业家、专业投资家等构成，他们集资本和能力于一身，既是创业投

资者，也是投资管理者。风险投资的目的并不是为取得对企业的长久控制或为获取企业的盈利分红，而是在于通过资本运作，获取加倍的资本增值。

2. 成长资本

成长资本也称扩张资本，它投资于已经具备成熟的商业模式、较好的顾客群并且具有正现金流量的企业。这些企业通常采用新的生产设备或者采取兼并收购方式来扩大经营规模，但其增长又受限于自身财务拮据的资金困境。成长资本投资者通过提供资金，帮助目标企业发展业务，巩固市场地位。我国成长资本主要投资于接近上市阶段的成长企业，以期在企业上市后迅速变现退出。创业板和中小企业板是近年来我国私募股权投资的主要套现市场。

3. 并购基金

并购基金是指专门进行企业并购的基金，即投资者为了满足已设立的企业达到重组或所有权转移而存在资金需求的投资。并购投资的主要对象是成熟且有稳定现金流量、呈现出稳定增长趋势的企业，通过控股确立市场地位，提升企业的内在价值，最后通过各种渠道退出并取得收益。在欧美发达国家，由于经济总体增速较低，多数行业处于成熟阶段，因此并购基金成为欧美私募股权业的主流投资方式。我国市场的法律和融资环境有待完善，私募股权基金进行整体或控股收购境内企业的案例寥若晨星。

4. 房地产基金

我国的房地产基金主要投资于房地产开发项目的股权、债权或者两者的混合。房地产基金一般会与开发商合作，共同开发特定房地产项目。在合作开发的模式下，房地产基金会要求开发商甚至开发商的实际控制人对其债权投资提供各种形式的担保。在房价上涨和房地产开发企业融资渠道收窄的情况下，私募房地产基金得到了迅速发展。

5. 夹层基金

夹层基金主要投资于企业的可转换债券或可转换优先股等"夹层"工具。它是杠杆收购特别是管理层收购中的一种融资来源，它提供的是介于股权与债权之间的资金，它的作用是填补一项收购在考虑了股权资金、普通债权资金之后仍然不足的收购资金缺口。

6. 母基金（fund of funds，FOF）

母基金是专门投资于其他基金的基金。母基金向机构和个人投资者募集资金，并分散化投资于私募股权、对冲基金和共同基金等。母基金不仅降低了投资者进入私募股权的门槛，而且帮助投资者实现了不同基金之间的风险分散化。但母基金本身收取的费用也拉高了投资成本，这也是大型机构投资都较少投资母基金的主要原因。

7. 产业投资基金

产业投资基金是我国近年来出现的具有政府背景的投资人发起的私募股权投资基金。一般指经政府核准，向国有企业或金融机构募资并投资于特定产业或特定地区的资金。这类资金通常由地方政府或中央部委发起，募集规模一般在10亿元以上。此外，也有募集规模较低（10亿元以下）的产业基金，如各地政府发起的产业引导基金等。

【提示】了解每一类私募股权投资的定义和特征。

✳ 考点 11 私募股权投资的组织形式（★）

设立私募股权基金首先要面对的重要问题就是采取何种组织形式。不同的组织结构会对基金的募集、投资、管理、退出等各个关键环节产生深远影响。一般来说，确定私募股权投资基金的组织形式主要考虑如下因素：相关法律制度、基金管理成本、税负状况、激励与约束机制、基金的稳定性等。目前，我国私募股权投资基金的组织形式主要采取有限合伙制、公司制和信托制三种组织形式。

（一）有限合伙制

有限合伙制最早产生于美国硅谷，目前已成为私募股权投资基金最主要的运作方式。其中，合伙人由有限合伙人（LP）和普通合伙人（GP）构成。

典型的有限合伙制基金由 LP 和 GP 依据有限合伙协议共同设立，其中必须至少有一家为GP，GP 对合伙企业的债务承担无限连带责任，并且对外代表基金执行合伙事务，从而成为基金管理人。其收入来源是基金管理费（由所有基金份额持有人共同承担）和收益分红。LP 则只负责出资，并以其出资额为限，承担连带责任。

GP 有时会承担基金管理人的角色，但有时也委托专业管理人员对股权投资项目进行管理和监督。在我国，通常由基金管理人员担任 GP 的角色。在设立初期，GP 和 LP 通常签订合伙人协议，确定各种管理费用和业绩奖励，并且会定期召开合伙人协议。同时与公司制和信托制私募股权基金不同，GP 具备独立的经营管理权力。LP 虽然负责监督 GP，但是不直接干涉或参与私募股权投资项目的经营管理。通常而言，LP 出资比例占基金全部份额的 80% 以上，GP 则不少于 1%。

（二）公司制

公司制是指私募股权投资基金以股份公司或有限责任公司形式设立。

公司制私募股权投资基金通常具有较为完整的公司组织结构，运作方式规范而正式。投资者一般享有作为股东的一切权利，并且与其他公司的股东一样，以其出资额为限承担有限责任。在公司制私募股权投资基金中，基金管理人或者作为董事，或者作为独立的外部管理人员参与私募股权投资项目的运营。与有限合伙制不同，公司制基金管理人会受到股东的严格监督管理。

（三）信托制

信托制是指由基金管理机构与信托公司合作成立，通过发起设立信托收益份额募集资金，进行投资运作的集合投资基金。基金由信托公司和基金管理机构形成决策委员会共同决策。

信托制私募股权投资基金，通常分为单一信托基金和结构化信托模式。运营流程基本相同。一般而言，信托公司通常代表所有投资者，以自己的名义对整个私募股权投资项目和基金发行、管理和运作负责，也就是说，信托公司通常掌握财产运营的权利，但其角色并不完全等同于 GP，其也是作为受益人，出资设立。

【提示】了解并掌握私募股权投资组织类型的特点。

✹ 考点 12　私募股权投资退出方式选择（★）

私募股权投资的退出机制是指私募股权投资机构在其所投资的企业发展相对成熟后，将其拥有的权益资本在市场上出售以收回投资并获得投资收益。投资退出的时间选择需要考虑宏观因素、创业企业因素和股权投资方因素的影响。主要退出机制是，首次上市公开发行、二次出售、股权回购、清算退出。

（一）首次上市公开发行

首次上市公开发行（IPO）是指企业在资本市场上第一次向社会公众发行股票，私募股权投资通过被投资企业股份的上市，将拥有的私人权益转化为公共股权，公开交易，套现退出。选择 IPO 退出可以保持企业的独立性，并获得在资本市场上持续融资的机会，实现资本增值。一般认为，上市退出是私募股权投资的最佳退出方式。但是公开上市所需周期较长，加上一些限售条款，从而导致私募股权投资退出过程较为漫长。

（二）二次出售

二次出售是指私募股权投资基金将其持有的项目在私募股权二级市场出售的行为。出售退出在我国市场并不多见，但在欧美成熟市场占据重要地位。随着我国资本市场和宏观经济逐渐走向成熟，二次出售在私募股权基金退出策略中所占的比例将会逐步提高。

（三）股权回购

股权回购是指标的公司通过一定的途径购回股权投资机构所持有的本公司股份。广义上讲，股权回购是指私募股权投资机构将受让而来的，或者是增资形成的标的公司股权回售给标的公司或其关联方，包括其控股股东（创业股东）、管理层等。相比其他退出方式，股权回购具有简便易行、成本和收益较低、风险可控等特点。

（四）清算退出

清算退出主要是针对投资失败项目的一种退出方式。相对而言，清算退出是私募股权投资最不理想的退出方式。清算退出是私募股权投资基金所投资的企业由于各种原因解散的情况下，经过清算程序使私募股权投资基金所投资的企业法人资格终止，仅在股东之间分配剩余财产。在大多数情况下，可供私募股权投资基金分配的公司剩余财产很少，甚至为零。清算退出时主要权衡投资风险和投资损失孰低的问题。

【提示】掌握私募股权投资退出的各种类型，学会结合案例题目背景来对退出类型进行判别。

✤ 考点 13　境外直接投资概述（★）

境外投资是指投资者在境外投入一定数量的资金或其他生产要素，以获取收益的经济行为。根据投资者是否拥有对企业的控制权与经营管理权，境外投资可以分为境外直接投资和境外间接投资两种基本形式。

（一）境外直接投资的动机

1. 获取原材料

对于矿业、种植业等特殊行业，原材料供应显然是影响选择生产经营地点的重要因素；对于依赖原材料的制造企业，通过对原材料产地的直接投资，可以实现原材料供应的多元化，从而确保企业正常运转，获取更多的利益。

2. 降低成本

由于经济发展的不平衡，各国的劳动力和土地等生产要素价格存在差异。因此，通过境外直接投资，尽可能利用廉价要素，能够降低生产成本，提高收益。

3. 分散和降低经营风险

投资组合理论表明，如果把各个彼此相关度较小的投资项目组合起来，就能有效降低预期收益的风险。相对于境内各个投资项目而言，境外投资项目相关度较小，进行境外投资更能有效分散和降低企业经营风险。

4. 发挥自身优势，提高竞争力

境外直接投资，能够充分发挥企业的所有权优势、市场内部化优势和区位优势等特定优势，提高企业的全球竞争力。

5. 获取先进技术和管理经验

选择高科技企业进行境外直接投资，能够快速获取先进技术和管理经验。

6. 实现规模经济

促使境外直接投资的一个微妙因素是追求规模经济和输出产能。在一些竞争性市场上，产品价格被迫接近于产品边际成本。因此，在一些固定成本比例相对较高的行业，企业必须靠大规模的产销业务获得盈利。而境内市场毕竟有限并且日趋饱和，开辟海外市场成为企业境外直接投资的内在动机。

（二）境外直接投资的方式

境外直接投资的主要方式有：参股、合营、独资经营、新设企业和并购五种。

1. 参股

参股是两个或两个以上属于不同国家或地区公司，经东道国政府批准，在东道国设立以合资方式组成的经济实体，可以进一步划分为控股和参股。

2. 合营

合营是指外国投资者依据东道国有关法律，与东道国企业共同签订合作经营合同而在东道国境内设立的合作经济组织，合作经营企业双方的责权利都是由双方签订的合同加以规定的。

3. 独资经营

独资经营是指由某一外国投资者依据东道国法律，在东道国境内设立的独立经营公司。许多国家都对外国投资者在该国投资、设立独资企业进行一些限制。一般而言，发展中国家限制条件多，发达国家限制条件少。

4. 新设企业

新设企业的投资方式是由投资者独立自主经营、独立承担风险的一种境外直接投资方式。其投资过程包括选址、建造、安装、调试，直到雇用工人进行生产。

5. 并购

并购是指投资者在东道国购买现有公司的产权。它是境外直接投资的主要进入方式。

【提示】需要结合案例，指出公司对外直接投资的动机，并判别具体投资方式。

✤ 考点 14　境外直接投资的决策分析（★）

（一）境外直接投资决策步骤

首先，业务部门结合公司目标对项目进行严格审查和初步筛选，报请经营班子主持的投资立项会进行立项审批；其次，组织专业团队和机构对立项项目进行市场、财务、法务等尽职调查，评估投资价值与投资风险，出具调查报告。据此召开总经理办公会，董事长组织高管和外部专家的投资决策会，进行投资项目论证；最后，召开董事会，对投资决策会通过的投资项目进行审议表决。

（二）境外直接投资评价指标

境外直接投资决策的财务评价使用与境内建设项目相同的评价指标。如会计收益率、回收期、净现值、现值指数、内部报酬率等。在分析

时，应当注意以下三个问题：

1. 投资项目的评价主体问题

境外直接投资往往形成了分属两个国家中的不同经济实体，境外投资项目可能会对母公司的其他业务产生影响以及受到外汇管制和税收制度等的影响，这样，母公司的现金流量与境外投资项目本身的现金流量就可能存在差异。两种不同的现金流量因其国别不同，性质也不同，因此投放在项目上的现金流量与流向母公司的现金流量必须严加区分。

2. 汇回母公司现金流量问题

如果以母公司作为评价主体，所采用的现金流量必须是汇回母公司的现金流量。关于汇回母公司的现金流量，有以下几点需要说明：

（1）投资项目现金流量中"可汇回额"的确定。境外投资项目在生产经营中形成的"净现金流量"能否全部成为母公司的现金流量，这要看所在地政府有没有限制性条款，如有限制性条款，境外投资项目产生的现金流量就不能全部视为母公司现金流量，只能按可汇回的数额进行计算。

（2）现金流量换算中的汇率选择。汇回母公司的现金流量，必须按母公司所在地的记账本位币进行计量。一般而言，可按汇回现金流量时的汇率折算。

（3）纳税调整。为了避免企业出现双重纳税的情况，一般在境外已纳税的现金流量，汇回母公司后，都可享受一定的纳税减免。在确定母公司现金流量时，必须考虑纳税调整问题。

3. 外汇和汇率问题

境外直接投资会涉及外汇和汇率问题。外汇是指一国（地区）持有的以外币表示的用以国际结算的支付手段。根据我国有关规定，外汇包括外国货币、外国有价证券、外币支付凭证以及其他外币资金。由于不同国家（地区）的货币制度不同，一国（地区）货币不能在另一国（地区）流通使用，所以，外汇就成为清偿国际债权债务的手段。汇率是指一国（地区）货币单位兑换另一国（地区）货币单位的比率或比价，是外汇买卖的折算标准。实务中，几乎所有的货币交易都是通过美元进行的。例如，我国人民币和英国英镑交易也要按各自与美元的标价进行。如果标价表示的是每单位外币可兑换的美元

数，则该标价被称为直接标价。例如，1元人民币＝0.143美元和1英镑＝1.277美元都是直接标价。但财经报刊通常按照每单位美元可兑换的外币金额进行标价，该种标价方法被称为间接标价。例如，1美元＝6.995元人民币和1美元＝0.783英镑。

境外投资不会改变公司运用净现值的法则，即必须确定各年的净现金流量，并以适当的资本成本进行折现，计算净现值。但是，在外币折算和资金汇出汇入时，由于汇率的波动，使对外直接投资项目的净现值计算变得更为复杂。

【提示1】关注两个问题：一是投资项目评价主体是从母公司角度出发，还是从境外投资项目角度出发，两者的现金流存在差异；从母公司角度出发，需要关注可汇回额、汇率选择和纳税调整问题。

【提示2】如果题目中现金流是按照外币显示，但评价是按照国内公司标准，则需要将外币折算为人民币，然后再按照相应的投资决策方法进行评价。

✳ 考点15　国有企业境外投资财务管理（★）

根据财政部关于国有企业境外投资财务管理办法，国有企业应当明确境外投资的财务管理职责，加强境外投资决策与运营管理、落实境外投资财务监督责任、建立健全境外投资绩效评价体系。

（一）境外投资财务管理职责

1. 决策机构

国有企业内部决策机构（包括股东会、党委会、董事会、总经理办公会等）对本企业境外投资履行相应管理职责。内部决策机构应当重点关注：境外投资计划的财务可行性；增加、减少、清算境外投资等重大方案涉及的财务收益和风险；境外投资（项目）财务负责人人选的胜任能力、职业操守和任职时间；境外投资企业（项目）绩效；境外投资企业（项目）税务合规性及税收风险；其他重大财务问题。

2. 财务负责人

国有企业应当在董事长、总经理、副总经理、总会计师、财务总监等企业领导班子成员中确定一名主管境外投资财务工作的负责人，以确保决策层有专人承担财务管理职责。

3. 集团公司

国有企业集团公司对境外投资履行如下职责：制定符合本集团实际的境外投资财务制度；建立健全集团境外投资内部审计监控制度；汇总形成集团年度境外投资情况；组织开展境外投资绩效评价工作，汇总形成评价报告；对所属企业违规决策、失职、渎职等导致境外投资损失的，依法追究相关责任人的责任。

（二）境外投资决策管理

1. 尽职调查

国有企业以并购、合营、参股方式进行境外投资，应当组建包括行业、财务、税收、法律、国际政治等领域专家在内的团队或者委托具有能力并与委托方无利害关系的中介机构开展尽职调查并形成书面报告。其中，财务尽职调查应重点关注以下财务风险：（1）目标企业（项目）所在地的宏观经济风险，包括经济增长前景、金融环境、外商投资和税收政策稳定性、物价波动等。（2）目标企业（项目）存在的财务风险，包括收入和盈利大幅波动或不可持续、大额资产减值风险、或有负债、大额营运资金补充需求、高负债投资项目等。

2. 可行性研究

国有企业应当组织内部团队或者委托具有能力并与委托方无利害关系的外部机构对境外投资开展财务可行性研究。其中，对投资标的价值，应当依法委托具有能力的资产评估机构进行评估。

3. 敏感性分析

国有企业开展财务可行性研究，应当结合企业发展战略和财务战略，对关键商品价格、利率、汇率、税率等因素变动影响境外投资企业（项目）盈利情况进行敏感性分析，评估相关财务风险，并提出应对方案。

4. 内部决策

国有企业内部决策机构应当在尽职调查可行性研究等前期工作基础上进行决策，形成书面纪要，内部决策机构组成人员在相关事项表决时表明异议或者提示重大风险的，应当在书面纪要中进行记录。

（三）境外投资运营管理

1. 预算管理

国有企业应当将境外投资企业（项目）纳入全面预算体系，明确年度预算目标，加强对重大财务事项的预算控制，督促境外投资企业（项目）通过企业章程界定重大财务事项范围，明确财务授权审批和财务风险管控要求。

2. 台账管理

国有企业应建立健全境外投资企业（项目）台账，反映境外投资目的、投资金额、持股比例（控制权情况）、融资构成、所属行业、关键资源或产能、重大财务事项等情况。

3. 资金管理

境外国家（地区）法律法规无禁止性规定的，国有企业应当对境外投资企业（项目）加强资金管控，有条件的可实行资金集中统一管理，并将境外投资企业（项目）纳入企业财务管理信息化系统管理。

国有企业应当督促境外投资企业（项目）建立健全银行账户管理制度，掌握境外投资企业（项目）银行账户设立、撤销、重大异动等情况，并督促建立健全资金往来联签制度，一般资金往来应当由经办人和经授权的管理人员签字授权；重大资金往来应由境外投资（项目）董事长、总经理、财务负责人中的两人或多人签字授权，且其中一人须为财务负责人。

4. 成本费用管理

国有企业应当督促境外投资企业（项目）建立成本费用管理制度，强化预算控制。要重点关注境外投资企业（项目）佣金、回扣、手续费、劳务费、提成、返利、进场费、业务奖励等费用的开支范围、标准和报销审批制度的合法合规性；要督促境外投资企业（项目）建立健全合法、合理的薪酬制度。

5. 股利分配管理

国有企业应当通过企业章程、投资协议、董事会决议等符合境外国家（地区）法律法规规定的方式，要求境外投资企业（项目）按时足额向其分配股利（项目收益），并按照相关法律规定申报纳税。

【提示】要熟悉境外投资运营管理的规定，通过案例材料发现存在的问题。2020年考查了境外投资决策步骤；2021年考核了境外资金管理部分内容，包括建立账户管理制度、健全资金往来联签制度、资金授权制度等。2024年再次涉及境外投资运营管理内容。

（四）境外投资财务监督

国有企业应当建立健全对境外投资的内部财务监督制度和境外投资企业（项目）负责人离任审计和清算审计制度，对连续三年累计亏损金额较大或者当年发生严重亏损等重大风险事件的境外投资企业（项目）进行实地监督检查或委托中介机构进行审计，并根据审计监督情况采取相应措施。此外，国有企业要依法接受主管财政机关的财务监督检查和国家审计机关的审计监督。

（五）境外投资绩效评价

国有企业应当建立健全境外投资绩效评价制度，根据不同类型境外投资企业（项目）特点，设置合理的评价指标体系，确认绩效评价周期，定期对境外投资企业（项目）的管理水平和效益情况开展评价，形成绩效评价报告。必要时可以委托资产评估等中介机构开展相关工作。

需要说明的是，这里所讲的境外投资是指国有企业在境外通过新设、并购、合营、参股及其他方式，取得企业法人和非法人项目所有权、控制权、经营管理权及其他权益的行为。不包括未从事具体生产经营、投资和管理活动的投资企业（项目）。

【提示】熟悉和掌握国有企业境外投资财务管理的各项流程与监控标准，防范国有资产流失风险。

✳ 考点 16　境外直接投资风险管理（★）

境外直接投资风险是指投资者在境外直接投资未能实现预期目标并蒙受投资损失的可能性。该风险主要包括政治风险、经济风险、经营风险和外汇风险等。

这些风险集中地反映在不同的国别具有不同的国家风险上。国家风险的高低会使境外直接投资的价值发生较大变化。因此，**国家风险是境外直接投资首先必须考虑的重要因素。**

从境外信贷的角度看，国家风险（country risk）是境外贷款中发生损失的可能性。 这种损失是由某个特定国家（地区）发生的事件引起的，而不是因私营企业或个人引起的。从境外投资国际贸易的角度看，国家风险是指投资对象（债务人）或贸易对象因其所处国家（地区）政治、经济、法律或社会等方面发生意料之外的变化而使投资者（债权人）或进出口商蒙受损失的可能性。进行境外直接投资必须对境外的风险有通盘精准的认识。依据引致国家风险的诸因素，可将国家风险大体分为政治风险和经济风险。政治风险是指由于东道国的政治因素（如政变、政权更替、政策转变、社会动乱、货币不可兑换、资金汇回限制等）导致无法、不愿或延期偿还外国贷款与投资以及无法将资金、债息等汇回的相关风险；经济风险是指由于东道国经济金融状况变化（如宏观经济政策变化、国际收支失衡、财政赤字、通货膨胀、经济衰退、失业等）所引起的相关风险。

依据借款人（或投资对象、贸易对象）的身份背景，可将国家风险分为主权风险与转移风险。当借款一方为主权国或受政府担保的企业时，所涉及的风险即为主权风险，其内涵是指一国政府因国际收支恶化或财务不足等原因而无法或不愿意向外国债权人或投资者偿还债务。转移风险与主权风险相比，不同之处在于其所涉及的投资对象或借款人并非东道国政府，而是没有政府担保的企业或个人。

评估国家风险的方法，通常使用定性分析法（如结构性分析法、德尔菲法等）和定量分析法（如判别函数分析法、指数分析法、CAPM 模型等）。国外的标准普尔公司和我国出口信用保险公司及社科院等机构均有国家风险分析报告发布。

在进行境外直接投资之前，投资者应充分分析东道国的经营环境，预计可能面临的问题，编制风险管理计划。当投资者完成了风险的评估和投资预测之后，可以根据其结论采取回避、保险、特许协定、调整投资策略等措施进行应对。一旦投资者对一个境外项目进行了投资，其对于境外国家风险的防范和抵御能力会大大下降，为减少损失，投资者可以采取有计划撤资、短期利润最大化、发展当地利益相关者、适应性调整、寻求法律保护等措施进行风险控制。

【提示】熟悉和掌握国家风险的不同表现类型。

✳ 考点 17　融资规划与企业增长管理（★★★）

从企业发展角度，没有投资及经营增长就没有融资需要。企业融资战略要求实施融资规划，以使其与企业投资战略、财务风险控制及可持续增长目标等相匹配。

融资规划有长、短期之分。长期融资规划是指在企业战略引导下，结合未来盈利及价值增值目标、投资需求拉动、财务资源可得性及财务风险考量等多种因素，对未来中长期（如 3 ~ 5 年）融资需要量、融资时机、融资方式等进行预判与筹划。短期融资规划是指为满足未来年度（如 1 ~ 2 年）经营与投资增长需求而对企业外部融资需要量进行估计与规划。不论是中长期规划还是短期计划，依据企业增长预期以预测企业未来"外部融资需要量"，是企业融资规划的核心。

（一）单一企业外部融资需要量预测

企业外部融资以满足企业增长所需投资为基本目标。单一企业外部融资需要量预测，通常包括企业未来年度销售增长预测、未来投资净增加额判断、预计现金股利支付额及企业内部留存融资量测算、外部融资需要量测定等步骤。上述步骤所涉及的数量关系用公式表示如下：

外部融资需要量 = 满足企业增长所需的净增投资额 – 内部融资量 =（资产新增需要量 – 负债新增融资量）– 预计销售收入 × 销售净利率 ×（1 – 现金股利支付率）

上述公式即为企业融资规划的基本模型。企业利用该模型进行融资规划依据以下基本假定：

（1）市场预测合理假定。即假定企业根据市场分析与环境判断所得出的销售及增长预测，已涵盖涉及未来年度市场变动风险的所有因素，因此其预测结果相对合理、恰当。

（2）经营稳定假定。即假定企业现有盈利模式稳定、企业资产周转效率也保持不变，由此，企业资产、负债等要素与销售收入间的比例关系在规划期内将保持不变。

（3）融资优序假定。即假定企业融资按照以下先后顺序进行：先内部融资，后债务融资，最后为权益融资。

【提示】外部融资需要量公式的应用需要以上前提假设，同时需要掌握这个公式。

1. 销售百分比法

销售百分比法本身没有计算公式，其计算推理的逻辑依赖于资产负债表的平衡关系。

2. 公式法

公式法以销售收入增长额为输入变量，借助销售百分比和既定现金股利支付政策等来预测公司未来外部融资需求。计算公式为：

外部融资需要量 = 满足企业增长所需的净增投资额 – 内部融资量 =（资产新增需要量 – 负债新增融资量）– 预计销售收入 × 销售净利率 ×（1 – 现金股利支付率）

上述公式即为企业融资规划的基本模型。企业利用该模型进行融资规划依据以下基本假定：

（1）市场预测合理假定。即假定企业根据市场分析与环境判断所得出的销售及增长预测，已涵盖涉及未来年度市场变动风险的所有因素，因此其预测结果相对合理、恰当。

（2）经营稳定假定。即假定企业现有盈利模式稳定、企业资产周转效率也保持不变，由此，企业资产、负债等要素与销售收入间的比例关系在规划期内将保持不变。

（3）融资优序假定。即假定企业融资按照以下先后顺序进行：先内部融资，后债务融资，最后为权益融资。

【提示】外部融资需要量公式的应用需要以上前提假设，同时需要掌握这个公式。

销售百分比法本身没有计算公式，其计算推理的逻辑依赖于资产负债表的平衡关系。

公式法以销售收入增长额为输入变量，借助销售百分比和既定现金股利支付政策等来预测公司未来外部融资需求。计算公式为：

外部融资需要量 =（资产占销售百分比 × 销售增长额）–（负债占销售百分比 × 销售增长额）– [预计销售总额 × 销售净利率 ×（1 – 现金股利支付率）] = $(A \times S_0 \times g) - (B \times S_0 \times g) - P \times S_0 \times (1 + g) \times (1 - d)$

式中：A、B 分别为资产、负债项目占基期销售收入的百分比；S_0 为基期销售收入额；g 为预测期的销售增长率；P 为销售净利率；d 为现金股利支付率。

利用资产负债表的平衡关系，公式法可以判断出增量也是平衡的，从而推导出外部融资需要量的公式。

【提示】这一公式是整个融资战略的核心，需要重点掌握。不过近几年涉及的直接计算题目逐年减少。

（二）销售增长、融资缺口与债务融资策略下的资产负债率

企业增长可以体现为销售收入增长、利润

（或净利润、每股收益等）增长，也可以体现为总资产增长（投资规模增长）等。在总资产周转效率不变的情况下，总资产增长与销售收入增长间应该是同步的；同样道理，如果公司产品结构及盈利模式没有实质性改变（从而使销售净利率等保持不变），则销售收入增加与公司利润增长也应当是同步的。销售收入增长可被视为企业增长的主要标志。

销售收入增长需要投资拉动进而引发外部融资需要量的增加。但销售收入增长率与外部融资需要量增加率并非完全同步，原因在于：（1）销售收入增长会带来内部融资的增长；（2）企业将负债融资作为一个独立的决策事项由管理层决策，而不是假定随销售增长而自发增长。

【提示】通过外部融资额的计算，可以针对不同的条件来设定资产负债率，或者根据资产负债率的要求来倒推不同的融资来源的具体金额。

（三）融资规划与企业增长率预测

从企业增长、内部留存融资量与外部融资需要量的关系上可看出，企业增长一方面依赖于内部留存融资增长；另一方面依赖于外部融资（尤其是负债融资）。企业管理者将会提出这样的问题：假定企业单纯依靠内部留存融资，则企业增长率有多大？更进一步，如果企业保持资本结构不变，即在有内部留存融资及相配套的负债融资情况下（不发行新股或追加新的权益资本投入），公司的极限增长速度到底有多快？这就涉及融资规划中的内部增长率、可持续增长率预测及管理问题。

1. 内部增长率

内部增长率是指公司在没有任何"对外"融资（包括负债和权益融资）情况下的预期最大增长率，即公司完全依靠内部留存融资所能产生的最高增长极限。根据公式预测法下外部融资需要量的公式，且假定外部融资需求量、负债融资为零，即：

外部融资需求 $= (A \times S_0 \times g) - [P \times S_0 \times (1 + g) \times (1 - d)] = 0$

则变换后可得：

$g(内部增长率) = P(1 - d) \div [A - P(1 - d)]$

将上式的分子、分母同乘销售收入，并同除资产总额即可得到求内部增长率的另一个常用公式，即：

$g(内部增长率) = ROA \times (1 - d) \div [1 - ROA \times (1 - d)]$

式中：ROA 为公司总资产报酬率（即税后净利÷总资产）。

【提示】计算 ROA 时，利用的是基期期末的总资产时点指标。

2. 可持续增长率

可持续增长率是指不发行新股、不改变经营效率（不改变销售净利率和资产周转率）和财务政策（不改变资本结构和利润留存率）时，其销售所能达到的最高增长率。可持续增长率的计算公式可通过如下步骤进行推导：

（1）销售增长将带来新增的内部留存融资额，它等于 $S_0(1 + g) \times P \times (1 - d)$，且该部分留存收益直接增加股东权益总额。在增加留存收益的情况下，如果不相应追加负债融资额，将不可能使公司资本结构保持在目标水平，或者说它将使公司资产负债率趋于降低。

（2）为维持目标资本结构，允许公司追加部分负债融资额，以使其与销售增长带来的留存收益额增加保持数量上的匹配。从数量上即：

相应新增的负债融资额 = 新增内部留存融资 × 目标债务 ÷ 权益比率 = 预计销售收入 × 销售净利润率 × (1 - 现金股利支付率) × 目标债务 ÷ 权益比率 $= S_0 \times (1 + g) \times P \times (1 - d) \times D/E$

（3）在不考虑新股发行或新增权益融资下，上述两项资本来源应等于销售增长对资产的增量需求（即：资产占销售百分比 × 增量销售 $= A \times S_0 \times g$）。

由此得到：

$S_0(1 + g) \times P \times (1 - d) + S_0(1 + g) \times P \times (1 - d) \times D/E = A \times S_0 \times g$

变换上述等式即可求得可持续增长率：

$g(可持续增长率) = P(1 - d)(1 + D/E) / [A - P \times (1 - d) \times (1 + D/E)]$

同样将上式的分子、分母同乘以基期销售收入，并同除以基期权益资本总额，则得到可持续增长率的另一表达公式，即：

$g(可持续增长率) = ROE \times (1 - d) \div [1 - ROE \times (1 - d)]$

式中：ROE 为净资产收益率（税后净利÷所有者权益总额）。

【提示】计算 ROE 时，利用的是基期期末的所有者权益的时点指标。

（四）企业可持续增长与增长管理策略

从可持续增长率公式可以看出，降低现金股利发放率（d）、提高销售净利率水平（P）、加速资产周转能力等，都是提高公司增长速度的主要驱动因素。而驱动因素一旦受限，则将成为制约公司增长的关键因素。这就说明，企业管理者在确定未来预期增长目标时（如选择内部增长、维持性增长还是超常增长，即通过权益融资来推动公司增长），应仔细审视公司既定的财务政策和现有财务资源条件，努力维持公司健康、有序增长。

从管理角度分析，由于企业增长受限于可持续增长率，因此当企业实际增长率超过可持续增长率时，将面临资本需要和融资压力，因此可以采用发售新股、增加债务、降低股利支付率、提高销售净利率和降低资产占销售百分比等方法增加资金供给；而当企业实际增长率低于可持续增长率时，表明市场萎缩，企业应调整自身经营战略，可以选择增加股利分红、薄利多销、降低杠杆率和提高资产占销售百分比等方式。图 4 - 1 列出了各种不同情形下的融资规划与财务管理策略，它为公司增长管理提供了一个可行的框架。

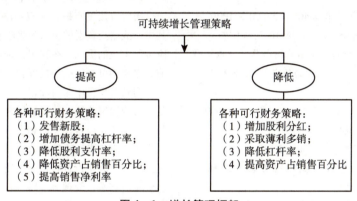

图 4 - 1 增长管理框架

【提示】学会根据具体计算结果来选择合适的增长管理策略。增长管理框架非常重要，容易出题，比如根据实际增长率与可持续增长率大小比较要求给出公司具体采取的管理策略。

【例 4 - 3】A 公司 2023 年销售收入 5 000 万元，净利 400 万元，支付股利 200 万元。预计 2024 年需要的金融资产最低为 2 840 万元。2024 年末有关资产负债表资料如表 4 - 1 所示。金融资产最低为 2 840 万元。

表 4 - 1 资产负债表资料 单位：万元

资产	金额	负债和所有者权益	金额
经营资产	7 000	经营负债	3 000
金融资产	3 000	金融负债	1 000
		所有者权益	6 000
资产合计	10 000	负债和所有者权益合计	10 000

要求：

1. 假设经营资产中有 80% 与销售收入同比例变动，经营负债中有 60% 与销售收入同比例变动，回答下列互不相关的问题：

（1）若 A 公司既不发行新股也不举借新债，销售净利率和股利支付率不变，计算 2024 年可实现的销售额；

（2）若 2024 年预计销售额为 5 500 万元，销售净利率变为 6%，股利支付率为 80%，同时需要增加 100 万元的长期投资，其外部融资额为多少？

（3）若 2024 年预计销售额为 6 000 万元，但 A 公司经预测，2024 年可以获得外部融资额 504 万元，在销售净利率不变的情况下，A 公司 2023 年可以支付多少股利？

（4）若 2024 年 A 公司销售量增长可达到 25%，据预测产品销售价格将下降 8%，但销售净利率提高到 10%，并发行新股 100 万元，如果计划股利支付率为 70%，其新增外部负债为多少？

2. 假设预计 2024 年资产总量为 12 000 万元，负债的自发增长为 800 万元，可以获得外部融资额 800 万元，销售净利率和股利支付率不变，计算 2024 年可实现的销售额。

【分析与解释】

1. 经营资产销售百分比 = 7 000 × 80% ÷ 5 000 × 100% = 112%

经营负债销售百分比 = 3 000 × 60% ÷ 5 000 × 100% = 36%

可供动用的金融资产 = 3 000 - 2 840 = 160（万元）

（1）销售净利率 = 400 ÷ 5 000 × 100% = 8%，股利支付率 = 200 ÷ 400 × 100% = 50%

因为既不发行新股也不举借新债，所以外部融资额为 0，假设 2024 年的销售增长额为 W 万元，则：

0 = W × (112% - 36%) - 160 - (5 000 + W) × 8% × (1 - 50%)

解得：销售增长额 = 500 万元

所以，2024 年可实现的销售额 = 5 000 + 500 = 5 500（万元）

（2）外部融资额 = (5 500 - 5 000) × (112% - 36%) - 160 + 100 - 5 500 × 6% × (1 - 80%) = 254（万元）

（3）504 = (6 000 - 5 000) × (112% - 36%) - 160 - 6 000 × 8% × (1 - 股利支付率)

股利支付率 = 80%

可以支付的股利 = 6 000 × 8% × 80% = 384（万元）

（4）2024 年的销售额 = 5 000 × (1 + 25%) × (1 - 8%) = 5 750（万元）

外部融资额 = (5 750 - 5 000) × (112% - 36%) - 160 - 5 750 × 10% × (1 - 70%) = 237.5（万元）

外部负债融资额 = 外部融资额 - 外部权益融资额 = 237.5 - 100 = 137.5（万元）

2. 外部融资额 = 预计资产总量 - 已有的资产 - 负债的自发增长 - 内部提供的资金

800 = 12 000 - 10 000 - 800 - 2023 年销售额 × 8% × (1 - 50%)

解得：2024 年销售额 = 10 000 万元

【点评】本题是考核筹资决策的题目，主要

围绕销售百分比法来预测公司未来筹资额，这部分内容一直是近几年的考试重点。比较关键的是注重各项比率之间的关系，以及股利支付率、内部提供资金等特殊事项的影响。

✳ 考点 18　权益融资方式（★★★）

企业权益融资是通过发行股票或接受投资者直接投资等而获得资本的一种方式。其中，吸收直接投资与引入战略投资者、权益再融资（如增发、配股）等将成为公司融资管理的重点。

（一）吸收直接投资与引入战略投资者

吸收直接投资是企业权益融资的主要方式。其中，战略投资者的引入是吸收直接投资的管理决策所关注的重点。在我国，企业在新股发行之前、之中均可引入战略投资者，允许战略投资者在公司新股发行中参与配售。其中，战略投资者是指符合国家法律、法规和规定要求，与发行人具有合作关系或合作意向和潜力并愿意按照发行人配售要求与发行人签署战略投资配售协议的法人。从引入战略投资者角度，战略投资者即为具有资本、技术、管理、市场、人才等各方资源优势，能够促进企业的产业结构升级、增强企业核心竞争力和创新能力、拓展企业产品市场占有率，并致力于与企业的长期投资合作，以谋求其长期利益回报和企业可持续发展的境内外投资者。

在引入企业战略投资者时，应特别关注其与公司的"资源互补""长期合作""可持续增长与回报"等各类投资属性。具体地说，只有符合下列特征的投资者才是合格的战略投资者：

（1）资源互补。投资双方处于相同或相近产业，或者双方的经营活动具有一定的互补性，且投资者在行业中有很高的声誉和实力，足以帮助被投资企业提高竞争力和综合实力，能够形成规模经营效应或互补效应，或通过业务组合规避不可预测的各种经营风险。

（2）长期合作。战略投资者因其投资量大而成为公司的重要股东，有能力、意愿和时间等积极参与公司治理，寻求与企业在优势领域的合作。

（3）可持续增长和长期回报。战略投资者

因长期稳定持有公司股份，而与被投资企业共同追求可持续增长，并以此取得长期战略利益与长期回报，而非通过短期市场套利而取得回报。

引入战略投资者对于提升公司形象、优化股权结构、规范公司治理、提高公司资源整合能力、捕捉上市时机等都具有重大意义。但也应该看到，企业在引入战略投资者时需要对其进行全方位评估，尤其要考虑它与企业自身在治理规则、战略管理观念、企业资源整合、运营与管理方法、企业文化契合等各方面的互补性，以避免"引狼入室"。

【提示】掌握战略投资者特点和引入战略投资者的好处。

（二）股权再融资

股权再融资是指上市公司通过配股、增发等方式在证券市场上进行的直接融资。

1. 配股

配股是指向原普通股股东按其持股比例、以低于市价的某一特定价格配售一定数量新发行股票的融资行为。比如，某公司已发行了 1 亿股股票，并希望再发行 2 000 万股新股，这样它就必须按 5 ∶ 1 的比率（1 亿股∶2 000 万股）向现有股东配售。每个股东都有资格按所持有的每 5 股认购 1 股的比例优先购买新股。

配股使得原普通股股东拥有优先购买新发售股票的权利，凡是在股权登记日前拥有公司股票的普通股股东均享有配股权，此时股票的市场价格中含有配股权的价格。

通常配股股权登记日后要对股票进行除权处理。除权后股票的理论除权基准价格为：

配股除权价格 =（配股前股票市值 + 配股价格 × 配股数量）÷（配股前股数 + 配股数量）=（配股前每股价格 + 配股价格 × 股份变动比例）÷（1 + 股份变动比例）

应注意的是：第一，当所有股东都参与配股时，此时股份变动比例（也即实际配售比例）等于拟配售比例。第二，除权价只是作为计算除权日股价涨跌幅度的基准，提供的只是一个基准参考价。如果除权后股票交易市价高于该除权基准价格，这种情形使得参与配股的股东财富较配股前有所增加，一般称为"填权"；反之股价低于除权基准价格则会减少参与配股股东的财富，

一般称为"贴权"。

老股东可以以低于配股前股票市场的价格购买所配发的股票，即配股权的执行价格低于当前股票价格，此时配股权是实值期权，因此配股权具有价值。利用除权后股票的价值可以估计配股权价值，其配股权价值为：

配股权价值 =（配股后股票价格 - 配股价格）÷ 购买 1 股新股所需的配股权数

【提示】掌握配股的相关公式，能够进行计算分析。

2. 增发

公司向特定对象发行证券，也称定向增发，主要目的包括：

（1）项目融资。公司通过向机构投资者定向增发募集资金，投资具有增长潜力的新项目，为公司培育新的利润增长点。

（2）引入战略投资者以改善公司治理与管理。上市公司通过定向增发引入战略投资者，可以改善公司治理水平，并借新股东的先进管理经验、技术、人才等各方面的资源优势，提升公司管理能力，增强公司价值增值能力。

（3）整体上市。公司通过向控股股东定向增发以换取大股东相关经营性资产（反向收购的方式），从而达到上市公司控股股东整体上市的目的。

（4）股权激励。公司通过向现任高管团队及公司核心成员定向增发，有利于解决高管及核心员工股权激励计划时的股份来源问题，进而激发高管团队及公司核心成员的积极性，降低代理成本。

（5）资产收购。公司通过定向增发募集资金，收购产业链上下游的优质资产，构建完整产业链，提升公司的增长潜力与价值。

（6）资本结构调整及财务重组。公司在出现财务困境等特殊情况下，可以通过定向增发股票偿还到期债务，从而改变公司资本结构、股权结构。

（7）深化国企改革、发展混合所有制的需要。国有控股上市公司通过定向增发方式，吸引非国有企业及机构的投资入股，即形成混合所有制形式。在市场化进程中，混合所有制公司是作为市场主体而存在，它一改人们对公司制"国有""民营"等属性划分，从而真正成为"公司"。

根据《上市公司证券发行注册管理办法》，上市公司向不特定对象发行股票，应当符合如下规定：

（1）具备健全且运行良好的组织机构；

（2）现任董事、监事和高管符合法律、行政法规规定的任职要求；

（3）具有完整的业务体系和直接面对市场独立经营的能力，不存在对持续经营有重大不利影响的情形；

（4）会计基础工作规范，内部控制制度健全且有效执行，财务报表编制披露符合会计准则及信息披露规则规定，在所有重大方面反映了上市公司财务状况、经营成果和现金流量，最近三年财务会计报告被出具无保留意见审计报告；

（5）除金融企业外，最近一期期末不存在金额较大的财务性投资；

（6）交易所主板上市公司配股、增发的，应当最近三个会计年度盈利，增发还应当满足最近三个会计年度加权平均净资产收益率评价不低于6%，净利润以扣除非经常性损益前后孰低者作为计算依据。

上市公司存在以下情形之一，不得向不特定对象发行股票：

（1）擅自改变前次募集资金用途未作纠正，或者未经股东大会认可；

（2）上市公司或者现任董监高最近三年受到中国证监会行政处罚，后者最近一年受到证券交易所公开谴责，或者因涉嫌犯罪正在被司法机关立案侦察，或者涉嫌违法违规正在被证监会立案调查；

（3）上市公司或者控股股东、实际控制人最近一年存在未履行向投资者作出的公开承诺的情形；

（4）上市公司或者控股股东、实际控制人最近三年存在贪污、贿赂、侵占财产、挪用财产或者破坏社会主义市场经济秩序的刑事犯罪，或者存在严重损害上市公司利益、投资者合法权益、社会公共利益的重大违法行为。

上市公司存在下列情形之一的，不得向特定对象发行股票：

（1）擅自改变前次募集资金用途未作纠正，或者未经股东大会认可；

（2）最近一年财报编制和披露在重大方面不符合会计准则或相关信息披露规则规定，最近一年财务会计报告被出具否定意见或者无法表示意见的审计报告，最近一年财务报告被出具保留意见审计报告，且保留意见所涉及事项对上市公司重大不利影响尚未消除，本次发行涉及重大资产重组的除外；

（3）现任董监高最近三年受到证监会行政处罚，或者最近一年受到交易所公开谴责；

（4）上市公司或董监高因涉嫌犯罪正在被司法机关立案侦查或者涉嫌违法违规正在被证监会立案调查；

（5）控股股东、实际控制人最近三年存在严重损害上市公司利益或者投资者合法权益的重大违法行为；

（6）最近三年存在严重损害投资者合法权益或者社会公共利益的重大违法行为。

上市公司发行股票，募集资金使用应符合以下规定：

（1）符合国家产业政策和有关环境保护、土地管理等法律、行政法规规定；

（2）除金融类企业外，本次募集资金使用不得为持有财务性投资，不得直接或者间接投资于以买卖有价证券为主要业务的公司；

（3）募集资金项目实施后，不会与控股股东、实际控制人及其控制的其他企业新增构成重大不利影响的同业竞争、显失公平的关联交易，或者严重影响公司生产经营独立性；

（4）科创板上市公司发行股票募集资金应当投资于科技创新领域的业务。

上市公司申请发行证券，董事会应当依法就相关事项作出决议，并提请股东大会批准。上市公司董事会计划引入战略投资者。此事项应作为单独议案处理，并对每位战略投资者进行单独审议，提交股东大会批准。股东大会在对发行证券事项作出决议时，需获得出席会议股东所持表决权的2/3以上通过。中小投资者的表决情况应单独计算。向本公司特定股东及其关联人发行证券时，股东大会表决发行方案时，关联股东应当回避。股东大会对引入战略投资者的议案作出决议时，应对每位战略投资者单独表决。

上市公司申请发行证券时，应按照中国证监会的相关规定制作注册申请文件，并由保荐人保荐，向交易所申请。交易所在收到注册申请文件后，应在 5 个交易日内决定是否受理。交易所的审核部门负责审核上市公司证券发行上市的申请，上市委员会则负责对上市公司向不特定对象发行证券的申请文件及审核部门出具的审核报告提出审议意见。

交易所根据规定的条件和程序，形成关于上市公司是否符合发行条件和信息披露要求的审核意见。如果认为上市公司符合条件，将审核意见、注册申请文件及相关材料报送证监会注册；如果不符合条件，则作出终止发行上市审核的决议。中国证监会在收到交易所的审核意见及相关资料后进行进一步处理。基于交易所的审核意见，依法履行发行注册程序，中国证监会将在 15 个工作日内对上市公司的注册申请作出是否予以注册的决定。证监会的注册决定自作出之日起 1 年内有效，上市公司应在此有效期内发行证券，发行时点由公司自主选择。

上市公司增发的发行价格不得低于公告招股意向书前 20 个交易日或前 1 个交易日公司股票的平均价格。向特定对象发行证券时，发行对象应符合股东大会决议规定的条件，每次发行对象不得超过 35 名。若发行对象为境外战略投资者，则需遵守国家相关规定。上市公司向特定对象发行股票时，发行价格不得低于定价基准日前 20 个交易日公司股票均价的 80%。定价基准日是指计算发行底价的基准日，通常为发行期首日。公司应以不低于发行底价的价格发行股票。

上市公司董事会决议提前确定全部发行对象，且发行对象属于以下情形之一，定价基准日可以为本次发行股票的董事会决议公告日、股东大会决议公告日或发行期首日：

一是上市公司的控股股东、实际控制人或其控制的关联人；二是通过认购本次发行的股票取得上市公司实际控制权的投资者；三是董事会计划引入境内外战略投资者，并向特定对象发行股票。对于不通过认购本次发行的股票而取得上市公司实际控制权的投资者，上市公司应采用竞价方式确定发行价格和发行对象。若董事会决议已确定部分发行对象，这些对象不得参与竞价，但必须接受竞价结果。同时，需明确在竞价未能产生发行价格的情况下，是否继续参与认购，以及

价格确定原则和认购数量。向特定对象发行的股票，自发行结束之日起 6 个月内不得转让。若发行对象通过认购本次发行的股票取得上市公司实际控制权，其认购的股票自发行结束之日起 18 个月内不得转让。

3. 股票减持

股票减持是大股东或机构卖出股票的行为。大股东减持会对股价有一定利空影响。股票减持主要有集中竞价、大宗交易、协议转让和询价转让四种方式。

（1）集中竞价：大股东通过交易所集中竞价减持，会被市场看作大股东对公司未来发展信息不足，导致投资者抛售股票。

（2）大宗交易：通过大宗交易平台，减持股东与买方就减持规模、减持价格和交易日期等进行协商。在约定交易日期，双方通过各自证券经纪商进行大宗交易申报，并在大宗交易时间完成交易。相对于集中竞价，大宗交易方式对股价影响较小。

（3）协议转让：出让方和受让方可以自行约定价格，前一交易日收盘价或前几交易日均价可以作为交易价格参考，最终转让价格通常会对公司后续股价变动产生影响。协议转让有时会涉及资本运作，减持作为资产重组的一部分进行。因此，上市公司股东协议转让减持对市场是利空还是利好，取决于转让的性质和目的。

（4）询价转让是一种专门针对科创板股东的大额减持方式。想要减持的股东可以委托证券公司组织询价，通过询价确定参与者和价格。询价过程类似于定向增发，两者都需要锁定 6 个月。询价转让可以提供更高的折扣，政策允许最大可 7 折转让，而定增最大为 8 折。由于询价转让采用背靠背报价完成模式，能够减少股东各自减持对股价的冲击，防止出现减持踩踏现象。

根据《上市公司股东减持股份管理暂行办法》，上市公司股东可以通过证券交易所的证券交易协议转让及法律法规允许的其他方式减持股份。股东减持股份时，应按照法律、行政法规和本办法以及证券交易所规则履行信息披露义务，确保信息真实、准确、完整。

大股东计划通过证券交易所集中竞价交易或者大宗交易方式减持股份的，应在首次卖出前

15个交易日向证券交易所报告并披露减持计划。减持计划实施完毕后，大股东应在2个交易日内向证券交易所报告并公告。如果在预先披露的减持时间区间内未实施减持或者减持计划未实施完毕，应在减持时间区间届满后的2个交易日内向证券交易所报告并公告。

大股东通过证券交易所集中竞价交易减持股份，或者其他股东通过证券交易所集中竞价交易减持其持有的股份时，也需遵循相应的规定。公司首次公开发行前的股份在3个月内减持的总数不得超过公司股份总数的1%。

大股东通过协议转让方式减持股份，或其他股东通过协议转让方式减持其持有的公司首次公开发行前发行的股份时，股份出让方和受让方应遵守证券交易所关于协议转让的相关规定。股份受让方在受让后6个月内不得减持其所受让的股份。如果大股东通过协议转让方式减持股份，导致其不再具有大股东身份，则应在减持后6个月内继续遵守《上市公司股东减持股份管理暂行办法》第9条、第22条和第14条的规定。控股股东或实际控制人通过协议转让方式减持股份，导致其不再具有控股股东或实际控制人身份的，还应在减持后6个月内继续遵守该办法第10条的规定。

大股东通过大宗交易方式减持股份，或其他股东通过大宗交易方式减持其持有的公司首次公开发行前发行的股份时，3个月内减持股份的总数不得超过公司股份总数的2%。股份受让方在受让后6个月内不得减持其所受让的股份。

股东因司法强制执行、股票质押、融资融券约定购回或证券交易违约处置等原因减持股份的，应根据具体减持方式分别适用《上市公司股东减持股份管理暂行办法》的相关规定，并遵守证券交易所的相关规则。大股东所持股份被人民法院通过证券交易所集中竞价交易或大宗交易方式强制执行的，也需遵循这些规定。在收到相关执行通知后的2个交易日内，应当披露相关信息。披露内容应包括拟减持股份的数量、来源、减持方式以及时间区间等。

因离婚、法人或非法人组织终止、公司分立等原因导致上市公司大股东减持股份的，股份出让方和受让方应在股票过户后，持续共同遵守《上市公司股东减持股份管理暂行办法》中的相关规定。对于控股股东或实际控制人的股份，出让方和受让方在股票过户后，也需持续共同遵守《上市公司股东减持股份管理暂行办法》中关于控股股东和实际控制人减持股份的规定。法律、行政法规及证监会另有规定的情况除外。

【提示】本年度教材针对增发和减持两方面内容，结合政策变化做了补充修订，这些新变化的内容考生应重点关注。譬如分别定向增发与不定向增发的股票的规定；不同类型减持方式的针对性规定。

考点19 债务融资方式（★★★）

债务融资是指企业利用银行借款、发行债券、融资租赁、商业信用等方式向银行、其他金融机构、其他企业单位等融入资金。相对于银行借款、发行债券、融资租赁、商业信用等传统方式而言，新型债务融资方式日益受到关注。

（一）集团授信贷款

集团授信贷款是指拟授信的商业银行把与该公司有投资关联的所有公司（如分公司、子公司或控股公司）视为一个公司进行综合评估，以确定一个贷款规模的贷款方式。

集团授信贷款主要针对集团客户。集团客户是指具有以下特征的企事业法人授信对象：第一，在股权上或者经营决策上直接或间接控制其他企事业法人或被其他企事业法人控制的；第二，共同被第三方企事业法人所控制的；第三，主要投资者个人、关键管理人员或与其近亲属共同直接控制或间接控制的；第四，存在其他关联关系，可能不按公允价格原则转移资产和利润，银行视同其为集团客户并进行授信管理。

从商业银行角度，集团授信贷款的管理重点在于：

（1）确立授信业务范围。主要包括：贷款、拆借、贸易融资、票据承兑和贴现、透支、保理、担保、贷款承诺、开立信用证等。

（2）明确集团授信额度。授信额度是指授予各个集团成员（包括提供给不同的子公司和分支机构）授信额度的总和。

（3）要求提供相关信息资料。集团客户应提供真实、完整的信息资料，包括集团客户各成员的名称、法定代表人、实际控制人、注册地、注册资本、主营业务、股权结构、高级管理人员情况、财务状况、重大资产项目、担保情况和重要诉讼情况等。

（4）贷款提前收回。如果集团客户违反贷款合同中的约定条款，贷款人有权单方决定停止支付借款人尚未使用的贷款，并提前收回部分或全部贷款本息。

对企业集团来说，获得商业银行的集团统一授信具有以下好处：

（1）通过集团统一授信，实现集团客户对成员公司资金的集中调控和统一管理，增强集团财务控制力。

（2）便于集团客户集中控制信用风险，防止因信用分散，分公司、子公司失去集团控制而各行其是，从而有效控制集团整体财务风险。

（3）通过集团授信，依靠集团整体实力取得多家银行的优惠授信条件，降低融资成本。

（4）有利于成员企业借助集团资信取得银行授信支持，提高融资能力。集团授信已成为我国企业贷款融资的主要方式。

【提示】掌握集团授信的好处。

（二）可转换债券

由于资本市场的发展及各种衍生金融工具的出现，公司融资方式也越来越多样化。可转换债券即为一种具有期权性质的新型融资工具。企业所发行的可转换债券，除债券期限等普通债券具备的基本要素外，还具有基准股票、转换期、转换价格、转换价值、赎回条款、强制性转股条款和回售条款等基本要素。

1. 基准股票

基准股票是可转换债券可以转换成的普通股股票。基准股票一般为发债公司自身的股票，也可以是从属于发债公司的上市子公司股票。

2. 转换期

转换期是可转换债券转换为股票的起始日至结束日的期限。转换期可以等于或短于债券期限。在债券发行一定期限之后开始的转换期，称为递延转换期。

3. 转换价格

转换价格是可转换债券转换为每股股份所对应的价格。股价是影响转换价格高低的最重要因素。发债公司一般是以发行前一段时期的股价的均价为基础，上浮一定幅度作为转换价格。如果

某企业先发行可转换债券，后发行股票，一般以拟发行股票的价格为基础，折扣一定比例作为转股价格。

转换价格应随公司股份或股东权益发生变化（因送红股、转增股本、增发新股、配股和派息等情况）时作出相应的调整。为了保护可转换债券投资人的利益并促进转股，一般在可转换债券募集说明书中规定转换价格的向下修正条款。当股价持续低迷，符合修正条款的基本条件时，公司可以向下调整转股价格。每份可转换债券可以转换的普通股股数称为转换比率，其计算公式为：

转换比率 = 债券面值 ÷ 转换价格

如果某公司每份可转换债券面值为1 000元，转换价格为每股20元，那么转换比率即为50，即每份可转换债券可以转换50股普通股。转换价格越高，转换比率就会越低。如果转换价格上升至25元，转换比率就会降至40。

4. 转换价值

在转换期内，债券投资者在面临是否应转换为股票时，应了解债券的转换价值。转换价值，是可转换债券可以转换的普通股股票的总价值。每份可转换债券的转换价值计算公式为：

转换价值 = 转换比率 × 股票市价

假定可转债的转换比率为50，股价为30元，那么每份债券的转换价值为1 500元。如果股价上涨至32元，转换价值为1 600元。可见，转换价值越高，转股的可能性就越大。投资者是否转股取决于转换价值与纯债券价值的权衡比较。

5. 赎回条款

赎回条款是指允许公司在债券发行一段时间后，无条件或有条件地在赎回期内提前购回可转换债券的条款。有条件赎回下，赎回条件通常为股价在一段时间持续高于转股价格所设定的某一幅度。可转换债券的赎回价格一般高于面值，超出的部分称为赎回溢价，计算公式为：

赎回溢价 = 赎回价格 – 债券面值

赎回条款是有利于发债公司的条款，主要作用是加速转股过程。一般来说，在股价走势向好时，发债公司发出赎回通知，要求债券持有人在转股或赎回债券之间作出选择。如果赎回价格远低于转债售价或转股价值，债券投资者更愿意卖

出债券或转股。所以，赎回条款实际上起到了强制转股的作用，最终减轻了发债公司的还本付息压力。

【提示】掌握可转债相关的计算公式，能够简单计算。

6. 强制性转股条款

强制性转股条款要求债券投资者在一定条件下必须将其持有的可转换债券转换为股票。设有该条款的发行公司大多数为非上市公司，这些公司通常将发行可转换债券作为权益融资的手段，并不打算到期还本。强制性转股的类型包括到期无条件强制性转股、转换期内有条件强制性转股等。

7. 回售条款

可转换债券的回售条款是指允许债券持有人在约定回售期内享有按约定条件将债券卖给（回售）发债公司的权利，且发债公司应无条件接受可转换债券。约定的回售条件通常为股价在一段时间内持续低于转股价格达到一定幅度时，也可以是诸如公司股票未达到上市目的等其他条件。回售价格一般为债券面值加上一定的回售利率。

可转换债券本质上是一种混合债券，它将直接债券与认股权证相互融合，兼具债权、股权和期权的特征。其债权性特征表现为：可转换债券有规定的利率和期限，对于未转换为股票的债券，发债公司需要定期支付利息，到期偿还本金。其股权性特征表现为：可转换债券在转股后，债权人变成了股东，可参与公司的经营决策和股利分配。其期权性特征表现为：可转换债券给予债券持有人在特定期间按约定条件将债券转换为股票的选择权。

相对于发行其他类型证券融资，可转换债券对投资者的吸引力体现在两个方面：一是使投资者获得固定收益；二是为投资者提供转股选择权，使其拥有分享公司利润的机会。从公司融资角度看，可转换债券发行有助于公司筹集资本，在获取发行额度的情况下，可以迅速筹资到位，同时也取得了以高于当前股价出售普通股的可能性，且因可转换债券票面利率一般低于普通债券票面利率，在转换为股票时公司无须支付额外的融资费用，从而有助于公司降低筹资成本。但是，可转换债券转换为股票后，公司仍需承担较高的权益融资成本，且易遭受股价上涨或低迷带来的风险。

✳ 考点 20　集团分拆上市与整体上市（★★）

（一）集团分拆上市

分拆上市是指对集团业务进行分拆重组并设立子公司进行上市的。从分拆类型看，它主要包括以下类型：

（1）集团总部将尚未上市的子公司从集团整体中分拆出来进行上市。

（2）集团总部对下属成员单位的相关业务进行分拆、资产重组并经过整合后（它可能涉及多个子公司的部分业务）独立上市。

（3）对已上市公司（包括母公司或下属子公司），将其中部分业务单独分拆出来后独立上市等。

分拆上市使集团总体上能创造出多个融资平台，从而提升集团整体的融资能力和发展潜能。

分拆上市对完善集团治理、提升集团融资能力等具有重要作用。具体表现在：

（1）集团多渠道融资及融资能力。分拆出去的子公司可以从外部筹集资本，资本来源将不再仅限于母公司这一渠道，即不再完全依赖母公司其他业务的收益所产生的现金流的支持。这对于需要在短期内获得大量长期资金支持的高科技子公司尤为重要，因为分拆上市可以使子公司获得长期性权益资本，并且可以根据需要随时增发，因此，企业集团下属多家子公司的上市，往往可以增强集团整体的股权融资能力。

（2）形成对子公司管理层的有效激励和约束。通过分拆上市，子公司通过进入资本市场，直接受到资本市场的监督与约束，同时对于子公司管理者的业绩评价也有了强制性市场标准，从而为子公司管理人员激励与约束机制的建立奠定了客观基础。

（3）解决投资不足的问题。通过分拆上市，增强分拆后的子公司的资本实力，改善公司在分拆之前因母公司资源限制而产生的投资不足问题。

（4）使母、子公司的价值得以正确评判。当集团进行多元化经营时，盈利水平及发展前景优于企业平均水平的子公司或业务单元，有时会被隐藏在集团多业务之中，由于信息不对称等因素，使这部分业务单元的潜在价值无法被市场发现。因此将子公司分拆出去，使得市场对于母公司和子公司更容易进行公正的价值评价。另外，由于分拆使得公司专注于某一专业细分领域并取得竞争优势，因此在增加了投资者投资选择的同时，也有利于提升各子公司的投资价值。

分拆上市的股权融资模式也存在一些弊端，主要表现在：

（1）市场"圈钱"嫌疑，从而影响集团财务形象。

（2）集团治理及财务管控难度增加。分拆后的上市公司均要保持其"独立性"，从而可能产生更为复杂的集团治理关系，并因多层代理而增加集团财务管控的难度。

（二）企业集团整体上市

整体上市就是企业集团将其全部资产证券化的过程。整体上市后，集团公司将改制为上市的股份有限公司。由于我国企业集团大多由集团公司总部及控股上市子公司（一般来看，其规模占集团的比重很大）、非上市公司等构成，因此整体上市作为企业集团股权融资战略，有利于构建一个超大且统一的整体融资平台。

从我国企业集团整体上市实践看，整体上市往往采用以下三种模式：

（1）换股合并。换股合并是将流通股股东所持上市公司股票按一定换股比例折换成上市后集团公司的流通股。换股完成后，原上市公司退市，注销法人资格，其所有者权益、债务由集团公司承担，即集团公司整体上市。如 TCL 集团上市就采用了这种方式。

（2）定向增发与反向收购。定向增发与反向收购是由集团下属的上市子公司增发相应股份，然后反向收购集团公司资产，进而达到集团公司整体上市的目的。这种增发一般采取定向增发、公募增发相结合的方式。典型案例包括鞍钢、武钢等。

（3）集团首次公开发行上市。对于主业明确又集中的集团公司来说，可以先对少量非经营性资产和不良资产进行适当处置，并进行投资主体多元化的股份制改造，然后将集团直接上市公

开募股。如中国石化、中国人寿等特大型国有企业集团海外上市，大多采用这种方式。

集团整体上市以集团整体优势为基础，构建一个股权融资的大平台。集团在进行股权融资平台搭建时，除了要考虑多平台融资或单一平台融资的融资规模、融资潜力外，还要考虑战略、管理、外部环境等其他因素。

【提示】掌握分拆上市与整体上市的优势与劣势，分拆与整体上市模式等，能够根据案例资料进行判别。

✻ 考点 21　资本结构决策与管理（★★★）

公司资本结构决策目标定位于：通过合理安排资本结构，在有效控制财务风险的前提下降低企业融资成本、提高企业整体价值。

企业财务管理实践中，资本结构决策有 EBIT – EPS（或 ROE）无差别点分析法、资本成本比较分析法等基本方法。

（一）EBIT – EPS（或 ROE）无差别点分析法

公司财务目标是公司价值最大化或股东财富最大化，每股收益作为衡量股东财富的主要变量，被认为是影响公司股价的指针。

每股收益 EPS =（EBIT – 利息）×（1 – 所得税税率）÷ 发行在外普通股股数

EBIT – EPS 无差别点分析法进行融资决策包括以下基本步骤：（1）预计拟投资项目的预期 EBIT 水平；（2）判断预期 EBIT 值的变动性；（3）分别测算债务、权益两种融资方式下的 EBIT – EPS 无差异点；（4）根据企业愿意承担的风险程度来判断分析 EBIT 的变动状况，并决定项目融资方案。

【提示】掌握该公式并能够进行计算和判别，往年考题测试出现过类似题目。

【例 4 – 4】假设漓江公司 2022 年有资金 100 万元，现在因为生产发展需要，准备再筹集 40 万元资金。这些资金可以通过发行股票来筹集，也可以利用发行债券来筹集。把原资本结构和筹资后资本结构根据资本结构的变化情况进行 EBIT – EPS 分析（见表 4 – 2）。

表4-2　　　　　　　　　　　　　　　**EBIT-EPS 分析**　　　　　　金额单位：元

筹资方式	原资本结构	增加筹资后资本结构	
		增发普通股（A）	增发公司债（B）
公司债（利率8%）	200 000	200 000	600 000
普通股（面值10元）	400 000	600 000	400 000
资本公积	250 000	450 000	250 000
留存收益	150 000	150 000	150 000
资本总额合计	1 000 000	1 400 000	1 400 000
普通股股数（股）	40 000	60 000	40 000

注：发行新股时，每股发行价20元，筹资400 000元需发行20 000股，普通股股本增加200 000元，资本公积金增加200 000元，适用所得税税率为25%。

要求：若预计公司2023年息税前利润为300 000元，则公司应选择何种融资方式？

【分析与解释】

该问题有两种解决方案：一是直接利用预期息税前利润计算每股收益，较大者就是适当的选择；二是计算每股收益无差别点，然后据此判断。

方案一：

根据题意，计算不同融资方式下的EPS，具体见表4-3。从表4-3中可以看到，息税前利润为300 000元的情况下，利用增发公司债的形式筹集资金能使每股收益上升较多，这可能更有利于股票价格上涨，更符合理财目标。

表4-3　　　　　　　　　　　　**不同融资方式下 EPS 的计算**　　　　　　金额单位：元

项目	增发股票	增发债券
预计息税前利润（EBIT）	300 000	300 000
减：利息	16 000	48 000
税前盈余	284 000	252 000
减：所得税（33%）	93 720	83 160
税后盈余	190 280	168 840
普通股股数（股）	60 000	40 000
每股盈余（EPS）	3.17	4.22

方案二：

计算每股收益无差别点，其计算公式为：

$$[(EBIT - I_1)(1 - T)] \div N_1 = [(EBIT - I_2)(1 - T)] \div N_2$$

式中：EBIT表示每股收益无差别点处的息税前利润；I_1、I_2表示两种筹资方式下的年利息；N_1、N_2表示两种筹资方式下的流通在外的普通股股数。

把表4-3中漓江公司的资料代入上式得：

$$[(EBIT - 16 000)(1 - 25\%)] \div 60 000 = [(EBIT - 48 000)(1 - 25\%)] \div 40 000$$

求得：EBIT = 102 000元，此点：$EPS_1 = EPS_2 = 1.075$元。

这就是说，当盈余能力EBIT > 102 000元时，利用负债筹资较为有利。当盈利能力在EBIT < 102 000元时，不应再增加负债，以发行普通股为宜。当EBIT = 102 000元时采用两种方式无差别。

漓江公司预计EBIT为300 000元，故采用发行公司债券的方式较为有利。判断的原理如图4-2所示。

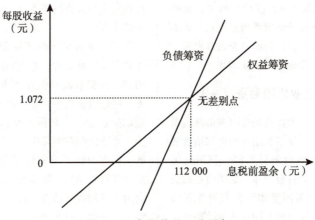

图 4 - 2   每股收益无差别点

（二）资本成本比较分析法

通常情况下，企业将公司价值最高、资本成本最低时的资本结构视为"最佳"资本结构。由此，企业管理者可借不同资本结构下的公司价值总额、加权平均资本成本等的比较，以判断公司最佳资本安排。

（三）资本结构调整的管理框架

理论界并没有给出普适性的资本结构决策模型，现实中的企业也大多依据其融资环境及相关因素确定"最佳"资本结构。根据财务弹性要求，即使"最佳"资本结构也不应当是一个常数点，而是一个有效区间，如要求企业资产负债率介于65%～70%。从追求企业价值最大化和控制融资风险角度考虑，企业应当确定资产负债率的最高上限，作为阶段性控制目标。

资本结构调整不但是必需的，而且是一种常态，它是一个动态的过程。但在企业管理实践中，企业资本结构调整及管理，仍然有其内在的管理框架。图 4 - 3 为资本结构决策与调整的管理框架。

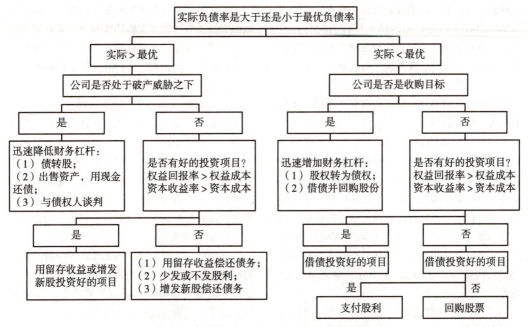

图 4 - 3   资本结构决策与调整的管理框架

【提示】掌握资本结构调整管理框架，能够根据计算结果判别并选择合理的调整方式。资本结构调整近年来出题不多，但本部分内容出题方式灵活且比较重要，需要考生重点掌握。

✵ 考点22　企业集团融资（★）

企业集团融资的一大特点是集团内部融资及优化配置。**内部融资，是指集团通过内部资金管理平台（如结算中心或财务公司等）而形成的集团内部成员单位间的资金融通。**集团内部融资业务的开展，为提高集团整体财务资源配置效率、降低集团外部融资总额及融资成本等提供了机会，它也凸显了企业集团财务管理的核心价值，即通过集团财务管理（尤其是资金管理）促进集团经营业务的发展。

（一）资金集中管理的功能

企业集团资金集中管理是企业集团资金管理所采用的主要形式。企业集团资金集中管理具有以下功能和优势：

1. 规范集团资金使用，增强总部对成员企业的财务控制力

集团总部通过资金集中控制和管理，首先可获得知情权，即通过对资金流入、流出的控制，了解成员企业的资金存量和流量，随时掌握其生产经营情况，有效防范经营风险；其次，通过对下属公司收支行为，尤其是支付行为的有效监督，实现对下属公司经营活动的动态控制，保证资金使用的安全性、规范性、有效性。

2. 增强集团资源配置优势

总部通过资金集中管理将有利于增强集团资源配置优势，包括：

（1）增强集团融资与偿债能力。由于企业集团成员企业情况各异，在经营过程中，会发生一部分成员企业出现资金短缺，而另一部分成员企业出现资金结余的现象。通过集团资金集中管理，可以盘活集团的资金存量，通过在资金短缺企业和结余企业间资金的合理调配，降低财务费用，实现资金使用效益最大化，同时优化集团的资产负债结构，增强集团公司的融资和偿债能力。

（2）优化资源配置。通过资金集中管理，提高集团资金运作效果、筹资融资能力和投资能力，为集团扩大规模、调整产业结构和合理投资等重大决策提供财务支持，从集团层面实现资源的优化配置。

（3）加速集团内部资金周转，提高资金使用效率。也就是说，企业集团下属成员企业之间内部业务交易及其由此产生的内部资金结算业务，通过资金集中管理平台和网络技术，可以实现成员企业的内部网上结算。在这一交易平台上，企业之间在结算中心实现资金划拨与内部转账，没有中间环节和时间间隔，不产生在途资金，划转效率高，能有效提高资金周转速度。同时由于使用内部结算系统，不需要支付任何额外费用，节约了财务费用。

（二）集团资金集中管理模式

1. 总部财务统收统支模式

在该模式下，集团下属成员企业的一切资金收入都集中在集团总部的财务部门，成员单位不对外单独设立账号，一切现金支出都通过集团总部财务部门进行，现金收支的审批权高度集中。统收统支模式有利于企业集团实现全面收支平衡，提高集团资金周转效率，减少资金沉淀，监控现金收支，降低资本成本。但是该模式不利于调动成员企业开源节流的积极性，影响成员企业经营的灵活性。

2. 总部财务备用金拨付模式

拨付备用金是指集团财务部门按照一定的期限统拨给所有所属分支机构或分公司备其使用的一定数额的现金。在该模式下，各分支机构或分公司发生现金支出后，将持有关凭证到集团财务部门报销并补足备用金。

3. 总部结算中心或内部银行模式

结算中心是由企业集团总部设立的资金管理机构，负责办理内部各成员企业的现金收付和往来结算业务。内部银行是将社会银行的基本职能与管理方式引入企业内部管理机制而建立起来的一种内部资金管理机构，主要职责是进行企业或集团内部日常的往来结算和资金调拨、运筹。

4. 财务公司模式

财务公司是企业集团内部经营部分银行业务的非银行金融机构。其经营范围除经营结算、贷款等传统银行业务外，还可开展外汇、包销债券、财务及投资咨询等其他业务。

【提示】掌握集团资金集中管理的基本功能和模式特点，能够识别这些模式。

✳ 考点 23 企业集团财务公司（★）

财务公司是指以加强企业集团资金集中管理和提高企业集团资金使用效率为目的，为企业集团成员单位提供财务管理服务的非银行金融机构。

（一）产融结合下的财务公司及其功能

自 1987 年我国第一家财务公司——东风汽车工业财务公司成立以来，越来越多的大型企业集团成立了财务公司，产业经营与金融服务的高度融合，有力地促进了我国大型企业集团的快速发展。由于集团成立财务公司的基本目的在于为集团资金管理、内部资本市场运作提供有效平台，因此财务公司服务对象被严格限定在企业集团内部成员单位这一范围之内，具体包括：母公司及其控股 51% 以上的子公司；母公司、子公司单独或者共同持股 20% 以上的公司，或者持股不足 20% 但处于最大股东地位的公司；母公司、子公司下属的事业单位法人或者社会团体法人。

财务公司的"财务管理服务"功能及其业务主要包括：

1. 结算服务

结算服务即以财务公司为中心，覆盖集团成员单位的资金结算服务网络，实现集团成员单位资金在财务公司金融服务网络上快捷、安全、高效的自由流动。

2. 融资服务

作为财务公司，开展成员单位信贷业务、融资顾问服务、办理成员单位买方信贷、办理成员单位汇票的承兑及贴现、对成员单位提供担保、发行企业债券或短期融资券等业务。

3. 资本运作服务

资本运作服务即协助集团下属企业、成员单位开展 IPO 服务，开展企业并购与重组咨询服务。

4. 咨询及理财服务

咨询及理财服务即为集团成员单位提供财务咨询顾问服务，包括有关汇率、利率、资本市场的信息咨询服务等。

随着企业集团的不断发展，对财务公司的功能定位与责任要求也越来越高。作为企业集团重要子企业的财务公司，其功能和经济责任不应仅仅体现在"为集团提供财务管理服务"，而且还应当体现在其自身的"自主经营"上。换言之，作为全能型的非银行金融机构，要求财务公司全面参与集团财务战略与融资方案设计、外部资本市场投融资运作、集团财务风险监控等，并积极成为企业集团重要业务板块——"金融板块"，即努力通过财务公司这一平台来构建企业集团金融产业链，进一步开发信托、保险、融资租赁等各个专业化金融子公司，从而为企业集团整体利润提供新的增长点。

【提示】注意掌握财务公司可以服务的对象以及功能。

（二）财务公司设立条件

按我国相关规定，企业集团设立财务公司应当具备下列条件：（1）符合国家政策并拥有核心主业；（2）具有 2 年以上企业集团内部财务和资金集中管理经验；（3）最近 1 年总资产不低于 300 万元，净资产不低于总资产的 30%，作为财务公司控制股东的，最近 1 个会计年度净资产不低于总资产的 40%；（4）财务状况良好最近 2 个年度收入每年不低于 200 亿元，税前利润总额每年不低于 10 亿元，作为控股股东的需要满足最近 3 个会计年度连续盈利；（5）现金流量稳定并具有较大规模，最近 2 个会计年度末的货币资金余额不低于 50 亿元；（6）权益性投资余额原则上不超过净资产的 50%（含本次投资额），作为财务公司控股股东的，权益性投资余额原则上不超过净资产的 40%；（7）正常经营成员单位数量不低于 50 家，确需通过财务公司提供资金集中管理与服务；（8）母公司有良好公司治理结构和组织管理方式，无不当关联交易；（9）母公司有良好社会声誉、诚信记录和纳税记录，最近 2 年内无重大违法违规行为；（10）母公司最近 1 个会计年度实收资本不低于 50 亿元；（11）母公司入股资金为自有资金，不得以委托资金和债务资金入股；（12）银保监会规章规定的其他审慎性条件。

设立财务公司的注册资本金最低为 10 亿元人民币，财务公司注册资本金主要从成员单位中募集，并可以吸收成员单位以外的合格的机构投资者入股。成员以外的单个投资者及其关联方向财务公司投资入股的比例原则上不得超过 20%。存在公司治理缺陷、股权关系不规范、现金流量波动较大等情况，可能对财务公司产生重大不利影响的，不得作为财务公司的出资人。

【提示】掌握财务公司设立的条件，可以根据案例资料判别合理性。

（三）财务公司业务范围

按我国有关规定，财务公司可以经营下列部分或者全部业务：（1）吸收成员单位存款；（2）办理成员单位贷款；（3）办理成员单位票据贴现；（4）办理成员单位资金结算与收付；（5）提供成员单位委托贷款、债券承销、非融资性保函、财务顾问、信用鉴证及咨询代理服务。

符合条件的财务公司，可以向银保监会申请从事下列业务：（1）从事同业拆借；（2）办理单位票据承兑；（3）办理成员单位买方信贷和消费信贷；（4）从事固定收益类有价证券投资；（5）从事套期保值类衍生品交易；（6）银保监会批准的其他业务。

（四）财务公司的治理、风险管理与监管指标

财务公司在其经营过程中，不仅要服从、服务于企业集团发展战略，而且因其"非银行金融机构"的属性，需要接受相关金融监管机构的监管。因此，建立健全良好的财务公司治理机制、规范财务公司组织体系和业务运作，不仅有利于财务公司的风险控制，而且能有效避免因风险传染、传导对企业集团整体风险可能产生的负面影响，以更好地服务于企业集团战略目标。作为非银行金融机构，财务公司应当坚持"安全性、流动性、效益性和服务性"的经营原则，以"安全性"，即风险可控为根本。

健全的公司治理结构、互相制衡的决策机制、规范的管理运作、清晰的组织结构与内部责任报告体系、合理的业务分工与管理责任等，为财务公司的正常运营、风险管理等提供了必要的前提条件。

1. 财务公司监管指标要求

根据银保监会发布的《企业集团财务公司管理办法》的规定，财务公司开展业务要满足以下监管指标的要求：

（1）资本充足率不得低于银保监会最低监管要求；

（2）流动性比率不得低于25%；

（3）贷款余额不得高于存款余额与实收资本之和的80%；

（4）集团外负债不得超过资本净额；

（5）票据承兑余额不得超过资产总额的15%；

（6）票据承兑余额不得高于存放同业余额的3倍；

（7）票据承兑和转贴现总额不得高于资本净额；

（8）承兑汇票保证金余额不得超过存款的10%；

（9）投资总额不得高于资本净额的70%；

（10）固定资产净额不得高于资本净额的20%；

（11）银保监会其他监管指标。

此外，银保监会根据财务公司业务发展或者审慎监管的需要，可以对上述比例进行调整。

2. 财务公司的治理结构

3. 财务公司设立董事会、监事会，并明确董事会和董事、高级管理人员在风险管理中的责任。财务公司的服务定位与业务开展

（1）资金业务。在业务风险可控前提下开展成员单位存款业务、资金集中管理和内部转账结算业务。

（2）信贷业务。开展信贷业务，加强对贷款款项的事后检查。

（五）财务公司与集团下属上市子公司间的关联交易与信息披露

财务公司在为集团下属各成员单位提供金融服务时，因涉及各不同法律主体间的存贷款业务、资金往来及其他服务，因此，其开展的各类业务均属于"关联交易"范围。在我国企业实践中，大型企业集团（尤其是国有控股集团）大多拥有或控制一家或数家上市公司，且上市公司的资产规模、资金往来交易量等均占集团的主要部分。在这种情况下，如果因刻意避免关联交易及披露义务而将这些上市公司"被游离"于财务公司服务范围之外，则对企业集团的整体发展和财务公司作用的发挥都将产生不利影响。

为此，企业集团财务管理实践中的做法有两种：一是将母公司、上市公司等作为财务公司的发起人——股东，从而将上市公司的财务业务包含在财务公司的财务管理服务范围之内；二是上市公司不作为财务公司的发起人，但与财务公司

签订相关金融服务协议，从而将财务公司的服务范围辐射到上市公司。

【提示】注意关联交易的处理方式。

不论采取何种方式，由于都涉及关联交易问题，因此上市公司均应履行关联交易的信息披露义务；同时，由于关联方的财务公司属于高风险企业，为保证上市公司资产安全和股东权益，财务公司需要配合上市公司对财务公司的风险状态进行审查，并由上市公司对外披露。

（六）企业集团资金集中管理与财务公司运作

根据国内外大型企业集团资金集中管理实践，在设立财务公司的情况下，集团资金集中管理运作大体包括两种典型模式，即"收支一体化"运作模式和"收支两条线"运作模式。

1."收支一体化"运作模式

"收支一体化"运作模式的运作机理是：（1）集团成员单位在外部商业银行和财务公司分别开立账户，外部商业银行由集团总部统一核准，成员单位资金结算统一通过成员单位在财务公司内部账户进行。（2）资金收入统一集中。成员单位银行账户纳入集团集中范畴，其银行账户资金经授权统一存入财务公司开立的账户中，形成集团"现金池"。（3）资金统一支付。财务公司经授权后，按照成员单位的支付指令完成代理支付、内部转账等结算业务。

2."收支两条线"运作模式

企业集团资金集中管理还可以借助于财务公司进行"收支两条线"运作模式。其管理运作机理是集团总部对成员单位的资金收入和资金支出，分别采用互不影响的单独处理流程，具体流程大体包括：（1）成员单位在集团指定商业银行分别开立"收入"账户和"支出"账户；（2）成员单位同时在财务公司开立内部账户，并授权财务公司对其资金进行查询和结转；（3）每日日末，商业银行收入账户余额全部归集到财务公司内部账户；（4）集团内外结算活动，全部通过财务公司结算业务系统进行；（5）每日终了，成员单位以其在财务公司账户存款为限，以日间透支形式办理对外"支付"业务。

这一模式的优点是，成员单位在商业银行的账户、财务公司在商业银行的账户是各自独立的，只需通过三方协议将成员单位的银行账户纳入财务公司的账户中，从而不受账户类型及账户余额限制，进而实现集团资金的全封闭全程结算，并做到实时到账、减少资金在途，提高资金周转速度。

【提示】掌握两种模式的类型特点，并能够判别。

（七）财务公司风险管理

财务公司作为集团资金管理中心，其风险大小将在很大程度上影响集团整体的财务健康和安全。因此，除要求对集团总部及各成员单位进行资产负债率管理外，集团还应加强对财务公司的风险管理。

财务公司作为非银行金融机构，其风险主要来自以下方面：

1. 战略风险

战略风险主要集中在集团治理与财务公司决策层面，如战略目标落实不到位、新业务拓展风险、战略环境发生变化、信息系统建设与业务发展不匹配等产生的风险。

2. 信用风险

信用风险主要集中在信贷业务上，包括因审贷不严而产生的客户不能按期还本付息、担保责任增加等风险。

3. 市场风险

市场风险主要集中在市场判断及财务管理上，如汇率风险及外汇资金贬值、利率存贷息差缩小等。

4. 操作风险

操作风险主要集中体现在业务操作流程之中，如资金被盗窃、财务欺诈、结算差错率提高等。

财务公司应建立全面风险管理体系，建立健全组织机构体系、强化财务公司的内部控制制度。

一方面，建立完善的组织机构体系。 主要包括：第一，建立健全现代企业制度，保障财务公司的董事会、监事会的正常运转，强化董事会、监事会在财务公司风险控制中的作用。第二，设置独立、专门的风险管理和监督部门，落实全面风险管理责任。在财务公司内部应设立归属于董事会领导的风险管理部和稽核部。风险管理部具体负责制定风险识别、计量、监测和控制的制度和方法，定期将风险情况向决策层和高级管理层报告。稽核部是全面风险管理的监督、评价部门，负责检查、评价内部控制的健全性、合理性和遵循性，督促各部门纠正内部控制存在的问题。定期开展对风险战略、政策和程序的评估。

另一方面，健全内部控制制度并加以落实。主要包括：第一，树立全面风险管理理念；第二，明确财务公司决策层和高管层的职责分工；第三，建立健全财务公司内部规章制度和业务流程规范，包括部门规章、岗位职责、岗位操作规范、业务操作流程；第四，强化全面风险管理制度的落实；等等。

✳ 考点 24 企业集团财务风险控制（★）

（一）企业集团债务融资及财务风险

相比于单一企业融资渠道与融资能力，企业集团具有明显的融资优势，如商业银行对集团的授信贷款。一方面，集团强劲的盈利能力和抗风险能力，有利于增强集团外部资本市场的融资实力；另一方面，集团内部的财务资源一体化整合优势，尤其是资金集中管理和内部资本市场功能，大大强化了集团财务的"金融"功能。

但与此同时，企业集团往往存在财务上的高杠杆化倾向，且在集团框架中，这种财务高杠杆化的效应比单一企业要大得多，这就是人们通常所说的"金字塔风险"。其风险机理是：由于企业集团内部以股权联结的多层次企业结构，集团母公司的资本具有一定的负债能力，将其投入子公司形成子公司的资本后，又将产生新的借债能力，使资本的负债能力放大了。如果企业利润率较高，放大的负债能力将获利能力放大，可以给集团带来额外收益。但负债能力放大的同时财务风险也放大了，当收益率降低时，会使偿债能力下降，从而对整个集团造成负面影响。此外，母子公司之间、子公司之间的相互担保也会给集团财务带来隐患，担保链中一个环节的断裂，都可能产生严重的连锁反应。

【提示】 金字塔风险的机理。

（二）企业集团财务风险控制重点

企业集团财务风险控制包括资产负债率控制、担保控制等主要方面。

1. 资产负债率控制

如前所述，企业集团融资战略的核心是要在追求可持续增长的理念下，明确企业融资可以容忍的负债规模，以避免因过度使用杠杆而导致企业集团整体偿债能力下降。企业集团资本结构政策最终体现在资产负债指标上，其资产负债率控制包括两个层面：

（1）企业集团整体资产负债率控制。为控制集团整体财务风险，集团总部需明确制定企业集团整体"资产负债率"最高控制线。一般而言，资产负债率水平的高低除考虑宏观经济政策和金融环境因素外，更取决于集团所属的行业特征、集团成长速度及经营风险、集团盈利水平、资产负债间的结构匹配程度等各方面。企业集团整体资产负债率的计量以合并报表为基础。

（2）母公司、子公司层面的资产负债率控制。尽管集团内部资金协调和外部融资能力都比独立企业大得多，从而具有更强的抗风险能力。但是由于集团内部可能存在着大量的业务关联交易和内部资本市场交易，因此一个子公司的债务危机就可能波及其他公司，甚至对整个企业集团的偿债能力产生威胁。为了确保子公司财务风险不会导致集团整体财务危机，集团总部需要根据子公司的行业特点、资产特点、经营风险等制定子公司资产负债率的最高控制线。

2. 担保控制

企业可能会出于多种原因对其他企业提供担保，如母公司为子公司提供担保、为集团外的长期客户提供信用担保等。其中，企业集团（包括总部及下属所有成员单位）为集团外其他单位提供债务担保，如果被担保单位不能在债务到期时偿还债务，则企业集团需要履行偿还债务的连带责任。因此，债务担保有可能形成集团或有负债，从而存在很高的财务风险。为此，集团财务管理要求严格控制担保事项、控制担保风险。具体包括：

（1）建立以总部为权力主体的担保审批制度。企业应当建立担保授权制度和审核批准制度，明确审批人对担保业务的授权批准方式、权限、程序、责任和相关控制措施，规定经办人办理担保业务的职责范围和工作要求，并按照规定的权限和程序办理担保业务。集团应当将担保业务审批权集中在总部；经办人应当在职责范围内，按照审批人的批准意见办理担保业务。严禁未经授权的机构或人员办理担保业务。

（2）明确界定担保对象。企业集团应当制定统一的担保政策，明确担保对象、范围、方式、条件、程序、担保限额和禁止担保的事项，定期检查担保政策的执行情况及效果。除总部外，企业集团下属成员单位通常不得对集团外客户提供任何担保；集团内部成员单位的互保业务必须由总部统一审批。

（3）建立反担保制度。企业集团必须要求被担保企业为自己提供反担保。

✳ 考点 25　企业集团司库管理（★★★）

（一）司库及其类型

企业集团司库是以企业集团金融资源管理组织为主体，以信息系统为管理平台，对金融资源运动全过程进行反映、分析、评价与决策的管理活动。司库本质及其运行模式归结有四种视角：

1. 现金视角司库。企业集团对自身及其成员企业现金资源以现金池、外汇池等形式进行集中、调配和监管，以防范现金使用风险、提高现金使用效率的现金管理体系。

2. 资金视角司库。企业集团对自身及其成员企业全部资金资源（包含现金资源）进行集中、配置、使用和监管，以提高资金使用效率、降低资金使用成本、规避和防范资金使用风险。

3. 财务视角司库。集团对其成员企业财务资源（包括资金资源）进行集中、配置、使用和监管，以提高资金运营效率、规避和防范资金风险，并且服务战略、支撑业务、创造价值的管理体系。

4. 金融视角司库。企业集团对自身及成员企业全部金融资源（包括财务资源）进行配置、使用和监管，以规避和防范金融风险，提高金融运行效率，有效支撑企业集团发展的管理体系。

（二）中央企业加快司库体系建设要求

1. 分类确定工作目标

根据行业特点、发展阶段、管理水平，科学确定阶段性目标和重点任务，实现司库管理体系化、制度化、规范化、信息化。

2. 科学制定总体规划

3. 牢牢把握工作原则

4. 不断优化管理机制

（三）司库的职能与目标

1. 司库的职能

司库核心职能包括交易管理、资产负债表和流动性管理、风险管理三个方面。

（1）交易管理，是指现金交易和运营管理、资金流动管理。

（2）资产负债表和流动性管理。现金管理负责现金从来源到使用的整个过程的流动，流动性管理只负责整个过程的一部分，是现金管理的一部分。从司库的角度，能够多方面主动管理公司流动性并提升资金效率，加强对现金头寸的把控，实现跨地区和网络的资金调配。管理营运资金和减少营运资本也是流动性管理的重要环节。

（3）风险管理。包括市场风险（外汇风险、利率风险、商品风险），信贷风险（交易对手风险和跨境风险），流动性风险，运营风险，意外事故风险。

2. 司库目标

司库目标可大致分为四个方面，具体包括：

（1）降低融资成本和资金成本。

（2）为公司提供流动性。

（3）改善经营型现金流。

（4）提高现金流和资产负债表的稳定型。

（四）司库模式的演变

1. 分散化司库

分散化司库是一种基本模式，最先开始都采用的模式。决策权力分散给子公司，总部仅仅整个子公司和制定整个集团政策。

2. 共享服务中心

3. 基本司库中心

基本司库中心与共享服务中心是平行的，基本司库中心需要处理更复杂的活动。共享服务中心 SSC 和基本司库中心 TC 的关键区别是复杂性和核心功能。典型的共享服务中心决策较少，以任务为导向，多处理大量且复杂程度较低的活动；典型的基本司库中心与之相反，以决策和政策为导向，多处理少量且复杂程度较高的活动。

4. 增值司库中心

增值司库中心主要职责是预测、风险管理决策、投资决策、资金及流动性和公司内部融资、系统和控制等。

5. 内部银行

内部银行是司库模式演变的下一个阶段，司库表现得更像一个银行服务公司，为各子公司提供账户管理、融资、资金转移、投资和风险管理解决方案等。

6. 外包模式

（五）司库的基础架构与设计

1. 司库的基础架构

司库的基础架构是由政策、战略和战略目标、应急计划、流程、控制、合规、文档记录、会计、系统和技术、服务提供商、银行、人员等多个要素组成。

2. 司库设计关键要素

司库设计是将司库功能、人员和流程组织起来高效运行，具体包括系统设计、人员和组织结构设计、流程设计、控制设计、账户结构设计、现金流设计、资本结构、风险架构。

3. 集中化

集中化实现三个目标：提高效率、降低成本、实现更深层次和更广泛的控制。具体包括会计和财务活动、系统和框架、人员。

【提示】司库建设是国资委对中央企业的最新要求，也是 2023 年教材新增加部分，需要考生重视。

本章历年试题解析

【2023 年试题】

甲公司是一家从事特种橡胶制品研发、生产、销售与服务的大型集团企业，其产品主要用于航天、汽车、工程机械、电器等领域，2022 年末甲公司组织相关部门及下属子公司召开全集团投融资业务专题会，有关内容摘录如下：

（1）融资与增长管理。公司面临较大的偿债压力，近 5 年资产负债率均高于 70%，并呈现逐年升高趋势，远超同行业 55%～60% 的平均资产负债率水平。由于行业发展前景良好，财务部建议在控制负债规模的前提下，采取如下措施提高公司的可持续增长率：

①放宽针对客户的商业信用条件，加大商业折扣力度，扩大市场占有率。

②引入新的战略投资者。

③依靠数字化转型实施智能化综合管理，减少资金占用，加速资产周转。

④通过租赁方式租入大型设备。

（2）为提高航天工业橡胶产品的市场份额，用户通过市场调研提出 A、B 两个项目投资方案，两个方案均为年初一次性投入并建成，所构建资产使用年限均为 5 年，经测算，项目 A 初始投资需 10 亿元，内含报酬率（IRR）为 27.2%，净现值（NPV）为 1.2 亿元。项目 B 初始投资需 4 亿元，内含报酬率（IRR）为 33.6%，净现值（NPV）为 0.4 亿元。

（3）产业投资基金。为抢抓新能源汽车行业发展机遇，提升公司在新能源汽车领域的市场竞争力，拓展业务规模，甲公司拟出资 2 亿元与乙投资管理有限公司（简称乙公司），及其他合格投资者共同出资设立产业投资基金，基金名称为 XYZ 股份投资合伙企业（有限合伙），存续期为 5 年，由乙公司担任基金管理人，该基金计划投资一家由丁公司控股的新材料电池企业，要求被投资企业在投资第 3 年达到 10 亿元以上营业收入，如未达到要求则丁公司需按每股 20 元价格回购全部股权。目前被投资企业年营业收入 6 亿元，行业平均增长率 20%，有关人员提出如下观点：

①投资部张某认为公司作为产业投资基金的发起方负责出资，对合伙企业债务承担无限连带责任。

②资产管理部李某认为在设立初期公司应予以公司及其他合格投资者确定资金管理费用与业绩奖励，定期召开会议由公司独立负责合伙企业的经营管理。

③财务部孙某认为投资合约中股权赔付条款的设计有利于公司控制投资风险。

（4）产融结合。为加强集团财务公司对集团内各业务发展的支持，提高资金利用率与风险管理水平，部分参会人员提出如下建议：

①财务公司需进一步精化管理同业拆借业务，提升短期资金的使用效率，财务公司继续为集团公司成员单位提供融资担保。

②增强成员单位的融资能力。

③集团成员单位的外部供应商大额采购时经常面临资金压力，财务公司可为其提供贷款服务，巩固与供应商的长期合作关系。

④公司海外业务规模逐渐扩大，为增强公司汇率风险管理能力，财务公司可向董事会申请并经批准后立即开展套期保值类衍生产品交易服务。

假定不考虑其他因素。

要求：

1. 根据资料（1），逐项指出①～④项措施是否恰当；如不恰当，说明理由。

2. 根据资料（2），若项目A、项目B为互斥项目，指出应选择哪个项目，并说明理由。

3. 根据资料（3），指出甲公司发起设立的产业投资基金采取的组织形式；针对有关人员的观点，逐项说明是否恰当；如不恰当，说明理由。

4. 根据资料（4），逐项指出针对财务公司未来发展的①～④项建议是否恰当；如不恰当，说明理由。

【分析与解释】

1. 措施①不恰当。

理由：加大商业折扣力度，会降低销售净利率，即采取薄利多销的政策，会降低可持续增长率。

措施②恰当。

措施③恰当。

措施④恰当。

2. 应选择A项目。

理由：A项目与B项目为寿命期相同、投资额不同的互斥项目，应采用扩大投资规模法进行项目决策，B项目扩大规模后净现值＝0.4×10/4＝1（亿元），小于A项目净现值1.2亿元，所以应选择A项目进行投资。

3. 有限合伙制。

①投资部张某的观点不恰当。

理由：有限合伙人以其出资额为限，承担连带责任。

②资产管理部李某的观点不恰当。

理由：普通合伙人具备独立的经营管理

权利。

③财务部孙某的观点恰当。

4. 建议①不恰当。

理由：财务公司的业务范围不包括为集团公司成员单位提供融资担保。

建议②恰当。

建议③不恰当。

理由：财务公司服务对象被严格限定在企业集团内部成员单位这一范围之内，不能为供应商提供贷款服务。

建议④不恰当。

理由：财务公司需向中国银行保险监督管理委员会申请开展套期保值类衍生产品交易服务。

【2022年试题】

甲公司是一家从事磷酸铁锂电池生产、销售的集团企业，在电池行业处于领先地位，其围绕电池产品开展了多元化经营。

有关资料如下：

（1）投资公司立足磷酸铁锂电池产品延伸产业链，原材料磷的稳定供应对甲公司发展至关重要。"一带一路"沿线A国拥有储量丰富的磷矿资源，甲公司计划收购A国从事磷矿开采加工的企业，向产业链上游扩展。但是，近些年，A国经济增长存在较高的不确定性，A国货币对人民币的比价波动较大，甲公司境外直接投资面临的外汇风险加剧。

（2）技术新投资铁锂产品创新，甲公司投资一项新技术，项目投资期5年，以项目资本成本作为折现率，采用净现值法进行财务可行性评价。部分现金流量情况如下：①已发生项目可行性论证调研费100万元；②项目投资总额2 000万元；③项目投资需增加营运资本2 000万元；④项目实施会占用公司原有一处闲置厂房，该厂房对外出租的市场价格为100万元/年，公司未来5年没有对外出租计划；⑤项目实施之后，预计生产磷酸铁锂电池产品的付现成本每年降低8 000万元；⑥项目实施之后，预计公司另一款同类产品钴酸锂电池销量下降，导致每年销售收入减少1 000万元；⑦项目实施之后，每年支付项目债务融资利息300万元；⑧项目终结时，投资项目资产残值可收回500万元。

（3）财务风险控制，甲公司有一家上市子

第四章

公司，资产负债率高达90.5%。为降低资产负债率过高所带来的财务风险，子公司财务总监建议采取如下措施：①与债权人谈判，将2022年底前到期的债务转换为股权；②将现有股利支付率从10%提升至12%；③在公开市场上回购并注销股票2 000万股。

（4）集团资金配置。甲公司整体资产负债率长期保持在72%~76%，2021年并表核算的成员单位净资产率为27%。同时，集团子公司内部结算较为繁杂，甲公司整体资金利用效率较低，部分下属公司资金闲置严重，甲公司考虑在2022年设立集团财务公司，以提高集团资金利用效率。财务公司拟开展同业拆借、为集团成员单位办理委托贷款、为外部供应商的资产采购办理贷款服务等业务。

假定不考虑其他因素。

要求：

1. 指出甲公司开展境外直接投资的动机；针对该境外直接投资的外汇风险，指出甲公司应采取的风险控制措施。

2. 根据资料（2），逐项指出①~⑧项现金流量是否需在项目投资评价中作为相关的现金流量加以考虑。

3. 根据材料（3），逐项指出子公司财务总监提出的措施①~③项是否恰当；如不恰当，分别说明理由。

4. 根据资料（4），指出公司设立财务公司是否符合条件；如不符合，说明理由。

5. 根据资料（4），指出公司设立财务公司开展的业务是否存在不当之处；对存在不当之处的，说明理由。

【分析与解释】

1. 动机：获取原材料，或降低原材料成本。

措施：选择有利的计价货币，增加合同中货币保值条款，利用期货期权交易以及平行贷款。

2. ①否；②是；③否；④否；⑤是；⑥是；⑦否；⑧是。

3. ①恰当。

②不恰当，应降低股利支付率。

③不恰当，回购并注销子公司股票会提高资产负债率。

4. 不符合条件。

理由：申请前一年按规定并表核算的成员单

位净资产率不低于30%，或资产负债率不高于70%。

5. 存在不当之处。

理由：财务公司不能为外部供应商的资产采购办理贷款。

【2021年试题】

甲公司是一家建筑业国有控股上市公司，从事电力能源、水资源与环境基础设施等业务领域的规划设计、施工建造和投资运营，2020年末甲公司召开战略规划专题研讨会，讨论公司"十四五"战略计划，内容如下：

（1）战略分析，随着小康社会全面建成，人们健康意识不断增强，水资源恶化及土壤污染成为社会面临的重大环境问题，在"绿水青山就是金山银山"的理念和国家环保政策的指引下，我国水环境及土壤修复技术取得很大进步，可以预见"十四五"期间我国大生态大环保前景广阔。

（2）业务规划，随着电力能源市场增速的趋缓，公司在巩固传统市场份额的同时，开始逐步拓宽水资源和环境业务。

①电力能源业务。该业务是公司经济效益和现金流的主要来源，在市场上具有核心竞争力、市场占有率达35%且处于行业最高水平，预计"十四五"期间该业务平均增速为2%。

②水资源与环境业务是公司的新型业务，在该领域内公司已取得重大技术突破并拥有示范工程，在市场上具有很强的竞争优势，市场占有率达22.5%，预计"十四五"该业务增速高达18%。

（3）投资规划。优化资源配置，提高投资效益，"十四五"期间，公司所投资运营板块新增投资规模控制在3 000亿元以内，主要保障措施：

①坚持投入产出最大化原则，提高投资项目质量，完善投资项目评审制度，采用净现值指标进行投资决策时，所有项目均按公司加权平均资本的6.5%进行折现。

②加强投资项目运营管理，重点强化境外投资项目的财务管理，建立健全境外资金往来联签制度。

（4）融资规划。优化资本结构，强化融资

管理，"十四五"期间公司资产负债率控制在70%以内，主要保障措施：

①加大提质增效力度，提高整体盈利水平，合理确定股利支付比例，持续提高内部积累水平。

②加大资产盘活力度，重点对非主业资产和低效无效资产进行剥离销售。

③加大子公司混合所有制改革力度，优化股权结构，大力引进战略投资者。

假定不考虑其他因素。

要求：

1. 根据资料（1）指出甲公司战略分析体现了 PESTEL 分析法的哪些关键要素。

2. 根据资料（2）结合波士顿矩阵模型，分别指出甲公司电力能源业务和水资源与环境业务所属的业务类型，并分别指出应采取的资源配置策略。

3. 根据资料（3）中的第①项指出甲公司投资决策对所有项目按公司加权平均资本成本进行的方法是否恰当；如不恰当指出项目风险与公司风险不一致时，该做法可能对甲公司投资者造成的不同影响。

4. 根据资料（3）中的第②项，结合财政部印发的国有企业境外投资财务管理办法，指出甲公司应如何建立健全境外资金往来联签制度。

5. 根据资料（4），基于融资方式的战略选择，指出甲公司融资规划中①～③项所分别体现的融资战略类型。

【分析与解释】

1. 略。

2. 略。

3. 不恰当。

理由：不同风险的投资项目应选择不同的折现率。

造成的影响：如果项目风险大于公司风险时，选择加权平均资本成本做折现率，将造成项目的净现值虚增，最终导致投资失败；如果项目风险小于公司风险时，选择加权平均资本成本做折现率，将会导致项目的净现值可能为负值，从而误导决策，造成公司投资机会的丧失。

4. 国有企业应当督促境外投资企业（项目）建立健全银行账户管理制度，掌握境外投资企业（项目）银行账户设立、撤销、重大异动等情况，并督促建立健全资金往来联签制度，一般资金往来应当由经办人和经授权的管理人员签字授权；重大资金往来应由境外投资（项目）董事长、总经理、财务负责人中的两人或多人签字授权，其中一人须为财务负责人。

5. 略。

强化练习

习题一

甲公司是一家以视频技术为核心的安防系列产品制造及智能物联网服务的境内上市公司。2020 年 4 月，公司管理层对经营情况进行分析研判，拟采取一系列应对措施，强化公司的市场竞争优势。主要应对措施如下：

①稳定供应链。为减少 H 国出口管制的影响，稳定上游供应链，甲公司拟进行境外并购，收购 W 国的一家 M 零部件制造企业。经过项目筛选和投资立项会审批意见、市场尽职调查与风险评估报告等流程，甲公司召开总经理办公会进行决策，会议批准了相关收购协议的主要条款，并责成相关部门直接报董事长签字，授权经营团队签订投资协议，办理投资和各项收购手续。

②推行资金集中管理。截至 2020 年第一季度末，甲公司拥有 39 家国内控股子公司、31 个境外分支机构，母、子公司均无任何担保业务。甲公司经研究决定，自 2020 年下半年起，在全集团推行资金集中管理。

③加强集团财务风险控制。2020 年第一季度末数据显示：集团资产总额 1 025 亿元，其中货币资金 181 亿元（含外币货币资金折合人民币 75 亿元）；负债总额 756 亿元（含外币借款折合人民币 216 亿元）；外汇市场波动产生较大的汇兑损失。

此外，公司最佳资本结构下的资产负债率为 55%～65%，针对公司财务现状，甲公司决定加强集团财务风险控制。

假定不考虑其他因素。

要求：

1. 根据资料第①项，判断甲公司境外直接投资的决策步骤是否恰当，并说明理由。

2. 根据资料第②项，说明甲公司推行资金集中管理的合理性。

3. 根据资料第②项和第③项，从企业集团的角度，指出甲公司加强集团财务风险控制的针对性措施。

【分析与解释】

1. 不恰当。

理由：决策步骤不完整。没有经过公司投资决策委会进行项目论证与决策；直接报董事长签字并批准实施，没有召开董事会表决。

2. 具体说，可以规范集团资金使用，增强总部对成员企业的财务控制力；增强集团资源配置优势（或：甲公司的子公司众多，资金集中管理有利于集团管控、盘活资金、在集团内有效配置资源，提高资金利用效率，降低资金成本和金融风险）。

3. 加强境外投资面临的外汇风险控制；加强集团公司资产负债率控制。

【点评】 本题考核了境外投资决策步骤是否完善、集团资金管理重要性和集团财务风险控制措施。

习题二

甲公司是一家在上海证券交易所上市的大型国有集团公司，主要从事 M 产品的生产与销售，系国内同行业中的龙头企业。2019 年初，甲公司召开经营与财务工作专题会议。部分参会人员发言要点摘录如下：

（1）财务部经理：公司业务在 2017 年经历了快速发展，营业收入同比增长 38%。但是债务规模也随之大幅攀升，2017 年末资产负债率高达 85%，显示出财务风险重大。2018 年，公司努力优化资本结构，主要做了以下工作：①适度压缩债务规模，提高留存收益比例；②综合采用吸收直接投资、引入战略投资者和非公开定向增发等方式进行权益融资（增发定价基准日前 20 个交易日公司股票均价为每股 17 元；增发前公司总股本数量为 25 亿股）；③严格控制赊销

条件，强化应收账款催收力度，大幅度改善应收账款周转率；④严格控制并购事项，慎重进入核心能力之外的业务领域。2018 年末，公司资产负债率同比下降了 10 个百分点，为充分利用现有资源、实现财务业绩和资产规模稳定增长奠定了基础。2019 年，公司应当根据自身经营状况确定与之匹配的发展速度。

（2）投资部经理：公司 2018 年完成增资发行后，资金充裕，可以同时投资多个项目。为保持公司技术领先优势，需加大技术项目投资。现有 A、B 两个投资项目可供选择，加权平均资本成本均为 9%。经测算，A、B 两个项目的内含报酬率分别为 17.87% 和 15.04%，净现值分别为 0.37 亿元和 0.68 亿元。

（3）企业发展部经理：公司技术创新和管理能力较强，M 产品市场优势明显。鉴于国内市场日趋饱和，应加快开拓国际市场。我国政府提出的"一带一路"倡议得到了沿线国家的积极响应，一些沿线国家既是公司产品的原材料产地，也是公司产品的巨大潜在市场。沿线国家大多数处于工业化中后期阶段，产品生产和技术水平有待提高。建议公司 2019 年从这些沿线国家中选择一些风险适度、业务互补性强的项目，开展相关的境外直接投资业务。

假定不考虑其他因素。

要求：

1. 根据资料（1）和我国证券市场增发融资相关规定，计算确定甲公司可申请增资发行股票的最大发行量及该发行量下的最低融资额。

2. 根据资料（2），结合企业投资项目的一般分类方法，对甲公司面临 A、B 两个投资项目进行决策，并说明理由。

3. 根据资料（3），指出企业发展部经理建议所表达的开展境外直接投资的主要动机。

【分析与解释】

1. 股票最大发行量 = 25 × 20% = 5（亿股）

增资发行最低融资额 = 5 × 17 × 90% = 76.5（亿元）

2. 若 A、B 两个项目为独立项目或依存项目，则均可采纳。

理由：A、B 两个项目内含报酬率（IRR）均大于加权平均成本 9%（或：A、B 两个项目净现值（NPV）均大于 0）。

若 A、B 两个项目为互斥项目，则选择 B 项目。

理由：净现值法将项目的收益与股东财富直接关联。当 NPV 法与 IRR 法出现矛盾时，以 NPV 法为准。

3. 甲公司境外直接投资的主要动机：获取原材料；分散和降低经营风险；发挥自身优势，提高竞争力。

【点评】本题考核增发融资条件、NPV 与 IRR 的比较、境外直接投资动机。

习题三

甲公司是一家集成电路制造类的国有控股集团公司，在上海证券交易所上市。2017 年末，公司的资产总额为 150 亿元，负债总额为 90 亿元。2018 年初，公司召开了经营与财务工作务虚会。部分参会人员发言要点摘录如下：

（1）投资总监：2017 年实现销售收入增长 30%，需要对现有加工车间进行扩建，以扩充生产能力。车间扩建项目有 A、B 两个风险相当的备选扩建方案，预计投资均为 1 亿元，建设期均为半年，当年均可以投产，运营期均为 10 年；A、B 两个方案年度平均现金流分别为 0.25 亿元和 0.31 亿元，回收期分别为 2.5 年和 3.5 年。

（2）财务部经理：按照销售收入增长率 30% 测算，满足公司下一年度增长所需的净增投资额共计 3 亿元，必须全部通过外部融资解决。

（3）财务总监：虽然公司发展已经取得了长足进步，但资产负债率也急剧上升，并高于行业平均水平（45%）。如果继续增加债务融资，将会加大公司财务风险。因此，应优化公司的资本结构，始终将公司最优资本结构下的资产负债率控制在 45% 这一常数点。

（4）战略发展部经理：集团旗下参股和控股企业数量众多，内部资金往来交易量巨大。本集团已初步具备了成立财务公司的条件。为加强资金集中管理，建议着手组建集团财务公司：

①成立专门工作组，动员成员单位积极入股，并适当吸收社会其他合格的机构投资者入股；

②集团财务公司可以为成员单位办理票据承兑与贴现、贷款和承销股票等业务，从而拓宽成员单位资金的来源渠道。

假定不考虑其他因素。

要求：

1. 根据资料（1），分别计算 A、B 两个方案的投资收益率，指出甲公司采用投资收益率法和回收期法的决策结论是否一致，并说明理由。

2. 根据资料（2），结合融资规划和企业增长原理，判断财务部经理关于年度所需的净增投资额必须全部通过外部融资解决的观点是否恰当；如不恰当，说明理由。

3. 根据资料（3），判断财务总监的观点是否恰当；如不恰当，指出不当之处并说明理由。

4. 根据资料（4），分别判断第①项和第②项的陈述是否恰当；如不恰当，说明理由。

【分析与解释】

1.①A 方案投资收益率 = 0.25 ÷ 1 × 100% = 25%；

B 方案投资收益率 = 0.31 ÷ 1 × 100% = 31%。

②采用两种方法决策结论不一致。

理由：采用回收期法，A 方案回收期短，优于 B 方案；

采用投资收益率法，B 方案投资收益率较高，优于 A 方案。

2. 不恰当。

理由：企业增长所需的净增投资额等于内部融资与外部融资之和，由于企业有内部融资量（留存率 85%），实际外部融资量小于 3 亿元。

3. 不恰当。

不当之处：始终将公司最优资本结构下的资产负债率控制在 45% 这一常数点。

理由：最优资本结构不应是一个常数点，而是一个有效区间。

4.①恰当。

②不恰当。

理由：企业集团的财务公司的业务范围不包括为成员单位承销股票。

【点评】本题考核了投资决策方法的计算、融资决策与增长、资本结构调整、财务公司业务范围。

习题四

甲公司为一家境内上市的集团企业，主要从事基础设施建设、设计及装备制造等业务，正在逐步从承包商、建筑商向投资商、运营商的战略转型。2017年第一季度末，甲公司召开由中高层管理人员参加的公司战略规划研讨会。有关人员发言要点如下：

（1）投资部经理：近年来，公司积极谋求业务转型，由单一的基础设施工程建设向包括基础设施工程、生态环保和旅游开发建设等在内的相关多元化投资领域拓展。在投资业务推动下，公司经营规模逐年攀升，2014年至2016年年均营业收入增长率为10.91%，而同期同行业年均营业收入增长率为7%。预计未来5年内，我国基础设施工程和生态环保类投资规模仍将保持较高的增速，公司处于重要发展机遇期。在此形势下，公司应继续扩大投资规模。建议2017年营业收入增长率调整至12%。

（2）财务部经理：公司战略转型要充分评估现有财务资源条件。近年来，公司经营政策和财务政策一直保持稳定状态，未来不打算增发新股。2016年末，公司资产总额为8 000亿元，负债总额为6 000亿元；年度营业收入总额为4 000亿元，净利润为160亿元，分配现金股利40亿元。

（3）总经理：公司应向开拓市场、优化机制、协同发展要成效。一是要抓住当前"一带一路"建设的机遇，加快国内、国外两个市场的投资布局，合理把握投资节奏，防范投资风险。二是考虑到在不对外融资的情况下仅仅依靠内部留存收益可以实现的销售增长非常有限，公司要积极拓展融资渠道，利用银行贷款和债券发行等债务融资工具，最大限度地使用外部资金满足公司投资业务资金需求。

假定不考虑其他因素。

要求：

1. 根据资料（1）和资料（2），如果采纳投资部经理增长率12%的建议，结合公司2017年可持续增长率，指出2017年甲公司营业收入增长将面临的财务问题以及可运用的财务策略。

2. 根据资料（2），计算甲公司2016年净资产收益率、销售净利率和2017年可持续增长率，并从可持续增长角度指出提高公司增长速度的主要驱动因素。

3. 根据资料（2）和资料（3），计算甲公司2017年在不对外融资情况下可实现的最高销售增长率。

【分析与解释】

1. 财务问题：资本需求与融资压力。

财务策略：发售新股、增加借款以提高杠杆率、削减股利、剥离无效资产、供货渠道选择、提高产品定价等。

2. 净资产收益率 $= \dfrac{160}{8\,000-6\,000} \times 100\% = 8\%$

销售净利率 $= \dfrac{160}{4\,000} \times 100\% = 4\%$

可持续增长率 $= \dfrac{8\% \times \left(1 - \dfrac{40}{160}\right)}{1 - 8\% \times \left(1 - \dfrac{40}{160}\right)} \times 100\%$

$= 6.38\%$

驱动因素：提高销售净利率水平、提高资产周转能力和削减现金股利等。

3. 甲公司2017年在不对外融资的情况下可实现的最高销售增长率：

总资产报酬率 $= \dfrac{160}{8\,000} \times 100\% = 2\%$

现金股利支付率 $= \dfrac{40}{160} \times 100\% = 25\%$

内部增长率 $= \dfrac{2\% \times (1-25\%)}{1 - 2\% \times (1-25\%)} = 1.52\%$

【点评】本题考核了重要比率的计算、资本结构调整策略。

习题五

甲公司为一家境内上市的集团企业，主要从事能源电力及基础设施建设与投资。2016年初，甲公司召开X、Y两个项目的投融资评审会。有关人员发言要点如下：

（1）能源电力事业部经理：X项目作为一个风能发电项目，初始投资额为5亿元。公司的加权平均资本成本为7%，该项目考虑风险后的加权平均资本成本为8%。经测算，该项目按公司加权平均资本成本7%折现计算的净值等于0，说明该项目收益能够补偿公司投入的本金及所要求获得的投资收益。因此，该项目投资可行。

（2）基础设施事业部经理：Y项目为一个地下综合管廊项目。采用"建设—经营—转让"（BOT）模式实施。该项目预计投资总额为20亿元（在项目开始时一次性投入），建设期为1年，运营期为10年，运营期每年现金净流量为

3亿元；运营期结束后，该项目无偿转让给当地政府，净残值为0。该项目前期市场调研时已支付中介机构咨询费0.02亿元。此外，该项目投资总额的70%采取银行贷款方式解决，贷款年利率为5%；该项目考虑风险后的加权平均资本成本为6%；公司加权平均资本成本为7%。Y项目对于提升公司在地下综合管廊基础设施市场的竞争力具有战略意义，建议投资该项目。

部分现值系数如表4-4所示。

表4-4　　　现金系数表

折现率	5%	6%	7%
10年期年金现值系数	7.7217	7.3601	7.0236
1年期复利现值系数	0.9524	0.9434	0.9346

（3）财务总监：公司带息负债增长迅速，债务融资占比过高，资本结构亟待优化，2015年末资产负债率已经高达80%，同意财务部经理将X、Y两个项目纳入募集资金使用范围的意见。此外，为进一步强化集团资金集中管理，提高集团资金使用效率，公司计划年内成立财务公司。财务公司成立之后，公司可以借助这个金融平台，一方面支持2016年投资计划及公司"十三五"投资战略的实施；另一方面为集团内外部单位提供结算、融资等服务，为集团培育新的利润增长点。

假定不考虑其他因素。

要求：

1. 根据资料（1），指出能源电力事业部经理对X项目投资可行的判断是否恰当，并说明理由。

2. 根据资料（2），计算Y项目的净现值，并据此分析判断该项目是否可行。

3. 根据资料（3），指出甲公司是否满足设立财务公司的规定条件，并说明理由。

4. 根据资料（3），指出财务总监关于财务公司服务对象的表述是否存在不当之处，并说明理由。

【分析与解释】

1. 不恰当。

理由：①X项目应当按照项目考虑风险后的加权平均资本成本8%折现计算净现值；②由于

按照7%折现计算的净现值等于0，因此，按照8%折现计算的净现值小于0。

2. Y项目净现值 = 3×7.3601×0.9434 - 20 = 0.83（亿元）；

项目净现值大于0，具有财务可行性。

3. 不满足。

理由：甲公司的资产负债率为80%，表明其净资产率为20%，而设立财务公司按有关规定的净资产率不应低于30%。

4. 存在不当之处。

理由：财务公司服务对象被严格限定在企业集团内部成员单位这一范围之内。

【点评】本题考核了项目投资的资本成本概念、净现值的计算、财务公司设立条件和服务范围。

习题六

甲企业是一家国有控股的制造业企业集团，旗下有众多子公司。有关各子公司的情况如下：

（1）A公司2014年6月在上海证券交易所上市。2022年1月，A公司计划在越南设立独立经营公司。由于越南劳动力成本较低，该公司的设立能够较好地利用当地低成本优势从事与制造业相关的材料生产。根据公司财务部按照当地现金流测算，该独立经营公司投资项目净现值为正，这笔投资能够为A公司股东创造价值回报。

2022年5月，A公司董事会认为，境外直接投资存在多重风险，要求A公司财务部编制投资风险管理计划。重点涉及投资前的风险控制与应对措施以及投资后的风险应对机制。

（2）B公司是一家刚刚成立的全资子公司，其业务主要集中于环境与污水处理工程等多个项目。其中，X项目制定了项目开工、建设实施、移交维护等各环节的管理制度，并严格实施项目预算管理制度，控制项目成本；投资者对X项目要求的基本投资回报率为8%；Y项目所在地地质环境复杂，项目安全与运营风险较高，投资人要求的回报率为15%；B公司股权和债权综合资金成本为10%。经财务部初步测算，X项目与Y项目均按照10%资本成本计算的净现值分别为 -450万元和600万元。财务部将初步测算结果报董事会决策。

（3）C公司是一家以国际贸易为主的平台公

司，业绩在近几年相对平稳。2022年度，公司收入1 000万元，其中税后利润100万元，40%用于支付股利；公司总资产2 000万元，总股数200万股，股东权益价值为1 000万元。C公司2023年度计划销售增长率是10%。公司财务总监李某认为公司资金基本确定在2023年度会存在困难。

要求：

1. A公司财务部的投资预测是否合理，并说明理由。

2. A公司境外直接投资可能存在哪几类风险，针对董事会提出的要求，A公司投资前后的风险应对机制应如何确定？

3. 根据财务部测算结果，你认为B公司董事会应如何决策？

4. C公司财务总监李某对公司未来资金量的判断是否准确，并说明理由。

5. 按照公司预期增长情况，你认为财务总监应如何应对？

【分析与解释】

1. 不合理。

理由：境外直接投资项目要注意评价主体问题。由于分属两个国家，境外投资项目必须考虑对母公司其他业务以及外汇管制和税收制度的影响。如果以母公司作为评价主体，所采用的现金流量必须是汇回母公司的现金流量。

A公司财务部是按照当地现金流测算，因此结果并不能保证能为A公司股东创造价值。

2. 境外直接投资风险主要包括：政治风险、经济风险、经营风险和外汇风险等。

针对董事会要求，A公司财务部应充分分析东道国经营环境，预计可能面临的问题，编制风险管理计划。当投资完成风险评估和预测后，可根据结论采取回避、保险、特许协定、调整投资策略等措施进行应对。

当完成境外投资，公司对境外国家风险防范和抵御能力大大下降，为减少损失，投资者可以采取有机会撤资、短期利润最大化、发展当地利益相关者、适应性调整、寻求法律保护等措施进行风险控制。

3. B公司董事会根据财务的测算结果，不能简单给出结论。

因为投资决策中不能直接使用公司综合平均资本成本，而应采用特定项目的风险贴现率。按照要求，X项目现金流应该按照8%贴现；Y项目现金流应该按照15%贴现。

因此，X项目和Y项目不应按照10%贴现率贴现，而且即使计算出了净现值，也不能用于决策。

4. C公司财务总监的判断正确，首先需要计算该公司可持续增长率。

可持续增长率 = 0.6×10%×2×0.5÷(1 - 0.6×10%×2×0.5) = 0.06÷0.94 = 6.38%

可持续增长率 < 公司2023年计划销售增长率10%，公司资金存在短缺。

5. 根据增长管理框架，公司实际增长率高于可持续增长率，公司应采用发售新股、增加借款提高杠杆率、削减股利、剥离无效资产、供货渠道选择、提高产品定价等策略解决融资缺口问题。

第五章　企业成本管理

本章概述

本章主要讲解现代商业环境下的成本管理观念、成本管理的主要方法和成本管理的前沿理论。复习时应重点关注：作业成本法、目标成本法、成本管理的前沿理念。本章属于重点章节。

考情分析

从历年考题知识点分析可知，2024 年考题的知识点呈现全面覆盖的趋势，过去多年未考到的知识点如生命周期成本管理策略、增值作业与有效作业、执行性成本动因分析等也出现在考题中。另外，目标成本设定、目标成本计算等基本知识点出现的概率仍然很高。请考生一定要注意这些常考的知识点，同时也要注意全面复习。本章近年考核情况见下表。

年度	题量	分值	相关知识点
2024	1	10	生命周期成本管理、有效作业、执行性成本动因、目标成本设定中的竞争性价格的确定方法、目标成本法、作业成本法、环境成本类型
2023	1	10	作业改进、目标成本确定、目标成本管理的实施原则、产品研发阶段成本管理的重点
2022	1	10	作业成本法的优点、间接环境成本分配、管理重点、环境成本类型
2021	1	10	目标成本、标准成本差异、生命周期成本、判断可行性、增值作业辨析
2020	1	10	作业成本的计算、作业成本信息决策

教材变化

2025 年教材中本章内容变化不大，删除了战略定位分析的内容，其他部分仅有部分文字和图表、例题的增加。

考点框架

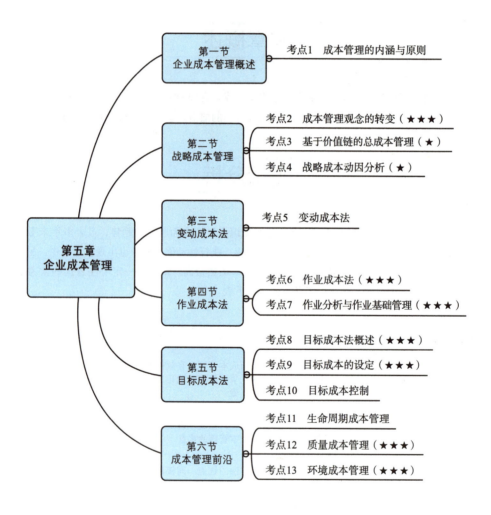

考点解读

✽ 考点1 成本管理的内涵与原则

（一）财务会计成本与管理会计成本

要进行成本管理，首先要明确什么是成本。财务会计的成本与管理会计的成本不同。

财务会计中的成本是指可以对象化的耗费。如制造业，一般直接材料、直接人工和生产费用都是在发生时就可知是被某种产品消耗，因此该

消耗就是可对象化的。期间费用则是不可以对象化的非制造费用，通常直接计入当期损益。

在财务会计中，成本是根据财务报表的需要定义的，它们由会计准则或会计制度来规范，因此可以称为"报表成本"或"制度成本"。我国相关制度同时规定了产品成本的开支范围和不得计入产品成本的支出范围。图5-1展示的是所有成本费用的核算从发生到报表列报的路线。

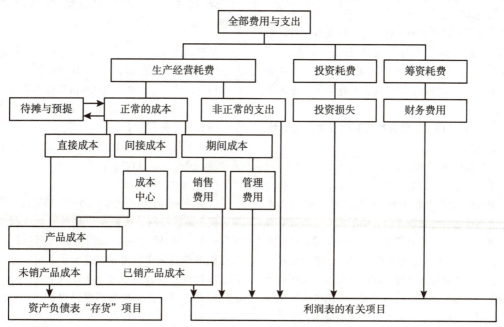

图5-1 成本费用支出核算和列报路线

管理会计中"成本"是指企业在生产经营中对象化的、以货币表现的、为达到特定目的而应当或可能发生的各种经济资源的价值牺牲或代价。管理会计中"成本"需要强调的是成本的目的性、价值牺牲与资本消耗性，或可发生性以及可计量性。

（二）成本管理含义与原则

成本管理，是指企业在营运过程中实施事前（成本预测、成本决策、成本计划）、事中（成本控制）、事后（成本核算、成本分析和成本考

核）管理流程的总称。

企业进行成本管理，一般应遵循融合性、战略适应性、成本效益及重要性原则。

（三）成本管理的应用环境

企业进行成本管理，一般应包括以下环境：

（1）根据内外部环境选择适合的成本管理工具方法；

（2）健全成本管理的制度体系；

（3）健全成本相关的原始记录，加强成本基础信息的管理；

（4）加强存货的管理；

（5）充分利用现代信息技术规范成本管理流程，提高成本管理的效率。

✳ 考点 2　成本管理观念的转变（★★★）

（一）从偏重成本核算向兼顾成本核算和成本控制的转变

据调查，80% 以上的成本管理人员将主要的精力放在成本核算上，亦即放在产品制造过程所发生的弹性资源消耗的收集、记录、传递、汇总、整理、分摊和成本计算上。但是，旨在提高产品成本核算"精度"的成本核算系统，还远远不能满足管理者对成本管理的需求。一方面是因为绝对"准确"的成本信息是不存在的；另一方面是因为成本信息最终是为成本控制服务的，而成本控制的目标是实现战略目标。因此，企业成本管理必须由注重成本核算向注重成本控制转变升级，以提高企业竞争优势为终极目标。

（二）从成本的经营性控制向成本的规划性控制转变

产品成本的 80% 在设计阶段就已经确定下来了，因此成本降低的 80% 靠设计，而制造过程中仅仅能够降低 20%。产品成本控制需要从企业的规划阶段做起才能有助于成本控制效果的实现。在传统成本管理中，产品成本常常被看作"已发生"的成本，是事后的。通过经营性成本控制，只能降低少部分的非固化成本，成本降低幅度、余地并不大。只有对成本实施事前的规划性控制，才能真正从源头控制产品成本。

（三）从产品制造成本管理向产品总成本管理转变

现行的成本核算方法主要以"制造成本法"为基础计算财务会计成本，即仅仅核算产品生产过程中的成本。而在生产成本之外还存在大量的设计、营销、管理、售后、处置、质量、环保等耗费。现代成本管理的本质是基于价值链的总成本管理，商品的销售、运输、售后服务等环节消耗的资源越来越多，因此，要树立产品总成本管理的意识，除此之外，真正贯彻配比原则，应该从"产品总成本"角度进行一系列的成本决策。例如，新产品是否盈利、新的生产线是否决定上

马等。产品总成本管理不仅要看产品制造成本，而且更应关注设计、设备升级、生产准备、营销和售后服务等一系列作业环节所发生的资源消耗，从而在"总体"上判断产品的营利性、价值创造性。

（四）从静态成本管理向动态成本管理转变

价值链理论认为，产品成本在不同价值链条环节所消耗的资源存在此消彼长的"内部联动关系"。上一环节如果为了节约成本，很可能对下一环节的成本产生影响。例如，为了压缩原材料成本，很可能造成相应产品的质检、售后服务成本增加。企业需要从成本结构的动态关系上，系统分析、控制产品成本。

✳ 考点 3　基于价值链的总成本管理（★）

既然现代成本管理的本质是"基于价值链的总成本管理"，那么对成本的管理要从源头进行控制。价值链分析是企业从事战略成本管理的逻辑起点，同时体现了战略成本管理的核心理念，即成本管理不是针对"狭义成本"的管理，而是从业务角度进行的成本管理。不是针对结果的管理，而是针对过程的管理。

（一）价值链分析的含义

价值链是围绕核心企业，通过对信息流、物流、资金流的控制，从采购原材料开始，制成中间产品以及最终产品，最后由销售网络把产品送到消费者手中的将供应商、制造商、分销商、零售商，直到最终用户连成一个整体的功能网链结构模式。从价值形成过程看，价值链就是从货币和价值的角度所反映的作业链。价值链分析就是要对价值链的上下游关系、企业内部的价值活动和外部价值活动的关系进行分析的过程。

（二）企业内部价值链分析

1. 内部价值链的构成

企业内部价值链是指企业内部为顾客创造价值的主要活动及相关支持的活动。这些价值活动可以分为基本活动和辅助活动两大类。其中，基本活动涉及产品生产流转过程各个环节，包括五种作业活动：（1）进货作业；（2）生产作业；（3）出货作业；（4）市场营销；（5）售后服务。辅助活动则是为保证或支持基本活动而发生的活

动，包括四种作业活动：（1）采购；（2）技术开发；（3）人力资源管理；（4）企业基础设施。

2. 内部价值链分析的步骤

可以分为以下四个步骤：

（1）识别企业价值链的主要活动。 将价值链上的五种基本活动、四种辅助活动，依据产业特点、企业战略等分解为若干具体作业。如果我们以 M 公司为例来分析一下价值链会发现，M 公司的价值链在很大程度上和苹果公司非常类似。

【例 5-1】 M 公司是 M 手机的制造商，其商业模式异于传统手机制造商。目前手机生产商的商业模式都是靠销售手机赚钱，包括苹果、三星以及国内的华为、联想等。而 M 手机则把手机本身的价格做到更低、配置最高，理想中商业模式是以 M 手机作为载体，收集、扩大并绑定用户，通过互联网应用与服务盈利。共同成就一个前所未有的软件、硬件、互联网"铁人三项"公司。M 手机只是一个载体，它就是一部互联网手机，所以说 M 公司是一个互联网公司而不是一个手机制造企业。

第一部 M 手机诞生后，直接冲击了传统的手机制造模式和营销模式，无论是人员、技术还是产品理念与销售渠道建设。而传统手机企业自身有各种不足：

（1）渠道：存在分销环节多、管理成本高、区域扩张受限等诸多的问题。

（2）市场：品牌建设投入大、营销成本高、难以开展精准营销，无法及时了解市场需求。

（3）利润：厂家议价能力削弱；中间商环节多，利润分配多级；渠道成本高，利润层层过滤。

（4）生产：生产与销售信息断层导致库存积压或供货不足；难以满足消费者个性化需求。

M 手机颠覆传统价值链。M 手机是以互联网时代的公司建设与产品来打造的，去面对一个相对传统一些的科技行业，以"轻公司"的姿态来挑战其他传统"大腕"，对传统厂商的传统模式产生了直接冲击。在分销渠道环节，M 公司只走电子商务渠道，即在线直销。M 手机在产品生产设计环节，也做到了完全的互联网化，通过互联网的方式发动群众一起来做手机，更人性化地让消费者价值得到提升。在营销环节，M 公司

舍弃任何传统的昂贵的展示性广告，只做新媒体、自媒体等社会化营销，并专注培育自己的论坛。传统广告的模式粗放，而 M 公司却可以直接和自己的粉丝互动，营销起来就精准得多。因此，M 公司让发烧友参与手机系统的开发，根据发烧友的反馈意见不断改进，并每周实时进行更新。在库存环节，M 公司类似于早些年戴尔"零库存"的概念。先有订单，再开始生产。本质上颠倒了传统供应链节点的先后顺序。

（2）价值活动的成本动因分析。 分析每项价值活动引起成本消耗的根本驱动因素，简称动因，可以帮助企业识别出哪些作业或价值活动具有成本优势，哪些是可以外包的。

（3）分析价值活动之间的关联。 价值活动之间的关联性主要存在于企业内部价值链、供应商与企业价值链、分销商与企业价值链、顾客与企业价值链等之中。

（4）在增加价值或降低成本之间进行选择以建立竞争优势。 第一，要识别竞争优势以及在整个行业价值链中的位置，从而确定采取成本领先还是差异化的竞争战略。第二，识别哪些活动创造价值，哪些活动毁灭价值。第三，识别哪些活动的成本可以通过成本控制和价值链重构来消除。

【提示】 需要强调的是，从产品销售到客户的环节来看，有效作业是能够产生和增加顾客价值的作业，需要大力强化。不增加企业价值的其他的作业为无效作业和维持作业，只能用来维持企业正常运营，需要严格控制，但是，无效作业不等于无用作业，某种程度上无效作业是维持企业正常运营的有用作业。

【例 5-2】 甲公司是一家集空调技术开发、产品制造、市场销售和服务为一体的大型企业，产品远销 160 多个国家和地区。为进一步提升公司产品的国际市场渗透力，发力高端市场，优化产品结构，甲公司于 2024 年 1 月召开降本提质量、助力国际业务大发展专题会议，有关资料如下：

甲公司销售部门反馈，从产品销售到顾客的环节来讲，甲公司一贯重视质量管理，公司在修复残次品及其与之相关的行政管理上的花销体现不出增加客户价值，属于无效作业，应予以消除。

要求：结合价值链分析，指出上述说法是否存在不当之处，并说明理由。

【分析与解释】

存在不当之处。

理由：价值链分析及价值识别的功能，在于如何通过诸如外包、战略联盟等方式，将那些对企业自身没有价值增值的作业从企业价值链中剔除，以突出企业的核心能力与竞争优势。资料中，甲公司是以顾客价值为基础分析有效作业和无效作业不正确（或无效作业不等于无用作业，对于无效作业需要严格控制，并不是消除）。

（三）企业间价值链分析

1. 纵向价值链分析

主要分析在所处产业上、中、下游价值链分工中的战略定位。

【提示】两个企业间的相互依赖性越强，其资产专用性及相互关系"锁定"等所带来的潜在风险可能越大，任何一方的"背信"都可能给另一方带来极大的风险损失，因此，以长期合同、战略联盟、参股、合营甚至控股等形式所形成的企业间"纽带"关系，将对产业组织结构、企业重组等产生重大影响。从产业发展角度看，"纵向一体化"将有助于节约企业之间的交易成本，提高产业的产出效率。

2. 横向价值链分析

主要分析现实或潜在竞争对手对企业价值创造活动的影响，旨在明确竞争对手在市场竞争中的优劣势，从而明确企业自身的战略定位。

【提示】从横向价值链及其整合角度看，"横向一体化"的最大优势在于发挥产业内的规模经济，产业内的核心企业应借助其规模经济效应降低单位产出的成本，并大大提升它们在同行业中的竞争优势。

❖ 考点 4　战略成本动因分析（★）

（一）内容和分类

战略成本动因分为结构性成本动因和执行性成本动因。

（1）结构性成本动因。结构性成本动因是指决定企业基础经济结构的因素，包括规模、范围、经验、技术、多样性等。结构性成本动因并非越高越好，而应适度。例如，单位成本随着规模的增长、企业效率的增长而降低。但是如果企业规模过大，生产的复杂性、沟通协调的难度增加，也会导致企业的效率降低，增加成本。结构性动因是以资源配置的优化为抓手。

（2）执行性成本动因。执行性成本动因是指与企业执行价值活动程序有关的动因。包括员工参与、全面质量管理、资源和管理能力利用、厂房布局规划、产品结构、产业价值链的链接关系。

（二）战略成本动因的应用

执行性成本动因所要求的战略性强化，是以最佳的效果为目标的。

（1）合理选择结构性成本动因：①做好投资决策，实现适度规模。②选择企业适宜的纵向经营范围。③通过积累经验不断降低成本。④合理制定研究开发政策。⑤对企业产品多样化程度进行合理化。

（2）强化执行性成本动因：①引导员工参与管理，增强员工责任感。②大力推进全面质量管理。③充分利用现有的生产能力。④工厂布局合理化。⑤产品设计合理化。⑥加强与供应商及客户之间的纵向合作。

【例5-3】甲公司于2024年1月召开降本提质量、助力国际业务大发展专题会议，有关资料如下：研发中心认为公司在产品设计方面综合运用了减少产品零部件数量、增加品种零部件通用性，降低零部件加工难度等方法来获取成本优势。

要求：指出上述说法所体现的战略成本动因类型。

【分析与解释】

执行性成本动因中的产品设计合理化。

❖ 考点 5　变动成本法

（一）基本概念

（1）变动成本法，是指企业以成本性态分析为前提条件，仅将生产过程中消耗的变动生产成本作为产品成本的构成内容，而将固定生产成本和非生产成本作为期间成本，直接由当期收益予以补偿的一种成本管理方法。

（2）变动成本法的主要优点包括：一是区分固定成本与变动成本，有利于明确企业产品盈利能力和划分成本责任；二是保持利润与销售量增减相一致，促进以销定产；三是揭示了销售量、成本和利润之间的依存关系，使当期利润真正反映企业经营状况，有利于企业经营预测和决策。

（3）变动成本法的**主要缺点**包括：一是计算的单位成本并不是完全成本，不能反映产品生产过程中发生的全部耗费；二是不能适应长期决策的需要。

（4）变动成本法**适用于：①企业固定成本比重较大**，当产品更新换代的速度较快时，分摊计入产品成本中的固定成本比重大，采用变动成本法可以正确反映产品盈利状况。②企业规模大，产品或服务的种类多，固定成本分摊存在较大困难。③企业作业保持相对稳定。

（二）变动成本法的应用

1. 变动成本的计算

在变动成本法下，为加强短期经营决策，按照成本性态，企业的生产成本分为变动生产成本和固定生产成本，非生产成本分为变动非生产成本和固定非生产成本。其中，只有变动生产成本才构成产品成本，其随产品实体的流动而流动，随产量变动而变动。变动成本法下，成本仅包括生产性变动成本，而非生产性固定成本都视同期间成本全额计入当期损益。

2. 利润计算

在变动成本法下，利润的计算通常采用**贡献式损益表**。该表一般应包括营业收入、变动成本、边际贡献、固定成本、利润等项目。其中，变动成本包括变动生产成本和变动非生产成本两部分，固定成本包括固定生产成本和固定非生产成本两部分。贡献式损益表中损益计算包括以下两个步骤：

计算边际贡献总额：

边际贡献总额＝营业收入总额－变动成本总额＝销售单价×销售量－单位变动成本×销售量＝（销售单价－单位变动成本）×销售量＝单位边际贡献×销售量

计算当期利润：

利润＝边际贡献总额－固定成本总额

【例5-4】某企业生产一种产品，2024年6月当月产量为4 000件，相关产品成本资料如表5-1所示。

表5-1　　相关产品成本资料　单位：元

项目	金额
直接材料	24 000
直接人工	12 000
变动性制造费用	4 000
固定性制造费用	10 000
期间费用	5 000
其中：变动性	2

假设该企业采用变动成本法核算成本，当月，月初月末均无库存，实现销售收入80 000元。不考虑其他因素。

要求：请根据上述资料计算单位产品成本、边际贡献和利润。

【分析与解释】

单位生产成本＝（24 000＋12 000＋4 000）÷4 000＝10（元/件）

边际贡献＝80 000－（24 000＋12 000＋4 000＋2 000）＝38 000（元）

利润＝38 000－10 000－（5 000－2 000）＝25 000（元）

（三）变动成本法在短期经营决策中的应用

1. 是否接受追加订单的决策

企业如果遇到价格低于正常订单价格的追加订单，是否接受？这就需要作出是否接受追加订单的决策。在完全成本法下，如果特殊订单的单价低于单位生产成本，企业往往会放弃该订单。但是，从成本性态角度来看，单位变动成本是固定的，单位固定成本是变动的。也就是说，在决策是否接受追加订单时，我们可以不考虑固定成本因素，因为在"相关范围"内固定成本不会因追加订单而增加。

在变动成本法下，是否接受追加订单的决策，要看接受追加订单所带来的边际贡献是否大于该追加订单所引起的相关成本。如果追加订单不会影响正常订单的实现，只要追加订单量在企业剩余生产能力范围内，且剩余生产能力无法转移，同时不需追加投入专属成本，那么只要追加订单能够产生边际贡献，即追加订单的单价大于该产品的单位变动成本，就应当接受该追加订单。当然，如果追加订单需追加投入专属成本，则接受追加订单的条件应该满足追加订单所带来的边际贡献大于追加投入的专属成本；如果剩余生产能力可以转移，则需把剩余生产能力转移所带来的可能收益作为追加订单的机会成本，当追加订单所带来的边际贡献大于该机会成本时，追加订单方案可以接受。

2. 是否继续生产亏损产品的决策

在企业核算产品成本的时候，可能发现有些产品是亏损的。对于这些亏损产品，企业是继续生产还是停止生产？在完全成本法下，对于亏损产品往往会作出停止生产的决策。但是，在变动成本法下，如果剩余生产能力无法转移，只要亏损产品的边际贡献大于零，就应当继续生产；如果剩余生产能力可以转移，只要亏损产品的边际贡献大于剩余生产能力转移有关的机会成本，也应当继续生产。继续生产能够带来正向边际贡献的亏损产品至少可以补偿一部分固定成本。

3. 零部件自制或外购的决策

零部件自制或外购的决策，属于互斥方案的决策，方案通常不涉及相关收入，只需考虑相关成本因素。在企业自制能力无法转移的情况下，自制方案的相关成本只包括按零部件全年需用量计算的变动成本。因此，在选择零部件自制或外购时，只需比较自制零部件单位变动成本和外购单价的大小，选择成本较低的方案。如果自制能力可以转移，则还需考虑与自制能力转移有关的机会成本。

✻ 考点6　作业成本法（★★★）

作业成本法首先是对传统的成本核算方法和流程的修正，其次是为作业成本管理奠定了基础。

（一）与作业成本法相关的概念

1. 资源

资源是成本的原始形态，体现为人财物的消耗。没有资源的耗费，成本的核算也就无从谈起。从广义上讲，维持企业正常生产经营的一切都可以称作企业的资源，它不仅包括常见的主材料、辅助材料、燃料与动力、机器设备、厂房土地，还包括知识资本、技术研发和资本资源等。狭义的资源是指在一定时期内，企业为了生产产品和提供劳务发生的各类成本和费用。

这是一个属于财务范畴的概念，它包括材料费、人工费、折旧费、办公费、运输费和燃料动力费等。

资源可以分为以下五类：

（1）产量级资源，包括为单个产品（或服务）所取得的原材料、零部件、人工、能源等。

（2）批别级资源，包括用于生产准备、机器调试的人工等。

（3）品种级资源，包括为生产某一种产品（或服务）所需要的专用化设备、软件或人力等。

（4）顾客级资源，包括为服务特定客户所需要的专门化设备、软件和人力等。

（5）设施级资源，包括土地使用权、房屋及建筑物，以及所保持的不受产量、批别、产品、服务和客户变化影响的人力资源等。

2. 作业

一般认为，作业是企业为了提供一定数量的产品或劳务所消耗的人力、技术、原材料、方法和环境的综合体。简而言之就是企业生产经营过程中以生产过程顺利进行为目的，以消耗资源为特征的一道道工序、操作、活动。作业是作业成本法计算的基础和核心，是作业成本法最基本的概念。通俗地讲，作业也就是基于一定的目的、以人为主体、消耗一定资源的特定范围内的工作。在一个企业内部，根据不同的技术要求和工艺流程，作业也是千变万化的，少则几十种，多则上百种。为了更好地对其进行研究，便于作业的分析，所以要对作业进行层次的分类。

一般情况下可以将作业分为以下五类：

（1）**产量级作业**，是指明确地为个别产品（或服务）实施的、使单个产品（或服务）受益的作业。该类作业的数量与产品（或服务）的数量呈正比例变动。包括产品加工、检验等。

（2）**批别级作业**，是指为一组（或一批）产品（或服务）实施的、使该组（或批）产品（或服务）受益的作业。该类作业的发生是由生产的批量数而不是单个产品（或服务）引起的，其数量与产品（或服务）的批量数呈正比变动。包括设备调试、生产准备等。

（3）**品种级作业**，是指为生产和销售某种产品（或服务）实施的、使该种产品（或服务）

的每个单位都受益的作业。该类作业用于产品（或服务）的生产或销售，但独立于实际产量或批量，其数量与品种的多少呈正比例变动。包括新产品设计、现有产品质量与功能改进、生产流程监控、工艺变换需要的流程设计、产品广告等。

（4）客户级作业，是指为服务特定客户所实施的作业。该类作业保证企业将产品（或服务）销售给个别客户，但作业本身与产品（或服务）数量独立。包括向个别客户提供的技术支持活动、咨询活动、独特包装等。

（5）设施级作业，是指为提供生产产品（或服务）的基本能力而实施的作业。该类作业是开展业务的基本条件，其使所有产品（或服务）都受益，但与产量或销量无关。包括管理作业、针对企业整体的广告活动等。

3. 成本动因

在作业成本法中，成本的发生是由每一项作业推动产生的，这种作业背后的推动力就是成本发生的因素，称为成本动因，是它决定着成本的产生。例如，对机器设备的调试会消耗人力和物力成本，那么调试的次数或调试的时间便是人力、物力消耗的成本动因；检验的次数决定着检验作业的成本消耗，那么检验次数就是检验作业的成本动因。作业成本法与传统成本法的最大不同就在于它把"作业量"与"数量"（直接人工工时、机器工时）区别开来，然后以作业量作为分配间接成本的基础。所以，采用作业成本法来进行间接费用的分配，首先要对成本发生的行为有较深刻的了解，找出恰当的成本动因，以说明成本是如何通过作业的实施进入各个产品中的。选择合适的成本动因是作业成本法最为核心的内容，它关系到作业成本归集分配的科学性、正确性和成本效益性。根据成本动因在作业成本法核算中所处的位置，一般将其分为资源动因和作业动因。

（1）资源动因。所谓资源动因就是**作业消耗资源的方式和原因**，是资源消耗背后的推动力，它是资源分配到作业中心的依据，反映了作业中心对资源的消耗情况。以车辆调试为例：产品的调试作业需要有调试人员、调试设备、专用厂房（场地），还有能源的消耗（如电能、油料）。调试作业作为成本对象，耗用了以上的资

源，构成了调试作业的成本。其中，调试人员的工资和调试设备、专用厂房（场地）的折旧费，一般可以直接计入调试作业成本库；但电力和油料的消耗往往是以全厂或者是车间为单位统计的，所以不能直接计入。这就需要根据设备额定的功率和车辆确定的油耗，再加上设备开启时间和车辆行走里程来分配。这里"设备的额定功率乘以运行时间、车辆确定油耗乘以行走里程"就是资源动因。它们的乘积值即资源动因量，资源动因量越大耗用的能源越多。这样就可按照它们的乘积值作为资源的分配基础，将调试所用的电能和油料成本分配到调试作业当中。

（2）作业动因。所谓作业动因是**产品消耗各项作业的方式和原因**，就是作业消耗背后的推动力，它是作业中心成本库成本分配到产品的标准。仍然以车辆调试作业为例：在资源通过资源动因分配进入调试作业成本库后，就要确定相应的作业动因将成本库中的成本分配至产品。假设企业生产多种产品，共用同一调试资源，生产不同的车辆都是按批次完成的，相应地对产品的调试也是按批次进行的。同时，又假定每次对任何产品的批次进行的调试作业所耗成本相同，那么调试的"次数"就是调试成本的作业动因，它是引起产品调试成本变动的推动力。在一定期间内，调试作业总成本除以调试的总次数，即为调试作业的成本分配率，用产品的调试次数乘以相对应的分配率即为该种产品所承担的调试成本。作业成本法核算原理如图5-2所示。

4. 作业中心

作业中心与成本库是相对应的概念。二者的关系是：成本库是按作业中心设置的，每一个成本库代表它所属的作业中心所引发的全部成本。

作业中心是指具有**同质**作业动因的作业集合。划分作业中心的目的，一方面是出于重要性和成本效益原则以控制成本核算的颗粒度；另一方面是为了整合相似职能实现资源共享、形成专业能力。例如，材料采购、检验、入库和仓储都可以归于材料处理作业中心。

【提示】作业成本法的颗粒度比传统成本核算法的颗粒度细。其原因在于作业成本法下，划分作业中心的数量较多，间接成本分配标准是根据作业中心的特点分别制定的。因此对间接成本进行分配结果的影响较大。

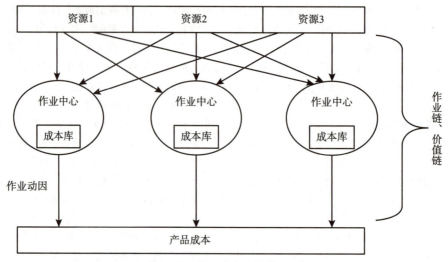

图 5-2 作业成本法核算原理

5. 成本库

成本库归集了一个作业中心所耗用的全部资源，它是由若干个同质作业动因组成一个特定的集合体。成本库所汇集的成本按其具有代表性的作业动因分配到各有关产品成本对象之中。也就是说，成本库是通过将间接耗费的资源分类，再按照类别进行归集形成的。同一成本库中的资源要具有同质性，所谓同质性就是这些归集来的间接资源都是被相同或类似的成本动因所驱动的，或者若干个作业对资源的消耗的比例大致相同。成本库是作业成本法中资源流动的中转枢纽，它将资源按作业的不同划分为不同的单元，然后再以作业为途径分配至产品。一个企业的作业可能会有成百上千种，如果对每项作业都成立一个成本库，那么计算结果会达到绝对精确，但这样会使成本的归集核算工作变得极其烦琐。所以，需要将性质相同或相近的作业合并，这样便减少了成本库的数量，也就大大降低了归集核算的复杂程度。虽然在分配过程中依然会存在着偏差，但这种细微的偏差不会对最终的分配结果产生重大的影响，所以这种偏差是可以忽略的。

（二）作业成本法应用

1. 作业成本法的应用目标

作业成本法的应用目标包括：通过追踪所有资源费用到作业，然后再到流程、产品、分销渠道或客户等成本对象，提供全口径、多维度的更加准确的成本信息。通过作业认定、成本动因分析以及对作业效率、质量和时间的计量，更真实地揭示资源、作业和成本之间的联动关系，为资源的合理配置以及作业、流程和作业链（或价值链）的持续优化提供依据；通过作业成本法提供的信息及其分析，为企业更有效地开展规划、决策、控制、评价等各种管理活动奠定坚实基础。

2. 作业成本法的应用环境

作业成本法一般适用于具备以下特征的企业：作业类型较多且作业链较长；同一生产线生产多种产品；企业规模较大且管理层对产品成本准确性要求较高；产品、客户和生产过程多样化程度较高；间接或辅助资源费用所占比重较大等。企业应用作业成本法所处的外部环境，一般应具备以下特点之一：一是客户个性化需求较高，市场竞争激烈；二是产品的需求弹性较大，价格敏感度高。

3. 作业成本法的应用程序

企业应用作业成本法，一般按照资源识别及资源费用的确认与计量、成本对象选择、作业认定、作业中心设计、资源动因选择与计量、作业成本汇集、作业动因选择与计量、作业成本分配、作业成本信息报告等程序进行。

4. 作业成本法的优缺点

作业成本法的主要优点包括：一是能够提供更加准确的各维度成本信息，有助于企业提高产品定价、作业与流程改进、客户服务等决策的准确性；二是改善和强化成本控制，促进绩效管理的改进和完善；三是推进作业基础预算，提高作业、流程、作业链（或价值链）管理的能力。

作业成本法的主要缺点包括：部分作业的识别、划分、合并与认定，成本动因的选择以及成本动因计量方法的选择等均存在较大的主观性，操作较为复杂，开发和维护费用较高。

（三）作业成本法的核算程序

1. 两步制分配程序

作业成本法的研究基础是作业，其核心理论是"作业消耗资源，产出消耗作业"的二阶成本法。在分配直接费用时和传统方法基本一致，直接计入即可；分配间接费用时就采用作业作为分配的基础来进行分配，基本程序如图 5－3 所示。

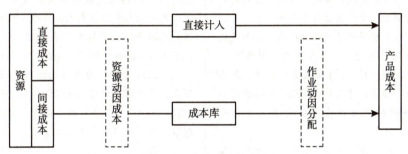

图 5－3　作业成本法程序

（1）将资源成本分配给作业。通过运用恰当的资源成本动因，把有关生产或服务的资源耗费归集到作业中心，形成成本库。

（2）将作业中心成本分配给成本对象。通过运用恰当的作业成本动因，把作业成本分配到成本对象，形成相应的产品或服务成本。

2. 作业成本法的核算

基于两步制分配程序，实施作业成本法，"制造费用"归集和分配可依据以下程序：

（1）**按作业归集制造费用，按工作内容辨别区分不同类型的作业。**在企业的生产活动过程中，构成价值链上的作业内容不同。作业成本法下根据业务内容区分出不同类型的作业，如材料的整理准备、机器设备的调整准备、机器设备的维修保养、生产线上的产品运送和产品质量控制等。

（2）**成本动因是分配制造费用的基础，因此要分析成本与作业之间的关系，确定每种作业的成本动因。**在作业成本法下，每种作业活动所发生的成本是按产品生产消耗的作业成本动因分配的，为此要分析成本与作业之间的关系，确定每种作业的成本动因。所谓成本动因是指引起某类作业成本发生的活动或因素。引起材料整理准备作业发生成本的因素可能是整理原材料的数量；机器设备调整准备作业发生成本的因素可能是机器设备调整准备的工时；生产线上产品运送作业发生成本的因素可能是生产线上运送产品的数量等。

（3）**按作业设立同成本动因相关的同质成本库，归集同质成本。**所谓同质成本是指相同成本动因引起的制造费用，将相同成本动因发生的成本归集到一起即为同质成本库，制造费用初始发生时通常归集到按作业设立的同质成本库中。这样做的优点是简化了后期分配制造费用的工作量。

（4）**以每种作业的成本动因为分配基础，制定各作业成本库的成本分配率。**对每一成本库中归集的成本，以该作业的成本动因为分配基础，制定作业成本库的成本分配率，如材料的整理准备成本以整理的材料数量为成本动因，则分配率计算如下：

材料整理准备作业成本分配率＝材料整理准备成本÷材料整理数量

（5）**根据每种产品消耗的成本动因和成本分配率，将作业成本库归集的作业成本分配于产品。**

某产品分配的材料整理准备成本＝该产品材料用量×材料整理准备成本分配率

上述程序可以具体分为两个步骤，首先按作业归集制造费用，计算每一成本库单位成本动因的成本即成本分配率，然后将归集于同质成本库中的制造费用按各产品消耗的成本动因与单位成本动因的成本分配率分配作业成本。

【提示】与传统成本核算法相比，作业成本法因其"相关性"提高而大大提升了成本信息的精确度，从而有利于企业利用成本信息进行管理决策。或者具体地说，传统成本核算系统的一个最主要缺陷就在于常常少计复杂的、低产量产品的成本，而多计高产量产品的成本，从而使成本信息不真实、不相关，并导致存货计价不准确、产品线决策不正确、资源分配不合理、产品定价不符合实际等，并最终以错误的战略视角和错误识别关键的成功因素导致企业失去竞争优势。

【例5-5】甲公司是一家主营煤炭开采、洗选和加工业务的国有煤炭上市公司，生产A、B、C三种产品，该公司生产环节引发的环境问题主要涉及污水废气排放、固体废弃物产生和采矿区地表塌陷等。甲公司将应对上述环境问题发生的成本归集为直接环境成本和间接环境成本。长期以来，甲公司采用传统成本法核算间接环境成本，即将间接环境成本按产量分配到不同产品成本中，随着我国低碳经济、绿色生产理念的普及，甲公司间接环境成本在产品成本中的比重逐年升高，通过传统成本法核算间接环境成本已不能适应"绿色化"战略转型的需要，甲公司决定采用作业成本法提高间接环境成本核算的准确性。2024年甲公司煤炭产量2 000万吨，其中A产品1 740万吨、B产品160万吨，C产品100万吨，2024年甲公司发生间接环境成本40 000万元，其中污水治理费9 600万元、废弃治理费7 000万元、固体废弃物处理费6 400万元、采矿区地表塌陷治理费17 000万元。

根据"作业消耗资源、产出消耗作业"的原则，甲公司采用作业成本法分配2024年间接环境成本，其成本分配相关信息如表5-2所示。

表5-2

作业成本库	消耗资源（万元）	成本动因	作业量					成因分配率
			单位	A产品	B产品	C产品	合计	
污水治理成本库	9 600	污水治理量	吨	5 000	9 000	18 000	32 000	0.3
废气治理成本库	7 000	废气治理量	吨	4 400	4 600	5 000	14 000	0.5
固体废弃物治理成本库	6 400	固体废弃物处理量	吨	208 000	64 000	48 000	320 000	0.02
采矿区地表塌陷治理成本库	17 000	塌陷面积	平方米	4 500	300	200	5 000	3.4

要求：根据资料，分别采用传统成本法和作业成本法，计算2024年应分配至A产品的间接环境成本，并指出采用作业成本法分配间接环境成本比传统成本法更加准确的原因。

【分析与解释】

（1）传统成本法下，2024年分配至A产品的间接环境成本=40 000×1 740÷2 000=34 800（万元）；

（2）作业成本法下，2024年分配至A产品的间接环境成本=（5 000×0.3）+（4 400×0.5）+（208 000×0.02）+（4 500×3.4）=23 160

（万元）；

（3）传统成本法以产量等单一分配标准对间接环境成本进行平均分配，未揭示环境成本发生的根本原因，分配结果不准确。作业成本法通过识别具体的环境成本动因，能更真实地揭示资源、作业和成本之间的联动关系，因其"相关性"提高相应提升了分配结果的精确度。

采用完全成本计算法分配制造费用时，一般采用的是与产量相关的分配标准，例如，产量、机器工时、直接人工工时等。以这种方式所确定的单位生产成本用于决策中，可能导致成本扭曲，从而影响正确的决策。

【例 5-6】某企业的甲部门共生产 A、B 两种产品，每年能提供总工时 50 000 小时，其中 A 产品耗用 10 000 小时（5 000×2），B 产品耗用 40 000 小时（20 000×2）。表 5-3 是该车间 2024 年的制造成本资料。

表 5-3　　制造成本资料　　单位：元

项目	A 产品	B 产品
直接材料	25	15
直接人工	10	10
制造费用总额	875 000	

A 产品和 B 产品所需要的单位直接人工工时相等，都是 2 小时。

但 A 产品的工艺比较复杂，设计中的机器调整、质量检验多，批量小，订单多。而 B 产品工艺比较简单，批量大。

由于市场竞争激烈，产品价值主要由市场决定，顾客愿意为技术含量高的产品付出较高的价格，而愿意为技术含量低的产品所付出的价格则较低。A 产品的当前市场价格为 120 元，而 B 产品的价格为 65 元，并且竞争对手又提出了 60 元的报价。

要求：预算 A、B 两种产品的盈利能力如何？

【分析与解释】

按照完全成本计算法，计算单位工时制造费用分配率：875 000÷50 000=17.5（元）

A 产品分配的单位制造费用=2×17.5=35（元）

B 产品分配的单位制造费用=2×17.5=35（元）

两者一致。所以：

A 产品的单位制造成本=25+10+35=70（元）

B 产品的单位制造成本=15+10+35=60（元）

从计算结果可以看出，A 和 B 两种产品的成本，只相差了 10 元，是由于所使用的直接材料的差异造成的，而两种产品在工艺设计等方面的差异则无法体现。按照上述成本，计算出来的两种产品的利润率分别为 71.4%、8.3%。而从产品成本的差异看，这种利润率的差异显然不能从直接材料的差异中得到解释。

此外，若 B 产品的价格继续下降，如下降到 60 元时，企业可能就会得出这种产品是无利可图的结论了。造成这种结果的原因在于，由于产品设计工艺的差异性，制造费用中与产量有关的资源消耗的比重下降，而有相当一部分的资源消耗是和产品的批量、设备调整时间相联系的。完全成本计算法采用单一的以工时作为分配标准，以产量作为导致资源消耗变动的原因，掩盖了制造费用的差异性，从而扭曲了产品的成本，无法对产品的盈利能力作出准确分析，影响正确决策。而采用作业成本计算法，则通过改进间接制造费用的分配而使成本计算比较准确。假设经过分析发现，制造费用所消耗的资源主要是由调整机器、质量检验和接受订单三种作业引起的，并归集了各种作业所消耗的资源和成本动因数量，其余的制造费用则全部与产量有关，这样，可采用作业成本计算法计算 A、B 两种产品的单位制造费用的消耗，如表 5-4 所示。

表 5-4　　A、B 产品单位制造费用　　单位：元

成本动因	成本	A 产品耗用	B 产品耗用	合计	单位成本动因分配率	A 产品分配	B 产品分配
机器调整次数	230 000	3 000	2 000	5 000	46	138 000	92 000
质量检验次数	160 000	5 000	3 000	8 000	20	100 000	60 000
生产订单数	81 000	200	400	600	135	27 000	54 000
其他（直接工时计算）	404 000	10 000	40 000	50 000	8.08	80 800	323 200

续表

成本动因	成本	A产品耗用	B产品耗用	合计	单位成本动因分配率	A产品分配	B产品分配
合计						345 800	529 200
生产量						5 000	20 000
单位制造费用						69.16	26.46

所以，A产品的单位成本 = 25 + 10 + 69.16 = 104.16（元）

B产品的单位成本 = 15 + 10 + 26.46 = 51.46（元）

A产品的成本比B产品的成本多出了52.7元，其中10元属于所用材料的差异，而其余的42.7元则是由于工艺设计的差异等原因造成的。而从产品利润率上看，A产品利润率为15.2%，B产品当前利润率为26.3%，明显偏高，如果和竞争对手一样，将价格降低到60元，则实际利润率为16.7%，还是有利可图的。与完全成本计算法相比，可以发现，单一的制造费用分配标准不考虑产品在数量、准备工艺复杂性、顾客地理和规模等方面的差异，导致成本扭曲。而采用作业成本计算法后，改进工厂制造费用的分配方法，使产品成本计算更能体现其实际的资源消耗水平，从而为决策提供了更好的依据。

✳ 考点7 作业分析与作业基础管理（★★★）

利用作业成本信息进行作业管理是作业成本法的题中应有之义，也是作业成本法的终极目标。

（一）作业分析

这里的作业分析不是简单的作业辨别，而是按照一定的标准对作业进行分类。一个完整的作业分析过程包括以下四个步骤：

一是区分增值作业和非增值作业。增值作业是指企业生产经营所必需的，且能为顾客带来价值的作业。企业应合理安排作业及各作业之间的联系，竭力减少非增值作业的执行，努力提高增值作业的执行效率。二是分析确认重要性作业。根据重要性和成本效益原则，选择那些相对于价值创造比较重要的作业并对其进行分析。通常情况下，企业的绝大部分成本是由大约20%的作业引起。三是对标及有效性分析。即通过与同行业最佳实践进行比较，分析某项作业资源耗费的多少，判断该作业的人数、时间、效率是否最佳等，以寻找作业效率改进机会。四是关联性分析。即分析作业之间的联系以形成有序作业链。理想的作业链应该使作业完成的时间最短、重复次数最少。

（1）资源动因分析：评价作业的有效性。资源动因分析的程序包括：首先，调查产品从设计、试制、生产、储备、销售、运输直到客户使用的全过程，在熟悉产品生命周期的基础上识别、计量作业，并将作业适当合并，建立作业中心；其次，归集资源费用到各相应的作业；最后，分析执行作业消耗资源的情况，确定作业的有效性。

（2）作业动因分析：评价作业的增值性。增值作业必须同时满足以下条件：第一，该作业的功能是明确的；第二，该作业能为最终产品或劳务提供价值；第三，该作业在企业的整个作业链中是必需的，不能随意去掉、合并或被替代。

【提示】在企业成本管理实践中，部分企业采用诸如回答下述"问题"的方法来要求各级管理层区分增值作业与非增值作业。①该作业对外部客户有价值吗？②该作业符合公司现有规章制度的要求吗？③从商业惯例来看，该作业是必需的吗？④该作业对内部客户有价值吗？⑤该作业是一种浪费吗？其中，前两个问题涉及公司的增值作业，而后三个问题则主要涉及非增值作业，且从管理角度看，应尽量消除属于问题⑤的作业，并通过尽量改善作业和降低作业频次来管理问题③和问题④所涉及的作业。

（3）作业链的综合分析。企业可以看成是一条完整的作业链，作业与作业之间保持有效的链接是决定企业作业链效率和价值的关键。理想的作业链应保证作业与作业之间环环相连，不存在重叠、作业之间的等待、延误等情形。企业在日常生产经营活动中，需要通过不断改进作业，提高作业链效率。在一个典型的制造企业中，模具制作作业消耗的资源与零件的种类数有直接因果关系。因此，在设计时可以考虑通用性以减少零件种类数，从而降低模具制作作业的资源消耗。

【提示】不同行业不同类型的企业对于增值作业和非增值作业的划分标准是不同的。比如质检作业在有些企业是非增值作业，但对于那些视产品质量为生命的企业来讲，就是增值作业。

【例5-7】集团公司批准的本事业部上半年生产计划为：生产 W 产品 20 000 件，固定成本总额 10 000 万元，单位变动成本 1 万元。1～6 月，本事业部实际生产 W 产品 22 000 件（在核定的产能范围内），固定成本为 10 560 万元，单位变动成本为 1 万元。为了进一步加强对 W 产品的成本管理，本事业部拟于 7 月启动作业成本管理工作，重点开展作业分析，通过区分增值作业与非增值作业，力争消除非增值作业，降低产品成本。

要求：根据资料指出作为增值作业应同时具备的条件。

【分析与解释】

这个题目考核的是增值性作业的概念和特点。直接根据教材内容作答。

作为增值作业应同时具备以下条件：

（1）该作业的功能是明确的；

（2）该作业能为最终产品或劳务提供价值；

（3）该作业在企业的整个作业链中是必需的，不能随意去掉、合并或被替代。

【例5-8】3 月 Y 分厂成本管理中的主要问题是制造费用相对于竞争对手过高，B、C 产品的制造费用占生产成本的比重均较高，且制造费用集中发生在材料整理、成型加工、检验和产品包装四项作业中。Y 分厂管理非常严格与规范，很少出现由于材料质量和操作失误带来的废品废料问题。4 月 Y 分厂的努力方向是削减部分作业的成本。

要求：

1. 根据资料指出 Y 分厂哪种（或哪些）作业属于增值作业，并说明理由。

2. 基于作业动因分析，指出 Y 分厂应重点削减四种作业中哪种（或哪些）作业的成本，并说明理由。

【分析与解释】

1. 判断增值作业：增值作业有成型加工和产品包装。

理由：成型加工和产品包装符合增值作业的三个条件：（1）功能明确；（2）能为最终产品提供价值；（3）在整个作业链中是必需的。

2. 仅检验是必须削减的。

理由：检验属于非增值作业，非增值作业是企业作业成本控制的重点。

（二）作业改进（★★★★）

利用作业成本信息优化流程，改进作业，寻找成本最低的价值创造方式。改进作业的方法主要有：

（1）消除不必要作业以降低成本。也称作业消除。有些作业是不必要的、不增值的，且去掉后不影响工厂生产组织和产出，属于可有可无，或者技术进步后可以优化的，比如，自动驾驶汽车普及后，司机这个驾驶作业基本上就可以消除了，降低了人工成本。

（2）其他条件相同的情况下选择成本最低的作业。也称成本比较。也就是通常所说的货比三家选最低的成本。但是也要注意前提是，质量和交货期条件相同的条件下选成本最低的。

（3）提高作业效率或减少作业消耗。也称增效降耗。提高作业效率是指在单位时间的产出更高，这样通过减少单位产品分摊的固定成本来降低单位成本，主要侧重于固定成本的效率效果。而减少作业消耗是通过工艺优化等手段，减少单位产品消耗的直接材料或变动成本，俗称 BOM 成本，主要侧重于变动成本的效率效果。

（4）作业共享。这一点和发挥单位时间作业的产出效率是同等的效果。

（5）利用作业成本信息编制资源使用计划，配置未使用资源。

【例5-9】甲公司是一家主要从事电路板封装基本生产与销售的企业，公司依托技术领先优势为企业客户提供电子线路技术的综合性解决方案。面对日益激烈的市场竞争，公司综合应用多种成本管理工具进行成本优化。2024 年 1 月甲公司召开成本管控专题会议。有关部门发言要点摘录如下：

生产部门：建议加快建设智能工厂和数字化生产车间，优先推动两项生产作业优化：

①物料识别自动化。在原材料零部件上打印二维码，通过扫码快速准确获取物料信息，消除物料识别误差，从而省去原有工序中的人工物料复核环节。

②作业编排智能化，经过全面梳理工艺流程将生产环节划分为开料、切割、高层压、钻孔、联通、显影等12项作业，通过与自动化设备的互联互通智能信息系统，可以准确获取各订单的数量、交货期、配方等因素，灵活安排，协调生产作业、平衡生产能力、减少作业消耗的时间和资源。

要求：根据资料，分别指出①至②，体现了哪些作业改进方法。

【分析与解释】

①消除不必要的作业以降低成本（作业消除）。若要分析理由，则可以紧扣案例题目分析，物料识别自动化是因为自动化代替了原有工序中的人工物料复核。但是，自动化是需要投资的，也会转化为产品成本，因此这里隐含的条件是：因为自动化投资导致的成本增加小于因为作业削减导致的成本降低。

②提高作业效率或减少作业消耗（作业减少）。智能化系统发挥了自动化设备与智能信息系统的处理速度快、工作时间长、错误率低的特点，自然会比人工处理的速度快、效率高，提高了作业效率。

（三）作业成本信息与企业经营决策

作业成本管理系统的核心用途在于通过信息提供、服务或支持企业经营决策，主要包括作业成本法下的本量利决策、产品盈利性分析、作业基础产品定价决策等方面。

1. 作业成本法下的本量利决策

本量利分析是成本—业务量—利润关系分析的简称，传统的本量利分析模型是指在变动成本法计算模式的基础上，以数学化的会计模型来揭示固定成本、变动成本、销量、销售单价、利润等变量之间的内在规律性联系，为会计预测决策和规律提供必要的财务信息。它是一种定量分析方法，是以成本和量的关系研究为基础的，所以通常也被称为成本性态研究。

（1）作业成本法下的成本性态。作业成本法下通过产品与所耗资源之间的关系，将成本分为短期变动成本、长期变动成本和固定成本三种性态。

第一，短期变动成本。短期变动成本类似于传统管理会计中的变动成本。从作业成本法看，短期变动成本与单位级作业有关。由于单位级作业消耗的资源成本一般与产品产量有关，因此变动成本采用产量或与产量密切相关的动因（工时、机时、重量、体积等）作为分配间接费用的基准。变动成本总额随产量成正比例变动，而单位变动成本在相关范围内保持不变。

第二，长期变动成本。长期变动成本是指在批次、品种等固定情况下不随产量变动而变动的成本。这里的"长期"是指批次、品种可以调整的期间。与短期变动成本不同，决定长期变动成本高低的不是产量，而是品种级作业、批次级作业，如订购、生产准备、设备调整、接收、检验、搬运等成本。长期变动成本以作业为分配间接费用的基准，它随着作业量变动而成正比例变动。

第三，固定成本。固定成本类似于传统管理会计中的约束性固定成本，是指在相关范围内不随数量基础、作业基础的成本动因量而变，从而保持相对稳定不变的成本。固定成本通常包括设施级成本，如总部管理人员工资、房屋、设备等固定资产折旧、审计费等。

【提示】传统成本法下的成本性态是将成本划分为变动成本和固定成本两类。不区分长期和短期。

（2）作业成本法下的本量利决策。

传统成本方法下的本量利决策模型为：

利润 = 销量 ×（单价 - 单位变动成本）- 固定成本

而在作业成本法下，由于成本性态发生了改变，单位变动成本和固定成本被重新划分为短期变动成本和长期变动成本，以及固定成本，因此，本量利决策模型也进行了相应的修改：

利润 = 销量 ×（单价 - 短期变动成本 - 长期变动成本）- 固定成本

（3）作业成本法下的本量利分析案例。

【例5-10】XYS公司是国内石油行业生产钻、采、炼设备及备件的大型一级骨干企业，公司生产钢绳、钢管、钢丝和机械产品四类产品。

下属钢绳分厂生产的钢丝绳品种规格齐全，不仅满足国内油田的需要，而且为煤炭、采矿、电力、邮电等其他行业提供优质的钢丝绳产品。考虑到数据采集的便利性和完整性，以及与钢绳分厂生产工艺流程有关外部作业的独立性，结合成本计算的精确度要求等因素，确定以钢绳分厂为实施作业成本法的范围。

（1）确定作业。经过详尽的分析，对钢绳厂共建立 10 个作业：酸洗、磷化、热处理、麻绳浸油、修模、拉丝、合股、合绳、搬运、调整准备。

（2）分配资源到产品和作业上，形成作业成本库。直接费用主要包括直接材料，共计22 385 千元，直接分配到产品号上。大部分间接费用可以直接归属到具体作业上。各作业消耗资源成本如表 5-5 所示。

表 5-5　　　　　　　　　钢绳分厂作业消耗资源　　　　　　　　　单位：千元

作业	酸洗	磷化	热处理	麻绳浸油	修模	拉丝	合股	合绳	搬运	调整准备
资源费用	176	320	2 532	2 168	269	4 501	2 389	2 541	672	1 626

（3）选择代表性作业动因，计算单位作业成本。对作业中心进行综合分析，考虑到各个作业产生的原因、计量成本以及有关程度因素后选取适当的有代表性的作业动因如表 5-6 所示。

表 5-6　　　　　　　　　钢绳分厂的作业及作业动因

作业	酸洗	磷化	热处理	麻绳浸油	修模
作业动因	产品重量	磷化重量	产品重量	浸油重量	拉丝次数
作业	拉丝	合股	合绳	搬运	调整准备
作业动因	拉丝次数	合股长度	合绳长度	产品重量	生产批次

（4）计算产品成本和单位产品成本。以 P1、P2、P3、P4 四种产品为例进行研究。各种产品的成本动因分配率如表 5-7 所示。

表 5-7　　　　　　合并后钢绳分厂的作业中心、作业动因及作业动因分配率

序号	作业中心	代表性作业动因	作业成本（千元）	作业动因量	作业动因分配
1	酸热搬	产品重量	3 380	8 133 吨	416 元/吨
2	麻绳浸油	浸油重量	2 168	5 912 吨	367 元/吨
3	磷化	磷化重量	320	6 773 吨	47 元/吨
4	拉丝	拉丝次数	4 770	27 113 次	176 元/次
5	合股	合股长度	2 389	25 843 千米	92 元/千米
6	合绳	合绳长度	2 541	4 203 千米	605 元/千米
7	调整准备	生产批次	1 626	1 572 批	1 034 元/批

（5）钢绳分厂作业成本性态分析。在钢绳分厂，直接成本就是直接材料成本，单位直接材料成本为 2 752 元/吨（22 385 000÷8 133）。单位水平作业中心包括酸热搬、麻绳浸油和磷化。表 5-8 给出了所选四种产品相应的单位短期变动成本资料。

表 5 – 8 　　　　　　　　　钢绳分厂四种产品单位短期变动成本

项目	P1	P2	P3	P4
单位材料成本（元/吨）	2 752	2 752	2 752	2 752
单位酸热搬成本（元/吨）	416	416	416	416
单位麻绳浸油成本（元/吨）	367			367
单位磷化成本（元/吨）	47		47	
单位短期变动成本合计（元/吨）	3 582	3 168	3 215	3 535
产品产量（吨）	100	40	60	4
短期作业成本总额（元）	358 200	126 720	192 900	14 140

长期变动成本主要包括批次水平作业和产品水平作业消耗的资源费用，对于钢绳分厂而言，这些作业中心主要是拉丝、合股、合绳与调整准备作业，表 5-9 给出了四种产品消耗各相关的作业量，并根据单位长期变动成本计算出相应的长期变动成本。

表 5 – 9 　　　　　　　　　钢绳分厂四种产品长期变动成本

项目	P1	P2	P3	P4	小计
拉丝作业量（次）	228	163	217	42	650
单位拉丝成本（元/次）			176		
拉丝作业成本（元）	40 128	28 688	38 192	7 392	114 400
合股作业量（千米）	1 975	78	156	8	2 217
单位合股作业成本（元/千米）			92		
合股作业成本（元）	181 700	7 176	14 352	736	203 964
合绳作业量（千米）	329	12	24	1.4	366.4
单位合绳作业成本（元/千米）			605		
合绳作业成本（元）	199 045	7 260	14 520	847	221 672
调整准备作业量	60	2	8	1	71
单位调整准备作业成本（元/批）			1 034		
调整准备作业成本（元）	62 040	2 068	8 272	1 034	773 414
长期变动成本合计（元）	482 913	45 192	75 336	10 009	613 450
产品产量（吨）	100	40	60	4	204
单位产品长期作业成本（元/吨）	4 829.13	1 129.8	1 255.6	2 502.25	

固定成本主要包括维持作业消耗的资源费用。钢绳分厂将这些费用归为其他制造费用和其他资源费用。根据固定成本可分性假设按产量进行分配，P1 产品为 10 262 元，P2 产品为 4 105 元，P3 产品为 6 157 元，P4 产品为 410 元，合计为 20 934 元。

（6）钢绳分厂作业基础本量利分析。相应各个产品的本量利计算结果如表 5-10 所示。

表5-10 本量利计算结果

产品名称	售价（元）	短期变动成本（元）	长期变动成本（元）	固定成本（元）	保本量（吨）	实际产量（吨）	安全边际量（吨）
P1	10 996	358 200	482 913	10 262	77.4	100	22.6
P2	7 223	126 720	45 192	4 105	24.4	40	15.6
P3	7 234	192 900	75 336	6 157	37.9	60	22.1
P4	6 037	14 140	10 009	410	4.1	4	-0.1

调查得知，P1产品单位销售价格（分厂与销售部门之间的内部转移价格）为10 996元/吨，因此保本销量为77.4吨，由于实际销售数量为100吨，因此安全边际量为22.6吨，生产该产品是安全的。同理，P2产品的单价为7 223元/吨，可以计算得到P2产品的保本销量为24.4吨。由于实际销售数量为40吨，因此安全边际量为15.6吨，生产该产品是非常安全的。根据P3产品的销售价格为7 234元/吨，可以计算得到P3产品的保本销量为37.9吨，由于实际销售数量为60吨，生产该产品也是非常安全的。根据P4产品的销售价格为6 037元/吨，可以计算得到P4产品的保本销量为4.1吨，由于实际销售数量为4吨，因此安全边际量小于0，该产品对于钢绳分厂而言是亏损产品。

2. 作业成本法下的产品盈利性分析

产品盈利能力分析可以帮助管理者寻找盈利能力最强的产品，引导企业确定最佳的产品组合。不同的成本计算方法往往导致不同的成本计算结果，从而影响产品盈利能力的评价。采用传统变动成本法进行产品生产决策时，往往只注重产品生产的结果，而忽视了产品的实际生产过程，从而将与该产品生产过程相关的直接成本割裂开，有可能误导企业经营决策。作业成本法不仅考虑产品，而且考虑产品在生产经营过程中消耗的作业量，使得决策更具相关性和科学性。

在多品种生产企业里，由于设备能力、加工能力、原材料供应、水电供应等方面限制，企业只能选择投入产出效益最好的产品进行生产。如何综合考虑各种产品的成本水平、盈利能力及市场需求等多种因素，合理安排产品的品种结构，使企业整体经济效益最大，这就是产品组合决策所要解决的问题。

3. 作业基础产品定价决策

在一个完全竞争的市场中，产品价格由市场来决定，企业是市场价格的被动接受者，但完全竞争市场在现实中几乎不存在。而在不完全竞争的市场中，企业要想在这样的市场中取得竞争优势，只能从产品的设计、替换、功能改进以及成本上下功夫，并基于成本等因素而进行有效定价。在这里，基于作业成本信息且借助于成本加成定价策略进行产品定价，是企业常用的一种定价方法。

应用成本加成法进行定价决策时需要强调的是，加成率通常由企业竞争策略和产品/服务的市场生命周期决定，且从资源角度，所加成的"成本"通常针对相关成本或增量成本。也就是说，在现有生产能力允许的范围内，企业无须考虑生产能力成本以及市场正常价格因素，而只需要确认相关的增量成本。如对于制造业而言，其增量成本一般考虑以下因素：（1）直接消耗的原材料成本；（2）额外增加的人工成本；（3）额外发生的相关制造费用。

【提示】现阶段制造成本在企业的总体耗费中所占的比重逐渐下降，而研发、设计、供应、渠道、售后服务的成本所占比重上升，因此，企业采用成本加成法定价的时候要充分考虑以上因素。

【例5-11】根据传统成本法测算，制造费用按机器小时数分配后，A、B产品的单位生产成本分别为170元和310元。根据作业成本法测算，A、B产品的单位生产成本分别为220元和275元。根据A、B产品的生产特点，采用机器小时数分配制造费用的传统成本法扭曲了成本信息，建议按作业成本法提供的成本信息进行决策。

要求：根据资料，结合产品单位目标成本，指出在作业成本法下A、B两种产品哪种更具有成本优势，并说明理由。

【分析与解释】

已知产品单位目标成本分别为：A产品目标成本为180元，B产品目标成本为280元。

因此，B产品更具有成本优势。理由：在作业成本法下，B产品的单位成本为275元，低于单位目标成本280元；而A产品的单位成本为220元，高于单位目标成本180元。

✳ 考点8 　目标成本法概述（★★★）

（一）目标成本法的应用环境

1. 目标成本法

目标成本法是指企业以市场为导向，**以目标售价和目标利润为基础**确定产品的目标成本，从产品设计阶段开始，通过各部门、各环节乃至与供应商的通力合作，共同实现目标成本的成本管理方法。目标成本法一般适用于制造业企业成本管理，也可在物流、建筑、服务等行业应用。

目标成本法是确定目标成本以及围绕目标成本落实而展开一系列成本控制活动的总称。即根据特定产品的销售价格，考虑必要利润之后倒推出产品的预期成本。

【提示】目标成本法是企业成本管理和利润规划的一种系统性管理程序。需要注意的是目标成本法是用来进行事前确定成本而不是事后核算成本。有别于作业成本法，目标成本法不涉及有关成本费用归集分配的具体内容。

2. 应用环境

企业应用目标成本法，要求处于比较成熟的买方市场环境，且产品的设计、性能、质量、价值等呈现出较为明显的多样化特征。企业应以创造和提升客户价值为前提，以成本降低或成本优化为主要手段，谋求竞争中的成本优势，保证目标利润的实现。企业能及时、准确取得目标成本计算所需的产品售价、成本、利润以及性能、质量、工艺、流程、技术等方面各类财务和非财务信息。

【例5-12】甲公司是一家从事汽车整车研发、制造、销售和服务的上市公司，计划2025年通过新投产A型汽车进入新能源汽车市场，鉴于汽车行业竞争激烈，且产品的设计、性能、质量、价值等要素呈现明显的多样化特征，甲公司计划对A型汽车采用目标成本法进行管理，并制订了A型汽车目标成本管理实施方案。甲公司通过市场调查收集应用目标成本法所需的相关信息。截至2024年末，甲公司已收集到实施成本管理所需的产品售价、成本和利润等必要财务信息。

要求：判断甲公司收集到的相关信息能否满足应用目标成本法的需要，并说明理由。

【分析与解释】

不能满足。

理由：应用目标成本法，企业应取得目标成本法计算所需的产品售价、成本、利润以及性能、质量、工艺、流程、技术等方面各类财务和非财务信息。

目标成本法的主要优点包括：一是突出从原材料到产品出货全过程成本管理，有助于提高成本管理的效率和效果；二是强调产品寿命周期成本的全过程和全员管理，有助于提高客户价值和产品市场竞争力；三是谋求成本规划与利润规划活动的有机统一，有助于提升产品的综合竞争力。目标成本法的主要缺点包括：其应用不仅要求企业具有各类所需要的人才，更需要各有关部门和人员的通力合作，管理水平要求较高。

【例5-13】甲公司为一家生产制造企业，下设X、Y两个分厂，其中X分厂主要从事A产品的生产，Y分厂主要从事B、C两种产品的生产。因产品成本构成存在较大的差异，X分厂和Y分厂分别采用标准成本法和作业成本法对产品成本进行核算与管理。2024年4月初，甲公司管理层召开月度成本分析会议，研究上月成本管理中存在的主要问题及改进措施。鉴于当前市场竞争越来越激烈，A、B、C产品与市场上同类产品的差异性越来越小，为提高公司产品的市场竞争力并确保目标利润的实现，建议采用目标成本法对产品成本进行核算与管理。

要求：结合资料指出目标成本法的主要优点。

【分析与解释】

1. 突出从原材料到产品出货全过程成本管理，有助于提高成本管理的效率与效果；

2. 强调产品寿命周期成本的全过程和全员管理，有助于提高客户价值和产品市场竞争；

3. 谋求成本规划与利润规划活动的有机统一，有助于提升产品的综合竞争力。

【提示】本题不涉及具体的计算，因此只需要根据教材或大纲的内容直接写出目标成本法的主要优点即可。

（二）核心程序

1. 目标成本管理的核心程序

以日本汽车企业的管理经验，目标成本管理核心程序主要包括以下部分：

（1）在市场调查、产品特性分析的基础上，确定目标成本：首先，制订新产品计划。开发提案经高级经理所组成的产品规划委员会核准承认后，即进入制定目标成本的阶段。其次，制定目标成本与目标成本的分解。最后，计算成本差距。

（2）组建跨职能团队并运用价值工程法（或价值分析法）等，将目标成本嵌入产品设计、工程、外购材料等的过程控制之中，以使产品设计等符合目标成本要求。

（3）将设计完的产品投入生产制造环节，并通过制造环节的"持续改善策略"，进一步降低产品制造成本。

2. 目标成本管理的实施原则

企业实施目标成本管理时大体遵循以下六项基本原则：

（1）**价格引导的成本管理**。目标成本管理体系通过竞争性的市场价格减去期望利润来确定成本目标，价格通常由市场上的竞争情况决定，而目标利润则由公司及其所在行业的财务状况决定。

（2）**关注顾客**。目标成本管理体系由市场驱动。而市场上客户的需求是千变万化的，因此，我们产出的产品也是多样化的。但产品的多样性必然会使我们管理复杂性加大和成本增加，产品的盈利能力受到侵蚀。所以，我们需要建立一份标准的基于产品基本功能和质量要求的产品树，以此为基础来评判客户的个性化需求与产品标准产品树间是否发生根本性的变化，并将其差异做到最小化，从而减少目标成本管理的维度。即目标成本管理所强调的以客户需求为出发点，不是一种盲目被动的接受，而是一个不断将客户需求与企业产品进行平衡协调的过程。

（3）**关注产品与流程设计**。产品设计是指从确定产品设计任务书起到确定产品结构止的一系列技术工作的准备和管理，是产品生产过程的开始。它是一种牵涉面非常广的高级活动，涉及一系列的学科，诸如数学、物理，还有制造工艺、材料学、企业经济学和信息学等。

产品设计是否科学、合理，在很大程度上决定了产品的生产技术、质量水平和成本消耗，也关系着产品的生产和使用的技术经济效果。可以说是对产品实体制造过程的先期（产品生命周期的源流）进行分析考察。一个完成了的产品设计，某种意义上是在图纸上就制造过程进行了一次"预演"，预演时赋予的各种条件就是实际生产过程中具体各项要求事项的体现。直观地说，设计就是在图纸上"制造"产品。既然实际制造过程必然发生成本，那么图纸上的"制造"考虑成本发生这一因素就是理所当然的了。在设计阶段投入更多的时间，消除那些昂贵而又费时的暂时不必要的改动，可以缩短产品投放市场的时间。

（4）**跨职能合作**。目标成本管理体系下，产品与流程团队由来自各个职能部门的成员组成，包括设计与制造部门、生产部门、销售部门、原材料采购部门、成本会计部门等。跨职能团队要对整个产品负责，而不是各职能各司其职。

（5）**生命周期成本削减**。目标成本管理关注产品整个生命周期的成本，包括购买价格、使用成本、维护与修理成本以及处置成本。它的目标是生产者和联合双方的产品生命周期成本最小化。

（6）**价值链参与**。目标成本管理过程依赖于价值链上全部成员的参与，包括供应商、批发商、零售商以及服务提供商。

【例5-14】甲公司2024年1月召开成本管控专题会议。采购部门的发言要点摘录如下：

受全球大宗商品价格上涨的影响，主要原材料面临价格上涨压力，为控制成本，建议采取如下措施：

（1）成立采购、研发、财务等多部门人员组成的采购成本管控专项小组，建立相应的工作机制，确保及时、准确掌握各原材料价格、库存质量等各类信息。

（2）与供应商建立设计成本信息共享机制，借助供应商的专业知识、技术优势，通过用模具等资源缓解成本压力。

（3）持续优化供、产、销各环节成本及维修等方面的成本，通过大规模采购标准化原材料零部件，提升议价能力，降低采购成本。

要求：逐项指出第（1）~（3），体现了哪些目标成本管理的实施原则。

【分析与解释】

回答时只需要逐条对照上面的6条原则的定义和基本内容即可。

第（1）项措施属于跨职能合作。

第（2）项措施属于价值链参与。

第（3）项措施属于生命周期成本削减。

✲ 考点9　目标成本的设定（★★★）

目标成本是基于产品的竞争性市场价格，在满足企业从该产品中取得必要利润情况下所确定的产品或服务的最高期望成本。用公式表达即：

产品目标成本＝产品竞争性市场价格－产品的必要利润

目标成本设定是实施目标成本法的第一个阶段，设定目标成本主要包括市场调查、竞争性价格的确定、必要利润的确定三个方面。

（一）市场调查

市场调查的核心是真实了解顾客对产品特性、功能、质量、销售价格等各方面需求，明确不同顾客群体对产品性能意愿及其乐意承担或支付的"产品价格"，以平衡产品"功能—价格—成本"之间的联动关系。旨在通过确认那些不增值的产品或服务——非增值部分，来减少产品成本。

（二）竞争性价格的确定

需要综合考虑竞争性市价的确定，一般考虑：可接受价格、竞争对手分析、目标市场份额。

1. 可接受价格

企业应根据顾客的价格承受能力来设计产品的功能、特性外观和质量，并以此调整产品的价格。比如近期刚刚发布一款新手机的国内某企业，公开了自己的原材料清单（BOM）和加价规则，手机的定价按照BOM来定价，同时宣传此定价实际上是基于量产以后的成本水平来确定。但是，如果仔细分析可知，该企业宣称根据晒出的BOM配置，让用户参与价格制定，对推算接近定价的用户给予重奖。这实际上便是根据客户能够承受的价格确定售价。

2. 竞争对手分析

竞争对手分析是指分析竞争对手所提供的产品功能、特性、审美和价格，以及由此发生的成本和顾客的评价。前例手机企业在确定竞争性价格的过程中，采用"友商打擂"活动在"手机中国""乐迷论坛""手机之家"进行竞争性询价。欢迎友商晒出其BOM清单，同时诚邀用户共同检验旗舰机型的BOM的量产成本和友商的BOM成本。通过对比其他品牌手机各种机型与相对应机型的价格，定出了明显低于竞争对手的价格。

3. 目标市场份额

确定竞争性价格的具体方法主要有两种：（1）市价比较法，即以已上市产品的市场价格为基础，加上新产品增加或减少的功能或特性（特性包括质量、外观等）的市场价值；（2）目标份额法，为预测在既定预期市场占有率目标下的市场售价。

【例5-15】甲公司于2024年1月召开降本提质量、助力国际业务大发展专题会议，有关资料如下：甲公司在北美市场销售B产品和C产品，经过测算后认为，若要市场份额达到增长1%的目标，两种产品的价格需要比竞争对手低10%和11%。

要求：分析甲公司确定产品竞争性价格的方法类型。

【分析与解释】

目标份额法。

（三）必要利润的确定

必要利润是指企业在特定竞争战略下所要求的最大利润，即目标利润。它应反映投资者的必要报酬率。它因不同投资者、管理者的风险感受不同而不同，投资者的必要报酬率是指投资者投入资本所要求的收益率，从资本市场角度则体现为企业加权平均资本成本（WACC）。

除考虑投资者必要报酬率之外，还可能考虑以下两种不同行为动机对目标成本测定的影响：（1）采用相对激进的方法确定成本目标（如提高必要利润水平），人为"调低"目标成本，增强目标成本对产品设计过程的"硬预算"约束力，并辅以成本目标实现的"激励"属性，以最终实现目标利润；（2）采用相对宽松的方法确定目标成本（如调低必要利润水平），从而为产品设计提供相对较多的备选项，以提高产品设计的灵活性。

在确定了目标成本之后，如何确保目标成本的实现需要两个环节的工作，第一是目标成本约束产品设计，第二是应用价值工程技术进行产品设计，包括以顾客需求为导向利用价值分析指导产品设计和进行产品的设计分析两个环节。这部分内容了解即可，一般不作为考试内容。

【例 5-16】 A 事业部本年度对 X 药品实施了目标成本管理。目前，A 事业部 X 药品的单位生产成本为 9 万元/吨，市场上主要竞争对手的 X 药品平均销售价格为 8.8 万元/吨。A 事业部要求 X 药品的成本利润率为 10%。

要求：依据目标成本法的基本原理，参照主要竞争对手同类产品的平均销售价格，分别计算 A 事业部 X 药品的单位目标成本。

【分析与解释】

X 药品的单位目标成本 $= 8.8 \div (1 + 10\%) = 8$（万元/吨）

【例 5-17】 通过作业成本法的运用，甲公司的成本核算精度大大提高。为此，甲公司决定通过作业成本法与目标成本法相结合的方式进行成本管理。通过市场调研，甲公司在综合考虑多种因素后，确定 X、Y 两种产品的竞争性市场单价分别为 1.85 万元和 1.92 万元；单位产品必要利润分别为 0.2 万元和 0.25 万元。

要求：结合目标成本法，分别计算 X、Y 两种产品的单位目标成本，并说明甲公司确定竞争性市场价格应综合考虑的因素。

【分析与解释】

计算目标成本的基本原理是从竞争性市场价格中减去必要利润。因此根据资料计算如下：

X 产品的单位目标成本 $= 1.85 - 0.2 = 1.65$（万元）

Y 产品的单位目标成本 $= 1.92 - 0.25 = 1.67$（万元）

应综合考虑的因素：客户可接受的价格、主要竞争对手情况、自身目标市场份额。

【例 5-18】 甲公司为一家国有企业的下属子公司，主要从事 M、N 两种产品的生产与销售，现拟新投产 A、B 两种产品。2024 年初，甲公司召开成本管控专题会议。经市场部调研，

A、B 产品的竞争性市场价格分别为 207 元/件和 322 元/件。为获得市场竞争优势，实现公司经营目标，建议：（1）以竞争性市场价格销售 A、B 产品；（2）以 15% 的产品必要成本利润率 [（销售单价 – 单位生产成本）÷ 单位生产成本 × 100%] 确定 A、B 产品的单位目标成本。

要求：依据目标成本法，分别计算 A、B 两种产品的单位目标成本。

【分析与解释】

本题中给出了计算目标成本法的重要因素——成本利润率，需要特别注意的是，根据教材中目标成本法的计算原理，用竞争性市场价格乘以销售成本率可以直接得出目标成本，而用竞争性市场价格除以（1 + 成本利润率）才是计算目标成本的正确算法。千万不可混淆。因此可以计算：

A 产品的单位目标成本 $= 207 \div (1 + 15\%) = 180$（元）

B 产品的单位目标成本 $= 322 \div (1 + 15\%) = 280$（元）

或：用另一种思路，通过设未知数的方法设 A、B 产品单位目标成本分别为 X、Y，则竞争性市价减去成本为利润，除以成本是成本利润率，将未知数代入则得出：

$(207 - X) \div X = 15\%$，求解得出 $X = 180$（元）。

$(322 - Y) \div Y = 15\%$，求解得出 $Y = 280$（元）。

本题考查目标成本的方法有些复杂，但是核心还是理解目标成本的计算原理，万变不离其宗。

【例 5-19】 在综合考虑客户感知的产品价值、竞争产品的预期功能和售价以及公司针对新产品的战略目标等因素基础上，甲公司确定 A 型汽车的目标售价为竞争性市场价格 30 万元/辆；在综合考虑利润预期、历史数据等因素的基础上，甲公司确定 A 型汽车的必要利润为目标售价的 15%。

要求：结合竞争性价格和必要利润，计算确定 A 型汽车的目标成本，并指出确定竞争性价格的具体方法有哪些？

【分析与解释】

目标成本 $= 30 - 30 \times 15\% = 25.5$（万元）

确定竞争性价格的具体方法：市价比较法、目标份额法。

【例5－20】 为提升客户满意度，公司推出了一系列售后增值服务，包括成品维护状态监测专项培训、驻场服务等。从全生命周期成本管理角度考虑，将售后阶段发生的相应成本纳入产品成本管理范围。目前公司生产的两款主要产品为X、Y。不考虑售后阶段成本，X、Y产品的单位成本分别为1.58万元和0.65万元。公司确定产品目标成本使用的必要利润率为20%。根据营销部门市场调查，X、Y产品的竞争性市场单价分别为2万元和0.8万元。

要求：根据资料，若不考虑售后阶段成本，分别计算X、Y产品的单位目标成本，并借此判断哪种产品未达到目标成本控制的标准。

【分析与解释】

本题主要考察目标成本的确定。看到竞争性市价和必要利润率这两个要素，必然能够联想到目标成本的确定。按照公式分别计算X、Y产品的目标成本：

X产品单位目标成本 = $2 \times (1 - 20\%) = 1.6$（万元）

Y产品单位目标成本 = $0.8 \times (1 - 20\%) = 0.64$（万元）

干扰在于，判断哪种产品为达到目标成本控制标准这个问题上，到底是否考虑售后阶段的成本？

思路是将考虑售后成本的实际单位成本与单位目标成本进行比较。X产品的单位目标成本高于不考虑售后阶段成本的单位产品成本，但是如果按照题目要求考虑呢？则无法判断，因为题目没有告诉我们到底售后阶段成本是多少。X产品单位成本1.58万元低于单位目标成本1.6万元，Y产品单位成本0.65万元高于单位目标成本0.64万元，因此，Y产品未达到目标成本控制的标准。

✳ 考点10　目标成本控制

（一）产品设计阶段

（1）用目标成本约束产品设计。

（2）应用价值工程技术进行产品设计。

强调通过设计降低成本，注重零部件的标准化，产品批次化生产模式。事前确定好了设计成本，将直接降低产品的后续成本。

（二）持续改善

【提示】 目标成本法在具体应用中不应当是"一次性"的，而应被视为是一个连续的循环过程。企业总是循着目标成本的"确定→分解→实现→（再确定）→再分解→……"这样一个循环过程，以达到成本的持续改善目标。供应链管理、全生命周期成本管理、跨职能团队组织运作是促进目标成本控制、促进成本持续改善的重要举措。

1. 供应链管理

目标成本管理过程有赖于价值链上全部成员的参与，包括供应商、批发商、零售商以及服务提供商。购货方的目标成本决定了供应商的销售价格，从而将它面临的市场竞争压力转嫁给了供应商。这种压力是通过组件转移的，为供应商成本降低的工作重点指明了方向。其结果就是购货方与供应商共同合作，进行成本管理工作。正是因为这种携手合作对于目标成本法效果的重要性，促使目标成本法真正成为一种跨企业成本管理的技术。其跨企业含义主要体现在以下三个方面：第一，购货方必须设定可完成组件层次的目标成本。如果供应商认为组件层次的目标成本无法完成，那么会降低他们努力的积极性。第二，购货方必须选择适当的方法对供应商应用目标成本法。这个问题的核心在于他们在设置成本降低目标和如何完成目标时是否给予供应商足够的自由空间。第三，购货方可以设置激励系统来激发供应商的创新能力和提高成本降低率。

（1）基于目标成本的供应链成本控制。

为了满足目标成本管理的要求，实现企业的各项目标成本，应根据对供应链条上各项作业进行成本分析的结果，对作业成本从以下方面实施控制：

首先是上游成本控制。它主要包括：①检查存货水平；②原辅材料的供应情况及价格的调查；③供应商资信情况的调查、评估及供应商的确定；④采购量的确定；⑤采购合同的签订；⑥收货及资金结算等。

其次是企业内部成本控制。企业内部的供应链成本主要是指库存成本（包括损坏、贬值和运营资金的机会成本）以及生产过程中的间接成本（包括原辅材料、半成品在仓库及车间的流转成本等）。因此，在企业内部进行作业成本控制应从作业的增值性和资源的效率方面进行控制。

最后是下游成本控制。供应链条中的下游成本主要是指订货完成成本，其中包括交易成本（寻找购买商、磋商、取得订单、与生产部门协调、交付等）、运输成本、服务成本等。

（2）修正和预测目标成本。

企业生产经营过程中实际发生的成本是否与目标成本相符，目标成本的可实现性如何，可以通过作业成本管理方法来分析、检验。作业成本管理中的作业成本的核算可真实准确地反映出企业的资源耗费；同时在核算的基础上进行作业成本分析，找出差异的原因，提出改进控制的措施，这样不仅有利于目标成本的实现，而且也为科学地制定目标成本提供了依据。

以合理的成本核算信息修正目标成本。在目标成本制定和下达后，通过作业成本核算得出的各产品的实际成本应当控制在其目标成本范围之内，如果与目标成本有偏差，应当深入到作业层次分析作业链及作业成本，找出成本差异所在。对于超过目标成本的差异，要查明原因和成本责任的环节及责任者，然后采取控制措施，针对不合理之处进行调整，努力消除无效作业、减少不增值作业，提高作业价值，降低成本耗费。但是如果因为目标成本制定过高，严格地对当前作业进行作业成本管理后仍然实现不了的目标成本，应当及时结合实际作业情况，以作业成本核算结果为依据，适当调整目标成本的标准。

如果通过作业成本核算得出的各产品（或服务）的实际成本，或各责任单位的实际支出经常性或一贯性地低于目标成本，则应当对作业成本管理的全过程进行严格审查，并对产品（或服务）质量进行检测，若可以达到稳定的可控成本水平和质量水平，则应当及时下调目标成本，并以此作为新的成本目标控制资源的耗费。

以作业成本管理为基础进行目标成本预测。**①预测作业中心成本库的目标成本。**成本库的资源耗费可分为固定和变动两部分。成本库固定部分的目标成本预测值可根据以往各期的作业成本

核算的实际值，并考虑在预测期内可能发生的变动情况加以确认；变动部分的资源耗费，一般随着实际生产情况而变化，它随着资源动因变动而变动，但单位动因的作业成本相对稳定，因此可根据以往各期成本库的单位作业成本及预测期内工作量的变化情况，确定预测期各成本库的变动部分目标成本。**②预测供应链上各项服务的目标成本。**首先明确服务涉及的作业中心及作业工序，然后用以前各期的实际单位作业成本的平均值乘以预测期的劳务数量，即可预测劳务在各作业中心预测期的目标成本。汇总该劳务在各作业中心的作业成本预测值，即可作为劳务的间接成本的预测目标成本，与该劳务消耗的直接材料成本相加可预测其总目标成本。

【提示】在目标成本法中，价值链上所有成员（包括供应商、分销商、服务提供商、顾客等）都应被纳入目标成本管理之中。其中，作为价值链上游的供应链，是企业成本管理的重中之重。

2. 目标成本管理中的跨职能团队

目标成本管理关注的是产品整个生命周期里的成本，这就决定了在产品供产销各环节都需要有一支专业的、相对稳定的团队持续不断跟踪、分析和控制产品发生的各类成本。因此形成一支跨职能的管理团队是推行目标成本管理的前提条件。企业应成立由研究与开发、工程、供应、生产、营销、财务、信息等有关部门组成的跨部门团队，负责目标成本的制定、计划、分解、下达与考核，并建立相应的工作机制，有效协调有关部门之间的分工与合作。当然，还要有明确的分工并形成一种长效的工作机制，否则目标成本管理也只是流于形式。因此，目标成本管理强调的是一种团队合作，让来自不同领域的、相对专业的成员互相取长补短，使团队的优势形成一股强大的合力。如某集团中目标成本推行较成功的发电设备产业集团，其目标成本管理团队就是由总裁工作部、财务部、采购部、技术部、人力资源部、市场销售部、信息技术部、审计室人员组成。

【例5-21】甲公司为采用目标成本法进行管理，成立由采购、制造、销售和财务四个职能部门组成的跨部门目标成本管理小组，负责目标成本的制定、计划、分解、下达与考核，并建立

相应工作机制，有效协调有关部门之间的分工与合作。

要求：指出甲公司跨部门团队的构成是否合理，并说明理由。

【分析与解释】

不合理。

理由：设计在目标成本法中至关重要，甲公司跨部门团队缺少研究与开发等职能部门。

✹ 考点 11　生命周期成本管理

（一）概念

1. 产品全生命周期

（1）从产品设计、制作生产到停止生产。

（2）从产品进入市场到退出市场的存续时间。

（3）从购买到报废。

2. 全生命周期成本

（1）狭义的概念。企业内部发生的有生产者负担的成本，包括产品研发成本、产品生产成本和产品营销成本（销售到物流全过程发生的成本），简称生产者成本。

（2）广义的概念。不仅包括狭义的成本，还包括消费者购入产品后所发生的产品使用成本和废弃处置成本。包括生产者成本和消费者成本。

3. 全生命周期管理

成本领先战略下追求全生命周期成本最低化、差异化和目标聚集战略下追求成本水平下的收益最大化及净收益最大化。

【例 5－22】甲公司是一家集空调技术开发、产品制造、市场销售和服务为一体的大型企业，产品远销 160 多个国家和地区。为进一步提升公司产品的国际市场渗透力，发力高端市场，优化产品结构，甲公司于 2024 年 1 月召开降本提质量、助力国际业务大发展专题会议，有关资料如下：

中东市场，甲公司执行的是差异化战略。甲公司以 A 产品打入中东市场，但未能实现有效突破。销售部门反馈公司产品成本过高影响销售，公司应该加强成本管理与控制，充分考虑如何实现全生命周期成本的最低化。

不考虑其他因素。

要求：根据资料，指出甲公司确定的中东市场战略是否存在不当之处，并说明理由。

【分析与解释】

存在不当之处。

理由：如果企业执行的是差异化和目标集聚战略，全生命周期成本管理的目标就是实现在一定成本水平下的收益最大化，应该充分考虑收益和成本之间的关系，使净收益最大化，而不是简单追求成本最低化。资料中甲公司实施的是差异化战略，所以不应该以产品全生命周期成本最低为决策依据。

（二）管理方法

1. 产品研发阶段

本阶段成本管理的重点不是要降低研发费用，而是要努力研发出既适应市场需求，又不会造成生产过剩，功能齐全且有竞争力的产品。亦即通过研发有效控制产品的功能和成本之间的比例，目的是设计出有竞争性的产品，而非控制降低研发费用。价值工程的核心是以最低的成本代价实现产品应具备的最高限度的必要功能。计算公式可以测度这种价值：

$$V（价值）＝F（功能）/C（成本）$$

五种提高产品价值的主要途径：（1）成本不变，功能提高。（2）功能不变，成本下降。（3）成本略有增加，功能大幅度提高。（4）功能略有下降，成本大幅度下降。（5）成本降低，功能提高。

【例 5－23】2024 年 1 月甲公司召开成本管控专题会议。有关部门发言要点摘录如下：

研发部门：为满足客户个性化定制需求，研发部门应用价值工程技术进行产品设计，邀请客户深度参与型号设计、材料优化、应用场景开发等工作，所以为满足客户需求，在研发设计的各个阶段均以产品性能最优为目标。

要求：根据资料判断研发部门的说法是否存在不当之处，若存在不当之处，指出不当之处，并说明理由。

【分析与解释】存在不当之处。不当之处是：在研发设计的各个阶段均以产品性能最优为目标。理由是：价值工程的核心是以最低的成本代价实现产品应具备的最高限度的必要功能。各个阶段均已性能最优为目标，即没有考虑成本的花费，也不符合价值工程的原理。

2. 生产阶段

成本管理策略包括：（1）标杆成本制定。

（2）作业成本法核算。（3）适时生产管理（JIT）。（4）目标成本法与作业成本结合来控制生产成本。此外，按需生产，构建高效供应链，加速流转，降低库存，提高效益。

成本标杆法通过不断与优秀企业的成本信息及结构进行对比分析，找到标杆，梳理标杆，从而达到降低成本的目的。

3. 营销阶段

企业应根据产品的特点和产品所处的不同生命周期阶段，选择适合的营销手段。（1）初创期，较多投入广告宣传。（2）成熟期，适当减少宣传费用。（3）衰退期，注重短期收益。包装是很重要的营销策略。

4. 售后服务和废弃阶段

售后阶段考虑顾客使用阶段的成本。包括由于产品质量问题造成的各种损失，减少索赔违约损失、降价处理损失，以及对废品、次品进行"三包"服务而产生的成本。还有或有成本、机会成本等。

维护阶段，提高产品质量的基础上降低维护费用支出，并建立有效的信息反馈机制，保证客户需求被及时满足。

产品废弃或升级时，应对客户的追加成本及企业的替换成本进行核算，保证产品生命周期的成本能够得到全面反映，准确核算产品盈利能力。此外还有环境成本。企业可以通过再生循环项目，回收旧产品，再包装二次销售，减少原材料投入，降低能源消耗，减少废弃物排放。

【提示】在成本控制中，如果不考虑上游、下游成本，而只涉及中游成本，将有可能得出错误的决策结果。从生命周期成本来看，只有当新产品销售所带来的"产品营业收入"大于新产品所付出的"生命周期成本"，新产品销售或服务提供在财务上才是值得可行的。

【例5-24】甲公司根据企业发展部测算，A、B产品应分摊的单位上游成本（研发、设计等环节成本）分别为13元和18元，应分摊的单位下游成本（销售、售后服务等环节成本）分别为8元和12元。

要求：

1. 结合作业成本法下的单位生产成本，分别计算A、B两种产品的单位生命周期成本。

2. 在不考虑产品必要成本利润率的条件下，结合竞争性市场价格和作业成本法下计算的生命周期成本，分别判断A、B两种产品的财务可行性。

【分析与解释】

1. 已知作业成本法下的A、B两种产品的单位生产成本分别为220元和275元。

A产品的单位生命周期成本 = 13 + 220 + 8 = 241（元）

B产品的单位生命周期成本 = 18 + 275 + 12 = 305（元）

2. 财务上的可行性判断标准即价格高于成本方为可行。A产品销售价格为207元，低于单位生命周期成本（241元），在财务上不具有可行性。B产品销售价格为322元，高于单位生命周期成本（305元），在财务上具有可行性。

【例5-25】甲公司为实施目标成本管控，坚持生命周期成本管理理念，将目标成本管控贯穿于A型汽车的成本生命周期全过程，围绕公司内部的有序作业或流程，努力寻求产品质量、性能、成本等要素之间的最佳平衡，确保A型汽车销售所带来的"产品营业收入"大于所付出的"生命周期成本"，实现预期利润。

要求：指出A型汽车生命周期成本应包括的主要内容。

【分析与解释】

生命周期成本包括产品研发、产品设计、产品制造、产品销售、售后服务等各环节所发生的成本费用。

✸ 考点12　质量成本管理（★★★）

（一）质量成本的含义

质量成本是指通过事前的最佳质量成本决策、日常质量成本控制达到改进产品质量、降低产品寿命周期成本、提高经济效益和社会效益的目的。通过事后对质量成本进行单独核算、比例分析等方法，使会计工作更好地为全面质量管理服务。

（二）质量成本的内容

1. 运行质量成本

为保证、提高质量，降低质量损失的成本。

包括：**（1）预防成本**。事前为防止产生废品、次品的各种预先措施成本。分为：质量工作费用。产品评审费用、质量培训费、质量奖励费、质量改进措施费和专职人员工资及福利费用。**（2）鉴定成本**。检验和评定材料、在产品或产成品等是否达标的费用。包括：检测试验费、工资及福利费、检验试验办公费和检验测试设备及房屋折旧费等。**（3）内部损失成本**。产品出厂前因不符合规定的质量要求所发生的费用。包括：废品损失、返修成本、停工损失、事故分析处理费用和产品降级损失。例如，陶瓷厂烧制瓷器，对于温度等原因造成的次品，一般都作为次品降价处理。有些厂家为保证品牌声誉还会销毁不合格产品。**（4）外部损失成本**。因质量问题导致的诉讼费、赔偿费、退货费、保修费和产品降价损失费。

2. 外部质量保证成本

（1）为提供特殊的、附加的质量保护措施、程序、数据所支付的费用。

（2）产品的验证试验和评定的费用。

（3）为满足用户需求，进行质量体系认证所发生的费用。

（三）质量成本的核算

1. 独立核算形式

单独设置质量成本的账外记录，由各质量控制网点进行核算。定期编制"质量成本报告"将各质量控制网点发生的各类质量成本进行记录。

优点是简便易行，不影响现有的会计核算体系，仅以台账或备查簿的形式进行。缺点是不能对质量成本的实际发生数进行准确的有效的控制。

2. 非独立核算形式

设置"质量成本"科目，并根据质量成本分类设置预防成本、鉴定成本、内部损失成本及外部损失成本二级科目进行明细核算。期末将质量成本在生成成本、销售费用、期间费用中进行分配。优点是能对质量成本进行准确的记录和有效的控制，缺点是账务处理比较繁杂。

（四）质量成本的计量

1. 显性质量成本的计量

显性成本是指企业运行质量成本，可以从企业会计记录中获取数据。

2. 隐性质量成本的计量

隐性质量成本是指无法从企业会计记录中获取数据，只能通过估计方法进行计量的数额较大的质量成本。可以通过系数法、市场研究法、塔古奇损失函数法来估计。

（五）质量成本的控制

1. 新产品开发设计阶段

（1）将产品质量控制在适宜水平；（2）加强设计的论证和评审，以保证产品的设计质量，实现预期的质量目标；（3）加强样品的试制和试验，保证产品设计质量的完善；（4）加强技术文件的管理，控制技术管理成本。

2. 生产过程

（1）生产技术准备的质量控制；（2）工序的质量控制；（3）技术检验工作控制；（4）加强不合格品的管理，降低厂内、厂外损失。

3. 销售过程

（1）产品包装、储运的质量管理；（2）产品售后服务的质量管理；（3）索赔处理的质量管理。

4. 质量成本的日常控制

建立质量成本管理系统，确定质量成本控制网点。建立质量成本分级控制和归口控制的责任制度，并建立高效灵敏的质量成果信息反馈系统。

✳ 考点 13　环境成本管理（★★★）

环境成本是指本着对环境负责的原则，为管理企业活动对环境造成的影响而被要求采取措施的成本，以及因企业执行环境目标和要求所付出的其他成本。

（一）分类及内容

环境成本的分类及内容见表 5 - 11。

表 5 – 11　　　　　　　　　　　　　　　　环境成本的分类

分类		内容
发生时间范围的角度	历史环境成本	企业对环境的损害行为发生在过去的某些会计期间，当前，企业必须对之前的经营活动造成的自然环境损失进行清理或者弥补社会影响，从而产生的环境成本。例如，以前年度生产经营因损害环境所发生的后续处理成本，包括恢复成本和再生成本。恢复成本是指对因生产遭受的环境资源损害给予修复而引起的开支；再生成本是指企业在经营过程中对使用过的环境资源使之再生的成本，如造纸厂、化工厂对废水净化的成本
	运行环境成本	耗减成本和恶化成本。耗减成本是指企业生产经营活动中耗用的那部分环境资源的成本；恶化成本是指因企业生产经营条件恶化而导致企业环境成本上升的部分，如水质污染导致饮料厂的成本上升，甚至无法开工而增加的成本
	未来环境成本	企业为避免或减轻对未来环境的污染损害而事前予以开支的成本，具体包括：环境资源保护项目的研究、开发、建设、更新费用；社会环境保护公共工程和投资建设、维护、更新费用中由企业负担的部分；企业其他与环保相关预防费用等
成本形成的角度	环保系统研发成本	产品设计、生产工艺的调整、材料采购路线变更和回收再利用等研究开发的成本，主要包括绿色产品的开发、增加原生产品环保功能的研究、企业生产工艺路线的调整及材料采购的选择等方面所需的成本
	生产过程直接降低环境负荷的成本	企业生产过程中直接减少污染物排放的成本，包括产品废弃物的处理、再生利用系统的运营、对有环境污染影响的材料替代、节能设施的运行等方面的成本
	生产间接降低环境负荷的成本	生产过程中的环境管理成本，指在生产过程中为预防环境污染而发生的间接成本，包括环保设备的购置、职工环境保护教育费、环境负荷的监测计量、环境管理体系的构筑和认证等方面的成本
	销售及回收过程降低环境负荷的成本	企业对销售的产品采用环保包装或回收顾客使用后的污染环境的废弃物、包装物等所发生的成本，主要包括环保包装物的采购、产品及包装物使用后的回收利用或处理等方面的营运成本
	环保支援成本	有助于企业周围实施环境保全或提高社会环境保护效益的成本，主要包括企业周边的绿化成本，对企业所在地域环保活动的赞助成本，与环境信息披露和环境广告有关的成本支出，以及在开征环境税的国家里所支付的环境税成本等
	其他环保支出	土壤污染、自然破坏的修复，公害诉讼赔偿金、罚金等
成本空间范围的角度	内部环境成本	由于环境导致的明确由企业承担和支付的费用，如排污费、环境破坏罚金或赔偿费、环境治理费或环境保护设备投资等
	外部环境成本	不能明确计量、未由本企业承担的不良环境后果成本

（二）确认与计量

环境成本的确认、计量与核算如表 5 – 12 所示。

表 5 – 12 环境成本的确认、计量与核算

项目	内容		
确认	(1) 达到环境保护法所强制实施的环境标准所发生的费用，如环保设备投资及营运费用； (2) 国家在实施经济手段保护环境时企业所发生的成本费用，如环境税、环保基金、排污费等，也有市场交易行为而发生的排污权购买支出		
计量	(1) 以货币计量为主加适量实物或技术计量形式； (2) 历史成本基础上采用防护费用法、恢复费用法、政府认定法和法院裁定法等非历史成本计量属性		
核算	传统成本法：制造费用、分摊		
	作业成本法：制造费用、成本动因、分配		
	生命周期成本	普通生产经营成本，包括直接材料、直接人工、能源成本、厂房设备成本等，以及为保护环境而发生的生产工艺支出、建造环保设施支出等	
		受规章约束的成本，包括排污费、检测监控污染情况的成本、因违反环境法规而缴纳的罚款、向政府机构申请废弃物排放许可证的成本等	
		或有负债成本：罚款赔偿等	
	完全成本法：内部、外部环境成本		

（三）环境成本控制

(1) 实行环境成本管理目标责任制；

(2) 构建环境成本控制系统；

(3) 推行无污染清洁生产工艺。

【例 5 – 26】为进一步减少环境污染，加强环境成本管控，甲公司拟采取以下三项措施：①在生产过程中，使用清洁能源和先进的生产技术，减少污水、废气的排放以及固体废弃物的产生；②将煤矸石等固体废弃物达标处理后，用于填充采矿区地表塌陷区域，实现对固体废弃物的充分利用；③改变"先污染、后治理"的传统模式，委托专业机构在煤炭开采前进行环境分析，提出经济和环保效益协调发展的建议。

要求：从环境成本控制角度，分别指出第①~③项措施发生的成本所体现的环境成本类型。

【分析与解释】

根据 2022 年的教材，这里的答案应该是：第①项：事中环境成本；第②项：事后环境成本；第③项：事前环境成本。2023 年教材进行修改，相应的三个项目所体现的环境成本类型是：运营环境成本，历史环境成本，未来环境成本。

【例 5 – 27】甲公司是一家集空调技术开发、产品制造、市场销售和服务为一体的大型企业，2023 年欧盟公布"碳边境调解机制"，甲公司的应对机制是：①投资于低碳技术，如能效更高的制冷剂、节能设计和制造工艺，以及碳捕捉与封存技术（CCS）等。②努力减少自身的碳足迹，减少商务礼品、展会搭建和线下会议，增加回收铝和废钢的使用量等方式实现。

要求：从环境成本形成的角度，分别指出甲公司为实施①和②措施所付出的环境成本类型。

【分析与解释】

生产过程间接降低环境负荷的成本和销售及回收过程降低环境负荷的成本。

本章历年试题解析

【2024 年试题】

甲公司是一家集空调技术开发、产品制造、市场销售和服务为一体的大型企业，产品远销 160 多个国家和地区。为进一步提升公司产品的国际市场渗透力，发力高端市场，优化产品结

构，甲公司于 2024 年 1 月召开降本提质、助力国际业务大发展专题会议，有关资料如下：

资料（1）中东市场：甲公司执行的是差异化战略。甲公司以 A 产品打入中东市场，但未能实现有效突破。销售部门反馈：①公司产品成本过高影响销售，公司应该加强成本管理与控制，充分考虑如何实现生命周期成本的最低化。②从产品销售到顾客的环节来讲，甲公司一贯重视质量管理，公司在修复残次品及其与之相关的行政管理上的花销体现不出增加客户价值，属于无效作业，应予以消除。③研发中心认为公司在产品设计方面综合运用了减少产品零部件数量、增加品种零部件通用性，降低零部件加工难度等方法来获取成本优势。

资料（2）北美市场：甲公司在北美市场销售 B 产品和 C 产品。经过测算后认为，若要市场份额达到增长 1% 的目标，两种产品的价格需要比竞争对手低 10% 和 11%。假如 B 产品的市场竞争价格为 2 100 元，目标利润率为 18%。B 产品 2023 年单位生产成本 2 057 元，甲企业计划 2024 年降低生产成本 5%。

资料（3）欧洲市场：2023 年欧盟公布"碳边境调解机制"，甲公司的应对机制是：①投资于低碳技术，如能效更高的制冷剂、节能设计和制造工艺，以及碳捕捉与封存技术等。②努力减少自身的碳足迹，减少商务礼品、展会搭建和线下会议，增加回收铝和废钢的使用量等方式实现。

假定不考虑其他因素。

要求：

1. 根据资料（1），结合甲公司确定的中东市场战略指出①项是否存在不当之处，并说明理由。

2. 根据资料（1），结合价值链分析，指出②项是否存在不当之处，并说明理由。

3. 根据资料（1），指出体现的战略成本动因类型。

4. 根据资料（2），指出甲公司确定 B 产品竞争性价格的方法类型。

5. 根据资料（2），计算 B 产品 2024 年单位目标成本（不考虑销售税费），并根据计算结果判断 B 产品是否可以实现成本管控目标。

6. 根据资料（3），从环境成本形成的角度，

分别指出甲公司为实施①和②措施所付出的环境成本类型。

【分析与解释】

1. 存在不当之处。理由：如果企业执行的是差异化和目标集聚战略，全生命周期成本管理的目标就是实现在一定成本水平下的收益最大化，应该充分考虑收益和成本之间的关系，使净收益最大化，而不是简单追求成本最低化。资料中甲公司实施的是差异化战略，所以不应该以产品全生命周期成本最低为决策依据。这里考察的是产品全生命周期成本管理。

2. 存在不当之处。理由：价值链分析及价值识别的功能，在于如何通过诸如外包、战略联盟等方式，将那些对企业自身没有价值增值的作业从企业价值链中剔除，以突出企业的核心能力与竞争优势。资料中，甲公司是以顾客价值为基础分析有效作业和无效作业不正确。（或无效作业不等于无用作业，对于无效作业需要严格控制，并不是消除。）这里考察的是企业内部价值链分析。

3. 执行性成本动因中的产品设计合理化。这里考察的是战略成本动因分析。

4. 目标份额法。考察的知识点是目标成本的设定——竞争性价格的确定方法。

5. B 产品 2024 年单位目标成本 = 2 100 ×（1 − 18%）= 1 722（元）。

由于 B 产品 2024 年单位生产成本预计比上年同期下降 5%，所以 B 产品 2024 年单位生产成本 = 2 057 ×（1 − 5%）= 1 954.15（元），大于 B 产品 2024 年单位目标成本 1 722 元/台，所以 B 产品不能实现成本管控目标。综合考察了目标成本法的计算以及是否可以实现成本管控目标的判断。

6. ①生产过程间接降低环境负荷的成本，②销售及回收过程降低环境负荷的成本。这个题目考察的是环境成本管理中的从环境成本形成的角度分类。

【2023 年试题】

甲公司是一家主要从事电路板封装基本生产与销售的企业，公司依托技术领先优势为企业客户提供电子线路技术的综合性解决方案。面对日益激烈的市场竞争，公司综合应用多种成本管理

工具进行成本优化。2023年1月甲公司召开成本管控专题会议。有关部门发言要点摘录如下：

（1）研发部门：为满足客户个性化定制需求，研发部门应用价值工程技术进行产品设计，邀请客户深度参与型号设计、材料优化、应用场景开发等工作，所以为满足客户需求，在研发设计的各个阶段均以产品性能最优为目标。

（2）采购部门：受全球大宗商品价格上涨的影响，主要原材料面临价格上涨压力，为控制成本，建议采取如下措施：

①成立采购、研发、财务等多部门人员组成的采购成本管控专项小组，建立相应的工作机制，确保及时、准确掌握各原材料价格、库存质量等各类信息。

②与供应商建立设计成本信息共享机制，借助供应商的专业知识、技术优势，通过用模具等资源缓解成本压力。

③持续优化供、产、销各环节成本及维修等的成本，通过大规模采购标准化原材料零部件，提升议价能力，降低采购成本。

（3）生产部门：建议加快建设智能工厂和数字化生产车间，优先推动两项生产作业优化：

①物料识别自动化。在原材料零部件上打印二维码，通过扫码快速准确获取物料信息，消除物料识别误差，从而省去原有工序中的人工物料复核环节。

②作业编排智能化。经过全面梳理工艺流程将生产环节划分为开料、切割、高层压、钻孔、联通、显影等12项作业，通过与自动化设备的互联互通智能信息系统，可以准确获取各订单的数量、交货期、配方等因素，灵活安排、协调生产作业、平衡生产能力、减少作业消耗的时间和资源。

（4）财务部：为提升客户满意度，公司推出了一系列售后增值服务，包括成品维护状态监测专项培训、驻场服务等。从全生命周期成本管理角度考虑，将售后阶段发生的相应成本纳入产品成本管理范围。目前公司生产的两款主要产品为X、Y。不考虑售后阶段成本，X、Y产品的单位成本分别为1.58万元和0.65万元。公司确定产品目标成本使用的必要利润率为20%。根据营销部门市场调查，X、Y产品的竞争性市场单价分别为2万元和0.8万元。

假定不考虑其他因素。

要求：

1. 根据资料（1），判断研发部门的说法是否存在不当之处，若存在不当之处，指出不当之处，并说明理由。

2. 根据资料（2），逐项指出①至③，体现了哪些目标成本管理的实施原则。

3. 根据资料（3），分别指出①至②，体现了哪些作业改进方法。

4. 根据资料（4），若考虑售后阶段成本，分别计算X、Y产品的单位目标成本，并借此判断哪种产品未达到目标成本控制的标准。

【分析与解释】

1. 存在不当之处。

不当之处：在研发设计的各个阶段均以产品性能最优为目标。

理由：研发设计阶段的成本管理重点是要努力研发出既适应市场需求，又不会生产过剩，功能齐全且具有竞争性的产品。

2. ①跨职能合作。

②价值链参与。

③生命周期成本削减。

3. ①消除不必要的作业以降低成本（作业消除）。

②提高作业效率并减少作业消耗（作业减少）。

4. X产品单位目标成本 $= 2 \times (1 - 20\%) = 1.6$（万元）；

Y产品单位目标成本 $= 0.8 \times (1 - 20\%) = 0.64$（万元）。

X产品单位成本低于单位目标成本，Y产品单位成本高于单位目标成本，因此，Y产品未达到目标成本控制的标准。

【2022年试题】

甲公司是一家主营煤炭开采、洗选和加工业务的国有煤炭上市公司，生产A、B、C三种产品，该公司生产环节引发的环境问题主要涉及污水废气排放、固体废弃物产生和采矿区地表塌陷等。甲公司将应对上述环境问题发生的成本归集为直接环境成本和间接环境成本。长期以来，甲公司采用传统成本法核算间接环境成本，即将间接环境成本按用产量分配到不同产品成本中，随着我国低碳经济、绿色生产理念的普及，甲公司间接环境成本在产品成本中的比重逐年升高，通过传统成本法核算间接环境成本已不能适应"绿色化"战略转型的需要，甲公司决定采用作业成本法提高间接环境成本核算的准确性。相关资料如下：

（1）2021 年甲公司煤炭产量 2 000 万吨，其中 A 产品 1 740 万吨、B 产品 160 万吨、C 产品 100 万吨，2021 年甲公司发生间接环境成本 40 000 万元，其中污水治理费 9 600 万元、废气治理费 7 000 万元、固体废弃物处理费 6 400 万元、采矿区地表塌陷治理费 17 000 万元。

（2）根据"作业消耗资源、产出消耗作业"的原则，甲公司采用作业成本法分配 2021 年间接环境成本，其成本分配相关信息如表 5 - 13 所示。

表 5 - 13　　　　　　　　　　　间接环境成本分配相关信息

作业成本库	消耗资源（万元）	成本动因	作业量					成本分配率
			单位	A 产品	B 产品	C 产品	合计	
污水治理成本库	9 600	污水治理量	吨	5 000	9 000	18 000	32 000	0.3
废气治理成本库	7 000	废气治理量	吨	4 400	4 600	5 000	14 000	0.5
固体废弃物治理成本库	6 400	固体废弃物处理量	吨	208 000	64 000	48 000	320 000	0.02
采矿区地表塌陷治理成本库	17 000	塌陷面积	面积	4 500	300	200	5 000	3.4

（3）为进一步减少环境污染，加强环境成本管控，甲公司拟采取以下三项措施：①在生产过程中，使用清洁能源和先进的生产技术，减少污水、废气的排放以及固体废弃物的产生；②将煤矸石等固体废弃物达标处理后，用于填充采矿区地表塌陷区域，实现对固体废弃物的充分利用；③改变"先污染、后治理"的传统模式，委托专业机构在煤炭开采前进行环境分析，提出经济和环保效益协调发展的建议。

假定不考虑其他因素。

要求：

1. 根据资料（1）和资料（2），分别采用传统成本法和作业成本法，计算 2021 年应分配至 A 产品的间接环境成本，并指出采用作业成本法分配间接环境成本比传统成本法更加准确的原因。

2. 根据资料（1）和资料（2），分析作业成本法下，A、B、C 三种产品中哪种产品应作为甲公司污水治理成本管理的重点并说明理由。

3. 据资料（3），从环境成本控制角度，分别指出第①～③项措施发生的成本所体现的环境成本类型。

【分析与解释】

1. （1）传统成本法下，2021 年分配至 A 产品的间接环境成本 = 40 000 × 1 740 ÷ 2 000 = 34 800（万元）。

（2）作业成本法下，2021 年分配至 A 产品的间接环境成本 =（5 000 × 0.3）+（4 400 × 0.5）+（208 000 × 0.02）+（4 500 × 3.4）= 23 160（万元）。

（3）传统成本法以产量等单一分配标准对间接环境成本进行平均分配，未揭示环境成本发生的根本原因，分配结果不准确。作业成本法通过识别具体的环境成本动因，能更真实地揭示资源、作业和成本之间的联动关系，因其"相关性"提高相应提升了分配结果的精确度。

2. （1）C 产品；（2）污水治理作业成本的作业动因是污水治理量，2021 年 C 产品的污水治理量最高，并且单位污水治理成本也最高。

3. 第①项：事中环境成本；第②项：事后环境成本；第③项：事前环境成本。

【2021 年试题】

甲公司是一家生产销售特种车辆的企业，具

有较好的行业声望。面对竞争激烈的外部环境，甲公司综合应用目标成本法、作业成本法等管理工具，持续优化成本管理。M车是甲公司众多产品中新近上市的热销产品，该车从研究立项到量产上市等主要环节的相关资料如下：

（1）研究立项。通过市场调查及技术发展趋势研判，公司认为产品配置X技术将成为市场主流，其市场容量将持续上升。基于公司战略目标2018年度配置X技术的新车项目正式立项命名为M车项目。经过充分调研和评估，公司预计M车的竞争性市场价格为90万元/台，预计成本利润率为25%。

（2）设计开发。公司成立了M车项目跨职能团队，运用价值工程学方法优化产品设计。根据初步设计方案，参考可比车型的成本信息和市场调研情况，项目团队在目标成本范围内预估了M车各主要环节的标准成本。D材料是M车的一项重要材料，其标准用量为20千克/台，标准价格为0.7万元/千克，通过精细化设计、工艺改善及供应链优化，在M车样本试验时，D材料的实际成本与标准成本相比，用量降低了10%，价格降低至0.65万元/千克。

（3）生产成本。M车工艺流程较为复杂，间接成本占生产成本比重较高。为此，公司引入作业成本法，以多种作业动因分配间接成本。冲压车间承担着公司所有产品包括M车的冲压生产任务，冲压流程分别为模具冲压、模具切换和模具返修等作业，作业动因依次为次数、切换时间和返修时间等。

（4）量产上市。2020年6月，M车正式投放市场，售价为85万元/台。自量产销售以来，M车以无敌的技术性能和低成本优势迅速占领市场。为更好地进行成本分析与决策，公司引入生命周期成本管理理念。根据公司成本、产销量等信息，经测算，M车生产成本为65万元/台，经分析研究，设计环节成本6万元/台，销售、售后服务等环节成本3万元/台。

假定不考虑其他因素。

要求：

1. 根据资料（1），结合目标成本法，计算M车的单位目标成本。

2. 根据资料（2），结合标准成本法，分别计算M车D材料的直接材料数量差异和直接材料价格差异。

3. 根据资料（3），结合作业成本法，指出冲压车间作业中的非增值作业，并说明理由。

4. 根据资料（4），计算M车的生命周期成本，并判断其财务可行性，并说明理由。

【分析与解释】

1. M车的单位目标成本 $= 90 \div (1 + 25\%) = 72$（万元）。

2. D材料的用量 $= 20 \times (1 - 10\%) = 18$（千克/台）；

直接材料价格差异 $=$ 实际耗用量 $\times$（实际单价 $-$ 标准单价）$= 18 \times (0.65 - 0.7) = -0.9$（万元）；

直接材料数量差异 $=$（实际耗用量 $-$ 标准耗用量）$\times$ 标准单价 $= (18 - 20) \times 0.7 = -1.4$（万元）。

3. 非增值作业是：模具切换、模具返修。

理由：增值作业必须同时满足以下三个条件：（1）该作业的功能是明确的；（2）该作业能为最终产品或劳务提供价值；（3）该作业在企业的整个作业链中是必需的，不能随意去掉、合并或被替代。

4. 生命周期成本 $=$ 产品研发、设计成本 $+$ 产品制造成本 $+$ 产品销售、售后服务成本 $= 6 + 65 + 3 = 74$（万元/台），因此M车生产具备财务可行性。

理由：生命周期成本74万元 $<$ 售价85万元，所以可行。

【2020年试题】

X厂是某大型制造类企业甲公司的一个分厂，生产A和B两种产品。为了适应日益激烈的市场竞争环境，甲公司拟以X厂2020年5月相关资料为基础、单位产品盈利水平分析为依据，充分利用剩余生产能力，优化产品结构，进一步提高X厂盈利水平。2020年5月，X厂有关资料如下：

（1）X厂共生产A产品1 000件，B产品500件。A产品的市场售价为0.39万元/件，B产品的市场售价为0.55万元/件。A产品的直接成本为0.2万元/件，B产品的直接成本为0.3万元/件。A产品和B产品共发生间接成本300万元，共耗用机器小时数为600小时。目前，X

厂按照 A 产品和 B 产品耗用的机器小时数分配间接成本。经测算，A 产品耗用的单位机器小时数为 0.3 小时/件，B 产品耗用的单位机器小时数为 0.6 小时/件，单位机器小时数分配的间接成本为 0.5 万元/小时。

（2）X 厂拟引入作业成本法提高产品成本核算的准确性。通过作业分析，A 产品和 B 产品涉及的作业项目为材料整理、产品加工和质量检验，对应的成本动因分别为人工小时、机器小时和检验次数。A 产品和 B 产品间接成本的作业资料如表 5 - 14 所示。

表 5 - 14　　　　　　　　　　**A 产品和 B 产品间接成本的作业资料**

作业项目	成本动因	作业成本（万元）	作业量	
			A 产品	B 产品
材料整理	人工小时	100	400 小时	100 小时
产品加工	机器小时	150	300 小时	300 小时
质量检验	检验次数	50	200 次	50 次

假定不考虑其他因素。

要求：

1. 根据资料（1）中采用机器小时数分配间接成本的方法，分别计算 A 产品和 B 产品的单位成本。

2. 采用作业成本法分配间接成本，分别计算材料整理、产品加工和质量检验三项作业的作业成本分配率，以及 A 产品和 B 产品的单位成本。

3. 作业成本法下，以单位产品盈利水平分析为依据，X 厂在产品结构优化时，应扩大哪种产品的生产规模，并说明理由。

【分析与解释】

1. 根据资料（1）中采用机器小时数分配间接成本的方法，分别计算 A 产品和 B 产品的单位成本。

根据题意，单位间接成本 = 产品耗用的单位机器小时数 × 分配率。

A 产品单位成本 = 单位直接成本 + 单位间接成本 = 0.2 + (0.3 × 0.5) = 0.35（万元/件）；

B 产品单位成本 = 单位直接成本 + 单位间接成本 = 0.3 + (0.6 × 0.5) = 0.6（万元/件）。

2. 采用作业成本法分配间接成本，分别计算材料整理、产品加工和质量检验三项作业的作业成本分配率，以及 A 产品和 B 产品的单位成本。

首先要计算分配率：

材料整理作业成本分配率 = 100 ÷ 500 = 0.2（万元/小时）；

产品加工作业成本分配率 = 150 ÷ 600 = 0.25（万元/小时）；

质量检验作业成本分配率 = 50 ÷ 250 = 0.2（万元/次）。

然后计算产品单位成本：

A 产品单位成本 = 单位直接成本 + 单位间接成本 = 0.2 + (400 × 0.2 + 300 × 0.25 + 200 × 0.2) ÷ 1 000 ≈ 0.40（万元/件）；

B 产品单位成本 = 单位直接成本 + 单位间接成本 = 0.3 + (100 × 0.2 + 300 × 0.25 + 50 × 0.2) ÷ 500 = 0.51（万元/件）

3. 作业成本法下，以单位产品盈利水平分析为依据，X 厂在产品结构优化时，应扩大哪种产品的生产规模，并说明理由。

回答是：应扩大 B 产品生产规模。

理由：B 产品单位利润 > A 产品单位利润。

［或：A 产品单位利润 = 0.39 - 0.40 = -0.01（万元/件），或 -0.005 万元/件。

B 产品单位利润 = 0.55 - 0.51 = 0.04（万元/件）］

［或：A 产品单位成本高于售价，B 产品单位成本低于售价。］

［或：A 产品亏损，B 产品有利润。］

［或：A 产品毛利率（或销售利润率）< B 产品毛利率（或销售利润率）。］

[或：A产品毛利为负，B产品毛利为正。]

【点评】本题仅考查了作业成本法分配间接成本和根据作业成本信息决策，通过对传统分配间接成本方式和作业成本法分配间接成本的对比，实现根据计算结果来做决策。我们先看如何计算间接成本分配。

强化练习

习题一

红阳公司计划生产A产品，预计A产品的销售量为6 000件，生产量为6 500件，单价为500元/件，预计的销售利润为25%。该公司在生产A产品的同时，还计划生产B产品，预计B产品的销售量为4 000件，预计销售单价为300元，成本利润率为20%，假设不考虑其他因素。

要求：

预测红阳公司A产品和B产品的销售目标利润和目标成本。

【分析与解释】

A产品的目标利润 = 6 000 × 500 × 25% = 750 000（元）；

A产品的目标成本 = 6 000 × 500 × 75% = 2 250 000（元）；

B产品的目标成本 = 4 000 × 300 ÷ (1 + 20%) = 1 200 000 ÷ 1.2 = 1 000 000（元）。

【点评】本题主要考查目标成本的计算。实务中把市场价格还原为成本的过程中考虑的因素主要有成本、费用、税金、目标利润等。但是考试中一般不需要结合成本核算制度进行计算和分析。

习题二

东风小型机械制造公司成型部门的制造费用过去一直按直接人工工时分配，由于市场竞争的压力，要求会计部门提供可靠的成本信息用于定价决策和成本控制。通过调查分析认为制造费用分配对产品成本计算影响很大，决定改变传统方法采用作业成本法。

2024年6月成型部门制造费用总计为550 000元，根据成本和作业分配之间的关系分析，该部门制造费用由三种作业引起，这三种作业分别是质量控制、机器调控和材料整理，与各项作业相关的成本数据如表5-15所示。

表5-15　　　作业成本数据

作业	成本动因	制造费用（元）
质量控制	产品抽检数	250 000
机器调控	机器调控次数	100 000
材料整理	材料整理数量	200 000
合计		550 000

质量控制成本与产品抽检件数相关，产品抽检数应作为质量控制成本的成本动因；机器调控成本与机器调控次数相关，成本动因应为调控次数；材料整理成本与材料使用量相关，材料整理数量应作为成本动因。以各项作业的成本动因为成本分配基础，能够合理地体现收益原则。

2024年6月成型部门生产A和B两种产品，有关产品生产的资料如表5-16所示。

表5-16　　　　　　　　　　　A、B产品有关生产资料

项目	A产品	B产品
生产数量（件）	6 000	2 000
直接人工（工时/件）	1.50	1.00

续表

项目	A产品	B产品
直接材料成本（元/件）	90	60
材料用量（公斤）	3 000	2 000
机器调控次数	3	2
产品抽检比例（%）	10	20
小时工资率（元/小时）	30	30

要求：

计算两种产品作业成本法下的单位成本，并进行评析。

【分析与解释】

计算过程见表 5-17 至表 5-19。

表 5-17

作业与动因	成本总额（元）	分配基础（成本动因）		分配率
		A产品	B产品	
质量控制/被抽检件数	250 000	6 000×10%=600	2 000×20%=400	250 000÷(600+400)=250
机器调控	100 000	3	2	100 000÷5=20 000
材料整理	200 000	3 000	2 000	200 000÷(3 000+2 000)=40

表 5-18　　　　　　　　　　　　　　　　　　　　　　金额单位：元

作业成本	分配率	A产品		B产品	
		消耗动因	分配成本	消耗动因	分配成本
质控抽检 250 000	250	600	150 000	400	100 000
机器调控 100 000	20 000	3	60 000	2	40 000
材料整理 200 000	40	3 000	120 000	2 000	80 000
合计 550 000			330 000		220 000

表 5-19　　　　　　　　　　　　　　　　　　　　　　　　　　单位：元

成本要素	A产品（6 000件）		B产品（2 000件）	
	单位成本	总成本	单位成本	总成本
直接材料	90	540 000	60	120 000
直接人工	45（1.5×30）	270 000	30（1.0×30）	60 000
制造费用	55	330 000	110	220 000
合计	190	1 140 000	200	400 000

习题三

大华公司生产A、B两种产品，有关年产销量、批次、工时和成本等的资料如表 5-20 所示。

表 5 - 20   产销量及直接成本等资料

项目	合计	A产品	B产品
产销量（件）	240 000	200 000	40 000
生产次数（次）	28	8	20
订购次数（次）	28	8	20
每次订购数量（件）	27 000	25 000	2 000
直接材料成本（元）	26 000 000	24 000 000	2 000 000
直接人工成本（元）	3 600 000	3 000 000	600 000
机器制造工时（小时）	560 000	400 000	160 000

该公司当年制造费用项目与金额如表 5 - 21 所示。

表 5 - 21   制造费用明细表   单位：元

项目	金额
材料验收成本	400 000
产品验收成本	840 000
燃料与水电费	804 000
开工成本	400 000
职工福利支出	320 000
设备折旧	400 000
厂房折旧	500 000
材料储存成本	168 000
管理者薪酬	200 000
合计	4 032 000

要求：

1. 按传统成本法计算成本。

2. 按作业成本法计算成本。

3. 简述两种成本计算法的结果有何不同，并说明原因。

【分析与解释】

1. 按传统成本法，制造费用可直接按机器制造工时进行分配。

制造费用分配率 = 4 032 000 ÷ (400 000 + 160 000) = 7.2；

A 产品应负担的制造费用 = 400 000 × 7.2 = 2 880 000（元）；

B 产品应负担的制造费用 = 160 000 × 7.2 = 1 152 000（元）。

以上计算结果可编制产品成本计算法，如表 5 - 22 所示。

表 5 - 22   传统成本法下产品成本计算

项目	A产品	B产品
直接材料成本（元）	24 000 000	2 000 000
直接人工成本（元）	3 000 000	600 000
制造费用（元）	2 880 000	1 152 000
总成本（元）	29 880 000	3 752 000
产销量（件）	200 000	40 000
单位成本（元）	149.4	93.8

2. 作业成本法下成本计算的关键在于对制造费用的处理并不是完全按机器制造工时进行分配，而是根据作业中心与成本动因，确定各类制造费用的分配标准。下面分别确定制造费用明细表中各项制造费用的分配标准和分配率。

（1）对于材料验收成本、产品验收成本和开工成本，其成本动因一般是生产与订购次数，可以生产与订购次数作为这三项制造费用的分配标准。其分配率如下：

材料验收成本分配率 = 400 000 ÷ (8 + 20) = 14 285.714286；

产品验收成本分配率 = 840 000 ÷ (8 + 20) = 30 000；

开工成本分配率 = 400 000 ÷ (8 + 20) = 14 285.714286。

（2）对于设备折旧、燃料与水电费，其成本动因一般是机器制造工时，可以机器制造工时作为这两项耗费的分配标准。其分配率如下：

设备折旧分配率 = 400 000 ÷ (400 000 + 160 000) = 0.714286；

燃料与水电费分配率 = 804 000 ÷ (400 000 + 160 000) = 1.435714。

（3）对于职工福利支出，其成本动因一般是直接人工成本，可以直接人工成本作为职工福利支出的分配标准。其分配率如下：

职工福利支出分配率 = 320 000 ÷ (3 000 000 + 600 000) = 0.088889。

（4）对于厂房折旧和管理者薪酬，其成本动因一般是产销量，可以产销量作为这两项耗费的分配标准。其分配率如下：

厂房折旧分配率 = 500 000 ÷ (200 000 + 40 000) = 2.083333；

管理者薪酬分配率 = 200 000 ÷ (200 000 + 40 000) = 0.083333。

（5）对于材料储存成本，其成本动因一般是材料的数量或成本，可以直接材料成本作为材料储存成本的分配标准。其分配率如下：

材料储存成本分配率 = 168 000 ÷ (24 000 000 + 2 000 000) = 0.00646154。

根据上述材料分配率，将各项制造费用在A、B产品之间分配，其分配结果如表5-23所示。

表5-23 制造费用分配明细

项目	费用合计（元）	作业动因	分配标准	A产品（元）	B产品（元）
材料验收成本	400 000	28	14 285.71	114 285.71	285 714.29
产品验收成本	840 000	28	30 000	240 000	600 000
燃料与水电费	804 000	560 000	1.43	574 285.6	229 714.4
开工成本	400 000	28	14 285.71	114 285.71	285 714.29
职工福利支出	320 000	3 600 000	0.08889	266 667	53 333
设备折旧	400 000	560 000	0.714286	285 714.4	114 285.6
厂房折旧	500 000	240 000	2.08333	416 666.6	83 333.4
材料储存成本	168 000	26 000 000	0.00646154	155 076.96	12 923.04
管理者薪酬	200 000	240 000	0.08333	166 666.6	33 333.4
合计	4 032 000			2 333 648.58	1 698 351.42

编制作业成本法下的产品成本计算表，如表5-24所示。

表5-24 作业成本法下产品成本计算

项目	A产品	B产品
直接材料成本（元）	24 000 000	2 000 000
直接人工成本（元）	3 000 000	600 000
制造费用（元）	2 333 648.58	1 698 351.42
总成本（元）	29 333 648.58	4 298 351.42
产销量（件）	200 000	40 000
单位成本（元）	146.67	107.46

3. 根据上面的计算可知，作业成本法下与传统成本法下相比，A产品单位成本由149.4元下降为146.67元，B产品单位成本由93.8元上升为107.46元。差异产生的主要原因是传统成本法对制造费用采用的是单一的分配标准，而作业成本法根据不同的成本动因，对不同项目的制造费用采用了不同的分配标准。

【提示】本题主要考查作业成本法的计算过程以及其与传统成本法核算的差异。考生必须掌握作业成本法的计算原理以及在本量利决策、定价、产品决策中的应用。

第五章

第六章 企业绩效管理

本章概述

本章"企业绩效管理"与"企业全面预算管理"的知识点联系密切，考试中经常把这两章的内容结合命题。本章主要讲述企业绩效管理的基本框架体系与操作流程，以及三种主流的绩效管理实践框架方法。**企业绩效管理基本框架与流程部分须重点掌握内部转移定价、绩效目标与计划制订、绩效考核方法等。关键绩效指标法（KPI）须重点掌握代表性财务指标的计算与应用。经济增加值法（EVA）须重点掌握 EVA 指标的分解计算与应用，理解 EVA 与传统会计利润之间的联系与区别，EVA 的优缺点和应用效果。平衡计分卡法（BSC）须重点掌握含义与优缺点、"1＋4"基本框架要素，进而熟悉四个维度各自的代表性指标等。**

考情分析

从近几年的考试内容来看，本章考点分值占 2～6 分，**通常与企业预算管理相关知识点综合在一道案例分析题中，以预算管理考点为主，绩效管理考点为辅。**企业绩效管理的考点主要内容集中在绩效目标与计划体系、内部转移定价、经济增加值、关键财务绩效指标、平衡计分卡等相关知识点。因此，考生在复习时要紧紧理解把握相关的知识点，并关注跨章节相关知识点的有机联系和整合。

近五年本章考试分值及考点分布见下表。

年度	题量	分值	相关知识点
2024	1	2	确定绩效指标权重的方法
2023	1	5	绩效指标、指标权重、计分方法
2022	1	7	结果类指标类型、关键绩效指标设计、内部转移定价
2021	1	6	动因类指标、经济增加值
2020	1	4	绩效指标权重与绩效考核导向

教材变化

在上年度进行较大幅度结构调整的基础上，2025 年本章"企业绩效管理"的考纲和教材内容无重大变化，仅有少量文字表述改动。

考点框架

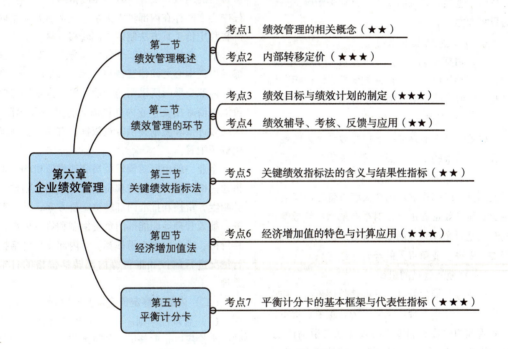

考点解读

✿ 考点1　绩效管理的相关概念（★★）

（一）绩效管理的含义

绩效管理是指各级管理者和员工**为了达到组织目标，共同参与的绩效计划制定、绩效辅导沟通、绩效考核评价、绩效结果应用、绩效目标提升的持续循环过程**。绩效管理的目的是持续提升个人、部门和组织的绩效。

（二）绩效管理的作用

（1）促进组织和个人绩效的提升。绩效管理通过设定科学合理的组织目标、部门目标和个人目标，为企业员工指明了努力方向。管理者通过绩效辅导沟通及时发现下属工作中存在的问题，给下属提供必要的工作指导和资源支持。

（2）促进管理流程和业务流程优化。

（3）保证组织战略目标的实现。

（三）绩效管理与绩效评价的关系

绩效管理的核心是绩效评价和激励管理。绩效评价是企业实施激励管理的重要依据，激励管理是促进企业绩效提升的重要手段。

绩效评价是指企业运用系统的工具方法，对一定时期内企业运营效率与效果进行综合评判的管理活动。绩效评价是绩效管理的核心内容。绩效评价的最终目的是提升企业的管理水平、管理质量和持续发展能力。绩效评价的过程是对照预期目标寻找差距，分解分析产生差距的原因，并提出绩效改进方案。所以，绩效评价既是对过往的总结，也是对未来的展望，有利于明确下一步的目标和方向。

（四）绩效管理的原则

（1）目标导向原则；（2）客观公正原则；（3）共同参与原则；（4）注重反馈原则；（5）持续改进原则；（6）激励约束原则。

（五）绩效管理的层级

绩效包括企业绩效、部门绩效和个人绩效三个层面。绩效的三个层面之间是决定与制约的关系。个人层面的绩效管理按领导层次和一般员工层次划分。对领导层次的个人绩效管理通常通过企业层面绩效管理进行，对企业层面的绩效管理同时也是对企业领导的绩效管理。例如国务院国资委对中央企业负责人的经营业绩考核。

（六）绩效管理的组织

企业进行绩效管理、开展绩效评价时，应设立薪酬与考核委员会或类似机构，主要负责审核绩效管理的政策和制度、绩效计划与激励计划、绩效评价结果与激励实施方案、绩效评价与激励管理报告等，协调解决绩效管理工作中的重大问题。薪酬与考核委员会或类似机构下设绩效管理工作机构，主要负责制定绩效管理的政策和制度、绩效计划与激励计划，组织绩效计划与激励计划的执行与实施，编制绩效评价与激励管理报告等，协调解决绩效管理工作中的日常问题。

（七）绩效管理的功能

（1）价值判断功能；（2）预测功能；（3）战略传达与管理功能；（4）行为导向功能。

（八）绩效管理的应用环境

（1）制度体系；（2）信息系统；（3）内部转移定价。

✳ 考点 2　内部转移定价（★★★）

（一）内部转移定价的相关概念

在管理会计中，为明确企业内部各分部的管理责任，促进企业整体价值的增长，一般通过划分责任中心来进行业绩的计量、分析和评价。责任中心是指企业内部独立提供产品（或服务）、资金等的责任主体。按照责任对象的特点和责任范围的大小，责任中心可以分为成本（费用）中心、收入中心、利润中心和投资中心。

为界定各责任中心的经济责任，科学合理计量各自的绩效并实施有效的激励措施，如果各责任中心之间存在内部供求关系，通常需要应用内部转移定价工具方法制定内部转移价格。内部转移价格，是指企业内部分公司、分厂、车间、分部等责任中心之间相互提供产品（或服务）、资金等内部交易时所采用的计价标准。内部转移定价能够清晰反映企业内部供需各方的责任界限，为绩效评价和激励提供客观依据，有利于企业优化资源配置。

企业一般由绩效管理委员会或类似机构负责搭建内部交易和内部转移价格管理体系，制定相关制度，审核和批准内部转移定价方案，并由财务、绩效管理等职能部门负责编制和修订内部转移价格、进行内部交易核算、对内部交易价格执行情况进行监控和报告等内部转移价格的日常管理。

（二）内部转移定价应遵循的原则

（1）合规性原则。（2）效益性原则。内部转移定价应以企业整体利益最大化为目标，避免各责任中心为追求局部利益而损害企业整体利益。同时，应兼顾各责任中心及其员工的利益，充分调动各方积极性。（3）适应性原则。

（三）内部转移定价的类型

（1）价格型内部转移定价。以市场价格为基础，由成本和毛利构成内部转移价格，一般适用于内部利润中心。责任中心所提供的产品（或服务）经常外销且外销比例较大的，或所提供的产品（或服务）有外部活跃市场可靠报价的，可以外销价格或活跃市场报价作为内部转移价格。没有外部市场但企业出于管理需要设置为模拟利润中心的责任中心，可以在生产成本基础上加一定比例毛利作为内部转移价格。

（2）成本型内部转移定价。以标准成本等相对稳定的成本数据为基础，一般适用于内部成本中心。

（3）协商型内部转移定价。维持双方利益平衡，通过协商机制制定，主要适用于分权程度较高的情形。协商价格的取值范围一般不高于市场价格，不低于变动成本。

企业可以根据管理需要，核算各责任中心的资金占用成本，将其作为内部利润的扣减项，或直接作为业绩考核的依据。责任中心占用的资金一般指货币资金，也可以包括原材料、半成品等存货以及应收款项等。占用资金的价格一般参考市场利率或加权资本成本制定。

✳ 考点3　绩效目标与绩效计划的制定（★★★）

绩效管理的主要环节：（1）绩效目标制定；（2）日常绩效检视与辅导；（3）绩效考核与反馈；（4）绩效结果应用。

制定绩效目标是绩效管理的首要环节，也是建立整个绩效管理体系的基础阶段。绩效目标通过对组织战略的分解和细化，将抽象的战略转化为具体的、可操作的行动，是制定绩效指标、绩效标准和行动方案的起点和基础。

（一）绩效目标的内涵和类型

绩效目标是指管理者与员工在使命和核心价值观的指引下，对愿景和战略进行分解和细化，具体体现为绩效主体在绩效周期内需要完成的各项工作。绩效目标主要来源于两个方面，一是来自公司战略的分解，二是来自对职位职责的分析。

绩效目标按照不同的分类标准，可以分为不同的类型：

（1）按照绩效层次划分：组织绩效目标、部门绩效目标、个人绩效目标。

（2）按照绩效周期的长短划分：短期目标、中期目标、长期目标。

（3）按照绩效目标的来源划分：战略性绩效目标、一般绩效目标。

（二）制定绩效目标的步骤

（1）成立一个由高层领导者参与的战略规划小组，负责拟定和描述组织的愿景，在高层领导者之间达成共识后，确定组织的战略目标，结合组织的年度工作计划，制定组织的绩效目标。

（2）每一位高层领导与其分管部门的管理者组成小组，提出各部门的目标，然后基于部门目标和部门工作计划，制定部门绩效目标。

（3）部门管理者与员工就部门目标分解和实现方式进行充分沟通，形成每个人的绩效目标。组织通过保证基层员工的绩效目标与部门绩效目标以及组织目标的协同性和一致性，实现化组织战略为每个员工的日常行动的目的。

绩效目标确定后，一般而言不得随意调整。下列情形下，经管理者和员工充分沟通确认后，可调整绩效目标：（1）管理层在绩效检视过程中发现绩效目标过少或多；（2）被考核人的岗位发生变动；（3）由于公司战略方向或经营环境发生重大变化，必须调整计划的。

（三）绩效目标制定的基本原则

绩效目标制定应遵循 SMART 法则：

（1）具体化原则。绩效目标应该尽可能地细化、具体化。

（2）可量化原则。绩效目标要能够被准确衡量，要有可供比较的标准。

（3）可实现原则。绩效目标通过努力就能实现，兼具挑战性和可行性。

（4）相关性原则。绩效目标体系要与组织战略目标相关联，个人绩效目标要与组织绩效目标和部门绩效目标相关联。

（5）时限性原则。完成绩效目标需要有时间限制。

（四）绩效计划的制定

绩效计划是企业开展绩效管理的行动方案，包括：（1）构建指标体系；（2）分配指标权重；（3）确定绩效目标值；（4）选择计分方法；（5）选择评价周期；（6）拟定绩效责任书。

1. 绩效指标体系

绩效评价指标是指根据绩效评价目标和评价主体的需要而设计的、以指标形式体现的能反映评价对象特征的因素。企业可单独或综合运用关键绩效指标法、经济增加值法、平衡计分卡等工具方法构建指标体系。作为战略管理的有效工具，绩效评价体系关心的不应仅限于被评价对象的全部内容，而应是与战略目标紧密相关的所有方面。关键成功因素（CSF）是企业达成战略目标、实现战略成功的关键因素，而用来衡量关键成功因素的指标就是关键绩效指标（KPI）。指

第六章

标体系应反映企业战略目标实现的关键成功因素，具体指标应含义明确、可度量。不同行业、不同性质的企业以及企业发展的不同阶段，评价指标的设置以及各指标的重要程度也不相同。如何将反映企业生产经营状况的关键因素准确地体现在各具体指标上，是绩效评价系统设计的重要问题。

绩效评价指标可按不同标准进行分类：

（1）财务指标与非财务指标。运用财务指标来评价企业的绩效，其缺陷包括：①财务指标面向过去而不反映未来，不利于评价企业在创造未来价值上的业绩。②财务指标容易被操纵。例如，人为控制固定资产折旧、无形资产摊销、收入确认、表外融资等。③财务指标容易导致短视行为。例如，绩效与短期利润挂钩，可能会缩减或推迟研发支出、培训支出、内部控制支出等。④财务指标不利于揭示经营问题的动因。例如，收入目标没有实现，是产品质量使客户流失，还是配送不及时使订单减少？财务指标只反映你做得怎么样，但没有反映如何提高。

非财务指标被认为是能反映未来绩效的指标，良好的非财务指标有利于促进企业实现未来的财务成功。非财务指标是无法用货币来衡量的，包括反映企业在经营过程、员工管理、市场能力和顾客服务方面表现的各种指标。非财务指标一般是财务指标的先行指标，较差的非财务指标（如缺乏组织学习、流程改进不力、客户满意度低下等）必定会给企业带来不利影响并在财务指标中有所体现。优秀的企业越来越重视对收入和成本的动因进行管理，而出色的非财务绩效通常伴有出色的财务绩效。

（2）定性指标与定量指标。非财务指标可以是定量的，用数字直接计量，例如消费者投诉数量。非财务指标有时难以用数字计量，只能定性反映，例如销售代表所反馈的客户意见。但是，从管理角度看，绩效指标应当尽可能量化，目标无法量化就难以操作，就会形同虚设。实务中通常采用量化的指标来替代定性指标，例如用客户投诉数量作为衡量产品质量或客户满意度的替代指标，用保修单数量作为衡量产品可信度的替代指标。

（3）绝对指标与相对指标。绝对指标能够反映被评价对象绩效的总量大小，例如某销售部

门的年销售收入预算目标。相对指标是两个绝对指标的比率结果，例如该市场销售部门的销售费用率，是年销售费用预算目标与年销售收入预算目标的比率。绝对指标和相对指标在企业的绩效评价中相互补充，可以更好地发挥作用。

（4）基本指标与修正指标。基本指标是评价企业绩效的核心指标，用以产生企业绩效评价的初步结果。修正指标是企业绩效评价指标体系中的辅助指标，用以对基本指标评价形成的初步评价结果进行修正，以产生较为全面的企业绩效评价基本结果。

《中央企业综合绩效评价实施细则》规定：企业盈利能力状况以净资产收益率、总资产报酬率两个基本指标和销售（营业）利润率、盈余现金保障倍数、成本费用利润率、资本收益率四个修正指标进行评价；企业资产质量状况以总资产周转率、应收账款周转率两个基本指标和不良资产比率、流动资产周转率、资产现金回收率三个修正指标进行评价；企业债务风险状况以资产负债率、已获利息倍数两个基本指标和速动比率、现金流动负债比率、带息负债比率、或有负债比率四个修正指标进行评价；企业经营增长状况以销售（营业）增长率、资本保值增值率两个基本指标和销售（营业）利润增长率、总资产增长率、技术投入比率三个修正指标进行评价。

（5）正向指标、反向指标与适度指标。指标值越大，评价结果越好的指标，称为正向指标，例如净资产收益率、总资产报酬率等效益型指标。指标值越小，评价结果反而越好的指标，称为反向指标，例如成本费用占营业收入比例、应收账款周转天数等指标。指标值越接近某个预设值，评价结果越好的指标，称为适度指标，例如资产负债率指标，该指标过高，说明杠杆太高，财务风险过大，但该指标过低又说明企业过于保守，当投资报酬率超过利息率时不利于企业价值的提升。

2. 指标权重

评价指标体系确定之后，需要对每一个指标赋予一定的权重。指标权重可以从若干评价指标中分出轻重，并在很大程度上反映企业的考核导向。同一评价指标，在对不同类型被评价对象进行评价时可以赋予不同的权重。比如，某集团企业希望所属 A 类企业重点扩大规模，其可赋予

营业收入等规模指标更高的权重；同时希望 B 类企业重点提高效益，其可赋予利润总额等效益指标更高的权重。

指标权重主要根据指标的重要性以及考核导向进行设置，并根据需要适时进行调整。指标权重的确定可选择运用主观赋权法和客观赋权法，也可综合运用这两种方法。主观赋权法是利用专家或个人的知识与经验来确定指标权重的方法，如德尔菲法、层次分析法等。客观赋权法是从指标的统计性质入手，由调查数据确定指标权重的方法，如主成分分析法、均方差法等。

3. 绩效目标值

绩效目标值的确定可参考内部标准与外部标准。内部标准有预算标准、历史标准、经验标准等；外部标准有行业标准、竞争对手标准、标杆标准等。

（1）预算标准。企业通常会将长期的战略目标分解为阶段性的预算目标。预算控制的机制在于将实际绩效结果与预算目标进行比较，求出并分析差异，针对差异及时修正目标或实施改进措施。**采用预算标准确定绩效目标值，有利于提高全面预算管理的效果和水平，实现预算管理与绩效评价的有效衔接，确保预算目标的实现。但是，采用预算标准时，应避免"预算松弛"或"预算过度"问题，**以避免绩效目标值因过低而失去考核评价的引领作用，或因过高而使被评价对象索性放弃努力。不管是预算还是绩效，最好的目标就是"跳一跳，够得着"。蹲着都够得着的目标，或者使劲跳都够不着的目标，都不是一个好的目标。

（2）历史标准。在明显**缺乏外部比照对象**的情况下，企业往往会使用历史标准，即采用历史的绩效值作为参照点，例如在市场上企业属于领先者，尚未出现竞争对手时，与历史绩效比较就很有必要。历史标准的运用方式有三种，包括与上年实际比较、与历史同期实际比较、与历史最好水平比较。使用历史性标准，**可比性**是主要问题，需要剔除物价变动、会计准则变化、经营环境变化等一些不可控因素或不可抗力的影响。此外，历史绩效也会存在效率问题和计量偏差。另外，使用历史标准还会造成"棘轮效应"，因为人的行为习惯有不可逆性，向上调整容易，向下调整难。如果某个管理者在企业外部环境恶化

时依然能够创造超越同业的良好绩效，但是可能不如历史标准。在这种情况下，采用历史标准评价，就可能会造成"鞭打快牛"的结果。

（3）行业标准。绩效评价也可以选取来自外部的标准作为参照物。**为了保证可比性，通常会选择同行业的标准，包括行业均值标准或行业标杆标准，以及跨行业标杆标准等。标杆法（benchmarking）就是将企业自身的产品、服务或流程与标杆对象的最佳实务和经验相比较以达到持续改进、提升绩效的目的。**

4. 绩效责任书

绩效计划制订后，评价主体与被评价对象一般应签订绩效责任书，明确各自的权利和义务，并作为绩效评价与激励管理的依据。绩效责任书的主要内容包括绩效指标、目标值及权重、评价计分方法、特别约定事项、有效期限、签订日期等。绩效责任书一般按年度或任期签订。

✳ 考点4　绩效辅导、考核、反馈与应用（★★）

（一）日常绩效检视与辅导

管理层应当持续检视当前经营行为是否有利于绩效目标的最终达成，最终绩效进度是否与计划进度一致，并积极指导下属的工作方向、方法和技能，促进各级人员高绩效的产出。

1. 日常绩效检视与辅导的实施步骤

（1）制订绩效检视与辅导计划。

（2）收集绩效数据。

（3）分析绩效数据。

（4）提出辅导意见。

辅导意见的内容通常包括：对下属绩效目标达成情况的总体评估；对下属工作中的优良表现予以肯定；讨论现有基础上进一步提升绩效的途径与方法；重点工作提示及下阶段工作要求；临时新增工作及要求。

（5）跟踪和评估绩效改进效果。

2. 绩效检视与辅导的注意事项

（1）重视员工的意见和反馈。

（2）针对性开展绩效检视与辅导。

（3）保证绩效检视与辅导的及时性和连续性。

（二）绩效考核

绩效考核是对下属部门或个人某阶段工作成

果的评估和登记确认过程，绩效考核是绩效管理的核心环节。绩效考核的目的是对组织和个人绩效进行准确识别和有效区分，为激励机制的应用提供基础依据。绩效考核的有效性依赖于绩效评价考核体系以及绩效评价考核指标体系的科学合理性。

1. 绩效考核的类型

（1）按考核时间不同，分为日常考核与定期考核。

（2）按考核主体不同，分为主管考评、自我考评、同事考评、下属考评。

（3）按考核形式不同，分为定性考核与定量考核。

（4）按考核内容不同，分为特征导向型、行为导向型和结果导向型。

2. 绩效考核的原则

（1）公平原则；（2）严格原则；（3）单头（直接上级）考评原则；（4）结果公开原则；（5）结合奖惩原则；（6）客观考评原则；（7）反馈原则；（8）差别性原则。考核的等级之间应当有鲜明的差别界限，针对不同的考评在工资、晋升、使用等方面应体现明显差别，使考评带有刺激性，鼓励员工的上进心；（9）信息对称原则。凡是信息对称，容易被监管的工作，适用于绩效考核。凡是信息不对称，不容易被监管的工作，适用股权激励。

3. 绩效考核的方法

（1）目标管理法（MBO）。

（2）目标与关键成果法（OKR）。

（3）关键事件法（CIM）。

（4）主基二元考核法。

（5）360 度绩效考核法。

（三）绩效反馈

绩效反馈主要通过考核者与被考核者之间的沟通，就被考核者在考核周期内的绩效情况进行面谈，在肯定成绩的同时，找出工作中的不足并加以改进。

1. 绩效反馈的内容

（1）通报员工当期绩效考核结果。

（2）分析员工绩效差距与确定改进措施。

（3）沟通协商下一个绩效考评周期的工作任务与目标。

（4）确定与任务、目标相匹配的资源配置。

2. 绩效反馈的原则

（1）经常性原则；（2）对事不对人原则；（3）多问少讲原则；（4）着眼未来原则；（5）正面引导原则；（6）制度化原则。

（四）绩效结果应用

（1）薪酬与奖励。

（2）评优奖先。

（3）晋职晋级。

（4）岗位调整。

（5）员工职业发展。

（6）绩效改进与培训。

（7）员工反馈与沟通。

（8）企业决策与规划。

✼ 考点 5　关键绩效指标法的含义与结果性指标（★★）

（一）关键绩效指标法（KPI）的含义与优缺点

关键绩效指标法是指基于企业战略目标，通过建立关键绩效指标体系，将价值创造活动与战略规划目标有效联系，并据此进行绩效管理的方法。关键绩效指标（KPI），是对企业绩效产生关键影响力的指标，是通过对企业战略目标、关键成果领域的绩效特征分析，识别和提炼出的最能有效驱动企业价值创造的指标。关键绩效指标法可单独使用，也可与经济增加值法、平衡计分卡等其他方法结合使用。

企业应用关键绩效指标法，应综合考虑绩效评价期间宏观经济政策、外部市场环境、内部管理需要等因素，构建指标体系。战略目标是确定关键绩效指标体系的基础，关键绩效指标反映战略目标，对战略目标实施效果进行衡量和监控。企业应清晰识别价值创造模式，按照价值创造路径识别出关键驱动因素，科学地选择和设置关键绩效指标。

关键绩效指标法的主要优点：一是使企业业绩评价与战略目标密切相关，有利于战略目标的实现；二是通过识别的价值创造模式把握关键价值驱动因素，能够更有效地实现企业价值增值目标；三是评价指标数量相对较少，易于理解和使用，实施成本相对较低，有利于推广实施。

关键绩效指标法的主要缺点：关键绩效指标的选取需要透彻理解企业价值创造模式和战略目

标，有效识别核心业务流程和关键价值驱动因素，指标体系设计不当将导致错误的价值导向或管理缺失。

（二）关键绩效指标的类型

企业的关键绩效指标一般可分为结果类和动因类两类指标。

结果类指标，是反映企业绩效的价值指标，主要包括：投资回报率、净资产收益率、经济增加值、息税前利润、自由现金流等综合指标。

动因类指标，是反映企业价值关键驱动因素的指标，主要包括：资本性支出、单位生产成本、产量、销量、客户满意度、员工满意度等。

上述指标中，须熟练掌握的结果类财务指标如下：

自由现金流（FCF）＝经营活动净现金流－付现资本性支出

息税前利润（EBIT）＝税前利润＋利息支出

投资资本回报率（ROIC）

$$=\frac{税后净营业利润（NOPAT）}{投资资本平均余额}×100\%$$

$$=\frac{息税前利润×（1－所得税税率）}{投资资本平均余额}$$

$$=\frac{（税前利润＋利息支出）×（1－所得税税率）}{投资资本平均余额}$$

$$=\frac{税前利润×（1－所得税税率）＋利息支出×（1－所得税税率）}{投资资本平均余额}$$

投资资本平均余额＝（期初投资资本＋期末投资资本）÷2

投资资本＝有息债务＋所有者（股东）权益

【提示】投资资本回报率的分子是计算不扣利息支出的税后利润（即税后净营业利润），因此从已扣除利息支出的税后利润（即会计净利润）推算时，需要加回利息支出的税后影响额，而不是直接加回利息支出。具体推导见上，也可参考经济增加值中计算税后净营业利润部分。

$$净资产收益率（ROE）＝\frac{净利润}{平均净资产}×100\%$$

$$经济增加值回报率（EVAOIC）＝\frac{经济增加值}{平均资本占用}×100\%$$

【提示】经济增加值回报率中的分母"平均资本占用"与投资资本回报率中的分母"投资资本平均余额"是同一个概念和计算口径，通常情况下可以互用。经济增加值（EVA）的具体计算参见本章考点6的内容。

关键绩效指标选取的方法主要包括：（1）关键成果领域分析法；（2）组织功能分解法；（3）工作流程分解法。

✹ 考点6　经济增加值的特色与计算应用（★★★）

（一）经济增加值的含义与优缺点

经济增加值（EVA），是指税后净营业利润扣除全部投入资本的成本后的剩余收益。经济增加值及其改善值是全面评价经营者有效使用资本和为企业创造价值的重要指标。经济增加值为正，表明经营者在为企业创造价值；经济增加值为负，表明经营者在损毁企业价值。

净利润计算时忽略了股权资本成本，而股权资本成本要远高于债权资本成本。由于净利润中没有扣除股权资本的成本，因此，净利润一般要高于EVA，绩效上体现企业盈利，但实际可能是亏损的。EVA指标则是经济利润（即投入资本回报率与加权平均资本成本之差再乘以投入资本额）的体现，在计算过程中合理调整了会计报表中的一些项目，充分考虑了股权资本成本对企业价值的影响。与净利润指标相比，EVA在衡量企业的价值创造能力和经营绩效时更为准确全面。

经济增加值法的主要优点：考虑了所有资本的成本，更真实地反映了企业的价值创造能力；实现了企业利益、经营者利益和员工利益的统一，激励经营者和所有员工为企业创造更多价值；能有效遏制企业盲目扩张规模以追求利润总量和增长率的倾向，引导企业注重长期价值创造。

经济增加值法的主要缺点：一是仅对企业当期或未来1~3年价值创造情况进行衡量和预判，无法衡量企业长远发展战略的价值创造情况；二是计算主要基于财务指标，无法对企业的营运效率与效果进行综合评价；三是不同行业、不同发展阶段、不同规模等的企业，其会计调整项和加权平均资本成本各不相同，计算比较复杂，影响指标的可比性。

使用经济增加值指标进行绩效评价的效果主要包括：

（1）提高企业资金的使用效率。EVA的构成要素可以细分为资产周转率和资产报酬率等指标，由此可以看出，EVA 的计算离不开资本成本，能够促使企业提高资金的使用效率。通过实施 EVA，企业管理者追求经济增加值的最大化；基于提高 EVA 的动力，就必须提高资产周转率和投资报酬率，进一步提高资产收益水平。

（2）优化企业资本结构。 EVA 指标考虑了资本成本，EVA 与资本成本的高低呈负相关关系，资本成本是企业资本结构的重要决定因素。通过测算 EVA，企业会考虑优化已有的资本结构，更倾向于使用内部留存收益。盈利高的企业往往能保留更多的留存收益，其资本结构会趋向于低负债，在财务风险可控的前提下，适当地使用财务杠杆，维持有竞争力的资本成本率，使资本结构逐步优化。

（3）改善委托代理关系。 EVA 是一个具有价值导向的激励体系。采用 EVA 进行绩效评价，可以改善经营管理者与企业所有者之间的委托代理关系，使二者的目标趋向一致，共同致力于实现企业价值的最大化。管理者的薪酬直接和 EVA 考核结果挂钩，EVA 价值创造得越多，管理者得到的回报也越多，这样，企业的管理者就会尽最大努力追求 EVA 的最大化，实现股东财富的保值增值。

（4）优化企业资源配置。 从经济增加值的计算公式来看，在其他条件既定时，税后净营业利润（NOPAT）越大，经济增加值就越大。在 EVA 考核体系引导下，企业必须对其投资进行有效的管理，在进行投资决策时充分考虑投资成本，把不具有投资价值的项目和非核心业务及时从企业中剥离，加大对极具投资价值的核心业务领域的投资。通过投资项目的合理规划组合，实现整个企业资源的优化。

（二）经济增加值的计算与应用

经济增加值的计算公式为：

经济增加值＝税后净营业利润－平均资本占用×加权平均资本成本

EVA = NOPAT − TC × K$_{WACC}$

其中：税后净营业利润（NOPAT）衡量的是企业的（不考虑负债和利息等财务杠杆因素）经营盈利情况；平均资本占用（TC）反映的是企业持续投入的各种（有息）债务资本和股权（权益）资本；加权平均资本成本（K$_{WACC}$）反映的是企业各种资本的加权平均成本率。

（1）税后净营业利润。 税后净营业利润等于会计上的税后净利润加上利息支出等会计调整项目后得到的（不考虑利息因素）税后利润。

计算经济增加值时，需要进行相应的会计项目调整，以消除财务报表中不能准确反映企业价值创造的部分。会计调整项目的选择应遵循价值导向性、重要性、可控性、可操作性与行业可比性等原则，根据企业实际情况确定。

常用的调整项目有：①研究开发费、大型广告费等一次性支出但收益期较长的费用，应予以资本化处理，不计入当期费用。②反映付息债务成本的利息支出，不作为期间费用扣除，计算税后净营业利润时扣除所得税影响后予以加回。③营业外收入、营业外支出具有偶发性，将当期发生的营业外收支从税后净营业利润中扣除。④将当期减值损失扣除所得税影响后予以加回，并在计算资本占用时相应调整资产减值准备发生额。⑤递延税金不反映实际支付的税款情况，将递延所得税资产及递延所得税负债变动影响的企业所得税从税后净营业利润中扣除，相应调整资本占用。⑥其他非经常性损益调整项目，如股权转让收益等。

（2）平均资本占用。 平均资本占用是所有投资者投入企业经营的全部资本，包括债务资本和股权资本。其中债务资本包括融资活动产生的各类有息负债，不包括经营活动产生的无息流动负债。股权资本中包含少数股东权益。资本占用除根据经济业务实质相应调整资产减值损失、递延所得税等外，还可根据管理需要调整研发支出、在建工程等项目，引导企业注重长期价值创造。

（3）加权平均资本成本。 加权平均资本成本是债务资本成本和股权资本成本的加权平均，反映了包括债权人在内的所有投资者所要求的平均必要报酬率。加权平均资本成本的计算公式如下：

$$K_{WACC} = \frac{DC}{TC} \times K_D \times (1-T) + \frac{EC}{TC} \times K_S$$

其中：TC 代表资本占用，EC 代表股权资本，DC 代表（有息）债务资本；T 代表所得税税率；K$_{WACC}$代表加权平均资本成本率，K$_D$代表税前（有息）债务资本成本率，K$_S$代表股权资本成本率。

债务资本成本率是企业实际支付给债权人的税前利率，反映的是企业在资本市场中债务融资的成本率。如果企业存在不同利率的融资来源，债务资本成本应使用加权平均值。

股权资本成本率是在不同风险下，所有者对投资者要求的最低回报率。通常根据**资本资产定价模型（CAPM）**确定，计算公式为：

$$K_s = R_f + \beta \times (R_m - R_f)$$

其中：R_f 为无风险收益率，R_m 为市场预期回报率，$R_m - R_f$ 为市场风险溢价。β 是企业股票相对于整个市场的风险指数。上市企业的 β 值，可采用回归分析法或单独使用最小二乘法等方法测算确定，也可以直接采用证券机构等提供或发布的 β 值；非上市企业的 β 值，可采用类比法，参考同类上市企业的 β 值确定。

企业级加权平均资本成本确定后，应结合行业情况、不同所属单位（部门）的特点，通过计算（能单独计算的）或指定（不能单独计算的）的方式确定所属单位（部门）的资本成本。通常情况下，企业对所属单位（部门）所投入资本即股权资本的成本率是相同的，为简化资本成本的计算，所属单位（部门）的加权平均资本成本一般与企业保持一致。

根据《中央企业负责人年度经营业绩考核实施方案》及《中央企业负责人经济增加值考核实施方案》，国务院国有资产监督管理委员会对中央企业的年度经营业绩考核中，年度指标分为基本指标、分类指标和约束性指标，其中基本指标包括净利润和经济增加值。

经济增加值是指企业税后净营业利润减去资本成本后的余额，其计算公式为：

经济增加值＝税后净营业利润－资本成本＝税后净营业利润－调整后资本×平均资本成本率

税后净营业利润＝净利润＋（利息支出＋研究开发费用调整项）×（1－25%）

其中：利息支出是指企业财务报表中"财务费用"项下的"利息支出"；研究开发费用调整项是指企业财务报表中"期间费用"项下的"研发费用"和当前确认为资产的开发支出。

调整后资本＝平均所有者权益＋平均负债合计－平均无息流动负债－平均在建工程

平均资本成本率＝债权资本成本率×

$$\frac{平均带息负债}{平均带息负债＋平均所有者权益} \times (1 - 25\%) +$$

股权资本成本率×$\dfrac{平均所有者权益}{平均带息负债＋平均所有者权益}$

债权资本成本率＝$\dfrac{利息支出总额}{平均带息负债}$

其中：利息支出总额包括费用化利息和资本化利息。

股权资本成本率根据所处行业和负债率高低实行差异化确认。具体标准如下：对主业处于充分竞争行业和领域的商业类企业股权资本成本率原则上定为 6.5%，对主业处于关系国家安全、国民经济命脉的重要行业和关键领域、主要承担重大专项任务的商业类企业股权资本成本率原则上定为 5.5%，对公益类企业股权资本成本率原则上定为 4.5%。对军工、电力、农业等资产通用性较差的企业，股权资本成本率下浮 0.5 个百分点。

资产负债率高于上年且在 65%（含）~70%的科研技术企业、70%（含）~75%的工业企业或 75%（含）~80%的非工业企业，平均资本成本率上浮 0.2 个百分点；资产负债率高于上年且在 70%（含）以上的科研技术企业、75%（含）以上的工业企业或 80%（含）以上的非工业企业，平均资本成本率上浮 0.5 个百分点。

✱ 考点 7　平衡计分卡的基本框架与代表性指标（★★★）

（一）平衡计分卡的含义、基本框架与优缺点

平衡计分卡（BSC），是指基于企业战略，从财务、客户、内部业务流程、学习与成长四个维度，将战略目标逐层分解转化为具体的、相互平衡的绩效指标体系，并据此进行绩效管理的方法。平衡计分卡采用多重指标、从多个维度或层面对企业或分部进行绩效评价。平衡计分卡的理论基础是：利润最大化是短期的，企业应体现战略目标，致力于追求未来的核心竞争能力。

平衡计分卡中的"平衡"包括以下含义：财务绩效与非财务绩效的平衡；与客户有关的外部衡量以及与关键业务过程和学习成长有关的内部衡量的平衡；领先指标和滞后指标设计的平衡；结果衡量（过去努力的结果）与未来绩效衡量的平衡。

应用平衡计分卡工具方法，应有明确的愿景和战略，平衡计分卡应以战略目标为核心，全面描述、衡量和管理战略目标，将战略目标转化为可操作的行动。以企业愿景和战略为核心，管理者通过回答下面四个层面的基本问题来关注企业的绩效：

（1）我们的顾客如何看待我们？（客户层面）。

（2）我们必须擅长什么？（内部业务流程层面）。

（3）我们能否持续增加或创造价值？（学习与成长层面）。

（4）在股东眼中我们表现如何？（财务层面）。

企业应用平衡计分卡工具方法，首先应制定战略地图，即基于企业愿景与战略，将战略目标及其因果关系、价值创造路径以图示的形式直观、明确、清晰地呈现。战略地图基于战略主题构建，战略主题反映企业价值创造的关键业务流程，每个战略主题包括相互关联的 1~2 个目标。战略地图制定后，应以平衡计分卡为核心编制绩效计划。

战略地图，是指为描述企业各维度战略目标之间因果关系而绘制的可视化的战略因果关系图。战略地图通常以财务、客户、内部业务流程、学习与成长等四个维度为主要内容，通过分析各维度的相互关系，绘制战略因果关系图。企业可根据自身情况对各维度的名称、内容等进行修改和调整。

平衡计分卡的主要优点：一是战略目标逐层分解并转化为被评价对象的绩效指标和行动方案，使整个组织行动协调一致；二是从财务、客户、内部业务流程、学习与成长四个维度确定绩效指标，使绩效评价更为全面完整；三是将学习与成长作为一个维度，注重员工的发展要求和组织资本、信息资本等无形资产的开发利用，有利于增强企业可持续发展的动力。

平衡计分卡的主要缺点：一是专业技术要求高，工作量比较大，操作难度也较大，需要持续的沟通和反馈，实施比较复杂，实施成本高；二是各指标权重在不同层级及各层级不同指标之间的分配比较困难，且部分非财务指标的量化工作难以落实；三是系统性强、涉及面广，需要专业

人员的指导、企业全员的参与和长期持续的修正与完善，对信息系统、管理能力有较高的要求。

（二）平衡计分卡指标体系设计

构建平衡计分卡指标体系时，应注重短期目标与长期目标的平衡、财务指标与非财务指标的平衡、结果性指标与动因性指标的平衡、企业内部利益与外部利益的平衡。平衡计分卡每个维度的指标通常为 4~7 个，总数量一般不超过 25 个。

构建平衡计分卡指标体系时，企业应以财务维度为核心，其他维度的指标都与核心维度的一个或多个指标相联系。通过梳理核心维度目标的实现过程，确定每个维度的关键驱动因素，结合战略主题，选取关键绩效指标。企业可根据实际情况建立通用类指标库，不同层级单位和部门结合不同的战略定位、业务特点选择适合的指标体系。

（1）财务维度。在企业战略业务单元层次上，可以使用基于成本、财务和价值的绩效评价方法。财务维度以财务术语描述了战略目标的有形成果。常用的财务维度指标有：投资资本回报率、净资产收益率、经济增加值、息税前利润、自由现金流、资产负债率、总资产周转率等。

（2）客户维度。在客户层面，管理者需要首先确定细分市场和细分客户，然后设定相应的绩效指标来考核其业务单元开发并维持目标细分客户的能力。客户维度界定了目标客户的价值主张。常用的客户维度指标有：市场份额、客户满意度、客户获得率、客户保持率、客户获利率、战略客户数量等。

（3）内部业务流程维度。在内部业务流程层面，管理者需要确定企业所擅长的能够实施战略的关键内部过程。该过程对客户满意度和实现企业财务目标有重大影响。三个首要的内部业务流程分别是创新过程、经营过程和售后服务过程。

创新过程的绩效可以通过新产品收入占总收入的比重，新产品开发与竞争对手的对比、与计划的对比，开发下一代产品所需要的时间，企业在市场排名靠前的产品的数量，盈亏平衡时间（即从产品开发到赚取足够利润收回投资所需要的时间）等指标来衡量。

经营过程起始于收到客户订单截止于向顾客交付产品或服务。这一过程的目的是以高效、一致、及时的标准向顾客交付产品或服务，其绩效

需要通过时间、质量和成本三方面来衡量。

内部业务流程维度确定了对战略目标产生影响的关键流程。常用的内部业务流程指标有：交货及时率、生产负荷率、产品合格率、存货周转率、单位生产成本等。

（4）学习与成长维度。学习与成长维度确定了对战略最重要的无形资产。常用的学习与成长指标有：员工保持率、员工生产率、培训计划完成率、员工满意度等。

（三）平衡计分卡的应用

要有效使用平衡计分卡，将平衡计分卡的四个层面与公司战略相整合，应遵循以下三个原则。

（1）各个层面的指标间具有因果关系。这种因果关系可以沿着平衡计分卡的四个层面推进，其最终的结果应当明确反映出公司的战略。

（2）结果计量指标与绩效动因相关联。结果计量指标是滞后指标，如获利能力指标、市场份额指标、客户满意度指标、员工技能指标等，结果指标计量是计量成功与否的综合性指标。绩效动因是领先指标，是某一特定部门战略的具体动因，如周转时间、准备时间和新专利等。如果没有结果计量指标，绩效动因虽能指明短期内如何运作，但无法揭示具体战略是否在长期内有效；反之，如果绩效动因缺位，结果计量指标虽能表明部门或团队的努力方向，但无法指明目标实现的具体路径，不能实时提供相关的信息。

（3）与财务指标挂钩。所有的因素链最终都应采用财务指标来计量其结果。

平衡计分卡主要用于高管层面，以支持企业战略的制定。

本章历年试题解析

【2024 年试题】

甲公司是一家从事城市基础设施建设的大型建筑企业，为提升全面预算管理水平，加强企业绩效管理，助力企业高质量发展，2024 年初，甲公司召开全面预算与绩效管理专题会议。

（1）完善预算管理体系。全面预算管理坚持"稳字当头，稳中求进"的工作总基调，持续推动公司高质量发展迈上新台阶，重点做好以下工作：

①充分认识全面预算对落实公司战略的重要意义，加强宏观经济形势和行业发展态势研判，以公司战略为目标，将全面预算管理作为公司战略落地的重要抓手。

②深化"业财融合"，坚持业务预算优先、财务预算协同的基本原则，以"业财融合"思路，实施预算管理全面覆盖，全员参与。

③强化预算刚性约束。预算目标一经下达，不得随意调整，确因市场环境等因素发生变化需要调整的，应履行规定的审批程序予以调整。

④提高预算管理分析。将可比优秀企业 A 公司和 B 公司作为标杆企业，深入分析新签合同额、营业收入、净资产收益率，经营活动现金

净流量，资产负债率等重要指标与标杆企业的差距。提出改进措施。

⑤强化预算与考核衔接，着力解决预算体系与业绩考核体系未能有效衔接问题。将关键预算指标体现在考核体系中。

（2）优化绩效考核体系。绩效考核工作要坚持目标导向和问题导向，充分发挥绩效考核的"指挥棒"作用。持续提高经营效率和发展质量，重点做好以下工作：

①调整绩效考核关键指标。一是将"净利润"指标替换为"净资产收益率指标"，二是将"营业收入利润率"指标替换为"营业现金比率"。（营业现金比率＝经营活动现金净流量÷营业收入×100％）

②调整绩核考核权重。指标权重是绩效考核体系的重要组成部分。为保证指标权重分配的科学合理，公司组织相关部门、下属公司负责人以及外部专家，以"背对背"方式对所有考核指标权重提出建议，经重复征询意见，在完成规定程序后，最终确定各考核指标的权重。

假设不考虑其他因素。

要求：

1. 根据资料（1）逐项指出第①～③项体现

的全面预算管理原则。

2. 根据资料（1）指出第④项体现的全面预算分析方法。

3. 根据资料（1）第⑤项，指出甲公司预算体系与业绩考核体系未有效衔接可能产生的不利影响。

4. 根据资料（2）第①项，分别指出提高净资产收益率和提高营业现金比率的途径（每个指标至少列出三项）

5. 根据资料（2）第②项，说明设置考核指标权重时应考虑的主要因素，并指出甲公司确定考核指标权重所采用的具体方法。

【分析与解释】

1. ①战略导向原则；②融合性原则；③权变性原则。

2. ④对标分析。

3. 预算考核不严格、不合理、不到位，可能导致预算目标难以实现、预算管理流于形式。包括考核主体和对象的界定是否合理、考核指标是否科学、考核过程是否公开透明、考核结果是否客观公正、奖惩措施是否公平合理且能够落实等因素的影响。

4. 净资产收益率（ROE）＝税后净利/所有者权益＝（净利润/营业收入）×（营业收入/总资产）×（总资产/所有者权益）＝营业净利率×资产周转率×权益乘数

提高净资产收益率途径：优化产品毛利率和产品组合，节约成本费用，提高营业净利率；优化营运效率，提高资产周转率；优化资本结构，提高权益乘数。

营业现金比率＝经营活动现金净流量/营业收入

提高营业现金比率的途径：优化销售信用政策，加大现金销售比例，适度缩短赊销比例和赊销信用期；适度利用现金折扣，鼓励客户提前付款；优化采购政策，适度增加赊购比例，适度延长付款周期；优化生产与销售计划，适度减少原材料、在产品等存货的库存积压；适度压缩生产成本和期间费用，降本增效。

5. 设置考核指标权重时应考虑的主要因素：主要根据指标的重要性以及考核导向进行设置，并根据需要适时进行调整。

确定考核指标权重所采用的具体方法：主观

赋分法的德尔菲法（专家调查法）。

【点评】2024 年预算与绩效管理试题主要考察的知识点包括：全面预算管理的原则、全面预算分析的方法、全面预算管理中的主要风险、全面预算与绩效分析、绩效指标权重的设定等。其中关于核心财务绩效指标的优化分析，考察对综合性财务指标的系统理解，有一定的拓展性。

【2023 年试题】

甲公司是从事高速公路、城市轨道交通等基础设施投资、建设及运营管理的投资公司，在国内有多个子公司，每个子公司均管理若干个在建项目及运营项目。2023 年，甲公司为贯彻高质量发展战略，突出"现金为王"的管理理念，采取措施如下：

（1）确定融资预算规模。公司投资的基础设施项目施工期一般在 4 年以上。2023 年初，甲公司按照如下方法确定各子公司融资预算规模：

①在建项目：根据各项目投资计划及施工计划进度，测算各项目 2023 年资金需求；

②运营项目：根据各项目运营协议测算 2023 年回款金额，将在建项目资金需求扣减运营项目计划回款金额后，确定子公司 2023 年融资预算规模。

（2）加强融资预算控制。2022 年回款低于计划，导致公司实际融资超过预算金额，流动性指标逼近风险警戒线。如不尽快扭转回款不利局面，公司很可能出现债务违约，业务发展将受到严重影响，为此，2023 年采取如下措施：

①在预算控制方面，将项目回款作为工作重点，由总部投资部、财务部形成联合督导组，督导回款情况，对各子公司的投资进度与回款实行挂钩管理，确保融资规模在预算内。

②在预算调整方面，针对上年实际融资超过预算的情况，公司董事会高度关注本年执行情况，要求经理层强化融资预算刚性约束。融资预算下达后，不随意调增，对确需增加预算的，要履行审批程序，经总经理办公会审议批准后方可执行。

（3）调增绩效评价体系，上年 6 个指标组成，计算方法：先将每个指标实际值与标准对比得出评价指数，再乘对应的权重，求和后得出绩效结果，2023年公司拟调整。观点如下：

①子公司A：公司应聚焦提升投资回报率、总资产周转率、项目回款率，因客户满意度等非财务指标受主观影响较大，建议取消。全部采用财务指标。

②子公司B：如果评价客户满意度，应当尽量将指标量化。

③子公司C：回款指标是直接影响公司可持续发展的关键性指标，建议作为"一票否决"指标。

假定不考虑其他因素。

要求：

1. 根据资料（1），指出甲公司采用的预算编制方法。

2. 根据资料（2）的①，指出甲公司采用的预算控制原则。

3. 根据资料（2）的②，判断预算调整程序是否恰当，如不恰当，请说明理由。

4. 根据资料（3），指出对应的绩效评价计分方法，并说明优缺点。

5. 根据资料（3）中的①～③，指出各子公司说法是否恰当，如不恰当，请说明理由。

【分析与解释】

1. 项目预算法。

2. 突出管理重点。

3. 不恰当。理由：预算调整主要包括分析、申请、审议、批准等主要程序。预算管理委员会应当对年度预算调整方案进行审议，按照预算调整事项性质或预算调整金额的不同，根据授权进行审批或提交原预算审批机构审议批准，然后下达执行，而非总经理办公会审议批准。

4. 综合指数法。优点：操作简单、容易理解。缺点：标准值存在异常时影响结果的准确性。

5. 说法①不恰当。理由：非财务指标是能反映未来绩效的指标，良好的非财务指标有利于促进企业实现未来财务的成功，不应取消非财务指标，全部采用财务指标。

说法②恰当。说法③恰当。

【点评】 2023年考题综合了绩效评价和预算管理相关知识点，主要考点：绩效指标计分方法、绩效指标类型、绩效指标权重、预算编制方法、预算控制原则、预算调整程序等。

【2022年试题】

甲公司是一家从事互联网和移动互联智能设备自主研发、制造和销售的公司，其产品广泛应用于工业安防等领域。当前，行业核心技术迭代周期短，同业竞争激烈。为增强竞争能力，提升盈利水平，甲公司强化绩效考评，全面实施关键绩效指标法，并将预算管理与绩效考评紧密结合，有关资料如下：

（1）确定绩效指标体系。工作步骤包括：①基于公司战略，设定经济增加值、经营活动现金净流量、产品销量、客户满意度等公司关键绩效指标。②基于部门职能，确定部门关键绩效指标。为增进部门协同，实施多部门共担公司关键绩效指标机制，例如，将产品销量和客户满意度同时作为销售部和设计部的考核指标，并根据职能差异分别制定两部门细化绩效指标。

（2）开展市场考核。针对生产部门，引入转移定价，对各车间考核模拟利润，甲公司核心产品由传感器和数据分析组件等零部件组成，其中：①传感器为专属零部件，无法对外销售，且难以获得外部供货，不能取得或预测外部市场价格作为定价指引。②数据分析组件除自供外，已稳定对外销售，目前未满负荷生产，该零部件本季度对外销售平均单价为375元/件，单位变动成本为175元/件，根据目前产量测算的单位固定成本为35元/件。为全面提升产品竞争力，甲公司决定采用分权管理模式，各车间可自主决定零部件采购或销售。

（3）实施预算联动管理。相关做法有：①为确保关键绩效指标与预算方案紧密衔接，授权财务部门根据历史经验，并结合公司战略，独立负责预算编制，其他职能部门和分公司、子公司不参与预算制定。②保障绩效目标实现，并解决预算执行不严问题，决定实施刚性控制，预算经批准后不得调整。

假定不考虑其他因素。

要求：

1. 根据资料（1）中的第①项，指出甲公司哪些绩效指标属于结果类指标。

2. 根据资料（1）中的第②项，指出甲公司选取销售部和设计部两个部门关键绩效指标的方法。

3. 根据资料（2）中的第①项，判断传感器零部件是否可以采用价格型内部转移定价方法，并说明理由。

4. 根据资料（2）中的第②项，如果公司采用协商型内部转移定价方法确定内部转移价格，指出数据分析组件零部件在一般条件下协商定价的取值范围。

5. 根据资料（3），分别判断第①和第②项预算管理工作是否存在不当之处，对存在不当之处的，分别说明理由。

【分析与解释】

1. 结果类指标：经济增加值、经营活动净现金流量。

2. 关键绩效指标设定方法：组织功能分解法。

3. 传感器零部件是否可以采用价格型内部转移定价方法：可以采用。理由：没有外部市场但企业出于管理需要设置为模拟利润中心的责任中心可以在生产成本基础上加一定比例毛利作为内部转移价格。

4. 内部转移协商定价的取值范围：175 ~ 375 元。理由：协商型内部转移定价原则为不高于市场价格，不低于变动成本。

5. ①存在不当之处。理由：预算由财务部门独立编制，其他部门尤其是业务部门不参与编制，可能会导致预算数据不可靠，预算流程不合理，预算沟通不通畅，预算管理责权利不匹配。

［或：预算编制程序不规范，横向、纵向信息沟通不畅，可能导致预算目标缺乏准确性、合理性和可行性。］

［或：预算编制所依据的相关信息不足，可能导致预算目标与战略规划、经营计划、市场环境、企业实际等相脱离；预算编制基础数据不足，可能导致预算编制准确率降低。］

［或：预算目标及指标体系设计不完整、不合理、不科学，可能导致预算管理在实现发展战略和经营目标、促进绩效考评等方面的功能难以有效发挥。］

［或：预算编制程序不规范，横向、纵向信息沟通不畅，可能导致目标缺乏准确性、合理性和可行性。］

②存在不当之处。理由：当内外部战略环境发生重大变化或突发重大事件，导致预算编制的基本假设发生重大变化时，可进行预算调整。

［或：应遵循预算管理权变的原则。］

【点评】2022 年考题综合了绩效评价和预算管理相关知识点，主要考点：关键绩效指标法的指标类型和设计方法、内部转移定价类型和定价依据、预算编制流程等。重点考查了关键绩效指标法和内部转移定价。考点比较细，理由解释部分可能需要自己归纳提炼。

【2020 年试题】

甲公司是一家从事国际工程承包业务的建筑类企业，业务覆盖多个国家和地区，为加强管理，甲公司根据业务分布情况设立若干海外区域分部。近年来，甲公司营业收入保持较快增长，但净利润和经营活动现金流量净额未实现同步增长。甲公司决定以全面预算管理为抓手，以绩效考核为引领，实现公司高质量发展。为此，2020 年甲公司进一步完善区域分部绩效考核方案，甲公司绩效考核方案及预算管理工作的有关资料如下：

（1）完善绩效考核方案。为增强绩效考核导向性，甲公司完善区域分部绩效考核方案，对 2019 年考核指标和指标权重作出调整。调整前后的考核指标和指标权重如表 6-1 所示。

表 6-1　绩效考核指标体系对比　单位：%

2020 年考核指标体系		2019 年考核指标体系	
指标名称	权重	指标名称	权重
净利润	30	净利润	15
新签合同额	15	新签合同额	15
营业收入	10	营业收入	35
流动资产周转率	10	总资产周转率	10
其他财务指标（略）	25	其他财务指标（略）	25
非财务指标	10	非财务指标	0
合计	100	合计	100

（2）下达新签合同额预算指标。（略）

（3）召开预算分析会，讨论上半年预算执行情况。（略）

（4）调整预算指标。（略）

假定不考虑其他因素。

要求：

1. 根据资料（1），逐项指出 2020 年指标调整或权重变化体现的业绩考核导向。

2. 略。

3. 略。

4. 略。

【分析与解释】

1. 净利润权重提高体现的考核导向：更加关注经济效益的实现。

［或：提高盈利能力、控制成本、提升价值创造、增效增利。］

营业收入权重降低体现的考核导向：降低对业务规模的要求。

［或：不再单方面追求规模、转变发展方式、关注有质量发展。］

流动资产周转率替代总资产周转率体现的考核导向：更加关注应收账款和存货的变现能力。

［或：流动资产管理效率、经营活动现金流量。］

增加非财务指标体现的考核导向：非财务指标被认为是能反映未来绩效的指标，良好的非财务指标有利于促进企业实现未来的财务成功。

［或：非财务指标是先行指标、非财务指标着眼于长远利益、从平衡计分卡四个层面整体考核。］

2. 略。

3. 略。

4. 略。

【点评】本题以预算管理为主线，附带涉及绩效评价相关知识点，两个领域的知识点重合度高。绩效评价部分本年度没有考核重点内容，考点涉及对绩效评价指标及权重的综合理解，考点内容甚至都无法找到对应的段落。碰到此类教材从中难以找到出处的题目，考生只要根据分析理解的逻辑答题即可。

强化练习

习题一

A 公司是国内具有一定知名度的大型企业集团，近年来一直致力于品牌推广和规模扩张，每年资产规模保持 20% 以上的增幅。为了对各控股子公司进行有效的绩效评价，A 公司 2020 年主要的预算考核指标是以财务指标为主，并采用了基于价值的绩效评价方法。

以下为 A 公司下属的 M 控股子公司的相关资料：

（1）2020 年 M 公司的相关财务数据如表 6-2 所示。

表 6-2　M公司相关财务数据 单位：亿元

项目	金额
营业收入	7.48
利息支出	0.12
利润总额	0.36
净利润	0.26

续表

项目	金额
平均负债总额（全部为有息负债）	3.06
平均资产总额	6.8

（2）M 公司财务报表中"管理费用"项下的"研究与开发费"和当期确认为无形资产的研究开发支出共 0.8 亿元。

（3）加权平均资本成本率为 10%，适用的所得税税率为 25%。

假定不考虑其他因素。

要求：

1. 计算 M 公司 2020 年的下列财务指标：①息税前利润；②营业净利率；③总资产周转率；④权益乘数；⑤净资产收益率。

2. 计算 M 公司 2020 年的经济增加值、经济增加值率、投入资本回报率。

【分析与解释】

1. 计算财务指标：

①息税前利润＝利润总额＋利息＝0.36＋

0.12 = 0.48（亿元）

②营业净利率 = 0.26 ÷ 7.48 = 3.48%

③总资产周转率 = 7.48 ÷ 6.8 = 1.1（次/年）

④权益乘数 = 6.8 ÷（6.8 - 3.06）= 1.82

⑤净资产收益率 = 0.26 ÷（6.8 - 3.06）= 6.95%

2. 税后净营业利润 = 0.26 +（0.12 + 0.8）×（1 - 25%）= 0.95（亿元）

投入资本（或资本占用）= 6.8（亿元）

经济增加值 = 0.95 - 6.8 × 10% = 0.27（亿元）

经济增加值率 = 0.27 ÷ 6.8 = 3.97%

投入资本回报率 = 0.95 ÷ 6.8 = 13.97%

【点评】本题是典型的考查绩效评价中的财务指标和经济增加值指标的计算的题目。解题思路就是将数据代入公式计算。经济增加值的计算过程中需要注意利息支出、研究与开发费的税后调整、资本占用的计算口径。

习题二

某集团公司拥有全资控股的 A、B、C 三家子公司，其中 A 公司主营整车生产，B 公司主营汽车零部件生产，C 公司专营 A 公司的全部整车销售与售后服务。集团公司每年对 A、B、C 公司经理层进行绩效评价。假设 A、B、C 公司 2020 年度的有关财务数据如表 6 - 3 所示。

表 6 - 3　A、B、C 公司相关财务数据　金额单位：万元

项目	A 公司	B 公司	C 公司
营业收入	42 000	8 600	38 500
营业成本	35 500	7 080	35 600
销售和管理费用	2 810	990	2 660
财务费用	960	90	1 060
利润总额	2 730	440	- 820
所得税（税率）	409.5（15%）	132（30%）	0（30%）
净利润	2 320.5	308	- 820
股东权益（平均）	4 000	3 100	10 000
有息负债（平均）	11 000	1 200	11 100
投资资本总额	15 000	4 300	21 100
加权平均成本率	9%	8%	8%

补充资料：

（1）B 公司生产的零部件主要供应给 A 公司。剩余部分外销，内销和外销价格相同，均以市场价定价。

（2）集团公司设定 C 公司对 A 公司整车的关联采购价高于市场价，市场价仅为关联采购价的 95%（表 6 - 3 中 A 公司、C 公司的财务数据均以关联采购价为基础计算得出）。

（3）供产销业务流量全年呈均匀分布。除损益外，无其他影响股东权益因素。

（4）除企业所得税外，不考虑其他相关税费因素。

要求：

1. 为了使绩效评价更加具有客观性，请按市场价格重新计算 A 公司、C 公司 2020 年度的损益，并依据调整后的数据计算 A 公司、C 公司 2020 年度的投资资本回报率、净资产收益率和经济增加值（EVA），将计算结果直接填写在表 6 - 4 中的相应栏目。

2. 根据上述计算结果，分析判断三家公司

中哪家公司的综合绩效最好？简要说明理由。

【分析与解释】

1. 按市场价格重新计算 A 公司、B 公司、C 公司 2020 年度的损益数据以及绩效指标，填列如表 6-4 所示。

表 6-4　　　　　　　A、B、C 公司 2020 年度损益数据及绩效指标　　　　金额单位：万元

项目	A 公司	B 公司	C 公司	备注说明
营业收入	39 900.00	8 600.00	38 500.00	A 公司收入×95%
营业成本	35 500.00	7 080.00	33 820.00	C 公司成本×95%
销售和管理费用	2 810.00	990.00	2 660.00	
财务费用	960.00	90.00	1 060.00	
利润总额	630.00	440.00	960.00	
所得税税率	15%	30%	30%	
所得税费用	94.50	132.00	288.00	不考虑所得税递延
净利润	535.50	308.00	672.00	
股东权益（平均）	3 107.50	3 100.00	10 746.00	与净利润变动联动
有息负债（平均）	11 000.00	1 200.00	11 100.00	
投资资本总额	14 107.50	4 300.00	21 846.00	
加权平均成本率	9%	8%	8%	
息税前利润	**1 590.00**	**530.00**	**2 020.00**	
税后净营业利润	**1 351.50**	**371.00**	**1 414.00**	
净资产收益率	**17.23%**	**9.94%**	**6.25%**	
投资资本报酬率	**9.58%**	**8.63%**	**6.47%**	
经济增加值	**81.83**	**27**	**-333.68**	
经济增加值率	**0.58%**	**0.63%**	**-1.53%**	
负债权益比率 D/E	**3.54**	**0.39**	**1.03**	

计算过程供参考用：

①收入、成本计算。A 公司的收入为原收入的 95%。C 公司的成本为原成本的 95%。

②所得税费用计算。按照调整后的利润总额计算，不考虑所得税递延调整因素。

③净利润。利润总额减去所得税费用。

④调整后的平均股东权益。假设净利润的变动额按全年平均计入股东权益（净资产），调整后的平均股东权益＝原平均股东权益＋（调整后净利润－原净利润）÷2。净资产收益率＝调整后的净收益÷调整后的平均股东权益。

⑤投资资本报酬率。（分子）税后净营业利润＝息税前利润×（1－所得税税率）＝（利润总额＋财务费用）×（1－所得税税率）；（分母）平均投资资本总额＝平均有息负债（不变）＋平均股东权益（调整后）。

⑥经济增加值（EVA）＝税后净营业利润－平均投资资本×加权平均成本。

2. 按照上述计算结果，A 公司的综合绩效最好。理由：从绝对绩效指标来看，经济增加值（EVA）指标综合考虑了全部投资资本成本和风险因素，最能反映价值的创造能力。从相对绩效指标来看，投资资本报酬率综合反映投资项目在不考虑负债经营下的盈利能力，净资产收益率进而反映在考虑杠杆因素后的剩余盈利能力。从上述这三个指标分析，A 公司均处于优势。从负债权益比（D/E）角度看，A 公司充分利用了高杠杆优势，B 公司没有有效利用杠杆，C 公司绩效最大的问题在于资本占用过高，导致相对指标和 EVA 指标表现不佳。

【点评】本题的难点在于考虑由于利润表的变动而导致的资产负债表的相应变动，从而导致资本占用额的调整。此外，在进行绩效对比评价时，需要从绝对值和相对值指标角度进行分析，以及需要考虑财务杠杆和财务风险因素。

习题三

A公司是国内具有一定知名度的大型企业集团，近年来一直致力于品牌推广和规模扩张，每年资产规模保持20%以上的增幅。为了对各控股子公司进行有效的绩效评价，A公司采用了综合绩效评价方法，从盈利能力、资产质量、债务风险和经营增长状况等四个方面对各控股子公司财务绩效进行定量评价。具体指标及其权数如表6-5所示。

表6-5　　定量评价数据

评价内容	基本指标	权数
盈利能力状况	净资产收益率	20
	总资产报酬率	14
资产质量状况	总资产周转率	10
	应收账款周转率	12
债务风险状况	资产负债率	12
	已获利息倍数	10
经营增长状况	销售增长率	12
	资本保值增值率	10

同时，A公司还从战略管理、发展创新、经营决策、风险控制、基础管理、人力资源、行业影响和社会贡献八个方面对各控股子公司进行管理绩效定性评价。财务绩效定量评价与管理绩效定性评价的权重分别为70%和30%。综合绩效评价分数的等级划分标准设定为：优秀（≥85分）、良好（≥75分）、合格（≥60分）、不合格（<60分）。

为便于操作，A公司选取财务指标中权数最高的基本财务指标——净资产收益率作为标准，对净资产收益率达到15%及以上的子公司总经理进行奖励，奖励水平为该总经理当年年薪的20%。表6-6为A公司下属的M控股子公司2020年的相关财务数据。

表6-6　　M公司2020年相关
财务数据　　单位：亿元

项目	金额
营业收入	7.48
利息支出	0.12
利润总额	0.36
净利润	0.26
年末负债总额	3.06
年末资产总额（年初数与年末数相等）	6.8
应收账款（平均）	1.87
所有者权益（平均）	3.8

经过对M公司业绩指标的测算，M公司最终财务绩效定量评价分数为83分，管理绩效定性评价分数为90分。

要求：

1. 分别计算M公司2020年净资产收益率、总资产报酬率、总资产周转率、应收账款周转率、资产负债率和已获利息倍数（要求列出计算过程）。

2. 测算M公司综合绩效评价分数，并依据综合绩效评价分数判断评价等级（要求列出计算过程）。

3. 判断A公司仅使用净资产收益率作为标准对子公司总经理进行奖励是否恰当，并简要说明理由。

【分析与解释】

1. 财务绩效指标计算。

净资产收益率 $= 0.26 \div 3.8 \times 100\% \approx 6.84\%$

总资产报酬率（税前）$= (0.12 + 0.36) \div 6.8 \times 100\% \approx 7.06\%$

总资产周转率 $= 7.48 \div 6.8 \times 100\% = 110\%$ ［或1.1次］

应收账款周转率 $= 7.48 \div 1.87 \times 100\% = 400\%$ ［或4次］

资产负债率 $= 3.06 \div 6.8 \times 100\% = 45\%$

已获利息倍数 $= (0.12 + 0.36) \div 0.12 = 4$（倍）

2. M公司综合绩效评价分数 $= 83 \times 70\% + 90 \times 30\% = 85.1$ 分 ≥85分

因此根据其评价分数，M公司评价级别为优秀。

3. A公司仅使用净资产收益率作为奖励标

准不恰当。理由：仅使用净资产收益率进行评价不全面［或：没有综合考虑财务、非财务业绩评价指标］，并对管理层经营管理水平进行定性评价。此外，没有综合考虑各下属子公司的经营管理难度和承担风险的差异，没有考虑外部经营环境的变化和外部标杆企业的相对绩效水平，违背公平性、合理性和可控性原则。

【点评】本题综合考查关键财务绩效指标的计算、绩效指标体系各基本要素的理解、考评激励机制的基本原则等。

习题四

甲公司是一家生产和销售工业安保产品的企业，近年来，公司所处行业竞争日趋激烈，毛利率逐年下降。为此，甲公司决定从2021年开始持续深化全面预算管理，强化关键绩效指标考评，资料如下：

（1）预算目标。确定利润预算目标时，公司重点考虑了前期股权投资协议中业绩承诺和现金分红条款带来的影响。结合上述协议内容及自身发展、内部积累等因素，公司2021年至少应实现净利润1 350万元。据此公司最终确定，2021年利润预算目标为1 800万元。

（2）预算编制与绩效指标。①甲公司为了编制2021年度预算，分析设计了以下关键绩效指标，包括：销售量、销售收入增长率、毛利率、顾客满意度。②根据业务预算和业绩承诺指标等，甲公司编制了2021年度财务预算关键指标最低目标值如表6-7所示。

表6-7 关键指标最低目标值

金额单位：万元

项目	2020年度	2021年度预算
净利润	1 350	1 500
税前利润总额	1 800	2 000
利息支出	200	200
资本占用（平均）	15 000	16 418
加权平均资本成本	8%	8%
所得税税率	25%	25%

假设不考虑其他因素。

要求：

1. 根据资料（2）中的第①项，指出公司给出的一些关键绩效指标中，哪些是动因类指标？

2. 根据资料（2）中的第②项，分别计算甲公司2020年经济增加值、2020年经济增加值回报率，并确定2021年的经济增加值回报率的最低目标值。

【分析与解释】

1. 绩效指标中属于动因类指标的有销售量、客户满意度。

动因类指标是反映企业价值关键驱动因素的指标，主要包括：资本性支出、单位生产成本、产量、销量、客户满意度、员工满意度等。

2. （1）甲公司2020年度财务指标计算：

税前利润总额 = 净利润 ÷ (1 - 所得税税率) = 1 350 ÷ (1 - 25%) = 1 800（万元）

税后净营业利润 = (税前利润总额 + 利息支出) × (1 - 所得税税率) = (1 800 + 200) × (1 - 25%) = 1 500（万元）

（2020年度）经济增加值 = 税后净营业利润 - 资本成本 = 税后净营业利润 - 平均资本占用 × 平均资本成本率 = 1 500 - 15 000 × 8% = 1 500 - 1 200 = 300（万元）

（2020年度）经济增加值回报率 = 经济增加值 ÷ 平均资本占用 × 100% = 300 ÷ 15 000 × 100% = 2%

（2）甲公司2021年度预算指标最低目标值计算：

（2021年度最低目标值）税后净营业利润 = (2 000 + 200) × (1 - 25%) = 1 650（万元）

（2021年度最低目标值）经济增加值 = 1 650 - 16 418 × 8% = 337（万元）

（2021年度最低目标值）经济增加值回报率 = 337 ÷ 16 418 = 2.05%

【点评】本题以预算管理和绩效评价综合出题，绩效评价部分考查绩效指标中的动因类指标辨别、经济增加值（回报率）计算等。

第七章　企业并购

本章概述

　　企业并购属于财务管理工作中的战略性投资与重组业务，本章主要围绕并购交易的决策分析、并购流程、并购税务与合并会计等内容进行讲解，具体包括：企业并购的动因与类型、操作流程、并购决策可行性分析、并购估值、并购融资与支付、并购后整合、并购税务、合并会计等方面的内容。从考点分布来看，**并购动机与类型、并购决策可行性分析、并购价值评估、并购融资与支付、并购后整合、并购税务与合并会计，是本章最重要的内容。并购估值、并购税务、合并会计，这三部分内容是本章的学习难点。**

考情分析

　　根据近几年考情分析，企业并购相关考点约占 1 题，分值约占 10 分，**主要考点分布在并购动机与类型的分析判断、并购估值与并购净收益计算、并购融资方案选择、并购后整合类型判断、合并会计这五部分内容上。合并会计与合并财务报表通常相结合综合命题，难度相对加大。**

　　近五年本章考试分值及考点分布见下表。

年度	题量	分值	相关知识点
2024	1	15	非同控合并会计、商誉、并购类型
2023	1	10	并购类型、协同效应、并购估值、并购后整合
2022	1	10	并购动机、并购类型、并购收益与可行性分析、并购融资方式
2021	1	10	并购动机、并购类型、并购估值、并购后整合类型
2020	1	10	并购类型、并购可行性、并购融资

教材变化

本章2024年发生重大变化，增加了并购税务和合并会计两大领域。2025年本章大纲和教材内容没有重大变化，仅做了少数文字表述改动。

考点框架

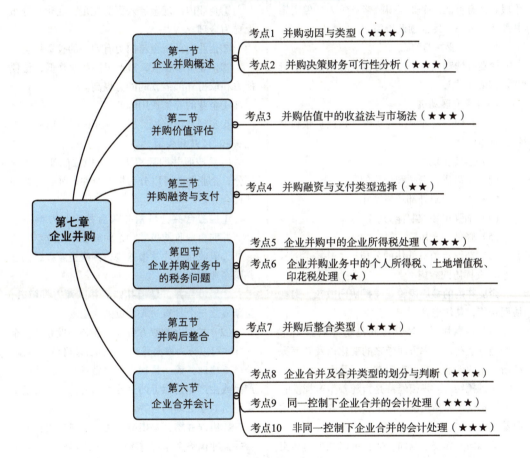

第七章
企业并购

第一节 企业并购概述
- 考点1 并购动因与类型（★★★）
- 考点2 并购决策财务可行性分析（★★★）

第二节 并购价值评估
- 考点3 并购估值中的收益法与市场法（★★★）

第三节 并购融资与支付
- 考点4 并购融资与支付类型选择（★★）

第四节 企业并购业务中的税务问题
- 考点5 企业并购中的企业所得税处理（★★★）
- 考点6 企业并购业务中的个人所得税、土地增值税、印花税处理（★）

第五节 并购后整合
- 考点7 并购后整合类型（★★★）

第六节 企业合并会计
- 考点8 企业合并及合并类型的划分与判断（★★★）
- 考点9 同一控制下企业合并的会计处理（★★★）
- 考点10 非同一控制下企业合并的会计处理（★★★）

第七章

考点解读

✿ 考点1 并购动因与类型（★★★）

并购（M&A）是收购和兼并的总称。收购（acquisition）是指收购方以现金、证券等方式购买取得其他企业（目标公司）的部分或全部资产（即业务合并）或控制性股权（控股合并）。兼并（merger）是指收购方以现金、证券等方式购买取得其他企业的产权，使其他企业丧失法人资格或改变法人实体、并获得对这些企业控制权的经济行为（即**吸收合并**）。此外，**新设合并**是指两个或两个以上的企业合并设立一个新公司，合并各方解散。

并购战略是指并购交易双方基于各自的**核心竞争优势**，为实现企业发展战略目标，通过优化资源配置的方式，强化核心竞争力，产生协同效应，实现新增价值（价值创造）的战略投资与资产重组活动。并购战略是**企业发展战略**的重要组成部分。尽管并购战略是实现企业发展的有效手段，并有可能使企业获得战略竞争力，**但实施并购战略并不一定能创造价值。**

（一）企业并购动因

企业并购动因包括两个方面：寻求发展动机和发挥协同效应。

1. 寻求发展动机

企业并购的发展动机是实现外延式扩张和增长，具体包括：

（1）迅速实现规模扩张。

（2）突破进入壁垒和规模的限制。

（3）主动应对外部环境变化。

（4）加强市场控制能力。

（5）降低经营风险。

（6）获取价值被低估的公司。

2. 发挥协同效应

企业并购的核心逻辑是发挥协同效应，实现协同价值，具体包括：

（1）经营协同。 经营协同是指并购给企业生产经营活动在效率方面带来的变化以及效率提高所产生的效益。主要表现在以下几个方面：

①**规模经济**。规模经济是指随着生产规模的扩大，单位产品所负担的固定费用下降从而导致收益率的提高。

②**纵向一体化**。纵向一体化可以减少商品流转的中间环节，节约交易成本；可以加强生产经营过程各环节的配合，有利于协作化生产；可以通过企业规模的扩大及营销手段的更为有效，极大地节约营销费用。

③**获取市场力或垄断权**。获取市场力或垄断权主要是针对横向并购而言的，两家生产经营相同（或相似）产品的企业相合并，有可能导致该行业的自由竞争程度降低，并购后的企业可以借机提高产品价格，获取垄断利润。

④**资源互补**。并购可以达到资源互补从而优化资源配置的目的。

（2）管理协同。 管理协同是指并购给企业管理活动在效率方面带来的变化以及效率提高所产生的效益。主要表现在以下几个方面：

①节省管理费用。

②提高企业的运营效率。

③充分利用过剩的管理资源。

（3）财务协同。 财务协同是指并购在财务方面给企业带来的收益。主要表现在以下几个方面：

①企业内部现金流入更为充足，在时间分布上更为合理。

②企业内部资金流向更有效益的投资机会。

③企业资本扩大，破产风险相对降低，偿债能力和取得外部借款的能力提高。

④企业的筹集费用降低。

⑤实现合理避税。

（二）并购类型

（1）按照并购后双方**法人地位的变化**情况划分，企业并购可以分为控股合并、吸收合并和新设合并。

①**控股合并，是指并购后并购双方都不解散，并购企业收购被并购企业至控股地位。**

②**吸收合并，是指并购后并购企业存续，被并购企业解散。**

③**新设合并，是指并购后并购双方都解散，重新成立一个具有法人地位的企业。**

（2）按照并购双方所处行业相关性划分，企业并购可以分为横向并购、纵向并购和混合并购。

①**横向并购，是指生产经营相同（或相似）产品或生产工艺相近的企业之间的并购，实质上是竞争对手之间的合并。**

②**纵向并购，是指与企业的供应商或客户的合并，** 即优势企业将与本企业生产经营具有上下游关系的生产、营销企业并购过来，形成纵向生产一体化。纵向并购实质上是处于同一种产品不同生产经营阶段的企业间的并购，并购双方往往是原材料供应者或产品购买者。

③**混合并购，是指既非竞争对手又非现实中或潜在的客户或供应商企业之间的并购。混合并购往往导致多元化经营。**

（3）按照并购是否取得被并购企业同意划分，企业并购可以分为**善意并购和敌意并购。**

①善意并购，是指并购企业事先与被并购企业协商、征得其同意并通过谈判达成并购条件，双方管理层通过协商来决定并购的具体安排，在此基础上完成并购活动的一种并购。

②敌意并购，是指并购企业在遭到被并购企业抗拒时仍然强行并购，或者并购企业事先没有与被并购企业进行协商，直接向被并购企业的股东开出价格或者发出收购要约的一种并购。

（4）按照并购的交易形式划分，企业并购可以分为间接收购、要约收购、协议收购、二级市场收购、股权拍卖收购等。

（三）企业并购流程

企业并购操作流程包括九个基本步骤：

（1）制定并购战略规划。

（2）选择并购对象。

（3）发出并购意向书。

（4）进行尽职调查。

（5）交易方案设计及进行价值评估。

（6）开展并购谈判。

（7）作出并购决策。

（8）完成并购交易。

（9）进行并购后整合。

并购尽职调查，又称谨慎性调查，是由收购方对目标企业涉及本次并购的所有事项和资料进行现场调查、分析和判断，并作出专业投资意见或建议的活动。尽职调查的结果为后续的并购估值和定价、并购谈判和决策提供可靠依据。

针对目标企业的并购尽职调查的内容大致包括四个方面：

（1）基本情况。如主体资格、治理结构、管理团队与技术人员、主要产品、技术和服务、内部流程、客户资源等。即管理尽调。

（2）经营成果和财务状况现状及预测数据。即财务尽调。

（3）法务事项（产权、诉讼、关联方关系与关联交易等）。即法务尽调。

（4）发展前景分析、预测与判断。即估值尽调。

尽职调查的目的在于使并购方尽可能及时地发现有关拟收购的股权或资产及负债的全部真实情况，发现风险并判断风险的性质、程度以及对并购活动的影响和后果。并购方通过尽职调查慎防卖方欺诈，重点关注可能的风险，如财务报告风险、资产风险、或有负债风险、环境责任风险、劳动责任风险、诉讼风险等。

【例7-1】甲单位为一家中国企业，乙公司、丙公司为欧洲企业，丙公司为乙公司的全资子公司。甲公司计划向乙公司收购丙公司100%股权，并购项目建议书部分要点如下：

（1）甲公司为一家建筑企业，在电力建设的全产业链（规划设计、工程施工与装备制造）中，甲公司的规划设计和工程施工能力处于行业领先水平，但尚未进入装备制造领域。在甲公司承揽的设计—采购—施工（EPC）总承包合同中，电力工程设备均向外部供应商采购。为形成全产业链优势，甲公司拟通过并购方式快速提升电站风机等电力工程设备的技术水平和制造能力。

（2）乙公司为一家大型多元化集团企业，涉及电气工程、信息与通信、家电、风机、照明等多个经营领域。近年来，受外部经济环境，尤其是欧洲经济状况影响，乙公司经营出现困难。为集中资源，巩固其在信息与通信、电气工程等多个业务领域的领先地位，乙公司决定对风机、照明等业务予以剥离出售，降低营运的复杂性；丙公司就在本次的剥离出售计划范围内。

（3）丙公司为一家装备制造企业，以自主研发为基础，在电站风机领域拥有世界领先的研发能力和技术水平。丙公司风机业务90%的客户来自欧美，在欧美市场享有较高的品牌知名度和市场占有率，销售一直保持着较高增长水平。虽然丙公司拥有领先的技术和良好的业绩，但是风机业务并非丙公司所属集团的核心业务。

要求：

1. 从经营协同效应角度，指出甲公司并购丙公司的并购动机。

2. 从并购双方行业相关性角度，指出甲公司并购丙公司的并购类型，并说明理由。

【分析与解释】

1. 从经营协同效应角度，甲公司并购动机：纵向一体化；资源互补。

2. 甲公司并购丙公司的并购类型：纵向并购［或：后向一体化］。理由：纵向并购是指与企业的供应商或客户的合并，即优势企业将与本企业生产经营具有上下游关系的生产、营销企业并购过来，形成纵向生产一体化。纵向并购实质上是处于同一种产品不同生产经营阶段的企业间的并购，并购双方往往是原材料供应者或产品购买者。

✳ 考点 2　并购决策财务可行性分析（★★★）

企业并购的核心逻辑是寻求协同效应，实现"1+1＞2"的协同价值。并购后企业的总体价值要大于两个独立企业价值的算术和，其差额即为并购协同效应的价值。获得协同效应，是企业实施并购的主要目的，协同效应必须大于零，企业才有并购的必要性。协同效应的多少是决定并购成败的关键。在制定支付价格时，协同效应价值即为溢价的上限，超出这个范围，说明并购在财务上不可行，只能放弃对目标企业的并购。

（一）并购净收益

对协同效应的预期使得并购企业不仅能够承担并购产生的费用，而且还能够支付一定的并购溢价。对于目标企业而言，并购收益即为其获得的并购溢价。对于并购方而言，并购收益即为其获得的协同效应价值，并购收益（协同价值）再扣减支付的并购溢价和并购费用，即为并购净收益。

并购方在进行并购的财务可行性决策分析时，需要计算并购净收益。并购净收益大于0，并购交易在财务上才是可行的。分析计算并购净收益，并进而判断此次并购在财务上是否可行，是本章核心考点之一。从并购方角度来看，并购净收益的计算公式如下：

并购收益（并购协同价值）$R_0 = V_T - (V_A + V_B)$

并购净收益 $R = R_0 - S - F$

并购溢价 $S = C - V_B$

式中：R_0 为并购收益（即并购协同效应价值）；V_T 为并购后合并企业的整体企业价值；V_A 为并购前并购企业（A）价值；V_B 为并购前目标企业（B）价值；R 为并购净收益；C 为并购成本，即并购企业（A）为并购目标企业（B）而支付的并购对价；S 为并购溢价，即并购企业（A）为并购目标企业（B）而支付的并购成本超过取得的目标企业（B）价值之间的差额；F 为并购费用。

并购费用是指并购过程中所发生的直接相关费用，包括并购过程中所发生的搜寻、策划、谈判、文本制定、资产评估、法律鉴定、公证等中介费用，发行股票还需要支付申请费、承销费和税费等。在会计处理中，并购费用通常不能资本化计入并购成本，在发生当期直接计入当期损益。但在进行并购决策时，需要作为决策相关成本纳入考虑范围。

【提示】注意并购溢价与并购商誉之间的区别。并购溢价是并购成本与被并购企业的公允价值之间的差额。并购商誉是并购成本与被并购企业的可辨认净资产的公允价值之间的差额。

（二）托宾Q值

除采用并购净收益计算分析并购决策可行性之外，还可以采用托宾Q值进行并购决策。托宾Q值是指一项资产或一个企业现有资本市场的价值同其重置成本的比值。

托宾 Q＝目标企业或资产的市场价值÷目标企业或资产的重置成本

如果 Q＜1，表明目标企业的市场价值低于其资本的重置成本，应进行并购。

如果 Q＞1，表明目标企业的市场价值高于其资本的重置成本，因而自行购建新的厂房和设备（按重置成本计算）相对比较便宜，应放弃并购。

【提示】托宾Q概念的核心内含和逻辑是，目标企业的重置成本仅包括其各项可辨认资产和负债的公允价值（以重置成本计量）的简单加减得出的净值，不包括其他任何不可辨认的资源，也不包括资源之间交互作用产生的协同效应价值。如果能以低于重置成本的并购成本获得目标企业，即托宾Q值小于1，属于廉价收购，比自行直接投资建设要划算。但需要注意的是，在并购交易实务中，根据实际并购价格计算的托宾Q值通常大于1，也即并购双方均认可了目标企业存在一定的协同效应价值，在此情形下，不能因托宾Q值大于1就必然放弃并购。通过并购净收益计算分析更加全面合理。

【例7-2】甲公司拟并购乙公司，经测算，乙公司按目前市场价格计算的托宾Q值为0.8，预计本次并购价格相对于市场价格的溢价率为10%，乙公司重置价值为1 000万元。假设乙公司不存在协同效应因素，协同价值可以忽略不计。

要求：计算甲公司并购乙公司的并购成本，并从财务角度说明此项并购交易是否可行。

【分析与解释】

乙公司的市场价值 $= 1\,000 \times 0.8 = 800$（万元）

本次并购成本 $= 800 \times (1 + 10\%) = 880$（万元）

按并购成本计算的托宾 $Q = 880 \div 1\,000 = 0.88 < 1$

由此可知，在不考虑乙公司可能存在的协同效应价值情形下，如果按市场价并购，$Q = 0.8 < 1$，并购是可行的；如果（相对于市场价）按 10% 溢价率并购，$Q = 0.88 < 1$，本次并购的收购价格仍比重置成本低 12%，并购还是可行的。

【例 7-3】 甲公司为一家生产和销售家用空气净化器的上市公司。2020 年初，甲公司董事会审议通过未来五年发展规划，决定通过并购拓展新市场。为落实董事会决议，甲公司管理层拟订了并购方案。方案要点如下：

（1）并购对象选择。甲公司拟选择乙公司作为目标公司。乙公司为甲公司的竞争对手，主要产品类型与甲公司相同，总部位于上海。乙公司规模较小，但掌握生产新型空气净化器的关键核心技术，该技术将引领未来空气净化器的发展方向。甲公司拟向乙公司所有股东提出 100% 股权收购要约。

（2）并购对象估值。经独立第三方评估机构测算，目标公司价值为 28.8 亿元。

（3）并购对价、交易成本及并购收益测定。通过评估作价并结合多种因素，并购价款预计为 32 亿元。另外，甲公司预计将支付评估费、审计费、律师费和公证费等并购费用 0.2 亿元。据测算，甲公司目前的评估价值为 220 亿元，若并购成功，两家公司经过整合后的整体价值预计将达到 280 亿元。

假定不考虑其他因素。

要求：

1. 从并购双方行业相关性和并购的形式两个角度，分别指出此次并购的具体类型；

2. 计算甲公司并购乙公司的并购收益、并购溢价和并购净收益，并从财务角度说明此项并购交易是否可行。

【分析与解释】

1. 从并购双方行业相关性和并购的形式两个角度，此次并购的具体类型为：横向并购、要约收购。

2. 并购收益 $= 280 - (220 + 28.8) = 31.2$（亿元）

并购溢价 $= 32 - 28.8 = 3.2$（亿元）

并购净收益 $= 31.2 - 3.2 - 0.2 = 27.8$（亿元）

甲公司并购乙公司后能够产生 27.8 亿元的并购净收益，因此从财务角度看，此项并购交易是可行的。

✱ 考点 3　并购估值中的收益法与市场法（★★★）

并购估值就是评估并购前后各并购参与方的企业价值（V_A、V_B、V_T），从而为确定并购交易价格、并购溢价和并购净收益提供依据。**并购估值有三种基本方法，分别为收益法、市场法和成本法。重点掌握收益法和市场法。**

（一）收益法估值

收益法是通过将被评估企业**预期收益资本化或折现**来确定被评估企业价值。收益法主要运用现值技术，即一项资产的价值是利用其所能获取的未来收益的现值，其折现率反映了投资该项资产并获得收益的风险回报率。**收益法中的主要方法是现金流量折现法。** 由于假设企业永续经营，实务中通常采用二阶段模型进行估值，分段估算预测期和预测期之后永续期的价值。企业价值计算公式：

$$V = V_0 + V_L$$

其中：V_0 为预测期的现金流量现值；V_L 为预测期之后的现金流量现值，即企业连续价值。

收益法估值的基本步骤如下：

（1）分析历史绩效。对企业历史绩效进行分析，其主要目的是彻底了解企业过去的绩效，为今后绩效的预测提供一个视角，为预测未来的现金流量做准备。历史绩效分析主要是对企业的历史会计报表进行分析，重点分析企业的关键价值驱动因素。通过预计利润表和预计资产负债表，利用财务数据之间的勾稽关系，预测未来的自由现金流量更为可靠。

（2）确定预测期间。在预测企业未来的现金流量时，通常会人为确定一个预测期间，在预测期后的现金流量就不再具体估计。预测期间的长短取决于企业的行业背景、管理部门的政策、并购的环境等，通常为 5 ~ 10 年。

（3）预测未来的现金流量。在企业价值评估中使用的现金流量是指企业所产生的现金流量在扣除库存、厂房设备等资产所需的投入及缴纳税金后的部分，即自由现金流量。用公式可表示为：

自由现金流量 =（税后净营业利润 + 折旧及摊销）-（资本支出 + 营运资金增加额）

$$FCF = (NOPAT + D\&A) - (CAPEX + \Delta WC)$$

【提示】注意自由现金流量的不同计算口径。在权责发生制会计中，利息费用尽管作为费用从收入中扣除，但它是属于债权人的自由现金流量。因此，只有在计算股权自由现金流量（FCFE）时才扣除利息费用，而在计算企业自由现金流量（FCFF）时则不能扣除。也就是说，自由现金流量（FCF）有两种不同的计算口径，本章遵循惯例采用企业自由现金流量（FCFF）计算口径，据此得出的企业价值是包括股权价值和债务价值的企业总价值。

①税后净营业利润。税后净营业利润是指扣除所得税后的营业利润，也就是扣税之后的息税前利润。

税后净营业利润 = 息税前利润 ×（1 - 所得税税率）

$$NOPAT = EBIT \times (1 - T)$$

息税前利润 = 营业收入 - 营业成本 - 销售税金及附加 - 管理费用 - 销售费用

【提示】税后净营业利润是由持续经营活动产生的收益，即扣除非经常性损益的净营业利润，不包括企业从非经营性项目中取得的非经常性损益，也不考虑财务费用等因金融负债带来的损益。该绩效指标衡量企业纯经营行为带来的经营成果，不考虑财务杠杆带来的业绩影响。

②折旧及摊销。折旧不是本期的现金支出，但是本期的（应计制）费用，因此折旧可以看作现金的另一种来源。摊销是指无形资产、待摊费用等的摊销。与折旧一样，它们不是当期的现金支出，却作为费用从当期的收入中扣除，同样也应看作一种现金的来源。

③资本支出。资本支出是指企业为维持正常生产经营或扩大生产经营规模而在物业、厂房、设备等资产方面的再投入。具体包括在固定资产、无形资产、长期待摊费用（包括租入固定资产改良支出、固定资产大修理支出等）及其他长期资产上的新增支出。

【提示】资本支出是与经营活动相关的投资性现金流出，财务金融性质的投资活动产生的现金支出不在此列。在计算自由现金流量时所使用的资本支出是指本期新增付现资本支出。如果使用本期净资本支出，即资本支出中扣除了折旧和无形资产及长期待摊费用摊销的部分，则在计算自由现金流时不应再加上折旧及摊销，否则造成重复计算。

④营运资金增加额。营运资金等于经营性的流动资产与经营性的流动负债的差额，营运资金的变化反映了库存、应收/应付项目的增减。因为库存、应收款项的增加而占用的资金不能用作其他用途，所以营运资金的变化会影响企业的现金流量。

（4）选择合适的折现率。折现率是指将未来预测期内的预期收益换算成现值的比率，也称资本成本率。通常，折现率可以通过加权平均资本成本模型确定。

根据加权平均资本成本模型，由于并购企业用于投资被并购企业的资本一般既有自有资本也有负债，所以这种投资的资本成本是两者的加权平均，用公式可表示为：

$$r_{WACC} = \frac{E}{E+D} \times r_e + \frac{D}{E+D} \times r_d \times (1-T)$$

式中：r_{WACC} 为企业的加权平均资本成本；D 为企业（有息）负债的市场价值；E 为企业股权的市场价值；r_e 为股权资本成本率；r_d 为税前（有息）债务资本成本率；T 为企业所得税税率。

式中的股权资本成本率 r_e 可采用资本资产定价模型（CAPM）计算，其计算公式为：

$$r_e = r_f + \beta \times (r_m - r_f)$$

式中：r_e 为股权资本成本率；r_f 为无风险报酬率；r_m 为股权市场投资组合的预期报酬率；$(r_m - r_f)$ 为股权市场风险溢价；β 为股权市场风险系数。

无风险报酬率指无任何违约风险的证券或者有价证券组合的报酬率，而且与经济中其余任何报酬率完全无关。通常使用 5 年期或 10 年期国债利率作为无风险报酬率。

市场风险溢价是股权市场投资组合的预期报酬率与无风险报酬率之间的差额。

股权市场风险系数 β 是反映特定企业的股权价格波动相对于股权市场价格指数波动的变动程度的指标，它可以衡量出特定企业股权的市场风险或系统性风险，但不包含特定企业可能涉及的特有风险。

除经营风险因素外，不同的财务杠杆导致的财务风险也会影响股权 β 系数。因为并购活动通常会引起企业负债率的变化，进而影响 β 系数。此外，通过可比企业的 β 系数计算目标企业的 β 系数时，由于负债率的不同，需要对 β 系数做必要的修正。可利用哈马达方程对 β 系数进行调整，其计算公式如下：

$$\beta_1 = \beta_0 \times [1 + D/E \times (1 - T)]$$

式中：β_1 为负债经营（考虑财务杠杆）的 β 系数，即股权 β 值；β_0 为无负债经营（不考虑财务杠杆）的 β 系数，即资产 β 值；T 为企业所得税税率；D 为企业（有息）负债的市场价值；E 为企业股权的市场价值。

【提示】β_1（或 β_E）包含经营风险和财务风险；β_0（或 β_A）只包含经营风险，不含财务风险。因此，β_1 通常要大于 β_0，这一特征也是理解和记忆哈马达转换方程的要点。还要掌握对哈马达转换方程的反向逆推运算。

（5）预测企业连续价值。估计企业未来的现金流量不可能无限制地预测下去，因此要对未来某一时点的企业价值进行评估，即计算企业的终值。企业终值为预测期末的价值，需要将企业终值再折现至预测期初（即评估基准日）的价值，即为企业的永续价值。

企业终值一般可采用永久增长模型（固定增长模型）计算。这种方法假定从计算连续价值的那一年起，自由现金流量是以固定的年复利率增长的。企业终值（TV）计算公式为：

$$TV = \frac{FCF_{n+1}}{r_{WACC} - g} = \frac{FCF_n \times (1 + g)}{r_{WACC} - g}$$

式中：TV 为预测期末的终值（即连续价值）；FCF_{n+1} 为计算终值那一年的自由现金流量；FCF_n 为预测期最后一年的自由现金流量；r_{WACC} 为加权平均资本成本率；g 为计算终值那一年以后的自由现金流量（永续）年复利增长率。

企业连续价值：$V_L = TV / (1 + r_{WACC})^n$

（6）预测企业价值。企业价值等于确定预测期内自由现金流量的折现值之和，加上终值的现值，其计算公式如下：

$$V = \sum_{t=1}^{n} \frac{FCF_t}{(1 + r_{WACC})^t} + \frac{TV}{(1 + r_{WACC})^n}$$

式中：V 为企业价值；FCF_t 为确定预测期内第 t 年的自由现金流量；r_{WACC} 为加权平均资本成本率；TV 为预测期末的终值；n 为确定的预测期。

【提示】本章采用企业自由现金流（FCFF）和加权平均资本成本（WACC）计算口径，计算得出的价值是指含净债务价值 V_D 的企业整体价值 V，不是通常理解的股权价值 V_E，股权价值等于企业价值减去债务价值（$V_E = V - V_D$）。在实务操作惯例中，闲置资金首先用于抵扣有息债务，得出净债务价值。

（二）市场法估值

市场法也称横向比较法，是将被评估企业与参考企业、在市场上已有交易案例的企业、股东权益、证券等权益性资产进行比较，以确定被评估企业价值。市场法中常用的两种方法是可比企业分析法和可比交易分析法。

1. 可比企业分析法

可比企业分析法是以交易活跃的同类企业的股价和财务数据为依据，计算出一些主要的财务比率，然后用这些比率作为乘数计算得到非上市企业和交易不活跃上市企业的价值。

运用可比企业分析法的关键是选出一组在业务和财务方面与被评估企业相似的企业，通过对这些企业的经营历史、财务情况、股票行情及其发展前景的分析，确定估价指标和比率系数，然后用它们来计算被评估企业的价值。如果被评估企业是经营多业务的综合性企业，则可针对它的几个主要业务，分别挑选出相应的几组相似的企业，分别确定估价指标和比率系数，得出各业务部门的价值，再将它们汇总，得出被评估企业价值。

可比企业分析法的操作步骤如下：

（1）选择可比企业。所选取的可比企业应在营运上和财务上与被评估企业具有相似的特征。当在实务中很难寻找到符合条件的可比企业时，则可以采取变通的方法，即选出一组参照企业，其中一部分企业在财务上与被评估企业相似，另一部分企业在营运上与被评估企业具有可比性。这种变通的方法具有很强的实用性。

（2）选择及计算乘数。乘数一般有以下两类。

一是基于市场价格的乘数。企业价值与业绩

之间的关系称为"市场/价格乘数"。市场价格乘数按其分子是企业股权的市场价值还是股权和债权的市场价值之和区分，常见的乘数有市盈率（P/E）、价格对收入比率（P/R）、价格对净现金流比率（P/CF）和价格对有形资产账面价值的比率（P/BV）。

基于市场价格的乘数中，最重要的是市盈率。计算企业的市盈率时，既可以使用历史收益（过去12个月或上一年的收益或者过去若干年的平均收益），也可以使用预测收益（未来12个月或下一年的收益），相应的比率分别称为追溯市盈率和预测市盈率。出于估值目的，通常首选预测市盈率，因为最受关注的是未来收益。而且，企业收益中的持久构成部分才是对估值有意义的，因此，一般把不会再度发生的非经常性项目排除在外。

二是基于企业价值的乘数。企业价值代表企业基础业务的总价值，是偿付债务前企业的整体价值，而不仅仅是股权价值。如果想比较具有不同杠杆水平的企业，使用基于企业价值的估值乘数是更合适的。

基于企业价值的常用估值乘数有 EV/EBIT、EV/EBITDA、EV/FCF。其中，EV 为企业价值，EBIT 为息税前利润，EBITDA 为息税折旧和摊销前利润，FCF 为企业自由现金流量。

（3）运用选出的众多乘数计算被评估企业的价值估计数。选定某一乘数后，将该乘数与被评估企业经调整后对应的财务数据相乘就可得出被评估企业的一个价值估计数。根据多个乘数分别计算得到的各估值越接近，说明评估结果的准确度越高。值得注意的是，用股权乘数得出的被评估企业的估值是股东权益市场价值的估计数，而用总资本乘数得出的则是包括被评估企业股权和债权在内的总资本的市场价值估计数。

（4）对企业价值的各个估计数进行平均。运用不同乘数得出的多个企业价值估计数是不相同的，为保证评估结果的客观性，可以对各个企业价值估计数赋予相应的权重，至于权重的分配要视乘数对企业市场价值的影响大小而定。然后，使用加权平均法算出被评估企业的价值。

【提示】基于（股权）市场价格的乘数计算得出的是股权价值，基于企业价值的乘数计算得出的是企业整体价值，包含（有息）债务价值，注意两者之间口径的差异。在进行加权平均计算时，要注意各项之间口径的一致性。

2. 可比交易分析法

相似的标的应该有相似的交易价格，可比交易分析法主张从类似的并购交易中获取有用的财务数据，据以计算被评估企业价值。它不对市场价值进行分析，而只是统计同类企业在被并购时并购企业支付价格的平均溢价水平，再用这个溢价水平计算出被评估企业的价值。本方法需要找出与被评估企业经营业绩相似的企业的最近平均实际交易价格，将其作为计算被评估企业价值的参照物。

可比交易分析法操作步骤如下：

（1）选择可比交易。使用可比交易分析法需要找出与被评估企业经营业绩相似的企业最近的平均实际交易价格，将其作为计算被评估企业价值的参照物。为了得到合理的评估结果，交易数据必须是与被评估企业相类似的企业的数据。

（2）选择和计算乘数。如支付价格收益比、账面价值倍数、市场价值倍数等。可比交易分析与可比企业分析类似，是从被评估企业类似的可比企业的被并购交易中获取有用的财务数据，确定可比交易的市场平均溢价水平。

有关比率计算公式如下：

支付价格/收益比＝并购者支付价格/税后利润

支付价格是指在类似并购交易中，并购企业为交易标的支付的购买价格；税后利润是指与被评估企业类似的被并购企业并购前（或平均）税后利润。计算出类似交易中被并购企业的支付价格/收益比，乘以被评估企业的当前税后利润，即可得出被评估企业的估值。

账面价值倍数＝并购者支付价格/净资产价值

账面价值是指与被评估企业类似的被并购企业并购前的账面价值，即其会计报表中所记录的净资产价值。计算出类似交易中被并购企业的账面价值倍数，乘以被评估企业的净资产价值，即可得出被评估企业的估值。

市场价值倍数＝并购者支付价格/股票的市场价值

市场价值是指与被评估企业类似的被并购企业并购前股票的市场价值，即其股票的每股价格与发行在外的流通股股数的乘积。计算出类似交易中被并购企业的市场价值倍数，乘以被评估企业当前的股票市场价值，即可得出被评估企业的估值。

（3）运用选出的众多乘数计算被评估企业的价值估计数。选定某一乘数后，将该乘数与被评估企业经调整后对应的财务数据相乘就可得出被评估企业的一个价值估计数。根据多个乘数分别计算得到的各估值越接近，说明评估结果的准确度越高。

（4）对企业价值的各个估计数进行平均。运用不同乘数得出的多个企业价值估计数是不相同的，为保证评估结果的客观性，可以对各个企业价值估计数赋予相应的权重，至于权重的分配要视乘数对企业市场价值的影响大小而定；然后，使用加权平均法算出被评估企业的价值。

（三）成本法估值

成本法也称资产基础法，是在合理评估被评估企业各项资产价值和负债的基础上确定被评估企业的价值。应用成本法需要考虑各项损耗因素，具体包括有形损耗、功能性损耗和经济性损耗等。**成本法的关键是选择合适的资产价值标准。成本法主要有账面价值法、重置成本法和清算价格法。**

（1）账面价值法。基于具体资产的历史成本会计计量原则。此方法主要适用于账面价值与市场价值偏离不大的非上市企业价值评估。

（2）重置成本法。基于具体资产的重置成本会计计量原则，根据现在的市价购买同样的资产或重建同样的企业需要的支付成本来估算价值。实践中的调整方法包括：价格指数法和逐项调整法。此方法主要适用于对企业经营性可辨认净资产的价值评估。

（3）清算价格法。通过估算出售企业所有的部门、业务和资产所得到的收入，再扣除所有负债，得到企业的净清算收入。清算价格法是在被评估企业作为一个整体已经丧失增值能力情况下的估值方法，估算所得到的是被评估企业的可变现价值。此方法主要适用于陷入困境企业的价值评估。

【提示】收益法和市场法通常适用于对企业整体和股权的估值，即实务中的"企业或股权价值评估报告"，包含了商誉，主要用于并购对价的估值定价。成本法通常适用于对被并购企业的各项可辨认资产和负债进行逐项估值，即实务中的"资产评估报告"，不考虑商誉等不可辨认项目，主要用于合并会计处理。在非同一控制下企业合并采用购买法会计核算时，合并对价的公允价值减去合并取得的可辨认净资产公允价值，差额确认为商誉。

【例7-4】甲公司为一家在上海证券交易所上市的企业，也是全球著名集成电路制造商之一。基于公司战略目标，公司准备积极实施海外并购。相关资料如下：

（1）并购对象选择。甲公司认为，通过并购整合全球优质产业资源，发挥协同效应，是加速实现公司占据行业全球引领地位的重要举措；并购目标企业应具备以下基本条件：①应为集成电路设计商，位于产业链上游，且在业内积累了丰富而深厚的行业经验，拥有较强影响力和行业竞争力；②拥有优秀的研发团队和领先的关键技术；③具有强大的市场营销网络。经论证，初步选定海外乙公司作为并购目标。

（2）并购价值评估。甲公司经综合分析认为，企业价值/息税前利润（EV/EBIT）和市价/账面净资产（P/BV）是适合乙公司的估值指标。甲公司在计算乙公司加权平均评估价值时，赋予EV/EBIT的权重为60%，P/BV的权重为40%。

可比交易的EV/EBIT和P/BV相关数据如表7-1所示。

表7-1

交易日期	可比交易	EV/EBIT	P/BV
2015年6月9日	可比交易1	10.47	1.81
2015年7月15日	可比交易2	9.04	2.01
2015年9月10日	可比交易3	12.56	1.53
2015年9月28日	可比交易4	7.44	3.26
2015年11月2日	可比交易5	15.49	6.39

（3）并购对价。根据尽职调查，乙公司2015年实现息税前利润（EBIT）5.5亿元，2015年末账面净资产（BV）21亿元。经多轮谈判，甲、乙公司最终确定并购对价为60亿元。

假定不考虑其他因素。

要求：根据资料（2）和（3），运用可比交易分析法，计算如下指标：

1. 可比交易的EV/EBIT平均值和P/BV平均值；

2. 乙公司加权平均评估值。

【分析与解释】

1. EV/EBIT的平均值=（10.47+9.04+12.56+7.44+15.49）÷5=11（倍）

P/BV的平均值=（1.81+2.01+1.53+3.26+6.39）÷5=3（倍）

2. 按可比交易EV/EBIT平均值计算，乙公司评估价值=5.5×11=60.5（亿元）

按可比交易P/BV平均值计算，乙公司评估价值=21×3=63（亿元）

乙公司加权平均评估价值=60.5×60%+63×40%=36.3+25.2=61.5（亿元）

【提示】从严格逻辑来说，通过EV/EBIT指标计算出的是目标企业的整体价值（EV），而通过P/BV指标计算出的是目标企业的股权价值，两者口径不同，直接进行加权平均计算不够严谨。

✤ 考点4　并购融资与支付类型选择（★★）

（一）并购融资渠道

并购融资包括内部融资渠道和外部融资渠道两种方式。

1. 内部融资渠道

内部融资渠道主要指来自企业自有资金，是企业在发展过程中所积累的、经常持有的、按规定可以自行支配，并不需要偿还的资金，主要包括：税后留利、闲置资产变现和应收账款等形式。

内部融资不需要对外支付本金和利息成本，财务风险低。

2. 外部融资渠道

外部融资渠道是指来自企业外部融资筹集的资金。外部融资渠道主要分为：直接融资和间接融资。

（1）直接融资，是指不通过金融中介机构（如银行、证券公司、信托公司、保险公司等），直接由企业面向市场融资，主要方式包括：股份、债券、可转换公司债券、认股权证等。

（2）间接融资，是指通过金融中介机构组织筹措资金，主要包括向银行及非银行金融机构筹措资金，通常体现为债务融资。

外部融资具有速度快、弹性大、融资规模大的优点，但缺点在于融资成本较高，财务风险较大。

（二）并购融资方式选择

并购融资主要掌握债务融资、权益融资这两种融资模式各自的优缺点，以及可转换债券、认股权证、优先股等混合融资工具各自的优缺点，能结合具体背景信息进行方案必选。须与本书第四章相结合进行学习。

1. 债务融资

债务融资是指企业按约定代价和用途取得且需按期还本付息的一种融资方式。债务融资往往通过银行、非银行金融机构、民间等渠道，采用申请并购贷款、发行债券、利用商业信用、租赁等方式筹措资金。

并购贷款，是指商业银行向并购企业或并购企业控股子公司发放的，用于支付并购交易价款和费用的贷款。2015年，中国银监会发布了《商业银行并购贷款风险管理指引》规定：并购交易价款中并购贷款所占比例不得高于60%，并购贷款期限一般不得超过7年，商业银行原则上要求借款人提供充足的能覆盖并购贷款风险的担保。

与发行债券相比，并购贷款会给并购企业带来一系列的好处。由于银行贷款所要求的低风险导致银行的收益率也很低，因而使企业的融资成本相应降低；银行贷款发放程序比发行债券、股票简单，发行费用低于证券融资，可以降低企业的融资费用，其利息还可以抵减所得税；此外，通过银行贷款可以获得巨额资金，足以进行金额巨大的并购活动。但是，要从银行取得贷款，企业必须向银行公开其财务、经营状况，并且在今后的经营管理上还会受到银行的制约；为了取得银行贷款，企业可能要对资产实行抵押、担保等，从而降低企业今后的再融资能力，产生隐性融资成本，进而可能会对整个并购活动的最终结果造成影响。

2. 权益融资

企业并购中最常用的权益融资方式为发行普通股融资。该方式的优点在于：（1）普通股融资没有固定的股利负担。（2）普通股没有固定的到期日，不需要偿还股本。利用普通股筹措的是永久性资金，它对保证企业最低的资金需求有重要意义。（3）利用普通股融资风险小。由于普通股无固定到期日，不用支付固定的股利，因此，实际上不存在不能偿付的风险。（4）普通股融资能增强企业的信誉。

权益融资方式的缺点在于：（1）分散企业控制权。新股的发行使企业的股权结构发生变化，稀释了企业的控制权，留下了企业被并购的风险。（2）普通股的发行成本较高，包括审查资格成本高、成交费用高等因素。（3）由于股利需税后支付，故企业税负较重。

并购中的权益融资具体可分为两种形式：

（1）发行新股并购。并购企业通过增发自身新股融资，用权益融资款支付并购对价。

（2）换股并购。并购企业以股票直接作为并购的支付对价。换股并购的优点在于，如符合相关规定的条件，可以取得会计（权益法核算，账面价值计量，不确认合并商誉）和税收（免税合并，出售方延迟纳税）方面的好处。缺点是受到相关法规的限制，审批手续烦琐，发行新股会改变原有股权结构，进而影响股权价值，股价的变动导致并购成本难以确定，并购企业不得不经常调整方案。

3. 混合融资

常见的混合型融资工具包括：可转换债券、认股权证、优先股等。

（1）可转换债券。可转换债券是指在一定时期内，可以按规定的价格或一定的比例，由持有人自由选择转换为普通股的债券。

可转换债券融资的优点包括：①灵活性较高，企业可以设计出不同报酬率和转换溢价的可转换债券，寻求最佳资本结构。②可转换债券融资的报酬率一般较低，大大降低了企业的融资成本。③一般可获得较为稳定的长期资本供给。

可转换债券融资的缺点包括：①受股价影响较大，当企业股价上涨大大高于转换价格时，发行可转换债券融资反而会使企业蒙受损失。②当股价未如预期上涨，转换无法实施时，会导致投资者对企业的信任危机，从而对未来融资造成障碍；顺利转换时，意味着企业原有控制权的稀释。

（2）认股权证。认股权证是企业发行的长期选择权证，它允许持有人按照某一特定的价格购买一定数额的普通股。它通常被用来作为给予债券持有者的一种优惠而随同债券发行，以吸引潜在的投资者。

认股权证融资的优点包括：①在金融紧缩时期或企业处于信用危机边缘时，可以有效地推动企业有价证券的发行。②与可转换债券一样，融资成本较低。③认股权证被行使时，原来发行的企业债务尚未收回，因此，所发行的普通股意味着新的融资，企业资本增加，可以用增资抵债。

认股权证融资的缺点类同于可转换债券融资。

（3）优先股。优先股是指在一般规定的普通种类股份之外，另行规定的其他种类股份，其股份持有人优先于普通股股东分配公司利润和剩余财产，但参与公司决策管理等权利受到限制。

按照证监会于 2014 年 3 月 21 日出台的《优先股试点管理办法》规定，上市公司可公开或非公开发行优先股作为并购的支付方式，也可在发行优先股的同时募集配套资金。但以公开发行优先股作为支付手段仅可用于收购或吸收合并其他上市公司的情形。

优先股可按照交易需求嵌入个性化条款，增加了交易的灵活性。在上市公司股价偏高的情况下，若用普通股作为支付方式，资产出售方会担心将来股价下跌的风险较大，增加达成交易的难度；若采用嵌入回购条款的优先股作为支付方式，出售方即可取得既定股息，在满足一定条件时上市公司按约定价格回购优先股股票，有利于交易的达成。

除商业银行外，上市公司公开发行优先股只可采用固定股息，必须发行累计股息优先股，不可嵌入参与条款，不可发行可转换优先股。上市公司发行优先股自由度相对较高，除不可发行可转换优先股外，《优先股试点管理办法》对上述条款并未列明其他限制。须注意的是，以发行优先股的方式作为并购支付工具时，须符合《优先股试点管理办法》规定的各项发行条件，且受"上市公司已发行的优先股不得超过公司普通股股份总数的 50%，且筹资金额不得超过发行前净资产的 50%"的限制。

发行优先股作为支付方式，还可避免上市公司实际控制人控制权的丧失，规避借壳上市。若标的公司资产规模较大，超过上市公司资产总额的100%，单纯用普通股作为支付方式，会造成上市公司实际控制人变化，形成借壳上市。优先股不具有上市公司的经营决策权，以其作为支付方式，可以保持原控股股东控制权，同时规避上述借壳情形，简化审核流程。

优先股具备一定的流动性，加大了其作为支付手段的可接受度。《优先股试点管理办法》规定公开发行的优先股可以在证券交易所上市交易，上市公司非公开发行的优先股可以在证券交易所转让。

4. 其他特殊并购融资方式

具体包括：（1）过桥贷款；（2）**杠杆收购**；（3）卖方融资；（4）**并购基金**；（5）信托融资；（6）资产证券化融资。

上市公司进行收购时除了使用自有资金外，一般采用贷款融资、向第三方定向增发股份融资收购、换股收购及发行债券收购四种方式。并购融资模式选择的基本原则如下：

（1）融资成本高低。资金的取得、使用都是有成本的。企业并购融资成本的高低将会影响到企业并购的实施和并购后的整合。在不影响企业正常营运及财务稳健的情况下，企业选择并购融资方式时应首先选择资金成本低的内部资金，再选择资金成本较高的外部资金。在选择外部资金时，优先选择具有财务杠杆效应的债务资金，后选择权益资金。

（2）融资风险大小。融资风险是企业并购融资过程中不可忽视的因素。并购融资风险可划分为并购前融资风险和并购后融资风险。前者是指企业能否在并购活动开始前筹集到足额的资金保证并购顺利进行；后者是指并购完成后，企业债务性融资面临着还本付息的压力。债务性融资金额越多，企业负债率越高，财务风险就越大；同时，企业并购融资后，还面临着该项投资收益率是否能弥补融资成本的问题。对于权益性融资，假如融资规模较大，则有可能失去对公司的实际控制权。因此，对融资风险应全方位衡量，进行客观的压力测试以及采取各种应变措施。

（3）融资方式对企业资本结构的影响。资本结构是指企业各种资金来源于中长期债务与所有者权益之间的比例关系。企业并购融资方式会影响企业的资本结构，通过资本结构影响公司治理结构，因此，企业并购融资时必须考虑融资方式给企业资本结构带来的影响，根据企业实力和股权偏好来选择合适的融资方式。

（4）融资时间长短。融资时间长短反映了**融资效率性的高低**。如定向增发股份获取现金收购或换股收购，须经过中国证监会或交易所的审批，可能会延长并购实施的时间，而向商业银行申请并购贷款在效率上明显具有优势。因此，上市公司在选择并购融资方式时应全方位地衡量各种因素，根据实际情况合理选择。

（三）并购支付方式

各种不同的并购支付方式各有特点与利弊，企业应以获得最佳并购效益为宗旨，综合考虑企业自身经济实力、融资渠道、融资成本和被并购企业的实际情况等因素，合理选择支付方式。企业并购涉及的主要支付方式有：

1. 现金支付方式

现金支付方式具体可细分为：（1）用现金购买资产；（2）用现金购买股权。

2. 股权支付方式

股权支付方式具体可细分为：（1）用股权换取资产；（2）用股权换取股权。

在换股并购中，换股比例是指为了换取被并购企业的1股普通股份，并购企业需要发行并支付的普通股份数。

实践中，确定换股比例最常用的方法是采用并购双方的每股对应指标值（每股净资产、每股收益、每股市价等）之比，计算公式如下：

换股比例＝被并购企业当前的每股指标值／并购企业当前的每股指标值

在溢价并购情形下，计算换股比例时，需要对被并购企业的对应指标赋予一个加成系数。即计算公式中的分子乘以（1＋加成系数），据以确定换股比例。

3. 混合支付方式

4. 其他支付方式

其他支付方式具体包括：（1）债权转股权方式；（2）承债方式；（3）无偿划拨方式。

在并购实务中，常见的支付对价组合包括：现金与股权的组合、现金与认股权证的组合、现金与优先股、现金与资产支持受益凭证的组合

等。将多种支付工具组合在一起，如搭配得当，选择好各种融资工具的种类结构、期限结构以及价格结构，可以避免上述两种方式的缺点，既可以使并购企业避免支出更多现金，造成企业财务结构恶化，也可以防止并购企业原有股东的股权稀释或发生控制权转移。

【例7-5】甲公司为一家在上海证券交易所上市的企业，也是全球著名集成电路制造商之一。基于公司战略目标，公司准备积极实施海外并购。经论证，初步选定海外乙公司作为并购目标。

（1）并购对价。根据尽职调查，乙公司2022年实现息税前利润（EBIT）5.5亿元，2022年末账面净资产（BV）21亿元。经过多轮谈判，甲、乙公司最终确定并购对价为60亿元。

（2）并购融资。2022年末，甲公司资产负债率为80%。甲公司与N银行存续贷款合约的补充条款约定，如果甲公司资产负债率超过80%，N银行将大幅调高贷款利率。贷款利率如提高，甲公司债务融资成本将高于权益融资成本。

甲、乙公司协商确定，本次交易为现金收购。甲公司自有资金不足以全额支付并购对价，其中并购对价的40%需要外部融资。甲公司综合分析后认为，有两种外部融资方式可供选择：一是从N银行获得贷款；二是通过权益融资的方式，吸收境内外投资者的资金。

假定不考虑其他因素。

要求：根据资料，指出甲公司宜采用哪种融资方式，并说明理由。

【分析与解释】

甲公司宜采用的融资方式：权益融资。理由：权益融资资本成本相对更低；甲公司并购前的资产负债率已高达80%，从银行贷款将会进一步提高甲公司资产负债率，增加融资成本，同时加大财务风险。

✤ 考点5 企业并购中的企业所得税处理（★★★）

根据《关于企业重组业务企业所得税处理若干问题的通知》（财税〔2009〕59号）（以下简称"59号文"），企业重组，是指企业在日常经营活动以外发生的法律结构或经济结构发生重大改变的交易，包括企业法律形式改变、债务重组、股权收购、资产收购、合并、分立等。本节仅涉及其中的资产收购、股权收购与合并三种。

资产收购，是指一家企业（以下称为"受让企业"）购买另一家企业（以下称为"转让企业"）实质经营性资产的交易。受让企业支付对价的形式包括股权支付、非股权支付或两者的组合。

股权收购，是指一家企业（以下称为"收购企业"）购买另一家企业（以下称为"被收购企业"）的股权，以实现对被收购企业控制的交易。收购企业支付对价的形式包括股权支付、非股权支付或两者的组合。

合并，是指一家或多家企业（以下称为"被合并企业"）将其全部资产和负债转让给另一家现存或新设企业（以下称为"合并企业"），被合并企业股东换取合并企业的股权或非股权支付，实现两个或两个以上企业的依法合并。本节涉及的合并类型为吸收合并。

股权支付，是指企业重组中购买、换取资产的一方支付的对价中，以本企业或其控股企业的股权、股份作为支付的形式；所称非股权支付，是指以本企业的现金、银行存款、应收款项、本企业或其控股企业股权和股份以外的有价证券、存货、固定资产、其他资产以及承担债务等作为支付的形式。

企业重组的税务处理区分不同条件分别适用一般性税务处理规定和特殊性税务处理规定。

（一）资产收购重组的企业所得税税务处理

1. 一般性税务处理

资产收购的一般性税务处理，实质上与一般的资产买卖税务处理一致，即在交易发生时被收购方确认资产转让的所得或损失，收购方以交易的价格作为取得资产的计税基础。被收购方按资产的公允价值与计税基础的差额确认资产转让所得或损失；收购方如果是用非货币性资产进行交换的，应分解为两个交易步骤，先按公允价值销售确认非货币性资产转让所得或损失，再按公允价值购买资产。由于资产收购不涉及企业法律主体资格的变更，所以，被收购企业的相关所得税事项原则上保持不变。

（1）受让企业的税务处理。

一般情况下，受让企业通常以现金作为非股权支付，由于现金属于非应税事项，因此在这种情况下，受让企业不涉及确认资产转让所得或损失的问题。但是，如果受让企业的非股权支付还包括固定资产、无形资产等非货币性资产时，受让企业应确认该等资产的转让所得或损失。确认公式为：

受让企业非股权支付确认的所得或损失 = 非股权支付的公允价值 - 其计税基础

关于受让企业取得出让企业资产计税基础的确定，由于受让企业支付的对价无论是股权支付，还是非股权支付均是按公允价值计量的，受让企业应按公允价值确定出让企业资产的计税基础。

（2）出让企业的税务处理。

关于出让企业转让资产涉及的所得税处理，**在资产收购重组中，出让企业转让资产而取得受让企业股权支付和非股权支付，出让企业应确认资产转让所得或损失。**确认公式为：

出让企业资产转让确认的所得或损失 = 被出让资产的公允价值 - 其计税基础

关于出让企业取得股权支付和非股权支付计税基础的确定，由于出让企业确认了被收购资产的转让所得或损失，所以，对其取得的股权支付和非股权支付均应按公允价值确定计税基础。

2. 特殊性税务处理

企业重组同时符合下列条件的，适用特殊性税务处理规定：

（1）具有合理的商业目的，且不以减少、免除或者推迟缴纳税款为主要目的；

（2）被收购、合并或分立部分的资产或股权比例符合相关规定的比例；

（3）企业重组后的连续 12 个月内不改变重组资产原来的实质性经营活动；

（4）重组交易对价中涉及股权支付金额符合相关规定比例；

（5）企业重组中取得股权支付的原主要股东，在重组后连续 12 个月内，不得转让所取得的股权。

适用特殊性税务处理的资产收购，交易各方对其交易中的股权支付部分，可以按规定进行特殊性税务处理。资产收购，受让企业的资产不低于转让企业全部资产的 50%，且受让企业在该资产收购发生时的股权支付金额不低于其交易支付总额的 85%，可以选择按以下规定处理：转让企业取得受让企业股权的计税基础，以被转让资产的原有计税基础确定；受让企业取得转让企业资产的计税基础，以被转让资产的原有计税基础确定。

与一般性税务处理相比，资产收购的特殊性税务处理实质上是一种所得税的递延，即被收购方交易发生时的所得税纳税义务，通过收购方资产未来所得税前可抵扣金额的减少得到补偿，从长远考虑和从交易整体考虑，税负是平衡的。

（1）受让企业的税务处理。

受让企业支付非股权支付涉及的所得税问题，同前面一般性税务处理规定。对资产收购方而言，非股权支付对应的资产转让所得或损失应该直接按照其公允价值减去其计税基础计算。计算公式为：

受让企业非股权支付确认的所得或损失 = 非股权支付的公允价值 - 其计税基础

关于受让企业取得转让企业资产计税基础的确定，对股权支付部分，受让企业取得转让企业资产的计税基础，以被收购资产的原有计税基础确定。这正是企业重组中计税基础转移/结转规则的体现。对非股权支付部分，由于转让企业确认了所得，所以，受让企业取得的对应于非股权支付部分的转让企业资产的计税基础等于对应部分的转让企业资产的原计税基础加上转让企业确认的对应所得。计算公式为：

收购取得的转让企业资产计税基础 = 对应股权支付的转让企业的原资产计税基础 + （对应非股权支付的转让企业原资产的计税基础 + 转让企业确认的非股权支付对应的所得）= 转让企业的原资产计税基础 + 转让企业确认的非股权支付对应的所得

（2）出让企业的税务处理。

关于出让企业转让资产涉及的所得税处理，符合特殊性税务处理条件的资产收购重组，出让企业可暂不确认资产转让所得或损失。如果出让企业除取得受让企业或其控股企业的股权外，还取得受让企业支付的非股权支付，出让企业应确认非股权支付对应的资产转让所得或损失。计算公式为：

非股权支付对应的资产转让所得或损失 = （被转让资产的公允价值 - 被转让资产的计税基础）×（非股权支付金额/被转让资产的公允价值）

类似于企业合并重组,在适用该公式时,被转让资产应该采用"净资产"的标准进行计算。

关于出让企业取得股权支付和非股权支付计税基础的确定,出让企业应以其资产的原计税基础,加上非股权支付额对应的资产转让所得,减去非股权支付的公允价值,确认其计税基础。计算公式为:

出让企业取得受让企业股权的计税基础=出让企业资产的原计税基础+非股权支付额对应的资产转让所得-非股权支付的公允价值

(二)企业股权收购重组的企业所得税税务处理

1. 企业股权收购重组的一般性税务处理

股权转让方会涉及股权转让所得或损失确认的问题,而股权收购方一般仅涉及对取得股权的计税基础的确定问题,并且由于股权收购只涉及收购方和被收购企业股东之间的交易,所以被收购企业的相关所得税事项原则上保持不变。

(1)收购企业的税务处理。

收购企业非股权支付涉及的所得税处理:一般情况下,收购企业通常以现金作为非股权支付,由于现金属于非应税事项,所以在这种情况下,收购企业不涉及确认所得或损失的问题。但是,当收购企业的非股权支付包括固定资产、无形资产等非货币性资产时,收购企业应确认该等资产的转让所得或损失。收购企业取得被收购企业股权,收购企业应按公允价值确定被收购企业股权的计税基础。

(2)被收购企业股东的税务处理。

在股权收购重组中,被收购企业股东转让股权而取得收购企业股权支付和非股权支付,被收购企业股东应确认股权转让所得或损失,计算公式为:

被收购企业股东股权转让确认的所得或损失=被转让股权的公允价值-其计税基础

由于被收购企业股东确认了股权的转让所得或损失,所以,对其取得的股权支付和非股权支付均应按公允价值确定计税基础。

2. 企业股权收购重组的特殊性税务处理

(1)收购企业的税务处理。

关于收购企业非股权支付涉及的所得税处理,同前面一般性税务处理规定所述。无论是一般性税务处理还是特殊性税务处理,凡收购企业

支付对价涉及非股权支付等其他非货币性资产的,均应确认其转让所得或损失。其计算公式为:

收购企业非股权支付确认的所得或损失=非股权支付的公允价值-其计税基础

关于收购企业取得被收购企业股权计税基础的确定,对股权支付部分,收购企业取得被收购企业股权的计税基础,以被收购股权的原有计税基础确定。对非股权支付部分,由于被收购企业的股东确认了所得,所以,收购企业取得的对应于非股权支付部分的被收购企业股权的计税基础等于对应部分的被收购企业股权的原计税基础加上被收购企业确认的对应所得。其计算公式为:

收购取得的被收购企业股权计税基础=对应股权支付的被收购企业的原股权计税基础+(对应非股权支付的被收购企业股权的计税基础+被收购企业确认的非股权支付对应的所得)=被收购企业的原股权计税基础+被收购企业确认的非股权支付对应的所得

(2)被收购企业股东的税务处理。

关于被收购企业股东转让被收购企业股权涉及的所得税处理,符合特殊性税务处理条件的股权收购重组,被收购企业股东可暂不确认股权转让所得或损失。如果被收购企业股东除取得收购企业或其控股企业的股权外,还取得收购企业支付的非股权支付,被收购企业股东应确认非股权支付对应的股权转让所得或损失。其计算公式为:

非股权支付对应的资产转让所得或损失=(被转让资产的公允价值-被转让资产的计税基础)×(非股权支付金额/被转让资产的公允价值)

关于被收购企业股东取得股权支付和非股权支付计税基础的确定,符合特殊性税务处理条件的股权收购重组,在涉及非股权支付的情况下,应确认非股权支付对应的资产所得或损失,并调整相应资产的计税基础。按照计税基础连续理论,被收购企业股东应以被收购企业股权的原计税基础加上非股权支付额对应的股权转让所得减去非股权支付的公允价值。其计算公式为:

被收购企业股东取得收购企业股权的计税基础=被收购企业股权的原计税基础+非股权支付额对应的股权转让所得-非股权支付的公允价值

(三)合并重组的企业所得税税务处理

1. 企业合并重组的一般性税务处理

企业合并,当事各方应按下列规定处理:合

并企业应按公允价值确定接受被合并企业各项资产和负债的计税基础；被合并企业及其股东都应按清算进行所得税处理；被合并企业的亏损不得在合并企业结转弥补。

被合并企业在以公允价值出售/处置其资产给合并企业的交易中，被合并企业应当确认所得或损失，其金额由资产的公允价值与资产的计税基础之间的差额确定。计算公式为：

被合并企业资产转让所得或损失＝被转让资产的公允价值－其计税基础

在一般性税务处理中，需要对合并企业取得的被合并企业的资产和负债的计税基础进行确定。采用"成本计税基础"规则，即以被合并企业资产和负债的公允价值作为计税基础，或者以合并企业的收购成本（公允价值/对价）作为计税基础。

2. 企业合并重组的特殊性税务处理

企业合并重组的各方并不在重组交易当期即期纳税而是递延到处置目标资产或收购公司股份时纳税。其适用的前提条件包括 59 号文第五条规定的一般性适用要件和 59 号文第六条第（四）项规定的特别要件。只有满足前述两类要件之后才能够享有特殊性税务处理的递延纳税待遇。

在特殊性税务处理中，被合并企业在以公允价值出售/处置其资产给合并企业的交易中，对合并企业的股权支付部分不确认任何所得或损失。但是，如果合并企业还同时支付了非股权支付，就该非股权支付部分仍应当在交易当期确认相应的所得或损失并相应地调整资产的计税基础。其计算公式为：

被合并企业确认的非股权支付对应的所得＝（被转让资产的公允价值－被转让资产的计税基础）×（非股权支付金额/被转让资产的公允价值）

在特殊性税务处理中，需要确定两个计税基础。一是合并企业接受被合并企业的资产和负债的计税基础，采用的是"计税基础结转"规则，即以被合并企业拥有的资产和负债的原有计税基础确定。二是被合并企业股东取得合并企业支付对价（含股权对价）的计税基础，采用的是"计税基础替代"规则，即以其持有的被合并企业股权的计税基础确定。具体来说，**符合特殊性税务处理条件的企业合并，在涉及非股权支付的**

情况下，应确认非股权支付对应的资产所得或损失，并调整相应资产的计税基础。合并企业取得转让企业资产的计税基础的计算公式为：**

取得的被合并企业资产计税基础＝对应股权支付的被合并企业的原资产计税基础＋（对应非股权支付的被合并企业原资产的计税基础＋被合并企业确认的非股权支付对应的所得）＝被合并企业的原资产计税基础＋被合并企业股东确认的非股权支付对应的所得

在被合并企业向其股东分配合并企业支付的对价并回购其自身股份的过程中，被合并企业的股东不确认任何收益或损失，被合并企业的股东应以其持有的被合并企业股权的原计税基础加上非股权支付额对应的资产转让所得减去非股权支付的公允价值。确定的公式为：

被合并企业股东取得合并企业股权的计税基础＝被合并企业股东持有的被合并企业股权的原计税基础＋非股权支付额对应的资产转让所得－非股权支付的公允价值

✳ 考点 6　企业并购业务中的个人所得税、土地增值税、印花税处理（★）

（一）企业并购业务中的个人所得税税务处理

在企业并购业务中，自然人股东适用的个税政策并未就企业并购重组中的股权交易问题对自然人股东出具单独的政策，当前自然人股东在企业并购中的股权交易行为产生的纳税事项仍需参考"股权转让"及"非货币性资产投资"的相关政策。

个人因各种原因终止投资、联营、经营合作等行为，从被投资企业或合作项目、被投资企业的其他投资者以及合作项目的经营合作人取得股权转让收入、违约金、补偿金、赔偿金及以其他名目收回的款项等，均属于个人所得税应税收入，应按照"财产转让所得"项目适用的规定计算缴纳个人所得税。应纳税所得额的计算公式为：

应纳税所得额＝个人取得的股权转让收入、违约金、补偿金、赔偿金及以其他名目收回款项合计数－原实际出资额（投入额）及相关税费

应纳税额＝应纳税所得额×20%

股权转让收入减除股权原值和合理费用后的余额为应纳税所得额，合理费用是指股权转让时按照规定支付的有关税费。股权转让收入，是指转让方因股权转让而获得的现金、实物、有价证券和其他形式的经济利益。转让方取得与股权转让相关的各种款项，包括违约金、补偿金以及其他名目的款项、资产、权益等，均应当并入股权转让收入。纳税人按照合同约定，在满足约定条件后取得的后续收入，应当作为股权转让收入。**股权转让收入应当按照公平交易原则确定。**

符合下列情形之一的，主管税务机关可以核定股权转让收入：

（1）申报的股权转让收入明显偏低且无正当理由的。

（2）未按照规定期限办理纳税申报，经税务机关责令限期申报，逾期仍不申报的。

（3）转让方无法提供或拒不提供股权转让收入的有关资料。

（4）其他应核定股权转让收入的情形。

符合下列情形之一，视为股权转让收入明显偏低：

（1）申报的股权转让收入低于股权对应的净资产份额的。其中，被投资企业拥有土地使用权、房屋、房地产企业未销售房产、知识产权探矿权、采矿权、股权等资产的，申报的股权转让收入低于股权对应的净资产公允价值份额的。

（2）申报的股权转让收入低于初始投资成本或低于取得该股权所支付的价款及相关税费的。

（3）申报的股权转让收入低于相同或类似条件下同一企业同一股东或其他股东股权转让收入的。

（4）申报的股权转让收入低于相同或类似条件下同类行业的企业股权转让收入的。

（5）不具合理性地无偿让渡股权或股份。

（6）主管税务机关认定的其他情形。

符合下列条件之一的股权转让收入明显偏低，视为有正当理由：

（1）能出具有效文件，证明被投资企业因国家政策调整，生产经营受到重大影响，导致低价转让股权。

（2）继承或将股权转让给其能提供具有法律效力身份关系证明的配偶父母、子女、祖父母、外祖父母、孙子女、外孙子女、兄弟姐妹以及对转让人承担直接抚养或者赡养义务的抚养人或者赡养人。

（3）相关法律、政府文件或企业章程规定，并有相关资料充分证明转让价格合理且真实的本企业员工持有的不能对外转让股权的内部转让。

（4）股权转让双方能够提供有效证据证明其合理性的其他合理情形。

主管税务机关在对股权转让收入进行核定时，必须依次按照净资产核定法、类比法、其他合理方法的先后顺序进行核定。被投资企业账证健全或能够对资产进行评估核算的，应当采用净资产核定法进行核定；被投资企业净资产难以核实的，如其股东存在其他符合公平交易原则的股权转让或类似情况的股权转让，主管税务机关可以采用类比法核定股权转让收入。以上方法都无法适用的，可采用其他合理方法。净资产主要依据被投资企业会计报表计算确定。对于土地使用权、房屋、房地产企业未销售房产、知识产权、探矿权、采矿权、股权等资产占企业总资产比例超过20%的被投资企业，其以上资产需要按照评估后的市场价格确定。评估有关资产时，由纳税人选择有资质的中介机构，同时，为了减少纳税人资产评估方面的支出，对6个月内多次发生股权转让的情况，给予了简化处理，对净资产未发生重大变动的可参照上一次的评估情况。

（二）企业并购业务中的土地增值税税务处理

按照《土地增值税暂行条例》及其实施细则的规定，股权转让或收购并不属于土地增值税的征收范围。根据《财政部 国家税务总局关于继续实施企业改制重组有关土地增值税政策的通知》（财税〔2023〕51号）第二条，按照法律规定或者合同约定，**两个或两个以上企业合并为一个企业，且原企业投资主体存续的，对原企业将房地产转移、变更到合并后的企业，暂不征土地增值税。上述改制重组有关土地增值税政策不适用于房地产转移任意一方为房地产开发企业的情形。**

资产收购中，转让企业转让资产中涉及的不动产转让，属于有偿转让不动产的行为，应征收土地增值税。

土地增值税按照纳税人转让房地产所取得的增值额和规定的税率计算征收。土地增值税的计

算公式为：

$$（土地增值税）应纳税额 = \sum（每级距的土地增值额×适用税率）$$

在实际工作中，分步计算比较烦琐，一般可以采用速算扣除法计算，即可按增值额乘以适用的税率减去扣除项目金额乘以速算扣除系数的简便方法计算，计算公式为：

应纳税额＝土地增值额×适用税率－扣除项目金额×速算扣除系数

公式中，适用税率和速算扣除系数的确定取决于增值额与扣除项目金额的比率：

（1）增值额未超过扣除项目金额50%时，计算公式为：

土地增值税税额＝增值额×30%

（2）增值额超过扣除项目金额50%，未超过100%时，计算公式为：

土地增值税税额＝增值额×40%－扣除项目金额×5%

（3）增值额超过扣除项目金额100%，未超过200%时，计算公式为：

土地增值税税额＝增值额×50%－扣除项目金额×15%

（4）增值额超过扣除项目金额200%时，计算公式为：

土地增值税税额＝增值额×60%－扣除项目金额×35%

（三）企业并购业务中的印花税税务处理

根据《印花税暂行条例》相关规定，在中华人民共和国境内书立、领受条例所列举凭证的单位和个人，都是印花税的纳税义务人，应当按照该条例规定缴纳印花税。根据该条例相关规定，下列凭证为应纳税凭证：（1）购销、加工承揽、建设工程承包、财产租赁、货物运输、仓储保管、借款、财产保险、技术合同或者具有合同性质的凭证；（2）产权转移书据；（3）营业账簿；（4）权利、许可证照；（5）经财政部确定征税的其他凭证。企业并购业务中可能涉及征收印花税的凭证主要包括上述列举的前四项。

根据相关法规，**以合并或分立方式成立的新企业，其新启用的资金账簿记载的资金，凡原已贴花的部分可不再贴花，未贴花的部分和以后新增加的资金按规定贴花。**

企业债权转股权新增加的资金按规定贴花。企业因改制签订的产权转移书据免予贴花。企业改制前签订但尚未履行完的各类应税合同，改制后需要变更执行主体的，对仅改变执行主体、其余条款未作变动且改制前已贴花的，不再贴花。

印花税的应纳税额，按照计税依据乘以适用税率计算，计算公式为：

应纳税额＝计税依据×适用税率

❋ 考点7　并购后整合类型（★★★）

通过一系列程序取得了被并购企业的控制权，只是完成了并购目标的一半。企业并购后整合，是指当并购企业获得被并购企业的资产所有权、股权或经营控制权后，所进行的企业资源要素的整体系统性安排，从而使并购后的企业按照一定的并购目标、方针和战略组织运营。**并购后整合类型包括：战略整合、管理整合、财务整合、人力资源整合、文化整合等。并购后整合是整个并购过程中最艰难、风险最大，也是最关键的阶段。**

（一）整合内容

1. 战略整合

战略整合具体包括：总体战略整合、经营战略整合、职能战略整合。

对战略业务的整合要坚持集中优势资源、突出核心能力和竞争优势的原则。具体而言，要确定新的战略业务结构，重新评价并购后的各项战略业务，重新组合战略业务，使其组合体达到更优，从而形成企业的真正核心业务和核心能力。因此，战略整合的重点在于战略业务重组，围绕核心能力构筑和培育企业的战略性资产。由于企业的战略性资产是以独特的资源、技能和知识为根本要素的，所以在战略整合管理过程中，应首先识别出并购双方在资源、技能和知识之间的互补性。对于具有战略性资产特征的要素，在整合过程中要进行重组整合。对于不具有战略性资产特征的要素可以剥离，但在剥离过程中，要以不影响战略性资产发挥作用为原则，具体可以通过调整经营策略、组织现金流及进行资产置换等方式进行。

2. 管理整合

管理整合的步骤：调查分析；移植；融合创新。

3. 财务整合

财务整合具体内容包括：（1）财务管理目标的整合。（2）会计人员及组织机构的整合。（3）会计政策及会计核算体系的整合。（4）财务管理制度体系的整合。（5）存量资产的整合。（6）资金流量的整合。（7）业绩评估考核体系的整合。

4. 人力资源整合

人力资源整合具体内容包括：成立并购过渡小组；稳定人力资源政策；选派合适的整合主管人员；加强管理沟通；必要的人事整顿；建立科学的考核和激励机制。

5. 文化整合

文化整合具体步骤：找出双方企业文化上的异同点；找出文化整合的主要障碍；确立企业文化发展的理想模式；在继承、沟通、融合的基础上创新企业文化。

【提示】并购整合类型判断经常考到，并购整合部分的学习只要能根据提供的具体背景资料，辨别属于五种整合类型中哪几种类型即可，不要求细节内容。

（二）整合策略（★★）

并购后整合的目的，是最大限度地实现并购双方的协同效应。根据并购双方战略依赖性需求和组织独立性需求强弱的不同，可采取以下四种类型的并购后整合策略：

（1）完全整合。战略和组织上都完全融合。

（2）共存型整合。战略上相互依赖（干预），组织和经营资源上相对独立。

（3）保护型整合。战略和组织（及经营资源）上都相对独立，有限干预。

（4）控制型整合。战略和组织上都相对独立，最低限度的干预。

并购后整合策略类型的选择，主要取决于以下两个因素：①并购双方在管理制度、组织结构和文化上的差异。②并购后企业的发展战略要求。

【例7-6】甲公司是一家立足华东、辐射全国的医学实验室综合服务提供商，主营业务为向各类医学实验室提供体外诊断用品及专业技术服务，公司营销网络强大，营销能力位居行业前列。2021年初，为实现"国内外领先供应商"的发展目标，甲公司决定优化产业资源，积极开展并购。选定乙公司作为并购对象，收购100%股权。

并购交易完成后，甲公司对乙公司进行如下整合措施：（1）重新调整乙公司的中长期发展规划，乙公司的产品营销和销售统一纳入甲公司的业务发展规划，并对乙公司部分业务进行剥离处置，同时在乙公司设立研发中心；（2）向乙公司委派财务主管，统一会计核算标准，乙公司的融资和现金流管理统一纳入甲公司的资金集中管理系统。

假定不考虑其他因素。

要求：根据资料，分别指出甲公司（1）和（2）项整合措施所体现的并购后整合类型。

【分析与解释】涉及的并购后整合类型：战略整合；财务整合。

✱ 考点8　企业合并及合并类型的划分与判断（★★★）

（一）企业合并的会计界定

企业合并，是指将两个或两个以上单独的企业（主体）合并形成一个报告主体的交易或事项。企业合并的结果通常是一个企业取得了对一个或多个业务的控制权。判断是否构成企业合并需要同时符合两个判定标准：（1）被购买方是否构成业务；（2）交易发生前后是否涉及对标的业务控制权的转移。

1. 被购买方是否构成业务

企业合并本质上是一种购买行为，但其不同于单项资产的购买，而是一组有内在联系、为了某一既定的生产经营目的存在的多项资产组合或是多项资产、负债构成的净资产的购买。企业合并的结果通常是一个企业取得了对一个或多个业务的控制权。要形成会计意义上的"企业合并"，前提是被购买的资产或资产负债组合要形成"业务"。如果一个企业取得了对另一个或多个企业的控制权，而被购买方（或被合并方）并不构成业务，则该交易或事项不形成企业合并。

业务是指企业内部某些生产经营活动或资产负债的组合，该组合具有投入、加工处理过程和产出能力，能够独立计算其成本费用或所产生的收入等，目的在于为投资者提供股利、降低成本或带来其他经济利益。区分业务的购买，即区分构成企业合并的交易与不构成企业合并的资产或资产负债组合的购买，原因在于会计处理存在实质上的差异。

（1）合并差额的处理。

不构成业务的资产购买形成的差额。企业取得了不形成业务的一组资产或资产、负债的组合时，应识别并确认所取得的单独可辨认资产（包括无形资产）及承担的负债，并将购买成本基于购买日所取得各项可辨认资产、负债的相对公允价值，在各单独可辨认资产和负债间进行分配，不按照企业合并准则进行处理。分配的结果是取得的有关资产、负债的初始入账价值有可能不同于购买时点的公允价值（但若资产的初始确认金额高于其公允价值，需考虑是否存在资产减值），资产或资产、负债打包购买中多付或少付的部分均需要分解到取得的资产、负债项目中，从而不会产生商誉或购买利得。

构成业务的资产购买形成的差额。在被购买资产构成业务，需要作为企业合并处理时，购买日（合并日）的确定，合并中取得资产、负债的计量，合并差额的处理等均需要按照企业合并准则的有关规定进行处理。**如在构成非同一控制下企业合并的情况下，合并中自被购买方取得的各项可辨认资产、负债应当按照其在购买日的公允价值计量，合并成本与取得的可辨认净资产公允价值份额的差额应当确认为单独的一项资产（商誉），或是在企业成本小于合并中取得可辨认净资产公允价值份额的情况下（廉价购买），将该差额确认计入当期损益。**

（2）交易费用的处理。

交易费用在购买资产交易中通常作为转让对价的一部分，并根据适用的准则资本化为所购买的资产成本的一部分；而在企业合并中，交易费用应被费用化。

（3）是否确认递延所得税影响。

不构成业务的资产购买中因账面价值与计税基础不同形成的暂时性差异不应确认递延所得税资产或负债；而业务合并中购买的资产和承担的债务因账面价值与计税基础不同形成的暂时性差异应确认递延所得税影响。

2. 交易发生前后是否涉及对标的业务控制权的转移

从企业合并的定义看，是否形成企业合并，除要看取得的资产或资产、负债组合是否构成业务之外，还要看有关交易或事项发生前后，是否引起报告主体的变化。报告主体的变化产生于控制权的变化。在交易事项发生以后，**投资方拥有对被投资方的权力，通过参与被投资方的相关活动享有可变回报，且有能力运用对被投资方的权力影响其回报金额的，投资方对被投资方具有控制**，形成母子公司关系，则涉及控制权的转移，该交易或事项发生以后，子公司需要纳入母公司合并财务报表的范围中，从合并财务报告角度形成报告主体的变化；交易事项发生以后，一方能够控制另一方的全部净资产，被合并的企业在合并后失去其法人资格，也涉及控制权及报告主体的变化，形成企业合并。

假定在企业合并前 A、B 两个企业为各自独立的法律主体，且均构成业务，企业合并准则中所界定的企业合并，包括但不限于以下情形：

（1）企业 A 通过增发自身的普通股自企业 B 原股东处取得企业 B 的全部股权，该交易事项发生后，企业 B 仍持续经营。

（2）企业 A 支付对价取得企业 B 的全部净资产，该交易事项发生后，撤销企业 B 法人资格。

（3）企业 A 以自身持有的资产作为出资投入企业 B，取得对企业 B 的控制权，该交易事项发生后，企业 B 仍维持其独立法人资格继续经营。

（二）业务的判断

有关资产或资产、负债的组合具备了投入和加工处理过程两个要素即可认为构成一项业务。对于取得的资产、负债是否构成业务，企业应当结合实际情况进行判断。

1. 构成业务的要素

合并方在合并中取得的生产经营活动或资产的组合（以下简称"组合"）构成业务，通常应具有下列三个要素。

（1）投入，指原材料、人工、必要的生产技术等无形资产以及构成产出能力的机器设备等其他长期资产的投入。

（2）加工处理过程，指具有一定的管理能力、运营过程，能够组织投入形成产出能力的系统、标准、协议、惯例或规则。

（3）产出，包括为客户提供的产品或服务、为投资者或债权人提供的股利或利息等投资收益，以及企业日常活动产生的其他的收益。

2. 构成业务的判断条件

合并方在合并中取得的组合应当至少同时具有一项投入和一项实质性加工处理过程，且二者相结合对产出能力有显著贡献，该组合才构成业务。合并方在合并中取得的组合是否有实际产出并不是判断其构成业务的必要条件。企业应当考虑产出的下列情况分别判断加工处理过程是否是实质性的：

（1）该组合在合并日无产出的，同时满足下列条件的加工处理过程应判断为是实质性的：第一，该加工处理过程对投入转化为产出至关重要；第二，具备执行该过程所需技能、知识或经验的有组织的员工，且具备必要的材料、权利、其他经济资源等投入，例如技术、研究和开发项目、房地产或矿区权益等。

（2）该组合在合并日有产出的，满足下列条件之一的加工处理过程应判断为是实质性的：①该加工处理过程对持续产出至关重要，且具备执行该过程所需技能、知识或经验的有组织的员工；②该加工处理过程对产出能力有显著贡献，且该过程是独有、稀缺或难以取代的。

企业在判断组合是否构成业务时，应当从市场参与者角度考虑可以将其作为业务进行管理和经营，而不是根据合并方的管理意图或被合并方的经营历史来判断。

3. 集中度测试的选用

集中度测试是非同一控制下企业合并的购买方在判断取得的组合是否构成一项业务时，可以选择采用的一种简化判断方式。在进行集中度测试时，如果购买方取得的总资产的公允价值几乎相当于其中某一单独可辨认资产或一组类似可辨认资产的公允价值的，则该组合通过集中度测试，应判断为不构成业务，且购买方无须按照上述构成业务的判断条件进行判断；如果该组合未通过集中度测试，购买方仍应按照上述构成业务的判断条件的规定进行判断。购买方应当按照下列规定进行集中度测试：

（1）计算确定取得的总资产的公允价值。取得的总资产不包括现金及现金等价物、递延所得税资产以及由递延所得税负债影响形成的商誉。购买方通常可以通过下列公式之一计算确定取得的总资产的公允价值：

公式一：总资产的公允价值＝合并中取得的非现金资产的公允价值＋（购买方支付的对价＋购买日被购买方少数股东权益的公允价值＋购买日前持有被购买方权益的公允价值－合并中所取得的被购买方可辨认净资产的公允价值）－递延所得税资产－由递延所得税负债影响形成的商誉

公式二：总资产的公允价值＝购买方支付的对价＋购买日被购买方少数股东权益的公允价值＋购买日前持有被购买方权益的公允价值＋取得负债的公允价值（不包括递延所得税负债）－取得的现金及现金等价物－递延所得税资产－由递延所得税负债影响形成的商誉

（2）关于单独可辨认资产。单独可辨认资产是企业合并中作为一项单独可辨认资产予以确认和计量的一项资产或资产组。如果资产（包括租赁资产）及其附着物分拆成本重大，应当将其一并作为一项单独可辨认资产，例如土地和建筑物。

（3）关于一组类似资产。企业在评估一组类似资产时，应当考虑其中每项单独可辨认资产的性质及其与管理产出相关的风险等。下列情形通常不能作为一组类似资产：一是有形资产和无形资产；二是不同类别的有形资产，例如存货和机器设备；三是不同类别的可辨认无形资产，例如商标权和特许权；四是金融资产和非金融资产；五是不同类别的金融资产，例如应收款项和权益工具投资；六是同一类别但风险特征存在重大差别的可辨认资产等。

（三）企业合并方式的划分

企业合并按合并方式划分为控股合并、吸收合并和新设合并。

1. 控股合并

合并方（或购买方）通过企业合并交易或事项取得对被合并方（或被购买方）的控制权，企业合并后能够通过所取得的股权等主导被合并方的生产经营决策并自被合并方的生产经营活动中获益，被合并方在企业合并后仍维持其独立法人资格继续经营的，为控股合并。该类企业合并中，因合并方通过企业合并交易或事项取得了对被合并方的控制权，被合并方成为其子公司，在企业合并发生后，被合并方应当纳入合并方合并财务报表的编制范围，从合并财务报告角度，形成报告主体的变化。

第七章

2. 吸收合并

合并方在企业合并中取得被合并方的全部净资产，并将有关资产、负债并入合并方自身生产经营活动中。企业合并完成后，注销被合并方的法人资格，由合并方持有合并中取得的被合并方的资产、负债，在新的基础上继续经营，该类合并为吸收合并。吸收合并中，因被合并方在合并发生以后被注销，从合并方的角度需要解决的问题是，其在合并日（或购买日）取得的被合并方有关资产、负债入账价值的确定，以及为了进行企业合并支付的对价与所取得被合并方资产、负债的入账价值之间差额的处理。企业合并继后期间，合并方应将企业合并中取得的资产、负债作为本企业的资产、负债核算。

3. 新设合并

参与合并的各方在企业合并后法人资格均被注销，重新注册成立一家新的企业，由新注册成立的企业持有参与合并各企业的资产、负债，在新的基础上经营，为新设合并。新设合并中，各参与合并企业投入到新设企业的资产、负债价值以及相关构成新设企业的资本等，一般按照有关法律法规及参与合并各方的合同、协议执行。

（四）企业合并（会计）类型的划分与判断

按照企业合并中参与合并的各方在合并前及合并后是否受同一方或者相同的多方最终控制，在会计上将企业合并划分为两类：同一控制下的企业合并与非同一控制下的企业合并。不同的企业合并（会计）类型，适用不同的会计处理原则。

1. 同一控制下的企业合并

同一控制下的企业合并是指参与合并的企业在合并前后均受同一方或相同的多方最终控制且该控制并非暂时性的。

（1）能够对参与合并各方在合并前后均实施最终控制的一方通常指企业集团的母公司。同一控制下的企业合并一般发生于企业集团内部。

（2）能够对参与合并的企业在合并前后均实施最终控制的相同多方，是指根据合同或协议的约定，拥有最终决定参与合并企业的财务和经营政策，并从中获取利益的投资者群体。

（3）实施控制的时间性要求，是指参与合并各方在合并前后较长时间内为最终控制方所控制。具体是指在企业合并之前（即合并日之

前），参与合并各方在最终控制方的控制时间一般在1年以上（含1年），企业合并后所形成的报告主体在最终控制方的控制时间也在1年以上（含1年）。

（4）企业之间的合并是否属于同一控制下的企业合并，应综合考虑企业合并交易的各方面情况，按照实质重于形式的原则进行判断。通常情况下，同一控制下的企业合并是指发生在同一企业集团内部企业之间的合并。

2. 非同一控制下的企业合并

非同一控制下的企业合并是指参与合并各方在合并前后不受同一方或相同的多方最终控制的合并交易，即除同一控制下企业合并的情况以外其他的企业合并。

【提示】从会计角度将企业合并区分为同一控制下和非同一控制下企业合并的主要目的是，不同合并类型采用的会计处理原则和方法不同。同一控制下的企业合并适用权益结合法（并购不视为买卖交易，因此被合并净资产不改变计量基础，仍维持原账面价值并表），非同一控制下的企业合并适用购买法（并购视为买卖交易，因此被合并净资产改变计量基础，采用公允价值并表）。

✱ 考点9　同一控制下企业合并的会计处理（★★★）

同一控制下企业合并会计处理的基本原则是权益结合法。该方法下，将企业合并看作是两个或多个参与合并企业权益的重新整合，由于最终控制方的存在，从最终控制方的角度，该类企业合并并不会造成企业集团整体经济利益的流入和流出，最终控制方在合并前后实际控制的经济资源并没有发生变化，有关交易事项不作为出售或购买。

（1）合并方在合并中确认取得的被合并方的资产、负债仅限于被合并方账面上原已确认的资产和负债，合并中不产生新的资产和负债。

同一控制下的企业合并，从最终控制方的角度，其在企业合并发生前后能够控制的净资产价值量并没有发生变化，因此即便是在合并过程中，取得的净资产入账价值与支付的合并对价账面价值之间存在差额，同一控制下的企业合并中一般也不产生新的商誉因素，即不确认新的资

产，但被合并方在企业合并前账面上原已确认的商誉应作为合并中取得的资产确认。

（2）合并方在合并中取得的被合并方各项资产、负债应维持其在被合并方的原账面价值不变。

被合并方在企业合并前采用的会计政策与合并方不一致的，应基于重要性原则，首先统一会计政策，即合并方应当按照本企业会计政策对被合并方资产、负债的账面价值进行调整，并以调整后的账面价值作为有关资产、负债的入账价值。进行上述调整的一个基本原因是将该项合并中涉及的合并方及被合并方作为一个整体对待，对于一个完整的会计主体，其对相关交易、事项应当采用相对统一的会计政策，在此基础上反映其财务状况和经营成果。在同一控制下的企业合并中，被合并方同时进行改制并对资产、负债进行评估调账的，应以评估调账后的账面价值并入合并方。

（3）合并方在合并中取得的净资产的入账价值与为进行企业合并支付的对价账面价值之间的差额，应当调整所有者权益相关项目，不计入企业合并当期损益。

合并方在同一控制下的企业合并，本质上不作为购买，而是两个或多个会计主体权益的整合。合并方在企业合并中取得的价值量相对于所放弃价值量之间存在差额的，应当调整所有者权益。在根据合并差额调整合并方的所有者权益时，应首先调整资本公积（资本溢价或股本溢价），资本公积（资本溢价或股本溢价）的余额不足冲减的，应冲减留存收益。

（4）对于同一控制下的控股合并，应视同合并后形成的报告主体自最终控制方开始实施控制时一直是一体化存续下来的，体现在其合并财务报表上，即由合并后形成的母子公司构成的报告主体，无论是其资产规模还是其经营成果都应持续计算。

编制合并财务报表时，无论该项合并发生在报告期的任一时点，合并利润表、合并现金流量表均反映的是由母子公司构成的报告主体自合并当期期初至合并日实现的损益及现金流量情况，相应地，合并资产负债表的留存收益项目，应当反映母子公司如果一直作为一个整体运行至合并日应实现的盈余公积和未分配利润的情况。

对于同一控制下的控股合并，在合并当期编制合并财务报表时，应当对合并资产负债表的期初数进行调整，同时应当对比较报表的相关项目进行调整，视同合并后的报告主体在以前期间一直存在。

对于通过新设一家子公司，并将现有其他子公司或业务注入该新设公司从而构成的同一控制下企业合并，如果该新设公司的成立日晚于被注入的其他子公司或业务的成立日，该新设公司应当追溯至自比较期最早期初开始编制合并财务报表，即使比较期最早期初早于该新设公司的成立日，但应不早于被注入的其他子公司或业务处于最终控制方控制的时点。该新设公司的个别报表期初日为其成立日。

（5）对于同一控制下的企业合并，在被合并方是最终控制方以前年度从第三方收购来的情况下，合并方编制财务报表时，应以被合并方的资产、负债（包括最终控制方收购被合并方而形成的商誉）在最终控制方财务报表中的账面价值为基础，进行相关会计处理。合并方的财务报表比较数据追溯调整的期间应不早于双方处于最终控制方的控制之下孰晚的时间。

【例7-7】A公司为某一集团母公司，分别控制B公司和C公司。2018年1月1日，甲公司从本集团外部以现金对价6 000万元购入D公司80%的股权（属于非同一控制下企业合并），并能够控制D公司。购买日，D公司可辨认净资产的公允价值为7 500万元，账面价值为5 250万元。2020年1月1日，B公司购入A公司所持D公司的80%股权，形成同一控制下的企业合并。2018年1月1日至2019年12月31日，D公司按照购买日净资产的公允价值计算实现的净利润为1 800万元；按照购买日净资产的账面价值计算实现的净利润为2 250万元，无其他所有者权益变动。在2020年1月1日合并日，D公司的所有者权益相对于A公司而言的账面价值为：自2018年1月1日D公司净资产公允价值7 500万元持续计算至2019年12月31日的账面价值9 300万元（7 500+1 800）。B公司购入D公司的初始投资成本为7 440万元［(7 500+1 800)×80%］。如果被合并方本身编制合并财务报表的，被合并方的账面所有者权益应当以其在最终控制方合并财务报表中的账面价值为基础确定。

【提示】本例比较特殊，甲公司（非同一控制下）控股合并 D 公司，合并成本 6 000 万元等于被购买方可辨认净资产的公允价值的份额（7 500 万元 × 80%），所以商誉为 0。假如本例中合并成本调整为 7 000 万元，则产生合并商誉 1 000 万元（隐含在甲公司长期股权投资余额之中，并显示在合并财务报表之中）。之后，B 公司受让 D 公司股权，构成同一控制下的企业合并，B 公司在确认长期股权投资的初始成本时，应全盘承接甲公司的长期股权投资账面价值（权益法或合并报表层面的账面价值，包括商誉部分），因此，B 公司购入 D 公司的初始投资成本为 8 440 万元 [（7 500 + 1 800）× 80% + 1 000]，包括承接的商誉部分 1 000 万元。

【例 7 - 8】A 公司为 P 公司 2019 年 1 月 1 日购入的全资子公司。2020 年 1 月 1 日，A 公司与非关联方 B 公司设立 C 公司，并分别持有 C 公司 20% 和 80% 的股权。2022 年 1 月 1 日，P 公司向 B 公司收购其持有 C 公司 80% 的股权。2023 年 1 月 1 日，A 公司向 P 公司购买其持有 C 公司 80% 的股权，C 公司成为 A 公司的全资子公司。A 公司购买 C 公司 80% 股权的交易和原取得 C 公司 20% 股权的交易不属于"一揽子交易"。

因为 A 公司为 P 公司的全资子公司，所以 A 公司从 P 公司处购买 C 公司 80% 股权属于同一控制下企业合并，A 公司合并财务报表应自取得原股权之日（即 2020 年 1 月 1 日）和双方同处于同一方最终控制之日（即 2022 年 1 月 1 日）孰晚日（即 2022 年 1 月 1 日）起开始将 C 公司纳入合并范围，即视同自 2022 年 1 月 1 日起 A 公司即持有 C 公司 100% 股权并重述合并财务报表的比较数据。

✱ 考点 10 非同一控制下企业合并的会计处理（★★★）

非同一控制下企业合并会计处理的基本原则是购买法，将企业合并视为购买企业以一定的价款购进被购买企业的机器设备、存货等资产项目，同时承担该企业的所有负债的行为，从而按合并时的公允价值计量被购买企业的净资产，将投资成本（购买价格）超过净资产公允价值的差额确认为商誉。

（一）确定购买方

采用购买法核算企业合并的首要前提是确定购买方。购买方是指在企业合并中取得对另一方或多方控制权的一方。非同一控制下的企业合并中，一般应考虑企业合并合同、协议以及其他相关因素来确定购买方。在判断企业合并中的购买方时，应考虑所有相关的事实和情况，特别是企业合并后参与合并各方的相对投票权、合并后主体管理机构及高层管理人员的构成、权益互换的条款等。

（1）合并中一方取得了另一方半数以上有表决权股份的。除非有明确的证据表明不能形成控制，一般认为取得另一方半数以上表决权股份的一方为购买方。

（2）某些情况下，即使一方没有取得另一方半数以上有表决权股份，但存在以下情况时，一般也可认为其获得了对另一方的控制权，如：

①通过与其他投资者签订协议，实质上拥有被购买企业半数以上表决权。例如，A 公司拥有 B 公司 40% 的表决权资本，C 公司拥有 B 公司 30% 的表决权资本，D 公司拥 B 公司 30% 的表决权资本。A 公司与 C 公司达成协议，C 公司在 B 公司的权益由 A 公司代表。在这种情况下，A 公司实质上拥有 B 公司 70% 表决权资本的控制权，在 B 公司的章程等没有特别规定的情况下，表明 A 公司实质上控制 B 公司。

②按照章程或协议等的规定，具有主导被购买企业财务和经营决策的权力。例如，A 公司拥有 B 公司 45% 的表决权资本，同时，根据法律或协议规定，A 公司可以决定 B 公司的生产经营等政策，达到对 B 公司的财务和经营政策实施控制。

③有权任免被购买企业董事会或类似权力机构多数成员。这种情况是指，虽然投资企业拥有被投资单位 50% 或以下表决权资本，但根据章程、协议等有权任免被投资单位董事会或类似机构的绝大多数成员，以达到实质上控制的目的。

④在被购买企业董事会或类似权力机构中具有多数投票权。这种情况是指，虽然投资企业拥有被投资单位 50% 或以下表决权资本，但能够控制被投资单位董事会等类似权力机构的会议，从而能够控制其财务和经营政策，达到对被投资单位的控制。

（3）某些情况下可能难以确定企业合并中的购买方，如参与合并的两家或多家企业规模相当，这种情况下，往往可以结合一些迹象表明购买方的存在。在具体判断时，可以考虑下列相关因素：

①支付现金、转让非现金资产或承担负债的方式进行的企业合并，一般支付现金、转让非现金资产或承担负债的一方为购买方。

②考虑参与合并各方的股东在合并后主体的相对投票权，其中股东在合并后主体具有相对较高比例的一方一般为购买方。

③参与合并各方的管理层对合并后主体生产经营决策的主导能力，如果合并导致参与合并一方的管理层能够主导合并后主体生产经营政策的制定，其管理层能够实施主导作用的一方一般为购买方。

④参与合并一方的公允价值远远大于另一方的，公允价值较大的一方很可能为购买方。

⑤企业合并是通过以有表决权的股份换取另一方的现金及其他资产的，则付出现金或其他资产的一方很可能为购买方。

⑥通过权益互换实现的企业合并，发行权益性证券的一方通常为购买方。但如果有证据表明发行权益性证券的一方，其生产经营决策在合并后被参与合并的另一方控制，则其应为被购买方，参与合并的另一方为购买方。该类合并通常称为反向购买。

（二）确定购买日

购买日是购买方获得对被购买方控制权的日期，即企业合并交易进行过程中，发生控制权转移的日期。根据企业合并方式的不同，在控股合并的情况下，购买方应在购买日确认因企业合并形成的对被购买方的长期股权投资，在吸收合并的情况下，购买方应在购买日确认合并中取得的被购买方各项可辨认资产、负债等。

确定购买日的基本原则是控制权转移的时点。企业在实务操作中，应当结合合并合同或协议的约定及其他有关的影响因素，按照实质重于形式的原则进行判断。同时满足了以下条件时，一般可认为实现了控制权的转移，形成购买日。有关的条件包括：

（1）企业合并合同或协议已获股东大会等内部权力机构通过。企业合并一般涉及的交易规模较大，无论是合并当期还是合并以后期间，均会对企业的生产经营产生重大影响，在能够对企业合并进行确认，形成实质性的交易前，该交易或事项应经过企业的内部权力机构批准，如对于股份有限公司，其内部权力机构一般指股东大会。

（2）按照规定，合并事项需要经过国家有关主管部门审批的，已获得相关部门的批准。按照国家有关规定，企业购并需要经过国家有关部门批准的，取得相关批准文件是对企业合并交易或事项进行会计处理的前提之一。

（3）参与合并各方已办理了必要的财产权交接手续。作为购买方，其通过企业合并无论是取得对被购买方的股权还是取得被购买方的全部净资产，能够形成与取得股权或净资产相关的风险和报酬的转移，一般需办理相关的财产权交接手续，从而从法律上保障有关风险和报酬的转移。

（4）购买方已支付了购买价款的大部分（一般应超过50%），并且有能力、有计划支付剩余款项。购买方要取得与被购买方净资产相关的风险和报酬，其前提是必须支付一定的对价，一般在形成购买日之前，购买方应当已经支付了购买价款的大部分，并且从其目前财务状况判断，有能力支付剩余款项。

（5）购买方实际上已经控制了被购买方的财务和经营政策，享有相应的收益并承担相应的风险。

企业合并涉及一次以上交易的，例如通过分阶段取得股份最终实现合并，企业应于每一交易日确认对被投资企业的各单项投资。"交易日"是指合并方或购买方在自身的账簿和报表中确认对被投资单位投资的日期。分步实现的企业合并中，购买日是指按照有关标准判断购买方最终取得对被购买企业控制权的日期。如A企业于2023年10月20日取得B公司30%的股权（假定能够对被投资单位施加重大影响），在与取得股权相关的风险和报酬发生转移的情况下，A企业应确认对B公司的长期股权投资。在已经拥有B公司30%股权的基础上，A企业又于2024年12月8日取得B公司30%的股权，在其持股比例达到60%的情况下，假定于当日开始能够对B公司实施控制，则2024年12月8日为第二次购买股权的交易日，同时因在当日能够对B公司实施控制，形成企业合并的购买日。

（三）确定企业合并成本

企业合并成本包括购买方为进行企业合并支付的现金或非现金资产、发行或承担的债务、发行的权益性证券等在购买日的公允价值之和。购买方为企业合并发生的审计、法律服务、评估咨询等中介费用以及其他相关管理费用，应当于发生时计入当期损益；购买方作为合并对价发行的权益性证券或债务性证券的交易费用，应当计入权益性证券或债务性证券的初始确认金额。

企业合并成本包括购买方在购买日支付的下列项目的合计金额：

（1）作为合并对价的现金及非现金资产的公允价值。以非货币性资产作为合并对价的，其合并成本为所支付对价的公允价值，该公允价值与作为合并对价的非货币性资产账面价值的差额，作为资产的处置损益，计入合并当期的利润表。

（2）发行的权益性证券的公允价值。确定所发行权益性证券的公允价值时，对于购买日存在公开报价的权益性证券，其公开报价提供了确定公允价值的依据，除非在非常特殊的情况下，购买方能够证明权益性证券在购买日的公开报价不能可靠地代表其公允价值，并且用其他的证据和估价方法能够更好地计量公允价值时，可以考虑其他的证据和估价方法。如果购买日权益性证券的公开报价不可靠，或者购买方发行的权益性证券不存在公开报价，则该权益性证券的公允价值可以参照其在购买方公允价值中所占权益份额，或者是参照在被购买方公允价值中获得的权益份额，按两者当中有明确证据支持的一个进行估价。

（3）因企业合并发生或承担的债务的公允价值。因企业合并而承担的各项负债，应采用按照适用利率计算的未来现金流量的现值作为其公允价值。预期因企业合并可能发生的未来损失或其他成本不是购买方为取得对被购买方的控制权而承担的负债，不构成企业合并成本。

（4）当企业合并合同或协议中约定了根据未来或有事项的发生而对合并成本进行调整时，符合《企业会计准则第13号——或有事项》规定的确认条件的，应确认的支出也应作为企业合并成本的一部分。某些情况下，合并各方可能在合并合同或协议中约定根据未来一项或多项或有事项的发生对合并成本进行一定的调整，例如，企业合并合同中规定，如果被购买方在未来特定期间实现利润达到既定水平，购买方需要在已经支付的企业合并对价基础上支付额外的对价。如果在购买日预计被购买方的盈利水平很可能会达到合同规定的标准，应将按照合同或协议约定需支付的金额计入企业合并成本。

企业在购买日对于可能需要支付的企业合并成本调整金额进行预计并且计入企业合并成本后，未来期间有关涉及调整成本的事项未实际发生或发生后需要对原估计计入企业合并成本的金额进行调整的，或者在购买日因未来事项发生的可能性较小、金额无法可靠计量等原因导致有关调整金额未包括在企业合并成本中，未来期间因合并合同或协议中约定的事项很可能发生、金额能够可靠计量，符合有关确认条件的，应对企业合并成本进行相应调整。

【例7-9】2023年1月1日，甲公司通过向乙公司股东定向增发2 000万普通股（每股面值为1元，市价为10元），取得乙公司80%股权，并控制乙公司，另以银行存款支付财务顾问费500万元。双方约定，如果乙公司未来3年平均净利润增长率超过10%，甲公司需要另外向乙公司原股东支付1 500万元的合并对价；当日，甲公司预计乙公司未来3年平均净利润增长率很可能达到12%。该项交易前，甲公司与乙公司及其控股股东不存在关联关系。

由于财务顾问费属于为企业合并发生的直接费用计入管理费用；甲公司很可能需要另外支付1 500万元的合并对价，满足负债确认条件，应确认为负债，同时计入合并成本；甲公司该项企业合并的合并成本 = 2 000 × 10 + 1 500 = 21 500（万元）。

（四）企业合并成本在取得的可辨认资产和负债之间的分配

非同一控制下的企业合并中，购买方取得了对被购买方净资产的控制权，视合并方式的不同，应分别在合并财务报表或个别财务报表中确认合并中取得的各项可辨认资产和负债。

（1）购买方在企业合并中取得的被购买方各项可辨认资产和负债，要作为本企业的资产、负债（或合并财务报表中的资产、负债）进行确认，在购买日，应当满足资产、负债的确认条件。有关的确认条件包括：

①合并中取得的被购买方的各项资产（无形资产除外），其所带来的未来经济利益预期能够流入企业且公允价值能够可靠计量的，应单独作为资产确认。

②合并中取得的被购买方的各项负债（或有负债除外），履行有关的义务预期会导致经济利益流出企业且公允价值能够可靠计量的，应单独作为负债确认。

（2）企业合并中取得无形资产的确认。购买方在企业合并中取得的无形资产应符合《企业会计准则第6号——无形资产》中对于无形资产的界定且其在购买日的公允价值能够可靠计量。按照无形资产准则的规定，没有实物形态的非货币性资产要符合无形资产的定义，关键要看其是否满足可辨认性标准，即是否能够从企业中分离或者划分出来，并能单独或者与相关合同、资产、负债一起，用于出售、转移、授予许可、租赁或者交换；或者应源自合同性权利或其他法定权利，无论这些权利是否可以从企业或其他权利和义务中转移或分离。

公允价值能够可靠计量的情况下，应区别于商誉单独确认的无形资产一般包括：商标、版权及与其相关的许可协议、特许权、分销权等类似权利、专利技术、专有技术等。

（3）企业合并中产生或有负债的确认。为了尽可能反映购买方因为进行企业合并可能承担的潜在义务，对于购买方在企业合并时可能需要代被购买方承担的或有负债，在购买日，可能相关的或有事项导致经济利益流出企业的可能性还比较小，但其公允价值能够合理确定的情况下，即需要作为合并中取得的负债确认。

（4）对于被购买方在企业合并之前已经确认的商誉和递延所得税项目，购买方在对企业合并成本进行分配、确认合并中取得可辨认资产和负债时不应予以考虑。在按照规定确定了合并中应予确认的各项可辨认资产、负债的公允价值后，其计税基础与账面价值不同形成暂时性差异的，应当按照《企业会计准则第18号——所得税》相关规定确认相应的递延所得税资产或递延所得税负债。

在非同一控制下的企业合并中，购买方确认在合并中取得的被购买方各项可辨认资产和负债，不仅局限于被购买方在合并前已经确认的资产和负债，还可能包括企业合并前被购买方在其资产负债表中未予确认的资产和负债，该类资产和负债在企业合并前可能由于不符合确认条件未确认为被购买方的资产和负债，但在企业合并发生后，因符合了有关的确认条件则需要作为合并中取得的可辨认资产和负债进行确认。例如，被购买方在企业合并前存在的未弥补亏损，在企业合并前因无法取得足够的应纳税所得额用于抵扣该亏损而未确认相关的递延所得税资产，如按照税法规定能够抵扣购买方未来期间实现的应纳税所得额而且购买方在未来期间预计很可能取得足够的应纳税所得额的情况下，有关的递延所得税资产应作为合并中取得的可辨认资产予以确认。

（五）企业合并成本与合并中取得的被购买方可辨认净资产公允价值份额之间差额的处理

购买方对于企业合并成本与确认的被购买方可辨认净资产公允价值份额的差额，应视情况分别处理：

（1）企业合并成本大于合并中取得的被购买方可辨认净资产公允价值份额的差额，应确认为商誉。视企业合并方式不同，控股合并情况下，该差额是指合并财务报表中应列示的商誉；吸收合并情况下，该差额是购买方在其账簿及个别财务报表中应确认的商誉。

商誉在确认以后，持有期间不要求摊销，企业应当按照《企业会计准则第8号——资产减值》的规定对其进行减值测试，对于可收回金额低于账面价值的部分，计提减值准备。

（2）企业合并成本小于合并中取得的被购买方可辨认净资产公允价值份额的差额，应计入合并当期损益。

企业合并准则中要求该种情况下，要对合并中取得的资产、负债的公允价值、作为合并对价的非现金资产或发行的权益性证券等的公允价值进行复核，复核结果表明所确定的各项可辨认资产和负债的公允价值确定是恰当的，应将企业合并成本低于取得的被购买方可辨认净资产公允价值份额之间的差额，计入合并当期的营业外收入，并在财务报表附注中予以说明。

在吸收合并的情况下，上述企业合并成本小于合并中取得的被购买方可辨认净资产公允价值的差额，应计入合并当期购买方的个别利润表；

在控股合并的情况下，上述差额应体现在合并当期的合并利润表中。

【例 7 - 10】2023 年 1 月 1 日，甲公司以增发 2 000 万股普通股（每股市价 6 元，每股面值 1 元）作为对价，从 W 公司处取得乙公司 80% 的股权，能够对乙公司实施控制，另用银行存款支付发行费用 500 万元。当日，乙公司可辨认净资产账面价值为 13 000 万元，乙公司除一项固定资产外，其他资产公允价值与账面价值相等，该项固定资产的账面价值为 350 万元（计税基础），公允价值为 400 万元。甲公司与 W 公司不具有关联方关系，甲公司适用的所得税税率为 25%。

购买日乙公司该项固定资产在合并报表上的账面价值为 400 万元，计税基础为 350 万元，应确认递延所得税负债 =（400 - 350）× 25% = 12.5（万元）。合并成本 = 2 000 × 6 = 12 000（万元），企业合并中发行权益性证券发生的发行费用应冲减资本公积，资本公积不足冲减的，依次冲减盈余公积和未分配利润，不影响合并成本。考虑递延所得税后的乙公司可辨认净资产公允价值 = 13 000 +（400 - 350 - 12.5）= 13 037.5（万元），商誉 = 12 000 - 13 037.5 × 80% = 1 570（万元）。

（六）企业合并成本或合并中取得的可辨认资产、负债公允价值的调整

按照购买法核算的企业合并，基本原则是确定公允价值，无论是作为合并对价付出的各项资产的公允价值，还是合并中取得被购买方各项可辨认资产、负债的公允价值，如果在购买日或合并当期期末，因各种因素影响无法合理确定的，合并当期期末，购买方应以暂时确定的价值为基础进行核算。

（1）购买日后 12 个月内对有关价值量的调整。合并当期期末，对合并成本或合并中取得的可辨认资产、负债以暂时确定的价值对企业合并进行处理的情况下，自购买日算起 12 个月内取得进一步的信息表明需对原暂时确定的企业合并成本或所取得的可辨认资产、负债的暂时性价值进行调整的，应视同在购买日发生，进行追溯调整同时对以暂时性价值为基础提供的比较报表信息，也应进行相关的调整。

（2）超过规定期限后的价值量调整。自购买日算起 12 个月以后对企业合并成本或合并中取得的可辨认资产、负债价值的调整，应当按照《企业会计准则第 28 号——会计政策、会计估计变更和会计差错更正》的规定进行处理，即对于企业合并成本、合并中取得可辨认资产、负债公允价值等进行的调整，应作为前期差错处理。

（3）购买日取得的被购买方在以前期间发生的经营亏损等可抵扣暂时性差异，按照税法规定可以用于抵减以后年度应纳税所得额的，如在购买日因不符合递延所得税资产的确认条件未确认所产生的递延所得税资产，以后期间有关的可抵扣暂时性差异带来的经济利益预计能够实现时，企业应确认相关的递延所得税资产，减少利润表中的所得税费用，同时将商誉降低至假定在购买日即确认了该递延所得税资产的情况下应有的金额，减记的商誉金额作为利润表中的资产减值损失。按照上述过程确认递延所得税资产，原则上不应增加因企业合并成本小于合并中取得的被购买方可辨认净资产公允价值的份额而计入合并当期利润表的金额。

（七）购买日合并财务报表的编制

非同一控制下的控股合并中，购买方一般应于购买日编制合并资产负债表，反映其于购买日开始能够控制的经济资源情况。在合并资产负债表中，合并中取得的被购买方各项可辨认资产、负债应以其在购买日的公允价值计量，长期股权投资的成本大于合并中取得的被购买方可辨认净资产公允价值份额的差额，体现为合并财务报表中的商誉；长期股权投资的成本小于合并中取得的被购买方可辨认净资产公允价值份额的差额，企业合并准则中规定应计入合并当期损益，因购买日不需要编制合并利润表，该差额体现在合并资产负债表上，应调整合并资产负债表的盈余公积和未分配利润。

需要强调的是，非同一控制下的企业合并中，作为购买方的母公司在进行有关会计处理后，应单独设置备查簿，记录其在购买日取得的被购买方各项可辨认资产、负债的公允价值以及因企业合并成本大于合并中取得的被购买方可辨认净资产公允价值的份额应确认的商誉金额，或因企业合并成本小于合并中取得的被购买方可辨认净资产公允价值的份额计入当期损益的金额，作为企业合并当期以及以后期间编制合并财务报表的基础。企业合并当期期末以及合并以后期

间，应当纳入合并财务报表中的被购买方资产负债等，是以购买日确定的公允价值为基础持续计算的结果。

【例7－11】2022年12月31日，甲公司与乙公司设立丙公司，丙公司注册资本为2 000万元。甲公司用账面价值1 500万元、公允价值2 000万元的房屋对丙公司出资，占丙公司股权的80%；乙公司以现金500万元对丙公司出资，占丙公司股权的20%。甲公司控制丙公司。

甲公司以房屋作为对价新设丙公司，在个别财务报表中应当按照处置确认资产处置损益500万元（2 000－1 500），按照付出对价的公允价值2 000万元确认对丙公司的长期股权投资。丙公司所有者权益的总额＝2 000＋500＝2 500（万元），少数股东权益＝2 500×20%＝500（万元）。

本章历年试题解析

【2024年试题】

甲公司是一家在深圳证交所上市的制药企业，主营业务是中成药的研发、生产、销售。近年来，随着人民生活水平提高和健康意识加强，中医中药和健康产业发展势头良好。甲公司决定，通过股权收购实施扩张，相关资料如下：

（1）A公司是乙公司创设的全资子公司，主营业务是中药材种植，甲公司和A公司、乙公司均不存在关联关系。2023年2月1日，甲公司以一项公允价值3 000万元的非专利技术和4 000万元银行存款为对价，从乙公司购买其所持有A公司100%股权，该非专利技术当日完成转让手续，其在甲公司原账面价值为2 000万元；4 000万元银行存款是甲公司从S商业银行借入的专门借款。当日相关交易完成，甲公司对A公司开始实施控制且该控制是非暂时性的；A公司经复核后的可辨认资产和可辨认负债的公允价值分别为15 000万元和11 000万元。A公司除了一栋楼房外，其他资产和负债的公允价值和账面价值相同，该栋楼房账面价值为2 500万元，公允价值为2 800万元。甲公司为了完成此项股权收购，于2023年2月1日以银行存款支付了法律服务和资产评估等中介费用30万元。针对上述业务，甲公司2023年2月1日所做部分会计处理如下：①确定对A的合并成本为7 030万元；②合并资产负债表中确认的与此项并购相关的商誉为3 030万元；③将A公司可辨认资产以15 000万元、可辨认负债以11 000万元计入合并资产负债表。

（2）B公司是丙公司的控股子公司，丙公司持有B公司80%有表决权股份，B公司主营业务是保健品研发、生产、销售。甲公司和B公司、丙公司均不存在关联关系。2023年3月1日，甲公司通过增发本公司普通股1 000万股（每股市价8元，每股面值1元）从丙公司购买了其所持有全部B公司股份，并于当日能够对B公司实施控制且该控制是非暂时性的。本次股份发行后，丙公司对甲公司不能实施控制、共同控制，也不具有重大影响。当日B公司经复核后的可辨认资产和可辨认负债的公允价值分别为40 000万元、28 000万元；B公司除一条生产线外，其他资产和负债的公允价值和账面价值相同，该条生产线账面价值为1 000万元，公允价值为900万元。甲公司为完成此项股权收购，于2023年3月1日以银行存款支付了股票发行费用160万元。针对上述业务，甲公司2023年3月1日所做部分会计处理如下：①将B公司可辨认资产以32 000万元、可辨认负债22 400万元计入合并资产负债表；②将合并成本与B公司可辨认净资产公允价值80%的差额调整合并资产负债表的盈余公积和未分配利润。

（3）略。

（4）略。

要求：

1. 根据资料（1），指出甲公司并购A公司所支付的4 000万元银行存款的具体并购融资渠道种类。

2. 根据资料（1），分别判断甲公司①~③项会计处理是否正确；如不正确，给出正确会计处理。

3. 根据资料（2），分别判断甲公司①和②项会计处理是否正确；如不正确，给出正确会计处理。

4. 根据资料（1）和（2），按并购双方行业相关性划分，分别指出甲公司并购A公司、B公司的企业并购类型，并说明理由。

5. 略。

6. 略。

【分析与解释】

1. 该项并购融资渠道种类为：外部融资渠道中的间接融资。

2. ①不正确。正确的会计处理：合并成本为7 000万元，即支付的非专利技术公允价值3 000万元和银行存款4 000万元之和；支付的并购中介费用30万元计入当期损益（管理费用），不构成合并成本。

②不正确。正确的会计处理：商誉为3 000万元，即合并成本7 000 - 取得的被购买方可辨认净资产公允价值的份额 [（15 000 - 11 000）× 100%] = 7 000 - 4 000 = 3 000（万元）。

③正确。在合并资产负债表中，合并中取得的被购买方各项可辨认资产、负债应以其购买日的公允价值计量。

3. ①不正确。正确的会计处理：甲公司应将B公司全部可辨认资产公允价值40 000万元、全部可辨认负债公允价值28 000万元计入合并资产负债表，而不是按照持股比例80%将B公司的部分可辨认资产32 000万元（40 000 × 80%）和部分可辨认负债22 400万元（28 000 × 80%）纳入合并资产负债表。

②正确。合并商誉 = 合并成本（1 000 × 8）- 取得的被购买方可辨认资产公允价值份额（12 000 × 80%）= 8 000 - 9 600 = -1 600（万元）；在合并报表层面，甲公司在购买日应将 -1 600万元计入合并当期损益（营业外收入），因购买日不需要编制合并利润表，该差额体现在合并资产负债表上，应调整合并资产负债表的盈余公积和未分配利润。

4. 甲公司并购A公司属于"纵向并购 - 后向一体化"类型。

理由：纵向并购是指企业与其供应商或客户之间的并购，而后向一体化并购是指与其供应

的并购。甲公司主营业务是中成药的研发、生产、销售，A公司主营业务是中药材种植，A公司为甲公司的供应商，甲公司并购A公司属于纵向并购中的后向一体化类型。

甲公司并购B公司属于"混合并购"类型。

理由：混合并购是指既非竞争对手又非现实中或潜在的客户或供应商企业之间的并购，B公司主营保健品，甲公司并购B公司既非竞争对手又非现实中或潜在的客户或供应商企业之间的并购，是为扩大经营范围而对相关产业的企业进行的并购，属于混合并购。

5. 略。

6. 略。

【点评】2024年企业并购、合并会计与合并财务报表综合题为选答题（20分），与本章相关的考点包括：非同一控制下企业合并的会计方法（购买法）涉及的合并成本确认、取得的可辨认净资产计量基础（公允价值）、商誉计量以及负商誉的会计处理；并购类型判断等。考点主要集中在合并会计，没有涉及并购估值、并购融资、并购整合、并购税务处理等相关内容。

【2023年试题】

甲公司是一家区域性水泥生产龙头企业，业务主要集中在华东和华北地区，在深圳证券交易所主板上市。乙公司是一家面向华南和华中地区的民营独资非上市水泥生产企业。由于受技术和管理水平的制约，面临全面挑战。2023年初甲公司并购乙公司全部股份并取得经营管理权，乙公司成为甲公司的全资子公司，有关资料如下：

（1）并购代价。近年来面对不确定性日益增加的外部环境，政府部门注重宏观政策的跨周期调节，不断加大基础设施投资力度。甲公司为战略定位进军全国市场，增强议价能力，巩固成本优势，将与乙公司股东协商拟以定向增发方式发行股份购买乙公司100%股权，通过此次并购，甲公司将成为国内头部的水泥生产企业，销售市场将进一步扩大。

（2）价值评估。甲公司聘请某专业评估机构以2022年12月31日为评估基准日，分别采用市场法和收益法对乙公司价值进行评估。

①市场法。评估机构以近一年行业内A、B、C三家公司实施的类似并购作为可比交易，按三

家公司的账面价值倍数平均值和支付价格收益比平均值作为计算系数并将上述两项指标的权重均设定为50%，据此评估乙公司价值。乙公司2022年末净资产为260亿元，2022年全年净利润28亿元。可比交易相关数据如表7-2所示。

表7-2 可比交易情况 单位：亿元

日期	公司	并购价	2021年末净资产	2021年度净利润
2022年7月20日	A	342	180	19
2022年10月25日	B	319	145	14.5
2022年11月23日	C	410	200	20.5

②收益法。在预测乙公司未来自由现金流量和确定折现率的基础上，评估机构评估乙公司价值为530亿元。

③确定并购定价。甲公司认为水泥产品存在周期性价格波动，乙公司近年来的利润波动幅度较大，会导致收益法评估结果的可靠性稍逊于市场法。因此基于评估机构评估结果，甲公司将市场法和收益法估值分别赋权60%和40%，以赋权计算结果作为并购定价依据，经过多轮谈判，交易双方拟以甲公司的上述定价作为并购交易支付对价（最终收购定价）。

（3）并购整合方案。交易完成后甲公司发展战略保持不变，拟采取如下整合措施：

①提升乙公司产能利用效率，计划将甲公司已运作多年的水泥生产标准化管理体系、管理系统引入乙公司。

②整合行政管理部门。重新梳理岗位需求，进行人员定岗，减少岗位重复设置，从整体上节约人力成本，提升管理效率。按照市场和产品线重新划分甲公司和乙公司的定位。募集专项资金，在甲公司新建高标号水泥生产线，在乙公司新建智能化数字工厂。

假定不考虑其他因素。

要求：

1. 根据资料（1），从并购双方法人地位的变化情况、并购交易的方式分别指出甲公司并购乙公司的并购类型。

2. 根据资料（1），说明甲公司并购乙公司协同效应的具体方面。

3. 根据资料（2），分别计算市场法下乙公司的评估价值和并购双方最终确定的收购定价。

4. 根据资料（3），逐项指出甲公司并购后整合工作的具体类型。

【分析与解释】

1. ①从并购后双方法人地位的变化情况看，甲公司并购乙公司属于控股合并。

②从并购的交易方式看，甲公司并购乙公司属于协议收购。

2. 经营协同中的规模经济（横向一体化）、获取市场力或垄断权。

3. 账面价值倍数平均值 = (342/180 + 319/145 + 410/200)/3 = 2.05（亿元）

支付价格/收益比平均值 = (342/19 + 319/14.5 + 410/20.5)/3 = 20（亿元）

市场法下乙公司的评估价值 = 260 × 2.05 × 50% + 28 × 20 × 50% = 546.5（亿元）

并购双方最终确定的收购定价 = 546.5 × 60% + 530 × 40% = 539.9（亿元）

4. 并购后整合类型：①管理整合；②人力资源整合；③战略整合。

【点评】 2023年企业并购考点涉及：并购类型判断、协同效应类型判断、并购估值计算、并购后整合类型判断等。考点比较典型。

【2022年试题】

甲公司是一家专注于乳制品研发和生产的上市公司，在西南地区具有较高的市场认可度。为实现快速发展，甲公司拟实施积极的并购战略。相关资料如下：

（1）并购背景。我国乳制品行业的增长空间巨大，行业新黄金十年正在启航，特别是2020年以来，国家有关部门陆续出台相关支持性政策，将乳制品作为主要的营养食品予以推荐。因此，抓住机遇形成规模优势是甲公司的战略选择，甲公司希望通过并购快速响应政策利好，进一步拓宽低温奶生产基地，扩大低温奶市场份额，将公司影响力从目前的西南地区向其他地区辐射，增强竞争力。

第七章

（2）并购对象的选择与并购协同效应。乙公司地处奶牛养殖的黄金地带 N 省，主要生产常温奶和低温奶，近年来营业收入保持稳步增长，但资产周转率明显低于行业平均水平。甲公司拟选择乙公司为并购对象，经友好协商，双方就甲公司收购乙公司 100% 股权达成一致。并购后，乙公司将成为甲公司的全资子公司。预计此项并购可以发挥以下协同效应：①并购后乙公司的奶源、技术和区域市场渠道等优势有助于甲公司优化产业布局，增强规模经济效应，强化市场力和竞争力，向行业头部企业趋近。②甲公司先进的乳制品管理经验可以快速推广至乙公司，有助于提高乙公司的运营效率。

（3）并购价值评估。第三方独立评估机构采用收益法进行并购估值，收益口径为公司自由现金流量，评估基准日乙公司的评估价值为 18.8 亿元。甲、乙公司协商确定的并购价格为 24 亿元。并购前甲公司的评估价值为 263 亿元，若并购成功，两家公司经过整合后的整体价值预计将达到 298 亿元。并购过程中的审计费、评估费等并购费用合计 0.3 亿元，全部由甲公司承担。

（4）并购支付方式。甲公司和乙公司协商一致，分两阶段完成并购价款支付：并购协议生效后 5 个工作日内，甲公司以现金支付并购对价的 60%；剩余 40% 的价款于协议生效后 180 天内以现金支付。甲公司的自有资金可以满足第一阶段支付需求，第二阶段的支付需靠外部融资解决。甲公司计划发行可转换债券筹集第二阶段所需资金，投资部经理认为可转换债券是较为稳定的长期资本供给，受股价波动影响较小。

假定不考虑其他因素。

要求：

1. 根据资料（1），从企业发展动机的角度，指出甲公司拟实施并购的主要动因有哪些。

2. 根据资料（2），从并购公司并购后双方法人地位的变化角度指出甲公司并购乙公司的并购类型，并逐项指出①和②项所体现的并购协同效应类型。

3. 根据资料（3），计算甲公司并购乙公司并购收益、并购溢价和并购净收益，并从财务角度分析此项并购是否可行。

4. 根据资料（4），指出甲公司投资部经理的观点是否存在不当之处，对存在不当之处的，说明理由。

【分析与解释】

1. 并购动因：迅速实现规模扩张；主动应对外部环境的变化；加强市场控制能力。

2. 并购类型：善意并购；控股合并。

并购协同效应：①经营协同；②管理协同。

3. 并购收益 = 298 - （263 + 18.8）= 16.2（亿元）

并购溢价 = 24 - 18.8 = 5.2（亿元）

并购净收益 = 16.2 - 5.2 - 0.3 = 10.7（亿元）

综上，对甲公司来说，可以产生 10.7 亿元的并购净收益，因此，从财务角度分析，此次并购可行。

4. 存在不当之处。理由：可转换债券受股价影响较大。如果在转换期股价持续低于可转换债券的行权价，可转换债券的投资者不愿意转换为股权，反而选择持有债券到期偿付，对发行方而言无法获得长期稳定的资金来源。

【点评】2022 年企业并购考点涉及：并购动机和类型判断、协同效应类型判断、并购净收益计算、并购融资类型选择等。考点不偏，重在对核心概念和逻辑的理解和应用。

【2020 年试题】

甲公司为一家生产和销售家用空气净化器的上市公司，总部位于西安，主要经营业务集中在西北地区，管理和营销水平较高。2020 年初，甲公司董事会审议通过未来五年发展规划，决定通过并购拓展以上海为中心、辐射长三角的新市场。为落实董事会决议，甲公司管理层拟订了并购方案。方案要点如下：

（1）并购对象选择。甲公司拟选择乙公司作为目标公司。乙公司为甲公司的竞争对手，主要产品类型与甲公司相同，总部位于上海。乙公司规模较小，但掌握生产新型空气净化器的关键核心技术，该技术将引领未来空气净化器的发展方向。甲公司拟向乙公司所有股东提出 100% 股权收购要约。

（2）并购对象估值。经过市场调研并咨询第三方权威机构意见，甲公司拟采用可比企业分析法估计目标公司价值。尽职调查显示，乙公司盈利水平持续稳定上升，预计 2020 年可实现净利润为 1.8 亿元。通过行业分析，同行业可供参考的平均市盈率为 14 倍，考虑到乙公司的技术优势，拟确定市盈率为 16 倍。

（3）并购对价、交易成本及并购收益测定。通过评估作价并结合多种因素，并购价款预计为 32 亿元。另外，甲公司预计将支付评估费、审计费、律师费和公证费等并购费用 0.2 亿元。据测算，甲公司目前的评估价值为 220 亿元，若并购成功，两家公司经过整合后的整体价值预计将达到 280 亿元。

（4）并购融资安排。因自有现金不足以支付本次并购对价，甲公司计划从外部融资 15 亿元。具体有两种外部融资方式可供选择：一是并购贷款；二是定向增发普通股。综合考虑公司实际情况后，管理层设定的融资原则为：一是融资需时较短，确保并购如期完成；二是不允许稀释现有股东股权。

假定不考虑其他因素。

要求：

1. 根据资料（1），从并购双方行业相关性和并购的形式两个角度，分别指出此次并购的具体类型。

2. 根据资料（2），以市盈率为乘数，采用"可比企业分析法"计算乙公司价值，并说明可比企业的选择标准。

3. 根据资料（2）和（3），计算甲公司并购乙公司的并购收益、并购溢价和并购净收益，并从财务角度说明此项并购交易是否可行。

4. 根据资料（4），分析甲公司应该选择哪种外部融资方式，并说明理由。

【分析与解释】

1. 从并购双方行业相关性和并购的形式两个角度，此次并购的具体类型为：横向并购、要约收购。

2. 乙公司价值 = 1.8 × 16 = 28.8（亿元）

所选取的可比企业应在营运上和财务上与被评估企业具有相似的特征。若在实务中难以寻找到符合条件的可比企业时，可以选择一组参照企业，其中一部分在财务上与被评估企业相似，另一部分在营运上与被评估企业具有可比性。

3. 并购收益 = 280 − （220 + 28.8）= 31.2（亿元）

并购溢价 = 32 − 28.8 = 3.2（亿元）

并购净收益 = 31.2 − 3.2 − 0.2 = 27.8（亿元）

甲公司并购乙公司后能够产生 27.8 亿元的并购净收益，从财务角度看，此项并购交易是可行的。

4. 甲公司应选择并购贷款。

理由：并购贷款需时较短，且不稀释现有股东股权，对甲公司而言并购贷款优于定向增发普通股融资方式。

【点评】2020 年企业并购考点比较典型和全面，分别考查了并购类型、可比企业选择标准、并购净收益计算、并购融资类型选择等。考点不偏，难度不大。

【2020 年试题】

甲公司为一家在深圳证券交易所上市的制造业企业，执行财政部 2017 年修订发布的金融工具系列会计准则，其 2019 年发生的股权交易相关业务及其会计处理如下：

（1）2019 年 3 月 1 日，甲公司以银行存款 8 000 万元和一项专利技术作为对价取得其母公司乙公司持有的 A 公司 100% 的有表决权股份，当日能够对 A 公司实施控制。该日，甲公司作为对价的专利技术公允价值为 5 000 万元、账面原值为 4 000 万元、已累计摊销 2 000 万元；A 公司可辨认净资产的公允价值为 13 000 万元、账面价值为 11 000 万元。

合并前，甲公司曾于 2019 年 2 月 15 日向 A 公司销售产品一批，符合收入确认条件，确认的销售收入为 700 万元、销售成本为 650 万元。

A 公司系乙公司于 2010 年 1 月 15 日设立的全资子公司，自设立以来未发生过对外投资和企业合并业务。此次合并前乙公司对甲公司、A 公司的控制，以及合并后乙公司对甲公司的控制和甲公司对 A 公司的控制，均非暂时性的。

对此，甲公司于 2019 年 3 月 1 日所作的部分会计处理如下：

①在个别财务报表中，确认对 A 公司长期股权投资的初始投资成本为 13 000 万元；

②在编制合并财务报表时，将 2019 年 2 月 15 日甲公司与 A 公司之间发生的购销业务作为内部交易进行抵销。

（2）2019 年 4 月 1 日，甲公司以银行存款 900 万元购入 B 公司 3% 的有表决权股份，按照会计准则规定，将其指定为以公允价值计量且其变动计入其他综合收益的金融资产，初始确认金额为 900 万元。该日，B 公司可辨认净资产的公允价值与账面价值相同，为 29 000 万元。此笔交易发生前，甲公司与 B 公司不存在关联方关系。

2019 年 6 月 3 日，甲公司又以银行存款 19 000 万元从 B 公司其他股东处购入 B 公司 57% 的有表决权股份。至此，甲公司共持有 B 公司 60% 的有表决权股份并能够对 B 公司实施控制。该日，B 公司可辨认净资产的公允价值与账面价值相同，为 30 000 万元；甲公司原持有 B 公司 3% 的有表决权股份的公允价值为 1 000 万元。甲公司两次购入 B 公司股份的交易不属于"一揽子"交易。

对此，甲公司于 2019 年 6 月 3 日所作的部分会计处理如下：

①在个别财务报表中，确认对 B 公司长期股权投资的初始投资成本为 19 900 万元。

②在编制合并财务报表时，确认的合并商誉为 1 900 万元。

（3）2019 年 7 月 15 日，甲公司向 C 公司原股东丙公司支付银行存款 5 000 万元、发行普通股股票 1 000 万股，换取 C 公司 100% 的有表决权股份，并于当日实现对 C 公司的控制。合并中，甲公司发生并支付资产评估、审计、法律等直接相关费用 100 万元。

甲公司与丙公司签订的并购协议规定：若 2019 年 C 公司实现的扣除非经常性损益后净利润在 5 000 万元以上，甲公司在 C 公司 2019 年年报审计后 30 日内向丙公司另支付银行存款 1 000 万元。2019 年 7 月 15 日，甲公司根据 C 公司经营状况判断，预计 C 公司实现的扣除非经常性损益后净利润能够超过 5 000 万元，甲公司需承担或有对价的支付义务。

2019 年 7 月 15 日，甲公司股票每股公允价值为 7 元，C 公司可辨认净资产公允价值为 11 500 万元、账面价值为 10 000 万元。此交易发生前，甲公司与丙公司、C 公司不存在关联方关系。

对此，甲公司于 2019 年 7 月 15 日所作的部分会计处理如下：

①在个别财务报表中，将支付的合并相关费用 100 万元计入管理费用。

②在编制合并财务报表时，确定的合并成本为 12 000 万元。

（4）2019 年 9 月 27 日，甲公司以 7 000 万元的价格出售了全资子公司 D 的 20% 有表决权股份，所持有 D 公司的有表决权股份比例变为 80%，仍能对 D 公司实施控制。该日，D 公司可辨认净资产的账面价值为 32 000 万元。甲公司原取得 D 公司 100% 的有表决权股份时的初始投资成本为 20 000 万元。

对此，甲公司所作的部分会计处理如下：

①2019 年 9 月 27 日在个别财务报表中，确认的投资收益为 600 万元。

②在编制合并财务报表时，继续将 D 公司纳入合并范围。

假定不考虑其他因素。

要求：

1. 根据资料（1），分别判断会计处理①和②是否正确；如不正确，指出正确的会计处理。

2. 根据资料（2），分别判断会计处理①和②是否正确；如不正确，指出正确的会计处理。

3. 根据资料（3），分别判断会计处理①和②是否正确；如不正确，指出正确的会计处理。

4. 根据资料（4），分别判断会计处理①和②是否正确；如不正确，指出正确的会计处理。

【分析与解释】

1. 资料（1）会计处理①不正确。

正确的会计处理：应确认对 A 公司长期股权投资的初始投资成本为 11 000 万元。

资料（1）会计处理②正确。

2. 资料（2）会计处理①不正确。

正确的会计处理：应确认对 B 公司长期股权投资的初始投资成本为 20 000 万元（19 000 + 1 000）。

资料（2）会计处理②不正确。

正确的会计处理：确认的合并商誉为 2 000 万元（19 000 + 1 000 - 30 000 × 60%）。

3. 资料（3）会计处理①正确。

资料（3）会计处理②不正确。

正确的会计处理：确定的合并成本为 13 000 万元（5 000 + 1 000 × 7 + 1 000）。

4. 资料（4）会计处理①不正确。

正确的会计处理：确认的投资收益为 3 000

万元（7 000 – 20 000 × 20%）。

资料（4）会计处理②正确。

【点评】2020年合并会计作为任选题（20分），考核内容系统全面。主要考点包括：同一控制下企业合并中长期股权投资初始成本确认、非同一控制下企业合并中商誉会计处理、合并费用会计处理、或有对价会计处理、多次交易分步实现企业合并的会计处理、减持子公司股权仍拥有控制权的会计处理等。要求对合并会计在各种类型下的基本原则和方法有全面定性理解。

强化练习

习题一

甲公司、乙公司和丙公司为三家新能源领域的高科技企业，经营同类业务。甲公司为上市公司，乙公司、丙公司为非上市公司。甲公司总部在北京，乙公司总部在上海，丙公司总部在广州。甲公司财务状况和银行信用良好，对于银行贷款能够提供足额担保。

（1）甲公司为扩大市场规模，于2019年1月着手筹备收购乙公司100%的股权，经双方协商同意，聘请具有证券业务资格的资产评估机构进行价值评估。经过评估，甲公司价值为50亿元，乙公司价值为18亿元，预计并购后的整体公司价值为75亿元，从价值评估结果看，甲公司收购乙公司能够产生良好的并购协同效应。

经过一系列并购流程后，双方于2019年4月1日签署了并购合同，合同约定，甲公司需支付并购对价20亿元，在并购合同签署后5个月内支付完毕。甲公司因自有资金不足以全额支付并购对价，需要从外部融资10亿元，甲公司决定发行可转换公司债券筹集该并购资金，并于2019年8月5日按面值发行5年期可转换公司债券10亿元，每份面值100元，票面年利率1.2%，按年支付利息；3年后可按面值转股，转换价格16元/股；不考虑可转换公司债券发行费用。

2019年8月底前，甲公司全额支付了并购对价，并办理完毕全部并购交易相关手续，甲公司在并购后整合过程中，为保证乙公司经营管理顺利过渡，留用了乙公司原管理层的主要人员及业务骨干，并对其他人员进行了必要的调整；将本公司行之有效的管理模式移植到乙公司；重点加强了财务一体化管理，向乙公司派出财务总监，实行资金集中管理，统一会计政策和会计核算体系。

（2）2020年1月，在成功并购乙公司的基础上，甲公司又着手筹备并购丙公司100%股权。2020年5月，双方经过多轮谈判后签署并购合同。合同约定，甲公司需支付并购对价15亿元。甲公司因自有资金不足以全额支付并购对价，需要从外部融资6亿元。合并日，丙公司的可辨认净资产的公允价值11亿元，股权公允价值13亿元，预计此次并购产生的协同价值为5亿元。

甲公司就此次并购有两种外部融资方式可供选择：一是并购贷款；二是定向增发普通股。甲公司董事会根据公司实际情况，就选择外部融资方式提出如下要求：一是尽量不稀释原有股东股权比例；二是融资需时最短，不影响并购项目的如期完成。

假定不考虑其他因素。

要求：

1. 根据资料（1），计算甲公司并购乙公司预计产生的并购收益。

2. 根据资料（1），如果2022年8月5日可转换公司债券持有人行使转换权，分别计算每份可转换公司债券的转换比率和转换价值（假定转换日甲公司股票市价为18元/股）。

3. 根据资料（1），指出甲公司2019年对乙公司主要进行了哪些方面的并购后的整合。

4. 根据资料（2），分析甲公司在并购丙公司时应选择何种外部融资方式，并说明理由。

【分析与解释】

1. 预计并购收益 = 75 – (50 + 18) = 7（亿元）

2. 每份可转换公司债券转换比率 = 100/

16 = 6.25

每份可转换公司债券转换价值 = 6.25 × 18 = 112.5（元）

3. 甲公司2019年对乙公司主要进行了人力资源整合、管理整合和财务整合。

4. 甲公司应选择的外部融资方式是并购贷款。理由：采用并购贷款方式既不稀释股东股权比例且融资完成时间短，从而符合董事会要求；同时，甲公司因并购贷款额度6亿元未超过并购对价的60%，且能提供足额担保，从而符合银行要求并具备采用该方式的财务能力。

【点评】本题考点包括并购收益计算、可转换债券转换、并购后整合类型、并购融资方式选择，其中，可转换债券转换来自企业投融资决策与集团资金管理相关内容。

习题二

为了不断扩大市场份额，甲公司意图并购同行业中资产规模比较适中的W企业。2022年初，经双方协商同意，甲公司以7亿元的对价全资收购W公司100%股权。2021年底，W公司可辨认净资产公允价值6亿元，债务（扣除营运负债）的公允价值为3亿元。估计此次并购产生的协同价值为4亿元。

W公司2021年利润总额为5 000万元，公司所得税税率为25%，当年度共支付利息费用200万元。该公司当年度固定资产原值为3 000万元，共计提折旧300万元，支付800万元购买新设备。此外，当年该公司随着规模的持续扩大，所占用的营运资本也快速增加，期初营运资产为150万元，营运负债为25万元，期末营运资产提高了原有标准的1/3，营运负债提高100%。未来预计W公司的资产负债率将保持在40%，公司的债务筹资成本为5%、股权筹资成本为8%。自由现金流量假定以一个固定的长期增长率2%来实现。

要求：

1. 判断该项并购的类型。

2. 分析计算被并购W公司的价值，并判断此次并购是否合理。

3. 分析计算此次并购的净收益。

【分析与解释】

1. 由于并购的目的在于扩大市场份额，考

虑到与甲公司同行业这一信息，本项并购类型属于横向并购。

2. 采用折现自由现金流量的方式计算并购公司的整体价值，以2021年底为评估基准日。

首先，计算2021年EBIT，并根据FCF求得公司2021年自由现金流量：

EBIT = 5 000 + 200 = 5 200（万元）

FCF = 5 200 × （1 - 25%） + 300 - 800 - （50 - 25） = 3 375（万元）

其次，计算公司资本成本率：

r_{wacc} = 60% × 8% + 40% × 5% × （1 - 25%） = 6.3%

最后，根据DCF公式求得W公司整体价值：

$$V_n = \frac{FCF_{n+1}}{r_{wacc} - g} = \frac{FCF_n \times (1 + g)}{r_{wacc} - g}$$

$$= \frac{3\ 375 \times (1 + 2\%)}{6.3\% - 2\%} = 80\ 058（万元）$$

$$\approx 8（亿元）$$

3. W公司股权公允价值 = 整体价值8亿元 - 负债价值3亿元 = 5（亿元）

并购净收益 = 并购协同价值4亿元 - （支付对价的公允价值7亿元 - 股权公允价值5亿元） = 2（亿元）

【点评】本题考点包括并购类型、并购估值中的自由现金流量折现模型、整体价值与股权价值的区别。放在一起对照考查，容易混淆出错。

习题三

甲公司和乙公司为两家高科技企业，适用的企业所得税税率均为15%。甲公司总部在北京，主要经营业务在华北地区；乙公司总部和主要经营业务均在上海。乙公司与甲公司经营同类业务，已先期占领了所在城市的大部分市场，但资金周转存在一定困难，可能影响未来持续发展。

2022年1月，甲公司为拓展市场，着手筹备并购乙公司。并购双方经过多次沟通，于2022年3月最终达成一致意向。

甲公司准备收购乙公司100%的股权，为此聘请资产评估机构对乙公司进行价值评估，评估基准日为2021年12月31日。资产评估机构采用收益法和市场法两种方法对乙公司价值进行评估。并购双方经协商，最终确定按市场法的评估

结果作为交易的基础，并得到有关方面的认可。与乙公司价值评估相关的资料如下：

（1）2021 年 12 月 31 日，乙公司资产负债率为 50%，税前债务资本成本为 8%。假定无风险报酬率为 6%，市场投资组合的预期报酬率为 12%，可比上市公司无负债经营 β 值为 0.8。

（2）乙公司 2021 年税后利润为 2 亿元，其中包含 2021 年 12 月 20 日乙公司处置一项无形资产的税后净收益 0.1 亿元。

（3）2021 年 12 月 31 日，可比上市公司平均市盈率为 15 倍。

假定并购乙公司前，甲公司价值为 200 亿元；并购乙公司后，经过内部整合，甲公司价值将达到 235 亿元。

甲公司应支付的并购对价为 30 亿元。甲公司预计除并购对价款外，还将发生相关交易费用 0.5 亿元。

假定不考试其他因素。

要求：

1. 分别从行业相关性角度和被并购企业意愿角度，判断甲公司并购乙公司属于何种并购类型，并简要说明理由。

2. 计算用收益法评估乙公司价值时所使用的折现率。

3. 用可比企业分析法计算乙公司的价值。

4. 计算甲公司并购收益和并购净收益，并从财务管理角度判断该并购是否可行。

【分析与解释】

1. 从行业相关性角度，甲公司并购乙公司属于横向并购。理由：甲公司与乙公司属于经营同类业务的企业。从被并购企业意愿角度，甲公司并购乙公司属于善意并购。理由：并购双方经过充分沟通达成一致。

2. 乙公司负债经营 β 系数 $= 0.8 \times [1 + (1 - 15\%) \times (50\%/50\%)] = 1.48$

$r_e = 6\% + 1.48 \times (12\% - 6\%) = 14.88\%$

$r_{wacc} = 14.88\% \times 50\% + 8\% \times (1 - 15\%) \times 50\% = 10.84\%$

3. 调整后的乙公司 2021 年税后利润 $= 2 - 0.1 = 1.9$（亿元）

乙公司价值 $= 1.9 \times 15 = 28.5$（亿元）

4. 计算并购收益和并购净收益：

并购收益 $= 235 - (200 + 28.5) = 6.5$（亿元）

并购溢价 $= 30 - 28.5 = 1.5$（亿元）

并购净收益 $= 6.5 - 1.5 - 0.5 = 4.5$（亿元）

[或：并购收益 $= 235 - (200 + 28.5) = 6.5$（亿元）

并购净收益 $= 6.5 - (30 - 28.5) - 0.5 = 4.5$（亿元）]

判断并购是否可行。甲公司并购乙公司后能够产生 4.5 亿元的并购净收益，从财务管理角度分析，此项并购交易可行。

【点评】 本题考点包括并购类型、并购估值中的折现率计算、并购净收益计算分析等。考查知识点比较全面。

习题四

甲公司是一家立足华东、辐射全国的医学实验室综合服务提供商，主营业务为向各类医学实验室提供体外诊断用品及专业技术服务，主打产品为 BD 检测设备、耗材及试剂、公司营销网络强大，营销能力位居行业前列。2021 年初，为实现"国内外领先供应商"的发展目标，甲公司决定对优化产业资源积极并购。相关工作如下：

（1）并购标的选定。乙公司是位于中部某省的医学实验室的服务提供商，为甲公司在该区域的主要竞争对手。乙公司拥有优秀的研发团队，是国内制作某新型 BDJC 试剂盒关键技术并获批生产的企业，但市场营销能力较弱。甲公司认为，并购乙公司可以扩大 BDJC 试剂市场份额，同时提升公司同类产品的研发能力，初步选定乙公司作为并购对象，收购 100% 股权。乙公司也在此提出被并购的意愿。

（2）并购评估参数。尽职调查显示，乙公司近三年经营情况稳定，2020 年实现税后利润 0.45 亿元，年末净资产为 3.92 亿元。对乙公司的估值采用可比交易法，选择支付价格收益比和账面价值倍数这两个估值乘数作为估值依据。根据经验判断，两种估值方法和结果的权重设定均为 50%。可比交易相关数据如表 7 - 3 所示。

第七章

表 7 - 3   可比交易相关数据

可比交易	支付价格收益比	账面价值倍数
可比交易 1	21	2.4
可比交易 2	25	2.8
可比交易 3	23	2.5
可比交易 4	19	2.3

（3）结合估值结果，并经并购双方多次磋商，最终确定本次交易并购对价为 9.6 亿元。

（4）并购交易完成后，甲公司对乙公司进行如下整合措施：①重新调整乙公司的中长期发展规划，乙公司的产品营销和销售统一纳入甲公司的业务发展规划，并对部分业务进行剥离处置；②向乙公司委派财务主管，并统一会计核算标准，乙公司的融资和现金流管理统一纳入甲公司的资金集中管理系统。

假设不考虑税收、并购费用等其他因素。

要求：

1. 根据资料（1），从经营协同的角度指出甲公司并购乙公司的并购动机，并从并购双方行业相关性角度指出甲公司并购乙公司的并购类型。

2. 根据资料（2）和（3），站在甲公司的角度，运用可比交易分析法，计算乙公司加权平均评估值判断并购对价是否可行。

3. 根据资料（4），分别指出甲公司①和②项整合措施所体现的并购后整合类型。

【分析与解释】

1. 并购动机：规模经济；获取市场力或垄断权；资源互补。

并购类型：横向并购。

2. 支付价格收益比平均值 $= \sum$（支付价格收益比）$/n = (21 + 25 + 23 + 19)/4 = 22$（倍）

账面价值倍数平均值 $= \sum$（账面价值倍数）$/n = (2.4 + 2.8 + 2.5 + 2.3)/4 = 2.5$（倍）

乙公司加权平均评估价值 = 税后利润 × 支付价格收益比平均值 × 权重 + 净资产 × 账面价值倍数平均值 × 权重 $= 0.45 × 22 × 50\% + 3.92 × 2.5 × 50\% = 9.85$（亿元）

并购溢价 = 并购支付的对价 - 被并购企业评估 $= 9.6 - 9.85 = -0.25$（亿元）< 0

并购净收益 = 并购收益（协同价值）- 并购溢价 - 并购费用

从并购方甲公司角度考虑，本次并购存在并购协同效应和协同价值，且不考虑并购费用，而并购溢价为负数，显然并购净收益大于 0，因此，从财务角度分析，本次并购方案可行。

3. 涉及的并购后整合类型：战略整合；财务整合。

【点评】本题分别考查了并购动机和类型判别、可比交易法估值、并购可行性分析、并购后整合类型判断等。尤其是并购溢价和并购净收益计算与分析判断，需要综合分析判断。

第八章　企业合并财务报表

企业成长有内部积累和外部并购两个途径，而外部并购是企业快速成长的必由之路。企业并购的会计处理包括两个内容：一是合并日如何并账、并表，即第七章中的"企业合并会计"；二是合并日后如何编制合并财务报表，即第八章"企业合并财务报表"，考试时通常把这两个内容结合在一起来考。本章教材包括两节内容：第一节合并范围的确定；第二节合并财务报表编制原则、前期准备事项及程序，内容不多但学习难度较大。

本章是 2024 年新增加的一章，在考核企业并购与合并财务报表的 20 分任选题中涉及本章 5 分；2025 年极可能考 5~10 分。各年考核情况见下表。

年度	题量	分值	相关知识点
2024	20 分任选题中涉及部分内容	5	考核了合并范围的确定

本章教材删除了合并财务报表的概念，其他没有变化；这个变化对考试没有影响。

考点框架

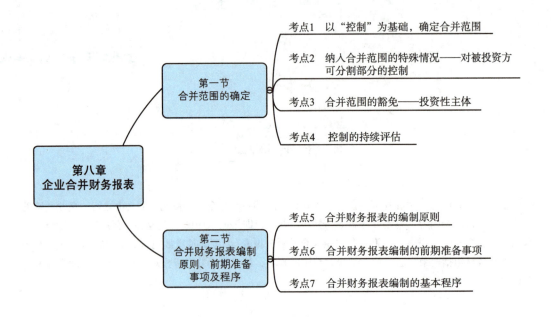

```
                                    ┌─ 考点1  以"控制"为基础，确定合并范围
                                    │
                                    ├─ 考点2  纳入合并范围的特殊情况——对被投资方
                       第一节        │         可分割部分的控制
                  ┌─ 合并范围的确定 ──┤
                  │                 ├─ 考点3  合并范围的豁免——投资性主体
                  │                 │
                  │                 └─ 考点4  控制的持续评估
    第八章         │
企业合并财务报表 ──┤
                  │                 ┌─ 考点5  合并财务报表的编制原则
                  │     第二节       │
                  └─ 合并财务报表编制 ─┼─ 考点6  合并财务报表编制的前期准备事项
                     原则、前期准备    │
                     事项及程序       └─ 考点7  合并财务报表编制的基本程序
```

考点解读

✳ 考点1　以"控制"为基础，确定合并范围

合并财务报表是指反映母公司和其全部子公司形成的企业集团整体财务状况、经营成果和现金流量的财务报表。合并财务报表的首要问题是确定合并范围，企业应该以"控制"为基础，确定合并范围。

控制是指投资方拥有对被投资方的权力，通过参与被投资方的相关活动而享有可变回报，并且有能力运用对被投资方的权力影响其回报金额。

控制的定义包括三个要素：（1）投资方拥有对被投资方的权力。（2）投资方因参与被投资方的相关活动而享有可变回报。（3）投资方有能力运用对被投资方的权力影响其回报金额。在判断投资方是否能够控制被投资方时，当且仅当投资方同时具备上述三个要素时，才能表明投资方能够控制被投资方。判断是否"控制"是一个复杂的过程，其逻辑思路见图8-1。

下面就以控制三要素为主线，阐述控制的判断过程。

（一）投资方拥有对被投资方的权力

投资方拥有对被投资方的权力，是判断是否满足控制的第一个条件，即权力模式。权力模式的识别和评估见图8-2。

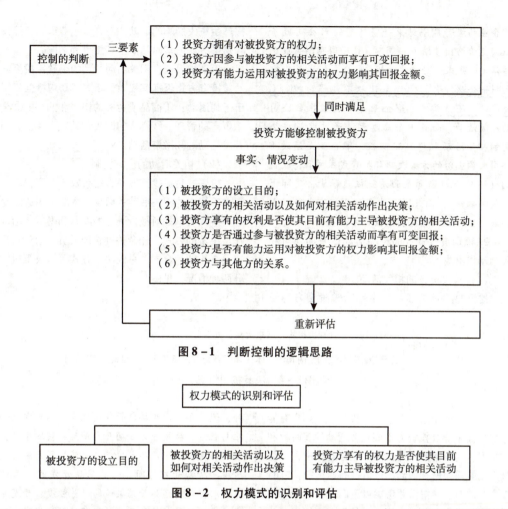

图 8 – 1　判断控制的逻辑思路

图 8 – 2　权力模式的识别和评估

1. 识别与评估被投资方的设立目的

在判断投资方对被投资方是否拥有权力时，通常要结合被投资方的设立目的。认识与评估被投资方的设立目的，是为了识别被投资方的相关活动，相关活动的决策机制，谁具有主导这些活动的现时能力，以及谁获得了这些活动的回报。按照表决权是否是判断控制的决定因素，被投资方的设计安排有两种情况（见图 8 – 3）。

表决权 { 一般情况→持有多数表决权的投资方能够控制被投资方
特殊情况→表决权不是确定谁控制被投资方的决定性因素（其他合同安排）

图 8 – 3　表决权情况

【例 8 – 1】甲企业为有限合伙企业，经营期限为 3 年。甲企业将所筹资金全部用于对非关联方 B 公司的全资子公司 C 增资，增资完成后，甲企业持有 C 公司 70% 有表决权的股份，B 公司持有 C 公司 30% 有表决权的股份。根据协议，B 公司将在 3 年后以固定价格回购甲企业持有的 C 公司全部股份。C 公司是专门建造某大型资产并用于租赁的项目公司，建造期为 5 年，甲企业增资时，该资产已经建造了 2 年。

【分析与解释】

被投资方 C 公司的相关活动是用 5 年的时间建造某大型资产，之后以租金的方式取得回报。在甲企业增资时，C 公司的资产建造已经开始，大多与建造事项有关的决策很可能已经完成。当甲企业的经营期限结束并将持有的C公司股份以固定价格出售给B公司时，C公司刚刚完成建造活动，尚未开始产生回报。C公司的设计安排表明甲企业持有的70%表决权不能作为控制C公司的决定性因素。甲企业并不能主导C公司的相关活动，而且甲企业也无法通过参与C公司的相关活动取得可变回报，甲企业是通过B公司回购股份的方式收回其投资成本并取得收益的（即C公司融资表面看是权益融资，实际上是债务融资），因此，即使甲企业拥有半数以上的表决权，也不能控制被投资方C公司。

2. 识别被投资方的相关活动以及如何对相关活动作出决策

（1）被投资方的相关活动。

这里的"相关活动"是指对被投资方的回报产生重大影响的活动。对许多企业而言，经营和财务活动通常对其回报产生重大影响。

识别被投资方相关活动的目的是确定投资方对被投资方是否拥有权力。相关活动包括但不限于下列活动：①商品或劳务的销售和购买。②金融资产的管理。③资产的购买和处置。④研究与开发活动。⑤融资活动等。

（2）相关活动的决策机制。

投资方对被投资方是否拥有权力，不仅取决于被投资方的相关活动，而且还取决于相关活动的决策机制，如对被投资方的经营和融资等活动作出决策的方式、任命关键管理人员、给付薪酬以及终止劳动合同关系的决策方式等。决策机制分两种情况，见图8-4。

决策机制 { 一般情况→企业权力机构：股东大会、董事会
特殊情况→合同约定的其他主体（如管委会、普通合伙人、投资管理公司）

图8-4　决策机制情况

当出现两个或者两个以上投资方分别享有能够单方面主导被投资方不同相关活动的现时权利的情况，其决策方式为由能够主导对被投资方回报产生最重大影响活动的一方拥有对被投资方的权力，此时，通常需要考虑以下四个因素：①被投资方的设立目的。②影响被投资方利润率、营业收入和企业价值的决定因素。③每一投资方有关上述因素的决策职权范围及其对被投资方回报的影响程度。④投资方承担可变回报风险的大小。

【例8-2】甲公司和乙公司共同投资设立C公司。C公司的主营业务活动为药品研发与销售。根据C公司章程和合资协议的约定，在所研发药品获得相关监管部门的生产批准之前，甲公司可以单方面主导C公司药品研发活动，而在获得相关监管部门的生产批准之后，则由乙公司单方面主导该药品的生产和营销决策。

【分析与解释】

C公司的药品研发、生产、营销活动及相关监管部门的生产批准均会对C公司的回报产生重大影响。投资方在判断是否对C公司拥有权力时，除了需要结合上述四个因素进行综合分析外，还需要考虑获得监管部门批准的不确定性和难易程度、被投资方成功开发药品并获取生产批准的历史记录、产品定位、当前药品所处的开发阶段、所需开发时间、同类药品开发的难易程度、取得同类药品营销渠道的难易程度、开发完成后可实际控制该药品相关经营活动的投资方等因素。由此可见，在不考虑其他因素的情况下，当药品研发属于最相关活动时，能够主导研发的投资方甲公司拥有对被投资方的权力；当药品生产和销售属于最相关活动时，能够主导产品生产和销售的投资方乙公司拥有对被投资方的权力。

可见，由甲公司和乙公司分别控制不同时期。

3. 评估投资方享有的权力是否使其目前有能力主导被投资方的相关活动

评估投资方享有的权力是否使其目前有能力主导被投资方的相关活动，首先应分清权利与权力之间的关系，然后具体分析投资方对被投资方拥有权力的情况（比如持股比例）。下面分别说明。

（1）权利与权力的关系见表8-1。

表8-1 权利与权力的关系

项目	相关规定
权利	权利是一个法律概念，是法律赋予权利主体作为或者不作为的保障，分为实质性权利和保障性权利： (1) 实质性权利：实质性权利是指持有人在对相关活动进行决策时有实际能力行使的可执行权利。应注意三个问题： ①判断一项权利是否为实质性权利，应当综合考虑所有相关因素，包括权利持有人行使该项权利是否存在财务、价格、条款、机制、信息、运营和法律、法规等方面的障碍；当权利由多方持有或者行权需要多方同意时，是否存在实际可行的机制使得这些权利持有人在其愿意的情况下能够一致行权；权利持有人能否从行权中获利等。 ②投资方享有现时权利使其目前有能力主导被投资方的相关活动，而不论其是否实际行使该权利，视为投资方拥有对被投资方的权力。 ③在某些情况下，其他方享有的实质性权利有可能会阻止投资方对被投资方的控制。这种实质性权利既包括提出议案以供决策的主动性权利，也包括对已提出议案作出决策的被动性权利。 (2) 保障性权利：保护性权利是指仅为了保护权利持有人利益却没有赋予持有人对相关活动决策权的一项权利（如贷款协议中，如果贷款人违约使用资金，银行有权利收回贷款）。仅享有保护性权利的投资方不拥有对被投资方的权力
权力	权力是一个政治概念，是有权支配他人的强制之力
权利与权力的关系	(1) 权力源于权利，但是有些权利不一定产生权力，如少数股东对被投资方也享有收益分享的权利，但不产生对被投资方的权力。 (2) 评估投资方享有的权力需要区分投资方及其他方享有的是实质性权利还是保护性权利，应当仅考虑与被投资方相关的实质性权利，包括自身所享有的实质性权利以及其他方所享有的实质性权利

【例8-3】甲公司和乙公司分别持有被投资方C公司70%和30%有表决权的股份。甲公司与乙公司签订的期权合同规定，乙公司可以在当前及未来2年内以固定价格购买甲公司持有的C公司50%有表决权股份，该期权在当前及预计未来2年内都是深度价外期权（即依据期权合约的条款设计，使得买方乙公司到期前行权的可能性极小）。历史上，甲公司一直通过表决权主导被投资方的相关活动。

【分析与解释】

乙公司当前持有购买甲公司有表决权股份的可行使期权，如果行使该期权，将使甲公司持有C公司80%（30%＋50%）有表决权的股份。

但这些期权在当前及预计未来2年内都是深度价外期权，乙公司无法从该期权的行使中获利，因此，这些期权并不构成实质性权利，在评估乙公司是否拥有对被投资方的权力时不应予以考虑。

(2) 投资方对被投资方拥有权力的情况（重点）

投资方对被投资方拥有权力分为两种情况：一是投资方拥有多数表决权的权力，通常表明投资方对被投资方拥有权力（但有例外）；二是投资方持有被投资方半数或以下的表决权，但通过与其他表决权持有人之间的协议能够控制半数以上表决权。现将拥有权力情况归纳如表8-2所示。

表8-2 表决权与控制的关系

表决权情况	一般情况	特殊情况
持有表决权半数以上（如持股比例>50%）	持有被投资方过半数表决权的投资方拥有对被投资方的权力，包括四种情况：①投资方直接拥有其半数以上表决权资本。②母公司间接拥有其半数以上表决权资本。③母公司直接和间接拥有其半数以上表决权资本。④多层控股与交叉持股	持有被投资方过半数表决权但不拥有对被投资方的权力。包括： ①存在其他安排赋予被投资方的其他投资方拥有对被投资方的权力。比如：直接指定某投资方控制被投资方。 ②投资方拥有的表决权不是实质性权利。比如，被投资方被政府接管

续表

表决权情况	一般情况	特殊情况
投资方持有被投资方半数或以下的表决权（如持股比例≤50%）	投资方持有被投资方半数或以下的表决权，不拥有对被投资方的权力	通过与其他表决权持有人之间的协议能够控制半数以上表决权： ①投资方持有的表决权相对于其他投资方持有的表决权份额的大小，以及其他投资方持有表决权的分散程度。比如，甲公司持有乙公司35%的表决权，第二大股东持有1%的表决权，其余更少。 ②投资方和其他投资方持有的被投资方的潜在表决权，如可转换公司债券、可执行认股权证等。比如，甲公司持有乙公司25%股权和持有乙公司可转债，假如甲公司将可转债转为股份，则持有70%的表决权。 ③其他合同安排产生的权利。比如，合同安排赋予投资方能够聘任被投资方董事会多数成员。 ④被投资方以往的表决权行使情况等其他相关事实和情况。比如，投资方与被投资方之间存在某种特殊关系。 ⑤权力来自表决权之外的其他权利（权力来自合同安排）。比如，合同安排指定甲资产管理公司控制证券化产品、资产支持融资工具、部分投资基金等结构化主体

注意：结构化主体是指在确定其控制方时没有将表决权或类似权利作为决定因素而设计的主体。比如，证券化产品、资产支持融资工具、部分投资基金等。

【例8-4】表决权下拥有控制的三种情形（直接、直接+间接、间接）

P公司投资情况见图8-5。

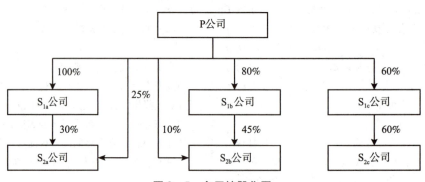

图8-5 多层控股集团

通过图8-5可知：

（1）直接控制：P公司直接持有 S_{1a} 100%、S_{1b} 80%、S_{1c} 60%，均为P公司的子公司，纳入合并范围；

（2）直接加间接控制：甲公司直接加间接合计持有 S_{2a} 55%（25%+30%）、直接加间接合计持有 S_{2b} 55%（10%+45%），均为P公司的子公司，纳入合并范围；

（3）间接控制：甲公司通过 S_{1c} 间接持有 S_{2c} 60%，为P公司的子公司，纳入合并范围。

（二）投资方因参与被投资方的相关活动而享有的可变回报

判断投资方是否控制被投资方的第二项基本要素为因参与被投资方的相关活动而享有可变动回报（回报模式）。可变回报表现为以下形式：

（1）股利、被投资方经济利益的其他分配（如被投资方发行的债务工具产生的利息）、投资方对被投资方投资的价值变动。

（2）因向被投资方的资产或负债提供服务而得到的报酬、因提供信用支持或流动性支持收取的费用或承担的损失、被投资方清算时在其剩余净资产中所享有的权益、税务利益，以及因涉入被投资方而获得的未来流动性。

（3）其他利益持有方无法得到的回报。例如，投资方将自身资产与被投资方的资产一并使用，以实现规模经济，达到节约成本、为稀缺产品提供资源、获得专有技术或限制某些运营或资产的目的，从而提高投资方其他资产的价值。

（三）投资方有能力运用对被投资方的权力影响其回报金额

判断控制的第三个基本要素是，投资方有能力运用对被投资方的权力影响其回报金额（即权力模式与回报模式之间的关系）。只有当投资方不仅拥有对被投资方的权力，通过参与被投资方的相关活动而享有可变回报，并且有能力运用对被投资方的权力来影响其回报的金额时，投资方才能控制被投资方。

投资方在判断是否控制被投资方时，应当确定其自身是以主要责任人还是代理人的身份行使决策权。另外，在其他方拥有决策权的情况下，投资方还需要确定其他方是否以其代理人的身份代为行使决策权。

1. 投资方的代理人

代理人是相对于主要责任人而言的，代表主要责任人行动并服务于该主要责任人的利益。主要责任人可能将其对被投资方的某些或全部决策权授予代理人，但在代理人代表主要责任人行使决策权时，代理人并不对被投资方拥有控制。主要责任人的权力有时可以通过代理人根据主要责任人的利益持有并行使，但是，权力行使人不会仅仅因为其他方能从其行权中获益而成为代理人。

在判断控制时，投资方将被投资方相关活动的决策权委托给代理人的，应当将该决策权视为自身直接持有（即代理人代表的是投资方的意志）。在确定决策者是否为代理人时，投资方应当综合考虑该决策者与被投资方以及其他投资方之间的关系，尤其需要考虑下列四个因素，见表8-3。

表8-3　　　　确定决策者是否为代理人应考虑的因素

因素	具体内容
决策者对被投资方的决策权范围	在评估决策权范围时，投资方应考虑相关协议或法规允许决策者决策的活动，以及决策者对这些活动进行决策时的自主程度。允许决策者（如资产管理者）主导被投资方相关活动的决策权范围越广，越能表明决策者拥有权力，但并不意味着该决策者一定是主要责任人
其他方享有的实质性权利	其他方享有的实质性权利可能会影响决策者主导被投资方相关活动的能力。其他方持有实质性罢免权或其他权利并不一定表明决策者是代理人。存在单独一方拥有实质性罢免权并能够无理由罢免决策者的事实，足以表明决策者是代理人。在罢免决策者时需要联合起来行使罢免权的各方的数量越多，决策者的其他经济利益（即薪酬和其他利益）的比重和可变动性越强，则其他方所持有的权利在判断决策者是否是代理人时的权重就越轻
决策者的薪酬水平	相对于被投资方活动的预期回报，决策者薪酬的比重（量级）和可变动性越大，决策者越有可能不是代理人。当同时满足下列两项时，决策者有可能是代理人：一是决策者的薪酬与其所提供的服务相称；二是薪酬协议只包括在公平交易基础上有关类似服务和技能水平商定的安排中常见的条款、条件或金额。决策者不能同时满足上述两个条件的，不可能是代理人
决策者因持有被投资方的其他利益而承担可变回报的风险	若决策者持有被投资方其他利益，表明该决策者可能是主要责任人。对于在被投资方持有其他利益（如对被投资方进行投资或提供被投资方业绩担保）的决策者，在判断其是否为代理人时，应评估决策者因该利益所面临的可变回报的风险。在实际评估时，决策者应考虑：（1）决策者享有的经济利益（包括薪酬和其他利益）的比重和可变动性。决策者享有的经济利益的比重和可变动性越大，该决策者越有可能是主要责任人。（2）该决策者面临的可变回报风险是否与其他投资方不同；如果是，这些不同是否会影响其行为。例如，决策者持有次级权益，或向被投资方提供其他形式的信用增级，这表明决策者可能是主要责任人

第八章

2. 实质代理人

在判断控制时，投资方应当考虑与所有其他方之间的关系、他们是否代表投资方行动（即识别投资方的实质代理人），以及其他方之间、其他方与投资方之间如何互动。当投资方（或有能力主导投资方活动的其他方）能够主导某一方代表其行动时，被主导方为投资方的实质代理人。在这种情况下，投资方在判断是否控制被投资方时，应将其实质代理人的决策权以及通过实质代理人而间接承担（或享有）的可变回报风险（或权利）与其自身的权利一并考虑。

根据各方的关系表明，一方可能是投资方的实质代理人的情况包括但不限于：（1）投资方的关联方。（2）因投资方出资或提供贷款而取得在被投资方中权益的一方。（3）未经投资方同意，不得出售、转让或抵押其持有的被投资方权益的一方（不包括此项限制系通过投资方和其他非关联方之间自愿协商同意的情形）。（4）没有投资方的财务支持难以获得资金支持其经营的一方。（5）被投资方权力机构的多数成员或关键管理人员与投资方权力机构的多数成员或关键管理人员相同。（6）与投资方具有紧密业务往来的一方，如专业服务的提供者与其中一家重要客户的关系。

✖ 考点 2　纳入合并范围的特殊情况——对被投资方可分割部分的控制

投资方通常应当对是否控制被投资方整体进行判断。但在少数情况下，如果有确凿证据表明同时满足下列条件并且符合相关法律法规规定的，投资方应当将被投资方的一部分视为被投资方可分割的部分，进而判断是否控制该部分：（1）该部分的资产是偿付该部分负债或该部分其他利益方的唯一来源，不能用于偿还该部分以外的被投资方的其他负债；（2）除与该部分相关的各方外，其他方不享有与该部分资产相关的权利，也不享有与该部分资产剩余现金流量相关的权利。投资方是否合并被投资方可分割部分，其判断逻辑见图 8-6。

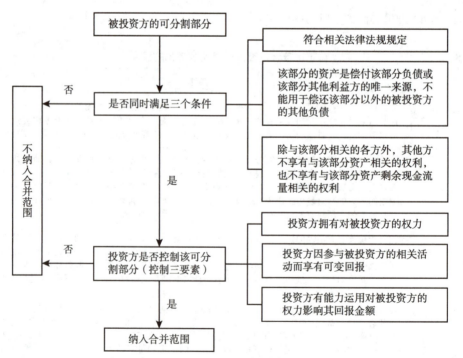

图 8-6　投资方是否合并被投资方可分割部分的判断逻辑

✲ 考点3 合并范围的豁免——投资性主体

（一）豁免规定

母公司应当将其全部子公司（包括母公司所控制的被投资单位可分割部分、结构化主体）纳入合并范围。但是，如果母公司是投资性主体，则只应将那些为投资性主体的投资活动提供相关服务的子公司纳入合并范围，其他子公司不应予以合并，母公司对其他子公司的投资应当按照公允价值计量且其变动计入当期损益。

一个投资性主体的母公司如果其本身不是投资性主体，则应当将其控制的全部主体，包括投资性主体以及通过投资性主体间接控制的主体，纳入合并财务报表范围。

（二）投资性主体的定义

当母公司同时满足以下三个条件时，该母公司属于投资性主体，见图8-7。

投资性主体条件 { 该公司是以向投资者提供投资管理服务为目的，从一个或多个投资者处获取资金
该公司的唯一经营目的，是通过资本增值、投资收益或两者兼有而让投资者获得回报
该公司按照公允价值对几乎所有投资的业绩进行考量和评价

图8-7 投资性主体的三个条件

注意：投资性主体的经营目的体现方式有下列四种情况。

（1）向投资方或第三方提供投资相关服务。

（2）向被投资方提供其他服务和支持。投资性主体可能向被投资方提供管理或战略建议服务、贷款或担保等财务方面的支持。当投资性主体专门设立为被投资方提供投资咨询、投资管理等服务的子公司时，该投资性主体应当合并该子公司。

（3）投资性主体的投资目的及回报方式应该是资本增值和投资收益。下列情形就不符合投资性主体投资目的及回报方式：

①该主体或其所在企业集团其他成员购买、使用、交换或开发被投资方的流程、资产或技术。

②该主体与被投资方就开发、生产、销售或提供产品或服务达成合营安排或其他协议。

③被投资方为该主体的借款提供财务担保或以被投资方的资产作为抵押。

④该主体的关联方持有的、可从所在集团其他成员处购买该主体持有的被投资方所有者权益的购买选择权利。

⑤该主体或所在集团成员与被投资方的关联方之间的非公允交易，且该交易属于被投资方或该主体经营活动的重大组成部分。

（4）退出战略。投资性主体与非投资性主体的一个区别在于，投资性主体不打算无限期持有其投资。退出战略明确了其退出投资的时间表，没有退出战略可能表明其计划无限期地持有相关投资。

【例8-5】 甲公司为从事高科技产品研发、生产和销售的企业集团，发起设立了A基金，专门投资于一些尚处于研发初期的创新企业以获取资本增值。甲公司与A基金签订协议约定：如果其中某项高科技产品研发成功，甲公司享有优先购买权。

【分析与解释】

A基金的经营目的除了获取资本增值之外，还包括了为其企业集团获取新产品的开发渠道，获取资本增值并不是该基金的唯一经营目的，因此，A基金不符合投资性主体的条件。

现将母公司是否属于投资性主体的判断逻辑总结如图8-8所示。

第八章

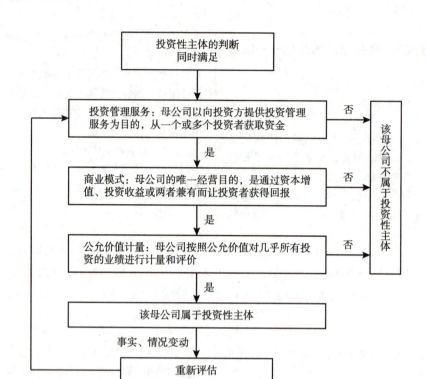

图 8-8　母公司是否属于投资性主体的判断逻辑

（三）投资性主体的特征

母公司属于投资性主体的，通常情况下应当符合下列所有四个特征，见表 8-4。

表 8-4　　　　　　　　　　　　　　投资性主体的特征

特征	相关内容
拥有一个以上投资	一个投资性主体通常会同时持有多项投资以分散风险和最大化回报。如果某项投资要求较高的最低出资额，单个投资方很难进行如此高额的投资时，可能设立投资性主体用于募集多个投资方的资金进行集中投资
拥有一个以上投资者	投资性主体通常拥有多个投资者，拥有多个投资者使投资性主体或其所在企业集团中的其他企业获取除资本增值、投资收益以外的收益的可能性减小。当主体刚刚设立、正在积极识别合格投资者，或者原持有的权益已经赎回、正在寻找新的投资者，或者处于清算过程中，即使主体仅拥有一个投资者，该主体仍可能符合投资性主体的定义。还有一些特殊的投资性主体，其投资者只有一个，但其目的是代表或支持一个较大投资者团体的利益而设立的。例如，某企业设立一只年度基金，其目的是支持该企业职工退休后福利，该基金的投资者虽然只有一个，但却代表了一个较大的投资者团体的利益，仍然属于投资性主体
投资者不是该主体的关联方	投资性主体通常拥有若干个投资者，这些投资者既不是其关联方，也不是所在企业集团中的其他成员，这一情况使得投资性主体或其所在企业集团中的其他成员获取除资本增值和投资收益以外的收益的可能性减小。但是，关联投资者的存在并非表明该主体一定不是投资性主体。例如，某个基金的投资方之一可能是该基金的关键管理人员出资设立的企业，其目的是更好地激励基金的关键管理人员，这种安排并不影响该基金符合投资性主体的定义
其所有者权益以股权或类似权益方式存在	投资性主体通常是单独的法律主体，但没有要求投资性主体必须是单独的法律主体。但无论其采取何种形式，其所有者权益通常采取股权或者类似权益的形式（例如合伙权益），且净资产按照所有者权益比例份额享有

（四）投资性主体的转换

对投资性主体的判断需要持续进行，当有事实和情况表明构成投资性主体定义的三项要素发生变化，或者任何典型特征发生变化时，应当重新评估其是否符合投资性主体。

随着情况的变化，投资性主体有可能变成非投资性主体，非投资性主体也可能变成投资性主体，这些转换的会计处理见表8-5。

表8-5　　　　　　　　　　　　投资性主体转换的会计处理

业务	会计处理
母公司由非投资性主体转变为投资性主体	当母公司由非投资性主体转变为投资性主体时，除仅将为其投资活动提供相关服务的子公司纳入合并财务报表范围编制合并财务报表外，企业自转变日起对其他子公司不再予以合并，其会计处理参照部分处置子公司股权但不丧失控制权的处理原则：终止确认与其他子公司相关资产（包括商誉）及负债的账面价值，以及其他子公司相关少数股东权益（包括属于少数股东的其他综合收益）的账面价值，并按照对该子公司的投资在转变日的公允价值确认一项以公允价值计量且其变动计入当期损益的金融资产，同时将对该子公司的投资在转变日的公允价值作为处置价款，其与当日合并财务报表中该子公司净资产（资产、负债及相关商誉之和，扣除少数股东权益）的账面价值之间的差额，调整资本公积（资本溢价或股本溢价），资本公积不足冲减的，调整留存收益
母公司由投资性主体转变为非投资性主体	当母公司由投资性主体转变为非投资性主体时，应将未纳入合并财务报表范围的子公司于转变日纳入合并财务报表范围，原未纳入合并财务报表范围的子公司在转变日的公允价值视同为购买的交易对价，按照非同一控制下企业合并的会计处理方法进行会计处理

✳ 考点4　控制的持续评估

控制的评估是持续的，如果有任何事实或情况表明控制的三项基本要素中的一项或多项发生了变化，则投资方应重新评估对被投资方是否具有控制权。下面是控制权变化的一些情况。

（1）如果对被投资方的权力的行使方式发生变化，则该变化必须反映在投资方对被投资方权力的评估中。例如，决策机制的变化可能意味着投资方不再通过表决权主导相关活动，而是由协议或者合同等其他安排赋予其他方主导相关活动的现时权利。

（2）某些事件即使不涉及投资方，也可能导致该投资方获得或丧失对被投资方的权力。例如，其他方以前拥有的能阻止投资方控制被投资方的决策权到期失效，则可能使投资方因此而获得权力。

（3）投资方应考虑因其参与被投资方相关活动而承担的可变回报风险敞口的变化带来的影响。例如，如果拥有权力的投资方不再享有可变回报（如与业绩相关的管理费合同到期），则该投资方将由于不满足控制三要素的第二要素而丧失对被投资方的控制。

（4）投资方还应考虑其作为代理人或主要责任人的判断是否发生了变化。投资方与其他方之间整体关系的变化可能意味着原为代理人的投资方不再是代理人；反之亦然。例如，如果投资方或其他方的权利发生了变化，投资方应重新评估其代理人或主要责任人的身份。

✳ 考点5　合并财务报表的编制原则

合并财务报表的编制除应遵循财务报表编制的一般原则和要求，如真实可靠、内容完整，除此之外，还应当遵循以下三个原则和要求，见表8-6。

表8-6　　　　　　　　　　　　合并报表的编制原则

原则	相关内容
以个别财务报表为基础编制	合并财务报表是利用母公司和子公司编制的反映各自财务状况和经营成果的财务报表提供的数据，通过合并财务报表的特有方法进行编制

续表

原则	相关内容
一体性原则	合并财务报表反映的是母公司和其全部子公司形成的企业集团整体的财务状况、经营成果和现金流量。在编制合并财务报表时，对于母公司与子公司、子公司相互之间发生的经济业务，应当视同同一会计主体内部业务处理，抵销内部交易
重要性原则	在编制合并财务报表时，必须特别强调重要性原则的运用。对于重要的内部交易应该抵销，不重要的可以不抵销

✲ 考点6　合并财务报表编制的前期准备事项

编制合并报表时，需要做好以下四项前期准备工作，见表8－7。

表8－7　　合并财务报表编制的前期准备事项

前期准备事项	相关内容
获取编制合并财务报表所需要的相关资料	在编制合并财务报表前应向子公司获取所需的相关资料包括：（1）子公司相应期间的财务报表；（2）采用的与母公司不一致的会计政策及其影响金额；（3）与母公司不一致的会计期间的说明；（4）与母公司、其他子公司之间发生的所有内部交易的相关资料，包括但不限于内部购销交易、债权债务、投资及其产生的现金流量和未实现内部销售损益的期初、期末余额及变动情况等资料；（5）子公司所有者权益变动和利润分配的有关资料；（6）编制合并财务报表所需要的其他资料
统一母子公司的资产负债表日及会计期间	为了编制合并财务报表，必须统一企业集团内母公司和所有子公司的资产负债表日和会计期间，使子公司的资产负债表日和会计期间与母公司的资产负债表日和会计期间保持一致，以便于子公司提供相同资产负债表日和会计期间的财务报表
统一货币计量单位	对母公司和子公司的财务报表进行合并，其前提必须是母子公司个别财务报表所采用的货币计量单位一致。在将境外经营纳入合并范围时，应将境外子公司外币报表折算为母公司币种一致的报表
统一会计政策	母公司应当统一子公司所采用的会计政策，使子公司采用的会计政策与母公司保持一致。当子公司采用的会计政策与母公司不一致时，在编制合并财务报表前，应当将子公司的个别财务报表按照母公司的会计政策进行必要的调整。 中国境内企业设在境外的子公司在境外发生的交易或事项，因受法律法规限制等境内不存在或交易不常见的、我国企业会计准则未作出规范的，可以将境外子公司已经进行的会计处理结果，在符合基本准则的原则下，按照国际财务报告准则进行调整后，并入境内母公司合并财务报表的相关项目

✲ 考点7　合并财务报表编制的基本程序

编制合并报表应经过五个步骤完成，见表8－8。

表8－8　　合并财务报表编制的基本程序

程序	具体内容
编制合并工作底稿	合并工作底稿是编制合并财务报表的基础。在合并工作底稿中，对母公司和子公司的个别财务报表各项目的金额进行汇总和抵销处理，最终计算得出合并财务报表各项目的合并金额

续表

程序	具体内容
将个别财务报表的数据过入合并工作底稿	将母公司和纳入合并范围的子公司的个别资产负债表、个别利润表、个别现金流量表及个别所有者权益变动表各项目的数据过入合并工作底稿的相应栏目，并在合并工作底稿中对母公司和子公司个别财务报表各项目的数据进行加总，计算得出个别资产负债表、个别利润表、个别现金流量表及个别所有者权益变动表各项目合计数额
编制调整分录和抵销分录	(1) 编制调整分录：先调整子公司报表，再调整母公司报表。①调整子公司报表时，对于直接投资及同一控制下企业合并中取得的子公司，其采用的会计政策、会计期间与母公司不一致的情况下，按照母公司的会计政策和会计期间，对子公司的个别财务报表进行调整。对于非同一控制下企业合并中取得的子公司，除应考虑会计政策及会计期间的差别，需要对子公司的个别财务报表进行调整外，还应当根据母公司在购买日设置的备查簿中登记的该子公司有关可辨认资产、负债的公允价值，对子公司的个别财务报表进行调整，使子公司的个别财务报表反映为在购买日公允价值基础上确定的可辨认资产、负债等在本期资产负债表日应有的金额。②对母公司报表的调整包括对子公司长期股权投资的调整和对合营、联营企业内部交易的调整。 (2) 编制抵销分录：将母公司与子公司、子公司相互之间发生的经济业务对个别财务报表有关项目的影响进行抵销处理，包括长期股权投资与所有者权益、内部购销、内部债权债务、内部固定资产、内部无形资产等交易和事项的抵销
计算合并财务报表各项目的合并金额	计算合并财务报表各项目的合并金额，是指在母公司和子公司个别财务报表各项目加总金额的基础上，分别计算出合并财务报表中各资产项目、负债项目、所有者权益项目、收入项目和费用项目等的合并金额。比如，资产类各项目，其合并金额根据该项目加总的金额，加上该项目调整分录与抵销分录有关的借方发生额，减去该项目调整分录与抵销分录有关的贷方发生额计算确定
填列正式的合并财务报表	将合并工作底稿中的"合并数"抄到合并财务报表相关项目中，合并报表就编制完成了

本章历年试题解析

【2015 年试题】

P 公司是一家专门从事矿产资源开发、生产和销售的大型企业集团公司。2013 年末 P 公司拥有甲公司、乙公司和丙公司 3 家全资子公司，并将其纳入合并财务报表的合并范围；P 公司除拥有上述 3 家子公司的股权投资外，无其他股权投资，且 3 家子公司均无对外股权投资。P 公司及其子公司适用的所得税税率为 25%，采用的会计期间和会计政策一致。2014 年，P 公司及其子公司发生的与股权投资有关的业务资料如下：

(1) 甲公司控制乙公司（略）。

(2) 丙公司控制 M 公司（略）。

(3) P 公司设立产业投资管理公司。

2014 年 10 月 7 日，P 公司与其他投资人（其他投资人与 P 公司不存在关联方关系，且相互之间也不存在关联方关系）共同出资设立了 X 产业投资管理公司（以下简称 X 公司）。X 公司专门投资于具有快速成长潜力的企业，向其投资人提供投资管理服务；其业务仅是对其他企业进行股权投资，目的是实现投资期内的资本增值。X 公司采用公允价值基础计量和评价其投资并向投资者报告被投资企业的财务信息。P 公司能够控制 X 公司，并承担为 X 公司制定投资策略的义务，至 2014 年 12 月 31 日，X 公司对三家具有高增长潜力的未上市企业进行了股权投资，且已制定明确的退出计划。

2014 年 12 月 31 日，P 公司在编制 2014 年度合并财务报表时，没有将 X 公司纳入其合并财务报表的合并范围。其理由是：X 公司属于投资性主体，而 P 公司是非投资性主体，将 X 公司纳入 P 公司合并财务报表的合并范围，会使合并财务报表对 P 公司主业活动的财务状况、经营成果、所有者权益变动及现金流量情况的反映不够清晰。

假定不考虑其他因素。

要求：

1. 根据资料（1），逐项判断①～③项是否正确；如不正确，请说明理由。（已超纲）

2. 根据资料（1），计算甲公司合并日合并资产负债表中资本公积的金额。（已超纲）

3. 根据资料（2），逐项判断①～⑤项是否正确；如不正确，请说明理由。（已超纲）

4. 根据资料（3），判断 P 公司将 X 公司排除在合并财务报表合并范围之外的做法是否正确，说明理由，并说明作为投资性主体应符合哪些特征。

【分析与解释】

1～3. 略

4. 不正确。

理由：P 公司不是投资性主体，且能够控制 X 公司。

注：母公司应当将其全部子公司纳入合并财务报表的合并范围，但涉及投资性主体时需区别对待。本处不涉及投资性主体，故 P 公司应该把 X 公司纳入合并范围，P 公司在编制 2014 年度合并财务报表时，没有将 X 公司纳入其合并财务报表的合并范围不正确。

投资性主体一般应符合下列所有特征：

（1）拥有一个以上的投资；

（2）拥有一个以上的投资方；

（3）投资方不是该主体的关联方；

（4）其所有者权益以股权或类似权益方式存在。

【2013 年试题】

甲公司为一家能源行业的大型国有企业集团公司。近年来，为做大做强主业，实现跨越式发展，甲公司紧紧抓住 21 世纪头二十年重要战略机遇期，对外股权投资业务取得重大进展。2012 年，甲公司发生的相关业务如下：

（1）2012 年 3 月 31 日，甲公司与境外某能源企业 A 公司的某股东签订股权收购协议，甲

公司以 200 000 万元的价格收购 A 公司股份的 80%；当日，A 公司可辨认净资产的公允价值为 220 000 万元，账面价值为 210 000 万元。6 月 30 日，甲公司支付了收购款并完成股权划转手续，取得了对 A 公司的控制权。当日，A 公司可辨认净资产的公允价值为 235 000 万元，账面价值为 225 000 万元。收购前，甲公司与 A 公司之间不存在关联方关系；甲公司与 A 公司采用的会计政策相同。

（2）（已超纲）。

（3）（已超纲）。

（4）甲公司还开展了以下股权投资业务，且已经完成所有相关手续。

①2012 年 10 月 31 日，甲公司的两个子公司与境外 D 公司三方签订投资协议，约定甲公司的两个子公司分别投资 40 000 万元和 20 000 万元，D 公司投资 20 000 万元，在境外设立合资企业 E 公司从事煤炭资源开发业务。甲公司通过其两个子公司向 E 公司委派董事会 7 名董事中的 4 名董事。按照 E 公司注册地政府相关规定，D 公司对 E 公司的财务和经营政策拥有否决权。

②2012 年 11 月 30 日，甲公司以现金 200 000 万元取得 F 公司的 40%。F 公司章程规定，其财务和经营政策需经占 50% 以上股份的股权代表决定。12 月 10 日，甲公司与 F 公司另一股东签订股权委托管理协议，受委托管理该股东所持的 25% F 公司股份，并取得相应的表决权。

假定上述涉及的股份均具有表决权，且不考虑其他因素。

要求：

1. 根据资料（1），判断甲公司收购 A 公司股份是否属于企业合并，并简要说明理由；如果属于企业合并，判断属于同一控制下的企业合并还是非同一控制下的企业合并，同时指出合并日（或购买日），并分别简要说明理由。

2. 根据资料（1），确定甲公司在合并日（或购买日）对 A 公司长期股权投资的初始投资成本；计算甲公司在合并财务表中应确认的商誉金额。

3. 根据资料（2），计算并简要说明甲公司在编制 2012 年度合并财务报表时对相关项目的抵销处理。（已超纲）

4. 根据资料（3），计算甲公司 2012 年度个

别利润表中对 C 公司应确认的投资收益；计算并简要说明对甲公司 2012 年度合并财务报表中资产类项目的影响。（已超纲）

5. 根据资料（4），分别判断甲公司是否应将 E 公司、F 公司纳入其合并财务报表范围，并分别说明理由。

【分析与解释】

1. （1）属于企业合并。

理由：收购交易完成后，甲公司对 A 公司拥有控制权。

（2）属于非同一控制下的企业合并。

理由：收购前甲公司与 A 公司之间不存在关联方关系。

（3）购买日为 2012 年 6 月 30 日。

理由：在该日甲公司取得了 A 公司控制权。

2. （1）初始投资成本为 200 000 万元。

（2）商誉金额 = 合并成本 200 000 - 份额 235 000 × 80% = 200 000 - 188 000 = 12 000（万元）。

3. （已超纲）。

4. （已超纲）。

5. （1）E 公司不纳入合并范围。

理由：D 公司对 E 公司的财务和经营政策拥有否决权，甲公司不拥有控制权。

（2）F 公司纳入合并范围。

理由：甲公司自身持有股份和受托管理股份合计达 65%，甲公司拥有控制权。

强化练习

说明：在出 20 分选答题时，很有可能将"企业合并会计"与"企业合并财务报表"相结合；同时，也有可能将"金融工具会计"结合进来，发生了一系列的股权投资和债权投资，要求对该金融资产进行分类，并进行初始计量和后续计量，由众多素材拼成一道大的案例题。因此，下面的练习题，不仅涉及合并财务报表的内容，也涉及企业合并和金融工具会计的内容。

习题一

甲集团公司为深交所上市公司（以下简称甲公司），主营风电设备制造和部分金融业务，属于产融结合的企业集团。在编制 2024 年合并财务报表中，甲公司发生了如下经济业务事项：

（1）甲公司持有乙公司 80% 的有表决权股份，为甲公司的子公司。2024 年 3 月 1 日，乙公司投资于丙公司，取得 60% 股权，改组了丙公司董事，有权任命丙公司董事会多数成员，对丙公司拥有权力；此前，甲公司、乙公司与丙公司不存在关联关系。据此，甲公司在 2024 年 12 月 31 日编制合并财务报表时，进行了如下处理：

①甲公司将丙公司纳入了合并财务报表范围。

②甲公司拥有丙公司实际合并股权比例为 60%。

③甲公司将丙公司全年的收入、费用、利润纳入了 2024 年合并利润表。

（2）甲公司持有丁公司 40% 表决权资本，另外两个投资者分别持有 30% 表决权资本，丁公司的经营活动与甲公司生产经营所需要的稀缺原材料相关。丁公司通过发行可转换公司债券筹集资金，发行条款规定：可转债持有人可以在当前及未来 3 年内任何时间以固定价格转换为丁公司的普通股。甲公司购买了部分可转债，如果可转换债券全部转换为普通股，甲公司将持有丁公司 68% 的表决权（假设不存在其他因素）。根据转换条款及可转债的实际市场价格，甲公司判断该期权为价内期权。据此，甲公司进行了如下会计处理：

①甲公司认为持有的丁公司潜在表决权不属于实质性权利。

②甲公司持有的表决权资本为 40%，不拥有对丁公司的权力。

（3）甲公司持有戊公司 100% 股权（境外子公司），为了日常管理需要，聘请国际知名资产管理公司对戊公司日常生产经营活动进行管理，每年按照戊公司实现净利润的 10% 支付管理报酬。当甲公司不满意戊公司实现的净利润时，甲公司可以随时更换资产管理方。据此，甲公司进行了如下会计处理：

①该资产管理公司对戊公司拥有权力。

②甲公司未将戊公司纳入合并范围。

（4）甲公司投资设立了一家已有限合伙企业，己企业设立目的是投资于有潜力高速增长的企业以实现资本增值，以公允价值计量和评价其投资项目，在合伙年限内以直接出售、推动被投资公司公开上市后出售被投资公司股份等方式处置这些投资项目。甲公司作为一合伙人拥有己企业5%的资本，并承担识别合适投资的责任，其余合伙人向己企业提供95%的资本，并且这些有限合伙人与甲公司不存在关联关系。截至2024年12月31日，己企业对A、B、C、D公司进行了权益性投资。其中A公司为甲公司全资控股的子公司，只为己企业提供相关服务；己企业对B公司持有55%股权，控制了B公司；己企业对C公司和D公司持股比例分别为3%和4%，不具有重大影响。据此，甲公司和己企业进行了会计处理：

①甲公司将己企业认定为投资性主体。

②己企业在编制合并财务报表时将A公司和B公司纳入了合并财务报表范围。

③甲公司在编制合并财务报表时，对己企业、C公司、D公司采用公允价值计量且其变动计入投资收益，将A公司和B公司纳入合并财务报表范围。

假设不考虑其他因素。

要求：

1. 根据资料（1），逐项指出①～③是否正确；如不正确，请说明理由。

2. 根据资料（2），逐项指出①～②是否正确；如不正确，请说明理由。

3. 根据资料（3），逐项指出①～②是否正确；如不正确，请说明理由。

4. 根据资料（4），逐项指出①～③是否正确；如不正确，请说明理由。

【分析与解释】

1. 资料（1）中：

①正确。

注：对于丙公司来说，甲公司直接持有乙公司80%的股权，通过乙公司间接持有丙公司60%的股权，甲公司间接持有丙公司60%的股

权，丙公司是甲公司的子公司，应纳入合并财务报表范围。

②不正确。

理由：甲公司合并丙公司实际合并股权比例为48%（80%×60%）。

注：合并股权比例48%，即为合并资产负债表中"归属于母公司所有者权益"的计算比例，以及合并利润表中"归属于母公司股东的净利润"的计算比例。

③不正确。

理由：乙公司合并丙公司属于非同一控制下企业合并，甲公司通过乙公司合并丙公司时，应将丙公司购买日后，即2024年3月1日～2024年12月31日的收入、费用、利润表纳入甲公司的合并利润表。

2. 资料（2）中：

①不正确。

理由：甲公司可转换债券到期可转换为普通股且全部转换为普通股后，甲公司将持有丁公司68%的表决权，而其他投资方各持有丁公司16%（32%/2）的表决权，可以判断甲公司能够主导丁公司的相关活动并从中获益。因此，甲公司持有的潜在表决权为实质性权利。

②不正确。

理由：甲公司持有的表决权40%与实质性潜在表决权相结合，表决权将达到68%，使得甲公司拥有对丁公司的权力。

3. 资料（3）中：

①不正确。

理由：该资产管理公司为戊公司提供管理劳务，按照业绩取得劳务报酬，其薪酬与其所提供的服务相称，甲公司可以随时更换资产管理方，该资产管理公司属于代理人，不拥有权力。

②不正确。

理由：甲公司作为戊公司主要责任人，有权撤换资产管理方，对戊公司拥有权力；甲公司因参与被投资方的相关活动而享有的可变回报（支付给资产管理方的报酬属于劳务费用，计入管理费用，而不是对戊公司净利润的分配）；投资方有能力运用对被投资方的权力影响其回报金额。因此，甲公司能够控制戊公司，应将戊公司纳入合并财务报表范围。

4. 资料（4）中：

①正确。

注：己企业满足投资性主体的三个条件，属于投资性主体：该公司是以向投资者提供投资管理服务为目的，从一个或多个投资者处获取资金；该公司的唯一经营目的，是通过资本增值、投资收益或两者兼有而让投资者获得回报；该公司按照公允价值对几乎所有投资的业绩进行考量和评价。

②不正确。

理由：如果母公司是投资性主体，则只应将那些为投资性主体的投资活动提供相关服务的子公司纳入合并范围，其他子公司不应予以合并，母公司对其他子公司的投资应当按照公允价值计量且其变动计入当期损益。己企业应将 A 公司纳入合并范围；但不应将 B 公司纳入合并范围，而应当对 B 公司按照公允价值计量且其变动计入当期损益。

③不正确。

理由：一个投资性主体的母公司如果其本身不是投资性主体，则应当将其控制的全部主体，包括投资性主体以及通过投资性主体间接控制的主体，纳入合并财务报表范围。甲公司应将己企业、A 公司、B 公司纳入合并范围。

习题二

甲公司为一家建筑施工企业集团，2024 年末甲公司有关投资情况如下：

（1）甲公司和乙公司分别持有 C 企业 65% 和 35% 的普通股，C 企业的相关活动通过股东会议上多数表决权主导。在股东会议上，每股普通股享有一票投票权。假设不存在其他因素，C 企业的相关活动由持有 C 企业大多数投票权的一方主导。

（2）甲公司持有 A 公司 45% 的投票权，剩余投票权由数千位股东持有，但没有股东持有超过 0.8% 的投票权，没有任何股东与其他股东达成协议或能够作出共同决策。

（3）甲公司拥有 B 公司 96% 的表决权资本，乙公司拥有 B 公司 4% 的表决权资本。由于 B 公司经营不善，连年亏损，至 2024 年 11 月末已资不抵债。于 12 月 15 日 B 公司被政府有关部门接管，被迫进入破产程序，进行破产清算。

假设不考虑其他因素。

要求：

1. 判断甲公司是否应将 C 公司纳入合并范围，并说明理由。

2. 判断甲公司是否应将 A 公司纳入合并范围，并说明理由。

3. 判断甲公司是否应将 B 公司纳入合并范围，并说明理由。

【分析与解释】

1. 甲公司应将 C 公司纳入合并范围。

理由：在通常情况下，当被投资方的相关活动由持有半数以上表决权的投资方决定，无论该表决权是否行使，持有被投资方过半数表决权的投资方拥有对被投资方的权力。甲公司持有 C 公司 65% 的表决权，能够控制 C 公司的财务政策和经营政策，C 公司是甲公司的子公司，甲公司应将 C 公司纳入合并范围。

2. 甲公司应将 A 公司纳入合并范围。

理由：甲公司虽然仅持有 A 公司半数以下的表决权（45%），但其他投资方持有表决权极为分散，55% 的投票权由数千位股东持有，而且没有股东持有超过 0.8% 的投票权；不但投票权极为分散，而且没有任何股东与其他股东达成协议或能够作出共同决策。综合考虑这些事实和情况后，判断甲公司持有的表决权足以使其目前有能力主导 A 公司的相关活动，甲公司对 A 公司拥有权力，能够控制 A 公司，甲公司应将 A 公司纳入合并范围。

3. 甲公司不应将 B 公司纳入合并范围。

理由：甲公司虽然拥有 B 公司 96% 的表决权资本，但是由于进入破产清算程序，对 B 公司的控制权已经转移至政府有关部门，甲公司已经对 B 公司没有了控制权，B 公司不是甲公司的子公司，甲公司不应当将 B 公司纳入其合并财务报表的合并范围。

习题三

蓝天股份有限公司为从事纺织品研发、制造和销售为主的制造业企业，为了继续加速企业的发展，调整产品结构，提高核心竞争力，2024 年蓝天公司发生了如下企业投资事项：

（1）蓝天公司的产品除销售国内市场外，一半以上产品出口到发达国家。为了加速开发新产品、引导国际服装潮流，赢得流行服装话语

第八章

权，改善公司形象，蓝天公司决定并购一家国际知名的时装公司（嘉禾时装公司）。2024年3月1日，蓝天公司通过发行债券筹集资金10亿元，此外为发行债券发生相关直接费用2 000万元。蓝天公司支付9.8亿元取得嘉禾时装公司55%的股权并取得控制权。购买日，嘉禾时装公司可辨认净资产的公允价值为15亿元。为进行该并购，发生的律师费等相关直接费用1 000万元。蓝天公司和嘉禾时装公司之间不存在任何关联关系。

（2）为了做强做大蓝天公司，蓝天公司决定向其主要材料供应商天元股份有限公司原股东定向发行2亿股股票，持有天元公司60%的股权。天元公司与蓝天公司同属一个企业集团，其最终控制的母公司均为繁荣集团公司。蓝天公司2024年7月1日取得对天元公司的控制权时，天元公司的净资产的账面价值为5亿元。蓝天公司在此次股票发行过程中发生了50万元的相关费用。

（3）蓝天公司投资于E公司，持有E公司40%的普通股；另外60%普通股分别由A公司、B公司、C公司各持有20%的股份。E企业的相关活动受其董事会主导，董事会由6名董事组成，其中3名董事由蓝天公司任命，剩余3名分别由A公司、B公司、C公司任命。蓝天企业和C企业单独签订合同安排，规定C企业任命的董事必须与蓝天公司任命的董事以相同方式进行表决。

假设不考虑其他因素。

要求：

1. 根据资料（1），判断蓝天公司对嘉禾时装公司的并购属于何种类型的并购，并说明理由。

2. 根据资料（1），指出蓝天公司对嘉禾时装公司的购买日，并说明理由。

3. 根据资料（1），计算蓝天公司对嘉禾公司合并成本是多少，是否产生商誉。

4. 根据资料（2），判断蓝天公司对天元公司的并购属于何种类型的并购，并说明理由。

5. 根据资料（2），计算蓝天公司对天元公司的长期股权投资成本，并指出合并日蓝天公司增加的资本公积的金额。

6. 根据资料（3），判断蓝天公司是否应将E公司纳入合并范围，并说明理由。

【分析与解释】

1. 蓝天公司对嘉禾时装公司的合并属于非同一控制下的企业合并。

理由：在并购前蓝天公司与嘉禾公司不存在关联关系。

2. 蓝天公司对嘉禾时装公司的购买日为2024年3月1日。

理由：该日蓝天公司取得控制权。

3. 合并成本＝支付的对价9.8亿元。

商誉＝合并成本9.8－取得的可辨认净资产公允价值份额（15×55%）＝9.8－8.25＝1.55（亿元）。

4. 蓝天公司并购天元公司属于同一控制下的企业合并。理由：由于合并前企业及合并后形成的企业均受繁荣公司的最终控制。

5. 长期股权投资入账价值＝取得的被投资方所有者权益账面价值的份额（5×60%）＝3（亿元）。

合并日蓝天公司增加的资本公积＝取得的被投资方净资产份额30 000－股本20 000－发行股票支付的佣金50＝9 950（万元）。

注：合并日蓝天公司的账务处理（单位：万元）：

借：长期股权投资——天元公司
　　　　　　　　　　　　　　　30 000
　　贷：股本　　　　　　　20 000
　　　　资本公积——股本溢价　10 000
借：资本公积——股本溢价　　50
　　贷：银行存款　　　　　　　50

6. 蓝天公司应将E公司纳入合并范围。

理由：蓝天公司持有E公司40%普通股，虽然没有过半数，但通过协议C公司持有的20%普通股，与蓝天公司以相同的方式表决，实际上蓝天公司拥有60%（40%＋20%）的表决权，若不存在其他因素，该合同安排赋予蓝天公司在董事会议上获得涉及相关活动的大多数投票权这一事实将使蓝天公司拥有对E企业的权力，能够控制E公司，甲公司应将E公司纳入合并范围。

习题四

甲公司是一家深圳证券交易所上市的一家新能源公司，在2024年进行了以下投资以及相关业务：

（1）1月5日，甲公司购入戊上市公司0.4%的股份，支付购买价款8 500万元，另外支付相关交易费用50万元，甲公司将其作为非交易性权益工具投资指定为以公允价值计量且其变动计入其他综合收益的金融资产。2024年12月31日，该股票收盘价为8 580万元。甲公司对该投资进行了如下会计处理：

①2024年1月5日该金融资产初始入账金额为8 550万元。

②2024年12月31日将戊公司股票公允价值变动计入了当期损益。

（2）1月1日，甲公司从活跃市场上购入乙公司同日发行的5年期债券30万份，支付款项2 990万元，另外支付交易费用10万元，甲公司管理该债券的业务模式是以收取合同现金流量为目标。该债券票面价值总额为3 000万元，票面年利率为5%，乙公司于每年年初支付上一年度利息。甲公司进行了如下会计处理：

①甲公司将该债券分类为以摊余成本计量的金融资产。

②甲公司将债权投资入账价值确定为2 990万元，将交易费用10万元计入了当期损益。

（3）7月15日，甲公司将其信贷资产整体转移给C信托机构，同时保证对C信托机构可能发生的信用损失进行全额补偿，甲公司在处理时没有终止确认该金融资产。

（4）甲公司与其母公司丙集团签订协议，以一项固定资产为对价购入丙集团下属全资子公司D公司80%的有表决权股份。该项固定资产原值为1 500万元，已计提折旧500万元，公允价值为1 100万元。

10月31日，甲公司办理完毕股权转让手续并拥有实质控制权，D公司当日的净资产账面价值为1 600万元，其中股本为200万元，资本公积为800万元，盈余公积60万元，未分配利润为540万元。可辨认净资产公允价值为1 700万元，其中股本为200万元，资本公积为800万元，盈余公积70万元，未分配利润为630万元。此外，甲公司为本次收购发生审计、法律服务、咨询等费用10万元。已知甲公司在合并前个别报表中的资本公积为400万元。

（5）甲公司为了实现资本增值，对丁公司进行了投资。丁公司为有限合伙企业，根据合伙协议，丁企业设立目的是投资于有潜力高速增长的企业以实现资本增值，实现投资收益。丁公司的资本来源是：甲公司作为有限合伙人和其他有限合伙人提供了98%的资本，另外2%的资本由一般合伙人A公司提供。丁公司筹集资金后，经过前期深度调查研究，获得了18家有发展潜力公司的权益投资。除了股权投资外，丁公司不从事其他生产经营活动，鉴于投资目的是资本增值，丁公司以公允价值计量和评价其投资项目，并向一般合伙人A公司和其他外部投资者提供这些信息。丁有限合伙企业计划在合伙年限内以直接出售、推动某投资公司公开上市后出售该投资公司股份等方式处置这些投资项目。已知一般合伙人与有限合伙人之间不存在关联关系。

假设不考虑其他因素。

要求：

1. 根据资料（1），分别判断事项①~②的处理是否正确；如不正确，请说明理由。

2. 根据资料（2），分别判断事项①~②的处理是否正确；如不正确，请说明理由。

3. 根据资料（3），判断甲公司对金融资产未终止确认的处理是否正确；如不正确，请说明理由。

4. 根据资料（4），指出甲公司购入D公司企业合并的类型，并简要说明理由，同时指出合并日（或购买日）。

5. 根据资料（4），①计算甲公司在合并日（或购买日）应确定的长期股权投资金额；②说明以固定资产为对价与长期股权投资金额之间差额的金额及其会计处理；③简要说明甲公司支付的审计、法律服务、咨询等费用的会计处理方法。

6. 根据资料（5），分析判断丁有限合伙公司是否属于投资性主体，并说明理由。

【分析与解释】

1. 资料（1）中：

事项①的处理正确。

事项②的处理不正确。

理由：以公允价值计量且其变动计入其他综合收益的金融资产（或：其他权益工具投资）公允价值变动应计入其他综合收益。

2. 资料（2）中：

事项①甲公司将债券分类为以摊余成本计量的金融资产正确。

事项②2024 年 1 月 1 日债权投资初始计量不正确。

理由：以摊余成本计量的金融资产入账价值 = 支付的购买价款 2 990 + 交易费用 10 = 3 000（万元）。

3. 资料（3）正确。

注：风险报酬未转移，不终止确认金融资产。

4. 甲公司购入 D 公司股份属于同一控制下的企业合并。

理由：参与合并的各方在合并前后均受乙公司的最终控制。

合并日是 2024 年 10 月 31 日。

5. ①甲公司在合并日确定的长期股权投资金额 = 1 600×80% = 1 280（万元）。

②固定资产与长期股权投资金额之间差额为 280 万元（1 280 - 1 000），应调整所有者权益相关项目，首先调整资本公积（资本溢价或股本溢价），资本公积（资本溢价或股本溢价）的余额不足冲减的，应冲减留存收益。

③甲公司支付的审计、法律服务、咨询等费用应于发生时费用化计入当期损益。

6. 丁有限合伙企业属于投资性主体。

理由：一是丁有限合伙企业的资金主要由有限合伙人提供，并向有限合伙人提供投资管理服务；二是丁有限合伙企业的唯一活动是向经营公司进行权益性投资以实现资本增值，丁有限合伙企业有明确的退出战略；三是丁有限合伙企业以公允价值计量和评价其投资项目，并向其投资者提供这些信息。

第九章　金融工具会计

本章概述

　　金融工具是进行投资、融资和风险管理的工具，一方形成了金融资产，另一方形成金融负债或权益工具。本章包括四节内容：金融资产和金融负债概述、金融资产转移、套期保值、股权激励，内容多难度大，是所有各章中最难学的一章。本章与前面各章存在内在联系：在第三章中，阐述了风险管理的应对策略包括风险对冲的套期保值，本章就是详细阐述套期保值的会计处理方法；在第四章中，阐述了投资决策和融资决策的方法，本章就是阐述投资和融资后的会计处理方法。

考情分析

　　本章 2024 年考了 10 分的必答题，2025 年考必答题的可能性很大，分数预计为 10～15 分。近年考分及考点具体情况见下表。

年度	题量	分值	相关知识点
2024	必答题 1 题	10	考核了金融资产分类与初始计量；考核了套期保值方式、确认与计量；考核了股权激励计划的拟定和会计处理
2023	必答题 1 题	15	考核了金融负债与权益工具区分、套期保值方式、限制性股票授予价格的确定、股权授予数量确定
2022	选答题 1 题	20	考核了金融资产分类、初始计量和后续计量；考核了应收账款和合同资产计提减值；考核了金融资产转移中售后回购、应收账款保理业务；考核了套期保值方式中的卖出套期；考核了股权激励对象、标的股票的数量比例以及股票期权行权价格的确定
2021	必答题 1 题	10	套期保值方式、分类、现金流量套期的确认计量；金融资产终止确认；其他权益工具投资的会计处理
2020	必答题 1 题	10	金融资产初始计量、终止确认、其他权益工具投资；股票期权激励对象、行权价格确定、会计处理

教材变化

　　本章教材 2025 年略有变化：一是增加了"职工自愿退出股权激励计划"的处理；二是对条款和条件的修改增加了一个例子；三是对集团内股份支付的特别考虑增加了一个例子；四是对个别文字进行完善。这些变化对考试有所影响，请考生适度关注。

考点框架

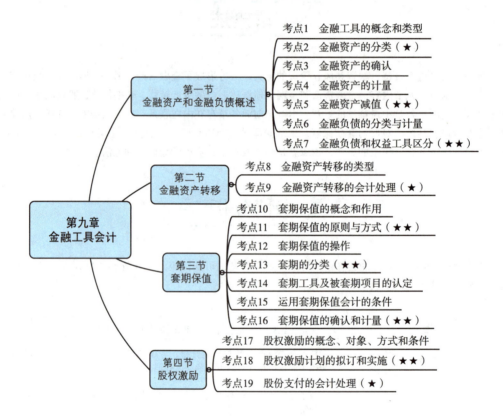

考点解读

✱ 考点 1　金融工具的概念和类型

1. 金融工具的概念

金融工具是指形成一个企业的金融资产并形成其他单位的金融负债或权益工具的合同。

金融工具包括金融资产、金融负债和权益工具（见图 9 – 1）。

```
        ┌ 一方：金融资产 ┌ 债权类金融资产
        │              └ 股权类金融资产
金融工具 ┤         ┌ 金融负债
        │         │ 夹层工具：优先股、永续债、
        └ 另一方 ┤           可转债
                  └ 权益工具
```

图9-1　金融工具分类

从考试的角度看，金融工具主要考金融资产、金融负债与权益工具的区分。

2. 金融工具的类型

金融工具可以**分类**为基础金融工具和衍生工具（见表9-1）。

表9-1　　　　　　　　　　　　　金融工具分类

分类	内容
基础金融工具	包括企业持有的现金、存放于金融机构的款项、普通股，以及代表在未来期间收取或支付金融资产的合同权利或义务等，如应收账款、应付账款等
衍生工具	具有下列特征的金融工具或其他合同：（1）其价值随着特定利率、金融工具价格、商品价格、汇率、价格指数、费率指数、信用等级、信用指数或其他类似变量的变动而变动；（2）不要求初始净投资，或与对市场情况变动有类似反应的其他类型合同相比，要求很少的初始净投资；（3）在未来某一日期结算。**衍生工具包括远期合约、期货、期权和互换**等

【提示】金融工具的概念和类型不会出题。

✲ 考点2　金融资产的分类（★）

金融资产分类包括初始分类和重分类，在教材中只做了简单介绍，但前些年却考了较多内容，超出了教材的范围。基于此，下面进行较为详细的介绍。

1. 金融资产初始分类

（1）金融资产初始分类的基本规定。

金融资产的分类是其确认和计量的基础。企业除非在某金融资产初始确认时，就将其直接指定为以公允价值计量且其变动计入当期损益或其他综合收益的金融资产，否则，根据企业管理金融资产的业务模式和金融资产的合同现金流量特征，将**金融资产划分为以下三类**：①以摊余成本计量的金融资产（简称第Ⅰ类）；②以公允价值计量且其变动计入其他综合收益的金融资产（简称第Ⅱ类）；③以公允价值计量且其变动计入当期损益的金融资产（简称第Ⅲ类）。金融资产分类条件见表9-2。

表9-2　　　　　　　　　　　　　金融资产三分类条件

分类	相关规定
第Ⅰ类	金融资产同时符合下列条件的，分类为**以摊余成本计量的金融资产**：①企业管理该金融资产的业务模式是以收取合同现金流量为目标；②该金融资产的合同条款规定，在特定日期产生的现金流量，仅为对本金和以未偿付本金金额为基础的利息的支付（简称SPPI）。第Ⅰ类只能是普通债权类（如贷款、普通债券、应收款等），不能是股权类和混合证券类。采用"应收账款""债权投资"等科目核算
第Ⅱ类	金融资产同时符合下列条件的，应当分类为**以公允价值计量且其变动计入其他综合收益的金融资产**：①企业管理该金融资产的业务模式既以收取合同现金流量为目标又以出售该金融资产为目标；②该金融资产的合同条款规定，在特定日期产生的现金流量，仅为对本金和以未偿付本金金额为基础的利息的支付（SPPI）。第Ⅱ类可以是债权类，特殊情况也可以是股权类。采用"其他债权投资"和"其他权益工具投资"等科目核算
第Ⅲ类	对于分类为以摊余成本计量的金融资产和分类为以公允价值计量且其变动计入其他综合收益的金融资产之外的金融资产，企业将其分类为**以公允价值计量且其变动计入当期损益的金融资产**。第Ⅲ类可以是债权类，也可以是股权类，而且不具有重大影响的股权类，一般都分类为第Ⅲ类。采用"交易性金融资产"科目核算

金融资产分类流程图见图9-2。

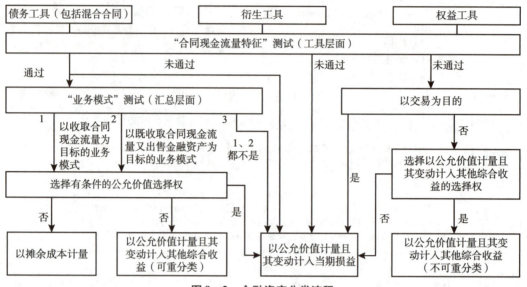

图9-2 金融资产分类流程

(2) 金融资产的具体分类。

企业常见的下列投资产品通常分类为以公允价值计量且其变动计入当期损益的金融资产：

①股票。股票不符合本金加利息的合同现金流量特征，企业持有的对被投资单位不具有重大影响的股票应分类为以公允价值计量且其变动计入当期损益的金融资产，但非交易性权益工具投资可以指定为以公允价值计量且其变动计入其他综合收益的金融资产。

②基金。常见的股票型基金、债券型基金、货币基金或混合基金，通常投资于动态管理的投资组合，一般不符合本金加利息的合同现金流量特征，企业持有的基金通常分类为以公允价值计量且其变动计入当期损益的金融资产。

③可转换债券。可转换债券不符合本金加利息的合同现金流量特征，企业持有的可转换债券应当分类为以公允价值计量且其变动计入当期损益的金融资产。

【提示】2024年已考了可转债的分类，2025年考分类的可能性很小了。

2. 金融资产重分类

企业初始确认某金融资产时对其进行分类后，重分类是允许的，但须符合严格的条件，即企业改变其管理金融资产的业务模式时，应当按

照规定对所有受影响的相关金融资产进行重分类。

【提示】金融资产分类应掌握初始分类，至于重分类考的可能性较低。

❋ 考点3 金融资产的确认

当企业成为金融工具合同的一方时，就应确认一项金融资产或金融负债，对于发行权益工具的交易，在初始确认该交易时，发行方确认一项权益工具。考试中对金融资产确认不会直接出题。

❋ 考点4 金融资产的计量

金融资产计量包括初始计量和后续计量。

1. 初始计量

企业在初始确认金融资产时，应**按公允价值计量**。对于以公允价值计量且其变动计入当期损益的金融资产，**相关交易费用直接计入当期损益**；对于其他类别的金融资产，**相关交易费用计入初始确认金额**。应注意的是，考试中主要是考交易费用何时资本化，何时费用化。具体如图9-3所示。

$$交易费用\begin{cases} 资本化←金融资产第Ⅰ、Ⅱ类 \\ 费用化←金融资产第Ⅲ类 \end{cases}$$

图9-3 交易费用处理

2. 后续计量

金融资产后续计量应注意三点：

（1）金融资产第I类，按摊余成本后续计量。

（2）金融资产第Ⅱ类，按公允价值计量且其变动计入其他综合收益。

（3）金融资产第Ⅲ类，按公允价值计量且其变动计入当期损益。

从此处可以看出，金融资产的三分类就是它的后续计量模式，即三种后续计量模式形成了三分类。那么为什么金融资产分别按照"摊余成本"和"公允价值"计量呢？这是由企业持有金融资产的业务模式是"持有"还是"交易"决定的（见图9-4）。

$$计量模式\begin{cases} 摊余成本\to以收取合同现金流量为目标（Ⅰ）（持有）\\ 公允价值\begin{cases} 变动计入其他综合收益\to以收取合同现金流量+出售为目标（Ⅱ）（持有+交易）\\ 变动计入当期损益\to以出售为目标（Ⅲ）（交易） \end{cases} \end{cases}$$

图9-4　金融资产计量模式

比如，企业持有债券，如果是为了"吃利息"，就按"摊余成本"计量，不用关心价格的波动；如果是为了"吃价差"，则按"公允价值"计量，公允价值变动计入当期损益，属于金融资产第三类；如果是为了满足流动性需要，就可能较长时间持有和需要流动资金时出售，则按"公允价值"计量，公允价值变动计入其他综合收益，属于金融资产第二类。采用不同的计量模式有利于企业决策！

✴ 考点5　金融资产减值（★★）

金融资产计提减值是风险应对策略中风险降低的风险补偿策略，有关规定如下：

（一）金融资产减值范围

按照金融工具准则规定，企业以预期信用损失为基础，对下列项目进行减值会计处理并确认损失准备：

（1）以摊余成本计量的金融资产和以公允价值计量且其变动计入其他综合收益的金融资产（仅债权类）；

（2）租赁应收款；

（3）合同资产；

（4）企业发行的分类为以公允价值计量且其变动计入当期损益的金融负债以外的贷款承诺和符合规定的财务担保合同。

预期信用损失，是指以发生违约的风险为权重的金融工具信用损失的加权平均值。

【提示】在会计准则中，标题是"金融工具减值"，因为还没有形成资产的贷款承诺等也需要计提减值；但高会考试仅需要掌握金融资产减值。

（二）金融资产减值损失的确认

金融资产减值损失的确认方法见表9-3。

表9-3　　　　　　　　　金融资产减值损失的确认

方法	相关规定
金融资产减值损失确认的"一般"方法	（1）如果该金融工具的信用风险自初始确认后已显著增加，企业应当按照相当于该金融工具整个存续期内预期信用损失的金额计量其损失准备，计入当期损益。 （2）如果该金融工具的信用风险自初始确认后并未显著增加，企业应当按照相当于该金融工具未来12个月内预期信用损失的金额计量其损失准备，计入当期损益
针对购买或源生的已发生信用减值的金融资产的"特定"方法	对于购买或源生的已发生信用减值的金融资产，企业应当在资产负债表日仅将自初始确认后整个存续期内预期信用损失的累计变动确认为损失准备，本期变动金额计入当期损益
针对应收款项、合同资产和租赁应收款的"简化"方法	对于应收款项、合同资产和租赁应收款等，企业应当始终按照相当于整个存续期内预期信用损失的金额计量其损失准备，计入当期损益

【提示】金融资产减值损失的确认属于经常出题的考点，应掌握何种情形下按整个存续期内预期信用损失的金额计量其损失准备、何种情形下按未来 12 个月内预期信用损失的金额计量其损失准备。

（三）金融资产减值损失的计量

企业应当按照下列方法，确定相关金融资产的信用损失：

（1）对于金融资产，信用损失应为企业应收取的合同现金流量与预期收取的现金流量之间差额的现值。

（2）对于资产负债表日已发生信用减值但并非购买或源生已发生信用减值的金融资产，信用损失应为该金融资产账面余额与按原实际利率折现的估计未来现金流量的现值之间的差额。

✴ 考点 6　金融负债的分类与计量

金融负债应掌握金融负债的分类和金融负债的计量：

（一）金融负债的分类

金融负债可分为三类：公允价值计量、摊余成本计量和其他方法计量，而且金融负债不允许在初始确认后进行重分类。金融负债具体分类见表 9 – 4。

表 9 – 4　金融负债分类

分类	具体规定
公允价值计量	以公允价值计量且其变动计入当期损益的金融负债，包括交易性金融负债和指定为以公允价值计量且其变动计入当期损益的金融负债。在初始确认时，企业可以将金融负债指定为以公允价值计量且其变动计入当期损益的金融负债，但该指定应当满足下列条件之一：（1）能够消除或显著减少会计错配；（2）根据正式书面文件载明的企业风险管理或投资策略，以公允价值为基础对金融负债组合或金融资产和金融负债组合进行管理和绩效考核，并在企业内部以此为基础向关键管理人员报告。该指定一经作出，不得撤销
摊余成本计量	一般金融负债均按照摊余成本计量，如长期借款、应付债券等
其他方法计量	（1）金融资产转移不符合终止确认条件或继续涉入被转移金融资产所形成的金融负债。对此类金融负债，企业应当按照《企业会计准则第 23 号——金融资产转移》相关规定进行计量。 （2）财务担保合同以及以低于市场利率贷款的贷款承诺。企业作为此类金融负债发行方的，应当在初始确认后按照依据金融工具会计准则确定的损失准备金额以及初始确认金额扣除依据《企业会计准则第 14 号——收入》相关规定所确定的累计摊销额后的余额孰高进行计量

（二）金融负债的计量

金融负债计量包括初始计量和后续计量，有关规定见表 9 – 5。

表 9 – 5　金融负债的计量

项目	相关规定
初始计量	企业初始确认金融负债时，按照公允价值计量。对于以公允价值计量且其变动计入当期损益的金融负债，相关交易费用直接计入当期损益；对于其他类别的金融负债，相关交易费用计入初始确认金额
后续计量	（1）金融负债在初始确认后，应当分别以摊余成本、以公允价值计量且其变动计入当期损益或其他适当方法进行后续计量； （2）金融负债被指定为被套期项目的，应当根据套期会计准则规定进行后续计量（金融负债的公允价值变动计入当期损益或其他综合收益）
处置	金融负债终止确认的，企业应当将其账面价值与支付的对价之间的差额，计入当期损益

【提示】金融负债的分类和计量，之前没有出过题，2025 年考的可能性极小。

✳ **考点7 金融负债和权益工具区分（★★）**

1. 一般规定

企业应根据所发行金融工具的合同条款及其所反映的经济实质而非仅以法律形式，结合金融资产、金融负债和权益工具的定义，在初始确认时将该金融工具或其组成部分分类为金融资产、金融负债或权益工具。现将金融负债和权益工具区分的考点归纳如表9-6所示。

表9-6 金融负债和权益工具的区分

项目	相关规定
金融负债的定义	金融负债，是指企业符合下列条件之一的负债：（1）向其他方交付现金或其他金融资产的合同义务；（2）在潜在不利条件下，与其他方交换金融资产或金融负债的合同义务；（3）将来须用或可用企业自身权益工具进行结算的非衍生工具合同，且企业根据该合同将交付可变数量的自身权益工具；（4）将来须用或可用企业自身权益工具进行结算的衍生工具合同，但以固定数量的自身权益工具交换固定金额的现金或其他金融资产的衍生工具合同除外
权益工具的定义	同时满足下列条件的，发行方应当将发行的金融工具分类为权益工具：（1）该金融工具不包括交付现金或其他金融资产给其他方，或在潜在不利条件下与其他方交换金融资产或金融负债的合同义务；（2）将来须用或可用企业自身权益工具结算该金融工具的，如该金融工具为非衍生工具，不包括交付可变数量的自身权益工具进行结算的合同义务；如为衍生工具，企业只能通过以固定数量的自身权益工具交换固定金额的现金或其他金融资产结算该金融工具
区分的基本原则	（1）是否存在无条件地避免交付现金或其他金融资产的合同义务：①如果企业不能无条件地避免以交付现金或其他金融资产来履行一项合同义务，则该合同义务符合金融负债的定义，分类为金融负债；②如果企业能够无条件地避免交付现金或其他金融资产，则此类交付现金或其他金融资产的结算条款不构成金融负债，分类为权益工具。 （2）是否通过交付固定数量的自身权益工具结算：对于将来须交付企业自身权益工具，如果未来结算时交付的权益工具数量是可变的，或者收到的对价的金额是可变的，则该金融工具不符合权益工具的定义，分类为金融负债。 （3）对于将来须用或可用企业自身权益工具结算的分类，应当区分是衍生工具还是非衍生工具：①对于非衍生工具，如果发行方未来没有义务交付可变数量的自身权益工具进行结算，则该非衍生工具是权益工具，否则该非衍生工具是金融负债；②对于衍生工具，如果发行方只能通过以固定数量的自身权益工具交换固定金额的现金或其他金融资产进行结算，则该衍生工具是权益工具；如果发行方以固定数量自身权益工具交换可变金额现金或其他金融资产，或以可变数量自身权益工具交换固定金额现金或其他金融资产，或在转换价格不固定的情况下以可变数量自身权益工具交换可变金额现金或其他金融资产，则该衍生工具应当确认为金融负债或金融资产
或有结算条款和结算选择权	（1）或有结算条款：对于附或有结算条款的金融工具，发行方应将其归类为金融负债；但下列情形应分类为权益工具：①要求以现金、其他金融资产或以其他导致该工具成为金融负债的方式进行结算的或有结算条款几乎不具有可能性，即相关情形极端罕见、显著异常或几乎不可能发生。②只有在发行方清算时，才需以现金、其他金融资产或以其他导致该工具成为金融负债的方式进行结算。③按照本规定分类为权益工具的可回售工具。 （2）结算选择权：对于存在结算选择权的衍生工具（例如，合同规定发行方或持有方选择以现金净额或以发行股份交换现金等方式进行结算的衍生工具），发行方应当将其确认为金融资产或金融负债。如果合同条款中所有可能的结算方式均表明该衍生工具应当确认为权益工具的，则应当确认为权益工具

第九章

续表

项目	相关规定
可回售工具或仅在清算时才有义务按比例交付净资产的工具	(1) 可回售工具：如果发行方发行的金融工具合同条款中约定，持有方有权将该工具回售给发行方以获取现金或其他金融资产，或者在未来某一不确定事项发生或者持有方死亡或退休时，自动回售给发行方的，则为可回售工具。在这种情况下，符合金融负债定义但同时具有下列特征的可回售金融工具，应当分类为权益工具：①赋予持有方在企业清算时按比例份额获得该企业净资产的权利。②该工具所属的类别次于其他所有工具类别。③该类别的所有工具具有相同的特征（例如它们必须都具有可回售特征，并且用于计算回购或赎回价格的公式或其他方法都相同）。④除了发行方应当以现金或其他金融资产回购或赎回该工具的合同义务外，该工具不满足金融负债定义中的任何其他特征。⑤该工具在存续期内的预计现金流量总额，应当实质上基于该工具存续期内企业的损益、已确认净资产的变动、已确认和未确认净资产的公允价值变动（不包括该工具的任何影响）。 (2) 仅在清算时才有义务按比例交付净资产的工具：对于发行方仅在清算时才有义务向另一方按比例交付其净资产的金融工具，符合金融负债定义但同时具有下列特征的，应当分类为权益工具：①赋予持有方在企业清算时按比例份额获得该企业净资产的权利。②该工具所属的类别次于其他所有工具类别。该工具在归属于该类别前无须转换为另一种工具，且在清算时对企业资产没有优先于其他工具的要求权。③在次于其他所有类别的工具类别中，发行方对该类别中所有工具都应当在清算时承担按比例份额交付其净资产的同等合同义务
复合金融工具	企业发行的非衍生金融工具（如可转换债券）同时包含金融负债成分或权益工具成分的，应于初始计量时先确定金融负债成分的公允价值，再从复合金融工具公允价值中扣除负债成分的公允价值，作为权益工具成分的价值
区分后的处理要求	(1) 金融工具属于金融负债的，无论其名称中是否包含"股"，相关利息、股利、利得或损失，以及赎回或再融资产生的利得或损失等，应当计入当期损益。金融工具属于权益工具的，无论其名称中是否包含"债"，其发行、回购、出售或注销时，发行方应当作为权益的变动处理；发行方不应当确认权益工具的公允价值变动，发行方对权益工具持有方的分配应作利润分配处理，发放的股票股利不影响所有者权益总额。 (2) 发行方发行金融工具，其发生的手续费、佣金等交易费用，如分类为债务工具且以摊余成本计量的，应当计入所发行工具的初始计量金额；如分类为权益工具的，应当从权益中扣除，冲减资本公积或留存收益

【例9-1】金融负债与权益工具的区分

(1) 甲公司与乙公司签订的合同约定，甲公司以100万元等值的自身权益工具偿还所欠乙公司债务。则甲公司发行的该金融工具应当划分为金融负债。

理由：甲公司需偿还的负债金额100万元是固定的，但甲公司需交付的自身权益工具的数量随着其权益工具市场价格的变动而变动。

(2) 甲公司发行了名义金额人民币100元的优先股，合同规定甲公司在2年后将优先股强制转换为普通股，转股价格为转股日前一工作日的该普通股市价。则甲公司发行的优先股是一项金融负债。

理由：转股价格是变动的，未来需交付的普通股数量是可变的，实质可视作甲公司将在2年后使用自身普通股并按其市价履行支付优先股每股100元的义务。

(3) 甲公司发行5年后按面值强制赎回的优先股，因发行方无法避免5年后的现金流出，该优先股应分类为金融负债。

(4) 甲公司定向发行了3亿元的股票，其可自行决定是否派发股利。如果甲公司进行IPO，则其必须按面值赎回该股票。鉴于甲公司可以通过避免IPO来避免赎回股票，该工具应分类为权益工具。

(5) 甲公司定向发行5亿元的股票，其可自行决定是否派发股利。如果甲公司在自该股票发行之日起5年内未能成功IPO，则其必须按面值赎回该股票。鉴于能否成功IPO不受甲公司控制，甲公司不能避免赎回该股票，该工具应分类为金融负债。

2. 永续债补充规定

永续债是近年来的热点问题，发行方希望通过发行永续债并将其分类为权益工具来降低企业的资产负债率。为此，财政部强调，永续债发行方在确定永续债的会计分类是权益工具还是金融负债时，应当根据《企业会计准则第37号——金融工具列报》的规定同时考虑下列因素：

（1）关于到期日。

永续债发行方在确定永续债会计分类时，应当以合同到期日等条款内含的经济实质为基础，谨慎判断是否能无条件地避免交付现金或其他金融资产的合同义务。当永续债合同其他条款未导致发行方承担交付现金或其他金融资产的合同义务时，发行方应当区分下列情况处理：

①永续债合同明确规定无固定到期日且持有方在任何情况下均无权要求发行方赎回该永续债或清算的，通常表明发行方没有交付现金或其他金融资产的合同义务。

②永续债合同未规定固定到期日且同时规定了未来赎回时间（即"初始期限"）的：

a.当该初始期限仅约定为发行方清算日时，通常表明发行方没有交付现金或其他金融资产的合同义务。但清算确定将会发生且不受发行方控制，或者清算发生与否取决于该永续债持有方的，发行方仍具有交付现金或其他金融资产的合同义务。

b.当该初始期限不是发行方清算日且发行方能自主决定是否赎回永续债时，发行方应当谨慎分析自身是否能无条件地自主决定不行使赎回权。如不能，通常表明发行方有交付现金或其他金融资产的合同义务。

（2）关于清偿顺序。

永续债发行方在确定永续债会计分类时，应当考虑合同中关于清偿顺序的条款。当永续债合同其他条款未导致发行方承担交付现金或其他金融资产的合同义务时，发行方应当区分下列情况处理：

①合同规定发行方清算时永续债劣后于发行方发行的普通债券和其他债务的，通常表明发行方没有交付现金或其他金融资产的合同义务。

②合同规定发行方清算时永续债与发行方发行的普通债券和其他债务处于相同清偿顺序的，应当审慎考虑此清偿顺序是否会导致持有方对发行方承担交付现金或其他金融资产合同义务的预期，并据此确定其会计分类。

（3）关于利率跳升和间接义务。

永续债发行方在确定永续债会计分类时，应当考虑《企业会计准则第37号——金融工具列报》第十条规定的"间接义务"。永续债合同规定没有固定到期日、同时规定了未来赎回时间、发行方有权自主决定未来是否赎回且如果发行方决定不赎回则永续债票息率上浮（即"利率跳升"或"票息递增"）的，发行方应当结合所处实际环境考虑该利率跳升条款是否构成交付现金或其他金融资产的合同义务。

如果跳升次数有限、有最高票息限制（即"封顶"）且封顶利率未超过同期同行业同类型工具平均的利率水平，或者跳升总幅度较小且封顶利率未超过同期同行业同类型工具平均的利率水平，可能不构成间接义务。

如果永续债合同条款虽然规定了票息封顶，但该封顶票息水平超过同期同行业同类型工具平均的利率水平，通常构成间接义务。

【提示】金融负债与权益工具的区分属于复习中的难点，2025年很可能考2分。

✳ 考点8 金融资产转移的类型

企业将持有的股权投资、债权投资、基金投资等金融资产出售给其他企业，是金融资产转移的常见表现形式。本章涉及的金融资产转移包括应收账款保理、应收票据贴现、应收票据背书转让和金融资产证券化四种特殊形式。

其中：应收账款保理是将应收账款出售给银行，进行贸易融资；金融资产证券化是指发起机构将其缺乏即期流动性，但具有可预期的稳定未来现金流量的金融资产转移给受托机构设立的特定目的主体，由特定目的主体以资产支持证券的形式向投资机构发行资产支持证券，以该金融资产所产生的现金流量支付资产支持证券收益的结构性融资活动。

【提示】金融资产转移的类型在教材中内容多达4页，以前从来没有出过题，2025年出题概率较低。

✳ 考点9 金融资产转移的会计处理（★）

金融资产转移的会计处理核心问题是能否终止确认金融资产，包括终止确认、不终止确认和继续涉入三种情形。具体会计处理见表9-7。

表9－7　　　　　　　　　　　　　　　金融资产转移的会计处理

情形		相关规定
符合终止确认条件的金融资产转移	符合终止确认条件的判断	存在下列情形之一的，表明企业已将金融资产所有权上几乎所有的风险和报酬转移给转入方，应当终止确认金融资产：（1）企业无条件出售金融资产（不附追索权）。（2）企业出售金融资产，同时约定按回购日该金融资产的公允价值回购。（3）企业出售金融资产，同时与转入方签订看跌或看涨期权合约，且该看跌或看涨期权为深度价外期权（到期日之前不太可能变为价内期权），此时可以认定企业已经转移了该项金融资产所有权上几乎所有的风险和报酬，应当终止确认该金融资产
	符合终止确认条件时的计量	金融资产整体转移满足终止确认条件的，应当将下列两项金额的差额计入当期损益：（1）所转移金融资产的账面价值。（2）因转移而收到的对价，与原计入其他综合收益的公允价值变动累计额（涉及转移的金融资产为其他债权投资）之和
不符合终止确认条件的金融资产转移	不符合终止确认条件的判断	以下情形通常就表明企业保留了金融资产所有权上几乎所有的风险和报酬，不应当终止确认相关金融资产：（1）附回购协议的金融资产出售，转出方将予回购的资产与售出的金融资产相同或实质上相同、回购价格固定或是原售价加上合理回报。（2）企业融出证券或进行证券出借（如证券公司将自身持有的证券借给客户，到期客户归还相同数量的同种证券并向证券公司支付出借费用）。（3）企业出售金融资产并附有将市场风险敞口转回给企业的总回报互换。（4）企业出售短期应收款项或信贷资产，并且全额补偿转入方可能因被转移金融资产发生的信用损失。（5）企业出售金融资产，同时与转入方签订看跌或看涨期权合约，且该看跌期权或看涨期权为一项价内期权。（6）采用附追索权方式出售金融资产
	不符合终止确认时的计量	企业应当继续确认所转移金融资产整体，并将收到的对价确认为一项金融负债。此类金融资产转移实质上具有融资性质，不能将金融资产与所确认的金融负债相互抵销。在随后的会计期间，企业应当继续确认该金融资产产生的收入和该金融负债产生的费用
继续涉入条件下的金融资产转移	继续涉入条件下金融资产转移的判断	企业既没有转移也没有保留金融资产所有权上几乎所有的风险和报酬，但未放弃对该金融资产控制的，应当按照其继续涉入所转移金融资产的程度确认有关金融资产，并相应确认有关金融负债。继续涉入的方式主要有：享有继续服务权、签订回购协议、签发或持有期权以及提供担保等
	继续涉入条件下金融资产转移的计量	企业应当按照其继续涉入所转移金融资产的程度，在充分反映保留的权利和承担的义务的基础上，确认有关金融资产和金融负债。企业应当对因继续涉入所转移金融资产形成的有关资产确认相关收入，对继续涉入形成的有关负债确认相关费用。继续涉入所形成的相关资产和负债不应当相互抵销

【例9－2】金融资产转移是否终止确认

（1）甲公司将应收账款账面价值1 000万元出售给建行，收取价款920万元，建行在无法收取应收账款时不能向甲公司追偿。这种情况属于无条件出售金融资产，企业已将金融资产所有权上几乎所有的风险报酬已经转移给转入方，甲公司应终止确认应收账款，并将收到的价款与账面价值的差额－80万元（920－1 000）计入当期损益（投资收益）。

（2）甲公司将账面价值为800万元股票（按照交易性金融资产核算）出售给乙公司，出售价款为1 000万元；同时约定，半年到期时，将按照回购当日的市场价格回购。这种情况下，企业已将金融资产所有权上几乎所有的风险和报酬转移给转入方，甲公司应终止确认金融资产，并将收到的价款与金融资产账面价值的差额200万元（1 000－800）计入当期损益（投资收益）。

（3）甲公司将一项金融资产出售给乙公司，

同时与乙公司签订了看跌期权合约，乙公司1年到期时有权以固定价格将金融资产返售给甲公司。但从合约条款判断，该看跌期权是一项重大价内期权（即乙公司到期很可能会行权，将金融资产返售给甲公司）。这种情况下，企业保留了金融资产所有权上几乎所有的风险和报酬，甲公司不应终止确认金融资产，应将收到的价款确认为金融负债。

（4）甲公司将其信贷资产整体转移给丙信托公司，同时保证对丙信托公司可能发生的信用损失进行全额补偿。这种情况下，企业保留了金融资产所有权上几乎所有的风险和报酬，甲公司不应终止确认金融资产，应将收到的价款确认为金融负债。

【提示】金融资产转移的会计处理每次考试只考终止确认和不终止确认，没有考过继续涉入，2025年出3分的可能性很大。

✿ 考点10　套期保值的概念和作用

套期保值，是指企业为管理外汇风险、利率风险、商品价格风险、股票价格风险、信用风险等引起的风险敞口，指定一项或一项以上套期工具，使套期工具的公允价值或现金流量变动，预期抵销被套期项目全部或部分公允价值或现金流量变动。

套期保值是风险管理的工具，其作用主要体现在：有效规避风险、参与资源配置、实现成本战略、提升核心竞争力。因此，套期保值应与第三章风险应对策略中的风险对冲相联系。

【提示】套期保值的作用在考试时，将出现在风险管理考点。

✿ 考点11　套期保值的原则与方式（★★）

套期保值要实现风险管理的目的，应坚持四个原则，本质上就是进行风险对冲；同时，风险管理目标不同，有两种方式，包括买入套期和卖出套期，具体见表9-8。

表9-8　套期保值原则和方式

项目	内容
套期保值原则	种类相同或相关原则
	数量相等或相当原则
	交易方向相反原则
	月份相同或相近原则
套期保值的方式	买入套期保值（回避价格上涨的风险），适用于将来购进某种资产
	卖出套期保值（回避价格下跌的风险），适用于将来卖出某种资产

【提示】从历年考试情况看，套期保值方式是考试的重点，从2020～2024年近五年中，2021年、2022年、2023年、2024年连续四年出了套期保值的方式，出题频率很高！

✿ 考点12　套期保值的操作

套期保值的操作，要求做好五件事（见表9-9），考试中不重要。

表9-9　套期保值操作

操作	内容
做好套期保值前的准备	了解期货市场的基本运行特点；重视相关交易制度及规则
识别和评估被套期风险	识别和评估价格波动风险、汇率风险、利率风险
制定套期保值策略与计划	确定是否进行套期保值；确定套期保值方式；确定套期保值比例（进行套期保值的现货数量占总现货数量的比例）；选择套期保值工具（包括远期合约、期货、期权、互换以及各种组合型衍生品）；确定套期保值比率（套保金额占现货总金额的比率）；选择套期保值期限；确定合理的套期保值目标价位

第九章

续表

操作	内　容
优化套期保值方案	制定切实可行的套期保值策略；科学选择建仓时机；不断完善操作策略；做好配套工作
套期保值跟踪与控制	正确评价保值效果；建立应急处理机制

✿ 考点 13　套期的分类（★★）

从会计角度看，套期按套期关系可划分为公允价值套期、现金流量套期和境外经营净投资套期三类，见表 9 – 10。

表 9 – 10　　　　　　　　　套期的分类

分类	相关定义
公允价值套期	公允价值套期是指对已确认资产或负债、尚未确认的确定承诺，或上述项目组成部分的公允价值变动风险敞口进行的套期。该公允价值变动源于特定风险，且将影响企业的损益或其他综合收益。其中，影响其他综合收益的情形，仅限于企业对指定为以公允价值计量且其变动计入其他综合收益的非交易性权益工具投资的公允价值变动风险敞口进行的套期
现金流量套期	现金流量套期是指对现金流量变动风险敞口进行的套期。该现金流量变动源于与已确认资产或负债、极可能发生的预期交易，或与上述项目组成部分有关的特定风险，且将影响企业的损益
境外经营净投资套期	境外经营净投资套期是指对境外经营净投资外汇风险敞口进行的套期。境外经营净投资，是指企业在境外经营净资产中的权益份额。境外经营净投资套期中的被套期风险是指境外经营的记账本位币与母公司的记账本位币之间的折算差额

套期的分类既是复习中的难点又是考试的重点，经常出题。套期的分类可以从以下四点理解：

（1）针对套期保值业务所规定的会计方法，就是套期会计方法。套期会计方法是指企业将套期工具和被套期项目产生的利得或损失在相同会计期间计入当期损益（或其他综合收益），以反映风险管理活动影响的方法。从会计处理方法角度看：①如果套期工具和被套期项目产生的利得或损失，连续每期都对冲，即"时期对冲"，则该方法就称为"公允价值套期"；②如果套期工具产生的利得或损失，临时计入其他综合收益，在某一时刻转入被套期工具的资产成本或当期损益，即"时点对冲"，则该方法就称为"现金流量套期"。

（2）公允价值套期的例子：①甲公司签订一项以固定利率换浮动利率的利率互换合约，对其承担的固定利率负债的利率风险引起的公允价值变动风险敞口进行套期；②甲公司签订了一项6个月后以固定价格购买原油的合同（尚未确认

的确定承诺），为规避原油价格变动风险，该公司签订了一项未来卖出原油的期货合约，对该确定承诺的价格风险引起的公允价值变动风险敞口进行套期；③甲公司购买一项看跌期权合同，对持有的其他权益工具投资的公允价值变动风险敞口进行套期。

（3）现金流量套期的例子：①甲公司签订一项以浮动利率换固定利率的利率互换合约，对其承担的浮动利率债务的利率风险引起的现金流量变动风险敞口进行套期；②甲公司签订一项未来购入原油的远期合同，对3个月后预期极可能发生的与购买原油相关的价格风险引起的现金流量变动风险敞口进行套期；③甲公司签订一项购入外币的远期外汇合同，对以固定外币价格购入原材料的极可能发生的预期交易的外汇风险引起的现金流量变动风险敞口进行套期。

（4）有一个特例：对确定承诺的外汇风险进行套期的，可以将其作为现金流量套期或公允价值套期处理。

✿ 考点 14　套期工具及被套期项目的认定

套期业务应确定被套期项目和套期工具。

通俗地说，风险从哪来，将进行风险管理的项目就是被套期项目；采用的风险管理的工具就是套期工具。有关被套期项目和套期工具的规定见表 9 - 11。

表 9 - 11　　　　　　　　　　　　套期工具和被套期项目

项目	相关规定
套期工具	**套期工具**，是指企业为进行套期而指定的、其公允价值或现金流量变动预期可抵销被套期项目的公允价值或现金流量变动的金融工具，包括：（1）以公允价值计量且其变动计入当期损益的衍生工具，但签出期权除外。企业只有在对购入期权（包括嵌入在混合合同中的购入期权）进行套期时，签出期权才可以作为套期工具。嵌入在混合合同中但未分拆的衍生工具不能作为单独的套期工具。（2）以公允价值计量且其变动计入当期损益的非衍生金融资产或非衍生金融负债，但指定为以公允价值计量且其变动计入当期损益、且其自身信用风险变动引起的公允价值变动计入其他综合收益的金融负债除外。企业自身权益工具不属于企业的金融资产或金融负债，不能作为套期工具
被套期项目	**被套期项目**，是指使企业面临公允价值或现金流量变动风险，且被指定为被套期对象的、能够可靠计量的项目。企业可以将下列单个项目、项目组合或其组成部分指定为被套期项目：（1）已确认资产或负债。（2）尚未确认的确定承诺。（3）极可能发生的预期交易。（4）境外经营净投资

【提示】套期工具和被套期项目的认定，偶然考一次，不属于考试重点。

✿ 考点 15　运用套期保值会计的条件

公允价值套期、现金流量套期或境外经营净投资套期同时满足下列条件的，才能运用套期会计准则规定的套期会计方法进行处理：

（1）**套期关系**仅由符合条件的套期工具和被套期项目组成。

（2）在套期开始时，**企业正式指定了套期工具和被套期项目**，并准备了关于套期关系和企业从事套期的风险管理策略和风险管理目标的书面文件。

（3）**套期关系符合套期有效性要求**。套期同时满足下列条件的，企业应当认定套期关系符合套期有效性要求：①被套期项目和套期工具之间存在经济关系。该经济关系使得套期工具和被套期项目的价值因面临相同的被套期风险而发生方向相反的变动。②被套期项目和套期工具经济关系产生的价值变动中，信用风险的影响不占主导地位。③套期关系的套期比率，应当等于企业实际套期的被套期项目数量与对其进行套期的套期工具实际数量之比，但不应当反映被套期项目和套期工具相对权重的失衡，这种失衡会导致套

期无效，并可能产生与套期会计目标不一致的会计结果。强调：企业在认定套期关系是否符合套期有效性要求时，应当同时考虑以上三个条件，不得僵化地以套期工具和被套期项目的公允价值或现金流量变动的抵销程度的一定量化指标（如 80% ~125% 之间）作为认定套期有效性的硬性标准。

【提示】运用套期保值会计的条件偶然考一次，不属于考试重点。

✿ 考点 16　套期保值的确认和计量（★★）

套期保值可以分为公允价值套期、现金流量套期和境外经营净投资套期，下面分别说明其会计处理。

（一）公允价值套期的会计处理

公允价值套期满足运用套期会计方法条件的，应当按照下列规定处理：

（1）**套期工具产生的利得或损失应当计入当期损益**。如果套期工具是对选择以公允价值计量且其变动计入其他综合收益的非交易性权益工具投资（或其组成部分）进行套期的，套期工具产生的利得或损失应当计入其他综合收益。

（2）**被套期项目因被套期风险敞口形成的**

第九章

利得或损失应当计入当期损益，同时调整未以公允价值计量的已确认被套期项目的账面价值。

【例9-3】公允价值套期

2024年7月1日，甲公司持有库存商品X的账面成本为100万元，公允价值为110万元。如果现在出售，则可获利10万元；但现在没有出售，以后出售时公允价值可能下降，则将失去该获利额。甲公司为规避该库存商品X公允价值变动风险，在期货市场上卖出与库存商品X在数量、质量相同的期货，假设期货价格为110万元。甲公司将该期货合同（以下简称衍生工具Y）指定为2024年下半年库存商品X价格变化引起的公允价值变动风险的套期。

2024年7月1日，该衍生工具Y的公允价值为零，因为此时期货价格尚未变动。2024年12月31日，甲公司将库存商品X出售，公允价值（出售价格）为107.5万元（对比原公允价值110万元，减少收益2.5万元，即库存商品X的公允价值下降了2.5万元）；同时甲公司将期货合同买入平仓，假设买入平仓期货价格为107.5万元，对比建仓期货价格110万元，获得收益2.5万元（即衍生工具Y的公允价值上涨了2.5万元）。

假设该套期符合运用套期会计的条件，不考虑衍生工具的时间价值，增值税税率为13%，甲公司的账务处理如下（单位：万元）：

（1）2024年7月1日，将库存商品转入被套期项目：

借：被套期项目——库存商品 100
　　贷：库存商品——X 100

（注：将库存商品转入被套期项目是将期末按照成本与可变现净值孰低计量的存货转为期末按公允价值计量，以便将存货的公允价值变动与期货合同公允价值变动对冲）

（2）2024年12月31日出售存货，期货合同买入平仓。期货卖出开新仓价格为110万元，买入平仓价格为107.5万元，实现收益2.5万元：

借：套期工具——衍生工具Y 2.5
　　贷：套期损益（卖出110-买入107.5）
　　　　　　　　　　　　　　2.5

（注：本分录反映套期工具的公允价值变动收益，"套期工具"借方余额相当于其他应收款，"套期损益"科目在贷方表示公允价值变动

收益）

同时，反映被套期项目公允价值减少：

借：套期损益（原公允价值110-现公允价值107.5）　　　　　　　2.5
　　贷：被套期项目——库存商品X
　　　　　　　　　　　　　　2.5

将存货出售，同时结算套期收益：

借：银行存款 121.475
　　贷：主营业务收入 107.5
　　　　应交税费——应交增值税（销项税额）（107.5×13%）
　　　　　　　　　　　　　　13.975

借：主营业务成本 97.5
　　贷：被套期项目——库存商品X
　　　　　　　　　　　　　　97.5

借：银行存款 2.5
　　贷：套期工具——衍生工具Y 2.5

（注："套期工具"贷方表示收回了其他应收款2.5万元）

由此可见，由于甲公司采用了套期策略，规避了存货公允价值变动风险，因此其存货公允价值下降没有对预期毛利额10万元（110-100）产生不利影响。

（二）现金流量套期的会计处理

现金流量套期满足运用套期会计方法条件的，应当按照下列规定处理：

（1）套期工具产生的利得或损失中属于**套期有效的部分**，作为现金流量套期储备，应当**计入其他综合收益**。现金流量套期储备的金额，应当按照下列两项的绝对额中较低者确定：①套期工具自套期开始的累计利得或损失；②被套期项目自套期开始的预计未来现金流量现值的累计变动额。每期计入其他综合收益的现金流量套期储备的金额应当为当期现金流量套期储备的变动额。

现金流量套期储备（其他综合收益）转出，有两种情况：①被套期项目为预期交易，且该预期交易使企业随后确认一项非金融资产或非金融负债的，或者非金融资产或金融负债的预期交易形成一项适用于公允价值套期会计的确定承诺时，企业应当将原在其他综合收益中确认的现金流量套期储备金额转出，**计入该资产或负债的初始确认金额**；②除第①情形外，企业应当在被套期的预期现金流量影响损益的相同期间，将原在

其他综合收益中确认的现金流量储备金额转出，**计入当期损益**。

（2）套期工具产生的利得或损失中属于**套期无效的部分**（即扣除计入其他综合收益后的其他利得或损失），应当**计入当期损益**。

【例9-4】 现金流量套期（预期交易）

2024年7月1日，甲公司预期在2024年8月31日购入精对苯二甲酸作为原材料，预期购买价格为100万元。为规避该预期购进中与原材料价格有关的现金流量变动风险，甲公司于2024年7月1日与某金融机构签订了一项商品期货合同（买入精对苯二甲酸期货），将其指定为对该预期购进原材料的套期工具。商品期货合同的标的资产与被套期预期购进原材料在数量、质次、产地等方面相同，并且商品期货合同的结算日和预期材料购进日均为2024年8月31日。

2024年7月1日，商品期货合同的公允价值为零。2024年7月31日，原材料价格上涨了2.5万元，商品期货合同的公允价值上升了2.5万元（即期货低价买入高价卖出）。2024年8月31日，原材料价格又上涨了1万元，商品期货合同的公允价值上升了1万元。8月31日甲公司支付103.5万元购进原材料，并结算了商品期货合同。

甲公司分析认为该套期符合套期有效性的条件，假设不考虑商品销售有关的增值税及其他因素。甲公司的账务处理如下（单位：元）：

（1）2024年7月1日，甲公司不作账务处理。

（2）2024年7月31日，确认现金流量套期储备：

借：套期工具——商品期货合同
　　　　　　　　　　　25 000
　　贷：其他综合收益　　　25 000

注：套期工具自套期开始的累计利得或损失与被套期项目自套期开始的预计未来现金流量现值的累计变动额一致，因此，将套期工具公允价值变动全部作为现金流量套期储备计入其他综合收益。

（3）2024年8月31日，确认现金流量套期储备：

借：套期工具——商品期货合同
　　　　　　　　　　　10 000
　　贷：其他综合收益　　　10 000

购进原材料：

借：原材料　　　　　1 035 000
　　贷：银行存款　　　　1 035 000

结算商品期货合同：

借：银行存款　　　　　35 000
　　贷：套期工具——商品期货合同
　　　　　　　　　　　　35 000

将现金流量套期储备金额转出，调整原材料成本：

借：其他综合收益　　　35 000
　　贷：原材料　　　　　35 000

小结：虽然原材料市场价格比当初预计100万元上涨了3.5万元，但通过套期保值，使原材料成本仍然稳定在100万元（103.5-3.5），达到了锁定原材料成本的目的。

【例9-5】 现金流量套期（确定承诺的外汇风险套期）（无本金交割的远期外汇契约）

甲公司于2024年11月1日与境外乙公司签订合同，约定于2025年1月31日以每吨5 000美元的价格购入100吨橄榄油，合同总价款为50万美元。合同签订日美元与人民币的市场汇率为1美元=6.0元人民币，甲公司担心3个月后人民币贬值为1美元=6.5元人民币，则橄榄油进货成本将增加25万元人民币[50×(6.5-6)]。甲公司为规避购入橄榄油成本的外汇风险，于当日与某金融机构签订了一份3个月到期的远期外汇合同，从金融企业买入50万美元，约定汇率为1美元=6元人民币。2025年1月31日，甲公司以净额方式结算该远期外汇合同，并购入橄榄油。

假定：（1）2024年12月31日，1个月美元对人民币远期汇率为1美元=5.98元人民币，人民币的市场利率为6%；（2）2025年1月31日，美元对人民币即期汇率为1美元=5.95元人民币；（3）该套期符合运用套期会计的条件；（4）增值税税率为13%。

根据套期会计准则，对外汇确定承诺的套期既可以划分为公允价值套期，也可以划分为现金流量套期，本例中甲公司将上述套期划分为现金流量套期。有关会计处理如下（单位：万元人民币）：

（1）2024年11月1日，因套期保值现金流量没有变化，不作账务处理。

（2）2024年12月31日，确认套期工具损失：

远期外汇合同的公允价值 = 50 × (5.98 − 6)/(1 + 6% × 1/12) = − 1/(1 + 6% × 1/12) = − 0.995（万元人民币）

借：其他综合收益——套期储备
0.995

贷：套期工具——远期外汇合同
0.995

注：2024 年末，1 个月期美元对人民币远期汇率为 1 美元 = 5.98 元人民币，而甲公司应按 1 美元 = 6 元人民币折算，多支付了 1 万元人民币；考虑货币时间价值，折现后金额为 0.995 万元人民币。此处"套期工具"贷方余额相当于其他应付款。

（3）2025 年 1 月 31 日：

①确认套期工具损失。

远期外汇合同的公允价值 = (5.95 − 6) × 50 = − 2.5（万元人民币）

借：其他综合收益——套期储备
1.505

贷：套期工具——远期外汇合同 (2.5 − 0.995)
1.505

借：套期工具——远期外汇合同
2.5

贷：银行存款
2.5

②购入货物，将现金流量套期储备转入资产成本。

借：库存商品——橄榄油
297.5

应交税费——应交增值税（进项税额）
38.675

贷：银行存款——美元 (50 × 5.95)
297.5

银行存款——人民币 (297.5 × 13%)
38.675

借：库存商品——橄榄油
2.5

贷：其他综合收益——套期储备
2.5

通过上述套期保值，库存商品成本 300 万元人民币 (297.5 + 2.5)，相当于将汇率锁定在 1 美元 = 6.0 元人民币的水平时的购进成本。

（三）境外经营净投资套期的会计处理

对境外经营净投资的套期，应当按照类似于现金流量套期会计的规定处理：

（1）套期工具形成的利得或损失中属于套期有效的部分，应当计入其他综合收益。全部或部分处置境外经营时，上述计入其他综合收益的套期工具利得或损失应当相应转出，计入当期损益。

（2）套期工具形成的利得或损失中属于套期无效的部分，应当计入当期损益。

（四）关于套期保值的确认和计量，还应关注：

（1）企业对套期关系作出再平衡的，应当在调整套期关系之前确定套期关系的套期无效部分，并将相关利得或损失计入当期损益。

（2）对于被套期项目为风险净敞口的套期，被套期风险影响利润表不同列报项目的，企业应当将相关套期利得或损失单独列报（净敞口套期收益）。

【提示】套期的会计处理是考试重点，经常出题，但主要考现金流量套期和公允价值套期；境外经营净投资套期基本不出题；至于套期关系再平衡和风险净敞口套期，考的可能性很小。

✳ 考点 17　股权激励的概念、对象、方式和条件

（一）股权激励的概念和激励对象

股权激励主要是指上市公司以本公司股票为标的，对其董事、高级管理人员以及其他员工进行的长期性激励。激励对象可以包括上市公司的董事、高级管理人员、核心技术人员或者核心业务人员，以及公司认为应当激励的对公司经营业绩和未来发展有直接影响的其他员工；在境内工作的外籍员工任职上市公司董事、高级管理人员、核心技术人员或者核心业务人员的，可以成为激励对象。

但激励对象不应当包括独立董事和监事；单独或合计持有上市公司 5% 以上股份的股东或实际控制人及其配偶、父母、子女，不得成为激励对象（科创板上市公司除外）。

简单地说，"战斗队员"可以成为激励对象，"监督者"和"重要投资者"不能作为激励对象。

（二）股权激励方式

股权激励方式主要有五种，其中：股票期权、限制性股票和业绩股票属于权益结算；股票增值权、虚拟股票属于现金结算。它们的特点和适用范围如表 9 − 12 所示。

表 9 – 12　　　　　　　　　　　　　　　　　股权激励方式

激励方式	特点
股票期权	股票期权是指公司授予激励对象在未来期限内以预先确定的价格和条件购买公司一定数量股票的权利。其特点是高风险、高回报，适合处于成长初期或扩张期的企业
限制性股票	限制性股票是指激励对象按照股权激励计划规定的条件获得的，转让等部分权利受到限制的本公司股票。适用于成熟型企业或者对资金投入要求不是非常高的企业
业绩股票	业绩股票是指年初确定一个合理的业绩目标和一个科学的绩效评估体系，如果激励对象经过努力后实现了该目标，则公司授予其一定数量的股票。业绩股票激励模式适合于业绩稳定并持续增长、现金流充裕的企业
股票增值权	股票增值权是指公司授予激励对象在未来一定时期和约定条件下，获得规定数量的股票价格上升所带来收益的权利。适用于现金流充裕且发展稳定的公司
虚拟股票	虚拟股票是指公司授予激励对象一种虚拟的股票，激励对象可以根据被授予虚拟股票的数量参与公司的分红并享受股价升值收益，但没有所有权和表决权，本质上是将奖金延期支付，其资金来源于公司的奖励基金

（三）实施股权激励的条件

上市公司具有下列情形之一的，不得实行股权激励：

（1）最近一个会计年度财务会计报告被注册会计师出具否定意见或者无法表示意见的审计报告；

（2）最近一个会计年度财务报告内部控制被注册会计师出具否定意见或无法表示意见的审计报告；

（3）上市后最近 36 个月内出现过未按法律法规、公司章程、公开承诺进行利润分配的情形；

（4）法律法规规定不得实行股权激励的；

（5）中国证监会认定的其他情形。

【提示】激励对象经常出题，主要是考哪些人不能作为激励对象；股权激励方式不重要，偶然考核某种股权激励方式的特点；实施股权激励的条件从来不出题，因为不得实行股权激励，这个题就没法出了。

✳ 考点 18　股权激励计划的拟订和实施（★★）

股权激励计划的拟订和实施见表 9 – 13。

表 9 – 13　　　　　　　　　　　　　　　股权激励计划的拟订和实施

项目		有关规定
股权激励计划的拟订	标的股票来源和数量	上市公司主要采用向激励对象发行股份和回购公司自己的股份两种方式解决股权激励股票的来源。应注意：（1）对于一般上市公司，全部有效的股权激励计划所涉及的标的股权总量累计不得超过股本总额的 10%，其中个人获授部分不得超过股本总额的 1%，超过 1% 的需要获得股东大会的特别决议批准。（2）科创板上市公司全部在有效期内的股权激励计划所涉及的标的股票总数，累计不得超过公司股本总额的 20%。（3）国有控股上市公司首次实施股权激励计划授予的股权数量原则上应控制在上市公司发行总股本的 1% 以内。（4）中小市值中央企业控股上市公司及科技创新型中央企业控股上市公司，首次实施股权激励计划授予的权益数量占公司股本总额的比重，最高可以由 1% 上浮至 3%；中央企业控股上市公司两个年度内累计授予的权益数量一般在公司总股本 3% 以内，公司重大战略转型等特殊需要的，可以适当放宽至总股本的 5% 以内。（5）对于国有控股境内上市公司的高管人员，在股权激励计划有效期内，实施股权激励的高管人员预期中长期激励收入应控制在薪酬总水平的 30% 以内，对于国有控股境外上市公司这个限制比例为 40%。（6）对于中央企业控股上市公司，董事、高管的权益授予价值，境内上市公司统一按照不高于授予时薪酬总水平（含权益授予价值）的 40% 确定，管理、技术和业务骨干等其他激励对象的权益授予价值，由上市公司董事会合理确定。注意：考试时一定要注意上市公司的类型，这是执行规定的前提

续表

项目		有关规定
股权激励计划的拟订	激励计划的时间要素	(1) 有效期：①上市公司的股权激励计划的有效期从首次授予日起**不得超过 10 年**。②上市公司在推出股权激励计划时，可以设置预留权益，**预留比例不得超过本次股权激励计划拟授予权益数量的 20%**。上市公司应当在股权激励计划经股东大会审议通过后 **12 个月内**明确预留权益的授予对象；超过 12 个月未明确激励对象的，预留权益失效。③上市公司不得为激励对象依股权激励计划获取有关权益提供贷款以及其他任何形式的财务资助，包括为其贷款提供担保。 (2) 时间要求：①**限制性股票**授予日与首次解除限售日之间的间隔不得少于 12 个月。在限制性股票有效期内，上市公司应当规定分期解除限售，**每期时限不得少于 12 个月**，各期解除限售的比例**不得超过激励对象获授限制性股票总额的 50%**。②**股票期权**授予日与获授股票期权首次可行权日之间的**间隔不得少于 12 个月**。在股票期权有效期内，上市公司应当规定激励对象分期行权，每期期限不得少于 12 个月，后一行权期的起算日不得早于前一行权期的届满日。每期可行权的股票期权比例**不得超过激励对象获授股票期权总额的 50%**。③对于**科创板中央控股上市公司**，以限制性股票方式实施股权激励的，若授予价格低于公平市场价格的 50%，公司应当适当延长限制性股票的禁售期及解锁期，并设置不低于近 3 年平均业绩水平或同行业 75 分位值水平的解锁业绩目标条件。④**国有控股境内上市公司**，采用股票期权激励方式的，行权限制期原则上**不得少于 2 年**；行权有效期**不得低于 3 年**
	股权授予价格的确定	(1) 上市公司在授予激励对象**限制性股票**时，**授予价格不得低于股票票面金额，且原则上不得低于下列价格较高者**：①股权激励计划草案公布前 1 个交易日的公司股票交易均价的 50%；②股权激励计划草案公布前 20 个交易日、60 个交易日或者 120 个交易日的公司股票交易均价之一的 50%。对于科创板上市公司，其授予激励对象限制性股票的价格，低于股权激励计划草案公布前 1 个交易日、20 个交易日、60 个交易日或者 120 个交易日公司股票交易均价的 50% 的，应当说明定价依据及定价方式。对于尚未盈利的科创板中央企业控股上市公司，限制性股票授予价格按照不低于公平市价的 60% 确定。 (2) 上市公司在授予激励对象**股票期权**时，**行权价格不得低于股票票面金额，且原则上不得低于下列价格较高者**：①股权激励计划草案公布前 1 个交易日的公司股票交易均价；②股权激励计划草案公布前 20 个交易日、60 个交易日或者 120 个交易日的公司股票交易均价之一
计划的实施		(1) 上市公司董事会下设的薪酬与考核委员会负责拟订股权激励计划草案。(2) 上市公司实行股权激励，董事会应当依法对股权激励计划草案作出表决，拟作为激励对象的董事或与其存在关联关系的董事应当**回避表决**。(3) 上市公司应当在召开股东大会前公示激励对象的姓名和职务，**公示期不少于 10 天**。上市公司应当在股东大会审议股权激励计划前 5 日披露监事会对激励名单审核及公示情况的说明。(4) 股东大会应当对股权激励计划内容进行表决，并经出席会议的股东所持表决权的 **2/3 以上通过**

【提示】股权激励计划的拟订和实施是考试重点，经常出带"数字"的题，比如股票数量的限制比例、时间限制上的几月、公示期的天数、表决权比例。

✖ 考点 19　股份支付的会计处理（★）

股份支付的会计处理包括权益结算股份支付的会计处理、现金结算股份支付的会计处理、可行权条件修改的会计处理和集团股份支付的会计处理。下面分别介绍。

（一）权益结算股份支付的会计处理

权益结算股份支付按照四个步骤进行会计处理，见表 9 - 14。

表 9 - 14　　　　　　　　　　权益结算股份支付的会计处理

日期	相关规定
授予日	除了立即可行权的股份支付外（如限制性股票），**企业在授予日均不作会计处理**。对于授予后可立即可行权的限制性股票，应在授予日按照权益工具的公允价值，将取得的服务计入相关资产成本或当前费用，同时计入资本公积

续表

日期	相关规定
等待期内每个资产负债表日	企业应当在等待期内的每个**资产负债表日**，以对可行权权益工具数量的最佳估计为基础，**按照权益工具在授予日的公允价值，将当期取得的服务计入相关资产成本或当期费用，同时计入资本公积（其他资本公积）**，但不确认其后续公允价值变动的影响
可行权日之后	可行权日之后不再对已确认的成本费用和所有者权益总额进行调整
行权日	**行权日的处理分两种情况**：（1）发行新股：企业应在行权日根据行权情况，确认股本和股本溢价，同时结转等待期内确认的资本公积（其他资本公积）。（2）回购股份：企业回购股份时，应按回购股份的全部支出作为库存股处理，在职工行权购买本企业股份时，企业应转销交付职工的库存股成本和等待期内资本公积（其他资本公积）累计金额，同时，按照其差额调整资本公积（股本溢价）

【提示】授予日是指股份支付协议获得批准的日期；获得批准，是指企业与职工就股份支付的协议条款和条件已达成一致，该协议获得股东大会的批准。

【例9-6】授予股票期权

A公司为一上市公司，2024年1月1日，公司向其200名管理人员每人授予100股股票期权，这些职员从2024年1月1日起在该公司连续服务3年，即可以5元每股购买100股A公司股票，从而获益。公司估计该期权在授予日的公允价值为18元。

第一年有20名职员离开A公司，A公司估计3年中离开的职员的比例将达到20%；第二年又有10名职员离开公司，公司将估计的职员离开比例修正为15%；第三年又有15名职员离开。A公司对股份支付会计处理如下：

（1）授予日不作账务处理。

（2）2024年12月31日，根据授予日期权公允价值和预计可行权人数，计算各年费用（见表9-15）。

表9-15　　　　　各年费用计算　　　　　单位：元

年份	当期费用计算过程	当期费用	累计费用
2024	$200\times(1-20\%)\times100\times18/3\times1$	96 000	96 000
2025	$200\times(1-15\%)\times100\times18/3\times2-96\,000$	108 000	204 000
2026	$155\times100\times18-204\,000$	75 000	279 000

2024年12月31日账务处理：
借：管理费用　　　　　96 000
　贷：资本公积——其他资本公积　　96 000
（3）2025年12月31日账务处理：
借：管理费用　　　　　108 000
　贷：资本公积——其他资本公积　　108 000
（4）2026年12月31日账务处理：
借：管理费用　　　　　75 000
　贷：资本公积——其他资本公积　　75 000
（5）假设全部155名职员都在2027年12月

31日行权，A公司通过发行新股将股份奖励员工（每股面值为1元），A公司账务处理：
借：银行存款（15 500×5）　　77 500
　　资本公积——其他资本公积　　279 000
　贷：股本（15 500×1）　　15 500
　　资本公积——股本溢价　　341 000

（二）现金结算股份支付的会计处理

现金结算股份支付按照四个步骤进行会计处理，见表9-16。

表 9 – 16   现金结算股份支付的会计处理

日期	相关规定
授予日	除了立即可行权的股份支付外（如虚拟股票），企业在授予日均**不作会计处理**
等待期内每个资产负债表日	企业应当在等待期内的每个资产负债表日，以对可行权情况的最佳估计为基础，按照企业承担负债的公允价值，将当期取得的服务计入相关资产成本或当期费用，同时计入负债（应付职工薪酬）。在结算前的每个资产负债表日和结算日对负债的公允价值重新计量，将其变动计入损益
可行权日之后	可行权日之后不再确认成本费用，但是负债公允价值变动应当计入公允价值变动损益。即等待期内按照受益原则处理，等待期后不按受益原则处理
行权日	行权日应该**冲减应付职工薪酬**，同时减少银行存款

【例 9 – 7】授予现金股票增值权

2024 年 1 月 1 日，甲公司为其 200 名中层以上职员每人授予 100 份现金股票增值权，这些职员从 2024 年 1 月 1 日起在该公司连续服务 3 年，即可按照当时股价的增长幅度获得现金，该增值权应在 2028 年 12 月 31 日之前行使。甲公司估计，该增值权在负债结算之前的每一资产负债表日以及结算日的公允价值和可行权后的每份增值权现金支出额如表 9 – 17 所示。

表 9 – 17 权益工具公允价值和现金支出额

单位：元

年份	权益工具公允价值	支付现金
2024	14	
2025	15	
2026	18	16

续表

年份	权益工具公允价值	支付现金
2027	21	20
2028		25

第一年有 20 名职员离开甲公司，甲公司估计后两年中还将有 15 名职员离开；第二年又有 10 名职员离开公司，公司估计还将有 10 名职员离开；第三年又有 15 名职员离开。第三年年末，有 70 人行使股份增值权取得了现金。第四年年末，有 50 人行使了股份增值权。第五年年末，剩余 35 人也行使了股份增值权。甲公司会计处理如下：

（1）2024 年 1 月 1 日授予日不作账务处理。

（2）2024 年 12 月 31 日，计算各年费用和应付职工薪酬如表 9 – 18 所示。

表 9 – 18   各年费用计算

单位：元

年份	期末应保留的应付职工薪酬计算过程（1）	支付现金计算过程（2）	当期费用（3）
2024	$(200 - 35) \times 100 \times 14/3 \times 1 = 77\ 000$		77 000
2025	$(200 - 40) \times 100 \times 15/3 \times 2 = 160\ 000$		83 000
2026	$(200 - 45 - 70) \times 100 \times 18 = 153\ 000$	$70 \times 100 \times 16 = 112\ 000$	105 000
2027	$(200 - 45 - 70 - 50) \times 100 \times 21 = 73\ 500$	$50 \times 100 \times 20 = 100\ 000$	20 500
2028	0	$35 \times 100 \times 25 = 87\ 500$	14 000
总额		299 500	299 500

注：2026 年应确认应付职工薪酬 = 2026 年末应保留应付职工薪酬余额 153 000 – （2025 年末应付职工薪酬余额 160 000 – 支付现金冲减应付职工薪酬 112 000）= 153 000 – 48 000 = 105 000（元）；2027 年、2028 年同理。

2024 年 12 月 31 日账务处理：

借：管理费用　　　　　　77 000

　　贷：应付职工薪酬——股份支付

　　　　　　　　　　　　　　77 000

（3）2025 年 12 月 31 日账务处理：

借：管理费用　　　　　　83 000

　　贷：应付职工薪酬——股份支付

　　　　　　　　　　　　　　83 000

（4）2026 年 12 月 31 日账务处理：

借：应付职工薪酬——股份支付

　　　　　　　　　　　112 000

　　贷：银行存款　　　　112 000

借：管理费用　　　　　　105 000

　　贷：应付职工薪酬——股份支付

　　　　　　　　　　　　　105 000

（5）2027 年 12 月 31 日账务处理：

借：应付职工薪酬——股份支付

　　　　　　　　　　　100 000

　　贷：银行存款　　　　　100 000

借：公允价值变动损益　　20 500

　　贷：应付职工薪酬——股份支付

　　　　　　　　　　　　　20 500

（6）2028 年 12 月 31 日账务处理：

借：公允价值变动损益　　14 000

　　贷：应付职工薪酬——股份支付

　　　　　　　　　　　　　14 000

借：应付职工薪酬——股份支付

　　　　　　　　　　　87 500

　　贷：银行存款　　　　　87 500

（三）条款和条件的修改

条款和条件的修改包括对员工有利修改、不利修改、以现金结算修改为权益结算、取消或结算，其会计处理见表 9 - 19。

表 9 - 19　　条款和条件修改的会计处理

项目		相关规定
条款和条件的修改	对员工有利修改	（1）如果修改增加了所授予的权益工具的公允价值，企业应按照权益工具公允价值的增加相应地确认取得服务的增加。例如，对于授予的股票期权，如果行权价降低，则内在价值增加，期权公允价值将增加。 （2）如果修改增加了所授予的权益工具的数量，企业应将增加的权益工具的公允价值相应地确认为取得服务的增加。例如，授予期权的数量增加，则期权公允价值总额将增加。 （3）如果企业**按照有利于职工的方式修改可行权条件**，如缩短等待期、变更或取消业绩条件（非市场条件），企业在处理可行权条件时，**应当考虑修改后的可行权条件**
	对员工不利修改	如果企业以减少股份支付公允价值总额的方式或其他不利于职工的方式修改条款和条件，企业仍应继续对取得的服务进行会计处理，如同该变更从未发生，除非企业取消了部分或全部已授予的权益工具。具体包括如下几种情况： （1）如果修改减少了授予的权益工具的公允价值（如调高了行权价），企业应当继续以权益工具在授予日的公允价值为基础，确认取得服务的金额，而不应考虑权益工具公允价值的减少。 （2）如果修改减少了授予的权益工具的数量，企业应当将减少部分作为已授予的权益工具的取消来进行处理。 （3）如果企业以**不利于职工的方式修改了可行权条件**，如延长等待期、增加或变更业绩条件（非市场条件），企业在处理可行权条件时，**不应考虑修改后的可行权条件**
	以现金结算修改为权益结算	（1）在修改日，企业应当按照所授予权益工具当日的公允价值计量以权益结算的股份支付，将取得的服务计入资本公积，同时终止确认以现金结算的股份支付在修改日已确认的负债，**两者之间的差额计入当期损益**。 （2）如果修改延长或缩短了等待期，企业应当按照修改后的等待期进行上述会计处理。 （3）如果企业取消一项以现金结算的股份支付，授予一项以权益结算的股份支付，并在授予权益工具日认定其是用来替代已取消的以现金结算的股份支付的（因未满足可行权条件而被取消的除外），适用上述规定

续表

项目	相关规定
取消或结算	如果企业在等待期内取消了所授予的权益工具或结算了所授予的权益工具（因未满足可行权条件而被取消的除外），企业应当： （1）**将取消或结算作为加速可行权处理，将原本应在剩余等待期内确认的金额立即计入当期损益**，同时确认资本公积（其他资本公积）。 （2）在取消或结算时支付给职工的所有款项均应作为权益的回购处理，回购支付的金额高于该权益工具在回购日公允价值的部分，**计入当期费用**。 （3）职工自愿退出股权激励计划不属于未满足可行权条件的情况，而属于股权激励计划的取消，应当作为加速可行权处理，将剩余等待期内应确认的金额立即计入当期损益，同时确认资本公积，不应当冲回以前期间确认的成本或费用。（新增加内容）

（四）集团股份支付的会计处理

在一些企业集团中，母公司已上市但子公司未上市，为了激励子公司员工，可以以母公司股票为标的进行股权激励，这就导致结算企业与接受服务的企业不一致，此外还有其他各种情形，其有关会计处理见表9－20。

表9－20　　集团股份支付的会计处理

项目	具体规定
结算企业	（1）结算企业以其本身权益工具结算的，应当将该股份支付交易作为**权益结算**的股份支付进行会计处理：结算企业是接受服务的母公司，结算企业（母公司）由于承担了向接受服务企业（子公司）的职工结算股份支付的义务，因而视为对该接受服务企业（子公司）的投入，应当按照授予日该权益工具的公允价值增加对该接受服务企业（子公司）的长期股权投资成本，同时确认资本公积（其他资本公积）。 （2）结算企业不是以其本身权益工具而是以集团内其他企业的权益工具结算的，应当将该股份支付交易作为**现金结算**的股份支付进行会计处理：结算企业是接受服务的母公司，结算企业（母公司）由于承担了向接受服务企业（子公司）的职工结算股份支付的义务，因而视为对该接受服务企业（子公司）的投入，应当按照承担负债的公允价值增加对该接受服务企业（子公司）的长期股权投资成本，同时确认一项负债（应付职工薪酬）
接受服务企业	（1）接受服务企业没有结算义务（如由母公司直接向该子公司的高管人员授予股份），或者虽然有结算义务但授予本企业职工的是其本身权益工具的，应当将该股份支付交易作为**权益结算**的股份支付进行会计处理，确认所接受服务的成本费用，同时确认资本公积（其他资本公积）。 （2）接受服务企业具有结算义务，且授予本企业职工的是企业集团内其他企业权益工具的，应当将该股份支付交易作为**现金结算**的股份支付进行会计处理，确认所接受服务的成本费用，同时确认一项负债

【提示】"职工自愿退出股权激励计划"的处理是2025年新增加内容，考生应格外关注。

本章历年试题解析

【2024年试题】

甲公司是一家大型综合类民营矿业企业，主要从事稀有金属矿产资源的勘探、开采、冶炼等业务。2006年4月在上交所上市，截至2023年末，甲公司股本总额为50亿元，每股面值1元。

为适应发展需求，甲公司开展了金融资产投资、套期保值等业务，并积极推进股权激励计划，有关资料如下：

（1）投资可转换公司债券。乙公司为一家境内A股上市公司，于2024年1月4日发行可转换公司债券5 000万份。每份面值100元，期限 4 年，票面利率 0.75%，每年年末付息。到期前不得强制赎回，债券持有人可在 2024 年 7 月 5 日至 2028 年 1 月 3 日任一交易日，将其持有可转换公司债券转换为乙公司普通股，转换价格为 20 元/股，每份可转换公司债券可以转换 5 股普通股。甲公司在乙公司发行可转换公司债券当日，认领 100 万份，同时支付相关交易费用 3 万元。甲公司拟持有该可转换公司债券至到期时转股。甲公司与乙公司不存在关联关系，甲公司相关会计处理为：①将购买的乙公司可转换公司债券分类为以"摊余成本计量的金融资产"。②将支付的相关交易费用计入该可转换公司债券的初始确认金额。

（2）套期保值。为应对下游企业产能过剩对甲公司碳酸锂产品售价变动带来的不利影响，甲公司在做好充分论证的基础上，履行公司审批程序，于 2024 年初开展套期保值业务。相关资料为：①2024 年 1 月 2 日，甲公司建仓碳酸锂 1 万手（每手 1 吨），对预期 2024 年 6 月产出但无购买订单对应的 1 万吨碳酸锂标准品进行套期保值，套期比率 1:1，建仓期货合约平均价格为 108 250 元/吨，该期货合约保证金比例为合约价格 9%。②2024 年 1 月 31 日该期货合约的收市价为 99 150 元/吨。

（3）股权激励计划。甲公司满足实施股权激励计划条件，拟于 2025 年 2 月以限制性股票方式首次实施股权激励计划，预计 2024 年公司股本总额不发生任何变化。2024 年 3 月，甲公司对该项股权激励计划草案及后续相关会计处理进行了讨论：①在初步拟订草案中，本次股权激励计划授予激励对象限制性股票 6 000 万股，其中预留 1 500 万股。预留股份将在激励计划经股东大会审议通过后的 12 个月内明确授予对象，超 12 个月未明确激励对象的，预留收益失效。②对于该项计划后续相关会计处理，财务人员王某建议公司在等待期内的每个资产负债表日，以对可行权权益工具数量的最佳估计为基础，按权益工具在资产负债表日公允价值计量，确认相关资产成本或当期费用，并同时计入资本公积。

假设不考虑其他因素。

要求：

1. 根据资料（1），分别判断①和②是否正确；如不正确，请说明理由。

2. 根据资料（2），指出第①项中甲公司所做的套期保值业务是买入套期保值还是卖出套期保值。

3. 根据资料（2），计算截至 2024 年 1 月 31 日，甲公司于 2024 年 1 月 2 日建仓的期货合约公允价值变动金额，并指出甲公司所持期货合约公允价值是上升还是下降？

4. 根据资料（3），分别指出①和②是否存在不当之处；如存在不当之处，请说明理由。

【分析与解释】

1. ①不正确。

理由：可转换公司债券不符合本金加利息的合同现金流量特征，企业持有的可转换公司债券应当分类为以公允价值计量且其变动计入当期损益的金融资产。

②不正确。

理由：应将支付的相关交易费用计入当期损益。

注：本处考核金融资产分类与初始计量。

2. 卖出套期保值。

注：卖出套期保值回避价格下跌的风险，适用于将来卖出某种资产。本处考核套期保值方式。

3. 公允价值变动金额 =（108 250 - 99 150）× 1 万吨 = 9 100（万元），甲公司所持期货合约公允价值上升。

注：本处考核套期的确认和计量。

4. ①存在不当之处。

理由：上市公司在推出股权激励计划时，可以设置预留权益，预留比例不得超过本次股权激励计划拟授予权益数量的 20%，甲公司的预留比例为 25%（1 500/6 000），不符合规定。

②存在不当之处。

理由：企业应当在等待期内的每个资产负债表日，以对可行权权益工具数量的最佳估计为基础，按照权益工具在授予日的公允价值，将当期取得的服务计入相关资产成本或当期费用，同时计入资本公积。

注：本处考核权益结算的会计处理。

【2023 年试题】

甲公司是经国务院批准组建、中央直接管理的国有集团企业，下辖十余家上市公司、百余家专业化公司和一家集团财务公司。甲公司及其下辖公司均不是投资性主体。2023年2月17日，甲公司财务部组织了金融工具及股权激励相关业务专题讨论会，对近期发生的部分业务进行了讨论。相关资料摘录如下：

（1）A公司是甲公司控股的股份制企业。2023年1月，甲公司、A公司与乙公司签订战略投资协议。2023年2月15日，乙公司按照战略投资协议向A公司出资4亿元人民币，A公司相关增资手续于当日办理完毕。此前，甲公司和A公司均与乙公司无关联关系。增资后，乙公司持有A公司18%的有表决权股份，甲公司仍为A公司的控股股东。A公司不存在除普通股以外的其他权益工具。按照甲公司、A公司与乙公司签订的前述战略投资协议，如果A公司在2026年12月31日前未能完成在沪市主板首次公开发行股票（IPO），乙公司有权要求甲公司以现金回购乙公司持有的A公司股份，收购价由两部分构成：一是4亿元人民币；二是以4亿元人民币为本金，按年化收益率6%和实际出资期限计算的收益。投资协议同时约定，乙公司持有的A公司股份只能一次性全部转让给甲公司。增资当日，A公司尚未进入上市辅导阶段。针对上述事项，相关人员建议进行的部分会计处理如下：

①A公司个别财务报表中将收到的4亿元人民币投资款确认为一项权益工具。

②甲公司合并财务报表中将收到的4亿元人民币投资款确认为一项权益工具。

（2）B公司是甲公司的境内全资子公司，2023年2月开展了两项套期业务：

①2023年2月10日，B公司进口了一批原材料，合同约定3个月后支付货款100万美元，B公司为管理汇率风险，于当日购入了一项3个月后买入100万美元的期权合约，行权价格为681万元人民币。

②2023年2月14日，B公司根据收到的产品订单，计划3个月后采购1万吨天然橡胶原材料以安排订单生产。伴随着生产复苏，B公司预计3个月后该品种天然橡胶价格将会上升。为控制原材料成本，B公司于当日以12530元人民币/手（每手10吨）的价格建仓3个月后到期的1万吨该品种天然橡胶的卖出期货。

（3）C公司是甲公司控股的境内主板上市公司，股票面值为1元人民币，满足实施股权激励计划的条件。C公司拟订的拟于近期实施的股权激励计划草案中的相关内容摘要如下：①授予激励对象限制性股票，授予价格不低于股票票面金额且不低于以下价格较高者：股权激励计划草案公布前1个交易日的公司股票交易均价；股权激励计划草案公布前20个交易日、60个交易日或者120个交易日的公司股票交易均价之一。②C公司董事、高级管理人员的权益授予价值为授予时薪酬总水平（含权益授予价值）的30%，管理、技术和业务骨干等其他激励对象的权益授予价值，由C公司的董事会合理确定。

假定不考虑其他因素。

要求：

1. 根据资料（1），分别判断①和②项是否存在不当之处；如存在不当之处，请说明理由。

2. 根据资料（2），分别判断①和②项是否存在不当之处；如存在不当之处，请说明理由。

3. 根据资料（3），分别判断①和②项是否存在不当之处；如存在不当之处，请说明理由。

【分析与解释】

1. 事项①不存在不当之处。

注：A公司不存在向其他方交付现金或其他金融资产的合同义务，应将收到的4亿元人民币投资款确认为一项权益工具。

事项②存在不当之处。

理由：按照甲公司、A公司与乙公司签订的前述战略投资协议，如果A公司在2026年12月31日前未能完成在沪市主板首次公开发行股票（IPO），乙公司有权要求甲公司以现金回购乙公司持有的A公司股份。说明甲公司无法避免经济利益的转移，在合并财务报表中应将收到的4亿元人民币投资款确认为一项金融负债。

2. 事项①不存在不当之处。

注：回避美元汇率上升，应采取买入套期。B公司于当日购入了一项3个月后买入100万美元的期权合约，行权价格为681万元人民币，即将汇率控制在了1美元=6.81元人民币以下。

事项②存在不当之处。

理由：套期保值者为了回避价格上涨的风险，应该买入套期保值。

3. 事项①存在不当之处。

理由：上市公司在授予激励对象限制性股票时，应当确定授予价格或授予价格的确定方法。

授予价格不得低于股票票面金额，且原则上不得低于下列价格较高者：（1）股权激励计划草案公布前1个交易日的公司股票交易均价的50%；（2）股权激励计划草案公布前20个交易日、60个交易日或者120个交易日的公司股票交易均价之一的50%。

事项②不存在不当之处。

注：对于中央企业控股上市公司，董事、高级管理人员的权益授予价值，境内外上市公司统一按照不高于授予时薪酬总水平（含权益授予价值）的40%确定，管理、技术和业务骨干等其他激励对象的权益授予价值，由上市公司董事会合理确定。

【点评】本题考核了金融负债与权益工具区分、套期保值方式、限制性股票授予价格的确定、股权授予数量确定。

【2022年试题】

甲公司是一家在深圳证券交易所上市的民营企业，主营建筑施工和房屋装修业务。受宏观政策调整等因素影响，近两年甲公司收入与利润增长放缓。为进一步促进公司持续健康发展，甲公司在既定公司战略框架下，采取了一系列积极措施，最大限度地消除收入与利润增长放缓的不利影响。有关资料如下：

（1）进行股票投资。

2021年5月，甲公司投资部门分析认为，运动休闲行业前景看好，该行业境内上市的A公司股票价格处在历史低位，具有较好的投资价值。2021年5月18日，甲公司按公司投资审批程序，通过深圳股票交易系统首次购入A公司股票100万股，成交价格50元/股，成交金额共5 000万元，另发生与之相关的交易费用20万元。购入A公司股票后，甲公司对A公司不能实施控制、共同控制，也不具备重大影响。甲公司计划根据市场情况随时出售所持有的A公司股票。围绕该投资应如何进行会计处理的问题，财务人员李某、赵某和张某展开了如下讨论：

①李某建议，初始投资分类为以公允价值计量且其变动计入当期损益的金融资产，以成交价格5 000万元作为初始入账金额，并将20万元交易费用计入当期损益。

②赵某建议，初始投资分类为以公允价值计量且其变动计入其他综合收益的金融资产，以成交价格加上交易费用后的金额5 020万元作为初始入账金额。

③张某建议，初始投资分类为以摊余成本计量的金融资产，以成交价格加上交易费用后的金额5 020万元作为初始入账金额。以后如有必要，再对该金融资产进行重分类。

（2）转让金融资产。

①2021年6月30日，甲公司将其于2021年1月12日购入并一直持有B公司债券，以1 230万元的价格转让给乙公司，转让时该债券的账面价值为1 210万元。同时，甲公司与乙公司签订回购协议约定12月31日以1 250万元的价格回购该债券。该债券到期日为2025年1月1日，甲公司于2021年6月30日终止确认该金融资产并确认投资收益20万元。

②2021年8月5日，甲公司将对丙公司的应收账款出售给C银行，取得价款700万元。当日，该应收账款余额为1 000万元，未计提减值准备。双方约定，如果该应收账款到期无法收回，C银行不能向甲公司追偿。甲公司于2021年8月5日终止确认了该应收账款，并确认转让损失300万元。

（3）开展套期保值。

甲公司的记账本位币为人民币。2021年10月15日，甲公司对境外某工程项目进行结算，金额为100万美元，按合同约定该笔结算款于6个月后收取。甲公司将该应收账款于2021年10月15日初始确认并以摊余成本计量。为防范美元贬值风险，甲公司按照套期保值操作要求，实施了套期保值方案：2021年10月15日购买了一份期限为6个月的100万美元看跌期权，合同约定汇率为1美元＝6.40元人民币。甲公司将该期权合约指定为上述应收账款的套期工具，且该套期关系符合运用套期会计的条件。

（4）实施股权激励。

甲公司符合实施股权激励的条件，并拟于2021年11月实施股权激励计划。2021年11月9日，甲公司的股票交易均价为50元/股，公司股份总数为10 000万股。甲公司拟于2021年11月10日公布股权激励计划草案，激励方式为股票期权，授予日为2021年12月15日，该计划草案中的部分条款如下：

①激励对象包括甲公司董事（不含独立董事）、监事、高级管理人员和核心技术人员，共计600人；

②授予的股票期权人均2万份；

③每份期权行权时可以按照30元/股的价格购买1股甲公司普通股股票：

④激励对象可以自2024年1月15日开始行权。

（5）计提减值准备。

丁公司是甲公司的主要客户，长期以来经营状况一直表现良好，但2021年丁公司资金周转遇到严重困难，导致较多的到期债务违约。截至2021年12月31日，甲公司对丁公司的应收账款账面余额为30 000万元、合同资产账面余额为5 000万元，部分应收账款已经逾期。甲公司对丁公司的应收账款和合同资产均不存在重大融资成分。甲公司在2021年末计提资产减值准备时，对丁公司应收账款采用未来12个月内预期信用损失的金额计量其损失准备，对丁公司合同资产采用相当于整个存续期内预期信用损失的金额计量其损失准备。

假定不考虑税费和其他因素。

要求：

1. 根据资料（1），分别指出李某、赵某和张某对会计处理的建议是否恰当；如不恰当，分别说明理由。

2. 根据资料（2），分别指出甲公司①和②的会计处理是否正确；如不正确，分别说明理由。

3. 根据资料（3），指出甲公司购买看跌期权合约进行套期保值的方式是否恰当；如不恰当，说明理由。

4. 根据资料（4），逐项判断甲公司股权激励计划草案中①~④条款是否存在不当之处；对存在不当之处的，分别说明理由。

5. 根据资料（5），分别指出甲公司对丁公司应收账款和合同资产计量损失准备的方法是否正确；如不正确，分别说明理由。

【分析与解释】

1. 李某所提会计处理建议恰当。

赵某所提会计处理建议不恰当。

理由：以交易目的持有的权益投资不能分类为以公允价值计量且其变动计入其他综合收益的金融资产。

张某所提会计处理建议不恰当。

理由：股票投资不符合以摊余成本计量的金融资产的条件。[或：股票投资不能分类为以摊余成本计量的金融资产。]

注：关于金融资产三分类，教材中没有三分类的条件等详细内容，本考点超出了教材的范围。

2. ①不正确。

理由：企业出售金融资产并与转入方签订回购协议，协议规定企业将按照固定价格或按照原售价加上合理的资金成本向转入方回购原转移的金融资产，通常表明企业保留了金融资产所有权上几乎所有风险和报酬，不应当终止确认相关金融资产。

②正确。

注：不附追索权的金融资产出售风险报酬已转移，应终止确认金融资产。

3. 恰当。

注：公司持有资产，为回避价格下跌，应采用卖出套期；甲公司购买看跌期权，即取得了未来6个月以固定价格出售资产的权利（卖出套期），这样就回避了价格下跌的风险。因此，该套期保值的方式是恰当的。

4. ①存在不当之处。

理由：股权激励的对象不应当包括监事。

注：这是出题非常多的考点。

②存在不当之处。

理由：股权激励计划所涉及的标的股票数量累计达到1 200万股（600×2），超过股本总额1亿股的10%。

注：对于一般上市公司，全部有效的股权激励计划所涉及的标的股权总量累计不得超过股本总额的10%。

③存在不当之处。

理由：授予价格30元/股低于股权激励计划草案公布前1个交易日的公司股票交易均价。

④不存在不当之处。

注：授予日为2021年12月15日，自2024年1月15日开始行权，行权限制期2年多，没有违背不少于2年的相关规定。

5. 对应收账款计提减值准备的会计处理不正确。

理由：应当对应收账款始终按照相当于整个存续期内预期信用损失的金额计量其损失准备。

对合同资产计提减值准备的会计处理正确。

注：计提减值是比较常考的考点，但从来不考计提减值的金额。

【2021 年试题】

甲公司是国内一家大型生猪养殖企业。2021 年 1 月 8 日，我国首个以活体为交易标的期货品种——生猪期货在大连商品交易所挂牌上市。甲公司通过前期筹备策划，决定积极参与生猪期货交易。相关业务资料如下：

（1）甲公司根据政府部门发布的相关数据，并参考生猪市场信息咨询机构及其他大型生猪养殖企业的预测分析认为，随着生猪供给稳定恢复，进口冻肉数量增加，市场供应有望于 2021 年下半年恢复正常，生猪价格不具备上涨基础，价格大概率处于下降通道，在不发生新的重大疫情疫病与重大政策的前提下，2021 年下半年生猪现货价格很可能介于 20 000 ~ 25 000 元/吨之间。在此背景下，针对 2021 年 9 月极可能进行的预期生猪销售，甲公司为规避与销售价格变动有关的风险，于 2021 年 1 月 8 日交纳生猪期货合约保证金 7 680 万元，以 30 000 元/吨的价格，建仓期货合约 2 000 手（每手 16 吨），同时通过正式书面文件将其指定为对 2021 年 9 月预期生猪销售的套期工具。该生猪期货合约的标的资产与被套期的预期销售生猪在交割等级和交割地点等方面完全一致，该套期符合套期有效性要求。

（2）甲公司交纳期货合约保证金后，为缓解流动资金的暂时压力，采取了以下两项措施：

①2021 年 1 月 11 日，甲公司与 M 银行签订一项应收账款保理合同，将应收乙公司货款 775 万元出售给 M 银行，取得货币资金 620 万元。根据合同约定，M 银行在应收乙公司货款到期无法收回时，不能向甲公司追偿。

②2021 年 1 月 12 日，甲公司在市场出售所持有的丙上市公司 100 万股普通股股票，每股价格 40 元，取得出售价款 4 000 万元。该股票为甲公司于 2020 年 9 月 17 日以每股 35 元的价格购入，购入时甲公司将其指定为以公允价值计量且其变动计入其他综合收益的金融资产；2020 年 12 月 31 日，该股票的市价为每股 42 元。

假定不考虑其他因素。

要求：

1. 根据资料（1），指出甲公司 2021 年 1 月 8 日建立的 2 000 手期货合约是买入套期保值还是卖出套期保值，并说明理由。

2. 根据资料（1），判断甲公司生猪期货套期交易属于公允价值套期还是现金流量套期，并说明理由。

3. 根据资料（1），假定甲公司建立的 2 000 手生猪期货相对于被套期的预期生猪销售业务为完全有效套期，在 2021 年 9 月销售生猪前，甲公司是否应当将该套期工具产生的利得或损失计入当期损益，并说明理由。

4. 根据资料（2）中的第①项，判断甲公司 2021 年 1 月 11 日是否应当终止确认应收乙公司账款 775 万元，并说明理由。

5. 根据资料（2）中的第②项，分别指出甲公司持有丙公司股票对甲公司 2020 年损益的影响金额，以及甲公司出售丙公司股票对甲公司 2021 年损益的影响金额，并分别说明理由。

【分析与解释】

1. 卖出套期。

理由：为了规避价格下跌的风险，应该采用卖出套期保值。

2. 现金流量套期。

理由：对于未来极有可能发生的预期交易，应分类为现金流量套期。

3. 不确认当期损益。

理由：现金流量套期有效部分计入其他综合收益，无效部分计入当期损益。本题该套期完全有效，不存在无效套期，故不确认当期损益。

4. 应当终止确认。

理由：企业以不附追索权方式出售金融资产的，企业已将金融资产所有权上几乎所有的风险和报酬转移给转入方，故应当终止确认该金融资产。

5. 持有期间：对 2020 年损益的影响金额为零。

理由：指定为以公允价值计量且其变动计入其他综合收益的金融资产，持有期间公允价值变动计入其他综合收益，不确认当期损益。[应当确认其他综合收益 = (42 - 35) × 100 = 700（万元）]

处置时：对 2021 年的损益影响金额为零。

理由：指定为以公允价值计量且其变动计入

其他综合收益的金融资产，处置时公允价值与账面价值的差额应计入留存收益，原计入其他综合收益的金额处置时也应当结转至留存收益，不确认当期损益。[应当确认留存收益 = 4 000 - 42 × 100 + 700 = 500（万元）]

强化练习

习题一

甲公司是一家在上海证券交易所挂牌交易的科创板上市公司。为了提高资金使用效率，加速企业发展，发生了如下投资、股权激励、风险管理等业务：

（1）甲公司于 2024 年 12 月 5 日以 500 万元取得乙公司当日发行的普通债券，发生相关税费 2 万元，甲公司将其分类为以公允价值计量且其变动计入其他综合收益的金融资产。据此，甲公司确定的该金融资产的入账价值为 500 万元，交易费用 2 万元计入当期损益。

（2）甲公司为了提高金融资产质量，在 2024 年 12 月 31 日对资产计提减值和金融资产转移进行了如下处理：

①甲公司以预期信用损失为基础计提金融资产减值。预期信用损失，是指以发生违约的风险为权重的金融工具信用损失的加权平均值。

②甲公司将购入的 A 公司 8 年期债券分类为以公允价值计量且其变动计入其他综合收益的金融资产。经评估发现，该金融工具的信用风险自初始确认后已显著增加，甲公司按照该金融工具未来 12 个月内预期信用损失的金额计量其损失准备。

③甲公司对赊销形成的应收款项（不含融资成分），按照未来 12 个月内概率加权平均为基础计量预期信用损失的金额计提坏账准备，将坏账损失计入了当期损益。

④甲公司为了补充流动资金，开展了应收账款保理业务。甲公司与工商银行商定，甲公司将一组账面价值为 5 000 万元的应收账款（分类为以摊余成本计量的金融资产）出售给银行，在购货方逾期未支付款项时，工商银行无权向甲公司进行追偿。据此，甲公司终止确认了金融资产，并将应收账款账面价值与出售应收账款而收到的对价之间的差额计入当期损益。

（3）甲公司为了调动企业员工的积极性，决定进行股权激励。公司薪酬委员会草拟的有关股权激励的方案如下：

①鉴于甲公司为高科技企业的初创期，建议采用股票期权作为股权激励方式。

②本次股权激励计划，建议通过向激励对象发行股份来解决股票的来源。全部在有效期内的股权激励计划所涉及的标的股票总数，累计占公司股本总额的 25%。

③本激励计划的行权限制期，建议从授予日开始计算，期限为 3 年。

④对本次股权激励的会计处理，建议在等待期内的每个资产负债表日，以对可行权权益工具数量的最佳估计为基础，按照权益工具在资产负债表日的公允价值，将当期取得的服务计入相关资产成本或当期损益，同时计入股本。如果有职工自愿退出股权激励计划，则属于股权激励计划的取消，应当冲回以前期间确认的成本或费用。

（4）甲公司生产产品所需原材料包括铜、铝、钢材、塑料等。这些原材料均面临价格上涨的风险，给企业生产经营造成不利局面。为了锁定原材料采购价格，促进企业可持续发展，根据董事会批准，甲公司进行了如下套期保值业务并进行了相应的会计处理：

①甲公司签订了销售一批白色家电给 C 公司的合同，约定半年后交货。该批合同所需原材料将在合同签订日后 4 个月购进，预计原材料价格会上涨。为此，甲公司从上海期货交易所购入铜期货，将其分类为现金流量套期。

②甲公司通过分析认为：套期关系由符合条件的套期工具和被套期项目组成；在套期开始时，企业正式指定了套期工具和被套期项目，并准备了关于套期关系和企业从事套期的风险管理策略和风险管理目标的书面文件；套期关系符合

套期有效性要求。甲公司认为满足了运用套期会计方法的条件，该套期应采用套期会计方法进行会计处理。

③甲公司将被套期项目自套期开始的预计未来现金流量现值累计损失 800 万元作为现金流量套期储备，冲减了其他综合收益，将套期工具自套期开始的累计利得 900 万元计入当期损益。

（5）甲公司近期上马 OLED 有机材料三期项目，需要筹集大量资金。甲公司与 A 公司签订融资协议，向 A 公司定向增发股票 1 亿股，融资 8 亿元。协议中约定，要保持技术领先，关键是稳定当前的管理团队和技术团队。如果甲公司 50% 以上所有权发生变更，则甲公司必须按发行价赎回该股票。甲公司为本次增发股票支付了 400 万元发行费用。据此，甲公司进行了如下会计处理：

①甲公司将发行的股票确认为权益工具，增加所有者权益 8 亿元。

②甲公司将支付的发行费用 400 万元冲减了资本公积。

假定不考虑其他因素。

要求：

1. 根据资料（1），判断甲公司金融资产的初始计量是否正确；如不正确，指出正确的处理。

2. 根据资料（2），分别判断事项①～④的会计处理是否正确；如不正确，请说明理由。

3. 根据资料（3），分别判断事项①～④的建议是否正确；如不正确，请说明理由。

4. 根据资料（4），分别判断事项①～③的会计处理是否正确；如不正确，指出正确的处理。

5. 根据资料（5），分别判断事项①和②的会计处理是否正确；如不正确，指出正确的处理。

【分析与解释】

1. 甲公司金融资产初始计量不正确。

正确的处理：该金融资产的入账价值 = 500 + 2 = 502（万元），即 2 万元相关税费应计入金融资产成本，不能费用化。

2. 事项①的处理正确。

事项②的处理不正确。

理由：如果该金融工具的信用风险自初始确认后已显著增加，企业应当按照相当于该金融工具整个存续期内预期信用损失的金额计量其损失准备。

事项③的处理不正确。

理由：针对应收款项，企业应当始终按照相当于整个存续期内预期信用损失的金额计量其损失准备，以概率加权平均为基础对预期信用损失进行计量。

事项④的处理正确。

3. 事项①的建议正确。

事项②的建议不正确。

理由：科创板上市公司全部在有效期内的股权激励计划所涉及的标的股权总数，累计不得超过公司股本总额的 20%。

事项③的建议正确。

事项④的建议不正确。

理由：对于权益结算的股份支付，应在等待期内的每个资产负债表日，以对可行权权益工具数量的最佳估计为基础，按照权益工具在授予日的公允价值，将当期取得的服务计入相关资产成本或当期费用，同时计入资本公积。职工自愿退出股权激励计划属于股权激励计划的取消，应当作为加速可行权处理，将剩余等待期内应确认的金额立即计入当期损益，同时确认资本公积，不应冲回以前期间确认的成本或费用。

4. 事项①的会计处理正确。

事项②的会计处理正确。

事项③的会计处理不正确。

正确的会计处理：将套期工具利得中属于有效套期部分 800 万元计入其他综合收益（即套期工具自套期开始的累计利得 900 万元与被套期项目自套期开始的预计未来现金流量现值累计损失 800 万元两项的绝对额中较低者），将无效套期部分 100 万元（900 - 800）计入当期损益。

5. 事项①的会计处理不正确。

正确的处理：鉴于该或有事项（甲公司被其中一批股东出售给另一批股东）不受甲公司的控制，其属于或有结算条款。由于甲公司不能避免赎回股票，因此该工具应分类为金融负债。

事项②的会计处理不正确。

正确的处理：甲公司支付的发行费用应当计入金融负债的初始计量金额。

习题二

甲股份有限公司（以下简称甲公司）为中小市值中央企业控股上市公司，发生有关金融工具交易事项如下：

（1）2024 年 11 月 5 日，甲公司以每股 12 元的价格从二级市场购入 A 公司股票 80 万股，支付价款 960 万元，另支付相关交易费用 3 万元。甲公司因持股比例少，对 A 公司不具有重大影响。甲公司管理层确定的业务模式是赚取价差，将该股票投资分类为以公允价值计量且其变动计入当期损益的金融资产。据此，甲公司在会计处理时，将支付的相关交易费用 3 万元计入了金融资产初始入账金额，确认的金融资产入账价值为 963 万元。

（2）甲公司经临时股东大会批准，发行 8 亿元永续债用于扩建生产线。永续债合同条款载明：该永续债没有固定期限，发行人含有赎回权；持有人不能要求清偿本金，按期计息，但发行人可以自行选择将当前利息以及已经递延的所有利息推迟到下一个付息日来支付，并且不会有任何递延支付利息次数的限制，直至取消利息支付。据此，甲公司在会计处理时，鉴于其发行的是债券，将该永续债分类为金融负债。

（3）甲公司为了生产经营，极可能在 3 个月后购入大批原材料。为规避生产经营中因原材料价格上涨带来的风险，公司利用商品期货进行套期保值业务操作，买入了相同品种的商品期货。据此，甲公司进行了如下的会计处理：①将该套期分类为现金流量套期；②套期工具产生的利得或损失中属于套期有效的部分，作为现金流量套期储备，计入了其他综合收益；属于套期无效的部分，计入了当期损益。

（4）甲公司为了激励企业高管的积极性，决定授予部分员工（含外籍高管）限制性股票。据此，甲公司初步拟订的股权激励方案规定：①首次实施股权激励计划授予的权益数量占公司股本总额的比重为 5%；②限制性股票授予日后 24 个月为首次解除限售日；③授予价格不低于股票票面金额，且不高于下列价格较低者：a. 股权激励计划草案公布前 1 个交易日的公司股票交易均价的 50%；b. 股权激励计划草案公布前 20 个交易日、60 个交易日或 120 个交易日的公司股票交易均价之一的 50%。

假设不考虑其他因素。

要求：

1. 根据资料（1），判断甲公司的会计处理是否正确；如不正确，说明理由。

2. 根据资料（2），判断甲公司对发行永续债的分类是否正确；如不正确，说明理由。

3. 根据资料（3），分别判断事项①～②的会计处理是否正确；如不正确，说明理由。

4. 根据资料（4），分别判断事项①～③的会计处理是否正确；如不正确，说明理由。

【分析与解释】

1. 资料（1）甲公司会计处理不正确。

理由：甲公司持有股票分类为以公允价值计量且其变动计入当期损益的金融资产，应将支付的相关税费计入当期损益，确认的金融资产入账价值为 960 万元。

2. 资料（2）甲公司对发行永续债的分类不正确。

理由：永续债合同明确规定无固定到期日且持有方在任何情况下均无权要求发行方赎回该永续债，通常表明发行方没有交付现金或其他金融资产的合同义务，应将其分类为权益工具。

3. 资料（3）中，事项①对套期的分类正确。

注：对极可能发生的预期交易的特定风险进行套期，应分类为现金流量套期。

事项②对套期工具利得或损失的处理正确。

注：现金流量套期满足运用套期会计方法条件的，套期工具产生的利得或损失中属于套期有效的部分，作为现金流量套期储备，应当计入其他综合收益；套期工具产生的利得或损失中属于套期无效的部分，应当计入当期损益。

4. 资料（4）中，事项①不正确。

理由：中小市值中央企业控股上市公司，首次实施股权激励计划授予的权益数量占公司股本总额的比重，最高可以由 1% 上浮至 3%，甲公司达到 5% 不符合规定。

事项②正确。

事项③不正确。

理由：限制性股票授予价格不低于股票票面金额，且不低于下列价格较高者：a. 股权激励计划草案公布前 1 个交易日的公司股票交易均价的 50%；b. 股权激励计划草案公布前 20 个交易日、60 个交易日或 120 个交易日的公司股票交易均价之一的 50%。

习题三

甲公司为深交所上市公司，有关金融资产交易或事项如下：

（1）2024年1月5日，甲公司利用暂时闲置资金购入戊上市公司0.4%的股份，支付购买价款8 500万元，另外支付相关交易费用50万元。因持股比例小，甲公司未能在戊公司的董事会中派有代表，对戊公司不具有重大影响，购买股票目的是短期获利。2024年12月31日，该股票收盘价为8 580万元。据此，甲公司进行了如下会计处理：

①甲公司将该股票分类为以公允价值计量且其变动计入当期损益的金融资产。

②甲公司确认该股票的初始计量金额为8 550万元。

③甲公司将该股票公允价值变动计入了其他综合收益。

（2）2024年7月1日，甲公司从活跃市场购入丙公司2024年1月1日发行的5年期债券10万份，该债券票面价值总额为1 000万元，票面年利率为4.5%，于每年年初支付上一年度利息。甲公司购买丙公司债券支付款项1 022.5万元，其中已到期尚未领取的债券利息为22.5万元，另外支付相关交易费用4万元。2024年12月31日，丙公司债券在证券市场的收盘价为1 024万元。据此，甲公司进行了如下会计处理：

①甲公司管理该债券的业务模式既以收取合同现金流量为目标又以出售该债券为目标，根据业务模式和合同现金流量特征，将该债券分类为以公允价值计量且其变动计入其他综合收益的金融资产。

②甲公司确认该债券的初始计量金额为1 026.5万元。

③甲公司将该债券的公允价值变动计入了其他综合收益。

（3）2024年1月1日，甲公司从活跃市场上购入乙公司同日发行的5年期债券30万份，支付款项2 990万元，另外支付交易费用10万元。甲公司管理该债券的业务模式是以收取合同现金流量为目标，将该债券分类为以摊余成本计量的金融资产。据此，甲公司确认的该债券的初

始计量金额为2 990万元，将交易费用10万元计入了当期损益。

（4）2024年12月1日，甲公司将某项账面余额1 000万元的应收账款（已计提坏账准备200万元）转让给丁投资银行，转让价格为当日公允价值750万元；同时与丁投资银行签订了将于半年到期时按固定价格回购应收账款的协议。同日，丁投资银行按协议支付了750万元。据此，甲公司进行了如下会计处理：

①甲公司在出售日未终止确认该应收账款，将收到的750万元确认为金融负债。

②甲公司于2024年12月31日对该应收账款按照未来12个月内预期收取的现金流量现值为基础，计提了减值准备。

要求：

1. 根据资料（1），分析、判断甲公司①~③的会计处理是否正确；如不正确，请说明理由。

2. 根据资料（2），分析、判断甲公司①~③的会计处理是否正确；如不正确，请说明理由。

3. 根据资料（3），分析、判断甲公司确认的该债券初始计量的金额是否正确；如不正确，请说明理由。

4. 根据资料（4），分析、判断甲公司①~②的会计处理是否正确；如不正确，请说明理由。

【分析与解释】

1. 甲公司①的会计处理正确。

甲公司②的会计处理不正确。

理由：该金融资产的初始计量金额=购买价款8 500万元。交易费用50万元应计入当期损益。

甲公司③的会计处理不正确。

理由：以公允价值计量且其变动计入当期损益的金融资产的公允价值变动应计入当期损益。

2. 甲公司①的会计处理正确。

甲公司②的会计处理不正确。

理由：该债券的初始计量金额=支付的购买价款1 022.5+交易费用4-已到期尚未领取的利息22.5=1 004（万元）。已到期尚未领取的利息计入应收利息中，不作为成本。

甲公司③的会计处理正确。

3. 甲公司确认的该债券初始计量金额不正确。

理由：该债券初始计量金额=支付的购买价款2 990+交易费用10=3 000（万元）。

4. 甲公司①的会计处理正确。

注：甲公司采取售后回购方式出售该金融资产，在回购日按固定价格回购，企业保留了该金融资产所有权上几乎所有的风险报酬，不终止确认金融资产。

甲公司②的会计处理不正确。

理由：甲公司应于 2024 年 12 月 31 日对该应收账款按照整个存续期预期收取的现金流量现值为基础，计提减值准备。

习题四

天山公司系一家在上海证券交易所挂牌交易的产融结合上市公司，2024 年公司有关金融资产和金融负债业务的相关资料如下：

（1）2024 年 4 月 1 日，天山公司将其持有的一笔国债出售给丙公司，售价为 2 000 万元，年利率为 3.5%。同时，天山公司与丙公司签订了一项回购协议，12 个月后由天山公司将该笔国债购回，回购价为回购日的公允价值。据此，天山公司未终止确认该金融资产。

（2）2024 年 6 月 1 日，天山公司将持有的乙公司发行的 10 年期公司债券出售给丁公司，出售价格为 330 万元。同时双方签订了一项看涨期权合约，天山公司为期权持有人，天山公司有权在 2024 年 12 月 31 日（到期日）以 340 万元的价格回购该债券。天山公司判断，该期权是重大的价内期权（即到期极可能行权）。据此，天山公司未终止确认该债券，将收到的价款 330 万元确认为金融负债。

（3）天山公司于 2024 年 11 月 2 日与某金融资产管理公司签订协议，将其划分为次级类、可疑类和损失类的贷款共 100 笔打包出售给该公司，该批贷款总金额为 8 000 万元，原已计提贷款损失准备 5 000 万元，双方协议转让价为 4 000 万元，转让后天山公司不再保留任何权利和义务。据此，天山公司未终止确认该金融资产。

（4）天山公司于 2024 年 3 月 1 日销售产品一批给戊公司，价为 600 万元，增值税税额为 78 万元，双方约定戊公司于 2024 年 6 月 30 日支付货款 678 万元。天山公司于 2024 年 4 月 1 日将应收戊公司的账款出售给中国工商银行，出售价款为 620 万元。天山公司与中国工商银行签订的协议中规定，在应收戊公司账款到期、戊公司

不能按期偿还时，银行不能向天山公司追偿。据此，天山公司终止确认了该项应收账款，并将收到的价款 620 万元与其账面价值 678 万元之间的差额 58 万元计入了当期损益。

（5）天山公司经批准于 2024 年 1 月 1 日以面值发行 50 000 万元的可转换公司债券。该可转换公司债券期限为 5 年，票面年利率为 4%，实际利率为 6%。自 2025 年起，每年 1 月 1 日付息。自 2025 年 1 月 1 日起，该可转换公司债券持有人可以申请按债券转换日的账面价值转为天山公司的普通股（每股面值 1 元），初始转换价格为每股 10 元，不足转为 1 股的部分按每股 10 元以现金结清。据此，天山公司进行了如下会计处理：

①天山公司将该可转换公司债券认定为复合金融工具。

②天山公司在初始计量时，先确定权益工具成分的公允价值，再确定负债成分的公允价值。

假定不考虑其他因素。

要求：

1. 根据资料（1），分析、判断天山公司未终止确认该金融资产是否正确；如不正确，请简要说明理由。

2. 根据资料（2），分析、判断天山公司未终止确认该金融资产是否正确；如不正确，请简要说明理由。

3. 根据资料（3），分析、判断天山公司未终止确认该金融资产是否正确；如不正确，请简要说明理由。

4. 根据资料（4），分析、判断天山公司终止确认该金融资产是否正确；如不正确，请简要说明理由。

5. 根据资料（5），分析、判断天山公司①和②的会计处理是否正确；如不正确，请简要说明理由。

【分析与解释】

1. 天山公司未终止确认该金融资产不正确。

理由：此项出售属于附回购协议的金融资产出售，回购价为回购时该金融资产的公允价值，该笔国债所有权上几乎所有的风险和报酬已转移给丙公司，天山公司应终止确认该笔国债，将收到的款项与国债账面价值之间的差额计入当期损益（投资收益）。

2. 天山公司未终止确认该金融资产正确。

注：天山公司在出售乙公司债券的同时，与丁公司签订看涨期权合约，于2024年12月31日有权利以340万元的价格回购该债券，天山公司判断极可能行权购回该债券。因此，与债券相关的风险和报酬并没有转移给丁公司，天山公司不应终止确认该债券。

3. 天山公司未终止确认该金融资产不正确。

理由：天山公司将贷款转让后不再保留任何权利和义务，属于无条件出售金融资产，贷款所有权上的风险和报酬几乎全部转移给某金融资产管理公司，天山公司应当终止确认该批贷款，将收到的款项与贷款账面价值之间的差额计入当期损益。

4. 天山公司终止确认该金融资产正确。

注：该应收账款出售属于无条件出售（不附追索权），表明该应收账款所有权上几乎所有的风险和报酬转移给转入方，应终止确认金融资产，并确认损益。

5. 天山公司①的会计处理正确。

注：可转换公司债券既含有金融负债成分，又含有权益工具成分，属于复合金融工具。

天山公司②的会计处理不正确。

理由：企业发行的非衍生金融工具同时包含金融负债成分和权益工具成分的，应于初始计量时先确定金融负债成分的公允价值，再从复合金融工具公允价值中扣除负债成分的公允价值，作为权益工具成分的价值。

习题五

天山股份有限公司为了防范生产经营中产生的财务风险，诸如价格变动风险、汇率风险和利率风险，决定开展套期保值业务。在公司财务部关于套期保值业务的研讨中，财务会计人员积极发言，谈学习中的体会。下面是部分发言：

财务部张经理：套期保值是一种风险管理工具，为了公司的健康稳定发展，我们必须对所有的风险均进行套期保值，以实现风险对冲或风险转移。国内外的实践证明，通过套期保值，可以有效规避风险、参与资源配置、实现成本战略目标和提升核心竞争力。

李会计：我们公司在生产中需要用到大量的原材料，为了规避原材料价格上涨风险，应该采取卖出套期保值；对于现有的库存商品，公司最担心价格下降，应该采取买入套期保值。同时，我建议，在进行套期保值时，买入的套期数量要比现货数量多2倍，这样可以达到双重保险的目的。

王会计：生产经营中的风险来源于不同方面，可以选择的规避风险的套期工具非常多，比如以公允价值计量且其变动计入当期损益的衍生工具（签出期权除外）以及企业自身权益工具等。企业应该综合考虑风险来源、套期工具特点、套期保值效果以及成本等因素，选择结构简单、流动性强、风险可控的金融衍生工具开展套期保值业务。

郑会计：一旦将衍生工具指定为套期工具，就一定要按照套期保值会计方法进行处理。

朱会计：由于企业要规避的风险不同，比如可能要规避外汇风险、利率风险、商品价格风险、股票价格风险、信用风险等，企业可以指定一项或一项以上套期工具，使套期工具的公允价值或现金流量变动预期抵销被套期项目全部或部分公允价值或现金流量变动。因此，在会计处理上，将套期保值划分为公允价值套期、现金流量套期和境外经营净投资套期。我们应该对发生的套期保值业务进行准确的分类，才能分别采用不同的处理办法。比如，企业签订一项以浮动利率换固定利率的利率互换合约，对其承担的浮动利率债务的利率风险引起的现金流量变动风险敞口进行套期，应按现金流量套期进行会计处理。

假设不考虑其他因素。

要求：

根据套期保值相关规定，分析、判断上述五位财会人员发言是否存在不当之处；如存在不当之处，请指出不当之处，并简要说明理由。

【分析与解释】

1. 张经理的发言存在不当之处。

不当之处：对所有的风险均进行套期保值的说法不当。

理由：企业应根据不同业务的特点，统一确定风险偏好和风险承受度，据此确定风险预警线，确定是否进行套期保值。此外，还应该综合考虑融资及管理层的要求，比较特定阶段现货敞口净额与套期保值可能的相关成本，确定是否进行套期保值。

2. 李会计发言存在不当之处。

不当之处一：为了规避原材料价格上涨风险，采取卖出套期保值。

理由：卖出套期保值适用于准备在将来某一时间内卖出商品的情况。

[或：应采取买入套期保值方式，回避原材料价格上涨风险。]

不当之处二：对于现有的库存商品，为了规避价格下降风险，采取买入套期保值。

理由：买入套期保值适用于回避价格上涨风险。

[或：应采取卖出套期保值方式，回避库存商品价格下跌风险。]

不当之处三：建议在进行套期保值时，买入的套期数量要比现货数量多2倍。

理由：违背了套期保值数量相等或相当原则。

3. 王会计的发言存在不当之处。

不当之处：套期工具包括企业自身权益工具。

理由：企业自身权益工具不属于企业的金融资产或金融负债，不能作为套期工具。

4. 郑会计的发言存在不当之处。

不当之处：一旦将衍生工具指定为套期工具，就一定要按照套期保值会计方法进行处理。

理由：公允价值套期、现金流量套期和境外经营净投资套期同时满足下列条件的，才能运用套期会计准则规定的套期会计方法进行处理：套期关系仅由符合条件的套期工具和被套期项目组成；套期开始时，企业正式指定了套期工具和被套期项目，并准备了关于套期关系和企业从事套期的风险管理策略和风险管理目标的书面文件；套期关系符合套期有效性要求。

5. 朱会计的发言不存在不当之处。

习题六

长江公司于2024年7月1日与境外乙公司签订合同，约定于2025年1月31日以每吨6 000美元的价格购入50吨橄榄油，合同总价款为30万美元。

长江公司为规避购入橄榄油成本的外汇风险，于当日与某金融机构签订了一份7个月到期的买入30万美元的远期外汇合同，约定汇率为1美元=6.29元人民币。2025年1月31日，长江公司以净额方式结算该远期外汇合同，并购入橄榄油。

假定：（1）2024年12月31日，1个月美元对人民币远期汇率为1美元=6.20元人民币，人民币的市场利率为6%；（2）2025年1月31日，美元对人民币即期汇率为1美元=6.18元人民币；（3）该套期符合套期保值准则所规定的运用套期会计的条件；（4）不考虑增值税等相关税费。据此，长江公司进行了如下的会计处理：

①将该套期划分为现金流量套期。

②将套期工具利得或损失中属于有效套期的部分直接计入当期损益。

③将套期工具利得或损失中属于无效套期的部分直接计入其他综合收益。

要求：

分析、判断长江公司对上述业务①~③的会计处理是否正确；如不正确，请说明理由。

【分析与解释】

长江公司①的会计处理正确。

注：对确定承诺的外汇风险进行的套期，企业可以作为现金流量套期，也可以作为公允价值套期处理。

长江公司②的会计处理不正确。

理由：现金流量套期满足运用套期会计方法条件的，套期工具利得或损失中属于有效套期的部分，应当计入其他综合收益。

长江公司③的会计处理不正确。

理由：现金流量套期满足运用套期会计方法条件的，套期工具利得或损失中属于无效套期的部分（即扣除直接确认为其他综合收益后的其他利得或损失），应当计入当期损益。

习题七

黄河公司是一家从事新能源技术开发的国有控股境内上市公司，为了引进优秀人才，加速企业发展，决定实施股权激励计划。有关股权激励计划的内容和实施情况如下：

（1）股权激励方式：股票期权。

（2）股权激励对象：共100人。其中包括高级管理人员30人、业务骨干30人、技术骨干37人、独立董事3人。

（3）股权激励计划期限：2024年6月20日，经股东大会批准，黄河公司向激励对象每人授予2万份股票期权。董事会决定授予日为

2024 年 7 月 1 日，自当日起只要激励对象在黄河公司连续服务满 3 年，即可于 2027 年 7 月 1 日以每股 6 元的价格购买黄河公司的普通股，行权有效期为 2 年。

（4）股权激励会计处理：授予日该股票期权的公允价值为 8 元，2024 年 12 月 31 日该股票期权的公允价值为 9 元。在行权限制期内，黄河公司没有激励对象离开公司。在会计处理时，黄河公司按照 2024 年 12 月 31 日股权期权的公允价值确认了 2024 年黄河公司应承担的股权激励成本费用，同时确认了相应的应付职工薪酬。

假定不考虑其他因素。

要求：

1. 根据资料（1），指出股票期权激励方式的特点和适用对象。

2. 根据资料（2），分析、判断黄河公司股权激励对象是否存在不当之处；如存在不当之处，请说明理由。

3. 根据资料（3），分析、判断黄河公司股权激励计划期限是否存在不当之处；如存在不当之处，请说明理由。

4. 根据资料（4），分析、判断黄河公司股权激励会计处理是否正确；如不正确，请说明正确的会计处理。

【分析与解释】

1. 股票期权激励方式的特点是高风险、高回报，适合处于成长初期或扩张期的企业。

2. 股权激励对象存在不当之处。

理由：股权激励对象不应包括独立董事。

3. 股权激励计划期限存在不当之处。

理由：行权有效期由上市公司根据实际确定，但不得低于 3 年。

4. 股权激励会计处理不正确。

正确的会计处理：企业应当在等待期内的每个资产负债表日，以对可行权权益工具数量的最佳估计为基础，按照权益工具在授予日的公允价值，将当期取得的服务计入相关资产成本或当期费用，同时计入资本公积。

习题八

甲公司为深交所主板制造类国有控股上市公司，A 会计师事务所接受委托为其出具 2024 年度财务报表审计报告，注册会计师在现场审计中关注到如下经济业务事项及其会计处理：

（1）甲公司于 2024 年 7 月 6 日用闲置资金购入股票 600 万元，企业管理金融资产的业务模式是出售该金融资产赚取价差。9 月 30 日该股票收盘价为 560 万元，12 月 31 日该股票收盘价为 550 万元。甲公司对该股票进行了如下会计处理：

① 7 月 6 日，购入股票时将其分类为以公允价值计量且其变动计入当期损益的金融资产，初始入账金额为 600 万元。

② 9 月 30 日，将公允价值下降 40 万元计入当期损益。

③ 12 月 31 日，将公允价值下降 10 万元计入当期损益。

（2）甲公司为生产涤纶工业丝、灯箱广告材料企业，生产中需要大量精对苯二甲酸作为原材料。原材料价格波动将对公司经营产生较大影响，为稳定公司经营，规避原材料价格上涨带来的不利影响，甲公司决定利用境内期货市场开展套期保值。在套期保值业务中，甲公司采取了如下做法：

① 坚持"种类相同或相关、数量相等或相当、交易方向相反、月份相同或相近"的原则，将现货与期货相挂钩。

② 为规避原材料价格上涨，采用买入套期保值方式，在 2024 年拟投入自有资金 5 000 万元作为期货保值金。

③ 5 月 10 日，甲公司从期货交易所购入精对苯二甲酸期货，将其指定为 10 月预期购入该原材料的套期，甲公司在进行会计处理时，将其划分为公允价值套期。

④ 从 5 月购入期货至 9 月末，该期货合同产生利得 280 万元，在满足运用套期会计条件下，甲公司将其计入当期损益。

⑤ 10 月，精对苯二甲酸价格有所上涨，甲公司购入了原材料并于当月生产出产品实现了对外销售；同时甲公司将期货平仓，在满足运用套期会计条件下，期货实现的收益计入当期损益。

（3）甲公司为了调动企业员工的积极性，决定进行股权激励，有关情况如下：

① 鉴于企业已进入成熟期，决定采用限制性股票作为股权激励方式。

② 本次股权激励受益对象总计 800 人，包括

公司全体董事（含独立董事）、高级管理人员（含监事）、核心技术（业务）人员和一线优秀员工。

③股权激励计划有效期为 5 年，包括 2 年锁定期和 3 年解锁期，自限制性股票授予日起计算。

④本激励计划拟向激励对象授予的限制性股票数量为 3 000 万股，占公司总股本 0.991%。限制性股票的来源为向激励对象定向增发本公司 A 股股票。授予价格不得低于股票票面金额，且原则上不得低于下列价格较高者：a. 股权激励计划草案公布前 1 个交易日的公司股票交易均价的 50%；b. 股权激励计划草案公布前 20 个交易日、60 个交易日或者 120 个交易日的公司股票交易均价之一的 50%。

⑤9 月 1 日，甲公司董事会批准了该股权激励计划，并向激励对象定向增发了 3 000 万股甲公司普通股，每股面值 1 元。如果解锁期未达到解锁条件，公司将按授予价格回购受益对象持有的限制性股票。

⑥2024 年 12 月 31 日，甲公司按照资产负债表日该限制性股票的公允价值计算本年应负担的金额计入了相关资产成本或当期费用，同时增加了应付职工薪酬。

假定不考虑其他因素。

要求：

1. 根据资料（1），逐项判断甲公司①～③项的会计处理是否正确；如不正确，请说明理由。

2. 根据资料（2），逐项判断甲公司①～⑤项的做法是否存在不当之处；如存在不当之处，请说明理由。

3. 根据资料（3），逐项判断甲公司①～⑥项是否正确；如不正确，请指出不正确之处，并说明理由。

【分析与解释】

1. ①正确。

注：金融资产的分类和初始计量金额均正确。

②正确。

注：以公允价值计量且其变动计入当期损益的金融资产的公允价值变动计入当期损益。

③正确。

注：以公允价值计量且其变动计入当期损益的金融资产的公允价值变动计入当期损益。

2. ①不存在不当之处。

注：坚持套期的四个原则妥当。

②不存在不当之处。

注：规避价格上涨，采用买入套期保值方式正确。

③存在不当之处。

理由：甲公司从期货交易所购入精对苯二甲酸期货，将其指定为 10 月预期购入该原材料的套期，对预期交易的套期应分类现金流量套期。

④存在不当之处。

理由：现金流量套期满足运用套期会计方法条件的，套期工具利得或损失中属于有效套期的部分，应当计入其他综合收益，套期工具利得或损失中属于无效套期的部分，直接计入当期损益。

⑤存在不当之处。

理由：被套期项目为预期交易，且该预期交易使企业随后确认一项非金融资产的，企业应当将原在其他综合收益中确认的现金流量套期储备金额转出，计入该资产的初始确认金额。

3. ①正确。

注：限制性股票的股权激励方式适用于成熟期的企业。

②不正确。

不正确之处：本次股权激励受益对象包括公司独立董事和监事。

理由：股权激励对象可以包括上市公司的董事、高级管理人员、核心技术（业务）人员，以及公司认为应当激励的其他员工，但不应包括独立董事，上市公司监事也不得成为股权激励对象。

③正确。

注：股权激励有效期、锁定期和解锁期均符合要求。

④正确。

注：标的股票的来源和数量均符合要求；限制性股票授予价格的确定方法符合规定。

⑤不正确。

不正确之处：甲公司董事会批准了该股权激励计划。

理由：上市公司的股权激励计划草案由董事会下设的薪酬和考核委员会拟订，之后提交董事会和股东大会审议批准。对于国有控股上市公司还需要遵循证券监督部门、国有资产管理部门、财政部门等的相关规定。

⑥不正确。

不正确之处：2024 年 12 月 31 日，甲公司按照资产负债表日该限制性股票的公允价值计算本年应负担的金额，计入应付职工薪酬。

理由：对于权益结算的股份支付，应在等待期内的每个资产负债表日，以对可行权权益工具数量的最佳估计为基础，按照权益工具在授予日的公允价值，将当期取得的服务计入相关资产成本或当期费用，同时计入资本公积。

第九章

第十章 行政事业单位预算与财务管理

本章概述

　　本章阐述的是行政事业单位财务管理和内部控制，具体包括六节内容：第一节部门预算、第二节国库集中收付制度与预算管理一体化、第三节政府采购制度、第四节国有资产管理、第五节预算绩效管理、第六节内部控制。本章有三个特点：一是各章中篇幅最多，共100页；二是卷面分数最多，2006～2021年每年30分，2022～2024年每年20分；三是强调合规性，因为在高级会计实务共11章内容中，有10章是企业的内容，要想尽办法"赚钱"，介绍各种赚钱的工具；而行政事业单位是如何"花钱"，关注花钱的合规性。

考情分析

　　2024年本章出了20分的选答题，2025年应该还是20分的选答题。近五年考情见下表。

年度	题量	分值	相关知识点
2024	选答1题	20	考核中央部门支出预算的编制、中央部门预算执行、项目支出结转资金管理、中央部门预决算公开；考核政府采购需求管理、政府采购中的招标采购、合同签订与备案；考核事业单位国有资产盘活、中央级事业单位处置资产权限、中央级事业单位处置收入；考核行政事业单位风险评估、合同控制、内部控制报告
2023	选答1题	20	考核部门预算执行、结余资金概念、框架协议采购、事业单位国有资产处置、预算绩效指标设置、政府采购业务控制
2022	选答1题	20	考核部门预算中的项目支出结转资金、考核预算管理一体化；考核政府采购中的需求管理和公开招标；考核国有资产管理中科技成果转让的评估、公示、审批；考核政府会计中的接受存货捐赠、购入存货当年退回、固定资产毁损处置；考核内部控制中的预算控制

续表

年度	题量	分值	相关知识点
2021	必答1题、选答1题	10＋20	10分必答题考核政府会计；20分选答题考核部门预算、政府采购、国有资产管理、政府会计
2020	必答1题、选答1题	10＋20	10分必答题考核政府会计；20分选答题考核部门预算、预算绩效管理、政府采购、内部控制、政府会计

教材变化

本章教材2025年变化很大：（1）在第三节政府采购制度中，增加了"合作创新采购"，共3页内容；（2）对个别地方在文字上进行了完善。这些修改中，考生应高度重视新增加的内容，出题的可能性很大。

考点框架

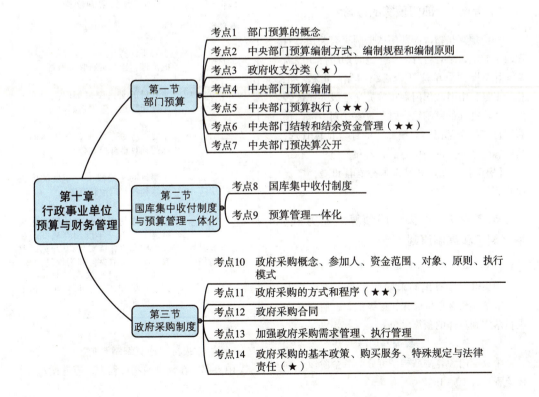

第十章 行政事业单位预算与财务管理

第一节 部门预算
- 考点1 部门预算的概念
- 考点2 中央部门预算编制方式、编制规程和编制原则
- 考点3 政府收支分类（★）
- 考点4 中央部门预算编制
- 考点5 中央部门预算执行（★★）
- 考点6 中央部门结转和结余资金管理（★★）
- 考点7 中央部门预决算公开

第二节 国库集中收付制度与预算管理一体化
- 考点8 国库集中收付制度
- 考点9 预算管理一体化

第三节 政府采购制度
- 考点10 政府采购概念、参加人、资金范围、对象、原则、执行模式
- 考点11 政府采购的方式和程序（★★）
- 考点12 政府采购合同
- 考点13 加强政府采购需求管理、执行管理
- 考点14 政府采购的基本政策、购买服务、特殊规定与法律责任（★）

第十章

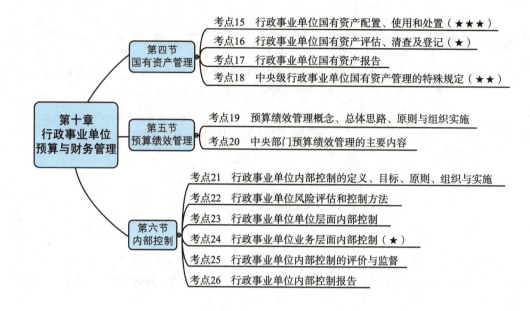

第四节
国有资产管理
- 考点15　行政事业单位国有资产配置、使用和处置（★★★）
- 考点16　行政事业单位国有资产评估、清查及登记（★）
- 考点17　行政事业单位国有资产报告
- 考点18　中央级行政事业单位国有资产管理的特殊规定（★★）

第十章
行政事业单位
预算与财务管理

第五节
预算绩效管理
- 考点19　预算绩效管理概念、总体思路、原则与组织实施
- 考点20　中央部门预算绩效管理的主要内容

第六节
内部控制
- 考点21　行政事业单位内部控制的定义、目标、原则、组织与实施
- 考点22　行政事业单位风险评估和控制方法
- 考点23　行政事业单位单位层面内部控制
- 考点24　行政事业单位业务层面内部控制（★）
- 考点25　行政事业单位内部控制的评价与监督
- 考点26　行政事业单位内部控制报告

考点解读

✿ 考点 1　部门预算的概念

部门预算是指政府部门依据国家有关预算管理政策规定，结合自身未来一定时期履行职能需要，从基层预算单位开始逐级编制、审核、汇总、上报，由财政部门审核并提交各级人民代表大会依法批准的部门综合财务收支计划。部门预算实行"一个部门一本预算"的综合预算管理，其内容包括一个部门所有的收入和支出。

【提示】部门预算概念不会直接出题，了解即可。

✿ 考点 2　中央部门预算编制方式、编制规程和编制原则

（一）中央部门预算编制方式

中央部门预算编制采取**自下而上**的汇总方式，从基层预算单位编起，逐级汇总，所有开支项目落实到具体的预算单位。

（二）中央部门预算编制规程

中央部门预算**编制程序**可分为五个阶段，具体流程见表 10-1。

表 10-1　　中央部门预算编制规程

阶段	内容
准备阶段	主要工作是上一年预算批复项目的清理，预算资料收集整理
一上阶段	主要目的是由中央部门提出下一年度预算建议数报送财政部
一下阶段	主要任务是落实财政部下达的各部门预算指标控制数
二上阶段	主要目的是形成下一年度的中央预算和各部门预算草案
二下阶段	主要工作是以法律文件形式逐级批复下达下一年度预算通知。在人大批准预算草案后 **20 日内**，财政部统一向中央各部门批复预算，各部门应在财政部批复本部门预算之日起 **15 日内**，批复所属各单位的预算

（三）中央部门预算编制原则

中央部门在预算编制过程中，应遵循**八个原则**，见表 10-2。

表 10-2　　中央部门编制原则

原则	要点
合法性原则	部门预算的编制要符合预算法的要求
真实性原则	部门预算收支的预测必须以国家社会经济发展规划和履行部门职能的需要为依据，对每一收支项目等基础数字指标应认真测算，力求各项收支数据真实准确
完整性原则	部门预算编制要体现综合预算的要求，各部门应将所有收入和支出全部纳入部门预算
科学性原则	预算编制的程序设置要科学，合理安排预算编制每个阶段的时间
稳妥性原则	部门预算编制要做到稳妥可靠，量入为出，收支平衡，不得编制赤字预算
重点性原则	要先保证基本支出，后安排项目支出；先重点、急需项目，后一般项目
透明性原则	部门预算要体现公开、透明原则，实现预算分配的标准化、科学化
绩效性原则	树立绩效管理理念，健全绩效管理机制，对预算的编制、执行和完成情况实行全面追踪问效

【提示】（1）考试只考中央部门预算，因为中央预算管理规定是唯一的，各省市都有不同的规定，没法出题；（2）上述要求20日内批复等有数字的考点比较容易出题；（3）八个原则中，关注稳妥性、重点性原则。

✿考点3　政府收支分类（★）

政府收支分类包括收入分类、支出功能分类和支出经济分类三部分。

（一）收入分类

收入分类主要反映政府收入的来源和性质。收入分类设类、款、项、目四级科目，一般财政预算收入分类科目的类级科目包括税收收入、非税收入、债务收入和转移性收入。

（二）支出功能分类

支出功能分类，就是按政府职能进行分类，反映政府支出的内容和方向（即钱干什么事去

了）。支出功能分类设置类、款、项三级科目。2025年一般财政预算支出功能分类的类级科目包括：一般公共服务支出、外交支出、国防支出、公共安全支出、教育支出、科学技术支出、文化体育与传媒支出、社会保障和就业支出、卫生健康支出、节能环保支出、城乡社区支出、农林水支出、交通运输支出、资源勘探信息等支出、商业服务业等支出、金融支出、援助其他地区支出、国土海洋气象等支出、住房保障支出、粮油物资储备支出、预备费、债务还本支出、债务付息支出、债务发行费用支出、其他支出和转移性支出。

【提示】（1）支出功能分类需重点把握其中的划分思路。比如，从支出功能分类上来讲，某环保局的人员经费、环境保护费等，均应划分为"节能环保支出"类支出。

（2）任何部门分管的学校都属于"教育支出"类；任何部门设立的医院都属于"卫生健康支出"类；任何部门的科研都属于"科学技术支出"类。比如，环保局下设某研究所，从事环境保护的研究工作，那么，该研究所的支出就要归为"科学技术支出"类支出。

（3）"住房保障支出"集中反映政府用于住房方面的支出，包括住房公积金、提租补贴、购房补贴。

（三）支出经济分类

支出经济分类主要反映政府各项支出的经济性质和具体用途（即花的什么钱）。支出经济分类设类、款两级科目。2025年支出经济分类的类级科目包括工资福利支出、商品和服务支出、对个人和家庭的补助、债务利息及费用支出、资本性支出、对企业补助、对社会保障基金补助和其他支出。

【提示】（1）"工资福利支出"反映单位在职职工的劳动报酬以及缴纳的各项社会保险费，包括基本工资、津贴补贴（含提租补贴、购房补贴等）、奖金、住房公积金、医疗费等。

（2）"对个人和家庭的补助"反映对个人和家庭的补助，包括离退休费、离退休人员和学生的医疗费、助学金。

（3）"商品和服务支出"是指用于消耗性物品购买（办公用品、水电）、设备房屋日常维修等。

（4）"资本性支出"分为发改委基本建设安

排的和各单位安排的（教材中未作区分），包括房屋建筑物购建、办公设备购置、基础设施建设、大型修缮、信息网络及软件购置更新等。

【例10-1】 某市环保局和下属环境科学研究院编制的2025年预算支出和政府支出分类情况见表10-3。

表10-3　　预算支出和政府支出分类

单位	预算支出项目	支出功能分类	支出经济分类
环保局局本级	1. 在职职工薪酬	节能环保支出	工资福利支出
	2. 日常办公经费	节能环保支出	商品和服务支出
	3. 列入科技三项费用的污染检测材料试制费	科学技术支出	商品和服务支出
	4. 空气质量监测专用设备维护费	节能环保支出	商品和服务支出
	5. 报市发改委安排的办公楼改建工程项目预算	节能环保支出	资本性支出
环境科学研究院	1. 在职职工薪酬	科学技术支出	工资福利支出
	2. 污染防治国际研讨会会议经费	科学技术支出	商品和服务支出
	3. 外聘专家劳务费	科学技术支出	商品和服务支出
	4. 污染物采集设备购置费	科学技术支出	资本性支出
	5. 报市发改委安排的新建实验室项目预算	科学技术支出	资本性支出

【提示】 收入分类从来不出题；支出的功能分类和经济分类多年没考过，2025年按2分掌握。

✦ 考点4　中央部门预算编制

中央部门预算编制包括收入预算编制和支出预算编制，下面分别说明。

（一）中央部门收入预算编制（见表10-4）

表10-4　中央部门收入预算编制要点

项目	要点
收入的内容	中央部门收入预算来源主要包括上年结转、财政拨款收入、上级补助收入、事业收入、事业单位经营收入、附属单位上缴收入、其他收入、使用非财政拨款结余等

续表

项目	要点
收入预算编制要求	项目合法合规、内容全面完整、数字真实准确
收入预算的测算依据	明确预算目标；收集相关资料；分析、归集部门预算需求；测算部门预算需求

【提示】 收入预算编制尚未出过题，不重要。

（二）中央部门支出预算编制（★）

中央部门支出预算编制，要求掌握基本支出预算编制和项目支出预算编制。

1. 基本支出预算编制（见表10-5）

表10-5　　基本支出预算编制要点

项目	相关规定
基本预算的编制原则	综合预算原则；优先保障原则；定额管理原则
基本支出预算的主要内容	根据预算编制需要和开支范围等情况，将人员经费和公用经费拆分为若干支出部分，分别形成人员经费定额项目和公用经费定额项目

续表

项目	相关规定
基本支出定员定额标准	基本支出定员定额标准由"双定额"构成，即综合定额和财政补助定额
基本支出预算的编制程序	在预算管理一体化下，基本支出全部以项目形式纳入项目库。基本支出预算的编制程序包括编报基础资料、确定支出标准、审核基础数据、测算和下达控制数、细化编制部门基本支出预算、审批下达正式预算等六个步骤。 强调：在编制基本支出预算时，预算单位基本支出自主调整的范围仅限于人员经费经济分类"款"级科目之间或公用经费支出经济分类"款"级科目之间的必要调剂，**人员经费和公用经费之间不允许自主调整**

2. 项目支出预算编制（见表 10 - 6）

表 10 - 6   项目支出预算编制要点

项目	相关规定
项目支出预算三特征	项目支出预算具有**三个特征**：（1）专项性，即项目围绕特定的业务目标；（2）独立性，每个项目支出预算应有其支出的明确范围；（3）完整性，项目支出预算应包括完成特定业务目标所涉及的全部经费支出
项目的分级管理	中央部门预算的项目实行**分级管理**，分为一级项目和二级项目： （1）一级项目管理：一级项目在年度预算编制的前期准备阶段进行设置或调整。通用项目由财政部制定，并统一下发给部门；部门专用项目，由各部门提出设置建议，经财政部审核后下发给部门，作为部门编制二级预算的基础。一级项目的内容应包括实施内容、支出范围和总体绩效目标。 （2）二级项目管理：二级项目由具体预算单位，根据项目支出预算管理的相关规定和部门的有关要求，自主设立
项目的审核及申报	（1）部门审核和评审程序。部门内部的项目审核和评审程序，由部门自行确定。审核内容主要包括完整性、必要性、可行性和合理性等。 （2）项目支出预算及项目库的申报。部门根据项目的优先排序情况，将项目列入预算和规划中，按照财政部要求的分年度项目支出控制规模，向财政部申报预算。项目库的申报与项目支出预算的申报需同步进行
项目预算评审	所有项目均应纳入项目库管理，年度预算安排项目从项目库中择优选取
项目的调整及控制	（1）财政部对项目的调整与控制。根据审核及评审情况，财政部对项目有三种处理方式：一是审核通过，纳入财政部项目库；二是审核未通过，且立项项属于不符合政策的，财政部"不予安排"；三是审核未通过，但不违反政策，可调整后重新申报。 （2）部门对项目的调整。财政部控制数下达后，三年及分年支出总额不得调整。在一级项目的支出控制数规模内，部门可增减或替换二级项目，增加的二级项目必须是已申报纳入财政部项目库，且财政部未明确不予安排的项目。部门如需在一级项目之间进行调整，或需对控制数中已明确的二级项目进行调整的，应报财政部批准
项目的批复和调整	（1）项目批复。全国人大批准后，**由财政部批复**。 （2）项目的调整。当年安排预算的项目一经批准，对当年的年初预算数不得再做调整。需调增当年预算的项目，应通过部门其他已列入预算安排的项目调减的当年指标解决，部门申请调剂时应将调增和调减的项目同时报财政部审核。项目的调剂必须全部通过项目库完成
夯实项目库管理	项目库管理是预算管理的基础，预算支出全部以项目形式纳入预算项目库。单位申请预算，必须从项目库中挑选预算项目。项目库实行分层设立、分级管理。财政部、中央部门和所属单位分别设立项目库。中央部门和单位如需对已入库项目进行调整，须编制项目调整计划，按程序逐级报批

【提示】支出预算的编制在考试时，项目预算的编制比基本支出预算的编制考得多一些。

第十章

❋ 考点5　中央部门预算执行（★★）

中央部门预算执行及调整要点见表 10-7。

表 10-7 　　　　　　　　　　　中央部门预算执行及调整要点

项目	相关规定
中央部门基本支出预算执行及调整	(1) 中央部门应严格执行批复的预算，部门在执行中出现下列情况，应当进行预算调整：①需要增加或者减少预算总支出的；②需要调入预算稳定调节基金的；③需要调减预算安排的重点支出数额的；④需要增加举借债务数据的。（本处为2025年新增内容） (2) 中央部门应当严格执行批准的基本支出预算。执行中发生的非财政补助收入超收部分，原则上不再安排当年的基本支出，可报财政部批准后，安排项目支出或结转下年使用；发生的短收，中央部门应当报经财政部批准后调减当年预算，当年的财政补助数不予调整。如遇国家出台有关政策，对预算执行影响较大，确需调整基本支出预算的，由中央部门报经财政部批准后进行调整
中央部门项目支出预算执行及调整	(1) 项目支出预算一经批复，中央部门应当按照批复的项目支出预算组织项目的实施，并责成项目单位严格执行项目计划和项目支出预算。中央部门和项目单位不得自行调剂。 (2) 预算执行过程中，如发生项目变更、终止的，必须按照规定的程序报经财政部批准，并进行预算调剂

【提示】预算执行中的调整是考试重点，无论是基本支出预算还是项目支出预算，涉及调整（调剂）的，必须报经财政部批准。

❋ 考点6　中央部门结转和结余资金管理（★★）

（一）结转和结余资金的概念

中央部门结转和结余资金，是指与中央财政有缴拨款关系的中央级行政单位、事业单位（含企业化管理的事业单位）、社会团体及企业，按照财政部批复的预算，在年度预算执行结束时，未列支出的一般公共预算和政府性基金预算资金。应注意以下三个问题：

（1）结转资金是指预算未全部执行或未执行，下年需按原用途继续使用的预算资金。

（2）结余资金是指项目实施周期已结束、项目目标完成或项目提前终止，尚未列支的项目支出预算资金；因项目实施计划调整，不需要继续支出的预算资金；预算批复后连续两年未用完的预算资金。

（3）中央部门核算和统计结转结余资金，应与会计账表相关数字保持一致。按照《中央部门结转和结余资金管理办法》管理的结转结余资金应扣除以下两项内容：①已支付的预付账款；②已用于购买存货，因存货未领用等原因尚未列支的账面资金。

（二）结转资金管理

结转资金的管理分为基本支出结转资金管理、项目支出结转资金管理和控制结转资金规模三个问题，现将要点归纳见表 10-8。

表 10-8 　　　　　　　　　　　结转资金管理要点

项目	相关规定
基本支出结转资金管理	(1) 年度预算执行结束时，尚未列支的基本支出全部作为结转资金管理，结转下年继续用于基本支出。基本支出结转资金包括人员经费结转资金和公用经费结转资金。(2) 编制年度预算时，中央部门应充分预计和反映基本支出结转资金，并结合结转资金情况统筹安排以后年度基本支出预算。财政部批复年初预算时一并批复部门上年年底基本支出结转资金情况。部门决算批复后，决算中基本支出结转资金数与年初批复数不一致的，应以决算数据作为结转资金执行依据。(3) 中央部门在预算执行中因增人增编需增加基本支出的，应首先通过基本支出结转资金安排

续表

项目	相关规定
项目支出结转资金管理	（1）项目实施周期内，年度预算执行结束时，除连续两年未用完的预算资金外，已批复的预算资金尚未列支的部分，作为结转资金管理，**结转下年按原用途继续使用**。基本建设项目竣工之前，均视为在项目实施周期内，年度预算执行结束时，已批复的预算资金尚未列支的部分，作为结转资金管理，结转下年**按原用途继续使用**。（2）财政部批复年初预算时一并批复部门上年年底项目支出结转资金情况。部门决算批复后，决算中项目支出结转资金数与年初批复数不一致的，**应以决算数据作为结转资金执行依据**
控制结转资金规模	（1）中央部门应努力提高预算编制的科学性、准确性，合理安排分年支出计划，根据实际支出需求编制年度预算，**控制结转资金规模**。（2）对当年批复的预算，预计年底将形成结转资金的部分，除基本建设项目外，中央部门按照规定程序报经批准后，可调减当年预算或调剂用于其他急需资金的支出。对结转资金中预计当年难以支出的部分，除基本建设项目外，中央部门按照规定程序**报经批准后，可调剂用于其他急需资金的支出**。（3）连续两年未用完的结转资金，由财政部收回。（4）中央部门调减预算或对结转资金用途进行调剂时，相关支出如在以后年度出现经费缺口，应在部门三年支出规划确定的支出总规模内通过调整结构解决。（5）中央部门结转资金规模较大、占年度支出比重较高的，**财政部可收回部分结转资金**

（三）结余资金管理

（1）**项目支出结余资金原则上由财政部收回**。按照基本建设财务管理的有关规定，基本建设项目竣工后，项目建设单位应抓紧办理工程价款结算和清理项目结余资金，并编报竣工财务决算。财政部和相关主管部门应及时批复竣工财务决算。基本建设项目的结余资金，**由财政部收回**。

（2）年度预算执行结束后，中央部门应在**45 日内**完成对结余资金的清理，将清理情况区分国库集中支付结余资金和非国库集中支付结余资金报财政部。财政部收到中央部门报送的结余清理情况后，应在**30 日内**收回结余资金。部门决算批复后，决算中项目支出结余资金数超出财政部已收回结余资金数的，财政部应根据批复的决算，及时将超出部分的结余资金收回；决算中项目支出结余资金数低于财政部已收回结余资金数的，收回的资金不再退回中央部门。

（3）年度预算执行中，因项目目标完成、项目提前终止或实施计划调整，不需要继续支出的预算资金，中央部门应及时清理为结余资金并报财政部，**由财政部发文收回**。

【提示】结转资金和结余资金的管理是考试的重点，尤其是项目支出结余资金原则上由财政部收回为重中之重。

✳ 考点7　中央部门预决算公开

中央部门预决算公开要点见表 10－9。

表 10－9　　　　　　　　中央部门预决算公开要点

项目	相关规定
部门预决算公开的意义	根据《中华人民共和国预算法实施条例》规定：各部门所属单位的预算、决算及报表，应当在部门批复后 20 日内由单位向社会公开
部门预决算公开的内容	（1）**公开主体：负责编制单位预算、决算的预算单位。** （2）公开范围：向社会公开部门批复的单位预决算。 （3）公开内容：部门批复的单位预算、决算及报表。单位预算、决算应当公开基本支出和项目支出；单位在公开预决算时，要对本单位职责及机构设置情况、预决算收支增减变化、运行经费安排、"三公"经费、政府采购等重点事项作出说明，结合工作进展情况逐步公开国有资产占用、预算绩效管理等信息。 （4）**公开时间：部门批复后 20 日内。** （5）公开方式：在本单位门户网站公开

第十章

续表

项目	相关规定
推进部门预决算公开工作的相关要求	(1) 积极稳妥做到部门所属单位预算公开全覆盖； (2) 强化保障措施，落实单位主体责任； (3) 多方协同发力，健全完善配套制度

【提示】中央部门预决算公开2024年考试刚考过，2025年考的可能性不大。

✳ 考点8　国库集中收付制度

国库集中收付制度应了解概念，国库单一账户体系、财政收入收缴方式、程序与财政支出类型、支付方式，公务卡管理制度，严格控制向实有资金账户划转资金等。这部分内容已经连续8年没有出题了，2025年出题的可能性也不大，简单了解就行。

（一）国库集中收付制度的概念

国库集中收付，是指以国库单一账户体系为基础，将所有财政性资金都纳入国库单一账户体系管理，收入直接缴入国库和财政专户，支出通过国库单一账户体系支付到商品和劳务供应者或用款单位的一项国库管理制度。

实行国库集中收付制度，有利于提高财政性资金的拨付效率和规范化运作程度，有利于收入缴库和支出拨付过程的有效监管，有利于预算单位用款及时和便利，增强了财政资金收付过程的透明度，解决了财政性资金截留、挤占、挪用等问题。

（二）国库单一账户体系

1. 国库单一账户体系的构成

国库单一账户体系包括财政部门在中国人民银行开设的国库单一账户、财政部门在商业银行开设的零余额账户、财政部门在商业银行为预算单位开设的零余额账户（简称预算单位零余额账户）、财政部门在商业银行开设的预算外资金财政专户和经国务院和省级人民政府批准或授权财政部门批准在商业银行开设的特殊专户。

其中：预算单位零余额账户可以办理转账、提取现金等结算业务，可以向本单位按账户管理规定保留的相应账户划拨工会经费、住房公积金及提租补贴，以及经财政部门批准的特殊款项，不得违反规定向本单位其他账户和上级主管单位、所属下级单位账户划拨资金。预算单位零余额账户在行政单位和事业单位会计中使用。

2. 预算单位相关国库集中收付账户的设立

预算单位使用财政性资金，应当按照规定的程序和要求，向财政部门提出设立零余额账户、特设专户等银行账户的申请，财政部门审核同意后，书面通知代理银行，为预算单位开设预算单位零余额账户。**一个基层预算单位开设一个预算单位零余额账户**。

（三）财政收入收缴方式、程序

财政收入的收缴分为直接缴库和集中汇缴两种方式，其收缴程序如下：

（1）直接缴库程序：直接缴库的税收收入，由纳税人或税务代理人提出纳税申报，经征收机关审核无误后，由纳税人通过开户银行将税款缴入国库单一账户。

（2）集中汇缴程序：小额零散税收和法律另有规定的应缴收入，由征收机关于收缴收入的当日汇总缴入国库单一账户。

（四）财政支出类型、支付方式

1. 支出类型

财政支出总体上分为购买性支出和转移性支出，具体分为：（1）工资支出；（2）购买支出，即预算单位除工资支出、零星支出之外购买服务、货物、工程项目等的支出；（3）零星支出，即预算单位购买支出中的日常小额部分；（4）转移支出，即拨付给预算单位或下级财政部门，未指明具体用途的支出。

2. 支付方式

（1）财政直接支付：由财政部门向人行和代理银行签发支付指令，代理银行根据支付指令通过国库单一账户体系将资金直接支付到收款人或用款单位账户。

（2）财政授权支付：预算单位按照财政部门授权，自行向代理银行签发支付指令，代理银行根据支付指令，在财政部门批准的预算单位的用款额度内，通过国库单一账户体系将资金支付到收款人账户。

（五）公务卡管理制度

1. 银行授信额度

公务卡为信用卡，持卡人不需要事先存入资金。公务卡的信用额度，由预算单位根据银行卡管理规定和业务需要，与发卡行协商设定。原则上每张公务卡的信用额度不超过 5 万元、不少于 2 万元。

2. 个人持卡支付

公务卡主要用于公务支出的支付结算。公务支出发生后，由持卡人及时向所在单位财务部门申请办理报销手续。公务卡也可用于个人支付结算业务，但不得办理财务报销手续，单位不承担私人消费行为引致的一切责任。持卡人在执行公务中原则上不允许通过公务卡提取现金。确有特殊需要，应当事前经过单位财务部门批准，未经批准的提现业务，提现手续费等费用由持卡人承担。

3. 单位报销还款

持卡人使用公务卡消费结算的各项公务支出，必须在发卡行规定的免息还款期内，到财务部门报销。因个人报销不及时造成的罚息、滞纳金等相关费用，由持卡人承担。

【提示】因向供应商退货等原因导致已报销资金退回公务卡的，持卡人应及时将相应款项退回所在单位财务部门，并由单位财务部门及时退回零余额账户。

（六）严格控制向实有资金账户划转资金

除下列支出外，中央预算单位不得违规从本单位零余额账户向本单位或本部门其他预算单位实有资金账户划转资金：

（1）依照《财政部、民政部、工商总局关于印发〈政府购买服务管理办法（暂行）〉的通知》等制度规定，按合同约定需向本部门所属

事业单位支付的政府购买服务支出；

（2）确需划转的工会经费、住房改革支出、应缴或代扣代缴的税金，以及符合相关制度规定的工资中的代扣事项；

（3）暂不能通过零余额账户委托收款的社会保险缴费、职业年金缴费、水费、电费、取暖费等；

（4）报经财政部审核批准的归垫资金和其他资金。

【提示】国库集中收付制度 2025 年出题的可能性极小。

✳ 考点 9　预算管理一体化

预算管理一体化是财政部目前主推的一项工作，具体包括预算管理一体化概念、目标、内容、系统、资金支付管理。

（一）预算管理一体化概念

2023 年 3 月财政部修订印发了《预算管理一体化规范（2.0 版）》，将政府债务管理、资产管理、绩效管理和社会保险基金预算管理纳入一体化。预算管理一体化用系统化思维全流程整合预算管理各环节业务规范，通过将规则嵌入系统强化预算管理制度执行力，为完善标准科学、规范透明、约束有力的预算管理制度提供了管理规范、技术规范、监管要求。

在预算管理一体化下，预算支出全部以项目形式纳入项目库并进行项目全生命周期管理，财政对预算指标实行统一规范的核算管理并精准反映预算指标变化、实现预算指标对执行的有效控制，持续推动行政事业性国有资产共享共用，有助于增强预算统筹和保障能力。

（二）预算管理一体化的目标和主要内容

预算管理一体化的目标和主要内容见表 10 - 10。

表 10 - 10　　　　　　　　　预算管理一体化的目标和主要内容

项目	相关规定
预算管理一体化的目标	预算管理一体化建设要实现五个一体化管理目标：全国政府预算管理的一体化；各部门预算管理的一体化；预算全过程管理的一体化；项目全生命周期管理的一体化；全国预算数据管理的一体化

续表

项目		相关规定
预算管理一体化的主要内容	基础信息管理	规范单位信息、人员信息、资产信息、政府债务信息、支出标准、绩效指标、政府收支分类科目、会计科目、政府非税收入项目信息、政府采购基础信息、账户信息等
	项目库管理	明确项目库管理框架，规范预算项目的分类，以及各类项目的管理流程、管理规则和管理要素等
	预算编制	规范政府预算、部门预算、单位预算的编制原则、编制内容、管理流程和规则
	预算批复	规范政府预算批准、转移支付预算下达、部门预算批复、政府和部门预算公开的管理流程和规则
	预算调整和调剂	规范预算执行中预算调整和调剂管理流程和规则
	预算执行	规范政府和部门收支预算执行的管理流程和规则
	会计核算	规范总预算会计核算、单位会计核算、预算指标会计核算的管理流程和规则
	决算和报告	规范财政总决算、部门决算、部门财务报告、政府综合财务报告、行政事业国有资产报告的管理流程和规则

（三）预算管理一体化系统

预算管理一体化系统集中反映单位基础信息和预算管理、资产管理、账户管理、绩效管理等预算信息，其构建和运行是财政部门牵头、其他政府部门配合、各级预算单位积极参与，以完善预算管理，规范预算管理工作流程，统一数据标准，推动数据共享共用，增强预算透明度，提高预算管理信息化水平的重要手段和重大举措。

预算管理一体化系统一般应具有预算项目管理、预算编制管理、预算指标管理、预算执行、账户管理、资金动态监控、绩效管理等功能，应涵盖预算管理全部业务的管理功能，从而支撑从财政预算项目登记入账、预算安排、预算执行到滚动管理及绩效评价的完整预算项目管理流程。预算管理一体化系统构建完成后，应是一套多

用户共享共用、实时在线运行的预算管理可视化系统。

项目库管理一般应包括项目登记、项目入库、项目整合、项目变更、项目公示等预算管理功能。

（四）预算管理一体化系统下的资金支付管理

2022 年 2 月财政部印发了《中央财政预算管理一体化资金支付管理办法（试行）》，明确中央财政预算管理一体化建设试点部门及其所属相关预算单位资金支付实行全流程电子化管理，通过中央预算管理一体化系统办理业务，除单位资金中按往来收入管理的资金外，其他资金支付坚持先有预算后有支出，根据预算指标、国库库款或有关账户余额情况拨付资金。其要点见表 10 - 11。

表 10 - 11　　　　预算管理一体化系统下的资金支付

项目	相关规定
关于用款计划	（1）用款计划主要用于财政国库现金流量控制及资金清算管理，不再按项目编制。财政拨款资金和教育收费专户管理资金应当编制用款计划，单位其他资金暂不编制用款计划。（2）试点单位月度用款计划当月开始生效，当年累计支付金额（不含单位资金支付金额）不得超过当年累计已批复的用款计划。（3）财政部根据预算指标、库款情况等批复分月用款计划，不再向中央国库集中支付业务代理银行下达用款额度

续表

项目	相关规定
资金支付一般规定	(1) 资金支付流程：试点单位办理资金支付业务时，应当通过中央一体化系统填报资金支付申请。财政部（国库司）对资金支付申请集中校验（审核）后，向代理银行发送支付凭证。代理银行根据支付凭证支付资金，不再对试点单位资金支付进行额度控制。试点单位原则上应当通过预算单位零余额账户支付资金。 (2) 资金支付类型：①购买性支出（中央一体化系统校验政府采购合同中的收款人信息、合同金额等信息，校验不通过的原则上不允许支付资金）；②公务卡还款；③纳入财政统发范围的工资和离退休经费通过财政零余额账户办理资金支付；④委托收款（试点单位办理水费、电费等委托收款业务时，应当提前指定用于委托收款的预算指标）。 (3) 资金支付更正：资金支付完成后，因技术性差错等原因误用预算指标或支出经济分类的，试点单位应当通过中央一体化系统填报支付更正申请，经系统自动校验或人工审核后，更正相关信息。 (4) 资金退回：因收款人账户名称或账号填写错误等原因导致的当年资金退回或项目未结束的跨年资金退回，代理银行应当将资金退回零余额账户
资金支付特殊规定	(1) 教育收费专户管理资金支付：教育收费专户管理资金通过中央一体化系统进行集中校验和人工核查后，直接拨付到试点单位实有资金账户，不再由试点部门转拨。 (2) 资金收入管理：试点单位基本存款账户开户银行应当通过中央一体化系统及时向试点单位发送账户收款及余额变动信息，试点单位应当根据资金到账通知书，按单位资金收入、往来收入、退回资金三种类型对入账资金予以确认。 (3) 资金支付管理：试点单位基本存款账户开户银行根据中央一体化系统发送的支付凭证办理单位资金支付。除另有规定外，试点单位基本存款账户开户银行原则上不得接受中央一体化系统以外的单位资金支付指令。 (4) 支付更正管理：属于单位资金收入的，试点单位应当按规定通过中央一体化系统填报支付更正申请，经系统自动校验通过后完成更正。 (5) 资金退回管理：退回资金中能够匹配原支付凭证（信息）的，试点单位应当自行确认是否恢复对应的预算指标；无法匹配原支付凭证（信息）的，按照往来收入管理

【提示】预算管理一体化写得过细，基本上是操作层面的事，可以不作为复习重点。

✿考点 10　政府采购概念、参加人、资金范围、对象、原则、执行模式

政府采购包括政府采购概念、参加人、资金范围、原则、执行模式、采购方式和程序、采购合同、需求管理、执行管理、基本政策要求、购买服务、特殊规定、法律责任。其中，采购方式和程序、采购合同属于核心内容。相关介绍见表 10 - 12。

表 10 - 12　　政府采购概念、参加人、资金范围、对象、原则与执行模式要点

项目	相关规定
政府采购制度的概念	政府采购是指各级国家机关、事业单位、团体组织和其他采购实体，为了自身履职或提供公共服务的需要，使用财政性资金或者其他国有资产，以合同方式取得货物、工程和服务的行为，包括购买、租赁、委托、政府和社会资本合作等
政府采购参加人	参加人包括政府采购当事人（采购人、供应商）和其他参加人（采购代理机构、评审专家、专业咨询人员、有关的第三人）。 (1) 采购人：国家机关、事业单位、团体组织和其他采购实体（如从事公用事业的公益性国有企业）。 (2) 采购代理机构：包括政府设立的集中采购机构和社会代理机构。任何单位和个人不得以任何方式为采购人指定采购代理机构。代理费用由中标、成交供应商支付的，供应商报价应当包含代理费用。 (3) 供应商：有意愿向采购人提供货物、工程或者服务的法人、非法人组织或者自然人。采购人不得以地域、所有制等不合理的条件对供应商实行差别待遇或者歧视待遇。但下列情形不得参加政府采购：被宣告破产的；尚欠缴纳税款或社保费；因违法行为，被依法限制或者禁止参加政府采购；前三年内在经营活动中存在重大违法记录；单位负责人为同一人或者存在直接控股、管理关系的不同供应商，不得参加同一合同项下的政府采购活动

第十章

续表

项目	相关规定
政府采购的资金范围	政府采购资金是指财政性资金。这里的财政性资金包括财政预算资金以及与财政预算资金相配套的单位自筹资金。以财政性资金作为还款来源的借贷资金，视同财政性资金
政府采购对象	政府采购的对象包括货物、工程和服务
政府采购原则	遵循公开透明、公平竞争、公正廉洁、诚实信用和讲求绩效原则
政府采购执行模式	政府采购实行集中采购和分散采购相结合的模式：（1）技术、服务等标准统一，采购人普遍使用的项目应当纳入集中采购目录；采购人采购纳入集中采购目录的政府采购项目，应当实行集中采购，必须委托集中采购机构代理采购。（2）采购人采购集中采购目录之外且达到限额标准以上的采购项目，应当实行分散采购；未纳入集中采购目录的政府采购项目，可以自行组织采购，也可以委托采购代理机构代理采购

【提示】本考点出题的可能性不大。

✲ 考点 11 政府采购的方式和程序（★★）

政府采购采用招标、竞争性谈判、询价、单一来源采购、框架协议采购以及国务院政府采购监督管理部门认定的其他采购方式。下面详细说明不同采购方式的采购程序。

（一）招标

采购人通过需求调查或者前期设计咨询，能够确定详细规格和具体要求，无须与供应商协商谈判的采购项目，应当采取招标方式采购。招标采购程序见表 10 – 13。

表 10 – 13 招标方式采购程序要点

项目	具体规定
招标	（1）采购人、采购代理机构应当编制招标文件，列明采购标的完整的需求标准，明确技术和商务要求（如设定最高限价的，应公开最高限价）。招标文件要求投标人提交保证金的，投标保证金不得超过采购项目预算金额的 2%；投标保证金应当以支票、汇票、本票或者保函等非现金形式提交。招标分为公开招标和邀请招标。 （2）公开招标：是指采购人依法以招标公告的方式邀请不特定的供应商参加投标的采购方式。提示：①设定最高限价的，应公开最高限价（采购人可以在采购预算额度内合理设定最高限价，但不得设定最低限价）；②招标公告的公告期限为 5 个工作日。 （3）邀请招标：是指采购人依法从符合相应资格条件的供应商中随机抽取 3 家以上供应商，并以投标邀请书的方式邀请其参加投标的采购方式。提示：①符合下列情形之一的货物或者服务，可以采用邀请招标方式采购：具有特殊性，只能从有限范围的供应商处采购的；采用公开招标方式的费用占政府采购项目总价值的比例过大的；②随机抽取供应商时（3 家以上），应当有不少于两名采购人工作人员在场监督。 （4）实行招标方式采购的，自招标文件开始发出之日起至投标人提交投标文件截至之日止，不得少于 20 日。招标文件售价按照弥补制作、邮寄成本的原则确定，不得以招标采购金额作为确定招标文件售价的依据
投标	投标人应当按照招标文件的要求编制投标文件。提示：（1）任何单位和个人不得在开标前开启投标文件；（2）投标人串通投标投标无效，投标人未按要求提交投标保证金投标无效；（3）采购人应当自中标通知书发出之日起 5 个工作日内退还未中标人的投标保证金，自采购合同签订之日起 5 个工作日内退还中标人的投标保证金或转为履约保证金

续表

项目	具体规定
开标、评标	采购人在投标截止时间后立即开标。提示：（1）评标委员会成员**不得参加**开标活动；（2）投标人**不足3家的**，不得开标；合格投标人**不足3家**的，不得评标；（3）采购人代表不得担任评标组长；（4）评标委员会由采购人代表和评审专家组成，成员人数应当为**5人以上单数**，其中评审专家不得少于成员总数的2/3。采购项目符合下列情形之一的，评标委员会成员人数应当为**7人以上单数**：采购预算金额在1 000万元以上、技术复杂、社会影响较大；（5）评标方法分为最低评标价法和综合评分法，技术、服务等标准统一的货物服务项目，应当采用最低评标价法；（6）资格条件不得作为评审因素；（7）评标时，评标委员会各成员应当独立对每个投标人的投标文件进行评价，并汇总每个投标人的得分。货物项目的价格分值占总分值的比重**不得低于30%**；服务项目的价格分值占总分值的比重**不得低于10%**
定标	采购人根据评审结果确定中标供应商。提示：（1）采购代理机构应当在评标结束后**2个工作日内**将评标报告送采购人；（2）采购人应当自收到评标报告之日起**5个工作日内**，在评标报告确定的中标候选人名单中按顺序确定中标人；（3）采购人应当自中标人确定之日起**2个工作日内**，在省级以上财政部门指定的媒体上公告中标结果，招标文件应当随中标结果同时公告；中标公告期限为1个工作日

（二）竞争性谈判（见表10-14）

表10-14 竞争性谈判采购要点

项目		具体规定
竞争性谈判概念		竞争性谈判是指通过需求调查或者前期设计咨询，确定主要功能或者绩效目标和主要最低需求标准，需就相关内容与供应商协商谈判的采购方式
适用范围		符合下列情形之一的，应当采用竞争性谈判：（1）需要通过谈判细化解决方案，明确详细技术规格标准、服务具体要求或者其他商务指标的；（2）需要由供应商提供解决方案，通过谈判确定一种或多种解决方案，并细化解决方案内容的
采购程序	成立谈判小组	成立谈判小组并制定谈判文件，谈判文件应当包含采购项目基本情况、采购需求、供应商资格条件、采购估算价值或者采购最高限价等内容
	邀请供应商	采购人邀请供应商参加谈判
	谈判	谈判可分为单方案谈判和多方案谈判：（1）按单方案谈判的，谈判小组根据谈判文件明确的主要内容和权重开展谈判，最终形成完整、细化、明确的采购需求与评审规则，并以书面形式通知所有尚在谈判的供应商；供应商按要求提交最终响应文件，谈判小组给予供应商的响应时间应当**不少于一日**。（2）按多方案谈判的，谈判小组就需谈判的内容整体或分部开展谈判；谈判结束后，应当将最终确定的全部实质性要求以及细化的评审规则以书面形式通知所有尚在谈判的供应商；供应商按要求提交最终响应文件，给予供应商的响应时间应当**不少于三日**；谈判中，谈判小组可以根据谈判文件和谈判情况改动采购需求中的技术、商务和其他要求，并相应调整合同草案条款，但不得改变谈判文件中的最低需求标准、主要评审因素及其权重
	确定成交供应商	采购人根据谈判小组推荐的成交候选人确定成交供应商

（三）询价（见表 10 – 15）

表 10 – 15　　　　　　　　　　　　　　　询价采购要点

项目		具体规定
询价采购概念		询价是指对需求客观、明确，采购金额不大的货物、工程和服务，邀请供应商进行报价的采购方式
适用范围		符合下列情形之一的，可以采用询价方式采购：（1）规格、标准统一，货源充足的现货；（2）技术、服务标准统一，已有固定市场的服务和工程
采购程序	询价	采购人邀请供应商报价
	报价	供应商在等标期内进行报价
	确定成交供应商	询价小组采用最低评标价法确定成交候选人，采购人根据成交候选人确定成交供应商

（四）单一来源采购（见表 10 – 16）

表 10 – 16　　　　　　　　　　　　　　单一来源采购要点

项目	具体规定
单一来源采购概念	单一来源是指采购人向唯一供应商采购的采购方式
适用范围	符合下列情形之一的，可以采用单一来源：（1）因需要委托特定领域具有领先地位的机构、自然人提供服务，或采购艺术品等原因，只能从唯一供应商处采购的；（2）发生了不可预见的紧急情况；（3）因清算等，仅在短时间内出现特别有利的采购的；（4）必须保证原有采购项目一致性或者服务配套的要求，需要继续从原供应商处添购，且添购资金总额不超过原合同采购金额 10%的
采购程序	采购人与供应商遵循公开透明等原则，协商签订采购项目质量、数量、成交价格等

（五）框架协议采购（见表 10 – 17）

表 10 – 17　　　　　　　　　　　　　　框架协议采购要点

项目	具体规定
框架协议采购概念	框架协议采购是指集中采购机构或者主管预算单位对技术、服务等标准明确、统一，需要多次重复采购的货物和服务，通过公开征集程序，确定第一阶段入围供应商并订立框架协议，采购人或者服务对象按照框架协议约定规则，在入围供应商范围内确定第二阶段成交供应商并订立采购合同的采购方式。框架协议采购包括封闭式框架协议采购（主要形式）和开放式框架协议采购
适用范围	符合下列情形之一的，可以采用框架协议：（1）集中采购目录以内品目，以及与之配套的必要耗材、配件等，属于小额零星采购的；（2）集中采购目录以外，采购限额标准以上，本部门、本系统行政管理所需的法律、评估、会计、审计等鉴证咨询服务，属于小额零星采购的；（3）集中采购目录以外，采购限额标准以上，为本部门、本系统以外的服务对象提供服务的政府购买服务项目，需要确定 2 家以上供应商由服务对象自主选择的；（4）国务院财政部门规定的其他情形

续表

项目		具体规定
采购程序	征集入围供应商	（1）采购人通过征集程序，确定第一阶段入围供应商并签订封闭式或者开放式框架协议。（2）封闭式框架协议采购方式下，集中采购机构或主管预算单位作为征集人应当编制征集文件、发布征集公告。（3）封闭式框架协议采购方式下，确定第一阶段入围供应商的评审方法包括价格优先法和质量优先法；有政府定价或指导价的项目，以及对质量有特别要求的检测、实验等仪器设备，可以采用质量优先法，其他项目应当采用价格优先法。（4）确定第一阶段入围供应商时，提交响应文件和符合资格条件、实质性要求的供应商应当均不少于2家；集中采购机构应当在入围通知书发出之日起30日内和入围供应商签订协议框架
	确定成交供应商	（1）封闭式框架协议采购方式下，确定第二阶段成交供应商的方式包括直接选定（主要方式）、二次竞价（适用于采用价格优先法的采购项目）和顺序轮候（适用于服务项目）；（2）以二次竞价或者顺序轮候方式确定成交供应商的，征集人应当在确定成交供应商后2个工作日内逐笔发布成交结果公告

（六）竞争性磋商采购（见表10-18）

表10-18 竞争性磋商采购要点

项目		具体规定
竞争性磋商采购概念		竞争性磋商是指采购人、政府采购代理机构通过组建竞争性磋商小组与符合条件的供应商就采购货物、工程和服务事宜进行磋商，供应商按照磋商文件的要求提交响应文件和报价，采购人从磋商小组评审后提出的候选供应商名单中确定成交供应商的采购方式
适用范围		符合下列情形的项目，可以采用竞争性磋商：（1）政府购买服务项目；（2）技术复杂或者性质特殊，不能确定详细规格或者具体要求的；（3）因艺术品采购、专利、专有技术或者服务的时间、数量事先不能确定等原因不能事先计算出价格总额的；（4）市场竞争不充分的科研项目，以及需要扶持的科技成果转化项目；（5）按照招标投标法及其实施条例必须进行招标的工程建设项目以外的工程建设项目
采购程序	获得批准	采购人在采购活动开始前，报经主管预算单位同意后，向设区的市、自治州以上财政部门申请批准
	组建磋商小组	磋商小组由采购人代表和评审专家共3人以上单数组成，评审专家人数不得少于磋商小组成员总数的2/3
	邀请磋商	从供应商库中随机或书面推荐邀请不少于3家符合相应资格条件的供应商参与竞争性磋商。采取采购人和评审专家书面推荐方式选择供应商的，采购人推荐供应商的比例不得高于推荐供应商总数的50%
	确定供应商	采购人不得擅自提高经费预算和资产配置等采购标准，磋商文件不得要求或者标明供应商名称或者特定货物的品牌；从竞争性磋商文件发出之日起至供应商提交首次响应文件截止之日止不得少于10日；磋商小组应当根据综合评分情况，按照评审得分由高到低顺序推荐3名以上成交候选供应商

第十章

（七）合作创新采购（见表 10-19）

表 10-19   合作创新采购要点

项目		具体规定
合作创新采购概念		合作创新采购是指采购人邀请供应商研发，共担风险，并按研发合同约定的数量或者金额购买研发成功的创新产品的采购方式
适用范围		采购项目符合国家科技和相关产业发展规划，有利于落实国家重大战略目标任务，并且具有下列情形之一的，可以采用合作创新采购：（1）市场现有产品或者技术不能满足要求，需要进行技术突破的；（2）以研发创新产品为基础，形成新范式或者新的解决方案，能够显著改善功能性能，明显提高绩效的；（3）其他情形。合作创新采购，除只能从有限范围或唯一供应商处采购以外，采购人应当通过公开竞争确定研发供应商
采购程序	订购阶段	（1）采购人组建谈判小组：谈判小组由采购人代表和评审专家共 5 人以上单数组成，评审专家中应当包含 1 名法律专家和 1 名经济专家。（2）发布公告邀请供应商：公告期限不得少于 5 个工作日，内容包括创新产品的最低研发目标、最高研发费用、应用场景及研发期限等；提交参与合作创新采购申请文件的时间自采购公告、邀请书发出之日起不得少于 20 个工作日。（3）谈判小组依法对供应商的资格进行审查。（4）谈判小组集中与所有通过资格审查的供应商共同进行创新概念交流，内容包括最低研发目标等。（5）采购人根据创新概念交流结果，形成研发谈判文件，内容包括最低研发目标等 16 项，提供给所有参与交流的供应商；从研发谈判文件发出之日起到供应商提交首次响应文件截止之日止不得少于 10 个工作日。（6）供应商根据研发谈判文件编制响应文件，对研发谈判文件的要求作出实质性响应，内容包括供应商的研发方案等 10 项。（7）谈判小组集中与单一供应商分别进行谈判，对相关内容进行细化调整，但不得降低最低研发目标、提高最高研发费用，也不得改变谈判文件中主要评审因素及其权重。（8）谈判小组按照评审得分从高到低排序，推荐成交候选人。（9）采购人根据谈判文件规定的研发供应商数量和谈判小组推荐的成交候选人顺序，确定研发供应商，也可以书面授权谈判小组直接确定研发供应商，研发供应商数量最多不得超过 3 家。（10）采购人与研发供应商签订研发合同；每个研发供应商各阶段补偿成本范围不得超过研发合同约定的研发成本补偿的成本范围，且各阶段成本补偿金额之和不得超过研发合同约定的研发成本补偿金额；研发供应商提供的标志性成果满足要求的，进入下一研发阶段
	首购阶段	（1）采购人按照研发合同约定开展创新产品首购，首购评审综合考虑新产品的功能、性能、价格、售后服务方案等，按性价比最优的原则确定首购产品；研发供应商对首购产品金额的报价不得高于研发谈判文件规定的首购费用；（2）研发合同期限包括创新产品研发、迭代升级以及首购交付的期限，一般不得超过 2 年，属于重大合作创新采购项目的，不得超过 3 年，因采购人调整创新产品功能、性能目标需要调整费用的，增加的费用不得超过首购金额的 10%；（3）采购人应当向首购产品供应商支付预付款用于创新产品生产制造，预付款金额不得低于首购协议约定的首购总金额的 30%

【提示】不同采购方式下的采购程序是考试重点，2024 年考了招标采购，2025 年应重点掌握合作创新采购，尤其应关注日期、人数、金额等带有数字的规定。

✦ 考点 12 政府采购合同

政府采购合同应掌握两个问题：合同定价方式和合同签订与备案，其要点见表 10-20。

表 10-20   政府采购合同要点

项目		具体规定
合同定价方式	固定价格	对于采购时可以准确估算采购成本的情形，采购人应当选择固定价格的合同定价方式。通用货物、工程和服务采购，应当采用固定价格定价方式

续表

项目		具体规定
合同定价方式	成本补偿	对于合同履行中存在不确定性而无法准确估算采购成本，且无法适用任何固定价格的情形时，合同当事人可以按照固定酬金加供应商合同履行过程中产生的可列支成本签订合同价格，但**不得超过合同规定的最高限价**。创新采购合同、政府和社会资本合作合同可以**采用成本补偿**定价方式
合同签订与备案	合同签订依据	中标、成交供应商不得将合同转包给其他供应商；采购文件明确规定采购项目允许分包，中标、成交供应商就采购项目和分包项目向采购人负责，分包供应商就分包项目承担责任
	合同签订时间	采购人与中标、成交、入围供应商应当在中标、成交、入围通知书发出之日起**30日内**签订政府采购合同或框架协议
	合同形式和内容	采购合同应当采用书面形式
	合同备案	采购人应当自政府采购合同签订之日起**7个工作日内**，将合同副本报同级政府采购监管部门备案。采购人可以在采购文件中要求中标、成交供应商提供履约保证金，**履约保证金不得超过合同总价的10%**

【提示】采购合同应作为考试重点，应关注"不得"以及"带有数字"的规定。

✻ 考点13　加强政府采购需求管理、执行管理

（一）加强政府采购需求管理

1. 关于政府采购需求管理

政府采购需求管理，是指采购人组织确定采购需求和编制采购实施计划，并实施相关风险控制管理的活动。采购人对采购需求管理负有主体责任，对采购需求和采购实施计划的合法性、合规性、合理性负责。

2. 关于政府采购需求

（1）采购需求是指采购人为实现项目目标，拟采购的标的及其需要满足的技术、商务要求。确定采购需求应当明确实现项目目标的所有技术、商务要求，功能和质量指标的设置要充分考虑可能影响供应商报价和项目实施风险的因素。

（2）采购人可以在确定采购需求前，**通过咨询、论证、问卷调查等方式开展需求调查**，了解相关产业发展、市场供给、同类采购项目历史成交信息，可能涉及的运营维护、升级更新等后续采购。面向市场主体开展需求调查时，**选择的调查对象一般不少于3个**，并应当具有代表性。对于下列采购项目，**应当开展需求调查**：①1 000万元以上的货物、服务采购项目，3 000万元以上工程采购项目；②涉及公共利益、社会关注度较高的采购项目，包括政府向社会公众提供的公共服务项目等；③技术复杂、专业性较强的项目，包括需定制开发的信息化建设项目、采购进口产品的项目等。

3. 关于政府采购实施计划

采购实施计划是指采购人围绕实现采购需求，对合同的订立和管理所做的安排。采购人应当通过确定供应商资格条件、设定评审规则等措施，落实支持创新、绿色发展、中小企业发展等政府采购功能。业绩情况作为资格条件时，要求供应商提供的同类业务合同**一般不超过2个**。涉及政府采购政策支持的创新产品采购的，不得提出同类业务合同、生产台数、使用时长等业绩要求。参与评分的指标应当是采购需求中的量化指标，价格因素应当按照相关规定确定分值和权重。

4. 关于风险控制

采购人应当建立健全采购需求管理制度，加强对采购需求的形成和实现过程的内部控制和风险管理。采购人应当建立审查工作机制，在采购活动开始前，针对采购需求管理中的重点风险事项，对采购需求和采购实施计划进行审查，包括一般性审查（审查是否按照规定的程序和内容确定采购需求、编制采购实施计划）和重点审查（如非歧视性审查、竞争性审查、采购政策审查、履约风险审查等）。

（二）加强政府采购执行管理（见表10-21）

表10-21　　　　　　　　　加强政府采购执行管理要点

项目	相关规定
优化采购活动办事程序	对于供应商法人代表已经出具委托书的，**不得要求**供应商法人代表亲自领购采购文件或到场参加开标、谈判等；对于采购人、采购代理机构可以通过互联网或者相关信息系统查到的信息，**不得要求**供应商提供
细化采购活动执行要求	采购人允许采用分包方式履行合同的，应当在采购文件中明确可以分包履行的具体内容、金额或者比例。实现电子化采购的，采购人**应当向供应商免费提供电子采购文件**
规范保证金收取和退回	收取履约保证金的，应当在采购合同中约定履约保证金退还的方式、时间、条件和不退还的情形。采购人不得收取没有法律法规依据的保证金
及时支付采购资金	对于满足合同约定支付条件的，采购人应当自收到发票后**30日内**将资金支付到合同约定的供应商账户
完善对供应商的利益损害赔偿和补偿机制	对于因采购人原因导致变更、中止或者终止政府采购合同的，采购人应当依据合同约定对供应商受到的损失予以赔偿或者补偿

【提示】采购需求管理和执行管理前四年考得有点多，2025年可以不作为重点。

✿ 考点14　政府采购的基本政策、购买服务、特殊规定与法律责任（★）

（一）政府采购的基本政策要求

（1）政府采购活动中，采购人员及相关人员与供应商**有利害关系的，必须回避**。供应商认为采购人员及相关人员与其他供应商有利害关系的，可以申请其回避。这里的相关人员，包括招标采购中评标委员会的组成人员，竞争性谈判采购中谈判小组的组成人员，询价采购中询价小组的组成人员等。

（2）除需要采购的货物、工程或服务在中国境内无法获取或者无法以合理的商业条件获取、为在中国境外使用而进行采购、法律法规另有规定的情况外，政府采购**应当采购本国货物、工程和服务**。

（3）政府采购应当落实国家安全要求，执行法律法规有关国家安全的产品标准、供应商资格条件、知识产权、信息发布和数据管理等规定。

（4）政府采购应当支持应用科技创新，推动创新产品研发和应用。

（5）政府采购应当促进中小企业发展，提高中小企业在政府采购中的合同份额。400万元（含）的工程采购项目适宜由中小企业提供的，采购人应当专门面向中小企业采购。

（二）政府购买服务与服务项目政府采购

政府购买服务（包括政府自身需要的服务和政府向社会公众提供的公共服务）属于政府采购的范畴，应当遵循政府采购法律法规和有关制度的规定。

（1）可以按照服务受益对象将服务项目分为三类：①为保障政府部门自身正常运转需要向社会购买的服务；②为政府部门为履行宏观调控、市场监管等职能需要向社会购买的服务；③为增加国民福利、受益对象特定，政府向社会公众提供的公共服务。

（2）制定服务采购需求标准：①第一类中列入政府集中采购目录的服务项目，采购需求标准由集中采购机构提出；②其他服务项目的采购需求标准由采购人（购买主体）提出；③对于第三类服务项目，还应当征求社会公众的意见。

（三）政府采购的特殊规定

（1）采购人在政府采购活动中，应当**优先购买自主创新产品**，按照《政府采购自主创新产品目录》中的货物和服务编制自主创新产品政府采购预算。采购人在预算执行过程中因购买自主创新产品确需超出采购预算的，可按规定程序申请调整预算。

（2）采购人用财政性资金进行采购的，应当优先采购节能产品，逐步淘汰低能效产品。

（3）采购人用财政性资金进行采购的，应当优先采购环境标志产品，不得采购危害环境及人体健康的产品。

（4）采购人采购进口产品时，应当坚持有利于本国企业自主创新或消化吸收核心技术的原则，优先购买向我方转让技术、提供培训服务及其他补偿贸易措施的产品。政府采购进口产品应当以公开招标为主要方式。政府采购进口产品合同履行中，采购人确需追加与合同标的相同的产品，在不改变合同其他条款的前提下，所有补充合同的采购金额不超过原合同采购金额10%的，可以与供应商协商签订补充合同，不需要重新审核。

（四）政府采购法律责任

政府采购法律责任分别规范了采购人、采购代理机构、集中采购机构、采购人员、供应商、评审专家、财政部门等在违法乱纪情况下应承担的法律责任，不太可能出题，简单了解就行。

【提示】政府购买服务、采购特殊规定以及采购法律责任没有出题点，出题可能性基本为零。

✳ 考点15　行政事业单位国有资产配置、使用和处置（★★★）

行政事业单位国有资产，是指行政事业单位占有、使用的，依法确认为国家所有，能以货币计量的各种经济资源的总称。行政事业单位国有资产实行国家统一所有，政府分级监管，单位占有、使用的管理体制。国有资产管理具体包括四个内容：行政事业单位国有资产配置、使用及处置，国有资产评估、清查及登记，国有资产报告，中央级国有资产管理的特殊规定。下面归纳相关要点。

（一）行政单位国有资产配置、使用及处置（见表10-22）

表10-22　　　　　　　　　行政单位国有资产配置、使用及处置要点

项目	资产管理规定
资产配置	购置有规定配备标准的资产，单位负责人审核同意后报同级财政部门审批；经审批同意，各单位可以将资产购置项目列入单位年度部门预算，并在编制年度部门预算时将批复文件和相关材料一并报同级财政部门，作为审批部门预算的依据
资产使用	（1）行政单位不得用国有资产对外投资或者设立营利性组织，不得用国有资产对外担保，法律另有规定的除外； （2）行政单位将占有、使用的国有资产对外出租、出借的，须事先上报同级财政部门审核批准； （3）行政单位出租、出借的国有资产所形成的收入，按照政府非税收入管理的规定，在扣除相关税费后及时、足额上缴国库
资产处置	（1）行政单位处置国有资产应当严格履行审批手续，未经批准不得处置。 （2）行政单位国有资产出售与置换应当采取拍卖、招投标、协议转让等方式，处置变价收入和残值收入，按照政府非税收入管理的规定，在扣除相关税费后及时、足额上缴国库

（二）事业单位国有资产配置、使用及处置（见表10-23）

表10-23　　　　　　　　　事业单位国有资产配置、使用及处置要点

项目	资产管理规定
资产配置	（1）用财政性资金购置规定限额以上资产的，除国家另有规定外，应当报经主管部门审核，主管部门审核后报同级财政部门审批；经同级财政部门批准的资产购置计划，事业单位应当列入年度部门预算，并在上报年度部门预算时附送批复文件等相关材料，作为财政部门批复部门预算的依据。 （2）用其他资金购置规定限额以上资产的，报主管部门审批，主管部门应当将审批结果定期报同级财政部门备案

第十章

续表

项目	资产管理规定
资产使用	（1）事业单位以国有资产对外投资、出租、出借和担保等，应当进行必要的可行性论证，并经主管部门审核同意后，报同级财政部门审批；事业单位应严格控制出租、出借国有资产行为，原则上实行公开竞价招租，必要时可以采取评审或资产评估等方式确定出租价格。事业单位对外投资收益以及利用国有资产出租、出借和担保等取得的收入，应当纳入单位预算，统一核算、统一管理。 （2）国家设立的研发机构、高校对其持有的科研成果，可以自主决定转让、许可或作价投资，不需报主管部门、财政部门审批或备案。通过协议定价的，应当在本单位公示科技成果名称和拟交易价格。国家设立的研发机构、高校转化科研成果所获得的收入全部留归本单位
资产处置	（1）事业单位处置国有资产，应当严格履行审批手续，未经批准不得自行处置。但国家设立的研究开发机构、高等学校对其持有的科技成果，可以自主处置。 （2）事业单位占有、使用的房屋建筑物、土地和车辆的处置，货币性资产损失的核销，以及单位价值或者批量价值在规定限额以上的资产的处置，须经主管部门审核后报同级财政部门审批；规定限额以下的资产的处置，应当报主管部门审批，主管部门将审批结果定期报同级财政部门备案。 （3）事业单位出售、出让、转让、变卖资产数量较多或者价值较高的，应当通过拍卖等市场竞价方式公开处置。 （4）事业单位国有资产处置收入属于国家所有，应当按照政府非税收入管理的规定，实行"收支两条线"管理。但国家设立的研发机构、高校转化科研成果所获得的收入全部留归本单位

（三）行政事业单位国有资产的盘活

盘活行政事业单位各类国有资产有利于保障单位履职和事业发展，盘活国有资产方式有 6 种，见表 11 – 24。

表 10 – 24　　　　　行政事业单位国有资产的盘活方式要点

项目	具体内容
优化在用资产管理	最大限度发挥在用资产使用价值，以最精简的资产保障单位履职和事业发展
推进资产共享共用	按规定将国家重大科研基础设施和大型科研仪器纳入科研设施与仪器国家网络管理平台，通过平台向社会开放共享
加强资产调剂	闲置资产优先在本单位、本部门内部调剂利用；对使用价值大、利用范围广的闲置资产，积极推进跨部门、跨地区、跨级次资产调剂
实施公物仓管理	建立公物仓管理机制，将低效、闲置资产，大型会议、临时机构配置资产等，纳入公物仓集中管理、调配使用
开展资产出租、处置	按规定权限批准后对外出租或处置；以市场化方式出租、出售的，可以通过公共资源交易平台进行
探索资产集中运营管理	探索国有资产统一管理、市场化运营的盘活方式，整合低效、闲置资产，实行专业化、市场化运营和管理

【提示】行政事业单位国有资产盘活 2024 年刚出题，2025 年出题的可能性不大。

✿ 考点 16　行政事业单位国有资产评估、清查及登记（★）

（一）资产评估

行政单位有以下情形之一的，应当对相关国有资产进行评估：（1）行政单位取得的没有原始价格凭证的资产；（2）拍卖、有偿转让、置换国有资产；（3）依照国家有关规定需要进行资产评估的其他情形。

事业单位有下列情形之一的，应当对相关国有资产进行评估：（1）整体或者部分改制为企业；（2）以非货币性资产对外投资；（3）合并、分立、清算；（4）资产拍卖、转让、置换；（5）整体或者部分资产租赁给非国有单位；（6）确定涉讼资产价值；（7）法律、行政法规规定的其他需要进行评估的事项。

（二）资产清查

（1）行政事业单位进行资产清查，应当向主管部门提出申请，按规定程序报同级财政部门批准立项后组织实施，但根据各级政府及其财政部门专项工作要求进行的资产清查除外。

（2）行政事业单位资产损益经过规定程序和方法进行确认后，按照以下原则进行账务处理：

①财政部门批复、备案前的资产（含账外资产）**盘盈**可以按照财务、会计制度的有关规定暂行入账，待财政部门批复、备案后，再进行相应账务调整和处理。

②**财政部门批复、备案前的资产损失和资金**

挂账，单位不得自行进行账务处理，待财政部门批复、备案后，进行账务处理。

③资产盘盈、资产损失和资金挂账按规定权限审批后，按国家统一的会计制度进行账务处理。

（三）登记

行政事业单位应当向同级财政部门或者经同级财政部门授权的主管部门申报、办理产权登记。

注意：资产清查主要考资产盘盈、资产损失和资金挂账如何处理，属于考试的重点；登记从来不出题。

✳ 考点 17　行政事业单位国有资产报告

行政事业单位国有资产报告（见表 10-25）。

表 10-25　　　　行政事业单位国有资产报告要点

项目	内　　容
国有资产报告的概念	行政事业单位国有资产报告，是指行政事业单位年度终了，根据资产管理、预算管理等工作需要，在日常管理基础上编制报送的反映行政事业单位年度资产占有、使用、变动等情况的文件，包括行政事业单位资产报表、填报说明和分析报告
国有资产报告的内容	国有资产报告由行政事业单位资产报表、填报说明和分析报告三部分构成
国有资产报告的编报	行政事业单位应当在做好财务管理、会计核算的基础上，**全面盘点资产情况**，完善资产卡片数据，编制资产报告，并按照财务隶属关系逐级上报。**单位负责人**对本单位编制的资产报告的真实性、准确性和完整性负责
国有资产报告的审核	各级财政部门、主管部门应当对本地区、本部门所属行政事业单位报送的资产报告进行审核

【提示】行政事业单位国有资产报告考得很少，不属于重点。

✳ 考点 18　中央级行政事业单位国有资产管理的特殊规定（★★）

（一）中央级行政单位国有资产管理的特殊规定

中央级行政单位国有资产处置收入和使用收入（包括出租收入、对外投资收益、共享共用补偿收入、其他有偿收入），应当在扣除相关税

金、资产评估费、拍卖佣金等费用后，及时上缴中央国库；不得隐瞒、截留、挤占、坐支和挪用国有资产收入；除另有规定外，不得将国有资产对外投资或设立营利性组织，不得利用国有资产对外担保。

（二）中央级事业单位国有资产管理的特殊规定

1. 中央级事业单位国有资产处置（见表 10-26）

表 10 – 26　　　　　　　　　　　中央级事业单位国有资产处置要点

项目		相关规定
处置权限		(1) 处置单位价值或批量价值（账面原值，下同）1 500 万元以上（含 1 500 万元）的国有资产，应当经各部门审核同意后报财政部当地监管局审核，审核通过后由各部门报财政部审批；(2) 处置单位价值或批量价值 1 500 万元以下的国有资产，由各部门自行审批。各部门所属中央级事业单位应当在规定权限内根据实际及时处置国有资产，一个月内分散处置的国有资产原则上按同一批次汇总计算批量价值；(3) 各部门所属高等院校国有资产处置，由各部门审批。其中，已达使用年度并且应当淘汰报废的国有资产，由高校自主处置，并将处置结果按季度报各部门备案；(4) 国家设立的中央级研究开发机构、高校对持有的科技成果，可以自主决定转让，不需要报各部门和财政部审批或备案；(5) 国家设立的中央级研发机构、高校以科技成果作价投资形成的国有股权无偿划转、转让、损失核销等处置事项，由各部门审批
处置方式		中央级事业单位国有资产处置方式包括无偿划转、对外捐赠、转让、置换、报废、核销损失等。提示：(1) 对外捐赠应当利用本单位闲置资产或淘汰且具有使用价值的资产，不得新购资产用于对外捐赠；同一部门上下级单位之间和部门所属单位之间，不得相互捐赠资产；(2) 转让国有资产，以财政部核准或备案的资产评估报告所确认的评估价值作为确定低价的参考依据，意向交易价格低于评估结果 90% 的，应当报资产评估报告核准或备案部门重新确认后交易；(3) 资产置换，应当以财政部、各部门核准或备案的资产评估报告所确认的评估价值作为置换对价的参考依据
处置收入		(1) 中央级事业单位国有资产处置收入，应当在扣除相关税金、资产评估费、拍卖佣金等费用后，按照政府非税收入和国库集中收缴管理有关规定上缴中央国库；土地使用权转让收益以及占地补偿收益，按照财政部有关规定上缴中央国库。 (2) 各部门所属高校自主处置已达使用年限并且应当淘汰报废的国有资产取得收益，留归高校，纳入单位预算，统一核算、统一管理；国家设立的中央级研发机构、高校转化科技成果获得的收入全部留归本单位，纳入单位预算，统一核算、统一管理，主要用于对完成和转化职务科技成果作出重要贡献人员的奖励和报酬、科学技术研发与成果转化等相关工作。 (3) 中央级事业单位利用国有资产对外投资形成的股权处置收入，除按中央国有资本经营预算有关规定申报、上交的国有资本收益和国家另有规定外，按以下规定管理：①利用货币资金对外投资形成股权处置收入纳入单位预算，统一核算、统一管理；②国家设立的中央级研发机构、高校利用科技成果作价投资形成股权的处置收入纳入单位预算，统一核算、统一管理；③利用其他国有资产对外投资形成的股权的处置收入，扣除投资收益以及相关税费后，及时上缴中央国库，投资收益纳入单位预算，统一核算、统一管理；④统筹利用货币资金、科技成果和其他国有资产混合对外投资形成的股权的处置收入，按照上述①、②、③项的有关规定分别处理（按比例上缴或留本单位）
处置监督检查与法律责任	监督检查	财政部对中央级事业单位国有资产处置情况进行监督检查
	法律责任	财政部、各部门、中央级事业单位及其工作人员在国有资产处置管理工作中，存在违反规定等行为，按有关规定追究责任；构成犯罪的，依法追究刑事责任

2. 中央级事业单位国有资产出租出借、对外投资相关规定（见表 10 – 27）

表 10 – 27　　　　　　　　　中央级事业单位国有资产出租出借、对外投资要点

项目	相关规定
审批权限	(1) 中央级事业单位国有资产出租出借、对外投资等，资产单项或批量价值（账面原值，下同）在 1 500 万元人民币以上（含 1 500 万元）的，经主管部门审核同意并出具审核意见后报财政部审批；资产单项或批量价值在 1 500 万元以下的，由主管部门自行审批；(2) 出租出借期限在 6 个月以内（含）的，由主管部门审批；但连续出租出借给同一承租承借方超过 6 个月的，还应当经主管部门审核同意并出具审核意见后报财政部审批；(3) 中央级事业单位利用国有资产对外投资，经可行性研究和集体决策，按照规定的权限履行审批手续，未经批准不得对外投资；不得利用房屋类国有资产对外投资

续表

项目	相关规定
过程管理	中央级事业单位国有资产出租，应当以公开竞争方式进行，通过公共资源交易平台、产权交易机构等进行；出租价格原则上采取公开竞争方式确定。中央级事业单位国有资产出租出借期限一般不得超过五年
收入管理	（1）中央级事业单位国有资产出租出借收入，在扣除税金、资产评估费等相关费用后，纳入单位预算，统一核算、统一管理；（2）中央级事业单位土地使用权出租收益，上缴中央国库

【提示】中央级事业单位国有资产管理是考试重点，尽管 2024 年出了不少题，但 2025 年出题的可能性仍然很大；尤其是出租出借 2025 年进行了重大修改，出题的可能性特别大。

✿ 考点 19　预算绩效管理概念、总体思路、原则与组织实施

2018 年 9 月中共中央、国务院下发的《关于全面实施预算绩效管理的意见》明确指出，全面实施预算绩效管理是推进国家治理体系和治理能力现代化的内在要求，表明预算绩效管理已从部门推动上升到国家层面。预算绩效管理 2025 年修改很大，具体包括预算绩效管理概念、总体思路、原则与组织实施和主要内容，要点见表 10－28。

表 10－28　预算绩效管理概念、总体思路、原则与组织实施要点

项目	相关规定
预算绩效管理的概念	预算绩效是指预算资金所达到的产出和结果。预算绩效管理是指在预算管理中引入绩效理念，在关注预算投入的同时重视预算产出，将绩效目标设定、绩效跟踪、绩效评价及结果应用纳入预算编制、执行、考核全过程，以提高政府资金配置的经济性、效率性和效益性为目的的一系列管理活动
推进预算绩效管理的总体思路	（1）加强顶层设计，构建全方位预算绩效管理体系；（2）增强绩效理念和绩效意识，将绩效管理深度融入预算管理全过程；（3）健全制度体系，加强预算绩效管理制度建设；（4）压实绩效管理责任，硬化预算绩效责任约束
预算绩效管理的原则与组织实施	（1）预算绩效管理的原则有：目标管理原则；绩效导向原则；责任追究原则；信息公开原则。（2）预算绩效管理的组织实施应按照"统一领导，分级管理"的基本原则进行

【提示】预算绩效管理概念、总体思路、原则与组织实施考试不重要，出题的可能性基本为零。

✿ 考点 20　中央部门预算绩效管理的主要内容

中央部门预算绩效管理是指财政部和中央部门及其所属单位以绩效目标为对象，以绩效目标的设定、审核、批复以及绩效监控、绩效自评和绩效评价等为主要内容所开展的预算管理活动。绩效管理的对象是纳入中央部门预算管理的全部资金。中央部门预算绩效管理主要内容见表 10－29。

表 10－29　中央部门预算绩效管理主要内容

项目	具体内容
绩效目标及其分类	绩效目标包括基本支出绩效目标、项目支出绩效目标和部门整体支出绩效目标；按照时效性，绩效目标包括中长期绩效目标和年度绩效目标

第十章

续表

项目	具体内容
绩效目标与绩效指标的设定	(1) 绩效目标设定：**未按要求设定绩效目标的项目支出，不得纳入项目库管理**，也不得申请部门预算资金。**按照"谁申请资金，谁设定目标"的原则，绩效目标由中央部门及其所属单位设定。**设定的绩效目标应符合以下要求：①指向明确；②**细化量化**；③合理可行；④相应匹配。 (2) 绩效目标设定的方法：分别项目支出绩效目标、部门整体支出绩效目标设定。 (3) 绩效目标设定的程序：分别按照基层单位设定目标、中央部门设定绩效目标走程序。 (4) 项目绩效指标设定：①设定思路：明确项目绩效目标、分解细化指标、设置指标值、加强指标衔接；②设置原则：高度关联、重点突出、量化易评；③绩效指标类型：成本指标、产出指标、效益指标、满意度指标；④绩效指标的具体编制：绩效指标名称及解释、绩效指标来源、指标值设定依据、指标完成值取值方式、指标完成值数据来源、绩效指标分值权重（原则上指标权重统一按以下方式设置：对于设置成本指标的项目，成本指标20%、产出指标40%、效益指标20%、满意度指标10%，其余10%的分值权重为预算执行率指标，编制预算时不设置开展自评时使用；对于未设置成本指标的项目，产出指标50%，效益指标30%，满意度指标10%）、绩效指标赋分规则、绩效指标佐证资料要求
绩效目标的审核	按照**"谁分配资金，谁审核目标"**的原则，绩效目标由财政部或中央部门按照预算管理级次进行审核。审核符合要求后，方可进入项目库，并进入下一步预算编审流程
绩效目标的批复与调整	按照**"谁批复预算，谁批复目标"**的原则，财政部和中央部门在批复年初部门预算或调整预算时，一并批复绩效目标。绩效目标确定之后，一般不予调整，预算执行中因特殊原因确需调整的，应按照绩效目标管理要求和预算调整流程报批
绩效监控	绩效监控由财政部统一组织、中央部门分级实施，按照**"谁支出，谁负责"**的原则，预算执行单位负责开展预算绩效日常监控： (1) 绩效监控范围和内容：①**监控范围**：中央部门绩效监控范围涵盖中央部门一般公共预算、政府性基金预算和国有资本经营预算所有项目支出；②监控内容包括：绩效目标完成情况、预算资金执行情况、重点政策和重大项目绩效延伸监控。 (2) 绩效监控方式和流程：①监控方式：采用目标比较法，用定量分析和定性分析相结合的方式，将绩效实现情况与绩效目标进行比较，对目标完成、预算执行、组织实施、资金管理等情况进行分析评判；②监控流程：**每年8月**，中央部门要集中对1~7月预算执行情况和绩效目标实现程度开展一次绩效监控汇总分析。 (3) 绩效监控结果应用：监控结果作为以后年度预算安排和政策制定的参考
绩效评价	以**项目支出绩效评价**为例，绩效评价相关政策和要求如下： (1) **绩效评价分类**：分为单位自评、部门评价和财政评价。 (2) **绩效评价原则**：科学公正、统筹兼顾、激励约束、公开透明。 (3) 绩效评价依据：国家相关法律、法规和规章制度、部门职责相关规定、项目设立的政策依据和目标等。 (4) 绩效评价的对象和内容：①**单位自评的对象包括纳入政府预算管理的所有项目支出**；②**单位自评的内容**主要包括项目总体绩效目标、各项绩效指标完成情况以及预算执行情况，对未完成绩效目标要分析并说明原因，提出改进措施。 (5) 绩效评价指标、标准和方法：①**单位自评指标**：单位自评指标是指预算批复时确定的绩效指标，包括项目的产出数量、质量、时效、成本，以及经济效益、社会效益、生态效益、可持续影响、服务对象满意度等。原则上预算执行率和一级指标**权重统一设置**为：**预算执行率10%、产出指标50%、效益指标30%、服务对象满意度指标10%**。②绩效评价标准通常包括计划标准、行业标准、历史标准等。③**单位自评采用定量与定性评价相结合的比较法**，总分由各项指标得分汇总形成。定量指标得分按照以下方法评定：与年初指标值相比，完成指标值的，记该指标所赋全部分值；对完成值高于指标值较多的，要分析原因，如果是由于年初指标值设定明显偏低造成的，要按照偏离度适度调减分值；未完成指标值的，按照完成值与指标值的比例记分。定性指标得分按照以下方法评定：根据指标完成情况分为达成年度指标、部分达成年度指标并具有一定效果、未达成年度指标且效果较差三档，分别按照该指标对应分值区间100%~80%（含）、80%~60%（含）、60%~0合理确定分值。 (6) 绩效评价的**组织管理和实施**：财政部门负责拟订绩效评价制度办法，各部门负责制定本部门绩效评价办法，部门本级和所属单位按照要求具体负责自评工作。 (7) 绩效**评价结果应用及公开**：单位自评结果主要通过项目支出绩效自评表的形式反映，部门和单位应切实加强自评结果的整理、分析，将自评结果作为本部门、本单位完善政策和改进管理的重要依据

【提示】预算绩效管理是近年来非常热门的话题，请考生予以关注，2025 年按 3 分左右复习。

✳ 考点 21　行政事业单位内部控制的定义、目标、原则、组织与实施

行政事业单位内部控制是企业内部控制的简化版，具体包括：内部控制定义、目标、原则、组织与实施、风险评估和控制方法、单位层面内部控制、业务层面内部控制、评价与监督、内部控制报告，篇幅多达 24 页，很可能出 2 分题，属于"投入多、产出少"的考点。

（一）行政事业单位内部控制的定义、目标、原则（见表 10-30）

表 10-30　　　　　　　行政事业单位内部控制的定义、目标、原则

项目	相关规定
行政事业单位内部控制的定义	行政事业单位内部控制是指单位为实现控制目标，通过制定制度、实施措施和执行程序，对经济活动的风险进行防范和管控
行政事业单位内部控制的目标	行政事业单位内部控制的目标包括：合理保证单位经济活动合法合规、资产安全和使用有效、财务信息真实完整，有效防范舞弊和预防腐败，提高公共服务的效率和效果
行政事业单位内部控制的原则	内部控制原则包括全面性原则、重要性原则、制衡性原则、适应性原则四项

（二）行政事业单位内部控制建设的组织与实施

行政事业单位内部控制建设的组织与实施要点，见表 10-31。

表 10-31　　　　　　　行政事业单位内部控制建设的组织与实施

项目		要点
内部控制建设组织	单位负责人	单位负责人应当对本单位内部控制的建立健全和有效实施负责
	内部控制部门（或牵头部门）	职责包括：负责组织协调单位内部控制日常工作；研究提出单位内控体系建设方案；研究提出单位内部跨部门的重大决策、重大风险、重大事件和重要业务流程的内部控制工作；组织协调单位内部跨部门的重大风险评估工作；研究提出风险管理策略和跨部门的重大风险管理解决方案；组织协调相关部门落实内控整改措施
内控建设实施	梳理单位各类经济活动的业务流程	组织相关人员对单位预算业务、收支业务、政府采购业务、资产管理、建设项目管理、合同管理等进行调研，对各项业务特点进行总结和归纳，明确各项业务的目标、范围和内容
	明确业务环节	按照业务实现的时间顺序和逻辑顺序，将各个业务中的决策机制、执行机制和监督机制融入业务流程中的各个业务环节
	系统分析经济活动风险	从各个业务面临的内外部环境入手，讨论环境对单位内控的负面作用，运用多种手段进行风险的定性和定量评估
	确定风险点	从业务环节角度评估特定风险，找出可能造成单位经济利益流出的风险点
	选择风险应对策略	行政事业单位的风险主要是业务中的低效、浪费和舞弊，应将这些风险控制在可承受范围内

第十章

续表

项目	要点	
内控建设实施	建立相应的控制政策和程序	按照不同的风险应对策略，制定相应的控制政策和程序
	督促相关工作人员认真执行	单位应明确各个部门、各个岗位和相关工作人员分工和责任，设立相关部门和岗位对相关工作人员执行内部控制管理制度的结果进行奖惩

【提示】本考点从来没有出过题，2025年出题可能性几乎为零。

✳ 考点22　行政事业单位风险评估和控制方法

行政事业单位内部控制建设的主要内容就是分析经济业务活动的风险，识别风险点，然后因地制宜设置控制方法并监督执行。

（一）风险评估工作机制

风险评估是量化测评风险发生的可能程度及其造成的后果。单位开展经济活动风险评估应当成立风险评估工作小组，对单位经济活动风险进行定期评估。

为及时发现风险，单位应当建立经济活动风险定期评估机制，对经济活动存在的风险进行全面、系统和客观评估。经济活动风险评估至少每年进行一次；外部环境、经济活动或管理要求等发生重大变化的，应及时对经济活动风险进行重估。经济活动风险评估结果应当形成书面报告并及时提交单位领导班子，作为完善内部控制的依据。

（二）风险评估程序

风险评估可分为目标设定、风险识别、风险分析和风险应对四个步骤，见表10-32。

表10-32　风险评价程序

项目	内容
目标设定	目标设定是指单位采取恰当的程序去设定对于控制对象的控制目标，确保所选定的目标支持并切合单位的职责使命
风险识别	风险识别是对单位面临的各种不确定因素进行梳理、汇总，形成风险点清单
风险分析	风险分析是在风险识别的基础之上，运用定量和定性方法进一步分析风险发生的可能性和对单位目标实现的影响程度，并对风险的状况进行综合评价，以便为制定风险应对策略、选择应对措施提供依据
风险应对	风险应对是指在风险分析的基础之上，针对单位所存在的风险，提出各种风险解决方案，经过分析论证与评价从中选择最优方案并予以实施的过程。风险应对的策略一般有风险规避、风险降低、风险分担和风险承受四种

（三）风险控制方法

在风险评估之后，单位应当采取相应的控制方法将风险控制在可承受程度之内。单位内部控制的控制方法一般包括8种，具体见表10-33。

表10-33　风险控制方法

项目	具体要求
不相容岗位相互分离	合理设置内部控制关键岗位，明确划分职责权限，实施相应的分离措施，形成相互制约、相互监督的工作机制

项目	具体要求
内部授权审批控制	明确各岗位办理业务和事项的权限范围、审批程序和相关责任，建立重大事项集体决策和会签制度
归口管理	根据本单位实际情况，按照权责对等的原则，采取成立联合工作小组并确定牵头部门或牵头人员等方式，对有关经济活动实行统一管理
预算控制	强化对经济活动的预算约束，使预算管理贯穿于单位经济活动的全过程
财产保护控制	建立资产日常管理制度和定期清查机制，采取资产记录、实物保管、定期盘点、账实核对等措施，确保资产安全完整
会计控制	建立健全本单位财会管理制度，加强会计机构建设，提高会计人员业务水平，强化会计人员岗位责任制，规范会计基础工作，加强会计档案管理，明确会计凭证、会计账簿和财务会计报告处理程序
单据控制	要求单位根据国家有关规定和单位的经济活动业务流程，在内部管理制度中明确界定各项经济活动所涉及的表单和票据，要求相关工作人员按照规定填制、审核、归档、保管单据
信息内部公开	建立健全经济活动相关信息内部公开制度，根据国家有关规定和单位的实际情况，确定信息内部公开的内容、范围、方式和程序

【提示】本考点主要考不相容岗位相互分离和内部授权审批控制。

✳ 考点 23　行政事业单位单位层面内部控制

单位层面的内部控制为业务层面内部控制提供环境基础。单位层面控制建设包括以下五个方面，其要点见表 10 – 34。

表 10 – 34　　　　　　　　　　行政事业单位单位层面内部控制要点

项目	具体规定
建立内部控制的组织架构	单位应当成立内部控制领导小组，由单位负责人担任组长；单位应当单独设置内部控制职能部门或确定内部控制牵头部门，负责组织协调内控工作
建立内部控制的工作机制	（1）建立单位经济活动的决策、执行和监督相互分离的机制。 （2）建立健全议事决策机制：①建立健全议事决策制度，特别应当明确实行单位领导班子集体决策的重大经济事项的范围，如大额资金使用、大宗资产采购、基本建设项目、重大外包业务、对外投资融资业务、重要资产处置、信息化建设以及预算调整等；②集体研究与专家论证、技术咨询相结合；③做好决策纪要的记录、流转和保存工作；④加强对决策执行的追踪问效。 （3）建立健全内部控制关键岗位责任制。单位应当科学设置内部控制关键岗位，确保不相容岗位相互分离、相互制约和相互监督
对内部控制关键岗位工作人员的要求	将职业道德修养和专业胜任能力作为选拔和任用员工的重要标准

第十章

续表

项目	具体规定
编报财务信息的要求	严格按照法律规定进行会计机构设置和人员配备，落实岗位责任制，确保不相容岗位相互分离，加强会计基础工作管理，按法定要求编制财务信息，建立财会部门与其他业务部门的沟通协调机制
运用现代科技手段加强内部控制	积极推进信息化建设，对信息系统建设实施归口管理，将经济活动及其内部控制的流程嵌入单位信息系统中，减少或消除人为操纵的因素

【提示】单位层面内部控制极少出题，2025年出题可能性基本为零。

✽ 考点 24　行政事业单位业务层面内部控制（★）

行政事业单位业务层面内部控制主要包括预算业务控制、收支业务控制、政府采购业务控制、资产控制、建设项目控制和合同控制六个方面，这些业务涵盖了行政事业单位主要的经济活动内容。

（一）预算业务控制（见表 10 - 35）

表 10 - 35　　　　　　　　　　　　预算业务控制内容

项目		相关内容
主要风险		(1) 预算编制的过程短，时间紧张，准备不充分，可能导致预算编制质量低；财务部门与其他职能部门之间缺乏有效沟通，可能导致预算编制与预算执行，预算管理与资产管理、政府采购和基建管理等经济活动脱节；预算项目不细、编制粗糙，随意性大，可能导致预算约束不够。 (2) 单位内部预算指标分解批复不合理，可能导致内部各部门财权与事权不匹配，影响部门职责的履行和资金使用效率。 (3) 未按规定的额度和标准执行预算，资金收支和预算追加调整随意无序，存在无预算、超预算支出等问题，可能会影响预算的严肃性；不对预算执行进行分析，沟通不畅，可能导致预算执行进度偏快或偏慢。 (4) 未按规定编制决算报表，不重视决算分析工作，可能导致预算管理的效率低下；未按规定开展预算绩效管理，评价结果未得到有效应用，可能导致预算管理缺乏监督
关键控制措施	预算编制环节	(1) 落实单位内部各部门的预算编制责任；(2) 采取有效措施确保预算编制的合规性；(3) 建立单位内部部门之间沟通协调机制；(4) 完善编制方法，细化预算编制；(5) 强化相关部门的审核责任；(6) **重大预算项目采取立项评审方式**
	预算批复环节	(1) 明确预算批复的责任；(2) 合理进行内部预算指标分解；(3) 合理采用内部预算批复方法；(4) 严格控制内部预算追加调整
	预算执行环节	(1) 预算执行申请控制；(2) 预算执行审核和审批控制；(3) 资金支付控制：业务部门借款申请或报销申请**按规定的审批权限和程序审批完成**后，办理具体的资金支付业务；(4) 预算执行分析控制：单位应当建立预算执行分析机制，定期通报各部门预算执行情况
	决算与评价环节	(1) 决算控制：加强决算管理，确保决算真实、完整、准确、及时； (2) 绩效评价控制：加强预算绩效管理，建立"预算编制有目标、预算执行有监控、预算完成有评价、评价结果有反馈、反馈结果有应用"的全过程预算绩效管理机制

（二）收支业务控制

1. 收入业务控制（见表 10 – 36）

表 10 – 36　　　　　　　　　　　　收入业务控制内容

项目	相关内容
主要风险	（1）各项收入未按照法定项目和标准征收，或者收费许可证未经有关部门年检，可能导致收费不规范或乱收费的风险； （2）未由财务部门统一办理收入业务，其他部门和个人未经批准办理收款业务，可能导致贪污舞弊或者私设"小金库"的风险； （3）违反"收支两条线"管理规定，截留、挪用、私分应缴财政的收入，或者各项收入不入账或设立账外账，可能导致私设"小金库"或者资金体外循环的风险； （4）执收部门和财务部门沟通不够，单位没有掌握所有收入项目的金额和时限，造成应收未收，可能导致单位利益受损的风险； （5）没有加强对各类票据的管控和落实保管责任，可能导致票据丢失、相关人员发生错误或舞弊的风险
关键控制措施	（1）对收入业务实施归口管理，明确由财务部门归口管理各项收入并进行会计核算，严禁设立账外账；（2）严格执行"收支两条线"管理规定，有政府非税收入收缴职能的单位，应当按照规定项目和标准征收政府非税收入，按照规定开具财政票据，做到收缴分离、票款一致，并及时、足额上缴国库或财政专户，不得以任何形式截留、挪用或者私分；（3）建立收入分析和对账制度，对收入征收情况的合理性进行分析，判断有无异常情况；（4）建立健全票据管理制度，财政票据、发票等各类票据的申领、启用、核销、销毁均应履行规定手续

2. 支出业务控制（见表 10 – 37）

表 10 – 37　　　　　　　　　　　　支出业务控制内容

项目	相关内容
主要风险	（1）支出申请不符合预算管理要求，支出范围及开支标准不符合相关规定，基本支出与项目支出之间相互挤占，可能导致单位预算失控或者经费控制目标难以实现的风险； （2）支出未经适当的审批，重大支出未经单位领导班子集体研究决定，可能导致错误或舞弊的风险； （3）支出不符合国库集中支付、政府采购、公务卡结算等国家有关政策规定，可能导致支出业务违法违规的风险； （4）采用虚假或不符合要求的票据报销，可能导致虚假发票套取资金等支出业务违法违规的风险； （5）对各项支出缺乏定期的分析与监控，对重大问题缺乏应对措施，可能导致单位支出失控的风险
关键控制措施	（1）明确各支出事项的开支范围和开支标准；（2）加强支出事前申请控制；（3）加强支出审批控制，各项支出都应经过规定的审批才能向财务部门申请资金支付或者办理报销手续，审批人应当在授权范围内审批，不得越权审批；（4）加强支出审核控制，重点审核单据来源是否合法，内容是否真实、完整，使用是否准确，是否符合预算，审批手续是否齐全；（5）加强资金支付和会计核算控制，财务部门应当按照规定办理资金支付业务，签发的支付凭证应当进行登记；（6）加强支出业务分析控制，单位应定期编制支出业务预算执行情况分析报告，对于支出业务中发现的异常情况，应及时采取有效措施

3. 债务业务控制

根据国家规定可以举借债务的单位应当建立健全债务内部管理制度，加强对债务的管理，债务业务控制内容见表 10 – 38。

表 10 – 38　　　　　　　　　　　　债务业务控制内容

项目	相关内容
主要风险	（1）未经充分论证或者未经集体决策，擅自对外举借大额债务，可能导致不能按期还本付息、单位利益受损的风险； （2）债务管理和监控不严，债务的详细情况不清，没有做好还本付息的相关安排，可能导致单位利益受损或者财务风险； （3）债务没有按照国家统一的会计制度纳入单位会计核算，形成账外债务，可能导致单位财务风险

续表

项目	相关内容
关键控制措施	（1）不相容岗位分离控制，指定专门部门或者岗位负责债务管理，明确相关岗位的职责权限，实施不相容岗位相互分离，确保债务管理与资金收付、债务管理与债务会计核算、债务会计核算与资金收付等不相容岗位相互分离，不得由一人办理债务业务的全过程；（2）授权审批控制，建立举借和偿还债务的审批程序，大额债务的举借和偿还属于重大经济事项，应当进行充分论证，并由单位领导班子集体研究决定后，按国家有关规定履行报批手续；（3）日常管理控制，单位应当做好债务的会计核算和档案保管工作，加强债务的对账和检查控制，定期与债权人核对债务余额，进行债务清理，防范和控制财务风险

（三）政府采购业务控制（见表 10 – 39）

表 10 – 39　　　　　　　　　　　　　政府采购业务控制内容

项目	相关内容
主要风险	（1）政府采购、资产管理和预算编制部门之间缺乏沟通协调，没有编制采购预算和计划，政府采购预算和计划编制不合理，可能导致采购失败或者资金、资产浪费的风险。 （2）政府采购活动不规范，在招投标中存在舞弊行为，可能导致单位被提起诉讼或受到处罚、采购的产品价高质次、单位资金损失等风险。 （3）采购验收不规范，付款审核不严格，可能导致实际接收产品与采购合同约定有差异、资金损失或单位信用受损等风险。 （4）采购业务相关档案保管不善，可能导致采购业务无效、责任不清等风险
关键控制措施	（1）合理设置政府采购业务管理机构和岗位；（2）采购预算与计划管理：按照"先预算、后计划、再采购"的工作原则，根据本单位实际需要和相关标准编制政府采购预算，按照已批复的预算安排政府采购计划，实现预算控制计划，计划控制采购，采购控制支付；（3）采购活动管理：在政府采购活动中建立政府采购、资产管理、财务、内部审计、纪检监察等部门或岗位相互协调、相互制约的机制；（4）采购项目验收管理：根据规定的验收制度和政府采购文件，由指定部门或专人对所购物品的品种、规格、数量、质量和其他相关内容进行验收，并出具验收证明；（5）质疑投诉答复管理：指定牵头部门负责、相关部门参加，按照国家有关规定做好政府采购业务质疑投诉答复工作；（6）采购业务记录控制：妥善保管政府采购预算与计划、各类批复文件、招标文件、投标文件、评标文件、合同文本、验收证明等政府采购业务相关资料；（7）涉密采购项目管理：规范涉密项目的认定标准和程序。对于涉密政府采购项目，单位应当与相关供应商或采购中介机构签订保密协议或者在合同中设定保密条款

（四）资产控制

1. 货币资金控制（见表 10 – 40）

表 10 – 40　　　　　　　　　　　　　货币资金控制内容

项目	相关内容
主要风险	（1）财务部门未实现不相容岗位相互分离，出纳人员既办理资金支付又经管账务处理，由一个人保管收付款项所需的全部印章，可能导致货币资金被贪污挪用的风险； （2）对资金支付申请没有严格审核把关，支付申请缺乏必要的审批手续，大额资金支付没有实行集体决策和审批，可能导致资金被非法套取或者被挪用的风险； （3）货币资金的核查控制不严，未建立定期、不定期抽查核对库存现金和银行存款余额的制度，可能导致货币资金被贪污挪用的风险； （4）未按照有关规定加强银行账户管理，出租、出借账户，可能导致单位违法违规或者利益受损的风险

续表

项目	相关内容
关键控制措施	（1）不相容岗位分离控制：**不得由一人办理货币资金业务的全过程，确保不相容岗位相互分离，出纳不得兼管稽核、会计档案保管和收入、支出、债权、债务账目的登记工作，严禁一人保管收付款项所需的全部印章**，严格履行签字或盖章手续；（2）授权审批控制：建立货币资金授权制度和审核批准制度，审批人应当根据货币资金授权批准制度的规定，在授权范围内进行审批，不得超越权限审批，**大额资金支付审批应当实行集体决策**；（3）银行账户控制：严格按照规定的审批权限和程序开立、变更和撤销银行账户，禁止出租、出借银行账户；（4）货币资金核查控制：**指定不办理货币资金业务的会计人员定期和不定期抽查盘点库存现金**，核对银行存款余额，抽查银行对账单、银行日记账及银行存款余额调节表，核对是否账实相符、账账相符

2. 实物资产和无形资产控制（见表10－41）

表10－41　　　　　　　　实物资产和无形资产控制内容

项目	相关内容
主要风险	（1）资产管理职责不清，没有明确归口管理部门，没有明确资产的使用和保管责任，可能导致资产毁损、流失或被盗的风险； （2）资产管理不严，资产领用、发出缺乏严格登记审批制度，没有建立资产台账和定期盘点制度，可能导致资产流失、资产信息失真、账实不符等风险； （3）未按照国有资产管理相关规定办理资产的调剂、租借、对外投资、处置等业务，可能导致资产配备超标、资源浪费、资产流失、投资遭受损失等风险； （4）资产日常维护不当、长期闲置，可能导致资产使用年限减少、使用效率低下的风险； （5）对应当投保的资产不办理投保，不能有效防范资产损失的风险
关键控制措施	（1）明确各种资产的归口管理部门；（2）明确资产使用和保管责任人；（3）按照国有资产管理相关规定，明确资产的调剂、租借、对外投资、处置的程序、审批权限和责任；（4）建立资产台账，加强资产的实物管理；（5）建立资产信息管理系统，做好资产的统计、报告、分析工作，实现对资产的动态管理

3. 对外投资控制（见表10－42）

表10－42　　　　　　　　　　对外投资控制内容

项目	相关内容
主要风险	（1）未按国家有关规定进行投资，可能导致对外投资失控、国有资产重大损失甚至舞弊； （2）对外投资决策程序不当，未经集体决策，缺乏充分可行性论证，超过单位的资金实力进行投资，可能导致投资失败和财务风险； （3）没有明确管理责任、建立科学有效的资产保管制度，没有加强对投资项目的追踪管理，可能导致对外投资被侵吞或者严重亏损
关键控制措施	（1）投资立项控制：对项目可行性要进行严格周密论证；（2）投资决策控制：**单位由单位领导班子集体研究决定后，按国家有关规定履行报批手续**；（3）投资实施控制：编制投资计划，严格按照计划确定的项目、进度、时间、金额和方式投出资产；（4）追踪管理控制：对于股权投资，单位应当指定部门或岗位对投资项目进行跟踪管理；（5）建立责任追究制度：对在对外投资中出现重大决策失误、未履行集体决策程序和不按规定执行对外投资业务的部门及人员，应当追究相应的责任

第十章

（五）建设项目控制（见表 10 – 43）

表 10 – 43　　　　　　　　　　建设项目控制内容

项目	相关内容
主要风险	（1）立项缺乏可行性研究或者可行性研究流于形式、决策不当、审批不严、盲目上马，可能导致建设项目难以实现预期目标甚至导致项目失败； （2）违规或超标建设楼、堂、馆、所，可能导致财政资金极大浪费或者单位违纪； （3）项目设计方案不合理，概预算脱离实际，技术方案未能有效落实，可能导致建设项目质量存在隐患、投资失控以及项目建成后运行成本过高等风险； （4）招投标过程中存在串通、暗箱操作或商业贿赂等舞弊行为，可能导致招标工作违法违规、中标人实际难以胜任等风险； （5）项目变更审核不严格、工程变更频繁，可能导致预算超支、投资失控、工期延误等风险； （6）建设项目价款结算管理不严格，可能导致工程进度延迟或中断、资金损失等风险； （7）竣工验收不规范，可能导致工程交付使用后存在重大隐患； （8）虚报项目投资完成额、虚列建设成本或者隐匿结余资金，未经竣工财务决算审计，可能导致竣工决算失真等风险； （9）建设项目未及时办理资产及档案移交、资产未及时结转入账，可能导致存在账外资产等风险
关键控制措施	（1）立项、设计与概预算控制：①对项目建议和可行性研究报告的编制、项目决策程序等做出明确规定，确保项目决策科学、合理。建设项目应当经单位领导班子集体研究决定，严禁任何个人单独决策或者擅自改变集体决策意见。②择优选取具有相应资质的设计单位，并签订合同。③建立与建设项目相关的审核机制，项目建议书、可行性研究报告、设计方案、概预算等应当由单位内部的规划、技术、财会、法律等相关工作人员或者根据国家有关规定委托具有相应资质的中介机构进行审核，出具评审意见。（2）招标控制：依据国家有关规定组织建设项目招标工作。（3）建设项目资金和工程价款支付控制：按照审批单位下达的投资计划和预算对建设项目资金实行专款专用。（4）工程变更控制：经批准的投资概算是工程投资的最高限额，未经批准，不得调整和突破。如需调整投资概算，应当按国家有关规定报经批准。（5）项目记录控制：加强对建设项目档案的管理。（6）竣工验收控制：按照规定的时限及时办理竣工决算

（六）合同控制（见表 10 – 44）

表 10 – 44　　　　　　　　　　合同控制内容

项目	相关内容
主要风险	（1）未明确合同订立的范围和条件，对应签订合同的经济活动未订立合同，可能导致单位经济利益受损的风险； （2）故意将需要招标管理的重大合同拆分成标的金额较小的若干不重要合同，导致经济活动非法违规的风险； （3）对合同对方的资格审查不严，对方当事人不具有相应的能力和资质，可能导致合同无效； （4）对技术性强或法律关系复杂的经济事项，未组织熟悉技术、法律和财会知识的人员参与谈判工作，可能使单位面临诉讼； （5）未明确授权审批和签署权限，可能发生未经授权或超越权限对外订立合同的风险； （6）合同生效后，对合同条款未明确约定的事项没有及时协议补充，可能导致合同无法正常履行的风险； （7）未按合同约定履行合同，可能导致单位经济利益受损； （8）对合同履行缺乏有效监控，未能及时发现问题，可能导致经济利益受损； （9）未按规定的程序办理合同变更、解除等，可能导致经济利益受损； （10）合同及相关资料的登记、流转和保管不善，可能导致影响合同正常履行； （11）合同涉及的国家机密、工作秘密或商业秘密泄露，可能导致单位或国家利益受损； （12）合同纠纷处理不当，可能导致单位利益、信誉和形象受损的风险

续表

项目	相关内容
关键控制措施	(1)合同订立控制：明确合同订立的范围和条件，**严禁未经授权擅自以单位名义对外签订合同**；(2)合同履行控制：对合同履行情况实施有效监控；(3)合同登记控制：定期对合同进行统计、分类和归档，详细登记合同的订立、履行和变更情况，实行对合同的全过程管理；(4)合同纠纷控制：合同发生纠纷的，单位应当在规定时效内与对方协商谈判

【提示】业务层面的六个方面控制中，资产控制中的货币资金控制考得最多；但无论如何考，主要就是不相容职务分离控制和授权审批控制在各个领域的运用。

✳ 考点 25　行政事业单位内部控制的评价与监督

内部控制的评价与监督是确保内部控制建设不断完善并有效实施的重要环节。行政事业单位内部控制评价与监督包括自我评价、内部监督和外部监督三个层次。具体内容见表 10 - 45。

表 10 - 45　　　　　　　　　内部控制自我评价、内部监督和外部监督

项目		相关规定
内控自我评价	定义	内部控制自我评价是指由行政事业单位自行组织的，对单位内部控制的有效性进行评价，形成评价结论、出具评价报告的过程
	实施主体	**单位负责人**通常应当指定内部审计部门负责对单位内部控制的有效性进行评价
	评价内容	内部控制自我评价是对单位内部控制有效性发表意见，内部控制有效性包括内部控制**设计的有效性**和内部控制**执行的有效性**
	评价报告	评价报告应当对单位内部控制的有效性发表意见，指出内部控制存在的缺陷，并提出整改建议。评价报告应当提交单位负责人，**单位负责人**应当对评价报告所列示的内部控制缺陷及其整改建议作出回应并监督落实
内部监督	定义	内部控制的内部监督是单位对其自身内部控制的建立与实施情况进行监督检查
	实施主体	内部控制的内部监督应当与内部控制的建立和实施保持相对独立，内部控制监督不能由具体组织实施和日常管理的工作部门承担。对于设立了独立内部审计部门或者专职内审岗位的单位，应当指定**内部审计部门或者岗位作为内部监督的实施主体**
	内容和要求	负责内部监督的部门或岗位应当定期或不定期检查单位内部管理制度和机制的建立与执行情况，以及内部控制关键岗位及人员的设置情况等，及时发现内部控制存在的问题并提出改进建议。单位应当根据本单位实际情况确定内部监督检查的方法、范围和频率，**通常不能少于一年一次**
外部监督	财政部门的外部监督	国务院财政部门及其派出机构和县级以上地方各级人民政府财政部门应当对单位内部控制的建立和实施情况进行监督检查，有针对性地提出检查意见和建议，并督促单位进行整改
	审计部门的外部监督	国务院审计机关及其派出机构和县级以上地方各级人民政府审计机关对单位进行审计时，应当调查了解单位内部控制建立和实施的有效性，揭示相关内部控制的缺陷，有针对性地提出审计处理意见和建议，并督促单位进行整改

第十章

【提示】内控的评价和监督偶然考 2 分，主要考评价和监督的实施主体。

✳ 考点 26　行政事业单位内部控制报告

行政事业单位内部控制报告要点见表 10 - 46。

表 10 - 46　　　　　　　　　　行政事业单位内部控制报告要点

项　目	内　　容
概念	内部控制报告，是指行政事业单位在年度终了，依据有关规定，结合本单位实际情况编制的，能够综合反映本单位内部控制建立与实施情况的总结性文件。**单位主要负责人对本单位内部控制报告的真实性和完整性负责**
编制原则	（1）全面性原则；（2）重要性原则；（3）客观性原则；（4）规范性原则
内部控制报告的编制与报送	（1）行政事业单位报送：年度终了，行政事业单位应当按照本制度的有关要求，根据本单位当年内部控制建设工作的实际情况及取得的成效，以能够反映内部控制工作基本事实的相关材料为支撑，按照财政部发布的统一报告格式编制内部控制报告，**经本单位主要负责人审批后对外报送**。 （2）部门行政事业单位报送：各部门应当在所属行政事业单位上报的内部控制报告和部门本级内部控制报告的基础上，汇总形成本部门行政事业单位内部控制报告。 （3）地区行政事业单位报送：地方各级财政部门应当在下级财政部门上报的内部控制报告和本地区部门内部控制报告的基础上，汇总形成本地区行政事业单位内部控制报告
内部控制报告的使用	行政事业单位应当加强对本单位内部控制报告的使用，通过对内部控制报告中反映的信息进行分析，及时发现内部控制建设工作中存在的问题，进一步健全制度，提高执行力，完善监督措施，确保内部控制有效实施
内部控制报告的监督检查	各地区、各部门汇总的内部控制报告报送后，各级财政部门、各部门应当组织开展对所报送的内部控制报告内容的真实性、完整性和规范性进行监督检查

【提示】内部控制报告基本不出题，偶然考 2 分，2025 年出题的可能性不大；如果出题，主要考内部控制评价报告由单位负责人负责。

本章历年试题解析

【2024 年试题】

甲单位是一家中央级事业单位（非研究开发机构和高等院校），已实施预算管理一体化。2024 年 3 月，甲单位总会计师召集由本单位及所属乙、丙事业单位财务、资产、采购、审计等部门负责人参加的工作会议，就 2024 年预算管理、资产管理、采购管理、内部控制等工作进行讨论，部分参会人员发言重点如下：

（1）甲单位财务负责人：2024 年要层层压实预算管理责任，把财会监督落实到预算管理各环节，强化财经纪律刚性约束。加强全口径预算管理，落实"过紧日子"要求，注重绩效导向，持续提升预算资金效益，全面提高预算管理水平。为此建议：①做好信息公开，本年预算应在批复后 20 日内向社会公开，其中预算支出按其功能分类公开到"款"级；②严格执行经批复的项目支出预算，预算执行过程中，不管发生项目变更还是项目终止，项目单位不得自行调剂；③项目实施周期内，年度预算执行结束时，除连续两年未用完的预算资金外，已批复的预算资金尚未列支部分作为结转资金管理；④加强项目库管理，坚持先有项目、再安排预算原则，积极推进预算和绩效管理一体化，不断提高项目管理水平。

（2）甲单位资产管理部门负责人：2024 年甲单位要在全面盘点资产的基础上，摸清资产底数，整合低效闲置资产，优化在用资产管理，最大限度发挥在用资产价值，切实做到物尽其用，全面提升资产管理效益。为此建议：①对已超使用年限不再具有使用价值，也无法修复的旧物废品资产，经单位领导班子集体研究同意后，即可直接做报废处置；②对处置低效资产过程中所获得的资产处置收入，应纳入单位预算，统一管理和使用；③对因技术原因需要更新但仍具使用价值闲置资产，应优先出租给技术要求相对较低的其他单位。（调剂）

（3）乙单位采购部门负责人：2024 年乙单位采购项目较多，采购内容繁杂，要强化事前统筹，妥善做好采购工作，提高采购效率。为此建议：①加强采购需求管理，对拟采购标的有明确技术要求的，可根据项目目标，提出高于国家或行业标准的要求；②对未达政府采购限额标准，允许自行采购的项目，可以招标采购金额作为确定招标文件售价的依据；③对采取招标采购的项目，均应成立评标委员会，评标委员会由采购人代表和评审专家组成，并由采购人代表担任评标委员会组长；④提高政府采购合同签订效率，应在中标、成交通知书发出之日起 30 日内，按采购文件确定的事项与中标、成交供应商签订政府采购合同。

（4）丙单位审计部门负责人：从 2023 年内部控制评价反馈看，丙单位内部控制还存在一些薄弱之处，2024 年应予以改进。为此建议：①建立单位层面和经济活动业务层面的风险定期评估机制，每年对经济活动存在风险进行全面、系统、客观评估。经济活动风险评估结果应形成书面报告并及时提交单位领导班子，作为完善内部控制依据。②加强合同管理，建立财务部门与合同归口管理部门的沟通协调机制，完善合同订立、履行、登记等关键控制环节的控制措施。③重视年度内部控制报告的编制、报送与应用，内部控制牵头部门负责人对内部控制报告真实性和完整性负责。

假定不考虑其他因素。

要求：

1. 根据资料（1），分别判断建议①～④是否存在不当之处；对存在不当之处的，分别说明理由。

2. 根据资料（2），分别判断建议①～③是否存在不当之处；对不当之处的，分别说明理由。

3. 根据资料（3），分别判断建议①～④是否存在不当之处；对不当之处的，分别说明理由。

4. 根据资料（4），分别判断建议①～③是否存在不当之处；对不当之处分别说明理由。

【分析与解释】

1. 建议①存在不当之处。

理由：单位预算、决算支出按其功能分类应当公开到"项"级。

注：本题考核中央部门预决算公开。

建议②不存在不当之处。

注：本处考核中央部门预算执行。项目支出预算一经批复，中央部门应当按照批复的项目支出预算组织项目的实施，中央不能和项目单位不得自行调剂。预算执行过程中，如发生项目变更、终止的，必须按照规定的程序报经财政部批准。

建议③不存在不当之处。

注：本题考核项目支出结转资金管理。项目实施周期内，年度预算执行结束时，除连续两年未用完的预算资金外，已批复的预算资金尚未列支的部分，作为结转资金管理，结转下年按原用途继续使用。

建议④不存在不当之处。

注：本题考核中央部门支出预算的编制。项目库管理是预算管理的基础，项目支出全部以项目形式纳入预算项目库。中央部门和所属单位要坚持先有项目，再安排预算原则，提前研究谋划、常态化储备预算项目，单位申请预算，必须从项目库中挑选预算项目。

2. 建议①存在不当之处。

理由：中央级事业单位处置单位价值或者批量价值 1 500 万元以上的国有资产报财政部审批，处置 1 500 万元以下国有资产，由各部门审批，未经批准不得自行处置。

注：本题考核中央级事业单位处置资产权限。

第十章

建议②存在不当之处。

理由：中央级事业单位国有资产处置收入，应当在扣除相关税费后，按照政府非税收入和国库集中收缴管理有关规定及时上缴中央国库。

注：本题考核中央级事业单位处置收入。

建议③存在不当之处。

理由：行政事业单位闲置资产，优先在本单位、本部门内部调剂利用。对因技术原因需要更新但仍具有使用价值的资产通过转变用途，调剂到技术要求相对较低的单位、部门。

注：本题考核事业单位国有资产盘活。

3. 建议①不存在不当之处。

注：本处考核政府采购需求管理。采购需求可以直接引用相关国家标准、行业标准、地方标准等标准、规范，也可以根据项目目标提出更高的技术要求。

建议②存在不当之处。

理由：招标文件售价应当按照弥补制作、邮寄成本的原则确定，不得以营利为目的，不得以招标采购金额作为确定招标文件售价的依据。

注：本处考核政府采购中的招标采购。

建议③存在不当之处。

理由：采购人代表不得担任评标委员会组长。

注：本题考核政府采购中的招标采购。

建议④不存在不当之处。

注：本题考核合同签订与备案。采购人与中标、成交、入围供应商应当在中标、成交、入围通知书发出之日起30日内签订政府采购合同或者框架协议。

4. 建议①不存在不当之处。

注：本题考核行政事业单位风险评估。为及时发现风险，单位应当建立经济活动风险定期评估机制，对经济活动存在的风险进行全面、系统和客观评估。经济活动风险评估至少每年进行一次；经济活动风险评估结果应当形成书面报告并及时提交单位领导班子，作为完善内部控制的依据。

建议②存在不当之处。

理由：合同管理关键控制环节包括合同订立控制、合同履行控制、合同登记控制和合同纠纷控制，应完善合同订立、履行、登记、纠纷等关键控制环节的控制措施。

注：本题考核合同控制。

建议③存在不当之处。

理由：单位主要负责人对内部控制报告真实性和完整性负责。

注：本题考核行政事业单位内部控制报告。

【2023 年试题】

甲单位是一家中央级事业单位（非研究开发机构和高等院校），乙、丙单位是甲单位所属事业单位，2022 年 7 月初，甲单位总会计师赵杰组织由本单位所属事业单位财务、采购、生产、审计等部门负责人参加的工作大会，听取前期相关工作汇报，并就有关问题交流讨论，部分参会人员发言要点如下：

（1）甲单位财务部负责人：本单位年初财政补助收入预算与非财政补助收入预算占比基本持平，由于突发挑战，开拓财源能力下降，2022 年 1 月至 6 月，甲单位实现的非财政补助收入减少，基本支出预算执行不如预期，上年基本支出结转资金中的人员经费结转资金尚未使用，项目支出预算执行进展缓慢，为此建议：

①建议非财政补助收入出现短收，在下半年预算执行中，应增人增编，需增加基本支出的，应当首先通过申请调增当年财政补助人员经费预算。

②积极推进项目实施，实时跟踪项目执行情况，因实施计划调整，不需要继续支出的项目预算资金作为结余资金处理。

（2）甲单位采购部门负责人：近年来本部门本系统管理工作涉及的法律、评估、会计、审计等鉴证咨询服务增多，为规范此类多频次、小额度零星采购业务，经批准自 2022 年起，甲单位可以作为征集人，组织实施框架采购协议，对此建议：

①确定第一阶段入围供应商时，应当在入围通知书发出之日起 45 日内与入围供应商签订框架协议。

②确定第二阶段成交供应商时，应当根据框架协议约定，采用直接选定、轮候或者竞争方式从第一阶段入围供应商中选定。

（3）甲单位资产管理部门负责人：甲单位近期已将本单位持有的对 A 公司的股权投资有偿转让给国有全资企业 B 公司，该项股权投资账面初始成本 1 520 万元，系甲单位以设备出资取得，为此建议：

①该项股权转让需报主管部门审批，主管部门审批同意后，即可直接实施。

②应委托具有资产评估资质的资产评估机构对该项股权投资的价值进行评估，评估结果作为确定转让底价的参考依据。

③意向交易价格低于评估结果的，需报资产评估报告核准或者备案部门重新确认后交易。

④对该项股权投资转让交易实际取得的处置收入，及时全额上缴国库。

（4）乙单位财务部负责人：2022 年是乙单位预算绩效管理质量提升的关键年，应加强项目支出绩效目标管理，重点关注项目绩效指标设置及绩效指标值的设定，为此建议：

①设置项目绩效指标时，应选取能反映全部产出和完整效果的所有指标。

②项目产出数量指标和质量指标原则上均需设置，时效指标可根据项目实际设置，不作强制要求。

③项目绩效指标值的设定，要在考虑可实现的基础上，尽量从严、从高设定，以充分发挥绩效目标对预算编制及执行的引导约束和控制作用。

（5）丙单位审计部门负责人：2022 年 6 月丙单位审计处对本单位合同控制情况进行专项检查，检查发现以下事项：

①丙单位通过公开招标方式采购 2022 年度物业服务。招标文件明确规定，丙单位根据物业服务质量的系统验收结果，分四期结算物业服务费，每期支付 25%。针对该项物业服务，2022 年 1 月，丙单位与中标供应商 C 公司签订了物业服务合同，合同中物业服务费结算条件为合同签订 7 日内支付 40%，剩下的 60% 在前三个季度的首日分期支付。

②2022 年 3 月，经公开招标，丙单位与中标供应商 D 公司签订了价值 100 万元的软件采购合同。合同约定，软件系统开发、安装、调试以及项目验收等工作需在 2022 年 5 月 31 日前完成。合同签订后，丙单位已按合同约定支付了首笔采购款 40 万元，因 D 公司负责该项目的人员工作变动，合同履行处于停滞状态，截至检查日，丙单位未采取任何措施，软件开发工作尚未

启动。

假定不考虑其他因素。

要求：

根据国家部门预算管理、预算绩效管理、政府采购、事业单位国有资产管理、事业单位内部控制等有关规定，回答下列问题：

1. 分别判断资料（1）中甲单位财务部负责人的建议①和②是否存在不当之处；对存在不当之处的，分别说明理由。

2. 分别判断资料（2）中甲单位采购部负责人的建议①和②是否存在不当之处；对存在不当之处的，分别说明理由。

3. 分别判断资料（3）中甲单位资产管理部门负责人的建议①~④是否存在不当之处；对存在不当之处的，分别说明理由。

4. 分别判断资料（4）中乙单位财务部负责人的建议①~③是否存在不当之处；对存在不当之处的，分别说明理由。

5. 根据资料（5）中丙单位发生的事项①和②，分别判断丙单位的做法是否存在不当之处；对存在不当之处的，分别说明理由。

【分析与解释】

1. 建议①存在不当之处。

理由：非财政补助收入发生的短收，中央部门应当报经财政部批准后调减当年预算，当年的财政补助数不予调整。

建议②不存在不当之处。

注：实施周期内，因实施计划调整，不需要继续支出的预算资金，属于项目支出结余资金。

2. 建议①存在不当之处。

理由：确定第一阶段入围供应商时，应当在入围通知书发出之日起 30 日内与入围供应商签订框架协议。

建议②不存在不当之处。

注：采购人或服务对象根据框架协议约定，采取直接选定、轮候或者竞争的方式，从第一阶段入围供应商中选定第二阶段成交供应商并订立采购合同。

3. 建议①存在不当之处。

理由：中央级事业单位国有资产处置单位价值或者批量价值（账面原值）1 500 万元以上（含 1 500 万元）的国有资产，应当经各部门审核同意后报财政部当地监管局审核，审核通过后

由各部门报财政部审批。

建议②不存在不当之处。

注：中央级事业单位转让国有资产，以财政部、各部门核准或者备案的资产评估报告所确认的评估价值作为确定底价的参考依据。

建议③存在不当之处。

理由：意向交易价格低于评估结果90%的，应报资产评估报告核准或者备案部门重新确认后交易。

建议④存在不当之处。

理由：中央级事业单位利用其他国有资产对外投资形成的股权（权益）的处置收入，扣除投资收益以及相关税费后，按照政府非税收入和国库集中收缴管理有关规定及时上缴中央国库，投资收益纳入单位预算，统一核算，统一管理。

4. 建议①存在不当之处。

理由：绩效指标应涵盖政策目标、支出方向主体内容，应选取能体现项目主要产出和核心效果的指标，突出重点。

建议②不存在不当之处。

注：数量指标和质量指标原则上均需设置，时效指标根据项目实际设置，不作强制要求。

建议③不存在不当之处。

注：指标值的设定要在考虑可实现的基础上，尽量从严、从高设定，以充分发挥绩效目标对预算编制执行的引导约束和控制作用。

5. 建议①存在不当之处。

理由：公开招标结算条件与实际签订合同结算条件不符。

建议②存在不当之处。

理由：因供应商原因无法履行合同，丙单位没有及时采取应对措施。

【点评】本题考核了部门预算执行、结余资金概念、框架协议采购、事业单位国有资产处置、预算绩效指标设置、政府采购业务控制。

【2022年试题】

甲单位为一家中央级事业单位，乙单位、丙单位、丁单位为甲单位的下属事业单位，均已执行政府会计准则制度。2022年4月，甲单位总会计师组织召开本单位及下属乙、丙、丁三家单位财务、审计、采购、资产管理等部门负责人参加的工作会议，针对本单位与下属单位预算管

理、资产管理、会计核算等方面工作进行沟通和讨论。部分参会人员发言要点如下：

（1）甲单位财务部门负责人：甲单位要切实落实"过紧日子"要求，盘活存量，降低结转结余资金规模，强化绩效导向，持续提升预算资金效益。建议：①作为预算管理一体化试点单位，应按照预算管理一体化建设要求，将预算项目作为预算管理的基本单元，全部预算支出以预算项目形式纳入项目库，进行全生命周期管理；②加强项目支出结转资金管理，如果项目支出结转资金2021年决算批复数与2022年预算批复数不一致的，应以2021年决算批复数作为结转资金执行依据；③加强预算绩效管理，不断健全"预算编制有目标、预算执行有监控、预算完成有评价、评价结果有反馈、反馈结果有应用"的全过程预算绩效管理机制。

（2）乙单位采购部门负责人：乙单位的政府采购预算中，有多个预算金额在1 000万元以上的货物采购项目，且项目内容复杂，需妥善做好此类项目的采购工作。建议：①加强政府采购需求管理，认真开展需求调查，了解相关产业发展、市场供给、同类采购项目历史成交信息，可能涉及的运行维护、升级更新、备品备件、耗材等后续采购，以及其他相关情况；②加强政府采购招标管理，成立的评标委员会均要由采购人代表和评审专家组成，且成员人数应当为5人以上单数，评审专家不得少于成员总数的2/3。

（3）丙单位资产管理部门负责人：丙单位于2021年经批准整体划转至甲单位，为国家设立的研究开发机构。近期，丙单位拟将本单位持有的M科技成果有偿转让给国有全资企业A公司，并要求资产管理部门负责制订方案。建议：①确定转让价格前，必须委托具有资产评估资质的资产评估机构对M科技成果进行资产评估；②通过协议定价方式确定的M科技成果拟交易价格，无须在本单位进行公示；③经丙单位领导班子研究确定的M科技成果转让方案，必须报上级有关部门审批或备案后方可实施。

（4）（政府会计，已超纲）

假定不考虑税费和其他因素。

要求：

根据国家部门预算管理、预算绩效管理、政府采购、国有资产管理、内部控制、政府会计准

则制度等有关规定，回答下列问题：

1. 根据资料（1），分别判断甲单位财务部门负责人建议①~③是否存在不当之处；对存在不当之处的，分别说明理由。

2. 根据资料（2），分别判断乙单位采购部门负责人建议①和②是否存在不当之处；对存在不当之处的，分别说明理由。

3. 根据资料（3），分别判断丙单位资产管理部门负责人建议①~③是否存在不当之处；对存在不当之处的，分别说明理由。

4. 根据资料（4），分别判断业务①~③的会计处理是否存在不当之处；对存在不当之处的，分别说明正确的会计处理。（已超纲）

【分析与解释】

1. 建议①不存在不当之处。

建议②不存在不当之处。

建议③不存在不当之处。

注：连续 3 个考点都是"不存在不当之处"，这在历史上还是第 1 次，把考生搞得怀疑人生。实际上是出题老师力求"创新"的结果。

2. 建议①不存在不当之处。

建议②存在不当之处。

理由：采购金额在 1 000 万元以上的，评标委员会成员人数应当为 7 人以上单数。

3. 建议①存在不当之处。

理由：国家设立的研究开发机构将其持有的科技成果转让给国有全资企业的，可以不进行资产评估。

建议②存在不当之处。

理由：通过协议定价方式的，应当在本单位公示科技成果名称和拟交易价格。

建议③存在不当之处。

理由：国家设立的研究开发机构对其持有的科技成果，可以自主决定转让，不需报上级部门审批或备案。

4.（已超纲）

【2021 年试题】

甲单位是一家中央级事业单位。2019 年 1 月 1 日起执行政府会计准则制度，2021 年 3 月 25 日甲单位总会计师组织召开由财务处、招标处、资产处和审计处参加的会议。会议涉及的部分有关情况如下：

（1）关于预算管理。2021 年，甲单位预算收支矛盾突出，人员经费存在明显预算缺口，部分新增项目的经费需求较大，预算绩效管理尚未得到足够重视。为此，财务处建议：①将日常公用经费预算批复数的 10%，直接调整为人员经费预算，弥补人员经费预算存在的缺口；②直接动用以前年度项目支出结转资金，统筹安排新增项目支出预算；③加强对预算绩效目标实现程度及绩效管理情况的监督问责，提高预算资金使用效益。

（2）关于政府采购。为确保全年采购任务顺利完成，需结合具体项目内容合理采购方式，并根据电子化采购要求细化采购活动。招标处建议：①采取招标方式，如符合专业条件的供应商或对招标文件作实质响应的供应商不足三家，应当予以废标；②实行招标方式采购出现废标的，应当重新组织招标或直接采取其他方式采购（教材删除了）；③对于实现电子化采购的项目，应就提供电子采购文件向供应商收取合理费用。

（3）关于资产管理。2021 年 2 月，甲单位因雪灾毁损一台大型仪器设备，该仪器设备的账面原值 1 600 万元，累计折旧 1 300 万元，账面价值为 300 万元。为此，资产处建议：①仪器无法维修，且账面价值不足 1 500 万元，应报经单位领导班子同意后直接报废；②该仪器毁损系不可抗力原因，财务处可直接确认资产损失。

（4）关于内部控制。审计处开展 2020 年度内部控制专项检查发现，乙单位是甲单位下属独立核算法人，经批准会计核算由甲单位财务代管，乙单位由于客户变动频繁且单笔交易金额较小，日常收入收取现金方式结算，并于每周五将本周所收现金给甲单位。甲单位根据乙单位实际上交的现金入账，但对入账收入的真实性、完整性一直未做核查。审计处认为：该收入业务存在内部控制缺陷，应当对其关键环节及控制措施进行改进，确保收入安全完整，及时入账。

（5）关于会计核算。（已超纲）

假定不考虑其他因素。

要求：

1. 分别判断资料（1）~（4）中的建议是否存在不当之处；对存在不当之处的，分别说明理由。

2. 针对资料（5）分别判断事项①和②中所做的会计处理是否正确［财务会计处理和预算

会计处理须分别作出判断]；如不正确，分别指出正确的会计处理。（已超纲）

【分析与解释】

1. 资料（1）：

建议①存在不当之处。

理由：人员经费和日常公用经费之间不允许自主调整。

建议②存在不当之处。

理由：项目结转资金下年仍按原用途继续使用。

建议③不存在不当之处。

资料（2）：

建议①不存在不当之处。

建议②存在不当之处。

理由：废标后，需要采取其他方式采购的，应当在采购活动开始前获得设区的市、自治州以上人民政府采购监督管理部门或者政府有关部门批准。（教材已删除，已超纲）

建议③存在不当之处。

理由：实现电子化采购的，采购人、采购代理机构应当向供应商免费提供电子采购文件。

资料（3）：

建议①存在不当之处。

理由：中央级事业单位一次性处置单位价值或批量价值（账面原值，下同）在1 500万元（以下简称规定限额）以上（含1 500万元）的国有资产，经主管部门审核同意后报财政部当地监管局审核，审核通过后由主管部门报财政部审批。

建议②存在不当之处。

理由：财政部门批复、备案前的资产损失和资金挂账，单位不得自行进行账务处理。

资料（4）不存在不当之处。

2.（已超纲）

【2020 年试题】

甲单位为一家中央级事业单位，乙单位和丙单位为甲单位的下属事业单位。甲、乙、丙单位均自2019年1月1日起执行政府会计准则制度，按平均年限法计提固定资产折旧，且有企业所得税缴纳义务。2020年8月，甲单位总会计师李某召集由本单位有关部门负责人参加的工作会议，就近期甲单位预算管理、预算绩效管理、政

府采购、内部控制、会计核算等相关工作进行沟通和讨论。与会人员的发言要点如下：

（1）财务部门负责人：近年来，国家颁布了一系列关于全面实施预算绩效管理的文件。2020年7月，本单位被上级部门确定为整体支出绩效评价试点单位。为推动试点工作有序开展，甲单位目前需要制订整体支出绩效评价试点工作实施方案。为此，建议：①重点加强财政资金预算绩效管理工作，对已纳入部门预算的非财政资金，不纳入整体支出绩效评价范围；②提高部门预算执行进度，将本年度无法实施的项目预算，统筹调整用于新增项目并按规定履行报批手续；③未按要求设定绩效目标的新增项目支出，先纳入项目库管理；④构建全过程预算绩效管理闭环系统，加快推进预算绩效管理信息化建设，促进本单位业务、财务、资产等信息互联互通。

（2）采购部门负责人：受政府采购归口管理部门调整影响，2020年1月至7月甲单位政府采购预算执行进展缓慢，绝大部分政府采购项目刚刚启动招标工作，需要进一步加强政府采购执行管理，提高政府采购执行效率。为此，建议：①对于允许采用分包方式履行合同的，应当在采购文件中明确可以分包履行的具体内容、金额或者比例；②对于满足合同约定支付条件的，应当自收到发票后45日内将资金支付到合同约定的供应商账户。

（3）内部控制部门负责人：2020年7月，甲单位成立工作组，对乙单位内部控制建设情况进行专项检查。检查发现：①2020年1月，乙单位制定了本单位货币资金授权审批控制措施，明确了各业务部门负责人须在授权范围内进行审批，并规定大额资金直接由分管财务工作的领导班子副职审批后即可办理支付；②2020年3月至6月，乙单位财务部门根据本单位2019年内部控制建设工作实际情况及取得的成效，以能够反映内部控制工作基本事实的相关材料为支撑，按照统一报告格式编制完成内部控制报告，经乙单位分管财务工作的领导班子副职审批后直接上报甲单位。

（4）（政府会计，已超纲）

假定不考虑其他因素。

要求：

根据国家预算管理、预算绩效管理、政府采

购、内部控制、政府会计准则制度的相关规定，回答下列问题：

1. 分别判断资料（1）中财务部门负责人的建议①～④是否存在不当之处；对存在不当之处的，分别说明理由。

2. 分别判断资料（2）中采购部门负责人的建议①和②是否存在不当之处；对存在不当之处的，分别说明理由。

3. 根据资料（3）中乙单位发生的事项①和②，分别判断乙单位的规定或做法是否存在不当之处；对存在不当之处的，分别说明理由。

4. 根据资料（4）中丙单位发生的业务①和②，分别判断丙单位的会计处理是否存在不当之处；对存在不当之处的，分别说明正确的会计处理。（已超纲）

【分析与解释】

1. 建议①存在不当之处。

理由：整体支出预算绩效评价应覆盖纳入部门预算的所有资金。

建议②不存在不当之处。

建议③存在不当之处。

理由：未按要求设定绩效目标的项目支出，

不得纳入项目库管理。

建议④不存在不当之处。

2. 建议①不存在不当之处。

建议②存在不当之处。

理由：对于满足合同约定支付条件的，应当自收到发票后30日内将资金支付到合同约定的供应商账户。

3. 事项①的规定存在不当之处。

理由：大额资金支付审批应当实行集体决策。

事项②的做法存在不当之处。

理由：内部控制报告应经单位主要负责人审批后对外报送。

4.（已超纲）

【点评】每年出的20分选答题就像一道名菜"大丰收"，将本章考点放到一个大拼盘中。本题考核了预算绩效管理、政府采购、内部控制、政府会计（所得税、接受捐赠），题量偏小。由于存在大量的判断分，考生回答问题时，应有问有答，规范答题，比较容易得分；如果判断"存在不当之处"，阐述理由时，主要是答出关键词。

强化练习

习题一

甲单位为中央级行政单位，乙单位为甲单位所属的事业单位。2024年发生有关预算管理、资产管理、内部控制等部分事项如下：

甲单位由总会计师主持召开了工作会议，研究甲单位有关部门预算、资产管理和内部控制事项，下面是部分会议内容：

（1）甲单位从事科学技术管理，财政部下达的基本支出预算控制数为8 400万元，其中人员经费4 000万元，日常公用经费4 400万元。由于近期蔬菜等副食品价格上涨速度过快，生活成本大幅度上升，会议决定将公用经费200万元调剂到人员经费里，以确保职工生活水平不受影响。

（2）甲单位由于内部调整办公用房，需要

加装空调（属于集中采购目录范围内货物，已经财政部批准列入预算支出），由于金额不大并且天气炎热，经单位领导指示，由后勤部门直接从苏宁电器商场购买安装完毕。

（3）甲单位响应政府相关部门的号召拆除了单位围墙，人气旺盛，经单位办公会议研究，决定将邻街用房出租，将本年收取的租金100万元用于职工食堂改善员工伙食。

甲单位总会计师带领检查小组到乙单位检查财务与会计工作情况，发现乙单位如下事项及其处理：

（4）乙单位上年A项目结转资金260万元，由于国家政策的重大调整，预计本年难以支出，经乙单位集体研究，决定将项目资金用于急需资金的B项目。

（5）为了筹措资金加大科研投入，经乙单

位集体研究，将处于半闲置状态的一台科研设备（原值 1 800 万元）在不影响本单位科研情况下对外单位开放，提高资产使用率。目前已收取资产使用费 60 万元，将其纳入单位预算，统一核算、统一管理。

（6）乙单位作为中央级事业单位，经单位办公会议决定，对于已经结题的科研项目均进行绩效评价。在预算绩效管理中，乙单位设定的绩效目标符合指向明确、细化量化、合理可行、相应匹配等相关要求；并按照"谁分配资金，谁审核目标"的原则，绩效目标由财政部按照预算管理级次进行了审核；乙单位按照批复的绩效目标组织预算执行，并根据设定的绩效目标开展了绩效监控、绩效自评和绩效评价。

（7）乙单位作为预算管理一体化试点单位，在资金支付上采取了如下做法：资金支付实行全流程电子化管理，通过中央预算管理一体化系统办理业务，除单位资金中按往来收入管理的资金外，其他资金支付坚持先有预算后有支出，根据预算指标、国库库款或有关账户余额情况拨付资金。

假定不考虑其他因素。

要求：

根据国家部门预算管理、政府采购、国有资产管理、政府会计制度、内部控制等有关规定，回答下列问题：

1. 根据资料（1），判断甲单位的处理是否存在不当之处；如存在不当之处，请说明理由。

2. 根据资料（2），判断甲单位的处理是否存在不当之处；如存在不当之处，请说明理由。

3. 根据资料（3），判断甲单位的处理是否存在不当之处；如存在不当之处，请说明理由。

4. 根据资料（4），判断乙单位的处理是否存在不当之处；如存在不当之处，请说明理由。

5. 根据资料（5），判断乙单位的处理是否存在不当之处；如存在不当之处，请说明理由。

6. 根据资料（6），判断乙单位的处理是否存在不当之处；如存在不当之处，请说明理由。

7. 根据资料（7），判断乙单位的处理是否存在不当之处；如存在不当之处，请说明理由。

【分析与解释】

1. 事项（1）的处理存在不当之处。

理由：在编制基本支出预算时，预算单位基本支出自主调整的范围仅限于人员经费经济分类款级科目之间或日常公用经费支出经济分类款级科目之间的必要调剂，人员经费和日常公用经费之间不允许自主调整。

2. 事项（2）的处理存在不当之处。

理由：采购人采购纳入集中采购目录的政府采购项目，应当实行集中采购，必须委托集中采购机构代理采购，不能由单位直接采购。

3. 事项（3）的处理存在不当之处。

理由：①行政单位将占有、使用的国有资产对外出租的，必须事先上报同级财政部门审核批准。②行政单位出租国有资产取得的租金收入，应按照政府非税收入管理的规定，在扣除相关税费后及时、足额上缴国库。

4. 事项（4）的处理存在不当之处。

理由：对结转资金中预计当年难以支出的部分，除基本建设项目外，中央部门按照规定程序报经批准后，可调剂用于其他急需资金的支出。

5. 事项（5）的处理存在不当之处。

理由：中央级事业单位出租、出借资产单价在 1 500 万元以上（含）的，由主管部门审核同意并出具审核意见后报财政部审批。

6. 事项（6）的处理不存在不当之处。

7. 事项（7）的处理不存在不当之处。

习题二

甲单位为中央级事业单位（中央部门主管的高等学校），2025 年 2 月，甲单位审计处对本单位预算执行、资产管理、政府采购、内部控制等情况进行了检查。在检查中注意到如下事项：

（1）关于预算管理。①甲单位在部门批复 20 日内，在本单位门户网站公开了部门批复的单位预决算。其中，公开的决算报表包括收入支出决算总表、收入决算表、支出决算表、财政拨款收入支出决算总表、一般公共预算财政拨款支出决算表、一般公共预算财政拨款基本支出决算明细表、一般公共预算财政拨款"三公"经费支出决算表、政府性基金预算财政拨款收入支出决算表、国有资本经营预算财政拨款支出决算表等。②甲单位正在实施的"病毒检测优化研究"项目因疫情变化，经甲单位集体研究决定予以终止，将项目剩余资金 200 万元调整到急需资金的"重要作物线虫病害成灾规律研究"项目。③甲单位被主管部门选定为预算管理一体化试点单位，甲单位在办理资金支付业务时，通过中央一体化系统填报资金支付申请，并通过实有资金账户及时进行资金支付。④甲单位对预算执行情况和绩效目标实现程度开展了监督、控制，在绩效监控中坚持"全面覆盖、突出重点、权责对等、约束有力、结果运用、及时纠偏"的原则，采用目标比较法，用定量分析和定性分析相结合的方式，将绩效实现情况与绩效目标进行比较，对目标完成、预算执行、组织实施、资金管理等情况进行分析评判；绩效监控包括创新性、便利性和满意度监控。

（2）关于政府采购。①甲单位为实施"地表温度遥感反演与验证方法研究"项目需要进行政府采购，购置相关科研设备。在审查供应商资格时，发现A公司前两年在经营活动中存在重大违法记录，甲单位拒绝了其参与采购活动。②甲单位为实施"高等植物避荫反应分子调控机理研究"项目，需要采购特种设备，采取邀标方式邀请了5家供应商参与投标，并履行了招标、投标、评标与开标程序，甲单位在收到评标报告10个工作日后，在评标报告确定的中标候选人名单中按顺序确定了中标人。③甲单位为开展对外投资、资产处置等各项经济活动，需要采购集中采购目录以外，采购限额标准以上，但属于小额零星采购的评估、审计等鉴证咨询服务，采取了框架协议采购方式进行采购。④甲单位采取封闭式框架协议方式确定第一阶段入围供应商时，发现提交响应文件和符合资格条件、实质性要求的供应商有38家，在入围通知书发出之日起2个月内和入围供应商签订了协议框架。⑤甲单位科研人员前期取得了"高精度凝胶色谱技术"重大科研成果，需要在单位扶持下进行科技成果转化，为此，甲单位采取询价方式进行了政府采购。

（3）关于资产管理。①甲单位淘汰报废已达使用年限的实验室A设备，该设备账面原值2 600万元，甲单位规定必须经主管部门审核同意，并经财政部审批后予以报废；②甲单位将A设备处置收入10万元，在扣除了相关税费后及时上缴中央国库；③甲单位将闲置的B设备，在履行了规定的审批程序后，将其出租给D公司，收取租金300万元，甲单位将租金收入纳入

单位预算，统一核算、统一管理。

（4）关于内部控制。①甲单位为支撑能源绿色低碳转型科技研究，经规定程序批准建设一栋科研大楼，审批下达的资金预算为3亿元。甲单位由于日常经费紧张，临时借用该建设资金500万元用于发放拖欠的职工工资。②内部控制评价是确保内部控制建设不断完善并有效实施的重要环节，甲单位负责人在指定内部审计部门负责对本单位内部控制设计和执行的有效性进行评价后，内部审计部门将评价报告提交单位负责人，并由单位负责人对评价报告所列示的内部控制缺陷及其整改建议作出了回应并监督落实。

假定不考虑其他因素。

要求：

根据部门预算管理、预算绩效管理、政府采购、国有资产管理、内部控制等有关规定，回答下列问题：

1. 根据资料（1），分别判断事项①～④是否存在不当之处；对存在不当之处的，分别说明理由。

2. 根据资料（2），分别判断事项①～⑤是否存在不当之处；对存在不当之处的，分别说明理由。

3. 根据资料（3），分别判断事项①～③是否存在不当之处；对存在不当之处的，分别说明理由。

4. 根据资料（4），分别判断事项①～②是否存在不当之处；对存在不当之处的，分别说明理由。

【分析与解释】

1. 资料（1）：

事项①不存在不当之处。

注：本题考核了预决算的公开时间、公开方式、公开内容（部分）。

事项②存在不当之处。

理由：预算执行过程中，如发生项目变更、终止的，必须按照规定的程序报经财政部批准，并进行预算调整。

事项③存在不当之处。

理由：试点单位办理资金支付业务时，应当通过中央一体化系统填报资金支付申请，试点单位原则上应当通过预算单位零余额账户支付资金；未开设预算单位零余额账户的试点单位通过

财政零余额账户支付资金。

事项④存在不当之处。

理由：绩效监控包括及时性、合规性和有效性监控。

2. 资料（2）：

事项①不存在不当之处。

注：下列情形不得参加政府采购：被宣告破产的；尚欠缴应纳税款或社保费；因违法行为，被依法限制或者禁止参加政府采购；前三年内在经营活动中存在重大违法记录；单位负责人为同一人或者存在直接控股、管理关系的不同供应商，不得参加同一合同项下的政府采购活动等。

事项②存在不当之处。

理由：采购人应当自收到评标报告之日起 5 个工作日内，在评标报告确定的中标候选人名单中按顺序确定了中标人。

事项③不存在不当之处。

注：符合下列情形之一的，可以采用框架协议：集中采购目录以内品目，以及与之配套的必要耗材、配件等，属于小额零星采购的；集中采购目录以外，采购限额标准以上，本部门、本系统行政管理所需的法律、评估、会计、审计等鉴证咨询服务，属于小额零星采购的；等。

事项④存在不当之处。

理由：集中采购机构或主管预算单位应当在入围通知书发出之日起 30 日内和入围供应商签订协议框架。

事项⑤存在不当之处。

理由：市场竞争不充分的科研项目，以及需要扶持的科技成果转化项目，可以采取竞争性磋商方式采购。

或者：符合下列情形之一的，可以采用询价方式采购：规格、标准统一，货源充足的现货；技术、服务标准统一，已有固定市场的服务和工程。需要扶持的科技成果转化项目不适用采用询价方式采购。

3. 资料（3）：

事项①存在不当之处。

理由：各部门所属高等院校国有资产处置，由各部门审批。其中，已达使用年限并且应淘汰报废的国有资产，由高校自主处置，并将处置结果按季度报各部门备案。

事项②存在不当之处。

理由：各部门所属高校自主处置已达使用年限并且应淘汰报废的国有资产取得收益，留归高校，纳入单位预算，统一核算、统一管理。

事项③不存在不当之处。

注：中央级事业单位国有资产出租、出借取得的收入，应按照预算管理及事业单位财务管理和会计制度的有关规定纳入单位预算，统一核算、统一管理。

4. 资料（4）：

事项①存在不当之处。

理由：单位应当按照审批单位下达的投资计划和预算对建设项目资金实行专款专用，严禁截留、挪用和超批复内容使用资金。

事项②不存在不当之处。

注：本题考核了内部控制评价中自我评价的实施主体、评价内容和评价报告。

习题三

甲单位为一家省级事业单位（材料科学研究所），按其所在省财政部门的要求，执行中央级事业单位部门预算管理和国有资产管理等相关规定。为了精准落实工作，甲单位新任总会计师谢某召集由财务处、资产管理处负责人及相关人员参加的工作会议，会议部分情况如下：

（1）内部控制执行情况：

①货币资金控制措施：财务专用章由专人保管，分管财务的处长个人印章由其授权的李某保管；对重要的货币资金支付业务实行集体决策；银行存款余额调节表由出纳员王某负责定期编制。

②设备采购控制措施：按照"先预算、后计划、再采购"的工作原则，根据实际需求和相关标准编制设备采购预算，按照已批复的预算安排设备采购计划，实现预算控制计划，计划控制采购，采购控制支付。设备使用部门按照实际需求提出设备采购预算建议数，资产管理处作为归口管理部门严格审核设备采购预算，财务部门作为预算编制部门从预算指标额度控制的角度进行汇总平衡。

（2）关于政府采购及重大事项的处理：

③5 月，甲单位根据批准的办公楼扩建项目支出预算（超出政府采购限额标准，但不属于集中采购目录范围），分管领导鉴于 A 建筑安装工程公司实力强、信用好，决定直接委托 A 建

筑安装工程公司承接该扩建工程。

④甲单位将管理层研究决定并履行报批程序后，将5年前用货币资金800万元投资于C公司的股权转让给了D公司，转让价1 000万元已收存银行。甲公司将取得的股权转让收入纳入预算，按照现行政府会计制度规定进行了统一核算、统一管理。

（3）关于2024年预算编制：

⑤甲单位拟申请财政专项资金购置一台大型设备，购置费预算1 000万元。财务处建议将该项支出列入2025年度预算草案，并在向上级主管部门报送预算草案及项目申报文本时一并递交资产购置申请。

⑥2025年，甲单位水电费预算550万元。财务处建议按支出功能分类科目，列入"科学技术支出"类；按支出经济分类科目，列入"资本性支出"类。

假设不考虑其他因素。

要求：

根据国家部门预算管理、政府采购制度、行政事业单位内部控制等相关规定，回答下列问题：

1. 根据资料（1），逐项判断事项①和②是否存在不当之处；如存在不当之处，请说明理由。

2. 根据资料（2）和资料（3），逐项判断事项③~⑥的处理是否正确；如不正确，请说明理由。

【分析与解释】

1. 事项①存在不当之处。

理由：银行存款余额调节表由出纳员王某定期编制，违反了不相容职务分离的要求。

或：银行存款余额调节表应指定不办理货币资金业务的会计人员定期编制。

或：违法了制衡性原则。

事项②不存在不当之处。

2. 事项③处理不正确。

理由：该扩建工程不符合采用单一来源方式进行政府采购的条件，不能由分管领导直接确定承建商。

事项④中的处理正确。

注：中央级事业单位利用国有资产对外投资形成的股权处置收入，利用货币资金对外投资形成的处置收入纳入单位预算，统一核算、统一管理。

事项⑤的处理建议不正确。

理由：购置有规定配备标准或限额以上资产的，应先报经财政部门审批同意后，才能将资产购置项目列入年度部门预算，并在进行项目申报时一并报送资产购置批复文件。

事项⑥中，有关支出功能分类的建议正确，有关支出经济分类的建议不正确。

理由：按支出经济分类科目，应列入"商品和服务支出"类。

习题四

甲单位为中央级行政单位，乙单位为甲单位下属的从事环境保护的事业单位。为了更好地做好工作，甲单位召开本单位及附属单位的财务工作会议，财务处就下列事项或交易提出如下建议：

（1）乙单位对某城市地下水污染情况及其改善措施进行了专项研究，该项目由同级财政部门核拨经费800万元，至3月5日该项目已结题通过评审验收，共发生项目支出750万元，项目支出结余资金50万元。鉴于近期物价上涨幅度较大，财务处建议将该项目支出结余资金50万元，直接用于乙单位人员工资福利支出，以缓解人员经费紧张状况，改善职工待遇。

（2）乙单位为业务发展需要，拟购买一台专业设备，该设备预算金额为1 200万元，已经财政部审核批准。为此，①该设备未列入集中采购目录但达到了限额以上标准，财务处建议直接指定有长期合作关系的A社会中介机构代理采购；②经调查，该设备已列入《政府采购自主创新产品目录》，财务处建议应当优先购买自主创新产品，在进口设备同等质量和价格基本持平的情况下，优先购买国产设备。

（3）乙单位经批准于6月末进行财产清查，其中往来款挂账3万元因债务单位人去楼空无法收回。财务处建议在财政部门批复之前，对资金挂账损失暂行处理，等财政部门批复后再进行调整。

（4）乙单位为了更好地提高资金的使用效益，按照"谁支出，谁负责"的原则，积极开展预算绩效日常监控。财务处建议：监控范围应包括一般公共预算、政府性基金预算和国有资本经营预算所有项目支出；监控内容应包括绩效目标完成情况、预算资金执行情况、重点政策和重大项目绩效延伸监控；并建议在 8 月份对 1～7 月预算执行情况和绩效目标实现程度开展一次绩效监控汇总分析。

（5）乙单位有一车库原值 1 600 万元，位于比较繁华的街道，为了实现增收节支的目标，拟从 B 项目经费中临时借用 300 万元对其进行改造，充分利用地理位置优势出租给企业进行经营。财务处建议将该方案上报乙单位管理层批准并借用 300 万元资金后组织实施。

（6）乙单位有一台旧仪器原值 80 万元，已计提折旧 60 万元，拟淘汰处置，经乙单位管理层同意，报主管部门审批后进行处理。财务处建议，处置时，预计处置收入为 25 万元，扣除预计的评估费等 3 万元，处置净收入 22 万元留归本单位，统一核算、统一管理。

（7）乙单位在编制下年度预算时，根据财政部下达的基本支出预算控制数，甲单位拟安排本级人员经费 3 000 万元（均为在职人员经费），拟安排本级日常公用经费 5 000 万元（其中，办公费 3 200 万元，水费 200 万元，电费 100 万元，供暖费 500 万元，专用设备购置费 1 000 万元）。对于支出的分类，财务处建议：

①对于本级人员经费，按支出功能分类，应列入"节能环保支出"类 3 000 万元；按照支出经济分类，应列入"工资福利支出"类 3 000 万元。

②对于本级日常公用经费，按支出功能分类，应列入"节能环保支出"类 5 000 万元；按照支出经济分类，应列入"商品和服务支出"类 5 000 万元。

假设不考虑其他因素。

要求：

根据国家部门预算管理、政府采购制度、国有资产管理、行政事业单位内部控制等相关规定，回答下列问题：

1. 判断乙单位对事项（1）的处理建议是否正确；如不正确，请说明理由。

2. 判断乙单位对事项（2）中①和②的处理建议是否正确；如不正确，分别说明理由。

3. 判断乙单位对事项（3）的处理建议是否正确；如不正确，请说明理由。

4. 判断乙单位对事项（4）的处理建议是否正确；如不正确，请说明理由。

5. 判断乙单位对事项（5）的处理建议是否正确；如不正确，请说明理由。

6. 判断乙单位对事项（6）的处理建议是否正确；如不正确，请说明理由。

7. 判断乙单位对事项（7）的处理建议是否正确；如不正确，请说明理由。

【分析与解释】

1. 事项（1）的处理建议不正确。

理由：项目支出结余资金原则上由财政部收回。

2. 事项（2）：

①财务处建议不正确。

理由：任何单位和个人不得以任何方式为采购人指定采购代理机构。

②财务处建议正确。

3. 事项（3）财务处建议对资金挂账损失的处理不正确。

理由：财政部门批复、备案前的资产损失和资金挂账，单位不得自行进行账务处理，待财政部门批复、备案后，进行账务处理。

4. 事项（4）财务处建议正确。

5. 事项（5）财务处建议不正确。

①财务处建议从 B 项目经费中借用 300 万元用于车库改造不正确。

理由：项目经费应该专款专用，未经财政部门批准不得改变用途。

②财务处建议将方案上报乙单位管理层批准后组织实施不正确。

理由：中央级事业单位国有资产出租、出借，资产单项或批量价值在 1 500 万元人民币以上（含 1 500 万元）的，经主管部门审核同意并出具审核意见后报财政部审批。

6. 事项（6）财务处建议处置净收入的处理不正确。

理由：中央级事业单位国有资产处置收入，在扣除相关税金、评估费、拍卖佣金等费用后，按照政府非税收入和国库集中收缴管理有关规定及时上缴中央国库。

7. 事项（7）财务处建议的支出功能分类和经济分类中：

①对于本级人员经费，支出功能分类正确，支出经济分类正确。

②对于本级日常公用经费，支出功能分类正

确，支出经济分类不正确。

正确的处理：按照支出经济分类，应列入"商品和服务支出"类4 000万元（包括办公费3 200万元，水费200万元，电费100万元，供暖费500万元），列入"资本性支出（各单位安排的）"类1 000万元。

习题五

甲单位是一家中央级事业单位（以下简称甲单位）。2025年2月，甲单位所在地市的审计局按照国家有关规定，对甲单位的国有资产管理情况进行了全面审计。在审计过程中，审计人员发现甲单位2024年度的下列事项可能存在问题：

（1）2024年3月1日，经甲单位管理层研究决定，甲单位与乙公司签订采购合同，用自筹资金购置大型研究设备一台。根据合同规定，甲单位向乙企业采购价值为1 000万元的大型办公自动化设备（规定限额以上），其中40%的合同款项由甲单位在合同签订后5日内支付，余款在收到设备后的1个月内付清；甲单位在合同签订后15日内收到所购设备。

（2）2024年6月10日，甲单位管理层研究决定，拟将一栋闲置的旧办公楼对外出租，年租金收入为80万元。该出租事项已报主管部门备案。该办公楼于1997年购置，资金来源为社会相关人员捐赠，入账原值为1 980万元。

（3）2024年9月15日，甲单位经领导班子研究决定，并报主管部门审批，将一项闲置的设备（账面原值1 850万元）出借给急需使用该设备的乙单位，并适当收取资产使用费，以提高资产使用效率。

（4）2024年12月15日，甲单位管理层研究决定，将一栋建筑物出售。该建筑物账面原值为2 500万元，售价为2 300万元。甲单位将出售建筑物事项报主管部门审批，主管部门批准了该事项，并报同级财政部门备案。甲单位收到主管部门的批复后，将该建筑物出售，收取价款2 300万元，存入银行，统一核算、统一管理。

（5）甲单位属于网络化基础设施建设实施单位，市场现有技术不能满足要求，需要进行技术突破，通过应用新技术形成新的管理模式，在政府采购中采取合作创新采购方式进行采购。为此，甲单位采取了如下做法：①甲单位组建谈判小组，谈判小组由采购人代表和评审专家共6人组成，评审专家中有1名法律专家和1名经济专家；②甲单位按照研发合同约定开展创新产品首购，甲单位向首购产品供应商A公司支付预付款用于创新产品生产制造，预付款金额为首购总金额的25%。

假定不考虑其他因素。

要求：

分析判断事项（1）~（5）的处理是否正确；如不正确，请说明理由。

【分析与解释】

1. 事项（1）的处理不正确。

理由：事业单位用其他资金购置规定限额以上资产的，报主管部门审批；主管部门应当将审批结果定期报同级财政部门备案。

2. 事项（2）的处理不正确。

理由：中央级事业单位以国有资产对外出租，资产单项价值在1 500万元及以上的，经主管部门审核同意并出具审核意见后，报同级财政部门审批。

3. 事项（3）的处理不正确。

理由：中央级事业单位出借国有资产，单项或批量价值（账面原值）在1 500万元人民币以上（含1 500万元）的，经主管部门审核同意并出具审核意见后报财政部审批。

4. 事项（4）的处理不正确。

理由：①中央级事业单位一次性处置单位价值（账面原值）在1 500万元人民币以上（含1 500万元）的国有资产，应当经各部门审核同意后报财政部当地监管局审核，审核通过后由各部门报财政部审批；②中央级事业单位国有资产处置收入，在扣除相关税金、评估费、拍卖佣金等费用后，按照政府非税收入和国库集中收缴管理有关规定及时上缴中央国库。

5. 事项（5）：

事项①的处理不正确。

理由：谈判小组由采购人代表和评审专家共5人以上单数组成，评审专家中应当包含1名法律专家和1名经济专家。

事项②的处理不正确。

理由：采购人应当向首购产品供应商支付预付款用于创新产品生产制造，预付款金额不得低于首购协议约定的首购总金额的30%。

习题六

甲单位为一家中央级事业单位，甲单位新任总会计师董某召集由财务处、资产管理处负责人及相关人员参加的工作会议，了解到以下情况：

（1）关于预算执行情况：

①为了更好地保障公民对预决算的知情权、参与权、表达权、监督权，甲单位根据有关规定，在收到部门批复30日后，将本单位预算、决算和报表通过本单位官网向社会公开，有力推进国家治理体系和治理能力现代化建设。

②4月，甲单位某实验室修缮项目完成，结余资金25万元，甲单位经领导班子集体研究决定将这些项目支出结余资金用于支付职工食堂基建工程项目。

③5月，甲单位根据批准的办公楼扩建项目支出预算（超出政府采购限额标准，但不属于集中采购目录范围），甲单位采用公开招标方式进行政府采购。为保证工程质量，甲单位根据价格测算情况，在采购预算额度内设定了最低限价。

④甲单位为了顺应时代发展，紧紧抓住信息高速公路建设的机遇，积极开展科技攻关。根据科技创新项目的实际情况和前期调查可以确定项目的具体要求，采取了招标方式实施政府采购。鉴于难以准确估算研发成本，资产管理处建议，采用成本补偿定价方式确定合同价格。

⑤甲单位一实验项目A在12月31日尚未完成，财政拨款项目支出剩余资金120万元。财务处建议将项目A剩余的财政拨款资金作为结转资金，继续用于原项目支出。

⑥5月，甲单位报经主管部门审核同意，报经同级财政部门备案后，将一栋办公楼（账面原值3 200万元）报废。

（2）关于2025年预算编制：

⑦甲单位在编制2025年预算时，为完成保障任务，决定临时上马一个项目。财务处建议，将该项目预算列入年度预算向财政申请资金。

⑧2025年，甲单位办公用房租赁费预算550万元。财务处建议按支出功能分类科目，列入"科学技术支出"类；按支出经济分类科目，列入"资本性支出"类。

（3）内部控制执行情况：

实物资产控制措施：设备采购由采购部门确定需要量并提出设备购置申请书；采购的设备到货后，由设备管理部门组织验收；设备验收合格后，由采购部门开具付款通知书，交财务部门办理付款手续。

假定不考虑其他因素。

要求：

根据国家部门预算管理、国有资产管理、行政事业单位内部控制等相关规定：

1. 根据资料（1）和（2），逐项判断甲单位对事项①~⑧的处理是否正确；如不正确，分别说明理由。

2. 根据资料（3），指出甲单位在内部控制中存在的不当之处，并简要说明理由。

【分析与解释】

1. 事项①的处理不正确。

理由：各部门所属单位的预算、决算及报表，应当在部门批复20日内由单位向社会公开。

事项②的处理不正确。

理由：项目支出结余资金原则上由财政部收回。

事项③的处理不正确。

理由：采购人根据价格测算情况，可以在采购预算额度内合理设定最高限价，但不得设定最低限价。

事项④的处理建议正确。

事项⑤的处理建议正确。

事项⑥的处理不正确。

理由：中央级事业单位一次性处置单位价值（账面原值）在1 500万元人民币以上（含1 500万元）的国有资产，应当经各部门审核同意后报财政部当地监管局审核，审核通过后由各部门报财政部审批。

事项⑦的处理建议不正确。

理由：所有项目纳入项目库管理，年度预算安排项目从项目库中择优选取。

事项⑧中，有关支出功能分类的建议正确。有关支出经济分类的建议不正确。

正确分类：办公用房租赁费按支出经济分类科目，应列入"商品和服务支出"类。

2. 实物资产控制措施存在的不当之处：设备的采购由采购部门确定需要量，并提出购置申请书。

理由：不符合不相容职务分离原则，应由设

备使用部门提出购置申请。

习题七

甲单位为一家中央级高校事业单位，2025年初，甲单位为做好2024年度的财务决算工作及2025年度的预算工作，总会计师召集财务处及相关部门人员参加的会议，有关事项与处理建议如下：

（1）甲单位2024年实际取得的事业收入比已批准的事业收入预算数超出180万元。甲单位考虑当年物价上涨幅度较大等因素，从该项超收收入中支出120万元以补贴形式一次性发放给职工。

（2）2024年甲单位财政拨款基本支出结转资金40万元，其中，人员经费结转资金15万元，公用经费结转资金25万元。在安排2025年预算时，将公用经费结转资金中25万元用于安排本单位尚有资金缺口的A项目。

（3）甲单位制定了本单位《内部控制规范工作手册（试行）》，规定：财务专用章由专人保管，分管财务的处长的个人印章由其授权的办公室主任郑某保管；对重要的货币资金支付业务，实行集体决策；现金收入及时存入银行，特殊情况下，经领导班子集体研究批准后，可以将政府非税收入临时用于单位周转资金；银行存款余额调节表由会计赵某负责定期编制。

（4）甲单位根据业务需要，需要采购与项目配套的小额零星耗材，耗材预算金额超出政府采购限额标准，并列入了集中采购目录范围。为此，甲单位委托集中采购机构，采用框架协议采购方式进行了采购。

（5）甲单位化工学院积极推广科技成果应用，课题组将已取得专利的项目成果在经规定程序批准后转让给企业投入实际应用，获得转让科技成果收入900万元。甲单位将该收入纳入单位预算，统一核算、统一管理。经单位领导班子研究决定，除100万元用于奖励作出重要贡献的科研人员外，其余800万元用于学生的生活困难补助。

假设不考虑其他因素。

要求：

根据国家部门预算管理、国有资产管理、政府采购、行政事业单位内部控制等相关规定，逐项判断甲单位财务处对事项（1）～（5）的处理建议是否正确；如处理建议不正确，分别说明理由。

【分析与解释】

1. 事项（1）的处理不正确。

理由：甲单位在预算执行中发生的非财政补助收入超收部分，原则上不再安排当年的基本支出。

2. 事项（2）的处理不正确。

理由：年度预算结束时，尚未列支的基本支出全部作为结转资金管理，结转下年继续用于基本支出。

3. 事项（3）的做法不正确。

理由：政府非税收入应及时、足额上缴国库或财政专户，不得以任何形式截留、挪用或者私分。

4. 事项（4）的处理正确。

注：采购人采购纳入集中采购目录的政府采购项目，应当实行集中采购；集中采购目录以内品目，以及与之配套的必要耗材、配件等，属于小额零星采购的，可以采用框架协议采购方式采购。

5. 事项（5）的处理不正确。

理由：高校转化科技成果获得的收入全部留归本单位，主要用于对完成和转化职务科技成果作出重要贡献人员的奖励和报酬、科学技术研发与成果转化等相关工作。

习题八

甲单位是一家中央级事业单位（某行业研究院），为认真贯彻落实财政部发布的部门预算管理、《行政事业单位内部控制规范（试行）》的要求，召开专题会议，讨论有关问题。在专题会议上，有关人员发言要点如下：

张院长：由于目前财政资金比较紧张，我要求对当年批复的预算，预计年底将形成结转资金的部分，除基本建设项目外，按照规定程序报经财政部批准后，调剂用于行业专项研究等急需资金的支出，提高资金使用效率。

黄副院长：做好预算执行工作有赖于加强单位内部控制。我提两点建议：①在贯彻落实内部控制中，一定要坚持全面性、重要性、制衡性、适应性和成本效益五个原则，才能取得好的效果。②为了确保财务各项支出不出纰漏，单位的一切开支实行院长"一支笔"审批，严把资金支出关。

国有资产管理处刘处长：数年前我院利用闲置资产对丁公司进行投资，该资产评估价值为1 500万元。在目前艰难时刻，我建议将该股权进行转让，预计能够取得2 500万元的股权转让收入，扣除相关税费50万元后，预计剩余2 450万元用于补充经费不足。

审计部主任：为了加强政府采购执行管理，我建议对于供应商能够在线提供的材料，不得要求供应商同时提供纸质材料；我院在政府采购中收取履约保证金的，应当在采购合同中约定履约保证金退还的方式、时间、条件和不予退还的情形，明确逾期退还履约保证金的违约责任，尽量避免产生纠纷。

财务部主任：开展绩效评价是全面推进预算绩效管理的重要内容和重要手段，尤其要做好项目支出的绩效评价工作。我建议单位自评指标要根据实际情况来设定，包括项目的产出数量、质量、时效、成本，以及经济效益、社会效益、生态效益、可持续影响、服务对象满意度等。其中，预算执行率和一级指标权重统一设置为：预算执行率70%、产出指标10%、效益指标10%、服务对象满意度指标10%。

假定不考虑其他因素。

要求：

根据国家部门预算管理、内部控制和政府采购等有关规定，逐项分析判断上述成员的发言是否存在不当之处；存在不当之处的，请指出不当之处，并简要说明理由。

【分析与解释】

张院长的发言不存在不当之处。

黄副院长的发言存在不当之处。

事项①不当之处：在内部控制中坚持成本效益原则。

理由：因行政事业单位公益性的特点，故不宜采用成本效益原则，而应该遵循全面性原则、重要性原则、制衡性原则和适应性原则。

事项②不当之处：为了确保财务各项支出不出纰漏，单位的一切开支实行院长"一支笔"审批。

理由：按照内部授权审批控制办法，单位应明确各岗位办理业务和事项的权限范围、审批程序和相关责任，建立重大事项集体决策和会签制度。

国有资产管理处刘处长的发言存在不当之处。

不当之处：将股权转让款扣除税费后预计剩余2 450万元用于补充经费不足。

理由：利用其他国有资产对外投资形成的股权出售，扣除投资收益以及相关税费后，上缴中央国库，投资收益纳入单位预算，统一核算、统一管理。单位留下的投资收益=股权转入价款2 500-投资成本1 500=1 000（万元），而不是2 450万元。

审计部主任的发言不存在不当之处。

财务部主任的发言存在不当之处。

理由：原则上预算执行率和一级指标权重统一设置为：预算执行率10%、产出指标50%、效益指标30%、服务对象满意度指标10%。

第十一章　会计财务相关问题

本章概述

　　本章的标题很模糊，其实包括三个很时髦的事：第一节财务共享服务；第二节业财融合和第三节财会监督。这三节内容都是近年来财务领域的热门事项，比较重要而且难度不大，应尽量多拿分。

考情分析

　　本章 2024 年考了 12 分，2025 年极可能出 10 分必答题。本章近年考核情况见下表。

年度	题量	分值	相关知识点
2024	1 题 + 另一题部分	12	考核财务共享服务的实现路径；考核业财融合的意义、途径和内容；考核了财会监督的体系
2023	1	10	考核了财务共享战略定位、财务共享类型、财务共享选址、财务共享服务中心职能、管理信息系统中会计核算系统的价值、机器人流程自动化、大数据分析和数据可视化的概念
2022	1	10	考核了财务共享服务的本质；考核了网上报账系统的价值；考核了建立传统共享服务模式应考虑的核心因素

教材变化

　　本章教材 2025 年变化较大：（1）对第三节财会监督作了大量改写，增加了"财会监督法律体系"和"加强财会监督的保障措施"；（2）对其余部分作了文字上的完善，内容没有实质性变化。考生应该适度关注增加的内容，对考试有一定影响。

考点框架

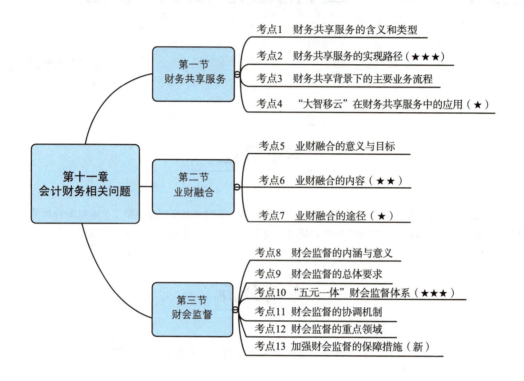

```
第十一章
会计财务相关问题
├─ 第一节
│  财务共享服务
│   ├─ 考点1  财务共享服务的含义和类型
│   ├─ 考点2  财务共享服务的实现路径（★★★）
│   ├─ 考点3  财务共享背景下的主要业务流程
│   └─ 考点4  "大智移云"在财务共享服务中的应用（★）
├─ 第二节
│  业财融合
│   ├─ 考点5  业财融合的意义与目标
│   ├─ 考点6  业财融合的内容（★★）
│   └─ 考点7  业财融合的途径（★）
└─ 第三节
   财会监督
    ├─ 考点8   财会监督的内涵与意义
    ├─ 考点9   财会监督的总体要求
    ├─ 考点10  "五元一体"财会监督体系（★★★）
    ├─ 考点11  财会监督的协调机制
    ├─ 考点12  财会监督的重点领域
    └─ 考点13  加强财会监督的保障措施（新）
```

考点解读

✤ 考点1　财务共享服务的含义和类型

（一）财务共享服务的兴起和发展

经济全球化带来跨国企业的蓬勃发展，随着跨国企业的扩张，企业规模越来越大，覆盖的地理范围越来越广，管理层级越来越多。庞大的组织和广阔的地域分布给跨国企业的财务管理带来了一定的挑战，如会计处理效率低下、会计信息的可靠性不尽如人意、会计处理成本居高不下、企业集团管控力度降低等。

为解决这些问题，美国福特公司等企业从20世纪80年代开始尝试采用财务共享服务（FSS）推动企业财务管理变革；2000年后中国企业开始了财务共享服务的建设。

（二）财务共享服务的含义

财务共享是企业集团在组织中进行的一项财务管理变革，企业在集团层面成立财务共享服务中心，将集团内分、子公司原来分散的财务职能，如报账、核算、结算、报表编制、会计档案管理等，集中在财务共享服务中心，使各分、子公司共享服务中心的财务处理服务，以促进企业集团降低财务管理成本、提高财务工作效率、保证会计信息质量、加强财务视角管控、提升财务服务体验度。

财务共享服务实施通常依赖财务共享服务中心（FSSC）的建设，传统企业集团的组织架构和财务共享服务模式下的企业集团的组织架构的区别见图11-1。

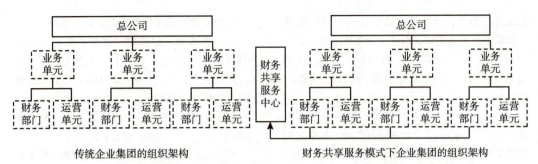

传统企业集团的组织架构　　　　　　财务共享服务模式下企业集团的组织架构

图 11-1　传统企业集团组织架构与财务共享服务模式下企业集团组织架构对比

【提示】财务共享的含义在 2022 年考过一次，2023 年、2024 年没有出题，2025 年出题的可能性较大。

（三）财务共享服务的分类

企业财务共享服务可以按照运营模式、覆盖范围进行分类，见表 11-1。

表 11-1　　　　　　　　　企业财务共享服务的分类

分类		具体内容
按运营模式	成本中心模式	成本中心模式是指财务共享服务中心只是企业内部一个成本中心，仅为企业内部的分、子公司提供服务，不收取服务费用
	模拟利润中心模式	模拟利润中心模式是指企业建设的财务共享服务中心仅对内提供服务，但是企业内部模拟市场交易，集团内部分、子公司为财务共享服务中心提供的财务服务付费，财务共享服务中心成为一个模拟的利润中心
	利润中心模式	利润中心模式是指企业建设的财务共享服务中心不仅对企业内部客户提供财务服务，同时为企业外部其他企业提供财务服务，财务共享服务中心成为一来自企业内外部收入的利润中心
	独立经营模式	独立经营模式是指财务共享服务中心从企业集团中独立出来，依靠其专业技能和优质服务在市场上立足，收费也由市场决定，成为独立自主经营的公司
按覆盖范围	全范围财务共享服务	如果企业的财务共享服务中心处理的业务覆盖了企业集团全部的业务，就是全范围财务共享服务。比如，整个集团公司只设立一个财务共享服务中心，处理所有分、子公司的业务
	区域财务共享服务	如果企业财务共享服务中心处理的业务仅覆盖企业集团一定区域的业务，这时的财务共享服务就是区域财务共享服务。比如，甲集团公司建立华北财务共享服务中心、华东财务共享服务中心等
	专业财务共享服务	如果企业的财务共享服务中心处理的业务仅覆盖了企业集团的某类业务或某个板块的业务，这时的财务共享服务就是专业财务共享服务。比如，甲集团建立矿业财务共享服务中心、房地产财务共享服务中心、商贸财务共享服务中心等

【提示】财务共享服务的分类 2022 年、2023 年考了 2 年，2024 年没有出题，2025 年应适度关注。

✽ 考点 2　财务共享服务的实现路径（★★★）

由于企业所处行业不同、业务的复杂性不同、信息化基础不同以及建设的时间不同，企业集团实施财务共享服务的具体做法不尽相同，但是财务共享服务的建设一般均需要考虑以下内容。

（一）明确财务共享服务的战略定位

（1）企业集团建设财务共享服务不仅是信

息系统的建设，也不仅是简单地把集团的财务人员聚集在一起工作，而是一项系统工程，必须制定长远的战略规划，经过严谨地评估，科学地制订方案，一丝不苟地落实，才能实现既定的目标。

（2）企业采用财务共享模式是一项重大变革，需要从战略的高度对其进行思考。战略定位需要明确建设财务共享服务的根本目标是什么，其是否与企业目前的经营战略匹配，是否符合未来发展的需要，作为一项变革是否有足够的人力、物力以及企业文化等资源支持，等等。

（3）从战略定位来讲，常见的财务共享服务建设目标包括：提高业务处理效率，降低成本，加强管控，推进数字化转型等，企业可以根据自身的情况选择确定。

【例11-1】中国财务共享服务中心的战略定位

根据《2024年中国共享服务领域调研报告》，中国企业对共享服务中心的定位见表11-2。

表11-2　　　　　　　　　　　　财务共享服务中心定位

1	会计核算中心	92.94%
2	数据中心	71.18%
3	人才培养中心	59.41%
4	合规风控中心	48.82%
5	智能应用中心	47.06%
6	专家中心	17.06%

（二）调整财务部门的职能分配（见表11-3）

表11-3　　　　　　　　　财务共享服务模式下财务部门职能分配

部门	财务职能
分、子公司	分、子公司取消财务核算职能和岗位，仅保留财务分析、内控执行、报税、业务支持等职能和相应的人员，根据需要，每个分、子公司还可以配备专职或兼职的单据扫描员，负责将公司业务发生所产生的单据扫描上传系统
财务共享服务中心	财务共享服务中心主要承担集团范围的财务核算的职能，此外还可能根据需要承担财务分析职能、税务处理职能等。强调通过专业化分工提高效率，通常对集团内部的同类业务进行归并，将财务共享服务中心的人员分组，每组完成不同类别的业务
集团总部的财务管理部门	集团总部财务管理部门应将精力集中在政策规范制定、管理会计、投融资、税务筹划、内部稽核等职能上

（三）确定财务共享服务中心选址

财务共享服务中心的选址是传统财务共享服务建设中比较重要的一环。在选址时企业需要考虑：

（1）明确要建设的财务共享服务中心的种类（全范围、区域化、专业化）。

（2）成本因素：人力成本、通信成本、房租成本等。

（3）环境因素：政策环境、发展能力和城市竞争力等。

（4）人力资源：教育资源、人员流动性、人力资源充沛性等。

（5）基础设施因素：交通、电信设施、自然环境等。

【例11-2】中国财务共享服务中心选址情况及考虑的主要因素

根据《2022 年中国共享服务领域调研报告》，四大一线城市（北、上、广、深）是中国共享服务中心最聚集的城市，占 35%；武汉、成都、西安、合肥、郑州、杭州、南京等二线城市占 24.7%。财务共享服务中心选址考虑主要因素见表 11-4。

表 11-4　财务共享服务中心选址考虑主要因素（前六大因素）

1	靠近公司总部，便于总部的沟通与管理	66.52%
2	公司办公场所所在地，旨在依托公司的后勤保障等综合资源	62.56%
3	高素质的人力资源	30.4%
4	可接受的人力成本	25.99%
5	完善的基础设施	24.67%
6	较低的运营成本	9.25%

（四）明确财务共享服务中心的运营模式

财务共享服务中心按照运营模式可以分为成本中心模式、模拟利润中心模式、利润中心模式和独立经营模式，企业集团要明确其财务共享服务中心采用的运营模式，并在此基础上制定服务标准，如果财务共享服务中心要对服务对象收费，则要制定收费标准。另外，为了支持统一的服务标准，还需要制定服务水平协议等，作为财务共享服务中心的运营基础。

（五）建设财务共享服务相关制度

财务共享的建设必须要有制度的支撑，除了服务标准和服务水平协议外，企业还应制定财务共享中心赖以运行的其他制度和标准，如标准作业程序（SOP）、岗位手册、费用报销制度、费用报销标准、流程审批制度、绩效考核制度、运营管理制度、质量稽核制度，等等。

（六）实施流程再造

流程再造是企业财务共享服务建设中的基础环节。由于财务共享模式下企业的组织架构发生了变化，财务核算功能集中在单独设置的财务共享服务中心，企业的业务流程随之发生了变化。因此，企业集团需要根据财务共享建设目标，兼顾控制需求和效率，同时还要考虑信息系统执行的可行性，重新审视业务环节，统一业务活动、单据格式、操作要求等，合理设计标准化的业务流程。

（七）完善信息系统建设

1. 信息系统的定位

为了达到财务共享服务的基本目标，企业需要建设与之匹配的信息系统。信息系统是财务共享服务实施的载体，支撑财务共享服务中心完成各项工作。因此，企业集团需要在原有的信息系统的基础上进行改造和升级，包括新建支撑财务共享服务的核心系统，改造升级周边财务系统和相关业务系统，使其与再造后的业务流程匹配，保证财务共享运行效果，提高运作效率。

2. 信息系统的组成

常见的企业集团财务共享服务使用的信息系统架构通常包括：电子影像系统、网上报账系统、电子会计档案系统、会计核算系统、合并报表系统、资金管理系统、银企互联系统、预算控制系统和税务管理系统等。这些子系统各具功能，以一定的方式相互连接，发挥自己的作用。支撑财务共享服务特有的四个核心子系统的含义和功能见表 11-5。

表 11-5　支撑财务共享服务特有的核心子系统

项目	含义	功能
电子影像系统	电子影像系统可以直接从销售系统、采购系统等业务系统中采集电子影像，也可以通过在业务发生地对实物单据拍照、扫描等方式采集电子影像，将电子影像提供给网上报账系统，支持财务共享服务中心对单据的电子审核，最终处理完毕的电子影像汇总至电子会计档案系统，同时还应进行实物单据和电子凭证的匹配归档	实现电子信息采集、影像处理和传输、集中存储和影像查询、调阅管理等功能

续表

项目	含义	功能
网上报账系统	网上报账系统是财务共享服务支撑板块的核心子系统，是财务共享服务中会计流程再造的关键所在。通过网上报账系统，可以实现 ERP 下各个业务模块和财务系统的集成。网上报账系统是财务共享服务模式下业务和财务的交互平台。网上报账系统前端是电子影像系统，实现业务数据和票据电子影像的采集；同时衔接预算管理系统，实现相关审核及审批；后端连接会计核算系统、税务管理系统和电子会计档案系统，实现业财税一体化和档案管理的电子化和自动化	实现业务申请管理、报账申请管理、业务审批管理、任务分配管理、财务审核管理和查询分析管理等功能
电子会计档案系统	电子会计档案系统是将企业会计档案纳入系统管理，实现会计凭证和电子影像的自动匹配、分册，对电子会计档案的打印、归档、借阅、销毁全流程，以及纸质档案的档案上架、档案外借、档案归还等，进行系统内有迹可查的规范管理。电子会计档案系统从网上报账系统、电子影像系统获取单据影像等信息，从会计核算系统获取记账凭证、会计账簿、财务报表等信息	包括系统管理、归档管理、档案利用和档案借阅等功能模块
会计核算系统	会计核算系统是会计核算板块的核心部分，前端连接网上报账系统进行数据抽取，生成会计核算数据；并与资金管理系统相连接，实现结算资金信息的传递；同时，还将会计核算数据传给合并报表系统、税务管理系统和电子会计档案系统，以完成相关业务活动	如总账系统依据从网上报账系统抽取的数据，完成凭证管理、记账、结账、对账、账簿查询和打印输出等作业；销售和应收管理、采购与应付管理、费用报销、存货核算、薪资核算、固定资产核算均有相应的功能

【提示】财务共享服务的实现路径是财务共享服务最重要的考点。

✿ 考点 3　财务共享背景下的主要业务流程

财务共享服务主要集中在财务核算业务中，并且是财务核算业务中**重复性高、业务量大、标准化程度较高**的业务。财务核算业务是财务工作中最为基础和核心的业务，包括总账和报表管理、采购和付款管理、销售和收款管理、资产核算、成本管理和现金管理等。

【例 11-3】目前财务共享服务中心业务流程覆盖情况

根据《2024 年中国共享服务领域调研报告》，目前共享服务中心提供的服务可以分为三类：交易处理类、数据服务类、增值服务类。具体情况见表 11-6。

表 11-6　共享服务中心业务覆盖情况（2024 年）

交易处理类业务	财务工作中重复性高、易于标准化的基础核算业务	占比
1	费用报销	96.47%
2	资金结算	88.24%
3	总账到报表	81.76%
4	采购到付款	81.18%
5	固定资产核算	72.94%
6	订单到收款	60.00%
7	档案管理	57.06%
8	成本核算	50.00%
9	发票开具	49.41%
10	纳税申报	40.00%

续表

数据服务类业务	为企业提供内外部数据共享、财务领域的数据治理、数据分析	占比
1	数据共享与交互	78.24%
2	财务会计类数据分析	74.12%
3	财务领域的数据治理	65.88%
4	管理会计类数据分析	40.59%
5	业务和决策支持数据分析	40.00%
增值服务类业务	提供财务专家咨询、管理建议	占比
1	财务专家咨询	49.41%
2	技术支持	44.71%
3	管理建议书	41.18%

下面重点介绍财务共享服务下财务核算业务中采购和付款、费用报销、销售和收款等三个流程的基本内容。

（一）采购和付款流程

1. 采购和付款业务的特点

程序复杂；单据和记录繁多。因业务量大、重复程度高、内控要求高，适合财务共享。

2. 采购和付款共享服务流程

采购和付款共享服务流程包括五个步骤：业务审批流程→填单/扫描→FSSC 采购会计/复核→FSSC 出纳→FSSC 归档。采购和付款共享流程的详细内容见图 11－2。

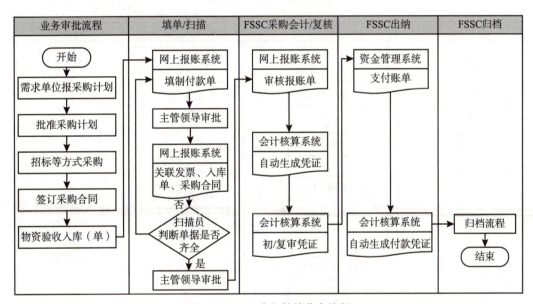

图 11－2 采购和付款共享流程

（二）费用报销流程

1. 费用报销业务的特点

数量庞大、程序烦琐、重复率高、金额小、单据格式不一。费用报销容易标准化，适合财务共享。

2. 费用报销共享流程

费用报销共享流程包括四个步骤：填单/扫描→FSSC 费用会计审核→FSSC 出纳付款→FSSC 归档。费用报销共享流程详细内容见图 11－3。

（三）销售和收款流程

1. 销售和收款流程的特点

程序复杂，单据和记录繁杂，工作量大易出错。由于业务量大、重复度高、内控要求高，适合财务共享。

2. 销售和收款共享流程

销售和收款共享流程包括四个步骤：业务审批→业务人员填单→FSSC 收入会计/复核→FSSC 归档。销售和收款共享流程详细内容见图 11－4。

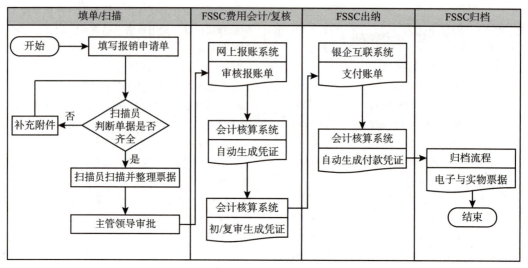

图 11-3 费用报销流程

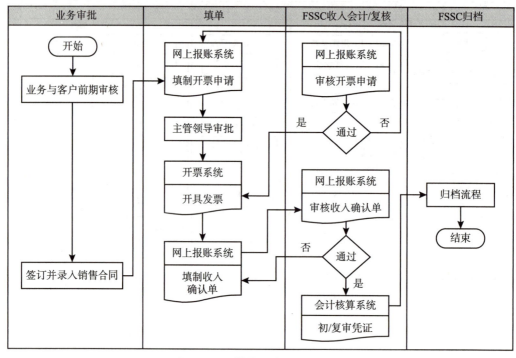

图 11-4 销售和收款共享流程

【提示】主要业务流程前 3 年都没有出题，2025 年应适度关注。

✻ 考点 4 "大智移云"在财务共享服务中的应用（★）

随着"大智移云"等新技术的发展和迅速普及，为企业集团财务共享服务带来了新的解决方案，企业积极利用各种先进的技术和工具，促使财务处理不断向自动化、智能化、无纸化方向发展。

（一）使用 SaaS 云软件优化财务共享服务

表 11 - 7　　　　　　　　　　SaaS 云软件的含义及带来的革新

项目	具体内容
SaaS 云软件的含义	软件运营服务，是一种完全创新的软件应用模式，即厂商将应用软件统一部署在自己的服务器上，客户通过互联网向厂商购买所需的应用软件服务。在财务共享服务模式下，企业集团租用外部的 SaaS 云软件，取得 SaaS 云软件的使用权，从而获得云软件的业务处理服务
SaaS 云软件带来的革新	(1) 企业通过云软件可以实现与上下游企业及政府税务系统之间的信息共享。 (2) 以高质量的电子数据作为记账依据，提升处理效率。 (3) 降低企业信息系统使用成本

（二）移动互联网在财务共享服务中的运用

表 11 - 8　　　　　　　　　　移动互联网的含义及带来的影响

项目	具体内容
移动互联网的含义	移动互联网将移动通信和互联网结合起来，通过包括智能手机、平板电脑等在内的智能移动终端和企业服务器、计算机等进行信息交互。移动互联网让企业业务流程的 5A 模式成为可能，即任何人可在任何时间、任何地点，通过任何设备接入互联网，可以处理与业务相关的任何事情
移动互联网给财务共享带来的影响	(1) 随时随地处理，快速响应。 (2) 方便快捷，提升用户体验

（三）机器人流程自动化（RPA）在财务共享中的应用

表 11 - 9　　　　　　　　机器人流程自动化（RPA）的含义及优点

项目	具体内容
机器人流程自动化的含义	机器人流程自动化（Robotic Process Automation，RPA）是以机器人作为虚拟劳动力，依据预先设定的程序与现有用户系统进行交互并完成预期的任务。它是可以模仿人在计算机上的操作，重复执行大量标准化业务的软件，适用于：(1) 高频且大量数据处理；(2) 人工处理易错的业务；(3) 涉及多个异构系统的操作；(4) 业务规则明确且流程固定的业务
机器人流程自动化的优点	(1) 能处理大量、重复性的工作，还能 24 小时不间断地执行任务，大大降低了人力成本，提升了工作效率。 (2) 能做到零出错，避免人为造成的错误。 (3) 非侵入式的程序，其应用不改变原有的 IT 结构和系统

（四）大数据分析和数据可视化在财务共享服务中的应用

表 11 - 10　　　　　　　大数据分析和数据可视化的含义及其作用

项目	具体内容
大数据分析	(1) 大数据分析含义：随着互联网的发展，无所不在的移动设备、数以亿计的互联网用户时刻刻都在产生数据，在数据海量化、类型繁多的背景下，大数据技术应运而生。大数据技术不仅要求企业在全流程、全生命周期的数据层面快速协同，而且需要融合上下游供应链合作伙伴的数据，随着数据技术从关系型数据库到数据仓库、联机分析，再到数据挖掘和可视化。 (2) 大数据分析作用：帮助企业从海量数据中挖掘有价值的信息，支持企业管理者作出更明智的战略及经营决策；数据将成为企业重要的资产，形成企业的核心竞争力

续表

项目	具体内容
数据可视化	（1）数据可视化含义：数据可视化是与数据分析密切联系在一起的，数据可视化借助于图形化手段，清晰有效地传达与沟通信息。可视化的目标是有效呈现数据的重要特征，揭示客观规律。 （2）**数据可视化在财务共享中的作用**：财务共享服务中心将逐步成为更强意义上企业的数据中心，开展各种数据的分析，对数据进行深度挖掘，通过高效的报告系统，实现各类业务数据的实时可视化呈现和分发，为企业管理者提供决策依据，提升企业核心竞争力

【提示】在"大智移云"四个内容中，前3年SaaS尚未出题，2025年应多加关注。

✳ 考点5　业财融合的意义与目标

财政部2016年发布的《管理会计基本指引》中，指出单位应用管理会计应遵循战略导向、融合性、适应性、成本效益四项原则。其中，融合性原则是指"管理会计应嵌入单位相关领域、层次、环节，以业务流程为基础，利用管理会计工具方法，将财务和业务等有机融合"，即业财融合的原则。本处业财融合阐述业财融合的含义、意义、目标、内容和途径。

（一）业财融合的含义

（1）**业财融合**是业务部门（人员）和财会部门（人员）在原有的分工合作的基础上，通过业务部门（人员）与财会部门（人员）之间的信息共享和管理协同，打破企业财会部门和业务部门（含职能部门）间的管理壁垒，助力企业的战略制定、经营规划、业务运行和绩效评价，实现$1+1>2$的联动效果，**推动企业整体效益的提升**。

站在财会人员的角度来说，业财融合更强调财会部门（人员）主动服务业务部门，主动了解业务部门（人员）开展业务活动的需求，进而利用财务专业工具和方法提供服务和支持。业财融合既是一种理念，也是一项原则，更是众多的企业实践。

（2）现代信息技术的发展为业财融合带来其所必需的人和信息：

①以大数据、人工智能、移动互联网、云计算为代表的现代信息技术重塑了财务运营模式，共享中心、智能财务、智能稽核等信息技术为传统财务模式带来了颠覆式革命。**信息技术将大量财会人员从重复的核算工作中解放出来，"重获自由"的财会人员可以转换工作内容，转变角色，深入业务部门了解管理需求**，并提供服务，为业财融合的顺利实施提供了必要的人力支撑。

②**现代信息技术能够收集、整理、加工大量来自企业内外部的不同种类的信息**，提升了数据生产加工的速度和精准度，这些快速、精准的信息的分发和共享是业财融合的基础，也使业财深度融合成为可能，据此财会人员可以进行更多的预测，提供更加充分的决策相关数据，更多地为业务运营提供支持。

【提示】业财融合的含义在考试中的地位一般。

（二）业财融合的重要意义

业财融合不仅能够很好地解决实务中的问题，还能够帮助企业提升整体效益，其**重要意义体现在五个方面**，见表11-11。

表11-11　　　　　　　　　　　业财融合的重要意义

项目	内容
业财融合能够破除部门间的壁垒，使业财形成"合力"	随着企业规模的扩大、企业为提升业务处理的效果和效率，产生各种专门的管理职能，形成部门并分工协作。当组织变得庞大而交易日趋复杂的情况下，部门的专业化程度越来越高、业务部门和财会部门的边界越来越清晰，相互之间的了解越来越少。业财融合就是要回归管理本源，为业务发展而管理，为价值创造这一终极目标而融合管理，为打破职能壁垒，增加组织内外协调、协作和共生性而管理

续表

项　目	内　容
业财融合可以推进对业务的精细化管理	精细化管理要求企业对战略和目标进行分解、细化和落实，保证企业的战略规划能有效贯彻到每个环节并发挥作用，它是提升企业整体执行能力的重要手段。精细化管理需要必要的信息，也需要专业化的工具，业财融合能够为业务部门提供大量的财务数据和管理会计工具，助力企业精细化管理的落地
业财融合能够帮助业务人员理解会计信息的含义和会计的逻辑	业财融合能够让财会人员深入业务部门，针对会计术语进行解释说明，帮助业务人员理解会计数据的含义和会计的逻辑，明晰不同口径数据的差异，同时了解业务需要的信息内容、种类和形式，及时提供有价值的数据，助力业务活动的开展
业财融合能够帮助财会人员更好地实现会计的目标	财会部门的终极目标是助力企业提高效益。财务会计的两大基本职能是核算和监督，财务工作的核心是资本和资金的运作，这使得财会部门成为企业信息中心和资源分配中心。部门壁垒和业财分离一定程度上影响了会计和财务目标的实现，如业财分离不利于会计政策的合理选择和会计估计的准确性；对业务的监督职能难以履行；无法有力地支持业务部门的决策；无法理解业务部门的实际情况，难以有效分配资金等。业财融合能够有效改变上述状况，助力财会部门和人员更好地实现会计目标和财务目标，进而帮助企业提升效益
业财融合能够帮助企业更好地形成管理闭环	业财融合要求业财加强协调，企业会计工作主要从事信息确认、计量、记录、汇总报告，它的目的是为企业内部各方面和各环节的管理者与员工提供据以作出决策的信息。财务信息系统应该服从与服务于制定战略、控制风险、管理供应链、绩效管理、成本管控等，服务于企业的价值创造。业财融合不是模糊业财界限，而是必须夯实管理权责机制。任何部门都有一定范围的决策权，同时要对其业绩衡量和评价，并根据业绩进行奖惩，形成管理闭环。业财融合能够助力业务部门决策，能够更好地进行业绩评价，有利于形成更好的管理闭环

注意：业财融合不能不切实际地放大财会人员的责任，不能改变业务部门、财会部门在企业经营中的基本职能定位。

【提示】业财融合的重要意义在 2024 年已出题，2025 年出题的可能性不大。

（三）业财融合的目标

业财融合的目标分为根本目标和具体目标两个层次，见表 11 - 12。

表 11 - 12　　　　　　　　　　　业财融合的目标

项　目	内　容
业财融合的根本目标	业财融合的根本目标是优化企业管理，通过降低成本或提高收入、优化流程或提高决策效率和效果等途径，实现企业整体效益的提升，业财融合促进企业的价值创造。业务是企业运营的根本，业务开展同样离不开系统化、精细化、逻辑化、职能化的财务管理。两者的关系是，业务经营及其发展是驱动财务发展的基本动力；反过来，财务的发展也规范并有效支撑着业务的经营。业务、财务的"双轮驱动"共同创造组织价值
业财融合的具体目标	业财融合的具体目标包含但不限于以下几点： （1）提高决策效率和效果：企业经营中产品定价、生产决策、采购决策、长期投资决策等，通过业务部门和财会部门之间的紧密合作，可以快速准确地获取、分析和生成决策所需的信息，从而提高决策的速度和质量。 （2）提高资源配置效率：在业财融合下，业务部门可以更加清晰地了解到企业财务资源分配的逻辑，了解部门内部财务资源的分配和使用情况，财会部门则可以更好地掌握业务的实际需求，从而实现资源的高效配置和使用。 （3）加强风险控制：风险识别是风险控制的起点，大部分风险源于具体业务运作。业财融合可以使业务部门和财会部门共同分析和评估业务风险，可以及早发现和控制潜在的风险，从而维护企业的利益。 （4）推动创新和变革：在充满不确定性的环境下，创新和变革才是企业生存和发展之道。业财融合可以促使企业从多个角度关注市场变化和竞争态势，从全局来审视自身的内外部资源，鼓励企业不断创新和变革，寻求发展路径，以适应和引领市场发展。 （5）提升企业文化和团队合作：业财融合不仅仅是业务和财务的结合，更是企业文化和团队合作的体现。通过业财融合，可以加强部门间的交流和合作，促进企业文化的形成和发展，提高员工的归属感和团队合作精神

【提示】业财融合的目标应作为复习重点。

考点 6 业财融合的内容（★★）

业财融合要求企业的财务职能融入企业运营系统之中，业财融合包括战略制定层面的融合、经营规划层面的融合、业务运行和控制层面的融合、业绩评价层面的融合。

（一）战略制定层面的业财融合

制定战略是企业的重大决策，财会人员在此过程中能发挥其专业特长，助力战略的制定，见表 11 - 13。

表 11 - 13 战略制定层面的业财融合

项目	内容
战略分析环节	战略制定时，企业要根据其使命和愿景，对企业的外部环境进行分析，包括对宏观环境、产业环境、竞争对手等进行分析，以及对其内部的资源和能力进行分析，如对盈利能力、竞争优势、资源要素、价值创造系统等进行分析。这些分析中，有大量的工作需要财会人员完成
战略的评价和选择	企业在战略制定中可能会有多种方案，离不开财会部门的测算。财会部门同时还提供战略评价的标准，如投资项目最低报酬率标准等，助力高层管理者进行决策
财务战略的制定	财务战略是企业战略的一环，关注企业资本资源的合理配置和有效使用，包含融资战略、投资战略和分配战略，既服务于企业总体战略，又服务于具体业务战略，必须要建立在对企业整体战略和业务战略的理解上才能制定好财务战略
企业战略的描述和调整	战略指标描述时会大量使用财务指标，理解战略的实质内容、合理的描述战略指标需要建立在业财融合的基础之上。另外，企业会定期检视战略的完成情况，将实际情况和战略目标进行对比，有必要的话需要调整战略，这也是基于财务分析工作来完成的

（二）经营规划层面的业财融合

（1）经营规划是落实战略的关键，业财融合在经营规划层面直接体现为基于业务的全面预算管理。全面预算管理发挥着重要的规划职能，全面预算将战略与具体业务连接起来，实现战略的落地；同时，全面预算规划了企业的人财物力的使用，协调了企业的资源分配。

（2）全面预算管理仍然存在一些突出的问题，比如业务部门参与不够、预算的灵活性和更新不够。因此，在预算编制的环节，应以业务及经营计划为根本，按照业财融合的思想，调动业务部门的积极性，基于客户基础、业务交易结构及相关业务预测数据来编制预算，任何一个预算数字都必须体现业务经营目标及具体行动方案；同时也应该根据实际情况采用滚动预算等方式更好地反映实际情况，服务于企业管理者。

（三）业务运行和控制层面的业财融合

表 11 - 14 业务运行和控制层面的业财融合

项目	内容
业务运行层面业财融合	业务运行是企业的日常工作，企业通过业务活动来创造价值。企业任何领域的业务活动都包括决策环节，如企业在研发、设计、物流采购、生产制造、营销和销售、售后服务等业务活动中的各种决策，都需要借助财务、非财务信息作支撑。比如，基于价值分析的产品研发设计，基于目标成本的生产管理，基于价值链分析的购销决策，基于全生命周期成本的质量管理等，需要根植于业务并借助财务的数据分析。业财融合能够使财会人员更理解业务的决策场景，更理解决策需要信息内容和种类
业务控制层面业财融合	业务实施环节的管理控制是不可缺少的，实施控制需要了解财务、非财务信息，并分析偏差的原因，这意味着在每一个业务流程中，都需要考虑财务流程的要求，确保业务活动在执行时能够满足财务的规定和需求。预算执行情况分析及纠偏是对业务进行控制的手段，做好预算分析的根本是做好基于业务经营的财务分析。预算管理应通过一定的途径结合业务开展预算偏差分析，并基于业务提出切实可行的改进方向

（四）业绩评价层面的业财融合

绩效评价是绩效管理的重要组成部分，绩效评价包括绩效指标的制定工作和评价工作。

（1）绩效指标的制定、分解和下达以及评价周期的确定是战略传达的重要环节，绩效指标包括财务和非财务指标，预算指标也是绩效指标中的一类，这些指标的合理确定都需要基于对基本业务的充分了解，也需要筛选更加符合管理需要的指标，便于企业各级人员有针对性地开展工作，发挥业绩评价的引导作用。

（2）绩效评价环节，评价工具的选择、实际业绩数据的分析和给出评价结论的过程，都要求评价人员不能仅关注数据和结果，同时也要关注经济环境、市场变化和业务过程，关注关键业务、关键流程和关键影响因素，将业务和财务结果联系起来分析，找到"真问题"，和业务部门一起找出"真办法"，业财融合在业绩评价环节也是必不可少的。

【提示】业财融合的这四个内容在考试中较重要。

✳ 考点 7　业财融合的途径（★）

业财融合实现价值创造的途径很多，可以通过节约成本来实现，可以通过增加收入来实现，可以通过提高劳动效率来实现，还可以通过优化业务流程来实现等。业财融合需要企业从战略、组织、流程、文化等多个维度进行整合和优化，确保业务与财务之间的紧密合作和协同作战。企业通常考虑自身的业务模式、组织架构、信息化情况和人员能力等因素决定业财融合的途径，具体 7 个业财融合的途径见表 11 – 15。

表 11 – 15　　　　　　　　　　业财融合的 7 个途径

项目	内　容
建立高效可靠的信息系统	财务和业务的融合需要有一个高效的信息系统作为基础，以实现数据共享、信息沟通和业务流程管理的无缝连接。企业可通过企业资源规划（ERP）、商业智能（BI）、客户关系管理（CRM）等系统的集成，建立一个集成度高、数据可靠、功能全面的信息系统，实现业务与财务数据的实时共享
实施流程再造	（1）重新审视并设计公司的业务流程，确保财务和业务在流程中的交互更加紧密，从源头开始同步操作，减少重复劳动和"信息孤岛"。 （2）优化财务核算流程，通过建立标准化流程、优化财务操作和整合企业资源等方式，提高财务管理的效率和准确性，同时实现财务和业务的协同运作。 （3）改进管理流程，比如要求业务部门与财会部门共同参与预算制定和关键数据预测过程，确保预算的合理性，并及时反馈预算执行情况，提升预算管理的效果；再如，完善风险管理流程，财会部门在风险识别和评估中引入业务部门的知识和经验，确保风险管理更加全面和准确
建立跨部门沟通、协调机制	（1）建立业务和财务沟通渠道，如定期召开业务和财务会议，交换意见和信息，共同制定策略、预算和目标。 （2）建立跨部门协作机制，如设立跨部门协作小组，共同解决业务和财务方面的问题，提高业财融合的效率。 （3）建立业务和财务数据共享机制，如建立共享数据库，帮助业务和财务更好地了解对方的情况，提高业财融合的效率
加强交叉培训与教育	（1）建立综合素质培养体系，包括业务和财务培训、跨部门交流等环节，培养员工的综合素质和能力。 （2）建立员工发展规划，为员工提供发展机会和平台，帮助员工提高综合素质和能力。 （3）建立业务和财务交叉培训机制，例如财务人员参加业务培训，业务人员参加财务培训。交叉培训可以帮助业务人员理解财务的核心概念，帮助财会人员理解业务的基本流程和关键指标，减少双方的信息不对称，降低沟通成本和试错成本
建立并完善业绩评价体系	（1）完善绩效考核办法，让业务部门和财会部门共担 KPI 与目标责任，激励员工跨部门协作，共同实现业务和财务目标。 （2）建立奖励制度，对跨部门协作和创新的员工进行奖励。 （3）建立知识分享机制，鼓励员工分享业务和财务方面的知识和经验

续表

项　目	内　容
优化数据管理与分析	（1）建立并完善数据管理体系，加强业务和财务数据的收集、存储、处理、分析和利用工作，提高数据的质量和准确性。 （2）优化财务管理流程，如建立财务共享中心、实现财务流程的标准化和集中化、促进业财融合的实现。 （3）建立数据安全保障机制，完善数据备份、数据加密、数据权限管理等措施，保障业务和财务数据的安全和保密。 （4）建立数据分析团队，帮助企业更好地理解和分析业务和财务数据，提高业财融合的效率。 （5）使用数据分析工具，如数据挖掘、数据可视化等工具，帮助企业快速发现业务和财务方面的问题，提高决策效率和效益
加强文化建设	通过企业文化的培育和推广，强调团队合作、开放沟通和共同目标，从文化层面推动业财融合

【提示】业财融合的途径在 2024 年已出题，2025 年考试中的地位一般。

✸ 考点 8　财会监督的内涵与意义

2023 年 2 月党中央、国务院印发《关于进一步加强财会监督工作的意见》，下面从财会监督的内涵、意义、总体要求监督体系、协调机制、重点领域和保障措施等方面进行详述。

（一）财会监督的内涵

财会监督是依法依规对国家机关、企事业单位、其他组织和个人的财政、财务、会计活动实施的监督，是维护社会主义市场经济秩序、保障财政经济法规有效执行的重要基础，也是财政部门强化管理、维护市场秩序、保护投资者合法权益的重要抓手。

新时代财会监督涵盖财政、财务、会计监督在内的全覆盖监督行为，形成以财政部门主责监督、有关部门依责监督、各单位内部监督、中介机构执业监督、行业协会自律监督为主体的"五元一体"财会监督体系。

（二）财会监督的意义

财会监督的意义体现在五个方面，见表 11 – 16。

表 11 – 16　　　　　　　　　　财会监督的意义

项　目	内　容
财会监督是贯彻落实习总书记关于财会监督重要论述精神的具体行动	要完善党和国家监督体系，以党内监督为主，推动包括财会监督、审计监督在内的多项监督有机贯通、相互协调；首次将财会监督明确为党和国家监督体系的重要组成部分，为推进新时代财会监督工作高质量发展指明了方向、提供了根本遵循
财会监督是完善党和国家监督体系、推进国家治理体系和治理能力现代化的内在要求	在党和国家监督体系中，财会监督从国家、市场及单位主体多个层面实现监督全覆盖。监督是治理的内在要素，坚持以党内监督为主导，积极配合人大监督、民主监督做好预决算审计监督工作
财会监督是深化全面从严治党、一体推进"三不腐"制度建设的重要举措	财会监督是内置于国家宏观管理过程之中的专业监督，加强财会监督能够更好发挥财会监督覆盖面广的特点和优势，助力一体推进"不敢腐、不能腐、不想腐"制度建设
财会监督是严肃财经纪律、维护市场经济秩序的重要抓手	会计信息是控制和监督经济运行的必要依据和手段，加强财会监督，打击财务造假，能够推动各项财经法规和管理制度得到严格执行

续表

项目	内　容
财会监督是充分发挥财政职能作用、健全现代预算制度的重要内容	财会监督通过严格规范财政管理以化解公共风险、维护经济秩序和发挥治理效能，有利于推动财政资源配置有效、财税政策落实到位、预算管理更加规范，更好发挥财政职能作用

【提示】财会监督的和内涵和意义，考试中地位一般。

✢ 考点 9　财会监督的总体要求

财会监督的总体要求包括指导思想、工作要求和法律体系，见表 11 – 17。

表 11 –17　　　　　　　　　　财会监督的总体要求

项目	内　容
财会监督的指导思想	以习近平新时代中国特色社会主义思想为指导，完整、准确、全面贯彻新发展理念，加快构建新发展格局，着力推动高质量发展，更好统筹发展和安全，坚持以完善党和国家监督体系为出发点，以党内监督为主导、突出政治属性，严肃财经纪律，健全财会监督体系，完善工作机制，提升财会监督效能，促进财会监督与其他各类监督贯通协调，推动健全党统一领导、全面覆盖、权威高效的监督体系
财会监督的工作要求	（1）坚持党的领导，发挥政治优势：财会监督必须坚持加强党的全面领导，各级政府要建立财会监督协调工作机制。 （2）坚持依法监督，强化法治思维：依法监督的实质是依照法定职责、限于法定范围、遵守法定程序实施监督。 （3）坚持问题导向，分类精准施策：高度正视问题，针对重点领域多发、易发问题，分类别、分阶段精准施策。 （4）坚持协同联动，加强贯通协调：按照统筹协调、分级负责、上下联动的要求，健全财会监督体系
财会监督法律体系（新）	由会计法律、国务院颁布的行政法规以及财政部门发布的部门规章和规范性文件组成，如会计法、预算法等

【提示】财会监督的总体要求在考试中地位一般。

✢ 考点 10　"五元一体"财会监督体系（★★★）

"五元一体"财会监督体系即财政部门主责监督、有关部门依责监督、各单位内部监督、中介机构执业监督、行业协会自律监督，财会监督的体系见表 11 –18。

表 11 –18　　　　　　　　　"五元一体"财会监督体系

项目	财会监督内容
财政部门主责监督	各级财政部门牵头组织对财政、财务、会计管理法律法规及规章制度执行情况的监督，主要对各单位下列情况实施监督：（1）是否依法设置会计账簿；（2）会计凭证、会计账簿、财务会计报告和其他会计资料是否真实、完整；（3）会计核算是否符合会计法和国家统一的会计制度的规定；（4）从事会计工作的人员是否具备专业能力、遵守职业道德

续表

项目	财会监督内容
有关部门依责监督	有关部门要依法依规强化对主管、监管行业系统和单位财会监督工作的督促指导。有关部门应加强对所属单位预算执行的监督；按照职责分工加强对政府采购活动、资产评估行业的监督；加强对归口财务管理单位财务活动的指导和监督。财政部门和有关部门按照“谁审批、谁监管、谁主管、谁监管”和“双随机、一公开”的要求，加强对有关单位执行会计制度等情况的重点检查，惩处提供虚假财务报告等违法行为
单位内部监督	单位内部财会监督是单位内部承担财会监督职责的机构或人员，以本单位经济业务、财务管理、会计行为为监督对象的日常监督机制。新会计法将内部会计监督制度纳入单位内部控制管理制度，单位需要建立符合自身实际情况、权责清晰、约束有力的内部财会监督机制和内部控制体系。各单位主要负责人是本单位财会监督工作的第一责任人，对本单位财会工作和财会资料的真实性、完整性负责；财会人员要加强自我约束，遵守职业道德，拒绝办理或按照职权纠正违反法律规定的财会事项，并有权检举单位或个人的违法违规行为。单位内部会计监督应符合不相容职务分离的要求，比如，记账人员与经济业务事项和会计事项的审批人员、经办人员、财物保管人员的职责权限应当明确，并相互分离、相互制约等
中介机构执业监督	中介机构执业监督是以会计师事务所、资产评估机构、税务师事务所、代理记账机构等中介机构为监督主体的监督机制，其监督职责是严格依法履行审计鉴证、资产评估、税收服务、会计服务等职责，确保独立、客观、公正、规范执业。习总书记要求会计审计机构增强自律性、公正性和专业化水平，推动提升审计质量
行业协会自律监督	行业协会自律监督是以注册会计师协会、资产评估协会、注册税务师协会、银行业协会以及证券业协会为监督主体，以会计师事务所、资产评估机构、税务师事务所以及代理记账机构等中介机构为监督对象，通过行业自律监管、运用信用记录、警示告诫、公开曝光等措施加大惩戒力度，完善对投诉举报、媒体质疑等的处理机制，推动提升财会业务规范水平

【提示】“五元一体”财会监督的体系应作为复习重点。

考点11 财会监督的协调机制

财会监督在一个有效的机制下运行，包括财会监督主体横向协同、中央与地方纵向联动、财会监督与其他各类监督贯通协调，见表11－19。

表11－19 财会监督的机制

项目	内容
财会监督主体横向协同	构建财会监督主体横向协同工作机制，要求积极统筹各类监督资源，推动财政部门与有关部门、各单位、行业协会、中介机构紧密配合，实现财会监督“一张网”开展。各级财政部门牵头负责本级政府财会监督协调工作机制日常工作，加强沟通协调，抓好统筹谋划和督促指导；税务、人民银行、国有资产监管、银行保险监管、证券监管等部门积极配合、密切协同。建立健全部门间财会监督政策衔接、重大问题处理、综合执法检查、监督结果运用、监督线索移送、监督信息交流等工作机制，形成监督合力，提升监督效能。建立部门与行业协会联合监管机制，推动行政监管与自律监管有机结合。相关中介机构要严格按照法律法规、准则制度进行执业，并在配合财会监督执法中提供专业意见。有关监督检查部门已经作出的检查结论能够满足其他监督检查部门履行本部门职责需要的，其他监督检查部门应当加以利用，避免重复查账
中央与地方纵向联动	构建中央与地方纵向联动工作机制，要求财政部门和有关业务主管部门按照“统一领导、分级管理”原则，加强对本地区、本部门会计工作的组织领导，实行分级负责、上下联动的监督模式，推动财会监督“一盘棋”发展。国务院财政部门加强财会监督工作的制度建设和统筹协调，牵头组织制定财会监督工作规划，明确年度监督工作重点，指导推动各地区各部门各单位组织实施。县级以上地方政府和有关部门依法依规组织开展本行政区域内财会监督工作。国务院有关部门派出机构依照法律法规规定和上级部门授权实施监督工作。地方各级政府和有关部门要畅通财会监督信息渠道，建立财会监督重大事项报告机制，及时向上一级政府和有关部门反映财会监督中发现的重大问题

续表

项目	内　　容
财会监督与其他各类监督贯通协调	构建财会监督与其他各类监督贯通协调机制，要求准确把握新时代财会监督职能定位，精准选取切入点，推动财会监督与其他各类监督有机贯通、相互协调，建立健全信息沟通、线索移送、协同监督、成果共享等工作机制，形成常态长效的监督合力。自觉以党内监督为主导，探索深化贯通协调有效路径，加强与巡视巡察机构协作，建立重点监督协同、重大事项会商、线索移交移送机制，通报财会监督检查情况，研究办理巡视巡察移交的建议；加强与纪检监察机关的贯通协调，完善财会监督与纪检监察监督在贯彻落实中央八项规定精神、纠治“四风”、整治群众身边腐败和不正之风等方面要求贯通协调机制，加强监督成果共享，发现党员、监察对象涉嫌违纪或职务违法、职务犯罪的问题线索，依法依规及时移送纪检监察机关；**发挥财会监督专业力量作用，选派财会业务骨干参加巡视巡察、纪委监委监督检查和审查调查**

✲ 考点 12　财会监督的重点领域

财会监督的重点领域见表 11 - 20。

表 11 - 20　　财会监督的重点领域

项目	内　　容
保障党中央、国务院重大决策部署贯彻落实	**牢牢把握财会监督的政治属性**，把推动党中央、国务院重大决策部署贯彻落实作为财会监督工作的首要任务。综合运用检查核查、评估评价、监测监控、调查研究等方式开展财会监督，严肃查处财经领域违反中央宏观决策和治理调控要求、影响经济社会健康稳定发展的违纪违规行为，确保党中央政令畅通
强化财经纪律刚性约束	**突出强化财经纪律刚性约束，加强对财经领域公权力行使的制约和监督，严肃财经纪律**。聚焦贯彻落实减税降费、党政机关“过紧日子”、加强基层保基本民生保工资保运转工作、规范国库管理、加强资产管理、防范债务风险等重点任务，严肃查处财政收入不真实不合规、违规兴建楼堂馆所、乱设财政专户、违规处置资产、违规新增地方政府隐性债务等突出问题，强化通报问责和处理处罚
严厉打击财务会计违法违规行为	坚持“强穿透、堵漏洞、用重典、正风气”，从严从重查处影响恶劣的财务舞弊、会计造假案件，强化对相关责任人的追责问责。加强对国有企业、上市公司、金融企业等的财务、会计行为的监督，严肃查处财务数据造假、出具“阴阳报告”、内部监督失效等突出问题。加强对会计师事务所、资产评估机构、代理记账机构等中介机构执业质量监督，聚焦行业突出问题，加大对无证经营、挂名执业、违规提供报告、超出胜任能力执业等违法违规行为的整治力度，强化行业日常监管和信用管理。财政部要求加大对 11 个财务舞弊易发高发领域的关注力度：货币资金、存货、在建工程和购置资产、资产减值、收入、境外业务、企业合并、商誉、金融工具、滥用会计政策和会计估计、关联方关系及交易，做好有效应对

【提示】财会监督重点领域，在考试中较重要。

✲ 考点 13　加强财会监督的保障措施（新）

加强财会监督保障措施有四点，见表 11 - 21。

表 11 - 21　　加强财会监督的保障措施

项目	内　　容
推进财会监督法治建设，强化财会监督追责问责	《会计法》等为改革、开放、发展提供了财会制度支持和技术支撑；财务造假和审计失败扰乱市场经济秩序，误导宏观调控和微观管理，损害地方营商环境和信用环境，必须坚决整顿规范

续表

项目	内　容
瞄准财会监督重点对象，落实财会监督责任主体	上市公司财会信息质量应重点关注，其财务造假手法有"包装"收入、掩饰债务、"虚胖"资产、粉饰"业绩"、"扮靓"现金流和盈利预测等。财会工作是各单位的重要基础工作，理应由单位主要负责人承担领导责任和主体责任
聚焦财会监督薄弱领域，重视财会监督特殊类别	基层行政事业单位、农村集体经济组织和乡镇经费管理机构财会人员相对匮乏，存在差距；少数地方政府融资平台为吸引、扩大、延续举债融资而"美化"报表、提高征信，应当在开展地方财经秩序专项整治中加以重点治理
构建财会监督协同机制，推动财会监督科技赋能	构建有牵头主管、有协同协调、有合作合力的财会监管体制机制；逐步搭建、贯通预算管理、资产管理、财会管理、注册会计师审计监督等信息管理系统，逐步实现预算报告、财务报告、审计报告之间可监控、可核查、可比对、可预警；顺应信息化、数字化、网络化、智能化发展趋势，实现全数据、实时、远程、公开透明的财会监督

本章历年试题解析

财务共享服务从 2022 年开始写进教材；业财融合和财会监督从 2024 年开始写进教材，以下是近三年真题。

【2024 年试题】

甲公司是一家大型电信运营企业，为应对市场变化，加快战略转型，计划发展新型定制化业务。新业务不仅要求公司提供语音、短信、流量、专线、物联网、云计算、大数据等通信和数据服务，还要代客户采购或租赁硬件软件，并提供系统集成、建筑安装、运维等服务。由于新业务与公司传统业务差异较大，需多部门协同进行市场拓展业务管理，对业财融合提出较高要求。为此公司召开新型定制化业务运营管理专题会议，研究部署下一阶段工作，会议纪要部分摘录如下：

（1）创新管理机制。新业务合同金额大、个性化强、履约周期大、涉及部门多，需创新管理机制，强化业财融合。公司要将每个合同作为一个项目，由市、区两级公司市场部、财务部、技术部、工程部、信息部的业务人员组成项目组，负责项目全生命周期管理，要组织项目组内部不同专业背景人员相互学习交流，提升组员综合能力，强化内部协同；要建设新型业务管理信息系统，并与公司原有信息系统集成，确保新业

务管理信息系统与原有信息系统数据有效交互，实现部门间数据共享。

（2）加强财务支持。财务部要在新业务开展各项环节提供支持。在获得业务商机信息后，依据业务部门提供客户需求，建立多维度评价指标，与业务部门共同论证不同产品、服务组合方式的可行性，测算各种组合方式下收入、成本、利润，支持业务谈判决策。在项目立项后，财务部根据业务实施方案，编制项目预算，制订收支计划。在实施过程中，财务部分项目进行明细核算，及时与项目收支计划进行对比分析，发现问题及时反馈相关部门加以改进；在项目完成后，编制项目决算对比预算和实际数据，并将对比结果作为绩效评价基础。

（3）严格资金管理。开展新业务需要公司前期大量垫资，财务部要构建客户欠费全流程风险防控机制，切实承担资金管理主体责任。项目立项前，财务部根据客户背景、信用情况、历史欠费记录等开展客户信用评估，确立信用额度；项目实施过程中，财务部指定具体财务人员跟踪，催收欠款，提高资金周转率；项目完成后进行欠费评估，对负责催收的财务人员进行考核。

（4）优化财务共享服务。①对原有财务共享系统升级改造，与新业务管理系统有效对接，实现数据库"端到端"集成，保证新业务有序

高效处理；②根据项目组管理要求，调整业务操作流程，统一业务处理基础文件、单据，确保新业务的自动化核算。

假定不考虑其他因素。

要求：

1. 根据资料（1），指出甲公司主要采取哪三个途径进行业财融合？

2. 根据资料（2），指出甲公司财务部门在哪三个环节为业务部门提供支持？

3. 根据资料（3），判断其内容是否存在不符合业财融合基本理念之处，并说明理由。

4. 根据资料（4），分别指出①和②体现的是哪项财务共享服务的实现路径。

【分析与解释】

1. 通过项目制开展合作、加强交叉培训和教育、建立高效可靠的信息系统。

注：本处考核业财融合的途径。

2. 经营规划、业务运行和控制、业绩评价。

注：本处考核业财融合的内容。

3. 存在不符合业财融合基本理念之处。

理由：业务部门负责催收欠款；不能由财务部门催收，并对负责催收的财务人员进行考核。

注：本题考核业财融合的意义。业财融合不能不切实际地放大财会人员的责任，不能改变业务部门、财会部门在企业经营中的基本职能定位。

4. ①体现的是"完善信息系统建设"的实现路径；②体现的是"实施流程再造"的实现路径。

注：本处考核财务共享服务的实现路径。

【2023 年试题】

甲公司是一家大型集团公司，主要业务涉及商贸流通、金融服务等领域，拥有百余家分子公司，地域分布广泛。财务共享服务建设是甲公司2023 年度重点工作之一，总会计师为此组织召开专题研讨会。会议摘录内容如下：

（1）建设目标。财务共享服务建设应结合公司实际，学习标杆企业的成熟经验，考虑最新的技术发展，将财务共享服务中心打造成集业务处理、数据集成和决策支持为一体的数字化平台，助力企业实现"提效率、降成本、强管控、稳发展"的管理目标。

（2）中心设置。鉴于公司规模大，分子公司数量多，不同业务板块之间差异大，个别业务板块的监管要求高，公司拟按业务板块建设多个财务共享服务中心。在财务共享中心选址问题上，IT 中心主任认为应考虑交通运输、信息通信基础设施等因素，将财务共享服务中心建在北京、上海等一线城市；人力资源部部长综合考虑人力成本和人力资源可获得性，认为应将财务共享服务中心建在教育资源较为丰富且成本较低的西安、武汉等城市。

（3）人员分工。财务共享服务中心要承担集团范围的会计核算职能，拟设置总账报表、资产管理、资金管理、应收应付管理、费用报销管理等小组。为使各财务共享服务中心尽快承接下属单位的核算业务，缩短过渡期，财务部部长提出财务共享服务中心的人员来自各板块下属单位，对原单位的业务非常熟悉，因此，在财务共享服务实施初期，应通过系统授权安排上述人员处理原单位的全部核算业务。

（4）系统建设。信息系统建设是实现财务共享的基础。公司计划新建电子影像系统、网上报账系统、共享服务运营管理平台等系统；同时，进一步优化会计核算系统，在与企业内部的采购、销售等系统对接的基础上，通过银企直连、税务云等与银行系统、税务系统对接，确保快速获取数据，实现核算目标。公司还应采用新技术手段，提高业务处理效率，如基于流程标准化，设计模仿人在计算机操作的自动化流程，处理发票查验数量多、重复性高的业务；采用商务智能等工具，自动采集、清洗、分析多来源多形式的海量数据，依据用户需求选择展现方式，自动分发信息。

假定不考虑其他因素。

要求：

1. 根据资料（1），指出其体现了财务共享服务建设的哪项核心因素。

2. 根据资料（2），基于财务服务中心覆盖范围，判断甲公司财务共享服务中心的类型，并指出 IT 中心主任和人力资源部部长分别考虑了哪些财务共享服务中心选址因素。

3. 根据资料（3），结合财务共享服务中心的职能，判断财务部部长提出的做法是否正确；如不正确，说明理由。

4. 根据资料（4），指出甲公司财务共享服务建设预计提升会计核算系统的哪些价值（已超纲），并指出甲公司在财务共享服务建设中拟采用哪几项新技术。

【分析与解释】

1. 进行财务共享服务的战略定位。

2.（1）专业财务共享服务中心。

（2）基础设施因素；成本因素和人力资源因素。

3. 不正确。

理由：应该按照财务核算的要求选聘人员，构建专业化的财务核算服务部门，制定财务共享服务中心的制度，明确服务标准，同类业务进行归并，通过专业化分工提高效率。而不是各板块下属单位人员处理原单位的全部核算业务。

4.（1）①高度集成和融合，确保业务处理及时、准确；②支持灵活多样的信息展现，更好地进行决策支持。（2024年教材已删除）

（2）RPA 机器人流程自动化、大数据分析和数据可视化。

【点评】本题考核了财务共享战略定位、财务共享类型、财务共享选址、财务共享服务中心职能、管理信息系统中会计核算系统的价值、机器人流程自动化、大数据分析和数据可视化的概念。

【2022 年试题】

甲公司是一家大型集团企业，主营业务涉及装备制造、房地产等多个领域，拥有千余家分、子公司。在经济增速整体放缓的大背景下，甲公司自身管理效率不高、集团管控能力不足等问题愈加凸显。为此，甲公司拟通过建设财务共享服务中心来提升集团化管控能力和水平。2022年初，甲公司召开财务共享服务中心建设专题会，部分参会人员发言要点摘录如下：

（1）IT 部门负责人：各职能部门及分、子公司建有众多信息系统，但各系统之间缺乏交互，"数据孤岛"现象严重。共享服务本质就是建立一套互联互通的信息系统架构。建设财务共享服务信息系统，不仅要集成内部信息系统，还应尽可能实现与银行、税务等外部信息系统的对接。

（2）财务部门负责人：信息系统是财务共享服务实施的载体，包括网上报账系统、会计核算系统、影像系统等核心子系统。网上报账系统的建设，应基于电子影像系统的应用，开发移动端报账 App，各级管理人员可以随时随地查看单据的电子影像并进行审批，相关人员可以实时追踪和查询报账进程。

（3）总会计师：在数字经济时代，数字化转型是大势所趋，实施财务共享服务是推动财务数字化转型的有效路径。公司建设财务共享服务中心，应重点关注以下几点：①财务共享服务不仅应实现提高效率、降低成本、强化集团管控的目标，还应通过大数据、人工智能等新兴技术深度挖掘数据价值，大力推进公司数字化转型。②标准化体系建设是财务共享服务实施的基础，应重新梳理、优化业务流程，实现流程、表单、会计科目、报表的标准化。③财务共享服务中心运营初期，按照内部模拟市场的方式，制定服务标准和收费标准，向分、子公司收取一定的服务费；财务共享服务中心进入运营成熟期后，鼓励"独立自主、自负盈亏"，以独立法人形式向企业内外部提供服务并按市场化标准收取费用。

假定不考虑其他因素。

要求：

1. 根据资料（1），指出甲公司 IT 部门负责人关于共享服务本质的认识是否恰当；如不恰当，说明理由。

2. 根据资料（2），指出甲公司财务部门负责人发言体现了网上报账系统的哪些价值。（已超纲）

3. 根据资料（3），分别指出甲公司总会计师发言中的①～③项体现出传统财务共享服务建设的哪些核心要素。

4. 根据资料（3）中的第③项，按财务共享服务中心的运作模式划分，分别指出甲公司财务共享服务中心在运营初期和成熟期拟采用的运作模式。

【分析与解释】

1. 不恰当。

理由：共享服务的本质是一项管理变革。[或：共享服务不仅需要建设信息系统，还需要进行组织变革、流程再造，是一个系统工程。]

2. 网上报账系统价值：信息传递无纸化、

自动化，提高流程效率；提高业务处理全流程的透明度。（2024年教材已删除）

3. 核心要素：①财务共享服务的战略定位；②流程再造；③运营模式及相关制度。

4. 按照运作模式，运营初期采用的是模拟利润中心模式、运营成熟期采用的是独立经营模式。

强化练习

习题一

甲集团公司产业覆盖家用消费品和工业装备两大领域，旗下多达500多家分、子公司。2025年春天，围绕进一步完善财务共享服务、深化业财融合和加强财会监督，甲公司召开专题研讨会，下面是部分内容：

（1）关于财务共享。①财务共享是企业集团在组织中进行的一项现代信息技术革新，企业在集团层面成立财务共享服务中心，以促进企业集团降低财务管理成本、提高财务工作效率、保证会计信息质量、加强财务视角管控、提升财务服务体验度；②财务共享服务中的费用报销流程，通常可分为先申请再报销和直接报销两种，各有特点，企业在实践中要根据实际情况加以运用。

（2）关于业财融合。①业财融合是现代企业管理的必然趋势，以大数据、人工智能、移动互联网、云计算为代表的现代信息技术重塑了财务运营模式，在战略制定中，财会人员应充分利用价值创造专家的特长，主导企业战略制定过程，协调企业内部各部门以实现企业价值最大化；②公司整合智能装备、工业互联网与数字技术产业优势，实现自感知、自学习、自决策、自执行、自适应的智能化全流程生产制造，以生产创新为新质生产力赋能，在考虑自身的业务模式、组织架构、信息化情况和人员能力等因素的情况下，决定业财融合的途径；③业财融合应在构建高效的信息系统的基础上，实现业务和财务数据的分时共享，实现业务和财务的沟通和合作。

（3）关于财会监督。①财会监督应构建"五元一体"的财会监督体系，其中中介机构执业监督是中介机构对上市公司为监督主体的监督

机制，其监督职责是严格依法履行审计鉴证、资产评估、税收服务、会计服务等职责，确保独立、客观、公正、规范执业；②财会监督是内置于国家宏观管理过程之中的基本监督，加强财会监督能够更好发挥财会监督覆盖面广的特点和优势，助力一体推进"不敢腐、不能腐、不想腐"制度建设。

假定不考虑其他因素。

要求：

1. 根据资料（1），判断①是否存在不当之处；如存在不当之处，请说明理由。

2. 根据资料（1）中事项②，请指出费用报销流程中哪些做法具有较大的优点。

3. 根据资料（2），分析判断①~③是否恰当；如不恰当，请指出不当之处，并说明理由。

4. 根据资料（3），分析判断①~②是否恰当；如不恰当，请说明理由。

【分析与解释】

1. ①存在不当之处。

理由：财务共享是企业集团在组织中进行的一项财务管理变革。

2. 一是先申请再报销可以达到事前控制费用的目的；二是利用员工的公务信用卡额度先消费再报销，既不需要提前办理借款手续，又不实际占用员工资金，具有优势。

3. ①不恰当。

不恰当之处："财会人员应充分利用价值创造专家的特长，主导企业战略制定过程"表述不当。

理由：在战略制定中，财会人员应在尊重业务与财务既有分工的基础上，高度介入战略制定过程，发挥专业能力，以助力企业战略制定。

②恰当。

注：本处考核选择业财融合途径应考虑的

因素。

③不恰当。

不恰当之处："业财融合应在构建高效的信息系统的基础上，实现业务和财务数据的分时共享"表述不当。

理由：财务和业务的融合需要建立一个集成度高、数据可靠、功能全面的信息系统，实现业务与财务数据的实时共享，从而加强两者之间的沟通和合作。

4.①不恰当。

理由：中介机构执业监督是以会计师事务所、资产评估机构、税务师事务所、代理记账机构等中介机构为监督主体的监督机制。

②不恰当。

理由：财会监督是内置于国家宏观管理过程之中的专业监督，加强财会监督能够更好发挥财会监督覆盖面广的特点和优势，助力一体推进"不敢腐、不能腐、不想腐"制度建设。

习题二

甲公司为上交所上市公司，主营业务包括工程机械租赁和工程机械制造两大板块，在全国各地及境外设有158个分、子公司，2024年营业额达282亿元。随着公司规模的不断扩大，以及外部环境不断变化，财务转型升级和加强财会监管日益迫切。为此，甲公司召开了有关会计财务相关问题专题会议，研究讨论诸如构建企业财务共享服务、业财融合、财会监管等问题。下面是部分与会人员的发言：

（1）总经理：财务共享服务从萌芽、蓬勃发展到积极创新，已成为共享服务领域中最为广泛、最具代表性的实践之一。财务共享是企业集团在组织中进行的一项财务管理变革，我们公司应抓住机遇，积极探索依托财务共享实现财务数字化转型的有效路径，推进共享模式、流程和技术创新，从核算共享向多领域共享延伸，从账务集中处理中心向企业数据中心演进。

（2）财务总监：面对数字化转型的时代潮流，财务共享服务应有高起点。我建议财务共享服务可以采取设立一家独立法人有限公司的方式，依靠其专业技能和优质服务，不但为集团内分、子公司提供高质量服务，更应把业务扩展到集团外，为社会提供财务核算、税务咨询、财务分析等优质服务，按市场价收费，争取成为集团公司新的利润增长点。

（3）人力资源总监：传统财务共享服务的实现首先需要对集团内部的财务部门进行组织调整，我建议由财务共享服务中心履行政策规范制定、财务核算、财务分析、税务处理和投融资职能，将相关财会人员从各分、子公司集中到财务共享服务中心；各分、子公司取消财务核算职能和人员，留任财会人员履行内控执行、业务支持等职能；集团财务管理部门履行管理会计、税务筹划和内部稽核等职能。科学合理的分工，各司其职、各负其责，可以大大提高规模效益，降低财务处理成本。

（4）IT总监：本集团通过多年努力，构建了比较完善的ERP系统，包括财务会计模块、管理会计模块、人力资源模块、销售管理模块、资产管理模块、质量管理模块等，为支持财务共享服务的管理信息系统建设奠定了良好的基础。我建议，在原有的信息系统基础上进行改造升级，包括新建支撑财务共享服务的特有的核心子系统，如电子影像系统、网上报账系统和电子会计档案系统；改造升级周边财务系统和相关业务系统，使其与再造后的业务流程相匹配。

（5）会计处处长：目前财政部在大力倡导管理会计应用，强调应遵循战略导向、融合性、适应性、成本效益四项原则，在实践中，集团公司非常重视业财融合，我们公司应根据自身特点，通过创新业务流程、改变组织机构、培育融合文化等方式推进业财融合，才能取得良好的效果。我建议，本集团应通过业财融合优化企业管理，降低成本或提高收入、优化流程或提高决策效率和效果等途径，实现企业整体效益的提升。

（6）集团党委书记：本集团在复杂多变的外部环境中，应该坚守职业道德，对腐败零容忍。在廉政建设中，财会监督是党和国家监督体系的重要组成部分，应发挥财会监督的作用，推动包括财会监督、审计监督在内的多项监督有机贯通、相互协调，以实现维护社会主义市场经济秩序、保障财政经济法规有效执行。

假设不考虑其他因素。

要求：

1. 请根据资料（1），指出总经理发言是否恰当？如不恰当，请说明理由。

2. 请根据资料（2），指出财务总监建议的财务共享服务按运营模式分类属于哪种类型？

3. 请根据资料（3），分析判断人力资源总监的建议是否存在不当之处；如存在不当之处，请指出不当之处，并说明理由。

4. 根据资料（4），分析判断 IT 总监的建议是否存在不当之处；如存在不当之处，请说明理由。

5. 根据资料（5），分析判断会计处处长的建议体现的是业财融合的什么目标？

6. 根据资料（6），分析判断党委书记对财会监督的定位的说法是否存在不当之处；如存在不当之处，请说明理由。

【分析与解释】

1. 总经理发言恰当。

注：总经理的发言指出了财务共享的本质；指出了 2022 年国务院国资委发布的《关于中央企业加快建设世界一流财务管理体系的指导意见》的主要要求。

2. 财务总监建议的财务共享服务按运营模式分类，属于独立经营模式。

3. 人力资源总监的建议存在不当之处。

不当之处：财务共享服务中心履行政策规范制定、投融资职能。

理由：基础的会计核算等职能划分给财务共享服务中心后，集团总部财务管理部门应将精力集中在政策规范制定、管理会计、投融资、税务筹划、内部稽核等职能上。

4. IT 总监的建议不存在不当之处。

注：IT 总监发言中涉及到的是财务共享服务的实现路径中"完善信息系统建设"，集团公司建设财务共享服务中心，一般都是从原有的信息系统，通过改造升级周边财务系统和相关业务系统，使其与再造后的业务流程匹配，以达到保证财务共享运行效果的目的。

5. 会计处处长的建议体现的是业财融合的根本目标。

注：业财融合的根本目标是优化企业管理，通过降低成本或提高收入、优化流程或提高决策效率和效果等途径，实现企业整体效益的提升。

6. 党委书记对财会监督的说法不存在不当之处。

注：习近平总书记在十九届中央纪委四次全会上指出，要完善党和国家监督体系，以党内监督为主，推动包括财会监督、审计监督在内的多项监督有机贯通、相互协调，将财会监督明确为党和国家监督体系的重要组成部分，为新时代财会监督工作指明了方向。

习题三

甲集团公司是一家深交所上市公司，是计算机、通信和消费电子（3C）周边产品及部件等专业的消费电子产品制造商，公司产品主要应用在智能移动通讯、PC、影音设备、智能家具设备及各类电子终端产品领域。通过 20 多年苦心经营，公司业务不断扩大，财务管理以及遵守财经纪律面临新挑战。为此，甲公司召开会计财务相关问题研讨会，研究财务转型升级、业财融合、财会监督等事宜，相关与会人员发言要点如下：

（1）会计人员 A：集团下属子公司高达 200 多家，分散在全国各大中小城市，每个企业都要进行大量的、日常经济业务基本相同的核算，诸如报销差旅费用、采购与付款、销售与收款；所有经济业务均应严格遵循企业会计准则进行处理，执行符合会计规范的业务处理流程。我建议，我们集团应利用先进的互联网技术，在集团公司总部所在地（广州）建立财务共享服务中心，以达到提高业务处理效率，降低成本，加强管控，推进数字化转型，促进党建水平达到新高度等目标。

（2）会计人员 B：我们集团公司规模已达到相当量级，采用财务共享服务模式看来是势在必行。我同意会计人员 A 的说法，建议在集团公司总部所在地建立财务共享服务中心，将财务核算人员集中到财务共享服务中心，通过互联网技术解决会计凭证异地传递问题，为集团总部以及其全体子公司提供专业化的财务核算服务，节省核算成本，提高会计信息质量。

（3）会计人员 C：财务共享服务作为一项财务管理变革，需要一整套信息系统进行支撑。我建议，在我们集团公司原有 ERP 信息系统的基础上进行升级改造，构建与共享服务相匹配的电子影像系统、网上报账系统、电子会计档案系统、会计核算系统、合并报表系统、资金管理系统、银企互联系统等。

第十一章

（4）会计人员D：目前的信息传输技术比多年前已经发生了巨大的变化，原来主要依靠扫描和影像系统解决会计凭证的异地传输。我建议，可以通过移动互联网实现网上订票、网上订购、网上销售等各项业务。通过云平台，可以全链条打通差旅审批、消费、报销、财务审核、出纳支付、入账以及费用分析和管理等，这样既保证了消费的真实、有效、透明，又节省了员工手工填写费用整理票据的工作量，大大提高了效率。

（5）会计人员E：业财融合是管理会计应用中"融合性"原则的具体表现，业财融合之所以在各大集团公司大力提倡，就是因为它在实践中有重要意义。比如，本集团属于制造业企业，精细化管理涉及企业生产过程的每一个环节，企业的信息系统要对从生产计划、物料投产至成品入库的全生产过程进行信息采集，并对物料消耗、设备监控、产品检测等每一个环节进行管控，在此基础上不断审视每个流程，找准关键问题、薄弱环节，不断进行改进。而精细化管理需要必要的信息，也需要专业化的工具，业财融合能够为业务部门提供大量的财务数据和管理会计工具，助力企业精细化管理的落地。

（6）会计人员F：财会监督十分重要，财会监督是其他监督的基础，财会监督同其他监督形式一体纳入国家监督体系中，与其他监督形式形成良性互动，有助于进一步促进国家监督体系构建的完整性和系统性，从而增强国家监督体系的监督效能。对此，我建议，在财会监督中一定要强调财会监督的技术性、专业性，应淡化其政治属性，没有过硬的专业技术，就找不出问题的关键，使监督"虚化"，财会监督就会流于形式。

假设不考虑其他因素。

要求：

1. 根据资料（1），请指出会计人员A建议的财务共享服务的战略定位是否恰当；如不恰当，请说明理由。

2. 根据资料（2），指出会计人员B建议构建的财务共享服务中心，按覆盖范围分类属于哪种类型？

3. 根据资料（3），指出会计人员C发言中涉及的电子影像系统都有哪些功能？

4. 根据资料（4），请说明什么是移动互联网下企业业务流程的5A模式。

5. 根据资料（5），指出会计人员E发言中体现的是业财融合的哪个重要意义？

6. 根据资料（6），指出会计人员F发言中涉及的财会监督的工作要求是否存在不当之处；如存在不当之处，请说明理由。

【分析与解释】

1. 不恰当。

理由：促进党建水平达到新高度不属于财务共享服务建设的目标。

2. 按覆盖的范围划分，该财务共享服务中心属于全范围财务共享服务中心。

3. 电子影像系统作为财务共享支撑板块的子系统，主要功能有：电子信息采集、影像处理和传输、集中存储和影像查询、调阅管理等功能。

4. 移动互联网将移动通信和互联网结合起来，通过包括智能手机、平板电脑等智能移动终端和企业服务器、计算机等进行信息交互。移动服务网下企业业务流程的5A模式，即任何人可在任何时刻、任何地点，通过任何设备接入互联网，可以处理与业务相关的任何事情。借助移动互联网，企业管理者及业务人员可以突破办公场所、上网条件等限制，使财务业务操作及管理随时随地、触手可及。

5. 会计人员E发言中体现的是"业财融合可以推进对业务的精细化管理"这一重要意义。

6. 存在不当之处。

理由：会计人员F发言中违背了财会监督的指导思想，应坚持以完善党和国家监督体系为出发点，以党内监督为主导，突出政治属性，健全财会监督体系。

习题四

甲集团公司是一家大型钢铁上市公司，产品涵盖宽厚板、热冷轧薄板、线棒材、无缝钢管四大系列近万个品种规格，在海内外拥有200多家分、子公司。为了提升财务管理水平，加强财会监督，甲集团公司就构建财务共享服务、业财融合、财会监督进行了一系列工作，有关资料如下：

（1）甲集团公司在构建财务共享服务前，

集团财务部的职能主要包括财务核算职能、管理分析职能、内控执行职能、财务政策制定职能、投融资职能、税务处理职能、内部稽核职能等。在构建财务共享服务后，将集团财务部以及各分、子公司的财务核算职能和税务处理职能全部划归到财务共享服务中心，财务共享服务中心由集团财务部负责领导。划出财务核算和税务处理职能后，集团财务部将职责集中在投融资、内部稽核、政策规范制定、管理会计应用以及税务筹划等方面；各分、子公司财务部门则聚焦于财务分析、业务支持、内部控制的执行等核心业务，大大提高了工作效率。

（2）甲集团公司构建财务共享服务中心的实现路径之一是完善信息系统建设。信息系统是财务共享服务实施的载体，支撑财务共享服务中心完成各项工作。为此，甲集团公司在原有 ERP 信息系统基础上，升级改造建立了传统模式下的财务共享服务相匹配的子系统，包括电子影像系统、网上报账系统、电子会计档案系统、会计核算系统、合并报表系统、资金管理系统、银企互联系统、预算控制系统和税务管理系统等。

（3）甲集团公司面临新冠疫情冲击后国内经济下行的压力，供销产业链循环受阻。为克服困难，明确销售是龙头、稳产是根本、降本是关键三条硬性要求，持续推进精益生产、销研产一体化和营销服务三大战略支撑体系建设，加快品种结构调整和生产线结构升级，稳步推进数字化智能化转型，通过构建财务共享服务中心向管理模式变革要效益。甲公司认为：销售和收款业务具有程序复杂、涉及的单据和记录繁多、工作量大且容易出错的特点，业务流程不容易标准化，因此暂不把销售和收款业务纳入财务共享服务范围内。

（4）甲集团公司在构建了财务共享服务中心之后，决定引入智能化技术，开发开票机器人、收单机器人、对账机器人等一系列财务机器人，提高财务处理效率。

（5）甲集团公司在互联网技术发展的浪潮中，不断推进 5G、人工智能等新信息技术与财务深度融合，建立云数据中心，时刻关注运用 SaaS 云软件优化财务共享服务中心。甲集团公司通过分析认为，SaaS 云软件的运用带来了管理上的进一步革新，主要体现在：①企业通过云软件可以实现与上下游企业及政府税务系统信息共享；②以高质量的电子数据作为记账依据可以提升处理效率，但由于使用众多的云软件将增加企业信息系统使用成本。

（6）甲集团公司坚持以提高企业运营效率与增强技术创新能力为硬核，在业财融合中要求将财务职能融入企业运营系统之中，业财融合的内容包括了财务与一线业务部门的融合，财务与人力资源等管理部门的融合、财务与后勤保障部门的融合等，将财务融入到财务之外的广义的"业务"环节中。

（7）甲公司顺应时代要求，对财会监督在传统的内部监督、政府监督和社会监督等"三位一体"的基础上，进一步扩展了财会监督的监督主体和体系，构建了新时代"五元一体"财会监督体系。其中，单位内部财会监督是以单位纪委为本单位财会监督工作的第一责任人，对本单位财会工作和财会资料的真实性、完整性负责。

假设不考虑其他因素。

要求：

1. 根据资料（1），指出甲集团公司建立财务共享服务中心后，财务部门的职能分配是否妥当；如不妥当，说明理由。

2. 根据资料（2），指出支持财务共享服务信息系统中，网上报账系统有哪些功能。

3. 根据资料（3），判断甲集团公司暂不将销售和收款业务纳入财务共享服务范围内的做法是否合理；如不合理，请说明理由。

4. 根据资料（4），指出甲公司采用的新技术是什么？该新技术有哪些优点？

5. 根据资料（5），判断甲集团公司对 SaaS 云软件的分析是否存在不当之处；如存在不当之处，请指出不当之处，并说明理由。

6. 根据资料（6），指出甲集团公司业财融合内容说法是否妥当；如不妥当，说明理由。

7. 根据资料（7），指出甲集团公司财会监督的体系和内容的说法是否妥当；如不妥当，说明理由。

【分析与解释】

1. 妥当。

注：根据财务共享服务的基本思路，企业集

团下属的分、子公司取消财务核算职能和岗位，仅保留财务分析、内控执行、报税、业务支持等职能和相应的人员；财务共享服务中心主要承担集团范围的财务核算的职能，还可能根据需要承担财务分析职能、税务处理职能等；集团总部的财务管理部门应将精力集中在政策规范制定、管理会计、投融资、税务筹划、内部稽核等职能上。

2. 网上报账系统主要有业务申请管理、报账申请管理、业务审批管理、任务分配管理、财务审核管理和查询分析管理等功能。

3. 甲集团公司的做法不合理。

理由：由于销售和收款具有程序复杂、涉及的单据和记录繁多、工作量大且容易出错的特点，加之其往往业务数量大、重复度高，以及企业对客户分类管理和对应收账款进行集中管理等内部控制要求，决定了销售和收款业务在集团范围内采用财务共享服务模式，能较好地体现财务共享服务的优势。

4. ①甲集团公司采用的新技术是机器人流程自动化（RPA）技术，该技术可以模仿人在计算机上的操作，重复执行大量标准化业务的软件。

②RPA 的优点：能处理大量、重复性的工作，还能 24 小时不间断地执行任务，大大降低了人力成本，提升了工作效率；只要设计好程序，前期做好流程、文件、数据的标准化，RPA 就能做到零出错，避免人为造成的错误；RPA 是非侵入式的程序，其应用不改变原有的 IT 结构和系统。

5. 甲集团公司对 SaaS 云软件的分析存在不当之处。

不当之处："由于使用众多的云软件将增加企业信息系统使用成本"的分析不当。

理由：在 SaaS 云软件出现之前，企业需要自己搭建信息系统，费时费力，花费巨大，效果还未必尽如人意。云软件的概念出现后，大型企业可以部分租用云平台软件和自有信息系统协同。中小企业可以采用公共云软件服务，无须自建财务信息系统。财务服务将实现按需使用，企业可以根据自身特点及业务需求，选择自己所需的财务功能，进行弹性配置、即选即用，满足企业个性化需求，不需再费时费力定制软件，极大降低了软件使用成本。

6. 甲集团公司业财融合内容说法不妥当。

理由：由于企业的运营通常包括"战略制定——经营规划——业务运行和控制——业绩评价"这几个环节，因此业财融合的内容也主要体现在这些领域之中，包括战略制定层面的融合、经营规划层面的业财融合、业务运行和控制层面的业财融合、业绩评价层面的业财融合。

7. 不妥当。

理由：单位内部财会监督是以单位主要负责人为本单位财会监督工作的第一责任人，对本单位财会工作和财会资料的真实性、完整性负责。

习题五

甲公司是一家大型交通投资集团，下设多种业态（交通、制造、商贸、房地产等），由于分、子公司众多，分布地域广，面对智能化时代的到来和财务管理中出现的问题，相关人员就有关构建财务共享服务中心、业财融合和财会监督等会计财务相关问题进行了讨论，情况如下：

（1）董事长：本公司计划建设本集团的核心板块（交通板块）的财务共享服务中心，以提升财务管理水平。甲公司财务共享服务中心隶属于公司总部，营运开支独立核算，对内对外独立收费，对集团内部交通板块提供财务核算、费用报销等财务共享服务、税务管理服务；针对集团公司外部，财务共享服务中心致力于探索在交通行业输出财务咨询服务。集团交通板块子公司财务核算人员全部集中至共享中心办公，交通板块子公司财务部门不再设置财务核算人员。

（2）总经理：关于甲公司财务共享服务中心建设的战略定位，我建议：第一，要统一核算流程，提高会计核算的质量，提高业务处理效率；第二，要优化财务人员结构，降低财务管理费用；第三，要实现资金集中核算，监控资金支付风险，提高风险管控能力；第四，提高公司数字化、智能化水平。

（3）行政总监：关于财务共享服务中心的选址问题，我建议应该考虑水电供应是否充足、生活设施配套是否齐全、办公场所是否有吸引力使员工愿意离开原单位等因素。

（4）信息中心总经理：随着财务共享服务中心的投入运营，企业的数据量积累越来越大，数据将成为企业重要的资产，形成企业的核心竞争力。我建议：企业在全流程、全生命周期的数据层面快速协同，同时融合上下游供应链合作伙伴的数据，实现数据技术从关系型数据库到数据仓库、联机分析，再到数据挖掘和可视化，利用大数据技术帮助企业从海量数据中挖掘有价值的信息，支持本企业管理者作出更明智的战略及经营决策。

（5）财务总监：业财融合的目标确定之后，应通过不同途径加以实现，基本思路是：可以通过节约成本来实现，可以通过增加收入来实现，可以通过提高劳动效率来实现，还可以通过优化业务流程来实现。其中，财务和业务的融合需要有一个高效的信息系统作为基础，以实现数据共享、信息沟通和业务流程管理的无缝连接。企业可通过企业资源规划（ERP）、商业智能（BI）、客户关系管理（CRM）等系统的集成，建立一个集成度高、数据可靠、功能全面的信息系统，实现业务与财务数据的实时共享。

（6）审计总监：财会监督要达到好的效果，必须有完善的机制。比如，财会监督主体应实现横向协同，构建纪委牵头，并由财政部门、有关部门、各单位、中介机构、行业协会等监督主体横向协同工作机制。各级财政部门在纪委指导下负责本级政府财会监督协调工作机制日常工作，加强沟通协调，抓好统筹谋划和督促指导；税务、人民银行、国有资产监管、银行保险监管、证券监管等部门积极配合、密切协同。各单位应配合依法依规实施财会监督，不得拒绝、阻挠、拖延，不得提供虚假或者有重大遗漏的财会资料及信息。

假设不考虑其他因素。

要求：

1. 根据资料（1），分别指出财务共享服务按覆盖的范围、运作模式二种不同分类标志进行分类，该财务共享服务中属于何种类型。

2. 根据资料（2），指出总经理关于财务共享服务中心的战略定位是否恰当，并列举常见的建设目标。

3. 根据资料（3），指出行政总监的说法是否存在不当之处；如存在不当之处，请说明理由。

4. 根据资料（4），指出信息中心总经理大数据分析和数据可视化的说法是否存在不当之处；如存在不当之处，请说明理由。

5. 根据资料（5），指出财务总监业财融合途径的说法中，具体体现的是哪个业财融合的途径。

6. 根据资料（6），指出审计总监财会监督机制的说法是否妥当；如不妥当，请说明理由。

【分析与解释】

1. 甲公司财务共享按照覆盖范围属于专业财务共享服务中心（仅涵盖交通业务）；按照运作模式，属于利润中心模式。

2. 总经理关于财务共享服务中心的战略定位恰当。

常见的财务共享服务中心建设目标包括：①提高业务处理效率；②降低成本；③加强管控；④推进数字化转型等。

3. 行政总监的说法存在不当之处。

理由：进行财务共享服务中心选址应该考虑以下因素：（1）明确要建设的财务共享服务中心的种类（全范围、区域、专业）。（2）成本因素：人力成本、通信成本、房租成本等。（3）环境因素：政策环境、发展能力和城市竞争力等。（4）人力资源：教育资源、人员流动性、人力资源充沛性等；（5）基础设施因素：交通、电信设施、自然环境等。

4. 信息中心总经理大数据分析和数据可视化的说法不存在不当之处。

5. 财务总监业财融合途径的说法中，具体体现的是"建立高效可靠的信息系统"这一途径。

6. 不妥当。

理由：应构建财会监督主体横向协同的机制，推动财政部门与有关部门、各单位、行业协会、中介机构紧密配合，实现财会监督"一张网"开展；各级财政部门牵头负责本级政府财会监督协调工作机制日常工作，加强沟通协调，抓好统筹谋划和督促指导。

习题六

甲集团公司主要从事工业余热锅炉、大型及

特种材质压力容器和核安全设备的制造销售业务，以及固废、废水等污染物处理和回收利用的环境综合治理服务及光伏电站运营业务，2024年营业收入为368亿元。甲集团设立了众多分、子公司，为了提高财务核算效率，转型升级，降低成本以及严肃财经纪律，甲集团公司就建立财务共享服务、业财融合和财会监督进行了如下工作：

（1）甲集团公司在进行财务共享服务中心建设中，在集团公司总部所在地建立财务共享服务中心，承担集团内全部分、子公司的财务核算职能、税务处理职能以及财务分析职能。考虑到财务共享服务从无到有，各项服务有待逐步完善，决定不对集团外提供服务，为集团内各分、子公司服务时暂不收取服务费用。

（2）甲集团公司财务共享服务的运行有赖于在本集团ERP基础上升级的、适应财务共享服务需求的信息系统，该系统包括电子影像系统、网上报账系统、电子会计档案系统、会计核算系统、合并报表系统、资金管理系统、银企互联系统、预算控制系统、税务管理系统等。其中，电子会计档案系统作为财务共享服务支持板块的子系统，从网上报账系统、电子影像系统获取单据影像等信息，从会计核算系统获取记账凭证、会计账簿、财务报表等信息。

（3）甲集团公司财务共享服务中心最基础、最核心的业务是财务核算，主要包括总账和报表管理、采购与付款管理、销售与应收管理、资产管理、成本管理和现金管理等。对于一般制造企业，财务共享服务中心的销售与收款流程通常以销售合同的录入为起点展开，核心是销售子流程。

（4）甲集团公司在业财融合实践中，将优化企业管理，通过降低成本或提高收入、优化流程或提高决策效率和效果等途径，实现企业整体效益的提升确定为业财融合的根本目标。同时，根据业务的具体场景和需求不同，明确了业财融合的若干具体目标，比如，企业生产经营中遇到长期投资决策、采购决策、销售中的产品定价决策，业务部门和财务部门通过紧密合作，可以快速准确地获取、分析和生成决策所需的信息，从而提高决策的速度和质量。

（5）甲集团公司深刻认识到，财会监督是

依法依规对国家机关、企事业单位、其他组织和个人的生产经营活动实施的监督，是维护社会主义市场经济秩序、保障财政经济法规有效执行的重要基础，也是财政部门强化管理、维护市场秩序、保护投资者合法权益的重要抓手。为此，甲集团公司将加强财会监督作为今年的一项重要工作来抓，树牢"诚信为本、操守为重、坚持准则、不做假账"的财会意识、财会精神、财会文化、财会规矩。

假设不考虑其他因素。

要求：

1. 根据资料（1），指出甲集团公司财务共享服务中心按覆盖范围和运作模式划分，分别属于何种类型，并说明理由。

2. 根据资料（2），指出电子会计档案系统包括哪些功能模块？

3. 根据资料（3），指出销售和收款业务的特点有哪些？销售和收款共享流程包含哪四个业务节点？

4. 根据资料（4），指出甲集团公司表述中体现的是哪个业财融合的具体目标？

5. 根据资料（5），指出甲集团公司对财会监督的认识是否存在不当之处；如存在不当之处，请说明理由。

【分析与解释】

1. 甲集团公司财务共享服务中心按覆盖范围划分，属于全范围财务共享服务中心。

理由：财务共享服务中心处理的业务覆盖了企业集团全部的业务。

甲集团公司财务共享服务中心按运作模式划分，属于成本中心模式。

理由：成本中心模式是指财务共享服务中心只是企业内部的一个成本中心，仅为企业内部的分、子公司提供财务服务，不收取服务费用。

2. 电子会计档案系统功能模块主要包括系统管理、归档管理、档案利用和档案借阅共四个功能模块构成。

3. 销售和收款业务的特点有：程序复杂，涉及的单据和记录繁多，工作量大且容易出错。

销售和收款共享流程中，业务节点有：业务审批、业务人员填单、FSSC收入会计复核、FSSC归档。

4. 甲集团公司表述中体现的是"提高决策效率和效果"这一业财融合的具体目标。

5. 甲集团公司对财会监督的认识存在不当之处。

理由：财会监督是依法依规对国家机关、企事业单位、其他组织和个人的财政、财务、会计活动实施的监督，是维护社会主义市场经济秩序、保障财政经济法规有效执行的重要基础，也是财政部门强化管理、维护市场秩序、保护投资者合法权益的重要抓手。

2025 年度高级会计资格
《高级会计实务》全真模拟试题（一）

案例分析题一（本题 10 分）考核企业战略和财务战略

ABC 集团公司下属有两家全资子公司 X 和 Y。X 公司已于 2019 年在上海证券交易所上市。目前，两家企业在发展过程中都面临着新的战略选择，请根据以下资料和问题，作出回答。

资料一：子公司 X 是一家专门生产面包食品且正处于成长期的上市公司，2023 年底公司意图收购一家拥有 30 家分店的面包连锁店，以便将其业务扩大到全国各地。目前公司正在请专业机构做尽职调查，即将纳入到董事会讨论环节。2023 年度公司年度报告显示当年盈利 3.5 亿元，董事会拟将利润的 20% 用于股票股利分配，由于公司并购计划涉及大量资金支出，因此本年度不实施现金分红。

资料二：子公司 Y 是一家设计、开发、销售运动鞋，包括健身鞋、跑步鞋、训练鞋、慢跑鞋和散步鞋的公司。国内几个主要的公司统治着运动鞋市场，这些公司都比 Y 公司资金雄厚，资源丰富。2022 年，Y 公司的销售收入是 89 亿元，而行业主要公司 A、B、C 的销售收入分别是 340 亿元、200 亿元、260 亿元。运动鞋市场被认为是一个成熟的市场。然而，随着运动在人们生活中的重要性逐步提升，一部分细分市场却快速膨胀，除了整个行业增长的原因之外，还因为高度专业化、技术革新和迷人的形象和样式。

要求：

1. 根据资料一，请问 X 公司是何种类型的战略，X 公司为什么想采用这种战略？

2. 根据资料一，如果你作为 X 公司董事会成员，你认为目前 X 公司战略的风险有哪些？

3. 根据资料一，你认为公司的分红政策是否合理，给出具体理由。

4. 根据资料二，你认为 Y 公司应当采取哪种竞争战略？

5. 根据资料二，你认为 Y 公司战略选择风险有哪些？

【分析与解释】

1. X 公司是横向一体化的战略。这种战略的优缺点如下：采用横向一体化战略，企业可以有效地实现规模经济，快速获得互补性的资源和能力。此外，通过收购或合作的方式，企业可以有效地建立与客户之间的固定关系，遏制竞争对手的扩张意图，维持自身的竞争地位和竞争优势。

2. 横向一体化战略也存在一定的风险，如过度扩张所产生的巨大生产能力对市场需求规模和企业销售能力都提出了较高的要求；同时，在某些横向一体化战略如合作战略中，还存在技术扩散的风险；此外，组织上的障碍也是横向一体化战略所面临的风险之一，如"大企业病"、并购中存在的文化不融合现象等。

3. 不合理。根据上市公司现金分红的基本要求，处于成长期且有重大资金支出安排的公司，进行利润分配时，现金分红在本次利润分配中所占比例最低应当达到 20%。

4. Y 公司应避免与三个主要公司直接竞争，选择自己的目标细分市场，实行集中差异化的竞争战略。

5. Y 公司实施集中差异化战略的战略风险主要有以下几方面：

（1）竞争者可能模仿；

（2）目标市场由于技术创新、替代品出现等原因导致需求下降；

（3）由于目标细分市场与其他细分市场的差异过小，大量竞争者涌入细分市场；

（4）新进入者重新瓜分市场。

案例分析题二（本题 10 分）考核企业全面预算管理、企业绩效管理

甲公司是一家国内知名的家居行业个性化定制产品综合服务提供商，依托其领先的家居产品设计软件开发和信息化整体解决方案提供能力，公司取得了超常发展。前几年，公司管理层基于对本行业未来发展趋势的判断，重新修订了公司的发展战略，将业务发展重点从最赚钱的定制家居、配套家居产品的生产与销售业务，逐渐转向整装业务，并利用其领先的 IT 技术平台，整合供应链体系和行业资源。同时，公司管理层在商业模式选择上坚持了 O2O（线上线下协同）和自营模式，适度开展了加盟商模式。

但近几年由于新冠疫情的持续影响，叠加房地产行业景气度的持续下降，家居和家装行业也进入了"寒冬"。公司由于坚持了自营模式，线下门店经营受到的冲击尤其严重。公司的业绩经历了断崖式下跌。公司相关财务数据如下表所示。

金额单位：亿元

项目	2021 年	2022 年	2023 年预计	同比增减（%）	预算完成度（%）
营业收入	65.13	73.10	53.23	−27.18	48
净利润	1.01	0.90	−0.31	−134.16	35
经营现金净流量	1.32	5.39	−1.11	−121	−300
净资产收益率（%）	2.90	2.53	−0.84		
资产负债率（%）	43.82	55.22	54.79		

2023 年第三季度刚结束，公司管理层召开了年度预算执行情况分析总结会，并对 2024 年的预算和绩效考评指标编制进行了动员。财务部分根据 2023 年前三季度的实际财务数据，并结合当前发展趋势，得出全年预算业绩数据，并计算出了同比增减百分比和全年预算预计完成度等相关数据。

与会成员对以下几个议题展开了激烈讨论：（1）公司预算编制的原则和方法是否需要改进优化。（2）自营模式带来的业绩和现金流冲击远超预期，是否需要大幅度缩减自营，大力拓展加盟模式；在业绩未见大幅改善，资金承压的情形下，明年是否应该投资假设位于西部的生产基地，以实现补短板和区域协同布局。（3）绩效考评的目标值应该选择何种标准比较合适。（4）研讨导入平衡计分卡绩效管理模式，增加非财务评价指标比重是否必要。

虽然大家观点不一，但经过充分沟通，管理层最终决定还是坚持原有的发展战略和商业模式不动摇，但在具体经营管理措施，以及预算和绩效考评方法上做进一步优化调整。

要求：

1. 从公司 2023 年度预算执行情况看，主要存在哪些特征或问题。

2. 公司在编制 2024 年度预算时是否应该为了短期业绩和资源限制，改变商业模式，并取消基地

投资计划，请说明理由。

3. 绩效考评的目标值确定有哪些标准，公司该如何选择，请说明理由。

4. 试阐述平衡计分卡的基本理念和框架，并说明实施平衡计分卡应注意的基本原则。

【分析与解释】

1. 从公司 2023 年预算实际执行情况来看，存在以下特征或问题：（1）与去年同比增减数据显示，营业收入、净利润、经营现金流均明显下降，分别下降了 27.18%、134.16%、121%。尤其是归母净利润下降幅度更大，说明公司的成本结构中固定成本占比较大，导致经营弹性大，营业收入变化对净利润波动的影响程度较高。此外，经营现金净流量出现负值，说明在存货、往来款等营运资本管理方面存在较大改进空间。（2）与本年预算相较，预算执行偏离度太大，说明在预算编制时没有充分考虑到外部环境的巨大变化和发展趋势，其间也没有适时进行预算调整。

2. 公司在组织编制 2024 年度预算时在总体原则上不应该轻易变更业务模式，也不应该删除重大投资项目。预算应严格遵循战略导向原则。同时，公司目前的资产负债率（54.79%）尚处于良性区间，充分盘活存量资源，适度增加负债，适度引进战略投资者和加盟商，以减轻资金压力，在总体风险可控的前提下，积极投资完成战略布局，为未来增添发展动力。

3. 绩效评价的目标值的确定可参考内部标准和外部标准。内部标准有预算标准、历史标准等。外部标准有行业标准、竞争对手标准、标杆标准等。甲公司应该同时参考内部标准和外部标准，并加大外部标准的比重。尤其在当下甲公司所在行业处于艰难期时，参考外部标准可以让管理者更加关注外部环境和同业竞争者的动态趋势和业绩水准，发现差异及时改进，同时也保证了绩效考评的可比性和公平性。

4. 平衡计分卡聚焦于企业战略，从财务、客户、内部业务流程、学习与成长四个维度，将战略目标逐层分解转化为具体的、相互平衡的绩效指标体系，并据此进行绩效管理的方法。平衡计分卡的核心理念是：利润最大化是短期的，企业应体现战略目标，致力于追求未来的核心竞争能力。采用多重指标、从多个维度或层面对企业或分部进行绩效评价更加客观全面。

平衡计分卡的有效应用，应遵循以下三个原则：（1）各个层面的指标间具有因果关系。（2）结果计量指标与绩效动因相关联。（3）与财务指标挂钩。

案例分析题三（本题 15 分）考核企业风险管理与内部控制

甲公司是一家从事制药、医疗器械、医学诊断等业务的上交所上市公司，2025 年 2 月甲公司召开相关人员参加的风险管理与内部控制研讨会，就目前企业面临的风险、应采取的应对措施、内部控制存在的问题等进行了讨论。有关部分内容摘录如下：

（1）关于风险分析。①甲公司认为，目前全球经济面临通胀压力，在生产经营中商品价格的变化较大，按照能否为企业带来盈利等机会分类应分类为投机风险，企业应在商品购销中抓住机遇、规避损失。②甲公司认为，随着信息技术与商业模式、管理模式的有效结合，公司应不惜一切代价加大大数据在风险管理中的应用，通过电子商务平台对用户的消费行为和偏好、用户访问群、用户访问量、平均停留时间、服务及时率与满意度等信息进行搜集、分析，识别市场对产品的供需变化，拓展市场占有率，实现企业高质量发展。③甲公司认为，面对复杂严峻的国内外形势和多重超预期因素冲击，企业应从整体角度进行风险分析，不但要分析市场价格变化、信用拖欠等单一风险，而且还要分析各种不利因素在企业层面的组合风险，将企业整体风险控制在可承受范围之内。④为了避免主观判断的影响，企业应尽量采用风险矩阵坐标图进行风险分析，为企业风险应对指明风险管理的重点方向。

（2）关于风险应对。制药业务为本公司核心业务，目前制药收入占公司总收入的 70%，属于公司主要盈利业务。为保持这一优势，甲公司决定采取如下策略：①对盈利能力强、销售依然强劲的药物，继续保持稳定生产状态，保证供应量。②增加科研投入，积极开发新疫苗，争取成为国家防疫重点骨干药企。③对某些传统药材中尚未进行"双盲实验"的药物，与保险公司签订保险合同，防止出现药物事故时发生企业崩溃的风险。④国家医保局印发了 2025 年版《国家基本医疗保险、工伤保险和生育保险药品目录》，本企业涉及 3 个药品被调出目录，为避免亏损，决定停止生产该 3 种药物。

（3）关于内部控制。①国家继续推进医疗卫生体制改革，促进"三医"协同发展和治理，甲公司董事会决定抓住机遇，指定公司战略委员会修订公司发展战略，经公司董事会批准后实施新的发展战略。②根据国家医保局发布的《关于做好 2025 年医药集中采购和价格管理工作的通知》，国家继续开展新批次国家组织高值医用耗材集采，本企业有 10 种药物中标。在药物销售中，甲公司要求销售部门负责应收账款的催收并办理资金结算，及时收回货款；财会部门负责记账，记录回款情况并与客户函证应收账款余额。③作为中国领先的药品分销及供应链服务提供商，物流成为制约企业发展的一个瓶颈。甲公司经董事会批准将物流业务外包给专业物流公司，打造了深度覆盖全国的 4 个大型自动化物流中心和 23 个配送中心，形成自动化程度高、服务能力强的专业化分销、零售阶梯式医药物流配送网络。④甲公司董事会对内部控制设计和内部控制运行的有效性进行了评价，出具了内部控制整体有效的结论，并由董事会批准报出。⑤A 会计师事务所在对甲公司内部控制审计中，发现基准日财务报告内部控制存在 8 项一般缺陷和存在 3 项重要缺陷。据此，注册会计师出具了否定意见的审计报告。

（4）关于公司治理。根据 2024 年 7 月 1 日起施行的《中华人民共和国公司法》，①本公司控股股东虽然不担任公司董事，但实际执行了本公司事务，也应负有董监高忠实、勤勉的义务。②本公司某一参股股东，由于经营出现困难未能按时足额投入应缴资本金，作为本公司董事不应负有资本充实的责任。

假定不考虑其他因素。

要求：

1. 根据资料（1），逐项判断①～④项是否存在不当之处；如存在不当之处，请逐项说明理由。
2. 根据资料（2），逐项指出①～④项采取的风险应对策略的类型，并说明理由。
3. 根据资料（3），逐项判断①～⑤项是否存在不当之处；如存在不当之处，请逐项说明理由。
4. 根据资料（4），逐项判断①和②项是否存在不当之处；如存在不当之处，请逐项说明理由。

【分析与解释】

1. ①不存在不当之处。

注：投机风险是指损失和盈利的可能性并存的风险，商品价格的涨跌应视情况可能对本企业有利，也可能不利。

②存在不当之处。

理由：不符合平衡性原则（成本效益原则），企业应权衡风险与回报、成本与收益之间的关系。

③不存在不当之处。

注：风险分析不仅要分析单一风险的可能性和影响程度，而且要关注风险之间的关系，考虑整个企业层面的组合风险，特别是各单元均未超过容忍度，但组合在一起超出整体风险容忍度的情况。

④存在不当之处。

理由：运用风险矩阵坐标图进行风险分析时，风险重要性等级标准等依靠主观判断。

2. ①采用的是风险承受策略。

理由：风险承受是指企业对所面临的风险采取接受的态度，从而承担风险带来的后果。

②采取的是风险降低策略（或风险转换策略）。

理由：风险降低是指企业在权衡成本效益之后，采取适当的控制措施降低风险或者减轻损失，将风险控制在风险承受度之内的策略。本处通过开发新产品将企业面临的风险转换成另一种风险，使得总体风险在一定程度上降低。

③采取的是风险分担策略（或风险转移策略）。

理由：风险分担是指企业为避免承担风险损失，有意识地将可能产生损失的活动或与损失有关的财务后果转移给其他方的一种风险应对策略，与保险公司签订保险协议就是一种常见的风险转移策略。

④采取的是风险规避策略。

理由：风险规避是指企业主动回避、停止或退出某一风险的商业活动或商业环境，避免成为风险的承受者。

3. ①存在不当之处。

理由：企业发展战略方案经董事会审议通过后，报经股东大会批准实施。

②存在不当之处。

理由：销售部门负责应收账款的催收，财会部门负责办理资金结算，做到相互制约、相互监督。

③不存在不当之处。

注：重大业务外包应提交董事会等类似权力机构审批。

④不存在不当之处。

注：企业董事会对内部控制整体有效性发表意见，并在内部控制评价报告中出具内部控制有效性结论。

⑤存在不当之处。

理由：注册会计师认为财务报告内部控制存在1项或多项重大缺陷的，除非审计范围受到限制，应对财务报告内部控制发表否定意见。本处未发现重大缺陷，应出具无保留审计意见的审计报告。

4. ①不存在不当之处。

注：公司控股股东、实际控制人不担任公司董事但实际执行公司事务的，也应负有董监高忠实、勤勉的义务。

②存在不当之处。

理由：董事负有资本充实的责任。

案例分析题四（本题15分）考核企业投融资管理、资金管理

甲公司为一家境内上市的集团企业，主要从事能源电力及基础设施建设与投资。2020年初，甲公司召开X、Y两个项目的投融资评审会。有关人员发言要点如下：

（1）能源电力事业部经理：X项目作为一个煤炭发电项目，初始投资额为5亿元。经测算，当贴现率为5%时，该项目净现值为2.4亿元；当贴现率为7%时，该项目净现值为1.5亿元；当贴现率为10%时，该项目净现值为-0.5亿元；当贴现率为11%时，项目净现值为-1.5亿元。

（2）基础设施事业部经理：Y项目为一个地下综合管廊项目。该项目预计投资总额为20亿元（在项目开始时一次性投入）；运营期结束后，该项目无偿转让给当地政府，净残值为0。该项目前期市场调研时已支付中介机构咨询费0.05亿元。事业部经理经过详细测算，得到项目净现值为0.04亿元。考虑到前期已经支付的机构咨询费用，因此事业部经理认为应该拒绝该项目投资。

（3）财务部经理：目前，Y项目已通过环保审核。鉴于公司最近三个年度按照净利润扣除非经常性损益后计算的三年平均净资产收益率为4%，不满足向不特定对象发行股票方式融资规定；项目如果实施，可采用定向增发普通股方案。目前公司有意对40名发行对象定向发行股票，发行价格应当不高于定价基准日前20个交易日公司股票均价的80%，未来可将项目纳入募集资金使用范围。

（4）财务总监：针对X项目，建议采用公司综合资本成本为贴现率，确定相应的净现值；此外，为进一步强化集团资金集中管理、提高集团资金使用效率，公司计划年内成立财务公司。财务公司成立之后，公司可以借助这个金融平台，一方面支持2020年投资计划及公司"十三五"投资战略的实施；另一方面为集团内、外部单位提供结算、融资等服务，为集团培育新的利润增长点。财务公司将

采用收支一体化模式运营。

（5）总经理：目前的 X 与 Y 项目，都涉及较高的碳排放问题。从国家绿色低碳发展的趋势来看，这类不符合国家发展大方向的投资不仅耗资高，未来也将成为公司发展的包袱。评判投资项目不能够完全从财务角度出发，而是要关注长期战略发展。目前，公司应逐步从火电业务领域收缩项目投资，同时通过收购的方式逐步储备清洁能源发电项目，从而为公司未来发展布局。

假定不考虑其他因素。

要求：

1. 根据资料（1），估算出 X 项目内含报酬率的最小可能范围。

2. 根据资料（2），基础设施事业部经理的分析是否合理；如不合理，请说明理由。

3. 根据资料（3），指出财务部经理的论述是否合理，并说明理由。

4. 根据资料（4），财务总监提出采用综合资本成本作为贴现率是否合理；如不合理，请说明理由。

5. 根据资料（4），指出财务总监关于财务公司的论述是否合理，收支一体化模式的运作机理包含哪些？

6. 根据资料（5），总经理认为公司应采用何种发展战略（含细分战略）？

【分析与解释】

1. 最小区间为：7%～10%。

内含报酬率是净现值为零时的贴现率，因此随着贴现率的提高，净现值数值逐步减小并从正到负，因此贴现率最小的区间范围就是使得净现值在正负数值之间最近两个值。

2. 不合理。

理由：中介咨询费为已发生的沉没成本，不应作为决策考虑的内容，因此本项目可行。

3. 财务经理关于公司不采用向不特定对象发行股票融资的说法正确，按照《上市公司证券发行注册管理办法》，公司净利润扣除非经常性损益后计算的近三年平均净资产收益率不得低于6%，公司显然没有达到这个标准。

财务经理关于公司可以采用向特定对象发行股票的方式论述中，存在不合理之处，按照规定定向增发对象不得超过 35 名，且发行定价不低于定价基准日前 20 个交易日公司股票均价的 80%。

4. 不合理。

理由：不应该采用公司资本成本作为贴现率，应采用项目融资成本作为贴现率。

5. 不合理。

理由：财务公司服务对象被严格限定在企业集团内部成员单位这一范围之内。

收支一体化运作模式：成员单位在外部银行和财务公司分别开立账户，集团统一核准，成员单位内部结算在财务公司内部账户进行；资金收入统一集中；资金统一支付。

6. 总经理认为公司应采用收缩型战略，进一步讲属于转向战略。

案例分析题五（本题 10 分）考核企业成本管理

东南公司是一家化工企业，主要生产 A、B 两种产品，该公司生产环节引发的环境问题主要涉及废弃物搬运及弃置、焚化炉启动及运转等。甲公司自 2020 年以来逐步完善了环境成本的会计核算。相关资料如下：

（1）东南公司两种产品都对环境有不同程度的污染，对引起的环境污染每月需要发生 180 000 元的环境治理费用。A 产品月生产量 50 000 件，B 产品月生产量 40 000 件。环境治理费用采用传统成本法核算间接环境成本，即将间接环境成本按月产量分配到不同产品成本中。

（2）随着我国低碳经济、绿色生产理念的普及，甲公司间接环境成本在产品成本中的比重逐年升高，通过传统成本法核算间接环境成本已不能适应"绿色化"战略转型的需要，甲公司可决定采用作业成本法提高间接环境成本核算的准确性。相关资料如下表所示。

作业成本库	消耗资源（万元）	成本动因	作业量	
			A产品	B产品
废弃物搬运成本库	20 000	搬运次数（次）	100	900
焚化炉启动成本库	40 000	启动次数（次）	40	60
焚化炉运转成本库	80 000	运转小时（小时）	600	400
废弃物弃置成本库	40 000	吨数（吨）	45	55

（3）为进一步加强环境成本管控，东南公司拟采取以下三项措施：①对因企业开业至今生产过程中遭受的环境资源损害给予修复；②对生产过程中所需的水源进行水质评估，对不达标的水质进行预处理，达标之后投入生产；③设立社会环境保护公共工程科研项目，就厂区周边的自然资源和环境进行保护性开发和维护问题进行研究，企业安排一部分自有资金预算对社会环境保护公共工程进行投资建设。

假定不考虑其他因素。

要求：

1. 根据资料（1），计算传统成本法下A、B两种产品各分摊多少环境治理费用。

2. 根据资料（2），计算作业成本法下A、B两种产品各分摊多少环境治理费用。

3. 根据资料（2），分析作业成本法下A、B两种产品中，哪种产品应作为废弃物搬运成本管理的重点，并说明理由。

4. 根据资料（3），从环境成本发生时间范围的角度，分别指出①～③项措施发生的成本所体现的环境成本类型。

【分析与解释】

1. 分配率 = 18/（5 + 4）= 2

A产品应分配的环境成本 = 5 × 2 = 10（万元）

B产品应分配的环境成本 = 4 × 2 = 8（万元）

2. 计算过程见下表。

作业成本库	消耗资源（万元）	成本动因	分配率	分配额（万元）		作业量	
				A产品	B产品	A产品	B产品
废弃物搬运成本库	20 000	搬运次数（次）	20	2 000	18 000	100	900
焚化炉启动成本库	40 000	启动次数（次）	400	16 000	24 000	40	60
焚化炉运转成本库	80 000	运转小时（小时）	80	48 000	32 000	600	400
废弃物弃置成本库	40 000	吨数（吨）	40	18 000	22 000	45	55
合计	180 000			84 000	96 000		

A产品分摊84 000万元；B产品分摊96 000万元。

3. B产品。理由：废弃物搬运的作业动因是搬运次数，B产品的搬运次数最高，并且单位搬运成本也最高。

4. 第①项：历史环境成本；第②项：运营环境成本；第③项：未来环境成本。

案例分析题六（本题 10 分）考核企业并购

甲公司是一家国内知名的乳制品企业集团。公司一直坚持国际化发展和创新战略，整合国内外核心稀缺资源，开展全球全产业链创新合作，实现全球产业布局。2021 年，经过前期调研考察，甲公司锁定一家澳大利亚的乳制品上市企业乙公司作为并购对象，两家公司之前不存在关联方关系。

（1）被并购企业概况。乙公司已在全球拥有 10 家工厂，公司旗下产品销售至 60 余个国家和地区，并已成功打入中国市场，其产品的市场占有率已位居中国婴幼儿配方奶粉的头部位置。乙公司一直坚持"全球产业链的整合与创新"战略，致力于在全球范围内从事高端乳品及营养食品的研发、生产和销售。公司已在荷兰、澳大利亚等全球"黄金奶源地"实现产能及市场布局，并通过整合优秀的乳业产业链资源，实现了全球资源优化配置的全产业链模式。

（2）并购估值与定价。根据独立第三方的尽职调查结果和出具的估值报告，结合市场交易价格，乙公司 100% 股权的公允价值约为 160 亿元，乙公司可辨认净资产的公允价值为 120 亿元。甲公司经审慎评估后认为，假设自行投资建设复制乙公司现有的资源和业务，至少需要 200 亿元；而假设本次并购成功，并购协同效应价值至少约为 50 亿元。经并购双方友好充分协商谈判，最后一致同意按 10.06 元/股的价格作为此次并购交易的实际成交单价，相较最近的市场成交价格溢价率约为 14%。

（3）并购交易安排。首先，甲公司从乙公司的大股东手中受让乙公司 30.89% 的股权。同时，乙公司向甲公司定向增发 3.44% 的新增股份。两项交易完成后，甲公司累计持有乙公司约 34.33% 的股份，实际成交金额约 62.45 亿元。虽然并未实际拥有对乙公司的控制权，但由于持股比例已超过 30% 的限制，触发强制性要约收购的法定义务。所有其他股东均可在规定期限内按 10.06 元/股的统一价格转让给甲公司，支付方式为现金。要约收购截止日（2022 年 3 月），甲公司完成对乙公司的全资收购，累计交易金额共计约 182 亿元。此次并购交易发生的直接相关费用共计 0.8 亿元，全部由甲公司承担。

（4）并购后整合。收购完成后，甲公司充分尊重乙公司原有的企业文化，依旧维持乙公司的独立法人地位，相对独立运营和管理。同时，甲公司根据总体的发展战略考虑，主导对乙公司的战略进行了优化调整，优先支持和拓展中国市场和全球优质奶源基地布局，并制定了高标准的绩效考评指标体系和配套的激励措施。

假设不考虑其他因素。

要求：

1. 根据资料（1），请判断甲公司并购乙公司的并购动机。

2. 根据资料（2）和（3），请分析计算甲公司的并购溢价、并购净收益和托宾 Q 值，并判断此次并购在财务上是否可行。

3. 根据资料（2）和（3），请分析判断适用的合并会计核算方法，并计算合并商誉金额。

4. 根据资料（3）和（4），请分析判断甲公司并购乙公司的并购类型，并说明理由。

5. 根据相关资料（4），请判断此次企业并购后整合所选择的策略类型。

【分析与解释】

1. 并购动机：（1）寻求发展动机。迅速实现规模扩张；突破进入壁垒和规模限制，利用乙公司现有的全球供应链和市场网络，实现全球布局；加强市场控制力，在全球优质奶源基地布局和婴幼儿配方奶粉的品牌影响力等方面获取竞争优势。（2）发挥协同效应。尤其是在上游奶源基地和下游市场网络、国内与国际两个市场的双循环协同发展等方面的经营协同效应明显。

2. 并购决策分析计算：

并购溢价 = 182 – 160 = 22（亿元）

并购净收益 = 50 – 22 – 0.8 = 27.2（亿元）

托宾 Q（按实际并购成本口径）= 182 ÷ 200 = 0.91 < 1

并购净收益显著大于 0，并且托宾 Q 值小于 1，所以从财务分析角度，此次并购可行。

3. 由于合并参与方之前不存在关联方关系，本次合并属于非同一控制下的企业合并，合并会计方法适用购买法，采用公允价值计量，合并差额确认为商誉。

合并商誉 = 合并成本 – 取得的可辨认净资产公允价值 = 182 – 120 = 62（亿元）

4. 并购类型：控股并购；横向并购；善意并购；协议收购 + 要约收购。

5. 并购后整合策略：共存型整合。理由：共存型整合的并购双方在战略和资源上相互依赖和支持，但保持各自的法人地位，相对独立开展经营管理。

案例分析题七（本题 10 分）考核会计财务相关问题

甲公司是一家深交所上市的大型企业集团，主要业务是电力设备研发、生产以及新能源电站的承包、设计施工和运维，拥有 156 家分子公司。2025 年 2 月，甲公司召开加强和完善财务共享、业财融合、财会监督专题研讨会。会议部分内容摘录如下：

（1）关于财务共享服务。信息中心主任认为：①企业集团建设财务共享服务是一个系统工程，需要建设与之匹配的信息系统。为此，企业集团需要在原有的信息系统的基础上进行改造和升级，包括新建支撑财务共享服务的核心系统，改造升级周边财务系统和相关业务系统，使其与再造后的业务流程匹配。②电子影像系统作为财务共享服务支撑板块的子系统，可以直接从销售系统、采购系统等业务系统中采集电子影像，也可以通过在业务发生地对实物单据拍照、扫描等方式采集电子影像，将电子影像提供给网上报账系统，支持财务共享服务中心对单据的电子审核，最终处理完毕的电子影像汇总至电子会计档案系统，没有必要与实物单据和电子凭证进行匹配归档。

（2）关于业财融合。财务部部长认为：①业财融合首先应确定其目标。业财融合的根本目标是优化企业管理，通过降低成本或提高收入、优化流程或提高决策效率和效果等途径，实现企业整体效益的提升；但具体目标应依据具体的业务场景和需求而不同。比如，企业经营中产品定价、生产决策、采购决策、长期投资决策等，通过业务部门和财会部门之间的紧密合作，可以快速准确地获取、分析和生成决策所需的信息，从而提高决策的速度和质量；又如，在业财融合下，业务部门可以更加清晰地了解到企业财务资源分配的逻辑，了解部门内部财务资源的分配和使用情况，财会部门则可以更好地掌握业务的实际需求，从而实现资源的高效配置和使用；再如，通过业财融合，可以加强部门间的交流和合作，促进企业文化的形成和发展，提高员工的归属感和团队合作精神。②企业通常考虑自身的业务模式、组织架构、信息化情况和人员能力等因素决定业财融合的途径。比如，企业可通过企业资源规划（ERP）、商业智能（BI）、客户关系管理（CRM）等系统的集成，建立一个集成度高、数据可靠、功能全面的信息系统，实现业务与财务数据的实时共享；又如，重新审视并设计公司的业务流程，确保财务和业务在流程中的交互更加紧密，从源头开始同步操作，减少重复劳动和信息孤岛；再如，使用数据分析工具，如数据挖掘、数据可视化等工具，帮助企业快速发现业务和财务方面的问题，提高决策效率和效益。

（3）关于财会监督。审计部部长认为：①财会监督是贯彻落习近平总书记关于财会监督重要论述精神、加强党对财会监督工作全面领导的具体行动，是深化全面从严治党、一体推进"三不腐"制度建设的重要举措。②根据党中央、国务院的统一部署，我国构建了财政部门主责监督、有关部门依责监督、各单位内部监督、中介机构执业监督、行业协会自律监督的"五元一体"财会监督体系，单位内部监督是单位内部承担财会监督职责的机构或人员，以本单位全体员工的违规违法行为作为监督对象的日常监督机制。

假定不考虑其他因素。

要求：

1. 根据资料（1），分别判断信息中心主任对事项①和②的说法是否恰当；如不恰当，请说明理由。

2. 根据资料（2），指出财务部部长发言①体现了业财融合的哪些具体目标；发言②体现了业财融合的哪些途径。

3. 根据资料（3），分析判断审计部部长对事项①和②的说法是否正确；如不正确，请说明理由。

【分析与解释】

1.①恰当。

注：为了达到财务共享服务的基本目标，企业需要建设与之匹配的信息系统，在原有的信息系统基础上改造和升级而成。

②不恰当。

理由：企业应将最终处理完毕的电子影像汇总至电子会计档案系统，同时还应进行实物单据和电子凭证的匹配归档。

2. 财务部部长发言①体现了业财融合的"提高决策效率和效果""提高资源配置效率""提升企业文化和团队合作"等具体目标。

财务部部长发言②体现了业财融合的"建立高效可靠的信息系统""实施流程再造""优化数据管理与分析"等途径。

3.①正确。

注：财会监督的意义有 5 个，本处考核其中的 2 个意义。

②不正确。

理由：单位内部监督是单位内部承担财会监督职责的机构或人员，以本单位经济业务、财务管理、会计行为为监督对象的日常监督机制。

案例分析题八（本题 20 分，第八题、第九题为选答题，考生应选其中一题作答）考核金融工具会计与并购会计

甲公司是民营科创板上市公司，注册资本为 2 亿元（每股面值 1 元，股本为 2 亿股），注册地为北京，主要从事数字水利行业的技术研究与项目实践，服务范围涵盖从水源到田间的农业用水和农村水利全领域。2025 年 2 月 18 日，甲公司财务部组织了投资、融资以及股权激励相关业务专题讨论会。相关内容摘录如下：

（1）关于购买金融资产。2024 年 4 月 1 日，甲公司以银行存款 1 000 万元购买丙公司持有的乙公司 5% 的股权（甲公司与乙公司、丙公司不存在关联关系），并支付相关交易费用 10 万元，双方办理了乙公司股权过户登记手续。甲公司对乙公司不具有重大影响，将其分类为以公允价值计量且其变动计入当期损益的金融资产。对此投资甲公司进行了如下会计处理：

①2024 年 4 月 1 日确认初始投资成本 1 010 万元。

②该金融资产后续计量期间，将公允价值变动计入了当期损益。

（2）关于企业并购。2024 年 10 月 1 日，甲公司向丙公司定向增发普通股 190 万股，每股市价 100 元，取得丙公司持有的乙公司 70% 股权，至此，甲公司共持有乙公司 75% 股份，取得了对乙公司的控制权。为购买乙公司的 70% 股权，甲公司另以银行存款支付相关中介费 50 万元、支付与发行股票相关的证券公司佣金 80 万元。

2024 年 10 月 1 日，乙公司可辨认净资产账面价值为 21 000 万元，可辨认净资产公允价值为

25 000 万元。当日，甲公司原持有乙公司 5% 股权的公允价值为 1 250 万元。2024 年 10 月 1 日甲公司对乙公司投资进行了如下会计处理：

①将对乙公司的投资认定为非同一控制下企业合并。

②认定购买日（合并日）为 2024 年 10 月 1 日。

③确定的企业合并成本为 19 000 万元。

④确定商誉金额为 250 万元。

⑤在编制购买日（合并日）甲公司合并资产负债表时，将乙公司资产、负债按账面价值进行了合并（其中包含乙公司原账面确认的商誉 280 万元）。

（3）关于融资。为了筹集流动资金，甲公司开展了如下业务：

①甲公司向战略投资者 A 公司定向增发股票 30 万股，每股发行价 200 元，筹集资金 6 000 万元。甲公司与 A 公司签署的战略合作协议约定，假如甲公司 5 年内净利润年均增长率未达到 8%，A 公司有权要求甲公司以现金回购其持有的甲公司股权，回购价格为 A 公司增资 6 000 万元和按 4% 年化收益率及实际投资期限计算的收益之和（发行股票时实际利率为 4%）。甲公司完成了注册资本变更手续，A 公司持有甲公司 6% 的股权。对于本次增资，甲公司在会计处理时，将发行的股份分类为权益工具，增加所有者权益 6 000 万元。

②甲公司于 2024 年 7 月 1 日将其持有的万科公司债券出售给 B 公司，收到价款 4 000 万元；同时签订看跌期权合约，B 公司有权在 1 年到期时按照固定价格 4 100 万元返售给甲公司。甲公司判断该期权为价内期权，为此，甲公司在会计处理时，终止确认了该债券，并将收到的价款与债券账面价值之间的差额确认为当期损益。

（4）关于股权激励。数字水利行业以可持续发展理念为指导，采用物联网、云计算、遥感、区块链、大数据、数字孪生、人工智能等现代信息技术与传统水利行业深度融合，从而全面提升水事活动的效率和效能。为调动公司员工的积极性，甲公司拟于 2024 年 8 月 1 日作为授予日制定了以股票期权作为激励方式的股权激励计划草案，相关条款如下：

①激励对象包括上市公司的董事（不含独立董事）、高级管理人员、核心技术人员、核心业务人员。其中 2 名董事分别持有本公司 30% 和 20% 股份。

②本次股权激励的股份总数为 3 000 万股，其中预留 750 万股，用于激励一年内招聘的信息化核心技术人员。

③等待期为二年，等待期后可分期行权，行权期为三年。其中行权期的第一年行权比例不超过获授股票的 60%。

④在等待期内的每个资产负债表日，以对可行权权益工具数量的最佳估计为基础，按照权益工具在资产负债表日的公允价值，将当期取得的服务计入相关资产成本或当期费用，同时计入负债。

（5）关于编制合并财务报表。甲公司部分被投资单位情况如下：

①被投资单位丁公司，甲公司持有丁公司 38% 股权，根据甲公司与丁公司的另一股东 C 公司签订的协议，C 公司将其持有的 30% 股权的投票权授权给甲公司行使。丁公司章程规定，财务政策和经营政策由过半数的表决权表决通过。对此，甲公司在编制 2024 年合并财务报表时将丁公司纳入了合并范围。

②被投资单位 KION，甲公司持有 100% 股权，注册地为欧盟某国，该公司记账本位币为欧元，会计年度为 4 月 1 日至次年 3 月 31 日。对此，甲公司在编制 2024 年合并财务报表时，将该公司报送的会计年度报表（4.1 至次年 3.31）折算为人民币后进行了合并。

假定不考虑其他因素。

要求：

1. 根据资料（1），分别判断①和②项是否正确；如不正确，请说明理由。

2. 根据资料（2），分别判断①~⑤项是否正确；如不正确，请说明理由。

3. 根据资料（3），分别判断①和②项是否正确；如不正确，请说明理由。

4. 根据资料（4），分别判断①~④项是否存在不当之处；如存在不当之处，请说明理由。

5. 根据资料（5），分别判断①和②项是否正确；如不正确，请说明理由。

【分析与解释】

1. ①不正确。

理由：该投资分类为以公允价值计量且其变动计入当期损益的金融资产，其初始投资成本为 1 000 万元，相关交易费用 10 万元应计入当期损益。

②正确。

注：以公允价值计量且其变动计入当期损益的金融资产后续计量时，将公允价值变动计入当期损益。

2. ①正确。

注：甲公司并购前与乙公司、丙公司不存在关联关系。

②正确。

注：甲公司于 2024 年 10 月 1 日取得乙公司控制权。

③不正确。

理由：企业合并成本 = 原 5% 股权公允价值 1 250 + 新增 70% 股权公允价值 19 000 = 20 250（万元）。支付的相关中介费 50 万元应计入当期损益（管理费用），支付与发行股票相关的证券公司佣金 80 万元应计入所有者权益。

④不正确。

理由：商誉金额 = 企业合并成本 20 250 - 取得的被购买方可辨认净资产公允价值份额（25 000 × 75%）= 20 250 - 18 750 = 1 500（万元）。

⑤不正确。

理由：在购买日编制甲公司合并资产负债表时，应将乙公司资产、负债按公允价值进行合并，乙公司原账面确认的商誉不应予以考虑。

3. ①不正确

理由：由于甲公司无法控制 5 年净利润增长率达到 8%，甲公司不能无条件避免以现金回购自身权益工具的合同义务，甲公司应将发行的股票分类为金融负债。

注：甲公司的账务处理是：借记"银行存款"科目 6 000 万元，贷记"股本"科目 30 万元，贷记"资本公积——股本溢价"科目 5 970 万元；同时，借记"库存股"科目 6 000 万元，贷记"长期应付款"科目 6 000 万元。在资产负债表中，股本与资本公积之和 6 000 万元，与库存股 6 000 万元抵销后，所有者权益为零；最终结果是资产和负债同时增加 6 000 万元，这就是通常所说的"明股实债"。

②不正确。

理由：企业出售金融资产，同时与转入方签订看跌期权合约，且该看跌期权期权为一项价内期权，通常就表明企业保留了金融资产所有权上几乎所有的风险和报酬，不应当终止确认相关金融资产，应将收到的价款确认为金融负债，不能确认损益。

4. ①不存在不当之处。

注：单独或合计持有科创板上市公司 5% 以上股份的股东或实际控制人及其配偶、父母、子女，作为董事、高级管理人员、核心技术人员或者核心业务人员的，可以成为激励对象。

②存在不当之处。

理由：上市公司在推出股权激励计划时，可以设置预留权益，预留比例不得超过本次股权激励计划拟授予权益数量的 20%。本次预留权益为 25%（750/3 000），超过了 20% 的限额。

注：科创板上市公司全部在有效期内的股权激励计划所涉及的标的股票总数，累计不得超过公司

股本总额的20%，甲公司为15%（3 000/20 000），符合规定。

③存在不当之处。

理由：每期可行权的股票期权比例不得超过激励对象获授股票期权总额的50%。

④存在不当之处。

理由：在等待期内的每个资产负债表日，以对可行权权益工具数量的最佳估计为基础，按照权益工具在授予日的公允价值，将当期取得的服务计入相关资产成本或当期费用，同时计入资本公积（其他资本公积）。

5.①正确。

注：甲公司持有丁公司68%的表决权（38%＋30%），控制了丁公司，应纳入合并范围。

②不正确。

理由：对于境外子公司，由于当地法律限制确实不能与母公司财务决算日和会计期间一致的，母公司应当按照自身的资产负债表日和会计期间对子公司的财务报表进行调整，以调整后的子公司财务报表为基础编制合并财务报表。

案例分析题九（本题20分，第八题、第九题为选答题，考生应选其中一题作答）考核行政事业单位预算与财务管理

甲单位是一家中央级事业单位，下辖乙事业单位，甲单位和乙单位均非研究开发机构和高等院校。为了推进事业高质量发展，甲单位总会计师组织由本单位和乙单位财务、采购、资产管理、审计等部门负责人参加的工作会议，并就有关预算管理、政府采购、资产管理和内部控制问题展开交流讨论，部分参会人员发言要点如下：

（1）甲单位财务处处长：本单位预算收入主要来自于一般公共预算拨款收入、事业收入和事业单位经营收入。到目前为止，除事业收入进展相差较大外，其他收入来源基本正常；预算公开、预算管理一体化和预算绩效管理均在有序推进中。我建议：

①为了弥补事业收入进展偏慢对相关支出造成的较大影响，拟通过增加借款弥补资金缺口。考虑到预算支出总额不变，对此不必进行预算调整。

②本单位作为负责编制单位预算、决算的预算单位，应在收到部门批复25天内向社会公开部门批复的单位预决算。应公开基本支出和项目支出；要对本单位职责及机构设置情况、预决算收支增减变化、运行经费安排、"三公"经费、政府采购等重点事项作出说明，结合工作进展情况逐步公开国有资产占用、预算绩效管理等信息。

③本单位已被确定为中央财政预算管理一体化建设试点预算单位，要求资金支付实行全流程电子化管理，通过中央预算管理一体化系统办理业务，除单位资金中按往来收入管理的资金外，其他资金支付坚持先有预算后有支出，根据预算指标、国库库款或有关账户余额情况拨付资金。

④预算绩效监控由财政部统一组织、中央部门分级实施，按照"谁支出，谁负责"的原则，预算执行单位负责开展预算绩效日常监控。本单位作为中央级事业单位，绩效监控范围应涵盖一般公共预算、政府性基金预算和国有资本经营预算重点项目支出，一般性项目支出暂不列入监控范围。

⑤开展预算绩效评价是推进预算绩效管理的重要手段，尤其应作好项目评价工作。单位自评指标应包括项目的产出数量、质量、时效、成本，以及经济效益、社会效益、生态效益、可持续影响、服务对象满意度等。原则上预算执行率和一级指标权重统一设置为：预算执行率10%、产出指标40%、效益指标40%、服务对象满意度指标10%。

（2）乙单位采购中心主任：本单位承担了国家部分重点科研课题，为完成这些课题，需要进行政府采购。为此，我建议：

①鉴于本科研项目市场竞争不充分的实际状况，可以采用竞争性磋商方式进行采购。

②本单位在采用竞争性磋商方式采购时，磋商文件不得要求或者标明供应商名称。从竞争性磋商文件发出之日起至供应商提交首次响应文件截止之日止不得少于 7 个工作日。

③由于科研合同履行中存在不确定性而无法准确估算采购成本，可以采用成本补偿定价方式，本单位可以按照固定酬金加供应商合同履行过程中产生的可列支成本签订合同价格，必要时可以超过合同规定的最高限价。

（3）甲单位资产管理处处长：近年来由于经济下行、财政资金紧张，政府倡导"过紧日子"，本单位应通过盘活资产、资产置换等各种措施，提高资产使用效率。为此建议：

①加快推进本单位各类资产盘活利用，建立健全资产盘活工作机制，通过自用、共享、调剂、出租、处置等多种方式，将低效运转、闲置的资产纳入盘活范围，能够通过现有资产功能挖潜、修旧利废满足业务工作要求的，应当增加配置，有利于保障本单位履职和事业发展。

②为盘活资产，本单位将各部门低效使用或闲置未用的办公家具、办公设备与社会上其他单位相关资产进行相应的资产置换。3 月份共置换了 8 批，每批价值均不足 300 万元（账面原值），已报经主管部门审批，合计共置换出资产 2 100 万元，大大提高了资产使用效率。

③在置换上述资产时，以资产账面价值为依据，通过双方友好协商确定置换相应资产，并取得了置换价差收入 58 万元。

④本单位应将取得的置换价差收入扣除相关费用后，纳入本单位预算，统一核算，统一管理。

（4）乙单位内部审计部主任：本单位应全面建立、有效实施内部控制，确保内部控制覆盖单位经济和业务活动的全范围，贯穿内部权力运行的决策、执行和监管全过程，规范单位内部各层级的全体人员。为此建议：

①对于建设工程、大型修缮、信息化项目和大宗物资采购等重大事项，可以在预算编制环节采取立项评审的方式，对预算事项的目的、效果和金额等方面进行综合立项评审。

②由出纳定期和不定期抽查盘点库存现金，核对银行存款余额，抽查银行对账单、银行日记账及银行存款余额调节表，核对是否账实相符、账账相符，务必保证货币资金的安全。

假定不考虑其他因素。

要求：

根据国家部门预算管理、预算绩效管理、政府采购、事业单位国有资产管理、事业单位内部控制等有关规定，回答以下问题。

1. 分别判断资料（1）中甲单位财务处处长的建议①～⑤是否存在不当之处；对存在不当之处的，分别说明理由。

2. 分别判断资料（2）中乙单位采购中心主任的建议①～③是否存在不当之处；对存在不当之处的，分别说明理由。

3. 分别判断资料（3）中甲单位资产管理处处长的建议①～④是否存在不当之处；对存在不当之处的，分别说明理由。

4. 分别判断资料（4）中乙单位内部审计部主任的建议①和②是否存在不当之处；对存在不当之处的，分别说明理由。

【分析与解释】

1. 建议①存在不当之处。

理由：部门在预算执行中出现需要增加举借债务数据的，应当进行预算调整。

建议②存在不当之处。

理由：部门所属单位预决算公开的时间为部门批复后 20 日内。

建议③不存在不当之处。

建议④存在不当之处。

理由：中央部门绩效监控范围涵盖中央部门一般公共预算、政府性基金预算和国有资本经营预算所有项目支出。

建议⑤存在不当之处。

理由：项目自评指标原则上预算执行率和一级指标权重统一设置为：预算执行率10%、产出指标50%、效益指标30%、服务对象满意度指标10%。

2. 建议①不存在不当之处。

注：符合下列情形的项目，可以采用竞争性磋商：市场竞争不充分的科研项目，以及需要扶持的科技成果转化项目。

建议②存在不当之处。

理由：从竞争性磋商文件发出之日起至供应商提交首次响应文件截止之日止不得少于10日。

建议③存在不当之处。

理由：对于合同履行中存在不确定性而无法准确估算采购成本，且无法适用任何固定价格的情形时，合同当事人可以按照固定酬金加供应商合同履行过程中产生的可列支成本签订合同价，但不得超过合同规定的最高限价。

3. 建议①存在不当之处。

理由：能够通过现有资产功能挖潜、修旧利废满足业务工作要求的，应当减少配置。

建议②存在不当之处。

理由：一个月内分散处置的国有资产原则上按同一批次汇总计算批量价值；由于处置批量价值（账面原值）已大于1 500万元，应当经各部门审核同意后报财政部当地监管局审核，审核通过后由各部门报财政部审批。

建议③存在不当之处。

理由：资产置换应当以财政部、各部门核准或备案的资产评估报告所确认的评估价值作为置换对价的参考依据。

建议④存在不当之处。

理由：中央级事业单位国有资产处置收入（包括置换价差收入），应当在扣除相关税金、资产评估费、拍卖佣金等费用后，按照政府非税收入和国库集中收缴管理有关规定上缴中央国库。

4. 建议①不存在不当之处。

注：本处考核内部控制中的"预算业务控制"。

建议②存在不当之处。

理由：应指定不办理货币资金业务的会计人员定期和不定期抽查盘点库存现金，核对银行存款余额，抽查银行对账单、银行日记账及银行存款余额调节表，核对是否账实相符、账账相符。

2025 年度高级会计资格
《高级会计实务》全真模拟试题（二）

案例分析题一（本题 15 分）考核战略＋投融资

临海公司是一家国有大型企业集团。2023 年初，公司总部召开战略发展研讨会，邀请了公司管理团队核心成员共同参与。在会议上，核心领导成员发言要点如下：

（1）总经理：尽管宏观经济整体情况比较严峻，但目前本公司的发展却处于难得的发展机遇，首先是公司现有核心产品和服务得到市场的高度认可，产品市场占有率快速提升，但现有市场趋于饱和，公司应加快全国市场布局，进一步扩展现有核心产品的市场覆盖度；与此同时，公司应加大新产品开发力度，提高研发投入。

（2）财务总监：公司 2022 年末有关资产负债表（简表）项目及其金额如下表所示。

2022 年末有关资产负债表（简表）

单位：亿元

资产		负债与所有者权益	
现金	2	短期借款	8
应收账款	8	长期借款	12
存货	6	实收资本	4
非流动资产	13	留存收益	5
合计	29	合计	29

公司营销部门预测，2023 年公司营业收入将在 2022 年 20 亿元的基础上增长 30%。财务部门根据分析认为，2023 年公司销售净利率（净利润/营业收入总额）能够保持在 10% 的水平；公司营业收入规模增长不会要求新增非流动资产投资，但流动资产、短期借款将随着营业收入的增长而相应增长。公司计划 2023 年外部净筹资额全部通过长期借款解决。公司每年现金股利支付率应当维持在当年净利润 80% 的水平。为控制财务风险，公司拟定的资产负债率"红线"为 75%。假定不考虑其他有关因素。

（3）产品总监：公司现有 A、B、C 三类产品的生产和销售。这些产品的有关市场数据见下表。假设市场增长率和相对市场占有率分别以 10% 和 1.0 作为高低的界限标准。

2022 年市场销售数据

产品	A	B	C
公司销售额（万元）	2 600	8 800	14 500
最大竞争对手销售额（万元）	4 200	22 000	11 000
全国市场销售总额（万元）	32 000	84 000	64 000
近年全国市场增长率（%）	13	6	1

要求：

1. 由总经理的发言判断公司所采用的发展战略。

2. 根据财务总监的描述，按照销售百分比法分别计算公司 2023 年为满足营业收入增长 30% 所需要的流动资产增量和外部净筹资额。

3. 判断财务总监提出的外部净筹资额全部通过长期借款筹集的筹资战略规划是否可行，并说明理由。

4. 按照产品总监的论述，用波士顿矩阵分析公司的 A、B、C 三类产品分别属于何种产品？请给出判断依据。

【分析与解释】

1. 公司应采用成长型战略，主要是密集型战略中的市场开发战略和产品开发战略，因为公司一方面拓展现有产品市场范围，另一方面积极开发新产品。

2. 所需流动资产增量 =（20×30%）×（2+8+6）/20=4.8（亿元）；所需外部净筹资额 =4.8 -（20×30%）×（8/20）-20×（1+30%）×10%×（1-80%）=1.88（亿元）。

3. 判断：公司长期借款筹资战略规划可行。

理由：如果公司 2021 年外部净筹资额全部通过长期借款来满足，将会使公司资产负债率提高到 71.83%［（10.4+12+1.88）/（29+4.8）×100%］，这一比例没有越过 75% 的资产负债率"红线"，所以可行。

4. A 产品全国市场增长率 13%（>10%），相对市场份额 =2 600/4 200=0.62（<1），因此 A 产品属于市场增长率高、市场相对份额低的问号类产品；B 产品全国市场增长率 6%（<10%），相对市场份额 =8 800/22 000=0.4（<1），因此 B 产品属于市场增长率低、市场相对份额低的瘦狗类产品；C 产品全国市场增长率 1%（<10%），相对市场份额 =14 500/11 000=1.31（>1），因此 C 产品属于市场增长率低、相对市场份额高的金牛类产品。

案例分析题二（本题 10 分）考核企业全面预算管理 + 企业绩效管理

甲公司是一家从事服装生产和流通的大型上市公司。随着互联网电商平台销售模式不断成熟，传统的销售模式受到了挑战，更加加剧了未来销售量的不确定性。2022 年，甲公司计划通过升级管理信息系统，构建大数据业务平台夯实实施预算管理和绩效管理的基础，其主要做法如下：

（1）预算编制与下达。2022 年之前，甲公司总经理以过去 3 年的财务数据为基础，仅通过基数加增长的方法编制预算，并以领导个别谈话的方式直接向各预算单位负责人下达年度预算指标并要求严格执行；2022 年，伴随着组织架构调整工作的正式结束，甲公司制定了"三下两上"的新预算政策编制流程，各预算单位主要预算指标经上下沟通后形成。

（2）预算目标确定。结合 2021 年 12 月，为落实董事会对集团公司 2022 年成本控制和经营业绩预算的总体要求，甲公司决定克服疫情带来的不利影响，2022 年的营业成本费用要在 2021 年 1 000

亿元的基础上压减一半，成本费用利润率要在 2021 年 15% 的基础上增长一倍，达到行业最高水平 30%。

（3）预算控制。除对重点预算项目进行严格管理外，将年度预算分解为季度和月度预算进行控制，对于收入、利润总额等关键性指标的实现情况，按月、周，甚至进行实时跟踪，并对其发展趋势作出科学合理的预测，提高事前控制的能力。对于非重点项目尽量简化审批流程。

（4）在预算调整程序上，2022 年 8 月，甲公司下属的国内业务事业部和国际业务事业部分别以新冠疫情影响为理由递交了预算调整书面申请，在申请中主要陈述了预算调整的理由。预算管理委员会办公室在收到申请之后，在授权范围内分别批准了两部门预算调整的申请。

（5）绩效评价。集团按照创建世界一流财务管理体系的方向，建立以资产负债率、净资产收益率、自由现金流、经济增加值等关键指标为核心的财务边界。已知甲公司平均总资产为 65 000 万元，平均在建工程 3 500 万元，加权平均资本成本率为 10%，税后净营业利润 10 000 万元。

假定不考虑其他因素。

要求：

1. 根据资料（1），指出甲公司 2022 年之前的预算工作是否有不当之处，若有，请说明理由。指出 2022 年前后分别采取何种预算编制方式类型。

2. 根据资料（2），指出甲公司预算目标制定中是否有不当之处，若有，请说明理由。计算甲公司 2022 年成本费用及利润总额的预算目标值。

3. 根据资料（3），指出甲公司遵循了哪些预算控制原则，并列举其他预算控制原则。

4. 根据资料（4），指出甲公司下属机构提出的预算调整理由和程序运用是否恰当；如不恰当，请说明理由。

5. 根据资料（5），指出甲公司关键业绩指标的类型，计算经济增加值。

【分析与解释】

1. 存在不当之处。

第一，预算编制依据的相关信息不足，基础数据不足，可能造成预算目标与战略规划、经营计划、市场环境、企业实际等相脱离，预算编制准确率降低。

第二，预算的下达采用非正式方式，可能导致预算执行或考核无据可查。

第三，预算编制的方法选择不当，或强调采用单一的方法。

预算编制的程序不规范，可能导致预算目标缺乏准确性、合理性和可行性。

2022 年之前采取的预算编制方式：权威式（自上而下式）。

2022 年采取的预算编制方式：混合式预算或：上下结合式预算。

预算编制方法：增量预算法。

2. 存在不当之处。

预算目标的设定不符合可行性和适应性原则。

成本费用预算目标值：1 000 × (1 − 50%) = 500（亿元）

利润总额预算目标值：500 × 30% = 150（亿元）

3. 根据资料判断，甲公司遵循的预算控制原则：加强过程控制、突出管理重点。其他的预算控制原则包括：刚性控制与柔性控制相结合、业务控制与财务控制相结合。

4. 预算调整理由是合理的，程序不合规。

理由：首先仅列举预算调整理由不够充分，还需要考虑预算调整对整体的影响。

预算调整的程序包括：分析、申请、审议、批准。办公室无权审批预算调整申请。

5. 属于结果类指标。

经济增加值 = 10 000 − (65 000 − 3 500) × 10% = 3 850（万元）。

案例分析题三（本题15分）考核企业合并会计与合并财务报表

甲公司为上市公司，主营数控设备的研发、生产和销售以及新能源电站的承包、设计施工和运维，旗下有众多子公司。为了做大做强企业，甲公司进行了如下资本运作以及编制合并财务报表事项：

（1）甲公司持有子公司A公司90%股权。2024年2月1日，A公司将一块土地使用权作为对价（该土地使用权账面价值为1 500万元，公允价值为1 800万元），从甲公司处取得B公司78%股权，当日取得控制权，且该控制并非暂时性的。B公司在被并购的同时进行了改制，改制前净资产账面价值为2 020万元，根据评估价值调账后净资产账面价值为2 500万元。对于此项合并，A公司于2月1日进行了如下会计处理：

①A公司将并购B公司认定为同一控制下企业合并。

②A公司将取得的B公司净资产入账价值与支付对价账面价值的差额75.6万元，计入了资本公积（股本溢价）。

③在编制A公司2024年合并财务报表时，A公司认为2月1日取得控制权，应将2月1日后至年末B公司实现的净利润纳入2024年合并利润表；在编制合并资产负债表时，未调整合并资产负债表年初数。

（2）2024年1月15日，甲公司与乙公司签订购买乙公司持有的丙公司（非上市公司）90%股权的合同（甲公司与乙公司、丙公司不存在关联关系）。收购合同规定：以丙公司2024年5月30日经评估的可辨认净资产价值为基础，协商确定对丙公司90%股权的购买价格；甲公司购买丙公司90%股权后，如果丙公司自2025年1月1日至2026年12月31日累计实现的净利润达到1 300万元以上，甲公司再向乙公司补付300万元（甲公司认为很可能实现该净利润）。

3月18日，甲公司和乙公司分别召开股东大会，批准通过了该购买股权的合同。

5月30日丙公司经评估后可辨认净资产评估价值4 000万元，经甲公司、乙公司协商，双方确定丙公司90%股权的购买价格为3 800万元；当日甲公司股票市值为8元，甲公司以自身普通股475万股作为支付对价。

6月30日，甲公司向乙公司定向发行股票475万股（每股面值1元，当日每股市价8.2元），甲公司和乙公司均办理完毕上述相关资产的产权转让手续；甲公司于当日对丙公司董事会进行改组，并取得控制权。甲公司以银行存款支付购买股权过程中发生的评估费用30万元，以银行存款支付给证券公司发行股票的佣金66万元。

6月30日，丙公司可辨认净资产账面价值为4 190万元，可辨认净资产公允价值为4 500万元。

对于此项合并，甲公司于6月30日进行了如下会计处理：

①甲公司认定该企业合并属于非同一控制下企业合并。

②甲公司判断该企业合并的购买日为6月30日。

③甲公司确定的企业合并成本为3 896万元。

④甲公司在合并资产负债表中，将合并成本3 896万元与取得的可辨认净资产公允价值份额4 050万元之间的差额154万元，增加合并资产负债表中的留存收益154万元。

（3）甲公司在2024年12月31日编制合并财务报表时，发生了如下事项：

①甲公司持有C公司36%普通股，为公司第二大股东（第一大股东持有C公司38%普通股）。C公司章程规定：C公司的相关活动以董事会会议上多数表决权主导。鉴于甲公司在行业中的丰富管理经验和显著优势地位，投资各方经协商决定：甲公司有权任命C公司9名董事会成员中的5名董事。甲公司在进行会计处理时，认为持股比例未达到半数以上且仅为第二大股东，不拥有对C公司的权力（假设不存在其他相关因素）。

②甲公司开办了一所 E 学校，E 学校所设置的部分专业为本公司提供了人才储备。但 E 学校由于受限于法律法规的相关规定不能分配利润。甲公司在会计处理时，认为投资开办 E 学校可以为企业带来品牌宣传效应，还可以为甲公司提供培训和人才储备，甲公司能够通过投资 E 学校享有可变回报。

③甲公司持有 F 公司 85% 普通股，F 公司为甲公司的子公司。在将 F 公司纳入合并范围编制甲公司合并财务报表时，甲公司要求 F 公司将其建筑物的折旧年限由 50 年统一调整为甲公司的折旧年限 35 年。

假定不考虑其他因素。

要求：

（1）根据资料（1），分别判断 A 公司①～③项的会计处理是否正确；如不正确，请指出正确的会计处理。

（2）根据资料（2），分别判断甲公司①～④项的会计处理是否正确；如不正确，请指出正确的会计处理。

（3）根据资料（3），分别判断甲公司①～③项的会计处理是否正确；如不正确，请指出正确的会计处理。

【分析与解释】

1.①正确。

注：A 公司并购 B 公司，参与合并的 A 公司和 B 公司在合并前后均受同一方（甲公司）最终控制且该控制并非暂时性的。

②不正确。

正确的会计处理：在同一控制下的企业合并中，被合并方同时进行改制并对资产、负债进行评估调账的，应以评估调账后的账面价值并入合并方。A 公司在合并中取得的净资产的入账价值 1 950 万元（2 500×78%），与为进行企业合并支付的对价账面价值 1 500 万元之间的差额 450 万元（1 950 − 1 500），应计入资本公积（股本溢价）。

③不正确。

正确的会计处理：同一控制下企业合并，编制合并利润表时，无论该项合并发生在报告期的任一时点，合并利润表反映的是由母子公司构成的报告主体自合并当期期初至合并日实现的损益情况，A 公司应将 B 公司 1 月 1 日至 12 月 31 日的净利润纳入 2024 年合并利润表；编制合并资产负债表时，应当对合并资产负债表的期初数进行调整。

2.①正确。

注：甲公司与乙公司不存在关联关系，属于非同一控制下企业合并。

②正确。

注：6 月 30 日甲公司取得对丙公司的控制权，该日为购买日。

③不正确。

正确的会计处理：企业合并成本为 4 195 万元（发行股票市值 475×8.2 + 很可能支付的或有对价 300），甲公司支付的评估费用 30 万元应计入当期损益（管理费用），支付给证券商的佣金应计入所有者权益（首先冲减资本公积；资本公积不足冲减时，冲减留存收益）。

④不正确。

正确的会计处理：在合并资产负债表中应增加商誉 145 万元，即商誉 = 企业合并成本 4 195 − 取得的被购买方可辨认净资产公允价值份额 4 500×90% = 4 195 − 4 050 = 145（万元）。

3.①不正确。

正确的会计处理：如果不存在其他相关因素，甲公司有权任命主导 C 公司相关活动的董事会的多数成员（5/9），甲公司拥有对 C 公司的权力。

②正确。

注：甲公司能从投资 E 学校中获得品牌效应以及获得人才储备等，属于可变回报。

③不正确。

正确的会计处理：固定资产的折旧年限属于会计估计，在编制甲公司合并财务报表时，不需要调整 F 公司的折旧年限。

案例分析题四（本题 10 分）考核企业成本管理

甲公司为一家衬衫制造企业，主要生产男、女两个系列的标准化产品，市场竞争非常激烈。甲公司在过去的经营中采用成本加成定价和成本领先策略，计划在 2022 年进行一轮全面的市场调查，理顺价格体系，优化内部流程，增强竞争力。拟通过推行战略成本管理使企业获得可持续的竞争优势，相关资料如下：

（1）由于甲公司自动化程度的提高，甲公司制造费用占生产成本的比重越来越大，人工成本比例逐渐缩小，以前按照人工工时分配制造费用的单一分摊标准对产品成本计算结果是一种扭曲。甲公司自 2021 年开始试行作业成本法核算和管理。2021 年 6 月的数据显示，按照传统成本核算法，男、女两个系列产品的单位产品分摊的制造费用分别为 20 元和 14 元。但是根据作业成本法核算结果，男衬衫的单位产品分摊制造费用为 15 元，女衬衫为 19 元。

（2）假如男、女衬衫单位产品的实际成本分别为 21 元和 24 元。而两个系列产品的单位人工实际成本分别为 5.5 元和 6 元。经分析发现，甲公司严格按照《中华人民共和国劳动法》计算发放员工薪酬，绩效工资部分占工资总额的比例不具有重要性。

（3）根据市场调查结果，男、女衬衫的可接受价格分别为 80 元和 100 元。股东认可的目标销售成本率为 40%。

（4）根据作业改进的五种方法，工厂实施了以下动作：改进衬衫领口加工过程，采用自动设备取代手工操作，消除多余动作；采用成本较低的原料替代原料，同时保证质量；通过标准作业流程改进降低搬运时间；将不同步骤整合到同一生产线上连续进行；根据不同工艺的成本数据合理安排生产顺序和资源配置。

假设不考虑其他因素（固定费用中没有非生产性变动成本）。

要求：

1. 根据资料（1）和（2），指出应以哪种成本核算结果作为盈利能力决策的依据并说明原因。计算男、女衬衫的实际成本。

2. 根据资料（2），计算采用变动成本法的前提下，男、女衬衫的生产成本分别是多少。

3. 根据资料（1）~（3），计算男、女衬衫的单位产品目标成本，以及在目前情况下，单位产品成本的优化空间是多少。

4. 根据资料（2）和（3），计算男、女衬衫的单位边际贡献。

5. 根据资料（4），指出工厂运用了哪些作业改进措施？

【分析与解释】

1. 应该以作业成本法下的成本数据作决策，因为作业成本法下的成本可以提供更准确的成本信息，提升产品盈利能力决策的准确性。男衬衫实际成本 = 21 + 5.5 + 15 = 41.5（元）；女衬衫实际成本 = 24 + 6 + 19 = 49（元）。

2. 变动成本法下的生产成本：男衬衫为 21 元，女衬衫为 24 元。

3. 单位产品目标成本：男衬衫 = 80 × 40% = 32（元）；女衬衫 = 100 × 40% = 40（元）。

降低成本空间：男衬衫 = 32 - 41.5 = -9.5（元）；女衬衫 = 40 - 49 = -9（元）。

4. 单位边际贡献：男衬衫 = 80 - 21 = 59（元）；女衬衫 = 100 - 24 = 76（元）。

5.（1）消除不必要作业以降低成本；（2）在其他条件相同时选择成本最低的作业；（3）提高作业效率并减少作业消耗；（4）作业共享；（5）利用作业成本信息编制资源使用计划并配置未使用资源。

案例分析题五（本题 10 分）考核企业并购

甲公司和乙公司为两家专业设备制造企业，适用的企业所得税税率均为 25%。甲公司的业务范围和客户主要集中在北方地区；乙公司的业务范围和客户主要集中在南方地区。两家公司所经营的产品类似，不同的是甲公司完成了公开上市，从资本市场募集了大量的资金，而乙公司尚未上市，发展面临资金瓶颈。本次交易之前，两家公司不存在关联方关系。

2023 年 1 月，甲公司决定加大行业整合力度，着手筹备并购乙公司。并购双方经过多次沟通，于 2023 年 3 月最终达成一致意向。

甲公司准备收购乙公司 100% 股权，为此聘请资产评估机构对乙公司进行价值评估，评估基准日为 2022 年 12 月 31 日。资产评估机构采用收益法和市场法两种方法对乙公司价值进行评估。并购双方经协商，最终确定按市场法的评估结果作为交易的基础，并得到有关方面的认可。与乙公司价值评估相关的资料如下：

（1）2022 年 12 月 31 日，乙公司资产负债率为 60%，税前债务资本成本为 10%。假定无风险报酬率为 5%，市场投资组合的预期报酬率为 10%。可比上市公司负债经营 β 值为 1.40，平均负债率为 50%。

（2）乙公司 2022 年税后净利润为 2 亿元，其中包含本年度处置一项固定资产的税后净收益 0.2 亿元。

（3）2022 年 12 月 31 日，可比上市公司平均市盈率为 15 倍。

（4）2022 年 12 月 31 日，乙公司可辨认净资产账面价值为 22 亿元，公允价值为 25 亿元。

假定并购乙公司前，甲公司股权价值为 200 亿元；并购乙公司后，经过内部整合实现预期中的协同效应，甲公司（合并口径）股权价值将增值至 235 亿元。

甲公司应支付的并购对价为 30 亿元。其中：70% 部分以甲公司的增发股份支付；30% 部分以现金支付。此外，本次并购还将发生相关交易费用约 0.5 亿元。合并日，乙公司可辨认净资产的账面价值为 20 亿元，公允价值为 25 亿元。

假定不考虑其他因素。

要求：

1. 分别从行业相关性角度、被并购企业意愿角度和对价支付形式角度，判断甲公司并购乙公司属于何种并购类型，并简要说明理由。

2. 计算用收益法评估乙公司价值时所使用的折现率。

3. 用可比企业分析法计算乙公司的价值。

4. 计算甲公司并购收益和并购净收益，并从财务管理角度判断该并购是否可行。

5. 分析判断本次并购交易适用的会计核算方法和企业所得税处理方法。是否产生商誉，及其金额（如存在）。

【分析与解释】

1.（1）从行业相关性角度，甲公司并购乙公司属于横向并购。

理由：甲公司与乙公司属于经营同类业务的企业。

（2）从被并购企业意愿角度，甲公司并购乙公司属于善意并购。

理由：并购双方经过充分沟通达成一致。

（3）从对价支付方式角度，甲公司并购乙公司属于混合支付方式并购。

理由：并购方采用股份加现金组合方式换取被并购方股权。

2. 计算折现率

可比公司无负债经营 β 值 = 可比公司负债经营 β 值 ÷ [1 + (1 − T) × (D/E)]

＝ 1.40 ÷ [1 + (1 − 25%) × (50%/50%)] = 0.8

乙公司负债经营 β 值 = 0.8 × [1 + (1 − 25%) × (60%/40%)] = 1.7

r_e = 5% + 1.7 × (10% − 5%) = 13.5%

r_d = 10% × (1 − 25%) = 7.5%

r_{wacc} = 13.5% × 40% + 7.5% × 60% = 9.9%

3. 乙公司 2022 年扣除非经常性损益后的税后净利润 = 2 − 0.2 = 1.8（亿元）

乙公司股权价值 = 1.8 × 15 = 27（亿元）

4.（1）并购收益 = 235 − (200 + 27) = 8（亿元）

并购溢价 = 30 − 27 = 3（亿元）

并购净收益 = 8 − 3 − 0.5 = 4.5（亿元）

（2）甲公司并购乙公司后能够产生 4.5 亿元的并购净收益，从财务角度分析，此项并购交易可行。

5. 本次并购交易之前，两家公司不存在关联方关系，因此属于非同一控制下的企业合并，合并会计核算方法适用购买法。本次股权收购的支付方式，70%部分以甲公司的增发股份支付，30%部分以现金支付，股权支付比例低于85%的必要条件，因此企业所得税不符合特殊性处理申请条件，只能采用一般性处理规定，即乙公司的原股东出售股权产生的增值收益（出售股权取得的收入减去其原计税基础（历史成本））需要即时缴纳企业所得税，甲公司并购乙公司取得的相应资产的计税基础按并购时的公允价值计量。

由于本次合并判定为非同一控制下的企业合并，适用购买法进行会计核算，合并成本与取得的可辨认净资产公允价值之间的差额形成商誉。

商誉 = 合并成本 − 取得的可辨认净资产公允价值 = 30 − 25 = 5（亿元）。

案例分析题六（本题 10 分）考核会计财务相关问题

甲公司是一家大型集团上市公司，主要业务涉及铁路装备、城轨与基础设施业务、现代服务业务等业务板块，拥有 200 余家分、子公司。为了完善财务管理，甲公司围绕财务共享服务、业财融合以及财会监督展开研讨，会议摘录内容如下：

（1）关于财务共享服务。财务部丁经理：得益于信息技术的快速发展，共享服务走上高速发展的快车道。大数据、云计算、物联网、移动互联网、人工智能、数字地图等新一代信息技术及其创新应用层出不穷，为共享服务提供了强大推动力和重要支撑。我认为应抓住机遇完善财务共享服务：①由于财务核算功能集中在单独设置的财务共享服务中心，企业的组织架构发生了很大变化，应当实施流程再造，根据企业集团建设财务共享服务的目标，兼顾控制需求和效率，同时还要考虑信息系统执行的可行性，重新审视业务环节，针对不同业务板块合理设计个性化的业务流程，适应不同分、子公司业务活动，单独设计单据格式以及不同的操作要求，为各分、子公司提供满意的服务。②信息系统是财务共享服务实施的载体，支撑财务共享服务中心完成各项工作。电子会计档案系统作为共享支持板块的子系统，从网上报账系统、电子影像系统获取单据影像等信息，从会计核算系统获取记账凭证、会计账簿、财务报表等信息，实现会计凭证和电子影响的自动匹配、分册，对电子会计档案的打印、归档、借阅、销毁全流程，以及纸质档案的档案上架、档案外借、档案归还等，进行系统内有迹可查的规范管理，形成了系统管理、归档管理、档案利用和档案借阅等功能模块。

（2）关于业财融合。信息中心陈经理：业财融合将企业的业务和财务进行有机结合和协同，以实现更高效的运营和管理。我认为：①业财融合有很强的现实意义，比如，业财融合就是要回归管理本源，为业务发展而管理，为价值创造这一终极目标而融合管理，为打破职能壁垒，增加组织内外协调、协作和共生性而管理；又如，精细化管理需要必要的信息，也需要专业化的工具，业财融合能够为业务部门提供大量的财务数据和管理会计工具，助力企业精细化管理的落地。②业财融合要求企业的财务职能融入企业运营系统之中，才能取得好的效果，比如，在预算编制的环节，应以业务及经营计划为根本，按照业财融合的思想，调动业务部门的积极性，基于客户基础、业务交易结构及相关业务预测数据来编制预算，任何一个预算数字都必须体现业务经营目标及具体行动方案；又如，基于价值分析的产品研发设计、基于目标成本的生产管理、基于价值链分析的购销决策、基于全生命周期成本的质量管理等，需要根植于业务并借助财务的数据分析，业财融合能够使财会人员更理解业务的决策场景，更理解决策需要信息内容和种类。

（3）关于财会监督。内审部廖经理：财会监督是维护社会主义市场经济秩序、保障财政经济法规有效执行的重要基础。我认为：①财会工作是各单位重要基础工作，理应由单位财务负责人承担领导责任和主体责任。②在财会监督的重点领域，应保障党中央、国务院重大决策部署贯彻落实，综合运用检查核查、评估评价、监测监控、调查研究等方式开展财会监督，严肃查处财经领域违反中央宏观决策和治理调控要求、影响经济社会健康稳定发展的违纪违规行为，确保党中央政令畅通。

假定不考虑其他因素。

要求：

1. 根据资料（1），结合财务共享服务的实现路径，判断财务部丁经理说法①和②是否存在不当之处；如存在不当之处，请说明理由。

2. 根据资料（2），结合业财融合的意义，判断信息中心陈经理说法①体现了业财融合的哪些意义。

3. 根据资料（2），结合业财融合的内容，判断信息中心陈经理说法②体现了业财融合的哪些内容。

4. 根据资料（3），结合加强财会监督的保障措施和财会监督的重点领域，判断内审部廖经理说法①和②是否恰当；如不恰当，请说明理由。

【分析与解释】

1. ①存在不当之处。

理由：企业集团需要根据财务共享建设目标，兼顾控制需求和效率，同时还要考虑信息系统执行的可行性，重新审视业务环节，统一业务活动、单据格式、操作要求等，合理设计标准化的业务流程。

②不存在不当之处。

注：本处考核了电子会计档案的内容及其功能。

2. ①体现了"业财融合能够破除部门间的壁垒"，使业财形成"合力""业财融合可以推进对业务的精细化管理"等业财融合的意义。

3. ②体现了"经营规划层面的业财融合""业务运行和控制层面的融合"等内容。

4. ①不恰当。

理由：财会监督理应由单位主要负责人承担领导责任和主体责任。

②恰当。

注：本处考核财会监督的重点领域。

案例分析题七（本题 10 分）考核金融工具会计

甲公司是国务院国资委组建的大型企业集团，拥有 100 多家分、子公司，目前正处于重大战略转型期。为了促进集团公司顺利转型，甲公司总会计师张某组织相关部门开展了股权激励、金融工具相关业务专题讨论会。相关内容摘录如下：

（1）关于股权激励。A公司为甲公司控股境内上市公司（即中央控股境内上市公司），A公司注册资本50亿元（总股本50亿股，每股股票面值为1元人民币）。在满足实施股权激励条件的前提下，由公司薪酬委员会拟订了实施股票期权股权激励计划的草案，部分内容如下：①激励对象包括公司的董事（不含独立董事）、高级管理人员、核心技术人员和核心业务人员共88人，两个年度内拟授予激励对象股份总数为2.6亿股。②授予日确定为2024年4月1日，行权限制期为2024年4月1日至2027年3月31日，在该期间内不得行权；行权有效期为2027年4月1日至2029年3月31日，在该期间内分期行权，每期行权的股票期权比例不超过激励对象获授股票期权总额的50%。

（2）关于融资和风险管理。B公司为甲公司全资控股企业，为了解决经营中的流动资金不足以及控制财务风险，采取了如下措施：①B公司与中国银行签订协议，将一组应收账款（该组应收账款账面余额30亿元，已计提减值准备5亿元）出售给中国银行，收取价款21亿元，同时保证对中国银行在信用期内无法收回的应收账款进行全额补偿。据此，B公司在会计处理时，终止确认了该组应收账款，并将收到的价款与该组应收账款账面价值的差额4亿元计入了当期损益。②B公司担忧其生产的产品（乙二醇）在未来销售中价格下跌，为规避乙二醇价格变动带来的不利影响，B公司与某金融机构签订了6个月后买入880手（10吨/手）（与现货数量相等）乙二醇的期货合约。

（3）关于金融资产投资。①2024年3月31日，甲公司利用闲置资金3 005万元购入"华明装备公司"当日发行的普通债券（其中交易费用5万元），公司随时出售该债券。甲公司在会计处理时，将该债券分类以公允价值计量且其变动计入当期损益的金融资产，初始确认金额为3 005万元。②2024年6月30日，甲公司持有某公司债券5 000万元，根据购入时确定的业务模式将其分类为以公允价值计量且其变动计入其他综合收益的金融资产。在编制半年报时，甲公司以计算得到的预期信用损失的金额对该债券计提了减值。

假定不考虑其他因素。

要求：

1. 根据资料（1），分别判断①和②项是否存在不当之处；如存在不当之处，说明理由。

2. 根据资料（2），分别判断①和②项是否存在不当之处；如存在不当之处，说明理由。

3. 根据资料（3），分别判断①和②项是否存在不当之处；如存在不当之处，说明理由。

【分析与解释】

1. 事项①存在不当之处。

理由：中央企业控股上市公司两个年度内累计授予的权益数量一般在公司总股本3%以内，公司重大战略转型等特殊需要的，可以适当放宽至总股本的5%以内；本处为5.2%（2.6/50），超过了规定限额。

事项②存在不当之处。

理由：国有控股境内上市公司行权有效期不得低于3年。

2. 事项①存在不当之处。

理由：企业出售该组应收账款项，并且全额补偿转入方可能因被转移金融资产发生的信用损失，表明企业保留了金融资产所有权上几乎所有的风险和报酬，不应当终止确认相关金融资产，应将收到的价款确认为金融负债。

事项②存在不当之处。

理由：回避价格下跌的风险，应采取卖出套期保值。

3. 事项①存在不当之处。

理由：该债券初始确认金额为3 000万元，交易费用5万元应计入当期损益。

事项②不存在不当之处。

注：按照金融工具准则规定，企业以预期信用损失为基础，对以摊余成本计量的金融资产和以公

允价值计量且其变动计入其他综合收益的金融资产等进行减值会计处理并确认损失准备。

案例分析题八（本题 20 分，第八题、第九题为选答题，考生应选其中一题作答）考核企业风险管理与内部控制

甲公司为境内外上市公司，主要从事房地产开发、物业服务、物流仓储服务、租赁住宅、商业开发与运营等。面对经济下行、房地产超跌的不利局面，甲公司召开了风险管理和内部控制专题研讨会，就风险识别、风险应对、采取的内部控制措施进行了深入研讨，下面是部分有关内容：

（1）关于风险识别。为促进公司持续实现经营目标，公司相关部门根据既定的发展策略，对经济形势、产业政策、市场竞争、资源供给等外部风险因素以及财务状况、资金状况、资产管理、运营管理等内部风险因素进行研究：①环境因素。房地产行业与宏观经济、城镇化进程的发展阶段以及人口结构等紧密相关。目前经济下行，房地产市场降温显著，市场信心不足。②业务因素。在项目开发过程中，主要建筑材料供应不及时、劳动力不足、劳资纠纷、安全意外事故、自然灾害、恶劣气候等时有发生。③信息安全因素。在互联网、人工智能、大数据、云计算时代下，公司业务多元化程度提升，业务流程日趋复杂多样，数据体量快速扩大，数据敏感性不断提高。④合规因素。公司业务开展受境内外广泛的法规及政策监管，各地区的房屋销售及建筑法规、物业管理法规、财务及税务法规、个人信息与数据法规不断发布，监管要求越来越高。

（2）关于风险应对。针对公司面临的风险，风险管理委员会制定了相应的风险应对策略：①房地产行业在经过黄金时代、白银时代快速发展后，目前人口出现负增长，现有房屋供大于求，全行业将逐步走向衰退。为了集团公司可持续发展，公司把战略重心转向"新质生产力"所在领域，包括类脑智能、量子信息、基因技术、未来网络、深海空天开发、氢能与储能等未来产业。②对于房地产开发业务，公司建立了项目开发质量、进度、安全、材料、成本管理等体系，对于可能出现的安全事故、自然灾害等造成的重大财产损失，通过支付保险费、签订保险合同（如意外伤害险、财产损失险、信用险）进行控制。③公司持续进行信息化建设工作，不断提高信息安全意识，设置网址访问限制，禁止员工下载不安全的软件，保障数据在采集、存储、传输、处理过程中的安全性。④公司设立专门人员对法规和政策的变化进行研究，并将相关要求及时落实到业务活动和运营管理中，确保签订的合同符合法律法规要求；进行违法违规警示教育，加强自律，确保公司经营管理遵守各项相关法规、政策及指引要求。

（3）关于风险监控与考评。①董事会在确定风险偏好与风险容忍度，并经风险识别和风险分析、确定应对策略后，对风险的状况进行监测，重大事件应向部门领导报告并立即进行处理。②企业根据风险管理职责设置风险管理考核指标，并纳入企业绩效管理，建立明确的、权责利相结合的奖惩制度，以保证风险管理活动的持续性和有效性。

（4）关于内部控制建设。①董事会对内部控制的建立健全和有效实施负责，及时知悉企业最重大的风险以及经理层是否恰当地予以应对。②企业在生产经营中重视资源节约和资源保护，利用国家产业结构调整相关政策，转变发展方式，不惜一切代价加快高新技术开发和传统产业改造。③企业根据投资目标和规范，在战略委员会对投资方案进行可行性研究后，决定上马"数控设备"这一重点工程，经董事长亲自审批后予以实施。④公司所有担保事项由总部统一控制并做后续管理，原则上不对外（非关联公司）提供担保。由于并购产生的无法避免的担保业务，需履行必要的内部审批程序，董事会授权范围之外的担保事项须提交公司董事会审议通过，特定担保事项则提交股东大会审议通过后方可实施。

假定不考虑其他因素。

要求：

根据《企业内部控制基本规范》及其配套指引和风险管理指引，回答下列问题。

1. 根据资料（1），逐项指出①～④项每个因素对甲公司可能产生的负面影响。
2. 根据资料（2），逐项指出①～④项甲公司采取的风险应对策略类型。
3. 根据资料（3），逐项指出①和②项是否存在不当之处；对存在不当之处的，说明理由。
4. 根据资料（4），逐项指出①～④项是否存在不当之处；对存在不当之处的，说明理由。

【分析与解释】

1. ①可能导致销售下降，资金周转困难，财务风险增大。

②可能导致工程进度慢、项目成本增加、房屋质量不合格和客户满意度下降。

③可能导致无法保障企业信息安全，运营中断。

④可能导致违法行为增加，公司品牌声誉下降。

2. ①甲公司采取的是风险降低（或风险转换）策略。

注：风险转换是指企业通过战略调整等手段将企业面临的风险转换成另一种风险，使得总体风险在一定程度上降低。风险转换属于风险降低中的一种具体策略。

②甲公司采取的是风险分担（或风险转移）策略。

注：风险转移指企业通过合同将风险转移到第三方，如保险。风险转移是风险分担的一种具体策略。

③甲公司采取的是风险规避策略。

注：风险规避是指企业主动回避、停止或退出某一风险的商业活动或商业环境，避免成为风险的承受者，如禁止员工下载不安全的软件。

④甲公司采取的是风险降低（或风险控制）策略。

注：风险控制是指控制风险事件发生的动因、环境、条件等，来达到减轻风险事件发生时的损失或降低风险事件发生的概率的目的。风险控制是风险降低中的一种具体策略。

3. ①存在不当之处。

理由：对风险的状况进行监测，重大事件应向管理层或董事会报告。

②不存在不当之处。

注：本处考核风险管理考核。

4. ①不存在不当之处。

注：本处考核内部控制组织形式。

②存在不当之处。

理由：违背了成本效益原则。

③存在不当之处。

理由：重大投资项目应当按照规定权限和程序实行集体决策或者联签制度。

④不存在不当之处。

注：本处考核担保业务控制。

案例分析题九（本题 20 分，第八题、第九题为选答题，考生应选其中一题作答）考核行政事业单位预算与财务管理

甲单位是一家中央级事业单位（非高等院校、非研究开发机构），乙单位（高等学校）为甲单位所属事业单位。为解决实务中出现的问题，甲单位总会计师组织由本单位以及所属事业单位财务、采购、资产管理、审计等部门负责人参加的工作大会，研讨预算管理、政府采购、资产管理以及内部控制等相关问题。部分参会人员发言情况如下：

（1）关于部门预算。甲单位财务部主任：由于经济下行，收入预算执行进展缓慢，影响了预算支出的执行。我建议：①暂停"竹子开花现象和开花素编码研究"项目，将其剩余资金 120 万元经